WOLFGANG NIEDECKEN

Für 'ne Moment

Buch

Niedecken erzählt. Von einer Kindheit zwischen Trümmern im Nachkriegs-Köln. Vom katholischen Internat und von der Rebellion gegen Autoritäten. Von der Malerei, von Ausstellungen und der New Yorker Kunstszene der siebziger Jahre. Von den ersten tragikomischen Gehversuchen mit BAP und den späteren Triumphen. Vom Songschreiben und Unterwegssein, von Krisen und dem unbedingten Willen weiterzumachen. Von Liebe, Freundschaften und Abschieden, von Wendepunkten und Zufällen und ein bisschen Glück. Von der Begegnung mit Heinrich Böll und der Zusammenarbeit mit Wim Wenders. Von der geplatzten DDR-Tournee, dem »Arsch huh – Zäng ussenander«-Konzert auf dem Kölner Chlodwigplatz und den Auftritten mit Bruce Springsteen. Von Afrikareisen an der Seite von Bundespräsident Horst Köhler, von Flüchtlingslagern, Hilfsprojekten und dem Mut der Verzweiflung. Niedecken erzählt – gegenwärtig und nah, intensiv, »jraaduss« und voller Poesie.

Autor

Wolfgang Niedecken, 1951 in Köln geboren, studierte von 1970 bis 1976 Freie Malerei an der FHBK Köln. Danach gründete er die Kölsch-Rock-Band BAP, mit der er 1982 den überregionalen Durchbruch schaffte. Für sein Engagement gegen Fremdenfeindlichkeit und Rassismus erhielt er vom Bundespräsidenten Roman Herzog das Bundesverdienstkreuz. Seit 2004 vertritt Niedecken als Botschafter die Dachorganisation »Gemeinsam für Afrika«. 2008 initiierte er das »World Vision«-Projekt »Rebound« zur Reintegration ehemaliger Kindersoldaten in Norduganda, das im September 2011 auf den Ostkongo ausgeweitet wurde.

Wolfgang Niedecken
mit Oliver Kobold

Für 'ne Moment
Autobiographie

Mit einem Vorwort
zur Taschenbuchausgabe

GOLDMANN

Verlagsgruppe Random House FSC-DEU-0100
Das FSC®-zertifizierte Papier *Lux Cream* für dieses Buch
liefert Stora Enso, Finnland.

1. Auflage
Taschenbuchausgabe Oktober 2012
Wilhelm Goldmann Verlag, München,
in der Verlagsgruppe Random House GmbH
Copyright © 2010 der Originalausgabe
by Hoffmann und Campe Verlag, Hamburg
Umschlaggestaltung: UNO Werbeagentur, München
in Anlehnung an die Gestaltung der Hardcover-Ausgabe
(Katja Maasböl, Hamburg)
Umschlagfoto: Tina Niedecken
KF · Herstellung: Str.
Druck und Bindung: CPI – Clausen & Bosse, Leck
Printed in Germany
ISBN: 978-3-442-15724-2

www.goldmann-verlag.de

Enn Köln ahm Rhing benn ich jeboore
Ich hann – un dat litt mir em Senn –
Ming Muttersprooch noch nit verloore
Dat ess jet, wo ich stolz drop benn

Willi Ostermann

für

Josef Niedecken
29. 9. 1904, Unkel am Rhein – 18. 9. 1980, Köln

und

Tinny Niedecken, geb. Platz
19. 11. 1920, Köln – 1. 7. 2000, Köln

Lasst uns auf die hart arbeitenden Menschen trinken
Lasst uns auf die von niederer Herkunft trinken
Erhebt eure Gläser auf das Gute und das Böse
Lasst uns auf das Salz der Erde trinken

Lasst uns für den einfachen Infanteristen beten
Lasst uns einen Gedanken an seine zermürbende Arbeit verschwenden
Lasst uns für seine Frau und seine Kinder beten
Die das Feuer unterhalten und den Acker bestellen

Erhebt eure Gläser auf die hart arbeitenden Menschen
Lasst uns auf all die ungezählten Köpfe trinken
Lasst uns an die unentschlossenen Millionen denken
Die Anführer bräuchten und stattdessen Hasardeure bekommen

Lasst uns einen Gedanken an den zu Hause bleibenden Wähler verschwen-
den
Seine leeren Augen starren auf einen seltsamen Schönheitswettbewerb
Und eine Parade von Korrupten in grauen Anzügen
Eine Wahl zwischen Krebs und Polio

Lasst uns auf die hart arbeitenden Menschen trinken
Lasst uns an die von niederer Herkunft denken
Lasst uns einen Gedanken an den Pöbel verschwenden
Lasst uns auf das Salz der Erde trinken

Mick Jagger / Keith Richards

Inhalt

Vorwort zur Taschenbuchausgabe   *13*

What's wrong with staples?   *19*

Pöppchesmöhler un Herringsbändijer   *85*

Der Nabel der Welt und die Geschichte
eines kleinen Flugzeugs, das vor
lauter Geschichte nicht fliegen konnte   *169*

Wesen mit Federn interessieren sich nicht für Grenzen   *275*

Auf die Heiligen Drei Könige   *369*

Dann mach du das doch, du kennst doch so viele!   *457*

Wer sitz schon em Wärme un luhrt op dä Rhing!?   *527*

Picture Book – Bildlegenden und Nachweise   *535*

Vorwort zur Taschenbuchausgabe

Ist ein Buch erst einmal in der Welt, gehört es ganz dem Leser. Für Änderungen ist es dann zu spät, und so sehr man es sich zuweilen auch wünscht, die Ordnung der bedruckten Seiten noch einmal umstoßen zu können – das Schicksal eines Textes entzieht sich nach seiner Veröffentlichung gewöhnlich dem Einfluss des Autors. Es sei denn, er begleitet sein Buch noch ein kleines Stück des Weges. Die auf die Veröffentlichung von »Für 'ne Moment« im März 2011 folgende Lesereise, die bis zum Herbst mehr als fünfunddreißig Stationen umfasste, bot Oliver Kobold und mir die wunderbare Gelegenheit, das Buch für ein Bühnenprogramm einzurichten und damit dem Text seine Geschlossenheit zu nehmen, ihn offenzuhalten für Veränderungen.

Umsorgt vom »berühmten« Herrn Hentschel, seines Zeichens Tourleiter, Techniker, Fahrer und Arsch-Nachträger in Personalunion, hatten Oliver und ich unterwegs Zeit genug, uns Neues auszudenken. Beim Hinausschauen auf die Straße, wenn uns Tom Petty versicherte, dass das meiste, wovor wir uns fürchten, ohnehin nie eintreffen wird; in Frühstücksräumen, bei Spaziergängen oder in Museumscafés gingen wir das Manuskript immer wieder aufs Neue durch. Wir feilten so lange an einzelnen Sätzen, bis sie meinem Vorleseduktus ganz und gar entsprachen. Wir bauten kleine, zusätzliche Gags ein, die wir liebevoll »Rampensau-Stellen« nannten. Wir verwarfen ganze Passagen und holten dafür andere ins Boot, die uns besser zu einem bestimmten Abend, einer bestimmten Stadt oder manchmal sogar auch zu ganz bestimmten Gästen im Publikum zu passen schienen.

Auf der Bühne ausbalanciert und gespiegelt wurde das Gelesene dann durch die Songs, die ich zwischendurch spielte. Wie wir im Buch manch naheliegende Story bewusst ausgespart hatten, verzichtete ich auch beim Zusammenstellen der Setliste beinahe vollständig auf die einschlägigen Hits. Stattdessen reichte das Spektrum vom ausufernden »Nie met Aljebra« über ein mit Karnevalsheulern angereichertes C-F-G7-Medley bis hin zu Songs von Bob Dylan oder den Kinks. Am Ende waren es wohl ohnehin allesamt Erlösungslieder.

Das Publikum machte mir, wenn ich aus meinem Leben erzählte oder sang, Abend für Abend das Geschenk seiner Aufmerksamkeit. Es war bereit, für dreieinhalb Stunden einen autobiographischen Pakt zu schließen und den ganzen Weg mit mir zu gehen, sich auf meine burlesken Erlebnisse mit den Complizen ebenso einzulassen wie auf das Martyrium der Kindersoldaten im Norden Ugandas.

Im Publikum dabei so mancher, den ich im Laufe der Jahre aus den Augen verloren hatte, der aber nach der Lesung auf einmal wieder vor mir stand, als sei er nie weg gewesen. So trug das Buch auch dazu bei, dass Gespräche, die vor unvordenklichen Zeiten aus den verschiedensten Gründen abgebrochen waren, auf einmal wieder oder überhaupt erstmals richtig in Gang kamen. Männer in meinem Alter outeten sich als Mitglieder einst, Ende der sechziger Jahre, bei erbitterten Beat-Battles mit The Troop um die Gunst des Publikums wetteifernder Schülerbands. In Verden an der Aller konnte ich der Hebamme, die meinen Töchtern mit auf die Welt geholfen hatte, noch einmal danken. Und ich begegnete Mitschülern aus dem Rheinbacher Internat, die nach all der Zeit erstmals bekannten, ebenso wie ich oder noch in weitaus stärkerem Maße unter dem Sadismus des Paters L. gelitten zu haben. Fast alle von diesen so überraschenden wie willkommenen Gästen hatten Dokumente dabei: Zeitungsausschnitte, Fotos, eigene Aufzeichnungen, die das im Buch Erzählte ergänzten oder in verändertem Licht erscheinen ließen.

Die wichtigsten Korrekturen, die Eingang in die vorliegende Taschenbuchausgabe gefunden haben, betreffen allerdings Details aus der Geschichte meiner Familie. Nach Gesprächen mit meiner Cousine Sigrid Schellenberger und meinem Cousin Albert Vollmer, die ich im Sommer 2011 in Unkel am Rhein, dem Geburtsort meines Vaters, führte, wurde mir klar, dass so manche Story, die man mir von klein auf erzählt und die ich guten Gewissens auch in »Für 'ne Moment« untergebracht hatte, ins Reich der Legenden gehörte. Es stimmte eben einfach nicht, dass mein Vater Unkel verlassen hatte, weil es für ihn als jüngsten Sohn einer Winzerfamilie nichts mehr zu erben gab. Vielmehr erhielt er, das ging aus den Erbscheinen, die mir Sigrid zeigte, eindeutig hervor, seinen gerechten Anteil. Und nicht nur er war gezwungen, sich einen anderen Beruf zu suchen. Auch seine Geschwister mussten sich nach einem neuen Auskommen umsehen, weil der Weinbau nach zahlreichen Reblausplagen nicht mehr genug zum Leben abwarf.

Ebenfalls erst nach Erscheinen des Buches nahmen die Ahnenforscher der WDR-Sendung »Vorfahren gesucht« ihre Arbeit auf. Sie gruben in den Tiefen der Vergangenheit, und was sie zutage förderten, bewegte mich auf eigentümliche Weise. Nicht so sehr die Erkenntnis, dass eine meiner Urgroßmütter neunten Grades im 17. Jahrhundert auf dem Scheiterhaufen verbrannt worden war. Das interessierte eher den »Express«, der daraus flugs die sensationelle Schlagzeile »Niedecken stammt von Hexe ab« bastelte und damit für einen Tag seine Zeitungskästen zupflasterte. (Meine Tochter Jojo ließ es sich nicht nehmen, ein Plakat höchstpersönlich abzureißen und mit nach Hause zu bringen. Es hängt seitdem gerahmt bei uns im Treppenhaus.) Aber dass ich sechzig Jahre alt werden musste, bis ich endlich ein Werk meines Großvaters mütterlicherseits, des Kirchenmalers Hermann Platz, betrachten konnte, rührte mich dann doch. Und ich konnte mich anhand des Schwarz-Weiß-Fotos, das man mir zeigte, auch davor überzeugen, dass das für St. Maternus angefertigte Gemälde, das in unserer Familie immer nur »Dä Herrjott met dämm Nudelebart« genannt und lange vor meiner Geburt zerstört worden war, seinen Namen absolut zu Recht trug.

Der Zufall wollte es sogar, dass ausgerechnet an dem Tag, als ich dem Team von »Vorfahren gesucht« den Hinterhof der Alteburger Straße 40 zeigen wollte, ein Makler in der Wohnung zugange war, in der meine Großeltern mit ihren fünf Kindern gelebt hatten. Ich hatte die winzigen Räume vorher noch nie von innen gesehen. Hinterher war mir dann klar, warum der gute Hermann Platz so manches Mal aus den eigenen vier Wänden in die Kneipe geflüchtet war und so lange an der Theke vom »Hermanns Tünn« gestanden hatte, bis meine Mutter aufkreuzte, um ihn nach Hause zu holen.

Im Zuge der Lesereise machten wir an einigen Orten Halt, die eine wichtige Rolle im Buch spielen. Auf diese Weise kehrten die Geschichten an ihren Ursprung zurück, etwa nach Unkel oder nach Rheinbach. Nur in Köln kam es 2011 zu keiner richtigen Lesung. Zwar war geplant, dass ich am 14. November im Gloria-Theater auftreten sollte, aber der Abend fand nicht statt. Mir war etwas dazwischengekommen. Doch das ist schon wieder eine andere Geschichte, die ihren Platz vielleicht irgendwann in einem anderen Buch finden wird.

Wolfgang Niedecken, im Frühjahr 2012

What's wrong with staples?

»We live on a target.« Der Satz ging mir nicht mehr aus dem Kopf. Wie beiläufig hatte ihn der Fotograf Wolfgang Ludes gesagt, als wir das Taxi nach Newark zum Flughafen bestellten. Ludes gehörte zu unseren New Yorker Freunden, die wir bei jedem Aufenthalt besuchten; Tina, meine Frau, war in Köln seine Assistentin gewesen. Vor Jahren hatten wir gemeinsam zwei Videos gedreht, schwarzweiße Großstadtphantasien zu einigen der Bob-Dylan-Adaptionen meines zweiten Soloalbums. Spontan hatten wir einen Straßenmusiker von der 42nd Street eingeladen, bei den Dreharbeiten mitzuwirken. Ein schwarzer Saxophonist, der zu unserem Playback agierte und sein Solo spielte zu einer angedeuteten Liebesgeschichte zwischen leeren Hotelzimmern und langen Taxifahrten im Re-

gen. Am Ende eines der Videos hatten mich als Polizisten verkleidete Schauspieler bei einer Verhaftungsszene so heftig gegen einen Geschäftseingang gedrückt, dass die Alarmanlage losging und die echte Polizei anrückte. So lange lag all das noch gar nicht zurück. Doch es waren Erinnerungen an ein New York, das ich nun, bei meinem ersten Aufenthalt in der Stadt nach dem 9/11, fast sechs Jahre nach den Anschlägen, nicht mehr wiederfand.

Ludes und auch mein alter Malerfreund Rainer Gross, genannt Mötz, der seit über dreißig Jahren in New York wohnte, hatten mir erzählt, wie der Terror die Leute zunächst einander näher brachte, wie das gemeinsam Erlittene sie zusammenschweißte und verband. Doch nach einiger Zeit hatte die Angst die Oberhand gewonnen, und alles fiel wieder auseinander. In den Straßen wurden ausgeklügelte Manöver abgehalten, um zu testen, in welche Richtung bei einem Anschlag Giftgas strömen würde. Die Regierung benutzte die Angst der Menschen vor dem Terrorismus, um Politik zu machen. Eine klebrige Angst, die Misstrauen und Perspektivlosigkeit mit sich brachte. Paranoia hielt die Stadt in Atem, während die Schere zwischen Arm und Reich sich immer weiter öffnete. Die Profiteure des Irakkriegs fuhren in Stretchlimousinen durch die Gegend. Ich spürte, wie meine Freunde unter dieser Atmosphäre litten. Einige waren fortgezogen. Andere, die sich das nicht leisten konnten, hatten resigniert.

Mötz führte mich wie immer durch die Galerien, und aus einer unserer ehemaligen Stammkneipen, der »Broome Street Bar«, verschickte ich Postkarten nach Deutschland. Doch das erschien mir wie der hilflose Versuch, der fremd gewordenen Stadt mit alten Gewohnheiten zu begegnen. Beinahe war ich froh, dass wenigstens das Wetter das übliche war und ich auch dieses Mal wieder zu wenig Kleidung als Schutz gegen die Kälte und den Wind dabeihatte, weil ich die klimatischen Bedingungen in dieser Osterwoche falsch eingeschätzt hatte. Sogar der Zufall strengte sich an und schien mir zuzwinkern zu wollen, brachte er mir doch ein Bild von New York aus besseren Tagen nahe. Eines der hinteren Fenster unseres Hotelzimmers ging hinaus auf die Kreuzung Broadway/

Canal Street, und mir fiel ein, dass genau dort eines meiner Lieblingsbücher begann, Nik Cohns »The Heart of the World«. Die Erzählung eines Broadway-Spaziergangs, der eine ganze Weltreise ersetzt und der an einem »klaren, aber bitterkalten Morgen« an dieser Kreuzung seinen Ausgang nimmt. Aber das war nicht mehr mein »Herz der Welt«. Ich hatte New York nie als Paradies erlebt, viel eher als Stadt des Aufbruchs, als unbarmherzige Stadt auch, der nichts Menschliches fremd war, doch ängstlich war sie mir nie erschienen. Bis jetzt. Und daher dachte ich im Taxi zum Flughafen, als wir durch den Holland-Tunnel zwischen Manhattan und New Jersey fuhren, auch an ein ganz anderes Buch, an John Updikes Roman »Terrorist«, in dem ein junger Amerikaner arabischer Herkunft seinen Lkw voll Sprengstoff lädt und plant, sich im Lincoln-Tunnel in die Luft zu jagen. Updike, der unter einer Tunnelphobie litt, hatte das in ein Buch gepackt, was ich nach dem 9/11 selbst oft gedacht hatte: Irgendwann würde ein Attentat in einem dieser großen Tunnels verübt werden. Dazu musste man nicht einmal Flugzeuge entführen. Ich saß im Taxi mit Tina und unseren Töchtern, im Tunnel war Stau, es ging nur langsam voran. »We live on a target«, Wolfgangs Satz, ging mir nicht aus dem Kopf. Auch mich hatte jetzt diese klebrige Angst erfasst, und der Tunnel erschien mir siebenmal länger als sonst.

Mötz kam aus Köln-Höhenhaus und wäre zu Beginn der siebziger Jahre mit seiner Nickelbrille und seiner Lockenmähne als Double von Rainer Langhans durchgegangen. Ich lernte ihn während meines Kunststudiums an den Kölner Werkschulen kennen. Dort hatte ihn mein Freund Manfred Boecker, der wiederum Schmal genannt wurde, mit den Worten begrüßt:

»Ah, Mötz, wat määß do dann he?«

Sowohl Schmal als auch Mötz hatten in typischen Sechziger-Jahre-Beatbands Schlagzeug gespielt und begrüßten sich nun wie alte Kollegen. »Poor Boys« hatte sich die Band von Mötz genannt, sie bezog sich dabei in ironischer Weise auf den bekannten Song der Lords, in dem es hieß: »Poor boy you might say life is very

hard to stay«. Weil er wohl hin und wieder seinen Einsatz verpasst hatte, waren die übrigen Bandmitglieder dazu übergegangen, ihren Schlagzeuger nur noch »Schloofmötz« zu rufen. Ein Spitzname, dessen Kurzform zudem zu Rainers riesiger Haarmütze passte.

Unser Kunstdozent Professor Dieter Krämer gab seinen Studenten die Möglichkeit, sich zu finden und voneinander zu lernen. Mötz, Schmal und mich verband dabei nicht nur der Entschluss, realistisch malen zu wollen in einer Zeit, in der fast alle unserer Kommilitonen mit expressiv-abstrakten Bildern Francis Bacon nacheiferten. Vor allem versuchten wir, durch Humor die Werte und Ideale der Generation unserer Eltern hinter uns zu lassen und unseren eigenen Platz im Leben zu finden. Wir nahmen nichts wirklich ernst. Lachen konnte man über alles. Ich schnitt Künstlerwitze aus Zeitschriften aus. Witze, die alle Klischees der Welt enthielten und nur zu deutlich zeigten, wie die Öffentlichkeit sich unser Leben vorstellte: Ein Künstler trug Baskenmütze und Schal, er war ein unablässig rauchender und trinkender Bohemien, der seinem unbekleideten Modell zu nahe kam und auf dessen Leinwand entweder Aktstudien oder Schmierereien zu sehen waren. Unser Humor half uns, mit solchen Stereotypen klarzukommen und sie lächerlich zu machen, noch ehe wir selbst überhaupt wussten, wie ein wirklicher Künstler lebte und arbeitete. Doch das sollte sich bald schon ändern.

Eines Nachmittags kam Dieter Krämer zu uns ins Atelier, er brachte Neuigkeiten mit. Ein bekannter amerikanischer Maler namens Howard Kanovitz halte sich für einige Monate in Köln auf, er habe das ehemalige Atelier von Michael Buthe in der Roonstraße bezogen und suche nun einen ortskundigen Studenten, der ihm ein wenig zur Hand ginge. Wir hatten von Kanovitz noch nie etwas gehört, doch Mötz zögerte nicht und nahm den Job an. Worum es Kanovitz ging, fanden wir rasch heraus. Er war ein Vertreter des Fotorealismus, einer Richtung, die erst langsam begann, in Mode zu kommen, doch schon ein Jahr später, auf der Documenta V, für großes Aufsehen sorgen sollte. Die Fotorealisten interessierten sich dafür, wie die technischen Bilder unsere Wahrnehmung steuern und oft auch verzerren. Sie zeigten, wie wir uns täuschen, wenn wir glauben, die Dinge so zu sehen, wie sie sind, und dabei doch nur auf ihr Abbild hereinfallen. Kanovitz' Bilder glichen Magrittes verwirrenden Darstellungen des eigentlich Unmöglichen. Sie hoben Zeit und Raum auf. Es konnte einem schwindelig werden. Auf »The Opening« erkannte man Besucher einer Vernissage, die sich ein Bild besahen, das Besucher einer Vernissage zeigte, die sich ein Bild besahen. Auf »Composition« ersetzte ein gemaltes Fenster das echte, war der Ausblick ins Freie nur Schein. Alles geriet auf diesen Bildern ins Wanken. Man konnte in sie hineingehen und sich in ihnen verlieren.

Mötz machte sich während Kanovitz' Aufenthalt in Köln unentbehrlich. Und er überlegte auch nicht lange, als er das Angebot erhielt, dauerhaft als Assistent zu arbeiten und zuerst mit nach London und dann mit nach New York zu kommen, wo Kanovitz mit seiner Frau lebte. Bald erhielten wir die ersten Briefe. Mötz wohnte jetzt auf der Second Avenue in Kanovitz' Atelier und blickte von da aus auf die erloschene Leuchtreklame des erst vor kurzem geschlossenen Fillmore East, Bill Grahams »Church of Rock 'n' Roll«. In einem leergeräumten riesigen Kinosaal hatte Graham drei Jahre lang unzählige Rockkonzerte veranstaltet. An mehreren Tagen in der Woche waren dort zwei Bands pro Abend aufgetreten, nicht wenige hatten ihr Konzert hinterher als Liveplatte veröffentlicht: Jimi Hendrix, Jefferson Airplane, Derek and the Dominos, Grateful Dead, Humble Pie.

Einige Jahre später, 1976, sollte ein zum Teil im Fillmore East aufgenommenes Album dazu beitragen, mein Leben in eine völlig neue Richtung zu lenken, mir eine ganz unerwartete Aussicht auf die Zukunft zu ermöglichen. Und das, obwohl mein Geld gar nicht ausreichte, um die Live-Doppel-LP »Four Way Street« von Crosby, Stills, Nash & Young zu kaufen, und ich daher an einem Abend voller Liebeskummer Neil Youngs »Cowgirl in the Sand« am heimischen Küchentisch nur schwer auf der Gitarre nachspielen konnte. Aus dem, was mir von dem Song im Gedächtnis geblieben war, und

25

den Gedanken an meine wieder einmal ausgeflogene Freundin entstand aber nach und nach etwas Neues, von dem ich noch nicht wusste, wie ich es bewerten sollte: mein allererstes Stück auf Kölsch. Ich gab ihm den Titel »Helfe kann dir keiner«. Erst später wurde mir bewusst, dass der Text sich wie eine Antwort auf das in Köln berühmte Lied »Drink doch eine met« von den Bläck Fööss ausnahm. Ich hatte dem mir immer schon suspekten Trost, dass keiner allein bleiben müsse, weil ihn in der Kneipe nebenan eine Gemeinschaft Gleichgesinnter schon auffange, Trauer und Einsamkeit entgegengestellt: »Do kannste maache, wat de wills, Jung, do blievste allein.« Am nächsten Tag spielte ich den Song den Jungs vor, mit denen ich im Proberaum einmal in der Woche Musik machte. Dabei merkte ich, dass das Singen im Dialekt mir vielleicht eine Möglichkeit der Kommunikation an die Hand geben könnte, an die ich zuvor nicht gedacht hatte. Es war, als hätte sich die Zukunft kurz blicken lassen, ehe sie rasch wieder verschwand in einer Gegenwart voller ungewisser Erwartungen und unbestimmter Pläne.

Wenn Kanovitz abends nach Hause ging, blieb Mötz allein im Atelier zurück. Man konnte aus seinen Briefen leicht herauslesen, dass er sich einsam fühlte. Doch er hatte durch Fleiß und Zuverlässigkeit ungeheuren Eindruck hinterlassen. Es dauerte daher nicht lange, bis der nächste Maler sich nach einem Assistenten aus Deutschland umsah. Larry Rivers war ein guter Freund von Kanovitz, gemeinsam spielten sie schon seit Ewigkeiten in einer Jazzband. Rivers hatte die Nase voll von der »Kommst du heut nicht, kommst du morgen«-Einstellung seiner bisherigen Assistenten und ließ Mötz fragen, ob nicht einer seiner deutschen Kollegen auch Lust habe, nach New York zu kommen. Schmal sagte zu und zog kurze Zeit später bei Rivers ein. Köln schien mir plötzlich wie verwaist. Mötz und Schmal hatten die Gelegenheit genutzt, etwas ganz Neues zu beginnen, und waren ohne lange nachzudenken in eine andere Welt aufgebrochen, von der ich nicht einmal wusste, wie ich sie mir ausmalen sollte. Andererseits war ich mir sicher, dass meine beiden Freunde nichts unversucht lassen würden, mich nachzuholen.

Manchmal ist es, als bilden Lieder und Orte eine unauflösliche Einheit. Vom ersten Moment an, lange bevor ich selbst die Stadt kennenlernte, erzählte mir Leonard Cohen in seinen Songs von New York. Beim Hören vervollständigte sich das Bild von kleinen Kellerclubs, endlosen Straßen, sichtbarem Atem und in der Jacke vergrabenen Händen immer wieder aufs Neue – selbst bei den Songs, die offensichtlich von etwas ganz anderem sprachen. Die Anschläge des 11. September erschienen mir daher in einer ganz naiven Weise neben all der Trauer, die sie auslösten, auch als Angriff auf eine Stadt, in der ich diese Songs ansiedelte, die mir so viel bedeuteten. Es ist wohl kein Zufall, dass alle drei Cohen-Nummern, die ich im Lauf der Jahre ins Kölsche übersetzt habe, von New York handeln: »Chelsea Hotel No. 2«, Cohens Hommage an Janis Joplin, ein lakonischer Abschiedsgruß, während die Limousine schon mit laufendem Motor wartet; das politische Manifest »First We Take Manhattan«, das einem das Blut in den Adern gefrieren lässt; und schließlich »Famous Blue Raincoat«, ein Lied, das ich Anfang 2001 auf Mallorca übersetzt habe, als wir uns dort zu Plattenaufnahmen aufhielten. Beim Betreten meines Hotelzimmers hoch über der Bucht von Cala St. Vicenç erinnerte ich mich augenblicklich an die Fotografie auf der Rückseite der Cohen-LP »Songs from a Room«. Dort konnte man eine schöne Frau sehen, die in einem kleinen Zimmer an einer Schreibmaschine saß. Die Läden vor dem Fenster waren zwar geschlossen, doch ich hatte mir immer vorgestellt, dass hinter ihnen der Ozean brandete. Solch ein Zimmer hatte ich nun gefunden. Ich schaute hinaus aufs Meer, in das unablässig der Regen fiel, starker Wind bewegte die Wellen unter dem verdunkelten Himmel. Während unsere Crew nebenan in einer alten Villa unser Aufnahmestudio einrichtete, bildete sich in meinem Zimmer langsam eine kleine Pfütze, der Regen hatte seinen Weg ins Trockene gefunden. Mallorca im Januar, und ich nahm mir Cohens um vier Uhr morgens im kalten New York begonnenen Brief vor, in dem der Zorn über einen Nebenbuhler der Sorge um das Wohlergehen eines alten Freundes weicht.

Cohen-Lieder vermischten sich mit Eindrücken aus Filmen, mit

Szenen aus Büchern und mit Touristenerwartungen und verliehen meiner Vorfreude eine romantische Note, als ich Ende 1973 endlich auch nach New York aufbrach. Ich fuhr nach Brüssel und nahm von dort einen Billigflug mit Capitol Airways. Schmal und Mötz waren nicht untätig gewesen, sie hatten in der Zwischenzeit sogar gleich zwei mögliche Assistentenstellen für mich aufgetan. Wobei ich mir schon früh sicher war, dass mir die Wahl leichtfallen würde. Da ich mittlerweile selbst begonnen hatte, fotorealistisch zu malen, hatte ich mich intensiv mit den Arbeiten aller bekannten Fotorealisten beschäftigt. Die Bilder von Lowell Nesbitt ließen mich ratlos zurück. In Katalogen wurde er der »Hofmaler der NASA« genannt, weil er offiziell eingeladen wurde, dem Start von Apollo 9 in Cape Kennedy und der Landung von Apollo 13 in Houston beizuwohnen. Anschließend machte er aus seinen Fotovorlagen von den Ereignissen Gemälde, auf denen sich der Flug einer Rakete wie der Start in eine Zukunft ausnahm, in der die Menschheit aller Probleme ledig sein würde. Eine andere Werkserie von Nesbitt trug den Titel »Iris« und vergrößerte Blumenpostkarten auf ein Format von zwei mal zwei Meter. Riesige, glänzende, bestechend scharf gemalte Blütenkelche, die an weibliche Geschlechtsteile erinnerten. Von diesen gynäkologischen Bildern wollte ich nicht Tag für Tag umgeben sein. Sie waren alles andere als sexy. Sie erzeugten bei mir ein fast körperliches Unwohlsein, wenn ich sie länger betrachtete. Ich musste mich von ihnen abwenden. Sie waren für mich wie braune Blätter an den Blumen, die man abzupfte, weil man sie nicht in der Wohnung haben wollte. Eine Assistentenstelle bei Nesbitt reizte mich also nicht. Anders sah es mit Malcolm Morley aus. Morley gab einem mit seinen Bildern zu verstehen, dass er durchschaut hatte, wie man die Welt wahrnahm. Er kannte die Abhängigkeit von Zeitungsbildern, Schnappschüssen und Plakaten, wenn man sich auf »die Realität« bezog. Morley entnahm dem »Life«-Magazin eine Fotografie, die den Abtransport Verwundeter im Vietnamkrieg festhielt, und machte daraus ein Bild. Er malte ein Wasserschloss in idyllischer Landschaft und vergaß nicht, in der rechten oberen Ecke ein gelbes »Kodak«-Zeichen einzufügen, um einen darauf hinzuweisen, dass man alles immer nur aus zweiter Hand serviert bekam. Alles war Reproduktion. Die Wirklichkeit war einem längst schon entwischt. Ich konnte mir gut vorstellen, für Morley zu arbeiten.

Schmal und Mötz hatten sich alle Mühe gegeben, mich gebührend zu empfangen, doch ein Flughafenpolizist machte ihnen einen Strich durch die Rechnung. Er sah zwei langhaarige Deutsche, die ein Transparent in die Höhe hielten, auf dem, umrahmt von Peace-Zeichen und liebevoll gemalten Blümchen, die freundliche Botschaft stand: »Welcome, liebe Jung!« Der Polizist konnte nicht wissen, was mit »liebe Jung« gemeint war, und schon gar nicht, dass wir Peace-Zeichen und Blümchen als unsere ganz persönlichen Ironiesignale betrachteten, mit denen wir uns über alle Arten von weihevoll ernster und politisch korrekter Kunst lustig machten. Für jeden Außenstehenden musste das Transparent, zumal in Zeiten des noch immer nicht beendeten Vietnamkriegs, wie die Botschaft friedensbewegter Hippies wirken. Der Polizist ließ nicht mit sich spaßen: »Roll it up!« Schmal und Mötz versuchten noch einige Male, ihr Transparent auszurollen, doch der Polizist kam immer wieder zurück und drohte ihnen sogar Prügel an, den Knüppel hatte er schon in der Hand: »I said ›Roll it up!‹«. So bestand das Begrüßungskomitee schließlich aus meinen zwei leicht betrübten Freunden und einem eingerollten Transparent. Es war großartig, Schmal und Mötz wiederzusehen.

In Kanovitz' Atelier war in einer Art Verschlag ein Sofa für mich hergerichtet. Mötz schlief nebenan, doch mich hatte der Jetlag fest im Griff. Ich bekam kein Auge zu. In dieser Nacht sah ich auf der Toilette die ersten Kakerlaken meines Lebens. Am Morgen sprach ich Mötz in der kleinen Küche darauf an:

»Do weiß jo, dat et he Kakerlake jitt?«

»Jo, ävver die kumme nur ens luhre, die jonn dann direk widder.«

Mötz war nicht so leicht aus der Ruhe zu bringen. Er sah nicht einmal auf, als ich den Kühlschrank öffnen wollte:

»Loss dä zo, do wähß Zeuch drin!«

Ich beschloss, mich an meinem ersten New Yorker Morgen ein wenig nützlich zu machen, und ging los, um Putzmittel und etwas zu essen zu kaufen. Bis Kanovitz ins Atelier kam, um zu arbeiten, fand er seine Erwartungen, was deutsche Assistenten betraf, aufs schönste bestätigt. Wir frühstückten in einer sauberen Küche. Mötz feierte diesen Moment durch die Modernisierung einer alten avantgardistischen Kunstpraxis. Er erfand das Readymade neu. In Ermangelung eines dritten Eierbechers stellte er sein Frühstücksei ganz einfach auf eine Kleenex-Rolle:

»Luhr he, ess fäädisch!«

Es blieb meine einzige Nacht in dieser Wohnung, denn bei Larry Rivers war mehr Platz. Ich zog noch am selben Tag um. Schmal und Mötz, die mich begleiteten, blieben vor einem schon etwas verfallenen Lagergebäude in der 14th Street stehen. Wir betraten ein ramponiertes Treppenhaus, das neben einem kleinen Zigarettenladen lag, und stiegen die Treppen hinauf bis ganz nach oben. Larrys Etage war wie eine Festung gesichert. Stangen und Schlösser sollten ungebetene Besucher abschrecken. Später ließ ich das Treppenhaus links liegen und benutzte meist den Eingang an der 13th Street. Neben einer Wäscherei führte ein langer Flur bis zu einem Lastenaufzug, der nur von oben in Bewegung zu setzen war. Man musste klingeln, um sich anzukündigen. In der vierten Etage wurde die Tür geöffnet, und dann betrat man eine Welt, in der die Unterschiede zwischen Kunst und Alltag nicht mehr existierten.

Bob Dylan nannte Johnny Cash einmal den Polarstern, an dem er sich orientiert habe. Wenn es in meinem Leben solch einen Polarstern gab, so war das Larry. Er war der erste wirklich berühmte Mensch, den ich traf, und bis heute spüre ich, wie viel ich von ihm verinnerlicht habe. Etwa seine Art, wie er auf Menschen zuging. Ich war ein Freund seines Assistenten, der einen guten Job machte, also war es normal, dass er mich willkommen hieß, doch er tat es mit einer ungeheuren Freundlichkeit. Und noch immer achte ich bei allen Künstlern, denen ich begegne, darauf, ob bei ihnen Werk und Vita so deckungsgleich sind, wie ich es bei Larry erfahren habe. Kunst war bei ihm Leben und umgekehrt. Er holte sich die Welt ins Atelier. Man sah ihn selten auf der Straße, doch jeder kannte ihn. Schon auf dem Flughafen, unmittelbar nach meiner Ankunft in New York, wurde mir bewusst, wie berühmt Larry eigentlich war. Ich füllte das Einreiseformular aus, und da ich kein Hotel angeben konnte, in dem ich wohnen würde, kritzelte ich ins Adressfeld: »404 East 14th Street, c/o Larry Rivers«. Der Zollbeamte schaute auf das, was ich geschrieben hatte, und sagte: »Larry Rivers? You mean THAT Larry Rivers?« Und ich konnte die Sperre passieren. Später, wenn ich wieder mal losgeschickt worden war, um in einem Deli im East Village Sixpacks, Bratkartoffeln, Sandwiches und Bagels zu holen, ließ ich mit dem Satz »Write it on Larry's account« anschreiben. Es ging zu wie in einem Dorf.

Larry war in der Bronx aufgewachsen, seine Eltern stammten aus der Ukraine. Er hatte eingefallene Wangen und graues Haar, das er sich aus der Stirn kämmte. Larry redete nicht über Kunst, dazu hatte er gar keine Zeit. Er war alles andere als ein Verbalerotiker. Für kunsttheoretische Exkurse konnte man ihn nicht gewinnen. Er musste weitermachen. Die Geschichte seines Lebens nahm einem die Luft und machte einem gleichzeitig Mut, dem Wind entgegenzugehen. Larry hatte mit Miles Davis eine Zeitlang auf der Musikhochschule studiert, er spielte Saxophon und war früher in Jazzclubs mit einer Band, die sich »Larry Rivers and the Mudcats« nannte, aufgetreten. Er war Motorradfahrer, trug selbstbemalte Krawatten und war 1968 in Lagos nur knapp der Exekution entkommen, als er von einem nigerianischen Major für einen weißen Söldner gehalten wurde. Er gewann bei der »$ 64,000 Challenge« $ 32,000, weil er alle Fragen bis auf die letzte beantworten konnte. Larrys Leben schien geräumiger zu sein als das anderer Leute. Es öffneten sich immer neue Türen. In Robert Franks Film »Pull My Daisy« konnte man ihn mit den Schriftstellern der Beat Generation in einem rauchgeschwängerten Loft in der Lower East Side sehen. Jack Kerouac nahm mit seiner Stimme aus dem Off den Zuschauer an die Hand und führte ihn durch einen in dunklen Bars, Treppenhäusern und Schlafzimmern verbummelten Tag: »Early morning in the universe …«

Larrys bester Freund war der Dichter Frank O'Hara gewesen, der 1966 von einem Auto überfahren worden war. O'Hara hatte gezeigt, dass buchstäblich alles, was man wahrnimmt, vorausgesetzt, man nimmt es genau genug wahr, zum Thema eines Gedichts werden kann. Die Schlagzeilen der Klatschpresse ebenso wie das Mittagessen vom vergangenen Tag. Es ging um die Aufmerksamkeit und das Interesse, mit dem man seiner Umwelt begegnete. Man durfte keine Angst haben, sondern musste skrupellos genug sein, den eigenen Blick auf die Dinge zu richten. Wie O'Hara weigerte sich Larry hartnäckig, zwischen hoher und niederer Kunst zu unterscheiden. Er vollzog den Schritt vom Abstrakten Expressionismus zur Pop-Art, noch ehe jemand wusste, was es überhaupt mit Pop-Art auf sich hatte. Eine Firma schmückte ihre Zigarrenschachteln mit Rembrandts berühmtem Gemälde »Staalmeesters«? Larry klaute die Idee zurück. Er sammelte die Dinge, die sich in die Warenwelt verlaufen hatten, wieder ein und machte Kunst aus ihnen: aus Briefmarken mit Cézanne-Reproduktionen ebenso wie aus der Speisekarte der »Cedar Tavern«, dem Stammlokal der New Yorker Avantgardekünstler am University Place.

Ich schaute mich erst einmal um. Das Atelier war wirklich riesig. Eine ganze Fabriketage, so lang wie ein Häuserblock. Unter Neonröhren ging Larry zwischen überladenen Arbeitstischen voller Skizzen, Fotografien und Werkzeug, zwischen Leinwänden und fertigen Bildern hin und her. Er liebte es zu arbeiten und war mit einer enormen physischen Ausdauer und einer animalischen Konzentrationsfähigkeit gesegnet. Oft sah ich ihm und auch Kanovitz beim Arbeiten zu. Der Unterschied war gewaltig. Kanovitz hatte einen festen Tagesablauf. Er erschien morgens zwischen neun und zehn im Atelier und begann, mit der Spritzpistole und mit Hilfe der Schablonen, die Mötz ihm ausgeschnitten hatte, an seinen akribisch geplanten Bildern weiterzumachen. Ich selbst hatte nie Lust, mit der Spritzpistole zu arbeiten, das entsprach mir nicht. Ich brauchte den direkten Umgang mit Pinsel und Farbe. Auch Kanovitz' Künstlermodell erschien mir undenkbar. Kanovitz ging am Abend aus dem Atelier und kam nach Hause wie ein Arzt, der den

Operationssaal verlässt und sich sagt: »Davon heute nichts mehr!« Derart abzuschalten gelang mir nicht. Ich war immer auf Empfang.

Larry lebte mitten in seiner Kunst. Er hatte ein Funkeln in den Augen. Sein Spieltrieb ließ ihn immer Neues ausprobieren. Wenn sich ein Sammler angesagt hatte oder wenn Larry zu einem Arzt musste, der kein Geld von ihm nahm, dem er aber dennoch etwas schenken wollte, machte er sich kurzerhand daran, eine kleine Collage anzufertigen. Abwechselnd liefen dabei seine zwei Lieblingsplatten: das erste Velvet-Underground-Album, das er durch Diane, seine junge Freundin, die in Andy Warhols Factory ein und aus ging, kennengelernt hatte, und »Let It Bleed« von den Rolling Stones. Für meinen Geschmack hörte er diese Platten beinahe schon zu oft. Insbesondere das Titelstück der Stones-LP hatte es ihm angetan. Beim Mitsingen des Refrains zog er die letzten beiden Wörter schwungvoll in die Länge: »We all need someone we can LLLEAN ON«. Da stand er, murmelte »Something«, wenn ihm wieder eine Idee für seine Collage gekommen war, fing an zu schneiden, klebte etwas auf, es hielt nicht, also griff er sich die Tackermaschine und tackerte es fest, wischte, brummelte wieder »Something«, schrieb noch etwas hin, sang »LLLEAN ON«, woraufhin ihm einfiel, dass er noch eine Kleinigkeit dazu zeichnen könnte oder dass ein Farbtupfer fehlte. Mir blieb der Mund offen stehen. Larry war in seinem Element. Als er fertig war, fragte ich ihn, ob die Tackernadeln auf seiner Collage nicht etwas rüde wirkten. Larry sah mich erstaunt an:

»Staples? You mind staples? What's wrong with staples?«

Und er nahm die Maschine und tackerte noch ein paar Nadeln auf das Bild. Er hatte recht. Nichts war falsch an Tackernadeln. Die Frage hatte eine Tür aufgestoßen. Ich musste versuchen, mich von vorgefassten Meinungen und Bedenken frei zu machen. Larry wies mir dabei den Weg. Auf einmal schien das Leben, das ich mir zu Beginn meines Kunststudiums ausgemalt hatte, nicht mehr ganz so weit entfernt zu sein.

Einige Jahre später kam Larry zur Vorbereitung einer Ausstellung in Hannover zum ersten Mal nach Deutschland. Schmal und ich erwarteten ihn in Frankfurt am Flughafen und brachten ihn zuerst nach Köln. Schon in New York hatte ich Larry vom Lebensmittelladen meiner Eltern an der Ecke Severinstraße/Kartäuserwall erzählt, er hatte mit Begeisterung zugehört und bestand nun darauf, dem Laden einen Besuch abzustatten und bei dieser Gelegenheit auch meine Eltern kennenzulernen. Es war ein warmer Sommerabend kurz vor Ladenschluss, es war die Zeit, die Mötz, Schmal und ich nur »Rinndraarezick« nannten. Jeden Tag um halb sieben mussten die vor den zwei Schaufenstern aufgestellten Obst- und Gemüsekisten in den Laden zurückgebracht werden. Als Kind des Familienbetriebs hatte ich schon unzählige Male dabei mitgeholfen, auch Mötz und Schmal packten so oft mit an beim »Reintragen«, dass es uns längst in Fleisch und Blut übergegangen war: Um halb sieben war »Rinndraare«. Selbst in New York blickten wir auf die Uhr, rechneten die Zeit um und nickten uns zu: »Jetzt ess eijentlich Rinndraare.«

Ich holte meine Eltern nach draußen und stellte sie Larry vor. Er begrüßte sie herzlich und versuchte dann, ihre Ängste, was meine Berufswahl betraf, zu zerstreuen. Er lobte mich und versicherte ihnen, dass meine Entscheidung für die Kunst in Ordnung ginge und dass mir eine Zukunft bevorstände, vor der sie keine Angst zu haben bräuchten. Es erinnerte ein wenig an jene Szene in Woody Allens »Der Stadtneurotiker«, in der Allen sich beim Warten vor einer Kinokasse in einen philosophischen Disput über Marshall McLuhans Medientheorie verwickeln lässt. Der Kontrahent in der Warteschlange entpuppt sich als Universitätsdozent und scheint alle Trümpfe in der Hand zu halten. Doch Allen zieht plötzlich hinter einer Werbewand den leibhaftigen Marshall McLuhan hervor, und der gibt dem Stadtneurotiker in allen Punkten recht und beendet die Diskussion zu seinen Gunsten. Manchmal imitiert das Leben die Tagträume des Kinos. Der Maler der Beat Generation fiel in der Kölner Südstadt vom Himmel und trat als mein Fürsprecher auf. Zwar war meinem Vater, der kein Englisch verstand und alles nur über Umwege mitbekam, die

Sache ganz offensichtlich suspekt. Larry verkörperte eine Lebensweise, die ihm, der sich um mein Auskommen sorgte, zutiefst missfiel. Meiner Mutter jedoch standen Aufregung und Stolz ins Gesicht geschrieben. Sie beherrschte ein paar Brocken Englisch und begann eine Unterhaltung. Larry gefiel ihr. Beinahe konnte man den Eindruck gewinnen, die beiden würden miteinander schäkern.

Auf den Bürgersteigen von New York hielt sich der Schnee; glatte, längst verharschte Stellen, die unter dem blauen Himmel in der Sonne glänzten. Wenn man aus dem Schutz der dicken Häuserblocks trat, raubte einem der Wind den Atem, und man wurde daran erinnert, wie nah das Meer war. Ich senkte den Kopf, steckte die Hände in die Taschen meiner dünnen braunen Lederjacke, unter die ich mehrere Pullover übereinander gezogen hatte, und ging weiter. Auf einmal hatte ich viel Zeit. Aus der Assistentenstelle bei Malcolm Morley, in die ich einige Erwartungen gesetzt hatte, war nichts geworden. Mit Schmal und Mötz hatte ich Morley in seinem Atelier besucht, dabei waren wir mitten hineingeraten in eine Party, die offensichtlich schon mehrere Tage andauerte. Manchmal kommt man irgendwohin, schaut sich um und weiß schon nach wenigen Momenten, dass man nicht am richtigen Ort ist. Ich wurde auf dem falschen Fuß erwischt. Morleys Party schreckte mich ab. Ich fühlte mich unwohl zwischen all den mir viel zu exaltiert erscheinenden Unbekannten, die ihre Feierlaune nicht nur dem Alkohol verdankten. Arty-Farty-People im Exzess. Da war kein Platz für mich. Ich wollte meine Zeit anders nutzen. In den folgenden Tagen löste ich mich mit jedem Schritt ein bisschen weiter von der Erinnerung an einen Plan, der nicht aufgegangen war. Meine Gedanken konnten sich neuen Angelegenheiten zuwenden.

New York war mir nicht fremd, New York war vertraut. New York war mir sogar in all seiner Fremdheit noch vertraut. All die Filme, die ich gesehen hatte, waren nicht ohne Wirkung geblieben. Und doch hatten sie mich nicht vorbereiten können auf die kleinen glückhaften Schockmomente, die mich immer wieder aufs Neue aus der Fassung brachten. Sie riefen mir ins Bewusstsein, dass ich nun selbst in dieser Stadt gelandet war, von der ich so oft geträumt hatte. Wenn ich nicht Schmal und Mötz zur Hand ging oder Larry bei der Arbeit zusah, lief ich durch die endlosen Straßen. Ich eroberte mir die Stadt im Schlendern. Eine Gewohnheit, die ich später auch in Deutschland beibehielt. Kurz bevor sich die ersten größeren Tourneen mit der Band ergaben und nachdem Erwin, mein Kater, elend an Rattengift krepiert war, hatte ich eine junge Hündin aus dem Tierheim adoptiert. An Blondies Seite lernte ich jede Stadt, in der wir auftraten, auf ausgedehnten Spaziergängen kennen. Noch heute möchte ich wissen, wie die Straßen aussehen, in denen die Leute leben, für die wir spielen.

New York roch nach überhitztem Dampf. Qualm stieg aus den Lüftungsschächten der U-Bahn durch Gullydeckel an die Oberfläche der Trottoirs und gab den kalten Tagen eine Illusion von Wärme. Feuerwehrwagen mit heulenden Sirenen ließen unentwegt an Katastrophen denken, doch seltsamerweise nahm keiner groß Notiz von ihnen. An jeder Ecke warteten dick vermummte Hot-Dog-Verkäufer neben ihren kleinen Wagen auf Kundschaft. Ich gab mich jedem Eindruck hin. Ich verbrachte meine Tage als Einsamer in der Menge und blieb der Großartigkeit und Unverständlichkeit des Großstadtlebens auf der Spur. East Village war der Ausgangspunkt, von dem aus ich meine Kreise zog. Nicht nur hier, sondern auch in Chelsea, Greenwich Village, SoHo, Chinatown und Little Italy waren die Wolkenkratzer, die mir auf der langen Fahrt vom Flughafen als scheinbar stets in der gleichen Entfernung verharrender Prospekt die Dimensionen New Yorks vor Augen geführt hatten, kaum zu ahnen. Viele der fünf- oder sechsstöckigen Häuser präsentierten sich noch im Originalzustand und dämmerten dem Verfall entgegen, während im Hintergrund Spekulanten schon ihr Geschäft witterten.

In den Tag und Nacht geöffneten, meist von einem Einwandererehepaar entbehrungsreich betriebenen Delis erkannte ich den Lebensmittelladen meiner Eltern wieder – ein sich blitzartig einstellendes Gefühl von Heimat, das mir später auch auf meinen Reisen durch Afrika noch ab und zu begegnen sollte, wenn ich in einer kleinen, mit allen möglichen Waren bunt vollgestopften Bretterbude plötzlich den Geruch meiner Kindheit wiederfand. Ich nahm die U-Bahn und sah mir in den Museen die Bilder von Jackson Pollock, Willem de Kooning, Mark Rothko, Clyfford Still und all den anderen Künstlern an, die zwei Jahrzehnte zuvor von dieser Stadt aus losgezogen waren, um den Abstrakten Expressionismus nach Europa zu bringen. Ihre Bilder in New York zu betrachten kam mir beinahe vor, als luden mich die Maler zu sich nach Hause ein. Ich fuhr mit der nahezu kostenlosen Fähre nach Staten Island und wieder zurück nach Manhattan und erlebte im schwindenden Nachmittagslicht das langsame Näherkommen der Skyline und der Freiheitsstatue, wie es schon die Einwanderer im frühen 20. Jahrhundert erlebt hatten.

Ich machte mir keine Notizen und besaß keinen Fotoapparat. Ich zeichnete nichts auf, sondern ließ den Moment geschehen. Schmal und Mötz dachten wie ich. Obwohl wir alle drei fotorealistisch und damit nach Fotovorlagen arbeiteten, wäre uns nicht in den Sinn gekommen, einen privaten Augenblick mit dem Fotoapparat festzuhalten. Das galt uns auf eine verquere Art als spießig. Wenn es in dem Kinks-Stück hieß: »People take pictures of each other just to prove they really existed«, dann wollten wir nicht zu denen gehören, die sich umdrehten, um sich der Vergangenheit zu vergewissern, deren Leben wie ein Spuk vorbeiging und keine Spuren hinterließ außer einigen Fotos in verstaubten Alben.

Über zwei Jahrzehnte später jedoch arbeitete ich an Bildern, die die Eindrücke meiner ersten New-York-Reise noch einmal aufriefen. Sie nahmen Bezug auf einen Text mit dem Titel »Amerika«, den ich kurz zuvor geschrieben hatte. In ihm ließ ich zwei Kölner auftreten, die nach der Befreiung ihrer Stadt vom Faschismus in der kleinen Straße An St. Magdalenen zusammenstehen, eine GI-Patrouille beobachten und sich dabei so ihre Gedanken über den amerikanischen »Way of Life« machen. Ich ging an die Bilder mit der Idee heran, dass alle Materialien, die ich verwenden wollte, vielleicht auch in genau dieser Nachkriegsstraße, inmitten von

Trümmern, zu finden gewesen wären. Und so wie das Halbwissen der zwei Kerle im Text aus Aufgeschnapptem, Vermutetem und Ausgedachtem bestand, fügte ich dann Lack, Sand, Holz und Blech zu einem gefaketen »Amerikanischen Tisch« zusammen, den ich zusätzlich noch mit einem jener Cast-Iron-Ornamente versah, wie ich sie zu Beginn der siebziger Jahre so oft an den Fassaden der verwaisten Lager- und Fabrikgebäude in SoHo gesehen hatte.

Gusseiserne Fassaden, hinter denen einst unter erbärmlichen Bedingungen Arbeiter der Textilindustrie ihr Tagwerk verrichtet hatten. Nach dem Abzug der Industrie standen ganze Häuserblocks leer und wurden zum Zufluchtsort für Künstler und Galeristen auf der Suche nach billigem Wohnraum. Der Verfall interessierte sie nicht. Sie funktionierten die Etagen zu Lofts und Ateliers um und begannen zu arbeiten. Sie konnten nicht wissen, dass nicht zuletzt ihr Engagement den Stadtteil für Immobilienhändler wieder attraktiv machen sollte. Nur wenige Jahre später, nach umfangreicher Sanierung, war die Gentrifizierung des Viertels abgeschlossen. Die Preise für ein Loft stiegen ins Unermessliche, und viele der ursprünglichen Bewohner mussten ausziehen, weil sie sich die Miete nicht mehr leisten konnten.

Zu Beginn der siebziger Jahre wirkte SoHo jedoch noch wie ausgestorben, wenn wir unsere Thekengespräche aus dem Kölner »Podium« entweder in der »Broome Street Bar« oder in der »Spring Street Bar« wiederauferstehen ließen. Beide Kneipen lagen an Ecken des West Broadway. Schwarz gestrichene, mit viel Neon und ein paar Blumen eingerichtete Inseln inmitten eines aus der Zeit gefallenen Niemandslands, das man in der Nacht besser nicht zu Fuß durchquerte. Ein Taxi brachte uns heim. Am Fenster zogen lange Strecken heruntergekommener und verrammelter Lagerhäuser vorbei, dazwischen lagen immer wieder Abschnitte tiefer Dunkelheit, die ein Gefühl von Unwirklichkeit erzeugten. Wie immer war ich es, der dem Taxifahrer das Ziel genannt, ihm eine der beiden in Frage kommenden Adressen angegeben hatte. Sätze, die mir heute wie die Beschwörung eines längst nicht mehr existierenden Alltags erscheinen. »We go to the corner Second Avenue and

St. Mark's.« Oder: »We go to the corner of First Avenue and 14th.«
Die Ecke, an der Larry lebte.

Eines Abends gingen wir mit Larry ins Kino. Wir erwischten den Anfang einer Doppelveranstaltung. In einer Endlosschleife liefen zwei Filme immer wieder hintereinander ab. Es war eines dieser heruntergekommenen Kinos an der 14th Street, in denen es nie hell wurde. Niemand störte sich daran, wenn man halbe Tage dort verbrachte. Allerhand Gestalten, die das Licht scheuten, benutzten das Kino als ihr muffig riechendes Wohnzimmer und blinzelten in die immer gleichen flackernden Bilder. Ich klappte den Sitz nach unten und versuchte, mich auf die Handlung eines Films namens »Westworld« zu konzentrieren. Es ging reichlich abstrus zu. Ein paar Typen fuhren in eine Art Disneyland, wo sie sich mit als Cowboys verkleideten Statisten Kämpfe liefern konnten. Man erfuhr recht bald, dass es sich bei den Statisten um Roboter handelte, die nur die Aufgabe hatten, die Lust der Gäste auf Nervenkitzel zu befriedigen. Nachts kamen die im Kampf beschädigten Roboter in die Werkstatt, wurden repariert, und die Show ging am nächsten Tag wieder von vorne los. Einer der Roboter überlegte es sich jedoch anders. Er hatte wohl keine Lust mehr, sich von den Touristen niedermetzeln zu lassen, und begann sich zu rächen. Ich erkannte Yul Brynner in dieser Rolle. Ein Trick machte es sogar möglich, dass man einen Blick in sein Inneres werfen konnte. Es bestand aus Drähten.

Bei all dem konnte man nur mit den Schultern zucken. Nichts an diesem Film brachte einen auf neue Gedanken. Ohnehin hatte mich Science-Fiction immer kaltgelassen. Roboter waren mir gleichgültig. Das normale Leben war schon kompliziert genug. Ich begann, die mir neue Form der Doppelveranstaltung für keine so gute Idee mehr zu halten. Doch bereits der Vorspann des zweiten Films machte einem klar, dass man nun besser genauer achtgab. Unwillkürlich setzte man sich auf und vergaß, auf den eigenen Atem zu achten.

Der Film trug den Titel »Soylent Green«. Er spielte in den Straßen, durch die wir eben noch gegangen waren, doch er tauchte sie ins Licht des Jahres 2022. Es war keine angenehme Zukunft, die er vor Augen stellte, aber man konnte seinen Blick nicht von der Leinwand abwenden. Ökologische Katastrophen und eine Bevölkerungsexplosion hatten die Stadt verändert, das New York im Film zählte 40 Millionen Einwohner. Alle Rohstoffe waren aufgebraucht. Es gab kein sauberes Wasser mehr, im Gramercy Park wurden die letzten Bäume in einem Gewächshaus bewacht. Lebensmittel konnten sich nur noch die Reichen leisten, der Rest ernährte sich von einer Wundernahrung namens Soylent Green. Der Strom fiel aus. Bücher wurden keine mehr gedruckt. Die Menschen schliefen in überfüllten Treppenhäusern, in Kirchen und auf öffentlichen Plätzen. Wer sterben wollte, begab sich in eine Klinik und ließ sich einschläfern. Zuvor wurden ihm zu klassischer Musik Bilder von Sonnenuntergängen, Blumenfeldern und Berglandschaften gezeigt. Der Tod kam in Dolby-Surround und als Rückblick auf eine von Menschen unberührte Natur. Gleich darauf wurden die Eingeschläferten mit Müllwagen in eine Fabrik gebracht und dort zu Soylent Green verarbeitet. Ein von Charlton Heston gespielter Polizist hatte das Geheimnis gelüftet. Am Ende des Films sah man ihn blutverschmiert auf einer Bahre liegen, »Soylent Green is people« rufend.

»Westworld« begann wieder. Wir stolperten aus dem Kino, traten hinaus auf die nachtdunkle 14th Street und sahen uns um. Langsam löste sich der Bann. Alles war wie immer. Für diesen Abend waren die Stadt und wir noch einmal davongekommen.

Auf meinen alltäglichen Streifzügen kam ich auch durch die Bowery. Zwei sich düster gegenüberstehende Häuserreihen, die einmal bessere Tage erlebt hatten, Tage voller Reichtum, schön gekleideter Menschen und großer Autos. Jetzt überlegte ich mir es zweimal, ob ich diesen Weg nahm. Die Bowery war ein heikles Pflaster. Hier »torkelte«, schrieb einige Jahre zuvor der Schriftsteller Wolfgang Koeppen, »wer an Amerika starb, durch eine Avenue elender Schnapsausschänke«. Die im alltäglichen Konkurrenzkampf auf der Strecke Gebliebenen, die Überflüssigen und Ausgespuckten lagen hier buchstäblich auf der Straße. Zu Hause hatte ich mich mit den Arbeiten des amerikanischen Bildhauers Duane Hanson beschäftigt. Hanson überführte den Fotorealismus ins Dreidimensionale. Er stellte aus Glasfaser und Polyester hyperrealistische Figuren her, die man oft auch noch beim zweiten Hinsehen für lebende Menschen hielt. Ging man im Museum um eine Hanson-Skulptur herum, erwartete man jeden Moment, von ihr angesprochen zu werden. Es war verblüffend, doch viel mehr als nur ein Wachsfigureneffekt. Hanson hielt mit seinen täuschend echten Figuren, mit all den anonymen Hausfrauen, Sportlern, Gangstern, Einkaufenden, Putzfrauen und Touristen, Amerika den Spiegel vor. Er kritisierte durch genaues Hinsehen. Unmittelbar nach seinem Umzug nach New York hatte Hanson das Elend von drei schwarzen Obdachlosen in einer Skulpturengruppe mit dem Titel »Bowery Derelicts« abgebildet. Ich kannte sie aus einem Katalog. Wenn ich nun durch die Bowery ging, korrigierte die Realität meine an Hansons Kunst geschärfte Wahrnehmung. Aus den leblosen Figuren wurden wieder echte Menschen. Hanson hatte nicht übertrieben. An jeder Ecke begegnete ich Bowery-Pennern. In der Bowery verendete der amerikanische Traum im Müll.

Ausgerechnet dort eröffnete kurz nach meiner Abreise aus New York ein Wirt namens Hilly Kristal eine Kneipe, in der auch Musiker auftreten konnten. Der Name des Lokals verkündete zwar, welche Musik Kristal vorschwebte: Um Country, Bluegrass und Blues sollte es gehen. Doch schon der Untertitel nahm es nicht mehr so genau und versprach auch »& Other Music For Uplifting Gormandizers«. Eines Tages stand Kristal auf der Leiter vor seinem Laden, um die Markise zu reparieren, als vier Jungs in Jeans und T-Shirts ihn ansprachen und letztlich überredeten, sie auftreten zu lassen. Sie halfen sogar dabei mit, die winzige Bühne, die sich an der Stirnseite des schlauchartigen Lokals befand, aufzubauen. Die Jungs nannten sich als Band Television, und als sie Ende März 1974 ihren ersten Gig im »CBGB's« spielten, war sehr schnell klar, dass man von nun an auf der Hut sein musste, wollte man den Anschluss nicht verpassen. Man zog die viel zu lange schon stehengebliebenen Uhren wieder auf, ging nach draußen und schaute nicht zurück. Nur wenn man rannte, erreichte man den Zug noch. Television machten den Anfang. Ihre Musik enthielt das Versprechen, sich um den ramponierten Geist des Rock'n'Roll zu kümmern und ihn noch einmal zum Tanzen zu bringen. Auf einmal war es genug mit gepolsterten Sesseln und Whirlpools, mit Spiegeln an der Decke und rosa Champagner auf Eis. Television sperrten die Dinosaurier in eine Abstellkammer und warfen den Schlüssel weg. Sie drehten die 1000-Watt-Birnen aus und öffneten die Fenster, um den Bodennebel loszuwerden.

All das erzählte mir Mötz bei einem seiner jährlichen Besuche in Köln. Er beschrieb mir, wie nach und nach immer mehr Bands dem Beispiel, das Television gegeben hatten, folgten. Im »CBGB's« durften alle nur Selbstkomponiertes spielen. Coverbands wurde die Tür vor der Nase zugeschlagen. Wer montags im Publikum stand, hielt sich am Wochenende dran, selbst auf die Bühne zu kommen. Die Grenzen zwischen Zuschauern und Auftretenden begannen zu verschwimmen. Mötz zählte mir einige der Acts auf, die er im »CBGB's« erlebt hatte, die Namen klangen aufregend. Wayne County & The Electric Chairs. Suicide. The Stilettoes, deren Sängerin Debbie Harry uns noch vor gar nicht langer Zeit im »Max's Kansas City« als Kellnerin begegnet war. Patti Smith Group. The Shirts. Talking Heads. Von einer Band hatte er sogar eine LP dabei:

»Dat ess ein vun dänne, die hann ich dir metjebraat. Hührt sich e' bessje ahn wie janz ahle Kinks-Plaate!«

Ich nahm das Album in die Hand und besah mir die Schwarzweißfotografie auf dem Cover. Vier dünne Männer standen vor einer abbröckelnden Häuserwand und starrten ausdruckslos in die Kamera. Lederjacken, Jeans, Sonnenbrillen. Darüber, in weißen Großbuchstaben, der Schriftzug »RAMONES«. Legte man die Platte auf, wurde man zu den Waffen gerufen. Es war, als ob sich das erste Stück an einen persönlich wandte und dazu aufforderte, seine Chance nicht zu versäumen. Jede Sekunde konnte es losgehen: »Hey ho, let's go«. Paul McCartney hatte einmal, noch zu Silver-Beatles-Zeiten, für eine Tournee das Pseudonym »Paul Ramon« gewählt. Nicht nur mit ihrem Namen verbeugten sich die

43

Ramones vor den Beatles. Ihre Platte nahmen sie in gerade mal einer Woche mit einem Vierspurgerät auf. Kein Stück dauerte länger als zweieinhalb Minuten. Drei Akkorde, drei Wörter und ein Refrain. Second verse, same as the first. Adrenalin und Enthusiasmus ersetzten ausgeklügelte Pläne, und auf einmal schien alles wieder ganz einfach zu sein.

Ich kam aus dem Staunen nicht mehr heraus. Nicht nur, dass Mötz die Ramones, deren Musik mir auf Anhieb gefiel, persönlich kannte. Noch mehr beeindruckte mich, dass er selbst wieder begonnen hatte, Musik zu machen. Er spielte nun Schlagzeug in einer Band, die sich LOK, Love's Outrageous Kingdom, nannte und die hin und wieder im »CBGB's« spielte. Da in den Clubs schon eine kleine PA eingebaut war, mussten die Bands nur die Instrumente und ihre Backline zum Auftrittsort transportieren. LOK übten bei Mötz im Atelier und konnten zu ihren Gigs zu Fuß gehen. Sie schleppten ihr Schlagzeug an den Bowery Bums vorbei, schoben ihre Gitarrenboxen über den Asphalt und bauten sie auf der Bühne wieder auf. Die Ramones nutzten die U-Bahn als Tourbus. Johnny Ramone packte seine Gitarre in eine mit Blumen verzierte Plastiktüte und verzog keine Miene.

Ich geriet ins Grübeln. Während ich mich seit Jahren nur noch um die Kunst kümmerte und die Musik allenfalls als gelegentlichen Partyspaß betrachtete, dem ich keine große Wichtigkeit mehr beimaß, war Mötz seinem Instinkt gefolgt. Er hatte nicht lange nachgedacht und die Gelegenheit beim Schopf ergriffen. Sogar eine EP würde er demnächst mit LOK aufnehmen. Ich schaute noch einmal auf das Cover der Ramones-Platte. Die Jungs schienen mit heiligem Ernst bei der Sache zu sein. Sie hatten eine Band gegründet, weil sie die Lebendigkeit und die Frische der Musik, mit der sie aufgewachsen waren, vermissten. Sie hatten eigene Stücke geschrieben und dabei vergessen, dass es so etwas wie Virtuosität überhaupt gab. Vielleicht sollte ich mir das Ganze doch noch einmal überlegen. Vielleicht sollte ich einfach wieder anfangen.

Jede Generation verfällt aufs Neue dem Ramones-Fieber. Meine Söhne bildeten da keine Ausnahme. Zwanzig Jahre, nachdem ich

dank Mötz zum ersten Mal »Blitzkrieg Bop« gehört hatte, schallte mir der Song mehrmals täglich aus ihren Kinderzimmern entgegen. Obwohl Severin und Robin erst zwölf und zehn waren, hatten sie doch bereits den Unterschied zwischen dem Original und seiner deutschen Spaßpunk-Variante verstanden, die fortan von ihnen keinerlei Airplay mehr bekam. Wer Purist werden wollte, fing besser beizeiten damit an. Meine Söhne griffen, wenn sie an meinem Plattenschrank auf Beutezug gingen, nie daneben. Sie klauten mir zielsicher immer die Alben, die es wert waren, geklaut zu werden. Da konnte ich es sogar verschmerzen, dass es an mir hängenblieb, die Lücken im Regal regelmäßig wieder zu stopfen.

Eine Rock-'n'-Roll-Initiation war nicht komplett ohne ein Konzert. Meine Söhne brannten darauf, die Ramones live zu erleben. In der Bonner »Biskuithalle«, deren Betreiber ich kannte, bot sich die Gelegenheit. Auch Frankie, Severins bester Freund, dessen Mutter Argentinierin war, kam mit in die »Biskuithalle«. Er trug ein riesiges, in Buenos Aires gekauftes Fake-Ramones-T-Shirt und glich einer kleinen, wandelnden Litfaßsäule, die für die gute Sache warb. Drei halbwüchsige Fans, die staunend mitbekamen, wie ihre Band erst kurz vor Showbeginn gerädert aus einem Kleinbus stieg. Die Ramones waren weltberühmt, sie füllten in Südamerika Fußballstadien, doch in Europa mussten sie sich auf der Autobahn von Frankreich ins Rheinland quälen. Besonders Joey sah man die Strapazen an. Er wirkte müde und ausgelaugt. Und doch schlug er auf meine dem Tourleiter vorgebrachte Bitte um ein Autogramm für die Jungs sofort auch ein gemeinsames Foto vor. Die Ramones zogen sich ihre Lederjacken an, stellten sich zusammen und bildeten den Rückraum für ihre jungen Fans, die vor Aufregung und Stolz glühten.

Larry ahnte, dass mir das Geld ausging, und gab mir kleinere Jobs. Er meinte, ich könne die Wände in seinem Schlafzimmer und die Tür des Lastenaufzugs, der direkt in das Loft führte, bemalen. Für die Wände hatte ich mir als Motiv einen Himmel mit einem Regenbogen überlegt, doch mit dem Ergebnis war ich nicht recht zufrieden. Ich musste mich mehr anstrengen. Ich verschränkte die Arme und betrachtete die Aufzugstür. Sie war silbern besprüht und entsprach damit dem Zeitgeschmack – mir fiel Andy Warhols Factory ein, die Billy Name komplett mit Silberfolie ausgekleidet hatte. Ein Sinnbild glitzernder Dekadenz. Ich beschloss, dass es an der Zeit sei, ein wenig Farbe ins Spiel zu bringen, und schlug Larry vor, eine Vietcong-Flagge auf die Tür zu malen. Larry war begeistert. Er liebte es zu provozieren. Er wusste, dass die Sammler, die ihn im Atelier besuchten und die genügend Geld besaßen, um eine große Arbeit von ihm zu kaufen, nicht unbedingt Anhänger der Demokraten waren. Wenn sie aus dem Aufzug traten und die Tür hinter sich schlossen, würden sie die Stirn runzeln.

Ich selbst kannte niemanden, der für den Vietnamkrieg Stellung bezog. Nicht zuletzt weil es Wehrpflichtige waren, die ihr Leben ließen, und nicht ausschließlich Berufssoldaten, stieß der Krieg auf eine so vehemente Ablehnung in der Öffentlichkeit und auf eine so breite Protestbewegung, der die Fernsehnachrichten jeden Abend neue Argumente ins Haus lieferten.

Wenn ich nun die Fahne der Nationalen Front für die Befreiung Südvietnams auf Larrys Aufzugstür malte, geschah das weniger, weil ich ein politisches Statement abgeben oder Leute vor den Kopf stoßen wollte. Wenn überhaupt wollte ich sie für einen Moment aus dem Konzept bringen. Schon längere Zeit hatte ich mich für das Verhältnis von Kunst und Politik interessiert. Welche Funktion nahm Kunst in der Gesellschaft ein? Konnte sie zu Veränderungen beitragen, wenn sie sich in den Dienst eines politischen Anliegens stellte? Oder erwuchs ihr gerade aus der Zweckfreiheit die Kraft, eine Gegenposition zu allen Ideologien einzunehmen? In Deutschland hatten in der linken Szene nach dem langsamen Verebben der Studentenbewegung sogenannte K-Gruppen das Sagen. Kommunistische Organisationen, die auch an den Kunsthochschulen mit geballten Fäusten die reine Lehre predigten. Man redete sich die Köpfe heiß. Überzeugte Kadermitglieder bemühten sich, schwarze Schafe auf Linie zu bringen. Einer unserer Freunde, Sigurd Wendland, agitierte am eifrigsten. Er malte in einer extrem hohen Schlagzahl. Einmal, als Schmal, Mötz und ich ihn trafen, hatte er gerade sein tägliches Bild beendet. Auf der Leinwand sah man, wie Polizisten bei einer Anti-Vietnamkrieg-Demonstration Studenten niederknüppelten. Sigurd hielt nichts von Zwischentönen. Er schickte keine Briefe, er warf Flugblätter ab. Wir kratzten uns am Kopf. Über unseren Bildern stand kein großes »K«. Propaganda begegneten wir mit Ironie. Wenn Sigurd »Kunst als Waffe« sagte, sagten wir »Kunst als Waffel«. Wenn er vom »Sieg im Volkskrieg« träumte, erfanden wir den »Sieg im Volkstanz«. Unser Humor verband sich mit einem tiefen Misstrauen gegenüber politischen Heilslehren jeder Art. Sigurd lächelte resigniert. Wir waren hoffnungslose Fälle. Sigurd hielt uns und vor allem mich für Versöhnler, die viel zu viele Kompromisse mit dem System schlossen. Er brachte das sogar in einem Bild zum Ausdruck. Er malte mich, wie ich auf einer Mauer saß und einem Polizisten eine Flasche Bier reichte. Sigurd hatte mich gut erkannt. Für mich waren Polizisten nie von vornherein »Bullenschweine« und Feinde, die es zu bekämpfen galt. Oder wie John Lennon einmal sang: »But when you talk about destruction, don't you know you can count me out.«

Dabei waren meine Arbeiten keineswegs unpolitisch. Auf einem großformatigen Bild mit dem Titel »Notizen, Zitate, Ausschnitte« verband ich Waren- und Werbeästhetik mit Fakten aus der Arbeitswelt. Ich wählte Fotos aus einem Modemagazin, auf denen Models Unterwäsche vorführten, sowie bunte Anzeigen für Süßigkeiten und Kosmetik als Vorlage für die zehn quadratischen Bildteile und malte sie in schimmernder Pracht. Durch Ausschnittvergrößerung zwang ich den Betrachter dazu, die Position eines Voyeurs einzunehmen, der sich an einzelnen Körperteilen ergötzte. Die Frauen erschienen ebenso als Ware wie die Zigaretten, die Schokolade und die Lippenstifte, deren Abbildungen ich danebensetzte. Um den verführerischen Glanz der Oberfläche zu zerstören, konfrontierte ich das in der Werbung vermittelte Frauenbild mit Beschreibungen aus dem Alltag von Fabrikarbeiterinnen. In weißer Schablonenschrift schrieb ich über die Abbildungen Sätze wie: »Heute liegen die Frauenlöhne in der Industrie noch immer ein Drittel unter denen der Männer, obwohl 36 % der Arbeiterinnen Hauptverdiener ihrer Familien sind.« Diese Bilder sollten stören. Ich wollte beim Betrachter ein Unwohlsein erzeugen, doch ich wollte ihn nicht den ganzen Weg begleiten. Er sollte sich selbst seinen Reim auf das machen, was er sah.

Vor allen Dingen war es mir wichtig, handwerklich gut zu arbeiten. Damit wollte ich mich von einem Maler wie Jörg Immendorff absetzen, der ungefähr zur selben Zeit streng in die Runde blickte und allen die Frage stellte: »Wo stehst du mit deiner Kunst, Kollege?« Immendorff bekannte, von Mao gerettet worden zu sein und fortan nur noch im Namen der Revolution malen zu wollen. Augenscheinlich hatte er die ästhetischen Qualitäten seiner »Städtebilder« ganz ihrem Gebrauchswert untergeordnet. Sie zeigten auf eine romantisierende Art Verbrüderungsszenen zwischen Künstlern und Arbeitern, Demonstrationszüge, Diskussionsrunden und ein nächtliches Köln »im Zeichen der Aktivitäten des nationalen Vietnam-Komitees« samt Rheindampfer und Domkulisse. Sie glichen hastig gemalten Plakaten, die jemand an einem Bauzaun befestigt hatte. Man blieb kurz stehen und wechselte dann besser die Straßenseite.

Einer unserer Kommilitonen, Karel Rösel, war nach der Niederschlagung des Prager Frühlings aus der Tschechoslowakei nach Deutschland gekommen und hatte uns genügend Geschichten vom Leben hinter dem Eisernen Vorhang erzählt, um uns für immer gegen die auf Linie getrimmten Ideale des Sozialistischen Realismus zu imprägnieren. Wer Kunst nur nach ihrer Wirksamkeit für eine politische Sache beurteilte, verfiel einem Kosten-Nutzen-Denken, das mich abstieß. Kunst war für mich kein Gebrauchsgegenstand. Die Kunst, die mir wichtig war, ließ viele Deutungen offen. Sie enthielt Trauer, Sehnsucht und Hoffnung und erzählte von der Utopie, dass die Welt auch anders sein könnte. Doch sie bevormundete nicht, und sie schrieb niemandem vor, was er zu tun und zu lassen hatte.

Daran dachte ich, als ich vor Larrys Aufzugstür stand. Wenn ich die Vietcong-Flagge auf einen echten Gebrauchsgegenstand malen würde, musste das Bild selbst keiner mehr sein. Mit der Funktionalität einer Tür konnte es sich ohnehin nicht messen. Der Gedanke gefiel mir. Nach meiner Rückkehr nach Köln griff ich das Motiv noch einmal auf und malte die Flagge nun in Lebkuchenoptik und verziert mit Liebesperlen. Weil Immendorff seine Agitprop-Arbeiten mit dem Ausruf »Alles für den Sieg des kämpfenden vietnamesischen Volkes!« zu unterzeichnen pflegte, nannte ich das Bild »Mein Beitrag zum Sieg«. Doch mir ging es dabei nicht nur um Ironie. Indem ich die Flagge zum bunten Wandschmuck machte, wies ich auch die Ansprüche derer zurück, die von meinen Bildern eine politische Aussage verlangten. Man durfte sich nicht allzu sehr nach dem richten, was andere von einem erwarteten.

Der Nachmittag endete mit einem blauen Himmel über den geteerten Dächern von East Village. Ich lehnte mich gegen die Heizung. Die Rohre waren alt und löchrig, und sie hatten mir bewiesen, dass Bob Dylan mit einer Zeile aus seinem Song »Visions of Johanna« nicht gelogen hatte: In New York begannen die Heizungsrohre in der Nacht zu husten. Von nebenan hörte ich Musik. Schmal hatte eine Platte aufgelegt und war damit beschäftigt, Leinwände aufzuspannen. In den zwei Monaten, die ich nun in Larrys Atelier wohnte, hatte ich erlebt, wie hart er und auch Mötz arbeiteten, wie viel sie lernten vom Umgang mit Larry und Howard. Doch mir war auch nicht verborgen geblieben, dass beide keine Zeit mehr fanden, sich selbst Neues auszudenken. Die Tage ziehen vorbei, und man schaut nicht auf, wenn einer auf den anderen folgt. Aber wenn man nachrechnet, stellt man fest, dass man etwas Wichtiges aus den Augen verloren hat, obwohl man sich einmal fest vorgenommen hatte, es nie mehr herzugeben.

Ich knipste das Licht in der Küche an. Mein Blick traf auf ein Bild, das Larry mit Silberfolie ausgekleidet und »Bad Witch« genannt hatte. Der Körper der Hexe bestand aus einer aufgezogenen Heroinspritze, ein Arm endete in einem entzündeten Streichholz. Wieder einmal fiel mir auf, wie unterschiedlich Larrys Arbeiten waren. Betrachtete man eine Reihe von ihnen, war es schwer zu glauben, dass sie alle vom selben Künstler stammten. An einer anderen Wand hing Larrys Porträt von Jim Dine. Dine verschränkte die Arme vor der Brust und schaute aus farblosen Augen hinter einem »Storm Window« hervor. Auf seiner Armbanduhr war es kurz nach sechs. Larry hatte erzählt, dass ihm die Idee dafür im Schlaf zugefallen sei. Mitten auf dem Ozean, während er mit dem Schiff von Europa zurück nach New York fuhr, war ihm eines Nachmittags im Traum Jim Dine in einem Sturmfenster erschienen. Die Idee veränderte ein normales Porträt in ein Verschiebespiel, denn wenn man den Holzrahmen des Fensters bewegte, änderte sich auch das Bild.

In den letzten Wochen hatte Larry damit begonnen, nach Vorlagen aus einem japanischen Bilderbuch mit dem Titel »Zwei Kurtisanen« zu malen. Zum ersten Mal arbeitete er dafür auch mit

Schablonen und einer Spritzpistole. Howard hatte ihm einige Kniffe beigebracht, und Larry bemühte sich nun, ähnlich penibel und sauber wie die Fotorealisten zu Werke zu gehen. Ich hatte Mühe, Larry auf Bildern wie »Kinko the Nymph« wiederzufinden. Mir kam es vor, als fragte er plötzlich andere nach der Richtung, während er bisher einfach losgelaufen war. Zu Larry passten keine Schablonen. Larry war nicht penibel und pingelig. Um Konzepte scherte er sich nicht. Als ich ihn einmal fragte, warum auf einem seiner alten Aktgemälde Berdie, seine erste Schwiegermutter, gleich zweimal, einmal stehend und einmal sitzend, zu sehen sei, antwortete er, es sei eben noch Platz auf dem Bild gewesen. What's wrong with staples.

Es wurde Zeit, dass ich meine Koffer packte. Ich verließ New York dankbar, doch ohne Wehmut. Frank O'Hara schrieb einmal über Larrys Kunst, sie habe ihn stets dazu angeregt, das Leben mit größerem Interesse wahrzunehmen. Nun lag es an mir, die Ermutigung, die auch ich durch Larry erfahren hatte, für meine eigene Arbeit zu nutzen. Ich hatte die Augen offen gehalten und mir alles genau angesehen. Der Nebel schien sich ein wenig gelichtet zu haben. Meine Vorstellungen hatten sich nicht als falsch erwiesen. Es gab Künstler, die sich jeden Tag aufs Neue hinauswagten, um ohne Netz und doppelten Boden zu agieren. Die dafür kämpften, von dem leben zu können, was sie gerne taten. Vielleicht konnte es gelingen voranzukommen, ohne sich zu oft nach verpassten Gelegenheiten umzuschauen und ohne den Widrigkeiten des Alltags zu viel Macht einzuräumen. Zwar würde die Angst auch in Zukunft ein treuer Begleiter sein, doch ich war entschlossen, mich von ihr nicht einschüchtern zu lassen. Manchmal muss man das Fernglas umdrehen, um die Größe der Dinge wieder richtig einschätzen zu können.

Mir wurde klar, dass ich mich nun, da ich meine Vorbilder kennengelernt hatte, vom Fotorealismus lösen musste, wollte ich nicht Gefahr laufen, in Wiederholung und Manierismus zu enden. Ich nahm das Risiko in Kauf, dass ich damit alle Kriterien, nach denen ich bisher meine Arbeit beurteilt hatte, verlor. Was war gelungen und was nicht, wenn man keine Fotovorlage mehr zum Vergleich heranziehen und neben das gemalte Bild halten konnte? Der Moment war gekommen, noch einmal von vorne zu beginnen und das Ganze dieses Mal etwas spielerischer anzugehen. Es konnte nichts schaden, ein wenig an die Luft zu kommen. Auf einmal erschien mir selbst die übliche Form der viereckigen Leinwand wie eine unnötige Beschränkung. Ich ging in den Kölner Grüngürtel am Militärring, suchte mir Äste, die ich zusammennageln und über die ich Nessel spannen konnte, und legte los. Es waren billige, rüde, gleichwohl sehr sinnliche Materialien, mit denen ich erst einmal weiterarbeiten wollte. Wie die Künstler der Arte Povera kam ich mit Dreck an den Händen heim. Meine Themen ergaben sich bei dieser Art des Indianerspielens wie von selbst: Ich malte Federn, Pfeile, Kriegsbeile und die Schlacht am Little Bighorn. Es tat gut, eine Zeitlang die Jacke vom Haken zu nehmen und sich in die Büsche zu schlagen, auch wenn es sich nur um eine kurze Erholungspause handelte. Bald schon würde es weitergehen. Ich wusste, dass ich noch lange nicht da angekommen war, wo ich hinwollte. Doch das störte mich nicht. Die Suche hatte gerade erst begonnen.

Zum Abschied hatte mir Larry seinen hellen Cowboyhut geschenkt, den einige Jahre später, während einer Tournee, unser Roadie Christian »Kalau« Keul entdeckte, aufprobierte und nie wieder absetzte. Er trug ihn während der Fotosession für das Cover unserer dritten LP, das ich als Persiflage auf Autogrammkarten und Starschnitte konzipiert hatte, und er trug ihn während des Touralltags, etwa beim Einchecken in einem noblen Hotel in Baden-Baden. Wir waren angereist, um einen unserer ersten Fernsehauftritte zu absolvieren, doch offensichtlich missfiel dem Portier unser Erscheinungsbild, denn er sprach von Irrtum und Fehlbuchung und davon, wie leid ihm alles täte. Ein Anruf beim Sender brachte ihn zwar zur Vernunft, dennoch taten wir ihm den Gefallen und entsprachen für die Dauer unseres Aufenthaltes den Rock-'n'-Roll-Klischees, die ihm wohl vorgeschwebt hatten. Und so erlebten nicht nur der »Blaue« und der »Rote Salon« des Hotels eine denkwürdige Ballnacht. Kalau ließ es sich auch nicht nehmen, am nächsten Morgen, nur bekleidet mit seinem Cowboyhut, zwischen irritierten Geschäftsleuten in der Sauna zu schwitzen und anschließend, zwar angezogen, doch ebenfalls behütet, den Frühstücksraum zu betreten, der sich bei seinem Erscheinen fast augenblicklich leerte. Larry wäre stolz auf ihn gewesen.

Schmal kam nach einem Jahr wieder zurück nach Köln, Mötz aber blieb in New York. Ab und zu ging er in Mickey Ruskins »Lower Manhattan Ocean Club« in der Chambers Street essen. Ruskin hatte einige Jahre zuvor »Max's Kansas City« gegründet und wollte es nun, nachdem er sich eine Zeitlang aufs Land zurückgezogen hatte, noch einmal wissen. Er hatte das Ziel, der New Yorker Kunst- und Musikavantgarde einen neuen Treffpunkt zu verschaffen. Sein Plan ging auf. TriBeCa, der dreieckige Stadtteil unterhalb der Canal Street, begann wieder zu strahlen und neue Anziehungskraft zu entwickeln. Die Szene folgte Ruskins Ruf. In der Folge erschien es ratsam, sich im »Ocean Club« blicken zu lassen, wo Ruskin gelegentlich auch Konzerte veranstaltete. Auf einer kleinen Bühne kam es zu denkwürdigen Momenten. Iggy Pop engagierte für einen Abend die Patti Smith Group als seine Backing Band, und die Talking Heads mochten nach einem ersten gemeinsamen Auftritt nicht mehr auf Jerry Harrison verzichten.

Es ging hoch her. Die direkt hinter der Theke ihre Speisen brutzelnden Köche hatten alle Hände voll zu tun. Mötz kam mit einem von ihnen ins Gespräch und merkte rasch, dass er mit einem Kollegen redete. Sein Name sei Julian Schnabel, sagte der Koch und gab Mötz die Hand. Im »Ocean Club« arbeite er nur, um Geld zu verdienen, eigentlich aber sei er Maler. Erst kürzlich habe ein Museum in Houston seine Bilder gezeigt, doch das sei nur ein Anfang, nicht so wichtig. Er habe Größeres vor, und schon bald würden sich die Dinge grundlegend ändern. Der Ehrgeiz, der in diesen Sätzen steckte, war unüberhörbar. Mötz betrachtete sein Gegenüber. Es war offensichtlich, dass Schnabel meinte, was er sagte. Er würde alles daransetzen, seinen Platz hinter der Theke so schnell wie möglich zu verlassen. Er würde seine Kochschürze ausziehen, durch den Lieferanteneingang hinausgehen und durch den Haupteingang wieder hereinkommen. Er wollte ein Star werden.

Einige Wochen später stand Mötz in Schnabels Atelier. Sein erster Eindruck war richtig gewesen. Julian ging den direkten Weg. Hindernisse beeindruckten ihn nicht, er räumte sie gleichmütig beiseite. Er wusste, wohin er wollte, und erwartete von der Welt, dass sie seinen Wünschen nachkam. Sein großes Talent verband sich mit einem unerschütterlichen Selbstvertrauen. Ein Stipendium hatte ihm den Sprung von Texas, wo er seine Kindheit verbracht und später auch studiert hatte, nach New York ermöglicht. Bei seiner Bewerbung hatte Julian nichts dem Zufall überlassen. Er hatte Dias seiner Bilder zwischen Brotscheiben gesteckt und in einer braunen Papiertüte als eine Art Kunst-Sandwich verschickt, weil er sichergehen wollte, dass die Jury sich die Dias auch ansah. Julian wollte immer zur richtigen Zeit am richtigen Ort sein. Natürlich verspätete auch er sich manchmal, doch dann kümmerte er sich darum, dass man auf ihn wartete. Zudem erwischte er die Berühmtheiten, die er bewunderte und von denen er sich etwas versprach, am Ärmel und hielt sie fest, bis sie sich von seinem Enthusiasmus anstecken ließen. Klappte es dieses Mal nicht, dann bestimmt beim nächsten Versuch. Berührungsängste kannte er nicht. Ein natürlicher Drang, nach oben zu kommen, bescherte ihm die erstaunlichsten Begegnungen. So hatte er einen in Amerika weilenden Kunstprofessor aus Hamburg getroffen, der ihn wiederum Sigmar Polke und einem unserer Bekannten aus der »Spring Street Bar«, Blinky Palermo, vorgestellt hatte. Zu viert waren sie kurzentschlossen nach Philadelphia gebraust, um sich Marcel Duchamps »Großes Glas« anzuschauen, jenes merkwürdige, bei Transporten zersplitterte und wieder neu zusammengesetzte Meisterwerk aus Glasscheiben und einer Schokoladenreibe, das von der Sehnsucht einiger Junggesellen nach einer maschinenartigen Braut erzählte.

Julian nutzte seine neuen Kontakte nach Deutschland, um das in Angriff zu nehmen, was er seine »Big European Show« nannte und was er Mötz und vor allem sich selbst, halb ironisch, halb ernsthaft, in den schönsten Farben ausmalte. Dabei kam es gar nicht so darauf an, dass, wie Mötz nach und nach erfuhr, hinter all den Plänen und Hoffnungen nur eine Ausstellung in einer winzigen Düsseldorfer Galerie steckte, die Julian ergattert hatte; dass er sogar sein Flugticket selber bezahlen musste und bei seiner Reise ganz auf sich allein gestellt sein würde. Die Hauptsache war, dass die Räder ins Rollen kamen. Von eventuellen Problemen und Unwägbarkeiten entlang des Weges ließ er sich ohnehin nicht abschrecken. Zumal Mötz ihn in einer Hinsicht beruhigen konnte: Ohne Anschluss würde er auch im fernen Deutschland nicht bleiben müssen. Sollte es zu Schwierigkeiten kommen, würde ihm der »liebe Jung« bestimmt weiterhelfen.

»They're takin' her children away.« Manchmal nahm sich Julian meine Gitarre, setzte sich aufs Sofa und versuchte sich an Lou Reeds »The Kids«. Obwohl seine musikalischen Fähigkeiten begrenzt waren, schien er nie die Lust daran zu verlieren, den Song nachzuspielen. Reeds »Berlin«-Album hatte es ihm angetan. Er hatte es schon in New York pausenlos gehört und sorgte nun dafür, dass auch in meiner Wohnung kaum noch andere Musik lief. Immer wieder von neuem zählte die verzerrte, direkt aus den Trümmern einer aus den Fugen geratenen Geburtstagsfeier übrig gebliebene Stimme auf Deutsch von eins bis drei, rief »Zugabe«, intonierte ein Ständchen, und das Ganze nahm seinen unglückseligen Verlauf. Alle Songs der Platte hatten miteinander zu tun. Ein Aussteigen während der Fahrt war nicht möglich. Man musste sich notgedrungen festhalten und hoffen, dass man auch dieses Mal wieder heil aus der Sache herauskam. Doch sicher konnte man sich nie sein. Reed brachte einen dazu, die eigenen, im Tageslicht sonst unsichtbaren Dämonen als beängstigend reale Begleiter wahrzunehmen. Mit der geteilten Stadt hatte er ein schlagendes Symbol gefunden für zwei Menschen, die in getrennten Welten lebten. Er nahm sich die alte Junge-trifft-Mädchen-Junge-verliert-Mädchen-Geschichte noch einmal vor und verscheuchte den letzten Rest Romantik. Wie in einem Stationendrama wechselten die Schauplätze, die Drehbühne brachte immer neue Kulissen nach vorne: ein kleines Café im Schatten der Mauer, ein Hotelzimmer mit grünen Tapeten, ein Bett in einer verwahrlosten Wohnung, in der das Drama von Jim, dem Amerikaner in Berlin, und Caroline, der »German Queen«, sein Ende fand. Reed schickte seine beiden Helden in einen Albtraum aus Sprachlosigkeit, Zorn, Eifersucht und Gewalt. Jemand stieß seine Faust durch ein geschlossenes Fenster, nur um herauszufinden, ob er noch etwas spüren konnte. Jemand rappelte sich vom Boden auf und sagte: »Du kannst mich so oft schlagen, wie du willst, doch ich liebe dich nicht mehr.« Ein Albtraum, in dem alles den Bach hinunterging und die einzige Reaktion ein Achselzucken war. In dem die Angst vor dem Schlaf den Tag beherrschte. In dem die Frage nicht lautete: »Wie fühlt sich das alles an?«, sondern: »Wann hört es endlich auf?« Und in dem sich schließlich jemand mit einer Rasierklinge die Pulsadern aufschnitt in einer »seltsamen und schicksalhaften Nacht«.

»Berlin« konnte einem alle Illusionen rauben. Die Platte wies mit ausgestrecktem Arm in Richtung Mutlosigkeit und verbaute einem den Rückweg. Am meisten an die Nerven ging das von Julian nachgespielte »The Kids«. Auf dem Album trug Reed den Song mit der geschickt eingesetzten Stimme eines kichernden und pöbelnden Betrunkenen vor, der sich als abgebrühter »Water Boy« darüber freute, dass seiner drogensüchtigen Freundin die Kinder weggenommen wurden. Dazu hatte der Produzent des Albums, Bob Ezrin, ans Ende über mehrere Minuten hinweg die Stimmen weinender Kinder platziert, die nach ihrer »Mummy« schrien.

Julian ließ nicht locker. Er beugte sich über meine Gitarre, griff sich den D-Dur-Akkord auf dem zweiten Bund, rutschte mit dem gegriffenen Akkord hoch auf den siebten Bund, runter auf den fünften, zurück auf den zweiten und begann wieder: »They're takin' her children away.« Der Song, nach dem sich einige Jahre später die schottische Band The Waterboys benennen sollte, verfolgte mich. Ich musste versuchen, mich von seiner Dunkelheit und seinem Fatalismus zu befreien. Der Song selbst half mir dabei. Das Riff, das ich so oft gehört hatte und in der Folge selbst nachspielte, verwandelte sich in den Anfang von etwas Neuem. Mit einem eigenen Stück konnte ich vielleicht die Seite umblättern, Jim und Caroline ihrem Schicksal überlassen und wieder Luft holen. Natürlich gelang mir das nicht vollständig. Fast zwangsläufig handelte auch mein Text vom Gewinnen und Verlieren der Liebe, von Anziehung, Ablehnung, Rache und Nostalgie. Zudem entnahm ich noch Lou Reeds »Caroline Says II« eine Zeile: »All her friends call her ›Alaska‹.« Ich führte die in diesem Bild der Gefühlskälte und der Lethargie enthaltene Idee weiter aus. In jeder der fünf Strophen des Songs, der später »Liebesleed« heißen sollte, ordnete ich einem Frauennamen eine Stadt oder ein Land zu. Anschließend nahm ich mein Verhältnis zu diesen Frauen und meine jetzigen Gefühle ihnen gegenüber etwas genauer unter die Lupe. Dabei ging ich recht offenherzig zur Sache. Ich bediente mich bei meinem eigenen Leben. Für jede der mit erfundenen Vornamen Bedachten gab es reale Vorbilder. Nur in der letzten Strophe wagte ich mich aus der Deckung der Vergangenheit und malte mir eine Zukunft aus, an die zu hoffen ich mir jedoch kaum zugestand. Ich verknüpfte das mir noch beinahe unerreichbar fern scheinende Marokko mit dem Traum von einer idealen Reise- und Wegbegleiterin, der ich den Namen Maria gab. Der Song schloss mit einem Versprechen. Sollte ich irgendwann einmal an einem Punkt angelangt sein, an dem alles nach einer Veränderung drängte und sich die Gelegenheit ergäbe, noch einmal von vorne anfangen zu können, und sei es womöglich auch nur »für einen kurzen Sommer lang«, wollte ich sie nutzen: »Waat aff, ich kumme, Kind. Bess dann!«

Ich legte den Song zur Seite. Später sollten wir ihn für unser erstes Album aufnehmen, und vielleicht trugen Bernd Odenthals die Strophen umfließendes Klavier und Büdi Sieberts ekstatisch gespielte Flöte ihren Teil dazu bei, aus »Liebesleed« eine sich selbst erfüllende Prophezeiung zu machen. Acht Jahre dauerte es noch, bis ich zum ersten Mal nach Marokko kam, nur wenig länger, bis mir die ersehnte Maria aus der letzten Strophe tatsächlich über den Weg lief. Und noch ein weiteres Jahr sollte vergehen, bis ich sie im

Winter '88 auf '89 in die Halle des New Yorker »Grand Bay«-Hotels treten sah; bis wir gemeinsam mit Joe Cocker bei Mötz im Atelier standen und uns seine neuen Bilder ansahen, Variationen des Salomé-Mythos, blutrünstig und gewaltig; und bis ich ihr im wieder einmal viel zu kalten New York meine in Brüssel gekaufte Lammfell-Lederjacke über ihr grünes Kleid anzog, damit sie nicht fror.

In Julians Leben hinterließ das »Berlin«-Album direktere Spuren. Seine Liebe zu dieser Musik wurde belohnt. Ihm glückte der Schritt vom Fan zum Waffenbruder mit Leichtigkeit. Nachdem er John Cale und Lou Reed nach Jahren der Funkstille wieder zusammengebracht hatte, indem er sie für die Idee begeisterte, ein Requiem für Andy Warhol zu schreiben, stand er schließlich im Dezember 2008 in Brooklyn selbst auf der Bühne des »St. Ann's Warehouse« und kündigte die Live-Erstaufführung von »Berlin« an. Und dann spielten Lou Reed und seine Band all die Lieder, die mir Julian über dreißig Jahre zuvor in der Kölner Teutoburger Straße 5 nahegebracht und für deren Präsentation er nun das Bühnenbild sowie Filmbilder beigesteuert hatte. Flackernde Momentaufnahmen aus einem Beziehungsvideoalbum: Emmanuelle Seigner als Caroline, die die Kerzen auf ihrer Geburtstagstorte ausblies, ein mit den Buchstaben B-E-R-L-I-N versehener Dirigentenfrack und ein in wallende Gewänder gesteckter Chor, der das Ende von »Sad Song« in jubilierende Höhen schraubte.

Julian Schnabel ließ sich aufatmend auf den Beifahrersitz meiner Kastenente fallen und grinste mich an. Auf der Fahrt vom Hauptbahnhof in die Südstadt erzählte er mir wortreich von der Odyssee, die hinter ihm lag. Und auch, wie anstrengend es gewesen sei, all das, was wir eben im Auto verstaut hatten: den großen Seesack, die in Plastikfolie verpackten, aufgerollten Bilder sowie die noch unbemalte Leinwand, auf der Schulter zu transportieren – erst ins Flugzeug von New York nach Paris, dann in den Zug nach Düsseldorf. Wo aber, entgegen einer Abmachung, sein Galerist nicht erschienen sei, um ihn zu begrüßen. Daraufhin habe er sich an den Zettel,

den Rainer ihm in New York zugesteckt hatte, erinnert, sich auf den Weg nach Köln gemacht und schließlich meine Nummer gewählt. Und da war er nun. Mötz' neuer Bekannter. Ein kräftiger Mann in Army-Outfit, mit lockigem Haar und herausforderndem Blick, der so gar nicht verloren wirkte, sondern entschlossen schien, die Wochen bis zu seiner Ausstellungseröffnung optimal zu nutzen und sich im Übrigen die Zeit so angenehm wie möglich zu gestalten. Zu Hause in der Südstadt angekommen, machte ich ihm erst einmal etwas zu essen.

Julian fackelte nicht lange. In den folgenden Tagen eroberte er meine Wohnung, mein Atelier und meinen Alltag im Handstreich. Ich hatte Julians unbeirrbarem Ehrgeiz und seiner freundlichen Rücksichtslosigkeit nicht viel entgegenzusetzen. Das war auch nicht meine Absicht. Er tat das, was er für richtig hielt, und ich entschied, mir das Ganze eine Zeitlang anzusehen. Dann konnte ich immer noch meine Schlüsse daraus ziehen.

Später sollte Julian seine Zeit in Köln als Besuch bei einem »guten Samariter« beschreiben, doch mich erinnerten die Wochen mit ihm eher an den alten Film von Walt Disney, in dem Donald Duck Besuch von seinem Cousin Gus Goose bekommt. Gus trägt ein Empfehlungsschreiben von Tante Fanny bei sich, in dem steht: »He don't eat much«, doch Donald merkt bald, dass er sich darauf nicht verlassen kann. Er betrachtet den Wecker, den Gus mitgebracht hat und der den Tag in »Dinner / Tea / Supper / Lunch« einteilt, und muss fassungslos miterleben, wie jedes Klingeln des Weckers ein mittleres Erdbeben auslöst. Mit großer Selbstverständlichkeit und noch größerem Einfallsreichtum verleibt Gus sich alles Essbare, dessen er habhaft werden kann, ein. Die Disney-Zeichner ließen nichts aus. Maiskolben wurden zu Schreibmaschinenwalzen. Sandwiches mit Hilfe von Kartenspielertricks belegt. Stricknadeln gaben Bandnudeln die gewünschte mundgerechte Form. Und Erbsen wurden mit der Flöte eines Schlangenbeschwörers in den Mund gelockt. Kaum ist Gus satt, klingelt der Wecker wieder, und es ist Zeit für die nächste Mahlzeit.

Kein Zweifel, mit Julian war Gus Goose bei mir eingezogen. Es ging zu wie in einem Kuckucksnest. Der Vogel war geschlüpft und machte sich nun daran, alle anderen Vögel aus dem Nest zu drängen. Über Nacht waren Schmal und ich zu Julians Assistenten geworden. Wir spannten seine Bilder auf Keilrahmen, machten für ihn Besorgungen, füllten den Kühlschrank, der wieder einmal leer geräumt war, und verhielten uns ansonsten so rücksichtsvoll wie möglich. Nur aus meinem Kingsize-Bett konnte Julian mich nicht vertreiben. Das teilten wir uns, wenn ich nicht bei Agnette in der Silvanstraße übernachtete.

Solch ein Durchsetzungsvermögen hatte ich bei einem Künstler zuvor noch nie erlebt. Es blieb mir auch später fremd, wenngleich es mich auf eine seltsame Art faszinierte. Ich wusste, dass ich nie die Unverfrorenheit besitzen würde, in ähnlicher Weise aufzutreten. Mir fehlte der unbedingte Wille, andere Menschen als Mittel zum Zweck zu gebrauchen. Mir fehlte die Kaltschnäuzigkeit. Ich betrachtete Julians Aufenthalt als Experiment, das mir vor Augen führte, welches Risiko andere einzugehen bereit waren, wenn sie sich an den Spieltisch setzten. Dieser Einsatz war mir zu hoch. Das war nicht mein Weg.

Und doch mochte ich diesen Kerl. Wenn er nicht damit beschäftigt war, meine Bilder zur Seite zu schaffen, um seine eigenen aufzuhängen, wenn er sich nicht nur seinem Ehrgeiz widmete, zeigte Julian ein anderes Gesicht. Er setzte sich ans Rheinufer und fertigte zarte Skizzen an, sprach von seinem Liebeskummer oder stand mit uns im »Chlodwig Eck«, wo er sich einmal einen ganzen Abend lang und mit spürbar echtem Mitgefühl einer kleinen, blassen und traurig wirkenden Mädchengestalt widmete. Wir hatten diese Frau schon so oft gesehen, doch uns wäre es nicht in den Sinn gekommen, ihren bitteren Geschichten länger als für ein paar flüchtige Minuten zuzuhören. Sie gehörte irgendwie zum Inventar und hing eben durch.

Julians Bilder sprangen einen direkt an. Sie katapultierten einen aus dem eigenen Körper hinaus und setzten die Moleküle neu zusammen. Sie verwandelten das Schauen in ein nach archaischen Regeln ablaufendes Fest. Julian ging mit allem verschwenderisch um, mit seinen Einfällen, mit der Farbe, mit dem Format seiner Bilder. Er wollte überwältigen. Erläuterungen waren überflüssig. Man brauchte keinen Katalog zu Rate ziehen. Beim Betrachten dieser Bilder konnte es passieren, dass man in einen leichten Taumel geriet, der einem den längst verschütteten Glauben an Schönheit, Lebendigkeit und Fülle zurückbrachte.

Eines der Bilder, die Julian von New York mitgebracht hatte, trug den Titel »I Don't Want to Be King, I Want to Be Pope« und zeigte eine von Kreuzen umgebene Mitra vor rotem Hintergrund. Ein anderes hieß »The Red Cross Painting for Norman Fisher«, und man konnte auf ihm die Haube einer Krankenschwester erkennen. Sie bestand aus aufgeklebten Pflasterstreifen. Julians Arbeiten waren nicht abstrakt, hatten aber auch nicht viel übrig für Gegenständlichkeit. Auf ihnen hatten Fundstücke ebenso Platz wie seltsame Schriftzeichen. Sie brachten Nachrichten von alten Mythen und von Personen der Zeitgeschichte. Sie huldigten Göttern anderer Kulturen und hielten die Erinnerung wach an verfemte Dichter. Zudem hatte Julian begonnen, Höhlen in die Leinwand hinein zu bauen, regelrechte Mulden zu graben und so die Materialität der Bilder auszuweiten.

Ich sah ihm zu, als er an seinem letzten Bild für die Düsseldorfer Ausstellung arbeitete. Unschwer war zu erkennen, dass Julian rein handwerklich Schmal und mir nicht das Wasser reichen konnte. Der Fotorealismus war eine gute Schule gewesen. Er hatte uns in die Lage versetzt, all das malen zu können, was wir malen wollten. Julian beneidete uns womöglich um diese Freiheit und unsere technischen Fertigkeiten. Aber vielleicht hinderten sie uns ja auch daran, ab und zu beide Augen zuzudrücken, den Dingen einfach ihren Lauf zu lassen und uns auf der Leinwand auszuleben. Es sollte noch recht lange dauern, bis ich mich ohne ein vorher feststehendes, hieb- und stichfestes Konzept an die Arbeit machte.

Das fertige Bild bekam den Titel »Painting for Aldo Moro« und war dem ehemaligen italienischen Ministerpräsidenten gewidmet, der einige Monate zuvor von den Roten Brigaden entführt und ermordet worden war. Julian legte den Pinsel weg, betrachtete die

Bilder, die er ausstellen wollte, und fragte mich nach meiner Meinung. Ich zögerte nicht, ihn auf die an einigen Steller ins Auge springende Nähe zu Arbeiten von Polke und Baselitz anzusprechen. Julian lachte nur und ging zum Kühlschrank:

»Nobody knows them in the U.S.«

Es wurde Zeit, dass ich mir mein Atelier zurückeroberte. Julian zog zu meinem ehemaligen Studienkollegen Charlie Banana, der seinen Künstlernamen einem so simplen wie ausgefallenen Akt der Performance-Kunst verdankte: Er hatte sich ein Semester lang ausschließlich von Bananen ernährt. Im Herbst 1974 hatte ich mit ihm einmal eine ganze Nacht vergeblich auf den Beginn des WM-Kampfes zwischen George Foreman und Muhammed Ali in Kinshasa gewartet. Wir hatten in immer betrunkenerem Zustand und mit zusammengekniffenen Augen auf den Fernseher und in das weiße Rauschen gestarrt, in dem man in den Jahren vor der Rundum-die-Uhr-Versorgung nachts noch verloren gehen konnte.

Ein anderer Freund besaß einen ausgedienten Mannschaftswagen der Feuerwehr, mit dem wir Anlage und Instrumente zu unseren wenigen Konzerten transportierten. Ich hatte Julian davon erzählt und das Leuchten in seinen Augen bemerkt. Ich war mir sofort sicher, dass er seine Chance ergreifen würde. Der Feuerwehrwagen würde auch seine Bilder zur Vernissage nach Düsseldorf bringen. Wir luden die Bilder ein, halfen Julian, sie in der Galerie »Dezember« aufzuhängen, und warteten mit ihm auf Besucher. Kaum einer kam. Auch danach hielt sich das Interesse an der Ausstellung, in die Julian so große Hoffnungen gesetzt hatte, in Grenzen. Kein Bild wurde verkauft, keine Rezension erschien in der Zeitung. Eine Enttäuschung, die jedem den Boden unter den Füßen weggezogen und dazu gebracht hätte, für einige Zeit den Rollladen unten zu lassen. Doch Julian ließ sich nicht entmutigen. Am nächsten Tag begleitete er uns zu einem unserer allerersten Bandauftritte nach Bergisch-Gladbach. Aus irgendeinem Grund spielten wir vor dem Rathaus. Julian verfolgte aufmerksam und etwas ratlos, wie wir die Songs aus meinem Solo-Repertoire zu elektrifizieren versuchten, und erinnerte mich anschließend an mein Versprechen, mit ihm nach Basel zur Kunstmesse zu fahren.

Dort steuerte er zielsicher die Kojen einiger der bedeutendsten Galerien der Welt an, setzte sich hin, schlug die Beine übereinander, nahm sich eine Kleinigkeit zu essen, richtete nicht bestellte Grüße seines Nachbarn, des amerikanischen Konzeptkünstlers und Videokunst-Vorkämpfers Les Levine, aus und zwang unter unablässigem Reden die distinguiert wirkenden Mitarbeiter von Leo Castelli oder der Galerie »Sonnabend« dazu, einen Blick auf Fotografien seiner Bilder zu werfen. Als ich einige Jahre darauf Andy Warhols Tagebücher las, stieß ich auf einen Eintrag, in dem Julian als »unangenehm hartnäckig« beschrieben wurde. Ich wusste genau, was Warhol meinte. In Basel zog Julian alle Register. Angesichts seiner hemmungslosen Selbstanpreisung fiel mir der Entschluss leicht, mich im Hintergrund zu halten. Ich hatte nicht vor, mich um eine Rolle in Julians »Big European Show« zu bewerben, und nahm gerne auf der Zuschauertribüne Platz. Ich setzte ein undurchdringliches Gesicht auf und hoffte, dass niemand meine Verlegenheit bemerken würde.

Auf der Messe begegnete ich einigen Mitgliedern der Künstlergruppe »Jet Ferro«. Ihr Gründer, Knopp Ferro, hatte in Köln Bildhauerei studiert und arbeitete nebenbei beim Zirkus Roncalli. Er bot uns an, bei einigen schweizerischen »Jet Ferro«-Kollegen zu übernachten. Der Lärm von Presslufthämmern weckte uns früh in der kleinen Dachkammer. Ich sprang aus dem Bett, sah aus dem Fenster und fluchte. Doch Julian blieb gelassen:

»Beruhige dich. Ist alles in Ordnung. Wir können ausschlafen, und die müssen mit dem Presslufthammer arbeiten. Wir haben einen guten Beruf. Ist alles in Ordnung. Mach dir keine Gedanken.«

Ich habe seitdem sehr oft an Julians Sätze gedacht, wenn ich mit dem, was ich tat, unzufrieden war. Wenn Enttäuschungen alles in Frage stellten, wenn Gegenwind das Vorankommen schwer machte, wenn Freude und Zuversicht hinter Ängsten und Trübsinn zu verschwinden drohten, fiel mir der Morgen in der Dachkammer wieder ein, und ich gab Julian recht. Wir waren privilegiert. Wir

The freewheelin' Bob Dylan

N.Y. '80 Washington Square

N.Y. '80

N.Y. '80

konnten von unseren Träumen leben. Wir hatten einen wunderbaren Beruf. Es war alles in Ordnung.

Kurz darauf verabschiedeten wir uns. Während ich mit meiner Kastenente heimwärts fuhr, zog es Julian in den Süden. Er wollte in Barcelona die Architektur Antonio Gaudís studieren. Besonders Gaudís Mosaiken faszinierten ihn. Abends betrat er einen Schnellimbiss und bemerkte ein eigentümliches Wandbild. Auf die Leinwand waren Scherben geklebt. Beides, Gaudís Muster und der billige Wandschmuck, schien in eigentümlicher Korrespondenz zu stehen. Beides schien sich zu einer Geschichte zusammenzufügen, die es vielleicht zu erzählen galt.

Das Klingeln des Telefons war schon auf der Treppe zu vernehmen. Ich schloss die Tür auf und nahm den Hörer ab. Mitten in der Nacht rief für gewöhnlich nur einer an.

»Liebe Jung ... he ess dä Rainer.«

Nie hatte Mötz damit aufgehört, sich zuerst mit seinem richtigen Vornamen zu melden. Und als bestände deshalb tatsächlich die Gefahr, nicht von mir erkannt zu werden, pflegte er dann hinzuzufügen:

»Die Mötz uss New York.«

Es war ein Ritual, das mich stets aufs Neue zum Lachen brachte. Ich freute mich, dass Mötz anrief. Eben noch hatten wir im »Chlodwig Eck« von ihm gesprochen. Er fehlte uns. Es war Mitte Dezember, einer der seltsamen Tage vor Weihnachten, an denen sich das alte Jahr fast schon aus dem Staub gemacht hat und man sich nur allzu leicht dazu verleiten lässt, Bilanz zu ziehen. Auf dem Heimweg waren mir die Dekorationen in den Schaufenstern vorgekommen wie die Requisiten einer kollektiven Party, die mir immer fremd bleiben würde.

»Du muss kumme.«

Ich versuchte mich auf das zu konzentrieren, was Mötz sagte. Es lag etwas Dringliches in seinen Worten.

»Du muss kumme. Dä Larry säät, du solls sing Aufzochsdüür noch ens bemohle. Dä Lack ess ahm Affblädddere.«

Offensichtlich fand Larry noch immer Gefallen an der Vietcong-Flagge, die ich ihm sechs Jahre zuvor auf seinen Aufzug gemalt hatte. Ihr Provokationspotenzial hatte sich wohl trotz des Endes des Vietnamkriegs nicht erschöpft. Damals hatte mir Larry mit dem kleinen Auftrag aus einer finanziellen Notlage geholfen, heute eröffnete er mir, das versuchte mir Mötz gerade klarzumachen, eine Möglichkeit, New York endlich wiederzusehen.

»Ahm besste em Frühjohr. Dä Larry bezahlt dat och.«

Meine Gedanken schweiften ab. Erinnerungen, Übermut und die Sehnsucht nach New York ergaben den Wunsch, das Jahr nicht in aller Stille zu Ende gehen zu lassen. Ohne mir dessen bewusst zu sein, modelte ich dabei die von Mötz mitgeteilten Fakten um und verlegte das Frühjahr kurzerhand auf den Jahresanfang. Mein Plan sah vor, das in Aussicht gestellte Geld sofort zu investieren. Ich würde Agnette, Schmal und seine Freundin Christina einladen, wir würden die Koffer packen und den nächsten Flieger nehmen. Gemeinsam würden wir Mötz und auch Larry schon zu Silvester überraschen. Die Melancholie des Heimwegs und die Schwere eines langen Dezembers wichen einer fiebrigen Zuversicht. Ein neues Jahrzehnt stand vor der Tür. Wir würden es gebührend begrüßen.

Zehn Jahre später blickte ich im Song »Jriefbar noh« noch einmal zurück auf diesen Silvestertrip. Auf die Euphorie, mit der er unternommen wurde, aber auch auf die versäumten Begegnungen und verpassten Chancen, die sich daraus ergaben, dass ich Mötz am Telefon einfach nicht genau genug zugehört hatte. »Jriefbar noh« handelte von jenen Momenten, in denen sich blitzartig die unumstößliche Gewissheit einstellt, etwas nicht zum ersten Mal zu erleben. Plötzlich scheinen wir eine geisterhaft ferne, längst vergessene Vergangenheit zu wiederholen, sehen uns selbst vor dem inneren Auge agieren wie in einem anderen Leben, das jedoch unser eigenes, fremd gewordenes ist. Doch auch wenn wir uns bemühen, diese ganz besonderen Momente festzuhalten, es gelingt uns nicht. Das Bild zerreißt, und zurück bleibt nur die gleichzeitig beängstigende wie tröstliche Ahnung, hin und wieder einen gestohlenen Augenblick doch noch einmal zurückzubekommen, bevor wir ihn für immer verlieren.

In »Jriefbar noh« erinnerte ich mich an das blasse Gesicht von Mötz, als er uns, dieser »Handvoll Loser an Silvester«, fassungslos die Tür öffnete. Ein Freund »am Ende oder am Anfang«, dessen Ehe gerade endgültig in die Brüche gegangen war und der nun dahin aufbrechen wollte, woher wir gekommen waren. Mötz wollte seine Eltern in Köln besuchen. Er hatte für ein paar Wochen genug von New York, wo ihm alles um die Ohren flog. Bei ihm konnten wir nicht bleiben. Seine Noch-Ehefrau Drunell würde keine Lust haben, vier Überraschungsgäste bei sich aufzunehmen. Meine großen Erwartungen holten sich an der Realität eine blutige Nase. Auch Larry war nicht in der Stadt. Er war nach Mexiko abgereist und würde nicht so bald zurückkehren. Sein Atelier blieb uns verschlossen, die zu bemalende Aufzugstür unerreichbar – eine abbröckelnde Chimäre im ausgeschalteten Neonlicht. Ich habe es auch später nicht mehr geschafft, Larrys Wunsch nachzukommen und die Vietcong-Flagge zu restaurieren. Dieser Auftrag blieb unausgeführt. Bald schon sollte mein Leben in unruhigere Gewässer geraten, in denen ich vollauf damit beschäftigt sein würde, den Kurs im Auge zu behalten oder zumindest nicht allzu sehr von ihm abzuweichen. Und sosehr man es sich dann auch wünscht, noch einmal anhalten zu können, um ein altes Versprechen einzulösen, wird einem doch schnell bewusst, dass die Zeit dafür unwiederbringlich vorbei ist.

Viele Jahre später sprach ich am Rande eines Konzerts von Alanis Morissette auf der Bonner Museumsmeile mit der Pressefrau der Bundeskunsthalle über Larry. Ich sagte, wie traurig ich es fände, dass Larry zwar in den bedeutendsten amerikanischen Museen vertreten sei, in Europa aber, ganz im Gegensatz zu vielen seiner zahlreichen Epigonen, nie die Anerkennung bekommen habe, die er verdiene. Maja Majer, eine ehemalige Studienkollegin, stimmte mir zu und bekannte, selbst schon des Öfteren mit dem Gedanken gespielt zu haben, sich für Larry und seine Bilder einzusetzen, um ihn für eine große Retrospektive nach Deutschland zu holen. Sie versprach, die Sache anzugehen, und ich stellte mir vor, wie großartig es sein würde, Larry nach all der Zeit noch einmal zu treffen. Ich dachte daran, wie neugierig er bei seinem ersten Deutschlandbesuch gewesen war, wie er Schmal und mich bei der Fahrt vom Flughafen auf der Autobahn nach der Bedeutung der vorbeifliegenden Schilder und Zeichen gefragt hatte:

»What means ›Medenbach‹? Is it the name of a company?«

Kein Zweifel, Larry würde seinen Spaß an einer solchen Ausstellung haben. Er würde sich die Haare zurückstreichen und den Gelehrten, die ihn bei der Eröffnung als Pop-Art-Pionier bezeichnen würden, höflich zuhören. Und nur wer ihn genau kannte, würde die für ihn typische Spottlust in seinen Augen bemerken.

Am nächsten Morgen lag eine ausgedruckte E-Mail mit der Bitte um ein Interview im Büro. Eine Presseagentur wollte mich zu Larry befragen. Majas Tempo verblüffte mich. Sie schien Nägel mit Köpfen machen zu wollen und hatte bereits die Presse informiert. Doch dann merkte ich, dass sich das Interview nicht mit unseren Ausstellungsplänen befassen sollte. Es ging um etwas anderes. Larry war am Vorabend des Gesprächs mit Maja Majer in New York gestorben.

Wir waren gestrandet. Die drei Wochen, die uns bis zum Rückflug blieben und die mir zu Hause wie eine Verheißung vorgekommen waren, dehnten sich nun ins Ungewisse, zumal uns das fest eingeplante Geld, die Bezahlung für das Bemalen der Aufzugstür, fehlte. Wir waren auf uns selbst zurückgeworfen. Vor allem aber mussten wir uns nach einer Unterkunft umsehen.

Keine eineinhalb Jahre waren vergangen, seitdem ich in Basel Julian Schnabel Lebewohl gesagt hatte. In dieser kurzen Zeit hatte es Julian geschafft, die New Yorker Kunstszene in Hysterie zu versetzen. Unterstützt von der jungen und ehrgeizigen Galeristin Mary Boone, die von SoHo aus die Fäden zog, brachte er beinahe im Alleingang das wieder einmal aktuelle Gerede vom Ende der Malerei zum Verstummen. Julian sammelte die glatten und unpersönlichen Objekte der Minimal Art ein und verstaute sie im

Museumsdepot. Er ignorierte die Handlungsanweisungen der Konzeptkunst und stellte die spröden Künstlerbücher zurück ins Regal. Er brauchte Platz. Seine neuen Bilder ähnelten archäologischen Ausgrabungsstätten voller rätselhafter Funde. Bruchstücke zerschlagener Teller und Untertassen waren direkt auf die Leinwand geklebt und hielten den Betrachter mit ihren scharfen Kanten auf Abstand. Sie wirkten wie die Überreste eines Polterabends oder eines erbittert geführten Ehestreits und dienten Julian als unregelmäßiger, gefährlich funkelnder Untergrund, auf den er seine schwer deutbaren Figuren und Hieroglyphen malte. Die Scherben schenkten den Bildern eine dritte Dimension und die plastische Wucht von Skulpturen. Mit ein wenig Hilfe von Gaudí hatte Julian sich die Freiheit genommen, einen Ort zu betreten, der vorher noch gar nicht existiert hatte. Er war ins Leere gesprungen und hatte sich nicht verletzt dabei. Bereits bei seiner ersten Ausstellung in Mary Boones Galerie verkaufte er alle Bilder, nur wenig später galt er als bestbezahlter Künstler seiner Generation. Um Julian scharten sich die High Society, die Glücksritter und die Voyeure. Und er enttäuschte sie nicht. Ehrgeiz und Geltungsdrang waren die Voraussetzung gewesen, ganz nach oben zu kommen, und sie halfen ihm nun auch dabei, den Platz am Kopfende des Tisches einzunehmen. Er musste sich nicht verstellen. Die ihm zugedachte Rolle hatte er immer schon beherrscht. Er gab der Szene, wonach sie verlangte: den malenden Hemingway, den Bohemien im Morgenmantel, das theatralische Genie mit freiem Oberkörper, das den alten Mythos von Unmittelbarkeit und Schöpfungskraft mit neuem Leben füllte. Und er akzeptierte die Spielregeln des Marktes in der heraufdämmernden Reagan-Ära, in der bald schon die ersten Börsianer, getrieben von Gier und Größenwahn, damit beginnen würden, die Kunst als reines Spekulationsobjekt zu betrachten.

Julian war zum Star geworden. Doch nicht deshalb baten Schmal und ich ihn um Hilfe. Nichts lag uns ferner, als uns mit derselben Chuzpe in sein Leben zu drängen, mit der Julian noch vor kurzem meine Wohnung und mein Atelier für sich reklamiert hatte. Aber es konnte nicht schaden, Julian unsere Lage zu erklären.

Auch gute Samariter brauchten manchmal ein Bett. Der Moment für Gus Goose war gekommen, sich für unser Entgegenkommen in Köln zu revanchieren.

Und Julian kniff nicht. Er schien sich aufrichtig zu freuen, uns zu sehen, und zögerte nicht, eine Couch, auf der zwei Leute Platz fanden, in seinem neuen Atelier in der Nähe vom Union Square frei zu räumen. Zusätzlich organisierte er ein Doppelzimmer im Hotel »George Washington« in der Lexington Avenue. Das Hotel, das 1928 eröffnet worden war, hatte eine bewegte Geschichte hinter sich. Der Dichter W. H. Auden war dort ein und aus gegangen, und in den sechziger Jahren hatte sich eine Gruppe wagemutiger Architekten in eine Suite des »George Washington« zurückgezogen, um sich über die ersten Pläne für das World Trade Center zu beugen. Nun diente das heruntergekommene Haus als Unterschlupf für vom Leben gebeutelte Sonderlinge – Dauerbewohner, die ihre Wohnung verloren hatten und sich mit ihrer wenigen Habe in eines der zugigen Apartments verkrochen. Auch durch das Eckzimmer im elften Stock pfiff der Wind. Die Fensterscheiben beschlugen von unserem Atem. Über einen kleinen Schwarzweißfernseher flimmerten auf den zwei einzig empfangbaren Sendern trostlose Werbebotschaften. Wir beschlossen, uns abzuwechseln. Einmal würden Agnette und ich im Hotel übernachten, dann wieder Schmal und Christina. So bestand zumindest in jeder zweiten Nacht die Möglichkeit, an einem einigermaßen warmen Ort zu schlafen.

Die Tage glichen einander. Die gleichbleibende klare Kälte, gegen die die blasse Wintersonne keine Chance hatte, verlieh ihnen etwas Starres und Unbarmherziges. Ausgeschlossen von dem normalen New Yorker Alltag, der die anderen Passanten in Anspruch nahm, verloren wir jedes Zeitgefühl. Wir trieben durch die unverhofft geschenkten Stunden, waren den Straßen und Plätzen Ausgesetzte mit wenig Geld und ohne Ziel, seltsame Touristen in Trucker-Lederjacken und mit von der Kälte brennenden Gesichtern. In den Lokalen bestellten wir Kaffee, um uns aufzuwärmen, und blieben, bis die Bedienung begann, uns argwöhnisch zu mustern.

70

Dann traten wir wieder hinaus vor die Tür, unschlüssig, in welche Richtung wir gehen sollten, aber darauf kam es auch nicht an. Abends, wenn wir von den ohne Plan unternommenen Sightseeing-Touren zurückkehrten, klopften wir den schmutzigen Schnee von den Schuhen und schauten uns an, ob Julian mit dem riesigen Scherbenbild, an dem er gerade arbeitete, weitergekommen war. Es hieß »Blue Nude with Sword«. Der nackte Mann, der sein Schwert über den Kopf hielt, war versunken in eine rituelle Tat, die eine der Verzweiflung oder eine der Befreiung sein konnte.

Julian verabschiedete sich. Er traf sich fast jeden Abend mit Mary Boone, dem Künstlerkollegen David Salle und einer wechselnden Gruppe von Leuten, die in ihm die Zukunft der Malerei sahen. Für seine Untermieter aus Deutschland war da kein Platz, wir hätten in die überhitzte Atmosphäre, in der Partygeflüster Karrieren beförderte und Überspanntheit Pflicht war, ohnehin nicht gepasst. Agnette und ich gingen ins kalte Hotel. Auch heute Nacht würden wir in voller Montur schlafen und zusätzlich unsere Mäntel und Jacken über die Decken legen. Der Fernseher würde beim Anmachen seltsame Geräusche von sich geben, und dann würde uns angesichts des amerikanischen Programms wieder einmal Hören und Sehen vergehen.

Anders als noch bei meinem ersten Aufenthalt in New York hielt ich nun Momente mit einem Fotoapparat fest. Ich hatte mir eine Polaroidkamera, eine Land SX-70, zugelegt, nachdem Wim Wenders' Film »Alice in den Städten« in Köln im Kino gelaufen war. Ich konnte nicht aufhören, über diesen Film nachzudenken. Es lag eine Zärtlichkeit in seinen Schwarzweißbildern, eine Freiheit und Sicherheit, die staunen machte. Er erzählte eine Geschichte, die nicht versuchte, die Zeit zu überlisten. Er scheute Auslassungen. In ihm war eine Lückenlosigkeit, die beruhigte, eine einladende Geste, die sagte: Komm mit. Was für die Nacht unterbrochen worden war, würde am nächsten Morgen noch da sein. Dann ging es weiter. »Alice in den Städten« handelte von dem Glück, dass sich immer dann einstellt, wenn Zeit nur vergeht, um erzählt zu werden.

Der Film begleitet einen deutschen Journalisten namens Philip Winter durch die USA. Winter soll eine Reportage über die amerikanische Landschaft schreiben, doch irgendwann entlang des Weges ist er sich selbst abhandengekommen, hat er das Gefühl für die Dinge verloren. Seine vielen Notizen ergeben kein Ganzes, seine Sicht hat sich verengt. Erst als er in New York eine Frau und deren kleine Tochter Alice kennenlernt und er schließlich auf Bitten der Frau erst allein mit Alice nach Amsterdam fliegt und dann mit ihr in einem Renault R4 durch Deutschland fährt, bekommt er wieder Boden unter die Füße. Die Zeit mit Alice holt ihn zurück in die Welt.

Es war meine erste Begegnung mit einem Wenders-Film, und ich beschloss, seine Bilder nie mehr herzugeben. Tankstellen, Wassertürme, Werbetafeln. Telefonzellen, Motels, die scheinbar still stehende Tragfläche eines Flugzeugs über den Wolken. Ein Junge, der in einer Wuppertaler Eisdiele Canned Heats »On the Road Again« mitsingt. Verfallene Arbeiterhäuser im Ruhrgebiet. Die Schönheit eines Freibadbesuchs an einem ganz gewöhnlichen Werktagmorgen. Coca-Cola trinken während eines Chuck-Berry-Konzerts. Am Ende sieht man Philip Winter und Alice an einem Zugfenster stehen, und die Kamera behält die beiden im Auge, doch entfernt sich, fliegt davon, alles wird weit, wird Landschaft, und man merkt, dass es das Rheintal ist, durch das der mittlerweile winzig kleine Zug fährt.

Besonders fasziniert war ich von der Polaroidkamera, mit der Winter der Wirklichkeit auf die Spur zu kommen versuchte. Er schoss unablässig Fotos und verstaute die Bilder dann in einer kleinen Holzkiste, aus der er sie hin und wieder hervorzog, um sie zu betrachten. Obwohl Winter immer wieder verzweifelte, weil das sich aus dem Dunkel entwickelnde Foto nicht seinen Erwartungen entsprach; obwohl der Film die Rolle der Bilder insgesamt durchaus kritisch darstellte, machte er doch unbändige Lust, solch eine Kamera selbst einmal in die Hand zu nehmen. Ich wollte es versuchen, das auf ein Foto zu bekommen, was ich sah.

Später, als ich wegen unserer ausgedehnten Tourneen kaum

mehr zum Malen kam, gebrauchte ich die Kamera wie ein Tagebuch. Über elf Jahre hinweg knipste ich Polaroids von jeder Halle, in der wir auftraten. Ich nannte die Serie »Hundertmohl«, weil sie mir mit dem gleichnamigen Song, den ich zum Jahreswechsel 1982/1983 auf der Insel Spiekeroog geschrieben hatte, zusammenzuhängen schien. Beides, die langen Polaroidreihen mit den letztlich immer gleich aussehenden Hallen und das traurige Trinklied ans eigene Spiegelbild, betrachtete ich als eine Art Strafarbeit, die mich vor Stagnation und Bequemlichkeit warnen sollte. Viel zu schnell konnte es geschehen, dass man sich von dem entfernte, wofür man einmal angetreten war. Man durfte nicht aufhören, sich die Finger trotz aller Selbstzweifel immer wieder blutig zu schreiben.

Die Polaroids aus New York erscheinen mir heute wie Dokumente der Unschuld, der Arglosigkeit auch und einer sich dem Augenblick hingebenden Fröhlichkeit, die der absurden Situation einer misslungenen Überraschung trotzte. Erstarrte Momente, für immer dem Fluss der Zeit entrissen: Schmal auf der Eighth Avenue in Harlem vor einem gelben Lkw mit der Aufschrift »Beef/Pork«. Der Eingang des »George Washington«-Hotels. Agnette, gerade aufgewacht auf der mit einem türkisen Überwurf versehenen Couch in Julians Atelier. Die Thekendekoration der »Broome Street Bar«. Ein Hinweisschild für Les Levines Plakatwandaktion »ADS«. Schmal und ich an einem der steinernen Schachtische unter Bäumen am Washington Square, an denen Marcel Duchamp oft gespielt hatte. Dort, in der Nähe des kleinen Triumphbogens, der eine Ahnung von Paris aufleuchten ließ, blickten wir gegen die Sonne, und Schmal hielt einen kleinen I♥NY-Button in die Kamera. I♥-Bekundungen rangierten in unserer ganz persönlichen Ironie-Hitliste, die das Schlechte, Peinliche und Danebengegangene hysterisch bejahte und als Mittel gegen allzu große Seriosität einsetzte, gleich hinter Peace-Zeichen und Pril-Blumen.

An der Ecke Mercer/West 4th Street in Greenwich Village bat ich Agnette, mich vor »Gerde's Folk City« zu fotografieren. In den sechziger Jahren waren im »Gerde's«, das eigentlich ein italienisches

Lokal war, die berühmtesten Folksänger Amerikas aufgetreten. Einmal in der Woche jedoch, bei der sogenannten »Hootenanny Night«, stand die winzige Bühne auch Newcomern offen. Vor fast neunzehn Jahren, im April 1961, darüber unterrichtete uns ein ausgeblichenes Plakat in einem Schaukasten, war Bob Dylan dort zum ersten Mal aufgetreten – vielleicht zusammen mit Mark Spoelstra, mit dem er ein Duo bildete, das Traditionals und eine Menge Woody-Guthrie-Songs im Programm hatte. Dylan war von Minneapolis nach New York gekommen mit dem unbedingten Willen, sich einen Platz im Folkuniversum zu erobern. Bald schon begleitete er unter dem Pseudonym »Blind Boy Grunt« John Lee Hooker, Big Joe Williams, Victoria Spivey oder Lonnie Johnson mit der Mundharmonika bei Songs wie »Sitting on Top of the World« oder »Wichita Blues«. Ein zwanzigjähriger Enthusiast mit Cordmütze und einer Leidenschaft für Flunkereien, was seine Herkunft betraf. Er fabulierte sich eine wildbewegte Jugend voller Ausreißversuche, Jobs bei Wanderzirkussen und trunkener Verliebtheiten zusammen und kam damit durch. Nach einem seiner Konzerte im »Gerde's« veröffentlichte der Musikjournalist Robert Shelton im September 1961 eine euphorische Kritik in der »New York Times«. Shelton charakterisierte Dylan als eine Mischung aus Chorknabe und Beatnik, als gleichzeitig Komödianten und Tragiker, als aufstrebenden Star der New Yorker Folkszene, der Einflüsse aufsauge wie ein Schwamm und neue Songs schneller schreibe, als er sich an sie erinnern könne. Nicht zuletzt aufgrund dieses Artikels nahm John Hammond kurz darauf Dylan bei Columbia Records unter Vertrag.

Beim Weitergehen hängte sich Agnette in meinen Arm, und ich erinnerte mich an das berühmte Foto auf dem Cover von Bob Dylans zweiter LP, auf dem Dylan und seine Freundin Suze Rotolo eng aneinandergeschmiegt und offensichtlich frierend eine schneebedeckte und von Autos gesäumte New Yorker Straße entlanggingen. Wie es der Zufall wollte, war links auf dem Bild ein blauer VW-Bus zu erkennen. Mit dem gleichen Modell hatte ich einige Jahre zuvor unter anderem mit Mötz und Schmal eine Türkeireise unternommen, die sich zu unserer ganz persönlichen Fortschreibung von »On the Road« entwickeln sollte.

Erst viel später las ich in Suze Rotolos Autobiographie, wie der Tag der Fotosession für das Cover abgelaufen war. Ich erfuhr, dass Rotolo und Dylan früh aufgestanden waren, um die gemeinsame Wohnung in der West 4th Street aufzuräumen. Dass Don Hunstein, der Columbia-Fotograf, nach einer Weile und einigen in der Wohnung vollgeknipsten Filmen vorgeschlagen hatte, die Sache draußen fortzusetzen. Dass Dylan, obwohl er wusste, wie eisig es sein würde, aus wohlbedachten Imagegründen sich für seine dünne braune Wildlederjacke entschieden hatte. Und dass es die Jones Street gewesen war, die die beiden auf dem vereisten und rutschigen Schnee auf und ab gegangen waren.

Agnette schlug vor, das Cover nachzustellen. Wir entschieden uns für eine Straße, die so ähnlich aussah wie diejenige, die ich von der LP im Gedächtnis hatte. Agnette lehnte sich in ihrem dunkelbraunen fellgefütterten Mantel gegen mich, und Schmal betätigte den Auslöser. Schon immer war mir das Dylan-Cover in seiner anrührenden und entwaffnenden Selbstverständlichkeit wie das Zeugnis eines perfekten Tages erschienen, den man mit dem richtigen Menschen geteilt hatte. Ein solch perfekter Tag ging gerade langsam zu Ende. Wir lächelten uns zu und schrieben auf den weißen Rahmen des Polaroids: »The Freewheelin' BAP Dylan«.

An diesem Abend übersetzte ich im Hotel Dylans »Like a Rolling Stone« ins Kölsche. Ich dachte daran, wie Peter Schulte, der Sänger der Schülerband, in der ich Bassist gewesen war, mir die vier Strophen des Songs auf dem Schulhof vorgesungen hatte und wie danach für mich nichts mehr gewesen war wie bisher. Dylan hatte mir gezeigt, dass der Rock'n'Roll noch mehr zu bieten hatte als die bis dahin üblichen Geschichten aus einer heilen Schlagerwelt. Er hatte ein Fenster geöffnet, durch das frische Luft einströmte. Mit seinen Songs hatte er mich dazu aufgefordert, mein Leben aus einem neuen Blickwinkel zu betrachten. Ein Hotelzimmer mitten in New York City schien mir nicht der schlechteste Ort zu sein, mich dafür zu bedanken.

Knapp siebzehn Jahre später war ich noch einmal Gast in Julians Atelier. Ich hatte zunächst gezögert, als eine Wochenzeitung mit der Idee an mich herangetreten war, eine Wiederbegegnung mit Julian zu arrangieren. Im Lauf der Jahre war unser Kontakt vollständig abgebrochen. Gelegentlich versorgte mich Mötz mit Neuigkeiten über Julians Aktivitäten, den Rest entnahm ich Kunstmagazinen und Katalogen. Das genügte mir. Man sollte nicht immer damit beginnen, eine von der Gunst des Zufalls herbeigeführte Begegnung als etwas Zwangsläufiges und Bleibendes zu deuten. Manchmal ist es besser, dem Schatten, den die Vergangenheit wirft, auszuweichen, um nicht von ihm verschluckt zu werden.

Andererseits reizte es mich, herauszufinden, wie Julian und ich aufeinander reagieren würden. Vielleicht hatte die Zeit etwas bewahrt von unseren Gemeinsamkeiten, vielleicht waren auch nur die Unterschiede übrig geblieben. Und außerdem gab mir das Treffen, das für Thanksgiving Day vorgesehen war, die Chance, dem Tourneealltag für einige Tage zu entkommen. Ein Abstecher nach New York war eine willkommene Abwechslung.

Das Gebäude in der 11th Street, in dem Julian wohnte, ähnelte einem Parkhaus. Ein monumentaler vierstöckiger Betonklotz, abweisend im diffusen Licht eines kalten Novembertags, an dem die Stadt wie ausgestorben wirkte. Am Abend zuvor hatte ich mir zusammen mit Tina und dem mitgereisten Kölner Fotografen Peter Boettcher auszumalen versucht, wie Julian uns empfangen würde. Dabei war uns die Phantasie durchgegangen, doch es stellte sich heraus, dass die Wirklichkeit unsere Vorstellungen noch übertraf. Er sei unter der Dusche, ließ Julian ausrichten, nachdem wir an einer der Türen, die von einem kahlen Treppenhaus abgingen, geklingelt hatten. Aber wir sollten ruhig schon hinaufgehen in sein Studio im vierten Stock. Julian vertraute auf die einschüchternden Dimensionen seines Ateliers. Ein Raum, in dem mehrere Tennismatches gleichzeitig stattfinden konnten, vorausgesetzt, man schob den abgedeckten Flügel zur Seite. Julians Bilder waren noch bombastischer geworden. Blutrote, mit Goldspuren und Schrift versehene Tafeln, wie Teile einer riesigen Landkarte, die einen dazu

»Tut mir leid, aber ich bin verrückt!«
Der amerikanische Starmaler Julian Schnabel trifft einen alten Freund: Wolfgang Niedecken, Rockstar

einlud, sich auf die Reise in eine Fremde zu machen, aus der man nie mehr zurückfinden würde.

Er begrüßte uns, wie es sich für einen Malerfürsten gehörte: in Pyjama und Morgenmantel. Doch trotz seines dandyhaften Auftretens fiel es mir leicht, Julian wiederzufinden. Ich fand seinen Ehrgeiz wieder, aber auch seine Herzlichkeit, seinen Humor und den Spaß, den es machen konnte, Zeit mit ihm zu verbringen. Julian schien es ähnlich zu gehen. Wir kamen ins Reden, und alle Verkrampfung löste sich. Das Eis war gebrochen. Peter konnte mit dem Fotografieren beginnen. Julian bat mich, mit ihm einige seiner noch aneinandergelehnten Bilder an den Wänden zu verteilen, gemeinsam bugsierten wir die Gemälde in eine möglichst dekorative Position. Für einen Moment bekam die Gegenwart einen Riss. Vor einer halben Ewigkeit, in der Kölner Teutoburger Straße, hatten wir beide schon einmal Julians Bilder so hin und her getragen. Auch Julian erinnerte sich:

»Jetzt musst du schon wieder das machen, was du auch vor achtzehn Jahren dauernd machen musstest.«

Später führte uns Julian eine Etage tiefer. Er wollte uns seinen Salon zeigen. Dort hingen weitere seiner Bilder, doch es gab noch viel mehr zu sehen: einen mittelalterlichen Wandteppich. Eine Sitzgruppe aus viktorianischer Zeit. Den Schädel eines Nilpferds und das Skelett eines Schwans. Kronleuchter. Einen echten Picasso. Rote Samtvorhänge, die Julian einmal in Paris aufgetrieben hatte. Frische Blumen und sorgfältig gestapelte Notizbücher auf einem mächtigen Schreibtisch. Einen Kamin aus dem Granit alter New Yorker Bürgersteige. Den Stuhl eines napoleonischen Feldmarschalls und Ausstattungsgegenstände aus einem längst geschlossenen Art-déco-Hotel. Ein Sofa mit orientalischen Decken vor einem kleinen Fernseher. Man konnte solch ein Durcheinander des Erlesenen und Raren leicht für das absonderliche Ergebnis einer letztlich größenwahnsinnigen Sammelwut halten. Doch wenn Julian über die Sachen redete, die er zusammengetragen hatte, spürte man echte Begeisterung und Hingabe. Er hatte sich sein eigenes Museum der Obsessionen geschaffen, für das die Dinge nur aus einem einzigen Grund erworben wurden – der Faszination, die sie auf ihn ausübten.

Erst kürzlich hatte Julian eine Platte aufgenommen. Sie war unter dem Titel »Every Silver Lining Has a Cloud« erschienen. Der renommierte Produzent Bill Laswell hatte eine Mannschaft von hochkarätigen Musikern zusammengestellt, mit denen kaum etwas schiefgehen konnte. Die Platte war Julians Versuch, mit einer Trennung umzugehen. Seine ungeübte, monotone und sich oft in Sprechgesang flüchtende Stimme offenbarte eine Seite seiner Persönlichkeit, die er für gewöhnlich verbarg: Verletzlichkeit. Die Texte der Songs erzählten von Trauer, Verlustangst und Sehnsucht, sie waren wie unter Tränen gesprochene Beschwörungen. Sie bescherten dem Hörer das zweifelhafte Vergnügen, Zeuge einer Beichte zu sein, die eigentlich nur zwei Menschen etwas anging.

Kaum jemand hatte von Julians Album Notiz genommen. Er war als Maler zu bekannt. Die Leute erlaubten einem nicht so einfach, das Metier zu wechseln. Die öffentliche Wahrnehmung schien sich immer nur auf eine Sache konzentrieren zu können. Probierte man etwas Neues, sah man sich Skepsis und Misstrauen gegenüber. Mittlerweile war ich an einem Punkt angekommen, an dem ich beinahe ausschließlich als Sänger und Texter wahrgenommen wurde. Meine Ausstellungen galten vielen wohl nur als etwas schrulliger Zeitvertreib eines nicht ausgelasteten Musikers. Julian war einer der wenigen Menschen, die mich als Maler kennengelernt hatten und mich auch weiterhin als Maler betrachteten. Meine Erfolge mit der Band, von denen ihm Mötz im Laufe der Jahre erzählt hatte, mussten ihm seltsam erscheinen, wenn er an unseren ungelenken Auftritt im Sommer 1978 vor dem Rathaus in Bergisch-Gladbach oder an unsere erste Platte, die wir ihm ein Jahr später voller Stolz überreicht hatten, zurückdachte. Wir waren einen weiten Weg gegangen seitdem. Wir waren überrollt worden von der Achtung und der Liebe, die unserer Musik entgegengebracht wurden; dann wiederum hatte es sich manchmal angefühlt, als hätten wir alles verloren, was uns einmal ausgemacht hatte. Manche, die mit mir losgezogen waren, hatten sich unterwegs verabschiedet, weil sie etwas anderes mit ihrem Leben vorhatten, manche hatte ich im »Motel of lost companions« zurückgelassen, und wieder andere waren meine Freunde geblieben, obwohl ich sie nur noch selten sah.

Auch unser neuestes Album hatte ich Julian mitgebracht. Es hieß »Amerika«, und ich hatte es deshalb mit nach New York genommen, weil ich Julian den Song »Novembermorje«, der meinem verstorbenen Freund und Malerkollegen Michael Buthe gewidmet war, vorspielen wollte. Julian fragte nach der Bedeutung des Textes. Ich begann, ihm von Michael Buthes Leben und seiner Kunst zu erzählen, wenngleich ich wusste, dass Michael über diese Trennung wahrscheinlich gelacht hätte. Für ihn gab es gar keine Kunst, es gab nur das Leben, und das hatte er geliebt.

Wenn ich an den Abenden, bevor der Winter kam, auf dem Balkon stand und den Zugvögeln nachsah auf ihrem Weg Richtung Nordafrika, gab ich ihnen einen Gruß an Michael mit. Buthe hatte, nachdem er eine Zeitlang in einer marokkanischen Stofffärberei gearbeitet hatte, seinen Zweitwohnsitz nach Marrakesch verlegt. Dorthin brach er auf, wenn das Licht in Deutschland schwand. Im Orient fand er eine Vielfalt der Farben, der Rituale und Fetische, die ihn verwandelte und nie mehr losließ. Aus ihr schuf er seine individuelle Mythologie, die sich nicht um Anpassung und Effizienz scherte, sondern das Verausgaben feierte, den Rausch und den Überschwang. In der Holzkeile mit Rosenblättern beklebt waren und Tonziegel Flügel bekamen. In der Pünktchen, Sterne, Federn und Glitzerkram die Dinge kostbar machten und Goldstaub für Märchenglanz sorgte. In der Alltagsgegenstände wie Schätze behandelt und die Geschichten aus tausendundeiner Nacht neu erzählt wurden. Michael ließ sich auf alles ein, mit allen Risiken und Gefährdungen. Er hatte keine Angst, der Sonne zu nahe zu kommen, sondern war wild entschlossen, sie zu erreichen. Er vertraute auf einen neuen Frühling in Pompeji, weil er an die Kraft der Phantasie glaubte. Und er scheute sich nicht, Gefühle zu zeigen. Es konnte vorkommen, dass er einfach stehen blieb und sich überwältigen ließ von der Schönheit der Welt, die er dann unmittelbar, am besten noch an Ort und Stelle, in einem Bild einfangen wollte. Für ihn war Kunst ein Sprechen mit der Seele.

Obwohl ich Michaels Bilder, seine Skulpturen und Performances schon seit den frühen siebziger Jahren kannte, hatte unsere Freundschaft erst 1989 begonnen, als ich mich für Dietmar Schönherrs Nicaragua-Projekt »Das Haus der drei Welten« engagierte. Buthe erfuhr davon und bat mich, bei der Eröffnung seiner Ausstellung im Stuttgarter Kunstverein ein paar Songs zu spielen. Als Gage lobte er ein großes Gemälde aus, das ich mir selbst aussuchen konnte und das anschließend zugunsten des Hilfsprojekts versteigert werden sollte. In den Jahren danach besuchte ich ihn einige Male in seinem Atelier und war glücklich, wenn es mir gelang, etwas von dem zu erhaschen, was er sah.

Als ich »Novembermorje« schrieb, dachte ich an Michaels Märchen »Hommage an einen Prinzen aus Samarkant«, in dem die Liebe zur Poesie ein Leben in Gefangenschaft vor der Sinnlosigkeit rettet. Die Poesie hält die Verbindung zum verlorenen Alltag, zur Natur und zu den fernen Gefährten aufrecht. In meinem Nachruf auf Michael Buthe wollte auch ich das Entschwindende noch ein-

mal zurückrufen. Ich collagierte Lebensspuren, Reflexionen, Bildtitel, Lieder, Snapshots und Traumfetzen. Ich sprang in der Zeit und blendete Ereignisse ineinander. Wie es Michael in seinen Arbeiten durch Umwickeln, Überkleben, Übermalen, Zerreißen und Zusammennähen praktiziert hatte, wollte auch ich Vielschichtigkeit erreichen, Zusammenhänge zwischen weit Auseinanderliegendem herstellen und ein Gespräch führen über die Abgründe von Raum und Zeit hinweg. Vor allem aber wollte ich zeigen, dass mit Michaels Tod nicht nur die Kunstwelt ein Stück grauer geworden war. Die Sonne hatte sich verfinstert. Ikarus war abgestürzt.

Julian hatte aufmerksam zugehört. Ich wies ihn auf eine Gemeinsamkeit hin:

»Ich habe einen Song über einen verstorbenen Künstler gemacht, und du einen Film.«

Vor wenigen Wochen war Julians erster Film beim Wettbewerb in Venedig gezeigt worden.

Mit »Basquiat« hatte er mehr Erfolg als mit seiner Platte. Dieser Ausflug in eine andere Kunstgattung klappte. Die Kritiker liebten den Film, der die wahre Geschichte vom Aufstieg eines obdachlosen Sprayers zum von Andy Warhol protegierten Darling der New Yorker Kunstszene erzählte. In Jean-Michel Basquiats Leben und Karriere musste Julian sich selbst wiedererkannt haben. Alles war wieder da, der Wille, nach oben zu kommen, die glücklichen Fügungen des Schicksals, der Hype, am Ende der überwältigende Erfolg. Doch nicht jeder war mit einer solchen Standhaftigkeit gesegnet wie Julian. Der Film zeigte, wie Basquiat nach und nach seine tänzerische Unbekümmertheit verlor, schließlich im Wahnsinn übertriebener Erwartungen und katastrophaler Einsamkeit unterging. Der Windsurfer über den Wolkenkratzern von Manhattan war von einer zu hohen Welle verschlungen worden. Ein goldenes Licht hatte am Anfang des Films den Kopf des kleinen Jean-Michel Basquiat mit einer Krone geschmückt. Es war viel zu früh erloschen.

Julian hatte die Eröffnungssequenz seines Films mit »Fairytale of New York« unterlegt, dem alten Weihnachtslied der Pogues. Wie es der Zufall wollte, war eine kölsche Version dieses Songs auf unserem neuen Album. Vor geraumer Zeit schon hatte ich das tragikomische Märchen aus der Ausnüchterungszelle übersetzt. Ich hatte die Szenerie nach Hamburg-Altona verlegt, den »NYPD Choir« durch einen deutschen Polizeichor und »Galway Bay« durch »Stille Nacht« ersetzt, doch der Rest war gleich geblieben. Es ging um zu viel Alkohol, verlorene Liebe, falsche Versprechungen und, einmal mehr, die Sehnsucht nach einem großartigen Leben auf den glitzernden Straßen von New York. Im Original sang Shane MacGowan das Lied mit Kirsty MacColl, der Frau des Produzenten Steve Lillywhite. MacColl machte ihre Sache gut, wenn mir ihre Performance auch immer einen Tick zu vornehm erschienen war für das furiose Schimpfwort-Duell, zu dem sich der Song steigerte. Wenn ich die Nummer jemals singen würde, dann mit einer Duettpartnerin, der man Wut und Streitsucht, aber auch die Melancholie hinter den Kraftausdrücken besser abnahm. Dafür kam eigentlich nur eine in Frage. Nina Hagen.

Es vergingen noch einige Jahre, doch dann war es, als ob Shane MacGowan mir höchstpersönlich zugeprostet und meiner Idee seinen Segen erteilt hätte. Eines Nachmittags stand Nina Hagen bei uns im Studio, und ich brauchte sie nur zu fragen, ob sie Lust hatte, mit mir »Weihnachtsnaach« zu singen. Dann ging alles ganz schnell. Wenn Eile geboten war, konnte die Band noch zu einer Einheit werden. Wir räumten die Bremsklötze vorübergehend beiseite und legten mit dem Playback los. Das Duett mit Nina, die eigentlich nur ihre Freundin Christa Fast, die Witwe des legendären Produzenten Conny Plank und jetzige Betreiberin seines ehemaligen Studios, hatte besuchen wollen, ließ kurz die Sonne herein. Ein lichter Moment in einer sonst eher verkrampften Zeit.

Als ich Julian den Song vorspielte, jubelte er schon nach ein paar Takten:

»Das ist ja absolut phantastisch! Wenn ich das gewusst hätte, hätte ich das ans Ende des Films setzen können.«

Da war er wieder, Julians Enthusiasmus. Unabhängig voneinander hatten wir für unsere aktuellen Projekte dasselbe Lied aus-

83

gewählt. Natürlich durfte man solch eine zufällige Übereinstimmung nicht überbewerten. Doch sie zeigte, dass uns mehr verband als ein paar Anekdoten und geteilte Erinnerungen. Obwohl wir in völlig unterschiedlichen Welten lebten, ließen wir uns noch immer von den guten Nachrichten inspirieren, die der Rock'n'Roll zu verkünden hatte, und den Stimmen derer, die durch ihre Musik unser Leben bereicherten. Wir waren in der Spur geblieben. Genau besehen hatte sich auch sonst seit jenem Wachwerden in der Basler Dachkammer gar nicht so viel geändert. Noch immer erinnerte uns manchmal am Morgen der Lärm eines Presslufthammers daran, dass wir die richtige Wahl getroffen hatten. Wir hatten es geschafft, dass sich die Menschen dafür interessierten, was wir uns ausdachten. Wir hatten Glück gehabt und unser Ziel erreicht. Und es spielte fast keine Rolle mehr, dass Julian und ich auf dieses Ziel von verschiedenen Richtungen aus zugelaufen waren. Julian war genau das geworden, was er angestrebt hatte. Ich war etwas geworden, was ich mir nie hätte träumen lassen.

Später am Abend, als ich in einem der wenigen geöffneten Restaurants in Greenwich Village noch einmal über das Wiedersehen mit Julian nachdachte, merkte ich, wie sehr mir der Besuch in seinem Atelier Lust aufs Malen gemacht hatte. In einer idealen Welt würde drei Häuserblocks entfernt ein ähnlich großer Raum auf mich warten, wie geschaffen dafür, sich auf neue Bilder einzulassen. Doch alles hatte seine Zeit. Wir fuhren zum Flughafen. Am nächsten Abend würde ich um Punkt acht erst einmal wieder mit Major vor einen schwarzen Vorhang treten, auf den in Sütterlinschrift »Amerika« projiziert wurde. Wir würden das Konzert mit »Nix wie bessher« beginnen und von einer Jugend zwischen Fußball in Toreinfahrten, unerhörten Botschaften aus der Jukebox und an die Wand gekritzelten Namen unerreichbarer Mädchen erzählen. Und dabei würden wir hoffen, dass auch das Publikum in Hannover Lust hatte, auf eine dreistündige Reise mitgenommen zu werden. Ich freute mich darauf.

Pöppchesmöhler un Herringsbändijer

Die Großen steckten die Köpfe zusammen und flüsterten. Ich sah sie im Hof, auf dem Gang, im Speisesaal. Sie schienen etwas zu wissen. Vielleicht hatten sie es aus dem Radio erfahren. Die Großen durften Radios besitzen, sie wurden nicht mehr kontrolliert. Keiner sah auch mehr nach ihren Hausaufgaben. Etwas schien in der Luft zu liegen in diesem Herbst, etwas Bedrohliches. Es war kein gewöhnlicher Oktober, obwohl alles so aussah wie immer. Wir mussten warten, bis uns die Großen ins Vertrauen zogen und ihr Geheimnis mit uns teilten, dann wussten wir endlich auch, was das Radio seit Tagen meldete. Wörter von draußen, aus einem fernen Land. Dunkle Wörter. Wörter von früher, die ich fast alle schon gehört, um die ich mir aber nie viele Gedanken gemacht hatte. Nun erreichten sie mein Leben. Das dunkelste Wort war »Krieg«. Die Großen redeten vom Krieg. Sie sagten Kennedy, sie sagten Russen, Kuba, Kampfflieger, sagten Atomkrieg. Ich hatte im Fernsehen Bilder von Hiroshima gesehen. Eine riesige Wolke, die alles einhüllte, ein schwerer Regen, der niederging. Danach wurde es still, und niemand war mehr da. Ich bekam Angst. Wenn Krieg ausbrach, wollte ich nicht allein sein. In Köln spielte ich in den Trümmern, die vom letzten Krieg übrig geblieben waren, die Ruinen waren unsere Spielplätze, aber ich wusste, dass der Krieg auch schuld war am Unglück vieler Menschen. Ich dachte an Onkel Alex, der im Rollstuhl saß, seit er als kleines Kind im Ersten Weltkrieg einen Granatsplitter in den Rücken bekommen hatte. Ich musste nach Hause. Ich musste meinen Eltern von meiner Angst erzählen. Sie sollten mich abholen. Ich wollte nicht allein sein. Anrufen konnte ich nicht, jedes Gespräch wurde von den Präfekten mitgehört. Ich musste einen Brief schreiben, aber ich würde ihn niemandem zur Kontrolle vorlegen, sondern gleich zukleben. Es ging keinen etwas an, was ich meinen Eltern schrieb. Auch nach Briefmarken durfte ich nicht fragen. Ich nahm mir meine Sammlung vor, das Album mit den bunten Marken von überall auf der Welt. Jede Marke erzählte eine Geschichte, und oft schon hatte ich mir vorgestellt, wie es wohl in dem Land zuging, aus dem sie stammte. Dafür hatte ich jetzt keine Zeit. Jetzt suchte ich nur nach deutschen Marken, die noch nicht abgestempelt waren. Ich klebte alle auf den weißen Umschlag und hoffte, dass es genug waren. Ich fand sogar ein rotes »Per Eilboten«-Etikett. Es durfte nichts schiefgehen, der Brief musste in Köln bei meinen Eltern ankommen. Sie sollten mich abholen. Eigentlich war es verboten, das Gelände zu verlassen, aber ich fasste mir ein Herz und rannte das kurze Stück bis zum Briefkasten. Keiner sah mich. Alles ging gut. Am späten Nachmittag warf ich den weißen Umschlag mit den viel zu vielen bunten Marken ein.

Als meine Eltern den Brief erhielten, den ein gutmütiger Postbeamter abgestempelt hatte, ließen sie alles stehen und liegen. Sie kamen nach Rheinbach, besuchten mich im Internat und nahmen mir die Angst. Ich vertraute ihnen. Ihrem Versprechen, dass sie mich nicht im Stich lassen würden, sollte es einen Dritten Weltkrieg geben, dass sie mich sofort holen würden, wenn es so weit war, konnte ich glauben. Dennoch fiel es mir schwer, sie fahren zu lassen. Das Wochenende, an dem sie wiederkommen wollten, stand noch in weiter Ferne, und nach Köln durfte ich nur alle drei Wochen. Ich sah dem Auto nach. Ein vor gar nicht langer Zeit gekaufter Opel Caravan in Bermudagrün, der die Tomberger Straße in Richtung Kirche St. Martin hinunterrollte. Dort, wo die Straße am Hexenturm, gegenüber von einem großen Fachwerkgehöft, einen Knick machte, musste er bremsen, die Rücklichter leuchteten auf. Dann fuhr er um den Knick herum und war verschwunden.

Zwischen 1987 und 1992 arbeitete ich an einer Installation mit dem Titel »Kompass«. Ein schwerer, rechteckiger, asphaltfarbener Sockel, auf jeder Seite versehen mit einem Neonbuchstaben für die je-

weilige Himmelsrichtung. Und auf dem Sockel eine Vitrine aus dem Lebensmittelladen meiner Eltern. Früher hatte sie Käselaibe enthalten, bereits aufgeschnitten für die Kundschaft. Jetzt füllte ich sie mit Dingen, die, für sich genommen, banale Alltagsgegenstände waren, die aber auf einer zweiten Ebene von meiner Herkunft erzählten. Jeder Gegenstand stand für sich und zugleich für etwas anderes. Alles blieb konkret und rief doch Immaterielles herbei – Vergangenes, Erahntes, Gefühltes. Kastanien in Honiggläsern mit Schraubverschluss versinnbildlichten den Kreislauf des Werdens und Vergehens, des Verblühens und Wieder-Früchte-Tragens, der Jahreszeiten, wie er auch ablesbar gewesen war an den wechselnden Obst- und Gemüsesorten in den Auslagen vor dem Laden. »Josef Niedecken, Molkereiprodukte, Köln« hatte auf dem Geschäftsstempel meines Vaters gestanden, daran erinnerten in der Installation zwei Dutzend Milchflaschen. In jede einzelne von ihnen steckte ich eine verdorrte Rose als Symbol für die romantischen, in der Realität steckengebliebenen Träume meiner Mutter. Und auf die Gläser und Flaschen packte ich Zeitungen. Stapel der »Kölnischen Rundschau«, die mein Vater abonniert und aus der er einen großen Teil seines Weltwissens bezogen hatte. Jetzt hatten die Zeitungen nur noch für ein Archiv Gültigkeit. Sie waren Zeugen der Vergänglichkeit, ihre Aktualität hatten sie eingebüßt, so wie mit dem Tod meines Vaters alles, was er gewusst hatte und was ihm wichtig gewesen war, langsam zu verschwinden begann.

Um der Installation den Charakter des hermetisch Abgeschlossenen zu nehmen, legte ich auch Zeitungen rund um den Sockel auf den Boden. Diese Zeitungen waren nicht in Köln gedruckt worden. Sie stammten aus Essaouira in Marokko, aus Santiago de Chile, Havanna, Brüssel und London – aus all den Orten, die ich oder die Musiker meines ersten Soloalbums, »Schlagzeiten«, unmittelbar nach Beendigung der Aufnahmen aufgesucht hatten, um Urlaub zu machen. So wies »Kompass« hinaus, ins Freie, und führte einem vor Augen, dass es unendlich viele Möglichkeiten gab, seinen Platz im Leben zu finden. Gleichzeitig zeigte die Installation

aber auch, dass man seiner Herkunft nicht davonlaufen kann. Nur wenn man sich klarmachte, woher man kam, würde man vielleicht irgendwann wissen, wer man war. Die Nadel meines Kompasses war befestigt in der Severinstraße 1. Zog man von dort einen Radius von achthundert Metern, erfasste man die Kölner Südstadt, den Ort meiner Kindheit, eine längst versunkene Welt.

Was zuerst in die Erinnerung kommt, ist der bittere Geruch von Rohkakao, wie er herüberzog vom Stollwerck-Gelände, in dem die Schokoladenmädchen, in Takt gehalten vom unbarmherzigen Sirenenklang, im Akkord Pralinen abpackten. Nach Feierabend sah ich sie oft, mit Kopftüchern, in Gruppen gehend, die Arme über der Brust verschränkt, schwatzend, aber mit müden Gesichtern, ausgelaugt von der Schicht. Sie kamen am Laden meiner Eltern vorbei, kauften noch etwas ein, Lebensmittel für ihre Familien, für ein Abendessen in spärlich eingerichteten Wohnküchen. Roch es nicht nach Kakao, dann nach der Maische, die in der Reissdorf-Brauerei verzuckert wurde, oder, je nach Windrichtung, nach dem Rhein, der grau und schmutzig dahintrieb und an dem wir standen, um den Schiffen nachzusehen. Über die Südbrücke ratterten die Züge, unbekannten Zielen zu, und in Gedanken sprang man auf, hatte genug Proviant dabei, um im Bremserhäuschen mitzufahren und am anderen Tag aufzuwachen in einer fremden Stadt. Platz für uns fanden wir auch in den ausgedehnten, noch verwilderten Grünanlagen, im Römer- und Hindenburgpark, aber vor allem in den Trümmern, den teilweise nur mit Brettern vernagelten, nie richtig abgesicherten Ruinen, die uns zwischen den wiederhergerichteten oder neugebauten Häusern nicht wie Fremdkörper vorkamen, sondern wie ein Stück Natur, zum Stadtbild gehörend, vertraut vom ersten Augenblick an. Eine Kirche gab es, mit Hochaltar, Schrein und violett verhängten Beichtstühlen, Geschäfte und, ganz am Anfang der langen Straße, am Chlodwigplatz, direkt gegenüber von meinem Elternhaus, die aus dem Mittelalter übrig gebliebene Severinstorburg, ein Stadttor, dem man die Stadtmauer weggenommen hatte und das nur darauf wartete, Ritterburg in kindlichen Phantasien zu sein. Eine Festung, und wenn die Oma meines Freundes Hansi Becher, die Oma Filisetti, die das Stadttor als Hausmeisterin beaufsichtigte, uns aufgeschlossen, den Weg nach oben geöffnet hatte, standen wir zwischen den Zinnen und sahen die Feinde heranreiten, über weite Ebenen im grellen Licht, doch immer würde unsere Burg dem Ansturm standhalten. Ich fühlte mich in Sicherheit, denn nah waren auch die Eltern, nur einige Meter weiter stand meine Mutter im Laden hinter der Theke, saß mein Vater in seinem Büro, so nah, beinahe hätte ich durch die Luft hinüberspazieren können, wie ein Seiltänzer, balancierend, mit ausgebreiteten Armen, konzentriert voranschreitend, während eine Menschenmenge die Köpfe nach oben drehte, dicht gedrängt stand, staunte und schließlich applaudierte. Über dem Fenster der ersten Etage bat eine Inschrift »Gott schütz' dies Haus«, und direkt über dem Eingang des Ladens hielt in einer Nische der heilige Severin Wache, hielt seine Hand über das Eckhaus, das einmal der Pfarrei gehört hatte, und manchmal, wenn ich hungrig in den Laden lief, war es, als ob er sich leicht bewegte, seine steinerne Rüstung schüttelte und kurz zum Leben erwachte, ehe er wieder erstarrte. Nie fühlte ich mich allein. Ich musste nicht einmal wie die anderen in den Kindergarten in der Dreikönigenstraße. Ich wusste, wo ich meine Eltern fand, wenn ich sie brauchte, und wenn meine Eltern keine Zeit für mich hatten, dann ging ich zu meinem großen Bruder Heinz, der mit einem VW-Bus kleine Geschäfte in Düren, Bonn und Siegburg belieferte, oder seiner Frau Käthi, die zusammen mit meiner Mutter und noch einigen anderen, einander abwechselnden Frauen im Laden arbeitete. Käthi war nicht nur meine Schwägerin, sondern auch meine Cousine. Heinz hatte die Nichte meiner Mutter geheiratet. Nur auf Außenstehende wirkte das wie eine komplizierte Verwandtschaftsbeziehung. Für mich war es aber ganz einfach. Käthi war mir so nah wie eine große Schwester. Seit ich denken konnte, putzte sie mir die Nase, beschützte, verteidigte, ermutigte sie mich. Nicht ohne Grund widmete ich ihr 1979 die erste Strophe von »Liebesleed«. Käthi war es, die mich »wigger hoffe leeß«, wenn alles einzustürzen drohte. Daran hat sich bis heute nichts geändert.

Mein Vater wurde 1904 in Unkel am Rhein geboren, genau fünfzig Flusskilometer oberhalb der Südstadt. Eine Kindheit auf dem Land, vor der Moderne. Als die ersten Autos durch Unkel kamen, lief das ganze Dorf zusammen:

»Luhrt ens, do kütt en Kutsch ohne Pääde!«

Tage der Disziplin, der Sparsamkeit. Eine Winzerfamilie, die Halt fand in überlieferten Werten und ihr Leben nach den Erntezeiten und dem Kirchenkalender ausrichtete. Der Krieg kam dazwischen, aber die Brüder meines Vaters konnten sich nach ihrer Heimkehr von den Schlachtfeldern für Fotos aufstellen, dekoriert, davongekommen, sich wieder eingliedernd in die feststehende Ordnung, weiterarbeitend, ohne zurückzuschauen. Auf wieder bessere folgten magere Jahre. Rebläuse suchten die Weinberge heim. Vernichtet war so manche Ernte, gering wurde der Ertrag. Zu leben von dem, was das eigene Land hergab, gelang immer weniger. Die Kinder mussten sich nach einem anderen Auskommen umsehen, einen anderen als den angestammten Beruf ergreifen. Aber nur den jüngsten Sohn, der Kaufmann werden wollte, trieb es wirklich hinaus in die Welt. Er schnürte sein Bündel und versuchte sein Glück in der großen Stadt. Mein Vater machte sich auf nach Köln, seine Frau, die er in Rheinbreitbach, einem Nachbarort von Unkel, kennengelernt hatte, ging mit ihm, ein Kind wurde geboren, doch die Ehe hielt nicht, bald war er allein mit dem Kind, seinem Sohn, für den er zu sorgen hatte. Zweimal eröffnete er einen Lebensmittelladen, zweimal wurde er ausgebombt, stand wieder mit leeren Händen da, musste von vorn anfangen. Nach dem Krieg der nächste Versuch. Mein Vater stellte sich ins Severinstor und hielt die Augen auf, beobachtete genau, wohin die Leute gingen, welche Richtung sie einschlugen, wo sie vorbeikamen, dann besetzte er das Ladenlokal, das ihm die günstigste Lage zu haben schien. Er probierte es ein drittes Mal, sich eine Existenz aufzubauen, endlich anzukommen in Köln, wo er aber nie wirklich heimisch wurde, immer war die Sehnsucht da, zurück aufs Land zu gehen, das ihm Heimat blieb zeit seines Lebens.

Mein Vater war nicht eingezogen worden, er war zu alt gewesen, und später, als darauf keine Rücksicht mehr genommen wurde, hatte ihn sein Beruf davor bewahrt, in Hitlers letztem Aufgebot verheizt zu werden. Als Lebensmittelhändler war er für die Versorgung der Bevölkerung unentbehrlich. In den letzten Kriegstagen verrichtete er seinen Dienst in einer Bürgerwehr, die den Kölner Hafen überwachte, damit es dort nicht zu Plünderungen kam. Nach dem Krieg war er eine gute Partie. Es gab keine jungen Männer mehr. Die jungen Männer waren tot, vermisst, oder sie waren in Gefangenschaft, und niemand wusste, ob sie jemals zurückkommen würden. Eines Tages lief meinem Vater in der Severinstraße das Glück über den Weg. Die junge, dunkelhaarige Frau, die nur zwei Häuser weiter in der Bäckerei Brochmann arbeitete, erwiderte sein Lächeln. Sie ließ sich auf ihn ein und war bereit, ihn zu heiraten. Nur dass sie auch ein Kind bekommen wollte, damit hatte mein Vater, zwanzig Jahre nachdem mein Halbbruder auf die Welt gekommen war, nicht gerechnet. Er hat es nicht geschafft, sich gegen den Kinderwunsch meiner Mutter durchzusetzen. Eigentlich ist ihm das, was Dinge außerhalb des Geschäftlichen betrifft, überhaupt sehr selten gelungen. Meine Mutter gab ihm zwar das Gefühl, der Chef zu sein, aber wo es langging, bestimmte letztlich sie.

Es war wohl eine Art Vernunftehe, die die beiden in den Ruinen der noch am Boden liegenden Stadt schlossen. Hier der Bauernjunge aus Unkel, der nichts kannte außer seiner Arbeit und der jeden Pfennig zweimal umdrehte, ehe er ihn ausgab, dort seine um sechzehn Jahre jüngere Frau, die so gut zeichnen konnte und für ihr Leben gern Modezeichnerin geworden wäre und sich, weil die Zeiten nun einmal nicht danach waren, mit einem Alltag arrangieren musste, der ihren Hoffnungen nicht entsprach. Sie hatte sich mehr und anderes erhofft, als »op der Rejierung«, beim Regierungspräsidenten der Stadt Köln, als Bürokraft zu arbeiten, nach Kriegsende in der Bäckerei auszuhelfen und schließlich hinter die Theke eines Lebensmittelladens zu geraten. Meine Mutter haderte nicht mit dem Schicksal, dazu war sie zu pragmatisch und auch zu fröhlich. Räsonieren lag ihr nicht. Für sie galt: »Et ess, wie et ess.«

Nur ganz selten hielt sie inne und stellte sich vor, wie ihr Leben verlaufen wäre, wenn Bert, ihre große Liebe, der stille Jurastudent aus der Nachbarschaft, nicht im russischen Winter verendet, sondern »heim noh Kölle« gekommen wäre, sie wieder in den Arm genommen und nie mehr losgelassen hätte. Nur ein Bündel Briefe blieben ihr von ihm, und wie stark die Trauer und das Verlangen, ein Stück vom Verlorenen wiederzubekommen, in ihr fortwirkten, bewies der bei Licht besehen wahnwitzige Auftrag, mit dem sie nach meiner Geburt meinen Vater aufs Standesamt schickte. Er sollte mich auf den Namen »Robert Niedecken« eintragen lassen. Mein Vater tat das einzig Richtige. Diese Bitte konnte er ihr nicht erfüllen. Als er vom Amt zurückkam, sagte er nur:

»Ich hann dä Jung als Wolfjang ahnjemeldt.«

Ich bekam zwar nicht den Namen, den sich meine Mutter für mich gewünscht hatte, aber später dafür von ihr alle Unterstützung, die ich mir nur denken konnte. Kein Vorhaben, das sie nicht mittrug, keine Idee, die ihr zu abgedreht war. Wenn sie auch selbst nicht die Chance gehabt hatte, ihre kreativen Fähigkeiten zu verwirklichen – ich sollte es schaffen, mein Leben nach meinen Vorstellungen zu gestalten. Ich sollte in die Fußstapfen ihres Vaters, des Kirchenmalers Hermann Platz, treten. Und nach Möglichkeit sollte ich es besser machen als er.

Hermann Platz, gütiger Lebemann, verhinderter Grandseigneur, Bohemien, musste seine vielen Kinder, darunter den Sohn Alex, der seit einem der wenigen Fliegerangriffe des Ersten Weltkriegs im Rollstuhl saß, mit Gelegenheitsarbeiten durchbringen, anstatt so zu leben, wie er sich selbst sah: als Künstler. Er tapezierte Wohnungen und strich Wände, dabei hatte er doch in Bad Münstereifel das Rathaus mit Figuren verziert und in der Maternuskirche ein Heiligenbild an die Decke gemalt, das die Leute »dä Herrjott mit dämm Nudelebart« nannten, weil sie Gottvaters Barthaare an Makkaroni erinnerten. Abends ertränkte Hermann Platz seinen Kummer in Kölsch und »Deck un Dönn«, versoff das Geld, das die Familie so dringend brauchte, und stand im »Hermanns Tünn«, Anton Hermanns Torburg-Brennerei am Chlodwigplatz, zwischen

anderen arbeitslosen Männern so lange an der Theke, bis meine Mutter kam und ihn heimführte. Die beiden hatten ein ganz besonderes Verhältnis zueinander. Nie war es ihr unangenehm, ihren Vater aus der Kneipe zu holen, und auch er war nicht böse, wenn seine Hubertine, sein »Tinny-Mäusjen«, ihm sagte, dass es für diesen Abend genug sei. Er wankte an ihrer Hand nach Hause, über den Chlodwigplatz und den Ubierring entlang, bis in die zweite Etage des Hinterhauses der Alteburger Straße 40. Dabei tröstete er sich und sie mit der Erinnerung an die Frau, die er als Pferdebahnschaffnerin kennengelernt hatte:

»Ess nit schlemm, Kind, de Mama wohr et schönste Mädche vun janz Kölle!«

Seinem Schwiegersohn stand Hermann Platz später fremd gegenüber. »Herringsbändijer« nannte er ihn verächtlich. Und es war ja auch leicht, sich über die Sparsamkeit, den Fleiß, die Unbeirrbarkeit meines Vaters lustig zu machen. Andererseits verdankte ihm

die ganze Familie ihr Auskommen. Er hatte die Verantwortung für den Laden, und er nahm sie wahr, engstirnig oft, kleingeistig auch, doch immer umsichtig und bedacht auf das Wohl des Clans. Einer musste der Patriarch sein, und Patriarchen sind nie beliebt. Für Freidenker wie Hermann Platz und ihre unstete Lebensweise hatte mein Vater wiederum nur Unverständnis übrig. Er revanchierte sich für den »Herringsbändijer« mit einem abfällig gemeinten »Pöppchesmöhler«.

Hermann Platz starb 1951 im »Vringsklösterchen«, im selben Krankenhaus der Augustinerinnen in der Südstadt, in dem ich eine Woche später geboren wurde. Kurz vor seinem Tod, schon betäubt von den Schmerzen, sagte er noch:

»Bovve litt uns Tinny un hätt ene kleine Jung jeboore.«

Er hat sich nur um wenige Tage vertan. Er wusste zwar, dass sein »Tinny-Mäusjen« schwanger war, aber er konnte nicht wissen, ob sie einen Jungen oder ein Mädchen auf die Welt bringen würde. Es

war, als hätte er mit seiner Prophezeiung auf dem Sterbebett in letzter Minute noch den Staffelstab weitergegeben. Als wäre es ihm wichtig gewesen, dass jemand sein Erbe antrat und die Familie auch künftig nicht nur aus »Herringsbändijern« bestand.

Später, als ich selbst viermal Vater wurde, hielt ich mich von Voraussagen fern. Welches Geschlecht das Kind haben würde, wollte ich vor der Geburt gar nicht wissen. Das musste eine Überraschung bleiben, und es war mir auch jedes Mal völlig egal. Erst kam die Freude, dann die Frage: »Gesund?«, und dann konnte man sich immer noch ansehen, ob die Natur sich für Rosa oder Himmelblau entschieden hatte und welcher der beiden Vornamen, die man sich überlegt hatte, zum Zuge kam. Was meinen ersten Sohn betrifft, so habe ich es vor anderen und auch mir selbst lange bestritten, dass sein Name Severin etwas mit dem Viertel zu tun hat, in dem ich aufgewachsen bin. Vielleicht wollte ich den Verdacht, ein kölschtümelnder Nostalgiker zu sein, gar nicht erst aufkommen lassen. Aber ich habe mir etwas vorgemacht. Natürlich war ich auch in dieser Sache geprägt von meiner Herkunft. Zu meiner Ehrenrettung kann ich anführen, dass es nicht in Köln, sondern in Paris war, in einem billigen Hotel im Quartier Latin, direkt an der Kirche Saint-Séverin, wo mir der Name Severin zum ersten Mal als wirkliche Möglichkeit ins Bewusstsein kam. Erst in Frankreich, als ich auf Distanz zu den Bäumen gegangen bin, habe ich den Wald erkannt.

Nach der Geburt meines zweiten Sohnes zog mich der Sänger Purple Schulz auf:

»Un … wie nennste dä? Subbelrath?«

Nein, Robin. Robin wie Robin Hood, von dessen sprichwörtlicher Nächstenliebe man nie genug haben konnte. Und Robin wie Robin Page, mein alter Malerfreund, der nicht das schlechteste Vorbild war, wenn es darum ging, sich mit Witz und Phantasie im Leben zu behaupten.

Mehr Kopfzerbrechen bereitete uns der Name für unsere erste Tochter. »Sophia-Maria« war mein nicht unumstrittener Favorit. Sie kam als Sternguckerin zur Welt, mit dem Gesicht nach oben und, wie alle Sterngucker, mit einem zunächst mal in die Länge

gezogenen Hinterkopf. Der ohne Alternative im Raum stehende Vorname schien nicht recht zu ihr zu passen. Tina fragte, die Neugeborene im Arm:

»Sieht sie denn aus wie eine Sophia-Maria?«

»Eigentlich nicht. Die sieht eher ägyptisch aus.«

»Weißt du denn einen ägyptischen Namen?«

»Hm … Nofretete?«

»Niemals!«

»Kleopatra?«

»Spinnst du?«

»Isis?«

»Isis? Isis-Maria? Ja. Das ist gut.«

Ein paar Tage später musste ich Farbe bekennen und meine Quelle offenlegen – Bob Dylans Song »Isis« von seinem Album »Desire«, auf den ersten Blick eine wilde Abenteuergeschichte, in Wahrheit aber, und so sagte Dylan in Konzerten das Stück auch an, »a song about marriage«. Isis war die Frau, zu der man nach all den Strapazen, blind vor Schlaflosigkeit, zurückkehrte, um ihr zu sagen, dass man sie liebte. Das mystische Kind, an dessen Lächeln man sich immer erinnerte. »I married Isis on the 5th day of May«, hieß es in Dylans Song – am 5. Mai 1994, vier Tage nach ihrer Geburt, trug ich unsere Isis zu Hause über die Schwelle.

Für die Namensfindung bei unserer zweiten Tochter stand mein Vater Pate, aber auch Joseph Beuys war nicht ganz unschuldig daran, dass wir das kleine Mädchen »Josephine« nannten. Weil wir dann überlegten, wie schön es wäre, ein Kind zu haben, dessen zwei Vornamen zu »Jojo« zusammengezogen werden könnten, stellten wir noch »Joana« voran. Mit »Johanna« stieß ich bei meiner Frau auf taube Ohren. Sie hatte meine Macke durchschaut. Noch mehr Dylan-Visionen duldete sie nicht, und sie hatte recht damit. Wir haben unsere Entscheidung für »Jojo« nie bereut, obwohl unsere Tochter ihrem Rufnamen so manches Mal Lügen gestraft hat. Wenn eine nicht auf Knopfdruck funktionierte und an der Schnur anderer Leute tanzte, sondern stolz ihrem eigenen Kopf folgte, dann Jojo.

Ich empfand es immer als überheblich, wenn jemand unser Geschäft als »Tante-Emma-Laden« bezeichnete. Tante Emma war die dicke Frau aus dem Witzblatt, die mit dem Nudelholz hinter der Tür lauerte, wenn der schmächtige, betrunkene Ehemann, der Emil hieß, zu spät nach Hause kam. Mit solchen Karikaturen hatten weder meine Mutter, die für mich mindestens so schön war wie Sophia Loren, noch das Geschäft, in dem ich jede Ecke kannte, etwas zu tun. Die Erinnerung baut mir den Laden wieder auf, ein Regal nach dem anderen, die zwei im rechten Winkel zueinander stehenden Tiefkühltruhen, rückt alles wieder an den Platz, wo es war: die leuchtend rote »Berkel«-Wurstschneidemaschine, die uralte elektrische Kaffeemühle, die Milchpumpe, die »Bahlsen«-Keksdosen mit Glasdeckeln, den Ständer mit Produkten von »Knorr«, die Sauerkrautfässer aus dunkelbraunem Steingut, die Zuckersäcke, ein Blechschränkchen von »Brücken-Kaffee« und ein anderes aus Holz von »Erdal« mit Schuhcremedöschen, auf denen ein gekrönter Frosch zum Sprung bereitsaß. Ein Reich, in dem meine Mutter das Regiment führte, nur selten verließ mein Vater das Büro, stand auf von seinen Abrechnungen, kam nach unten, um die Auslagen vor dem Laden zu kontrollieren, sortierte das unansehnlich gewordene Obst aus und füllte schöneres nach. Dann sprach er mit den Kunden, zu denen er freundlich war, zugänglicher oft, als wir ihn erlebten, weniger in sich gekehrt, auch weniger nörgelnd, sodass meine Mutter ihn manchmal aufforderte:

»Och, hühr op, Josef! Du kanns ens met de Lück knöttere! Kannste nit, wemmer unger uns sinn, och ens su fründlich sinn?«

Aber das gelang ihm nur selten, dazu war er zu sehr gefangen in seiner Haut, geprägt von den Erschütterungen und Entbehrungen der Kriegsjahre, die ihn dem Frieden nicht recht trauen ließen. Jeden Tag konnte es wieder vorbei sein, die Angst saß in ihm fest, nicht genug getan zu haben, nicht gewappnet zu sein gegen Hunger und Armut, zu wenig Vorsorge getroffen zu haben für die ihm Anbefohlenen. Aus diesem Grund sparte er an Stellen, an denen sonst keiner sparte. Nachts drehte er heimlich das Ewige Licht aus, das in einer Madonnennische im Treppenhaus stand, und hoffte,

101

dass es keiner merken würde, nicht seine Familie und erst recht nicht der, an den er unbeirrt wie ein Kind glaubte.

Mein Vater durfte nicht wissen, dass es im Laden »et Booch« gab, eine einfache, grau eingebundene Kladde, in die Name und Betrag geschrieben wurden, wenn wieder mal bestimmte Kunden mit schuldbewussten Gesichtern nach dem Einkauf vor der Theke standen und um Stundung baten, dieses eine Mal noch. Kurz vor Weihnachten war die letzte Seite gefüllt, und »et Booch«, ein Zeugnis von alltäglicher Not und von Großherzigkeit, wurde stillschweigend zu seinen Vorgängern in den Schrank gestellt. Im Januar kam »et neue Booch«, ebenso grau, aber wieder leer. Die Schulden waren wie von Geisterhand getilgt:

»Die mösse jo jet esse. Die Pänz künne jo nit hungrisch enn de Schull jonn!«

Kinder aus armen Familien gab es einige in der Volksschule Zwirnerstraße. Ich bewunderte sie insgeheim für ihre Durchsetzungskraft und listige Härte. Bei ihnen zu Hause kam nicht zu jeder Mahlzeit »die gute Butter« auf den Tisch. Sie packten in der Pause ein Brot mit Rübenkraut und Margarine aus. Ihre Eltern arbeiteten im Hafen oder im Stollwerck, und sie wohnten in den dunkleren Straßen des Viertels, in denen das Leben anarchisch verlief, nach strengen Regeln, die alle ungeschrieben waren. Sie hätten auch »em Ühlejaade« wohnen können, wohin mich Lisbeth, ein Lehrmädchen, das bei uns im Laden arbeitete, manchmal mitnahm. Ein längst verschwundenes Barackenviertel, genau da, wo seit den sechziger Jahren eine Zubringerschleife auf die Severinsbrücke führt. Notunterkünfte, windschiefe Behausungen, Bretterbuden, provisorisch hingebaut auf Trümmergelände und dann nicht mehr abgerissen, sondern zum Zuhause geworden, zum Wohnzimmer kinderreicher Sippen, und vielleicht wurde nur in Straßen wie diesen richtig gelebt. Auf jeden Fall wurde in ihnen wie auch bei uns zu Hause Kölsch gesprochen. Nur manchmal, wenn mich meine Mutter schick gemacht hatte und wir in die Stadt fuhren oder zu Leuten, bei denen es vornehm zuging, ermahnte sie mich:

»Aber sprich bitte anständig heute!«

Ich wusste nicht, was an meinen Wörtern und Sätzen unanständig sein sollte, aber meiner Mutter zuliebe bemühte ich mich dennoch nach Kräften, mich in der ersten Fremdsprache auszudrücken, die ich bei meinem Eintritt in die Volksschule zu lernen gezwungen war. Ich versuchte, Hochdeutsch zu sprechen.

Mein Vater und ich waren ein Herz und eine Seele. Gab es etwas zu erledigen, fuhr ich mit ihm im alten, milchig gelben Opel P4, auf dessen Heck die Reklame der Käsefirma »Kiepenkerl« prangte. Das Auto war schon damals ein Oldtimer, kein Mensch fuhr mehr mit so einer Karre herum, aber mein Vater hielt ihm die Treue. Ein Auto, das sich noch bewegte, musste nicht durch ein neues ersetzt werden, auch wenn sich meine Mutter schämte, im P4 gesehen zu werden. Am liebsten begleitete ich meinen Vater zum Hafen, wenn er dort Dosenmilch von »Bärenmarke« oder »Libby's« abholen musste. Der Hafen war normalerweise verbotenes Gebiet. Niemand durfte sich dort ohne triftigen Grund aufhalten. Nur mit einem Formular konnte man die Sperre passieren. Die Schranke ging auf, und dann befand man sich an einem fremden und geheimnisvollen Ort, der einen mit der ganzen Welt zu verbinden schien.

Ein paar Monate war es erst her, dass mein Vater beim Mittagessen den Teller weggeschoben und mehr zu sich selbst als zu den anderen am Tisch gesagt hatte:

»Dat ess dä Ahnfang vum Engk. Jääjenövver vun dä Vringskirch maachen se 'ne Selbstbedienungslaade op.«

Ich konnte mir gar nicht vorstellen, was er meinte. Wie sollte man sich denn selbst bedienen? Ein Laden brauchte doch Kunden, die nach dem verlangten, was sie brauchten, und Verkäuferinnen, die es ihnen aus dem Regal holten, abwogen, einpackten, über die Theke reichten. Mein Vater aber wusste, dass eine andere Zeit angebrochen war. Mit den Preisen eines Supermarktes konnte er nicht konkurrieren. In der Markthalle hatte er fortan einen schweren Stand. Er kaufte weniger ein als die Betreiber der Selbstbedienungsläden, die die neuen Herren waren und hofiert wurden. Er war nicht in der Situation, so auftreten zu können wie sie, und musste den Spott der Händler einstecken, war ein leichtes Ziel, ein kleiner Mann in grauem Kittel und mit grünem Cordhut. Es tat mir weh, ihn so zu sehen, von oben herab behandelt, ohne dass er sich dagegen wehren konnte. Mein Bruder hätte sich damit nicht abgefunden, er wäre nicht um die passende Antwort verlegen gewesen, schließlich stand der Familienzusammenhalt an erster Stelle. Niemand ließ etwas auf den anderen kommen. Mit diesem Zusammenhalt, der auch die Angestellten mit einbezog, schafften es meine Eltern gemeinsam mit Heinz und Käthi, dann auch den Supermärkten Paroli zu bieten. Selbst wenn sie die Waren anderswo billiger erhalten konnten, kamen die Kunden weiterhin und kauften ein, weil sie spürten, dass sie bei uns willkommener waren.

Vom Laden führte eine mit braunem Schellack gepflegte Holztreppe in die oberen Stockwerke des schmalen Hauses, hinauf in den zweiten Stock, wo wir wohnten, wo mein Zimmer war, das nur ein Vorhang vom Bad abtrennte. In der Ecke stand ein Ofen, der nur samstags, am Badetag, mit Holz geheizt wurde und eine betäubende Wärme spendete. Dann roch es noch Stunden später nach dem grünen Zusatz, der ins Wasser gegeben worden war, während das Feuer im Ofen langsam ausging, mein Zimmer wieder auskühlte und alles klamm wurde. Nachmittagelang saß ich an einem der acht Fenster unserer Wohnung und zeichnete die Severinstorburg von hinten, ich kannte jeden Millimeter, jede Zinne, jeden Stein, und bildete sie ab auf meinen Blättern, den Rückseiten alter Geschäftsquittungen. Das Zeichnen faszinierte mich, es ließ die Welt noch einmal entstehen, auf eine langsame, genaue Weise. Es war auch eine Möglichkeit, sich mitzuteilen. Man konnte damit zeigen, was und wie man es gesehen hatte, man gab etwas von sich preis und hoffte, dass es den anderen gefiel. Einmal zeichnete ich einen Lkw mit einem Anhänger voller Baumstämme, einen Langholzwagen, und ich zeichnete ihn, wie er mir aufgefallen war: von schräg hinten, weit nach vorn ragend, die Straße beherrschend. Mein Vater blickte mir über die Schulter, dann nahm er das Blatt und ging zu meiner Mutter:

»Dä. Do hammer et. Dä weed irjendjet met Mohle!«

Das klang resignativ, so, als wäre etwas lange schon Erwartetes oder sogar Befürchtetes eingetroffen. Vielleicht kam meinem Vater an diesem Tag zum ersten Mal der Gedanke, ich könnte später einmal nicht den Weg einschlagen, den er für mich vorgesehen hatte. Was soll aus dem Jungen bloß werden?

Wenn meine Mitschüler von den Prügeln erzählten, die sie daheim von ihren Vätern bekamen und die in den fünfziger Jahren an der Tagesordnung waren, Prügel für freche Antworten, schlechte Leistungen, Ungehorsam, stand ich stumm dabei. Hatte ich etwas angestellt, schlug mich mein Vater nicht, er hielt mir Moralpredigten, und dass er dabei traurig war, schmerzte mich mehr als jeder Schlag. Beinahe wäre es mir lieber gewesen, er hätte die Hand erhoben, anstatt mich an seinem Kummer teilhaben zu lassen. Meine Mutter war resoluter, vor allem wenn sie mit meiner Sturheit nicht einverstanden war. Dann raffte sie die Röcke und gab mir einen Tritt in den Hintern. Darüber ärgerte ich mich nicht, über ihren Spruch »Du widderlije Widder!« dagegen umso mehr. Was konnte ich denn dafür, dass ich am 30. März geboren war?

Der Grund für die Wut meiner Mutter war fast immer meine Starrköpfigkeit, ein rot aufflammender Trotz, der sich innerhalb von kürzester Zeit zu einem nicht mehr beherrschbaren Gefühl von Jähzorn steigerte. Ich stand mir dabei selbst im Weg, und ich wusste es, aber ich kam nicht dagegen an. Die Szenen wiederholten sich. Ich spielte auf der Straße, war in eine fremde Haut geschlüpft, war Tarzan, Sigurd oder Winnetou, und die Stimme meiner Mutter, die nach mir rief, zerstörte die Phantasie, die Illusion zerriss, fremde Länder waren wieder die eigene Straße, und ich sollte wieder ich selbst sein, sollte meinem Vater nach dem Mittagsschlaf, den er als Diabetiker dringend benötigte, Kaffee nach oben bringen. Widerwillig kam ich in den Laden, nahm die kleine braune Kanne in Empfang und schimpfte, konnte nicht aufhören damit, der Zorn übermannte mich. Ich ging die Treppe hinauf und trat mit dem Fuß gegen jede Stufe, was einen dumpf polternden, im ganzen Haus zu hörenden Lärm ergab. Vom ersten Stock hieß mich meine Mutter wieder herunterkommen, sie war ruhig geblieben, ging nur vom Kölschen zum Hochdeutschen über:

»Und jetzt gehst du die Treppe noch mal anständig hoch!«

Das Spiel begann von vorn, manchmal ging ich den Weg ein zweites, ein drittes Mal, unter Murren, immer noch zornig, die Treppen verschwammen unter meinem Blick, ich hatte angefangen zu weinen, stolperte und fiel, das Kännchen ging kaputt, und der heiße Kaffee ergoss sich über mich. Anschließend wurde ich über die Straße geschickt, um im Haushaltswarengeschäft Nitsche ein neues Kännchen zu kaufen, und so lange würde ich keinen Wunsch mehr erfüllt bekommen, bis meine Mutter der Meinung war, das Kännchen sei abbezahlt.

Der Laden fraß die Freizeit meiner Eltern auf. Früher waren sie gelegentlich abends noch zusammen in eine Kneipe gegangen, das war flachgefallen, als die Zuckerkrankheit meines Vaters ihm nicht mal mehr erlaubte, ein paar Kölsch zu trinken. Meine Mutter las, hatte ein Regal mit Büchern, aber für wirkliche Hobbys fehlte die Zeit. Als er noch mit seiner ersten Frau verheiratet gewesen war, hatte mein Vater einmal seine Eltern in Köln ausgeführt, sie waren tagsüber ins »Kino für Jedermann« in der Nähe des Waidmarkts gegangen, hatten jedoch den Anfang des Films verpasst und sich im schon dunklen Saal zu ihren Plätzen getastet. Als das Licht wieder anging, gingen meinen Großeltern, den Winzern aus Unkel am Rhein, die Augen über:

»Wat dunn die janze Lück dann he? Hann die all kein Arbeid?«

Auch die Gespräche meiner Eltern drehten sich fast immer um die Arbeit, abends noch, beim Essen, pünktlich zu den Nachrichten um acht, und danach setzte sich mein Vater im kleinen Wohnzimmer an den Chippendale-Tisch und machte die Kasse, zählte die Einnahmen des Tages, nur gelegentlich einen Blick auf den Bildschirm werfend, über den bestenfalls eine Folge »Stahlnetz«, meistens aber irgendeine Komödie flimmerte, eines jener belanglosen Lustspiele mit Gesang, in denen das Leben als ewige Tanzstunde erschien. Der Chippendale-Tisch ergänzte mit seinem historisierenden Stil die zwei Sessel und das Sofa, die meine Mutter aus dem Nachlass ihrer Eltern mit in die Ehe gebracht hatte. Das ganze Ensemble machte das Wohnzimmer für mich, je älter ich wurde, zunehmend zu einem Ort der Spießigkeit, an dem ich Beklemmungen bekam und den ich um nichts in der Welt meinen Freunden vorgeführt hätte, obwohl es bei ihnen zu Hause sicher ganz genauso aussah. Heute steht der Tisch in meinem Arbeitszimmer, auf ihm stapeln sich die Bücher, zu deren Lektüre ich noch nicht gekommen bin, und auch von der Sitzgruppe habe ich mich nicht trennen können. Sie wartet, mit Leopardenfellimitat neu bespannt, in meinem Arbeitszimmer in der Eifel auf Besucher.

Den ersten Fernseher im Haus legte sich die Familie Ryssel zu. Die Ryssels wohnten eine Etage über uns, herzliche, gastfreundliche Urkölner, bei denen ich ein und aus ging. Frau Ryssel arbeitete halbtags im Laden, Michaela war Funkenmariechen bei den Treuen Husaren, und Winfried, ihr Sohn, der etwas älter war als ich, ließ mich ab und zu mit seiner elektrischen Eisenbahn spielen. Im Fernsehen beeindruckten mich die Stunts des »Klettermaxen« Arnim Dahl in der Kindersendung »Sport – Spiel – Spannung«, noch lieber aber sah ich die Serie »Corky und der Zirkus«, die von

einem Waisenjungen handelte. Corky war von seinem Onkel, einem
Clown, adoptiert worden und zog nun mit einem Zirkus durch die
Lande. Was für ein Leben! Ich beneidete Corky darum, dass er
Menschen nahe sein konnte, die ungebunden waren, frei, die alle
paar Tage neue Städte kennenlernen und abends im Scheinwerfer-
licht gutgelaunten Menschen Kunststücke vorführen konnten.

An manchen Samstagabenden saß fast das ganze Haus vor dem
Fernseher der Familie Ryssel, denn dann wurden Stücke aus dem
Millowitsch-Theater in der Aachener Straße live im Ersten Programm übertragen. Für die Kinder gab es »Hohes C« und Erdnüsse,
wir durften lange aufbleiben, und auch wenn wir nicht alle Einzelheiten von Stücken wie »Der Etappenhase« oder »Der verkaufte
Großvater« verstanden, so war Millowitsch dennoch für uns ein
Held, nicht nur, weil man ihm anhörte, dass er dieselbe Sprache
sprach wie wir. 1990 konnte ich ihm von diesen frühen Public-
Viewing-Erlebnissen selbst erzählen. Zusammen mit Jürgen Zeltinger brachten Willy Millowitsch und ich den Bläck Fööss ein
Ständchen zum zwanzigjährigen Bestehen. Es wird mir unverges-
sen bleiben, wie Millowitsch aus der Not eine Tugend machte und
der ihm gänzlich unvertrauten, von Major komponierten Musik
auf den Leib rückte, indem er die Gesangsmelodie einfach unter
den Tisch fallen ließ und seinen Part wie ein Marktschreier kurzerhand aufs Band deklamierte.

Manchmal kamen unsere Idole aber auch höchstpersönlich in
die Südstadt. Bei »Möbel Heinrich« an der Ecke Chlodwigplatz/
Karolingerring fand eine Autogrammstunde mit Hans Schäfer
statt. »Hans Schäfer«, diesen Namen hatte ich mir gemerkt. Er
tauchte immer wieder auf, wenn mein Vater und mein Bruder vor
dem Radio saßen und die Spiele des FC oder der Nationalmannschaft verfolgten. Von Hans Schäfer holte ich mir das erste Autogramm meines Lebens. Auch ihn durfte ich später kennenlernen,
und als ich bei den Dreharbeiten für unser »FC, jeff Jas!«-Video das
erste Mal im Müngersdorfer Stadion neben ihm saß und mich mit
ihm über das Spiel unterhielt, kam es mir vor, als ob mir Chuck
Berry während eines Stones-Konzerts den Rock 'n' Roll erklärte.

Es gibt drei Sachen, die sich keiner aussuchen kann – den Vater, die Mutter und den Club, mit dem man leiden muss. jede Woche aufs Neue. Mitgefangen, mitgehangen. War einem ein Verein in die Wiege gelegt worden, wurde man ihn nicht mehr los. Und sosehr man sich auch einredete, dass einem alles langsam gleichgültiger wurde – ging es auf das Wochenende zu, begann das Fieber doch wieder zu steigen, und fünfzehn Minuten vor Anpfiff hatte man sowieso alle guten Vorsätze vergessen und reagierte so allergisch wie eh und je auf Leute, die einem mit Diskussionen über Rabattmarken nervten, während man sich auf DAS SPIEL konzentrieren wollte.

Kurz nachdem ich »Möbel Heinrich« mit dem Autogramm von Hans Schäfer verlassen hatte, begann ich damit, Fußballbilder zu sammeln. Normalerweise ärgerte man sich, riss man die Tütchen auf und entdeckte alte Bekannte. Nicht so bei einem Spieler des FC. Selbst wenn das Bild doppelt war, wäre es mir nie eingefallen, es auf dem Schulhof einzutauschen. Nicht einmal, als ich einen ganzen Packen von identischen Heinz-Hornig-Bildern beisammenhatte, rückte ich eines davon heraus. Hornig sollte nach seiner aktiven Karriere, als Trainer von Viktoria Köln, bei einer vom Fernsehen aufgenommenen Taktikschulung seiner Spieler für eine linguistische Sternstunde sorgen. Das kam also dabei heraus, wenn sich ein Kölner bemühte, nach der Schrift zu sprechen:

»Obst du vorne oder obst du hinten spielst, egal. Wennst du den Ball hast, musst du abgeben.«

Mein Vater konnte nicht loslassen. Nicht einmal für zwei Sommerwochen überließ er den Laden der Obhut von Heinz und Käthi. Ein ganz normaler Familienurlaub mit den Eltern, wie ihn alle Kinder in meiner Klasse erlebten und von dem sie, aufgefordert von der Lehrerin, in den ersten Tagen nach den Sommerferien erzählten, fand bei uns nicht statt. Das Geschäft ging vor. Nur meine Mutter setzte sich über dieses Gebot hinweg, packte die Koffer und fuhr mit mir los. Meistens waren wir allein unterwegs, nur beim allerersten Mal brachen wir gemeinsam mit dem ältesten Bruder meiner Mutter, meinem Onkel Ludwig, und seiner Frau Gretchen auf. Eine gemächliche Reise in den Süden, am Ende des ersten Tages machten wir Station hinter München, wir konnten schon die Alpen sehen, übernachteten in einem Gasthof bei Rosenheim, einem Bauernhaus mit knarzenden Dielen, gestärkten Handtüchern und hohen Betten, in denen es sich gut und voller Vorfreude einschlafen ließ. Am nächsten Mittag hatten wir das Ziel der Reise erreicht, Pörtschach, den Wörthersee, glatt und spiegelnd lag er vor uns, die Reflexe der hoch stehenden Sonne tanzten auf den flachen Wellen. Es war ein Tag mit milder Luft, Urlauber in leichter, heller Kleidung legten die Hand über die Augen, wenn sie beim Spaziergang innehielten und hinüber zur Kapelle Mariawörth ans andere Ufer blickten, das nah war, viel zu nah. Meine Enttäuschung war riesig, ich hatte den Unterschied zwischen See und Meer noch nicht verstanden, hatte erwartet, am Wasser zu stehen und nichts als den Horizont zu sehen, eine endlose blaue Fläche, die sich vor mir erstreckte und die die Gedanken nicht bändigen konnten, weil es, solange man auch in ihr schwimmen oder auf ihr fahren würde, immer weiter ging, weiter und weiter. Ich wollte nicht am Wörthersee bleiben, der nur ein bisschen breiter war als der Rhein. Die Erwachsenen hatten Mühe, mich zu beruhigen, sie schafften es erst durch das Versprechen, einen Ausflug mit mir an die Adria zu unternehmen, wo ich dann endlich das Meer sah, das meine Sehnsucht weckte, sich ihm anzuvertrauen, an Bord eines Schiffes auf große Fahrt zu gehen, fremde Länder zu erkunden. Aber der Ausflug hielt noch mehr für mich bereit, was ich noch nicht kannte, was in meinen Kopf hineinmusste und das, was da schon drin war, in Schwingungen des Glücks versetzte. Ich aß original italienische Nudeln mit Tomatensoße, die anders schmeckten als alles, was ich jemals gegessen hatte, und als ich den Strand betrat, merkte ich, dass ihn die Sonne so aufgeheizt hatte, dass man nicht barfuß über ihn laufen konnte.

Bei späteren Italienreisen mit meiner Mutter nahmen wir den Zug. Wir fuhren nachts, in einem sacht zitternden Schlafwagenabteil, in dem ich als Kleinster nie das Bett auf halber Höhe bekam, das ich so gern gehabt hätte, denn da brauchte man den Vorhang nur ein Stück zur Seite ziehen und konnte hinausschauen, die Augen gewöhnten sich ans Dunkel, und mehr und mehr trat die Landschaft hervor, schwarze Kuppen, schwarze Gebäude, schwarze Bäume, am Fenster herankommend, wieder verschwindend. Im obersten Bett sah man nur die Nachbarschienen, ein ewig gleiches Band, dessen Anblick müde machte. Morgens, nach dem Wachwerden, sprang ich auf den Boden des Abteils und lief im Pyjama durch den ganzen Zug, nur wenige Reisende hatten bereits ausgeschlafen, ich lief um sie herum im schmalen Gang, lief bis zum letzten Waggon, dann gehörte alles mir. Der Zug hatte eben den Brenner-Tunnel verlassen und das Licht erreicht, das die Südtiroler Täler schon in Gold hüllte, die Flusstäler mit den ausgewaschenen Steinen, das klare Wasser, türkis schimmernd, wunderschöne, wilde, nicht angepflanzte Bäume, riesige Berge, die bis an die Wolken reichten. Ich fuhr rückwärts und blickte in die Ver-

111

gangenheit, aber ich wusste, dass ich dennoch auf dem Weg war, der Zug fuhr mit mir in eine Zukunft, die ich kaum erwarten konnte.

Weniger exotisch waren die Sommerferien, die ich in Unkel bei Onkel Albert und Tante Lisbeth, der Schwester meines Vaters, verbrachte. Onkel Albert kam uns fast jeden Samstag in Köln besuchen. Im Zweiten Weltkrieg war er auf der britischen Kanalinsel Jersey stationiert gewesen, wo seine Hauptaufgabe angeblich darin bestanden hatte, zu irgendwelchen Inspektionen angereiste Offiziere durch Partys bei Laune zu halten. Er war Bonvivant geblieben, ein Architekt, der einen dicken Wagen fuhr und immer leicht nach einer Mischung aus Eau de Cologne und Cognac roch, ohne dass ich ihn je betrunken erlebt hätte. Samstags stand ich in der Tür und hielt nach ihm Ausschau, und wenn er kam, streckte ich meine Hand aus, in die er sein Begrüßungsgeschenk legte, fünfzig Pfennig. Damit konnte ich mir bei »Radio Buhr« in der Bonner Straße ein weiteres Wiking-Auto für meine Sammlung kaufen.

Ich fühlte mich wohl in Unkel. Onkel Albert hatte sich in den dreißiger Jahren am Grünen Weg auf einem Grundstück, das die Schwester meines Vaters mit in die Ehe gebracht hatte, einen Traumbungalow gebaut, ein großes Haus mit Garten und einem künstlich angelegten Teich. Im eigentlich als Garage vorgesehenen Anbau hielt Tante Lisbeth, die, wann immer ich sie auch sah, Kittelschürze, Herrensocken und Sandalen trug, Hühner, Enten und Gänse. Es kam vor, dass sie über den Hof ging und sich ein Huhn griff, das dann zu Mittag auf dem Teller landete. Auch sie und ihre Söhne kümmerten sich rührend um mich. Der ältere, der ebenfalls Albert hieß, ging manchmal mit mir im Rhein schwimmen, und Wolfgang, der in Graz Architektur studierte, setzte sich oft hin, um mit mir zu zeichnen. Mein treuester Gefährte war aber Wotan, ein schwarzer, riesiger Neufundländer, ein Hütehund, der auf mich aufpasste. Zusammen liefen wir über die sommerlichen Felder zwischen Unkel und Rheinbreitbach. An den Straßen schirmte mich Wotan vor den wenigen Autos ab, am Fuß der Bäume, auf die ich kletterte, um Kirschen zu klauen, wartete er besorgt. Wir waren unzertrennlich, sogar in den warmen Nächten. Entweder schmuggelte ich Wotan auf mein Zimmer oder schlief gleich draußen bei ihm im Hundezwinger.

Fast ein halbes Jahrhundert später trottete mir ein Wiedergänger von Wotan in Patagonien über den Weg, auf einer Reise mit meinem Freund Manfred Hell. Bei unserer ersten Begegnung war Manfred in geheimer Mission unterwegs gewesen. Er war für einen erkrankten Interviewer eingesprungen, hatte sich selbst als Journalist ausgegeben und ein ausführliches Gespräch mit mir im Vorfeld eines BAP-Konzerts in Lahnstein geführt. Ein Mann mit grauem, längerem Haar und wachen Augen, ein paar Jahre jünger als ich, der sich erstaunlich gut in der Geschichte der Band auskannte. Es war eine Unterhaltung, in der ich nicht wie in so vielen anderen bei Adam und Eva beginnen und Antworten reproduzieren musste, die ich schon tausendmal gegeben hatte. Nach dem Konzert traf ich meinen Gesprächspartner wieder, dieses Mal enthüllte er seine wahre Identität und stellte sich nicht nur als Sponsor des Konzerts, sondern auch als Chef einer großen Firma für Outdoor-Bekleidung vor. Manfred hatte einen unorthodoxen Werdegang hinter sich. Er war gelernter Literaturwissenschaftler, hatte sich mit der Montagetechnik in den Großstadtromanen von Alfred Döblin und John Dos Passos beschäftigt, dann aber die Branche gewechselt und die ganze Strecke in seinem Unternehmen zurückgelegt, vom Lagerarbeiter bis zum Manager. Dass wir beide unseren Beruf mit Leib und Seele lebten, verband uns ebenso wie die Affenliebe zum FC und zu Bob Dylan. Außerdem konnten wir zusammen lachen, ohne dass viele Worte nötig waren. In Rekordzeit wuchs Manfred in den innersten BAP-Zirkel hinein, war mit seiner Familie, seiner Frau Vivien und den Kindern, hochwillkommener Neuzugang in meinem Leben, das ich mir seitdem ohne diesen Freund nicht mehr vorstellen will. Es gibt Phasen, in denen ich ihn über Wochen hinweg in Ruhe lassen muss, weil alle an ihm zerren und Entscheidungen von ihm verlangt werden, bei denen es um schwindelerregende Summen geht. Dennoch weiß ich, dass er im Falle eines Falles auch dann für mich da ist, dass ich ihn rufen kann, und er ist da, wenn ich die Reißleine ziehen muss, weil meine Maschine ins Stottern geraten ist und abzustürzen droht.

In Patagonien gibt es mehr Wind als Menschen. Fährt man über die Ruta 40, die parallel zur chilenischen Grenze und zu den Anden durch ganz Argentinien führt und im Süden des Landes größtenteils nicht asphaltiert ist, dann ist jedes entgegenkommende Auto ein Ereignis. Über Stunden hinweg bleibt die Aussicht durch die Windschutzscheibe die gleiche, das Standbild einer nicht fassbaren Weite, und das Rollen der Räder kommt einem lächerlich vor angesichts dieser Landschaft, die jede menschliche Anstrengung anmaßend und auch vergeblich erscheinen lässt. Eine Übung in Selbstbesinnung und Demut, zu der einzig Schweigen passt oder Bruce Springsteens »Nebraska«-Album, das dem Verstummen abgetrotzt ist, vom Rand die Stimme erhebt, ohne Farben, eine graue Sprache, karg, gemurmelt, fast tonlos, nur ganz selten in einen Schrei ausbrechend, der aber ungehört verhallt.

Nach fast sechshundert Kilometern Fahrt über staubige Geröllpisten übernachteten Manfred und ich auf der Estancia Telken, die von schottischen Auswanderern betrieben wurde. Das Ehepaar war schon über achtzig und verwachsen mit der Umgebung. Die alte Lady versorgte das Haus, ihr Mann, der fast doppelt so groß war wie sie, kümmerte sich zusammen mit einem Arbeiter und mit Pato um die Schafe, und als ich Pato sah, einen großen, wegen seiner Fußstellung »Ente« getauften Hütehund, war ich wieder sieben Jahre alt, und Patagonien war Unkel am Rhein, und Pato war Wotan und die Zeit dazwischen wie nicht passiert. Pato wusste, dass er sich an die wenigen Besucher halten musste, wollte er aus dem eingezäunten Farmbereich hinauskommen. Er wich mir nicht von der Seite und wartete. Er brauchte Geduld. Mir war die Idee zu einem Songtext gekommen, der die einige Tage zuvor in El Chaltén notierte balladentaugliche Akkordfolge mit einer Geschichte versah. Erst als ich den Text zu Ende geschrieben und den Song Pato vorgespielt hatte, konnten wir gehen. Vorher fragte ich vorsichtshalber noch den Betreiber der Ranch nach den Silberlöwen, den Pumas, vor denen in jedem Reiseführer gewarnt wurde. Der Alte blieb gelassen:

»You're lucky if you see one. I've never seen one in my whole life. But in case Pato will take care of you.«

Und das machte er dann auch. Weil Manfred mit einer Grippe das Bett hütete, gingen Pato und ich stundenlang allein durch die angrenzende Pampa, an einem wunderschönen Bachbett entlang, und ich dachte noch einmal über den gerade geschriebenen Song nach. »Frankie un er« handelte von Freundschaft, von der Beziehung von Vätern zu ihren Söhnen und den Entschlüssen im Leben, die man nicht mehr rückgängig machen konnte, auch wenn man es sich manchmal noch so sehr wünschte.

Wo es Namen gibt, existieren Menschen. Menschen werden durch ihre Namen zu Individuen, deren Geschichte einmalig ist, wertvoll und unaustauschbar. In der Armee, im Gefängnis, in der Anstalt tritt das Interesse am Einzelnen zurück. Nicht selten wird der Name durch eine Nummer ersetzt, dann verschwindet das Individuum in der Masse, wird gesichtslos und rückt ins Glied. Seine Anonymisierung dient der Macht, die so eine bessere Kontrolle ausüben kann. Auf meinem Spind im Schranksaal des Rheinbacher Internats stand die Nummer 4, in meine Kleidungsstücke musste meine Mutter die Nummer 10 einnähen. Es war nur eine rote Zahl auf weißem Leinen, belanglos und nichtssagend in ihrer Neutralität, und doch kündigte sie das Ende meiner Kindheit an. Was ich auch anzog, eine Hose, ein Hemd, einen Pullover, immer würde sie mich daran erinnern, dass es niemanden mehr interessierte, wer ich war und woher ich kam. Dass ich mich anpassen musste und nicht aus der Reihe tanzen durfte.

Erst viel später habe ich erfahren, wie nahe meinem Vater die Entscheidung gegangen war, mich aufs Internat zu schicken. Er war traurig, weinte sogar, doch den Argumenten meiner Mutter wusste er nichts entgegenzusetzen, ihrem »Uss dämm Jung muss ens jet Besseres weede!«, mit dem sie mich vor einem Leben wie ihrem eigenen bewahren wollte, ergab er sich kampflos, vielleicht auch etwas beschämt. Es müssen quälende Diskussionen gewesen sein, die meine Eltern über meine Zukunft geführt haben, hin und her schwankend zwischen Fürsorge und Ehrgeiz, Bedenken und Strenge. Meine Leistungen auf dem neusprachlichen Schiller-Gymnasium, das zu dieser Zeit im Gebäude des Humboldt-Gymnasiums am Kartäuserwall aufgebaut wurde, hatten sich rapide verschlechtert. Man hatte mich wieder zurückversetzt auf die Volksschule, der ich doch gerade erst als Einziger meiner Klasse entronnen war. Meine Eltern wollten sich damit nicht abfinden, sie wussten aber auch, dass sie mir bei den Hausaufgaben nicht helfen konnten. Sie überlegten, und ihre Wahl fiel auf ein bezahlbares katholisches Internat, über das sie Erkundigungen eingeholt hatten. Ich bekam von ihren Diskussionen nichts mit, verbrachte meine Tage mit der Sorglosigkeit, die mir, seit ich denken konnte, als Grundgefühl vertraut war. Auch als meine Eltern an einem Sonntag endlich mit der Sprache herausrückten, erkannte ich die Tragweite ihres Entschlusses noch nicht. Zwar empfand ich einen jähen Schrecken, der wie die Vorahnung künftigen Alleinseins und Heimwehs war, gleichzeitig sah ich dem Internat mit einer Erwartung entgegen, wie sie nur leidenschaftliche Enid-Blyton-Leser hegen konnten. Erlebten nicht die »Fünf Freunde«, die das Jahr über allesamt von ihren Eltern getrennt waren, wenn sie vom Internat nach Hause kamen, im Sommer die schönsten Abenteuer? Ich hatte die Bände der Reihe verschlungen, war zusammen mit den vier Kindern und ihrem Hund in Schwierigkeiten geraten und hatte mit ihnen Rätsel gelöst, die merkwürdigerweise fast immer mit Geheimgängen zusammenhingen. Jetzt würde ich wie sie ein Internat besuchen, und vielleicht war das ja die Voraussetzung dafür, dass mir in den Ferien künftig ähnlich Aufregendes bevorstand. An das, wovon die Bücher schwiegen, die langen Monate, die zwischen den erlebnisreichen Sommern lagen, dachte ich dabei nicht. Und für Literatur, die mir einen Vorausblick aufs Kommende hätte geben können, war ich noch zu jung. Die las ich erst viel später. Da war ich aber längst schon selbst unters Rad gekommen.

Nach den Osterferien 1962 brachten mich meine Eltern nach Rheinbach. Im Kofferraum des Opel Caravan waren meine Habseligkeiten verstaut, viel war es nicht, ich reiste mit leichtem Gepäck, auch das gehörte zu den Vorschriften des Internats. Die Abnabelung sollte so vollständig wie möglich erfolgen, da störten Dinge nur, bei deren Anblick sich das Herz zusammenkrampfte, weil sie einen an zu Hause erinnerten. Der Frühling kam spät in diesem Jahr. Wir fuhren unter einem weißen Himmel, nur ab und zu kam das fahle Licht der Sonne durch die dichten Wolken, die nicht aufhörten, dieselben blieben über Bonn, über den Baumschulplantagen von Meckenheim, über Rheinbach, einer kleinen Garnisonsstadt mit Gefängnis und drei Internaten, dem »Priesterfabrik« genannten Vinzenz-Pallotti-Kolleg, dem Mädchen vorbehaltenen Lyzeum und dem eher kleinen Konvikt St. Albert, dem letzten Haus vor dem Park, in dem die Pallottinerpatres in ihren schwarzen Kutten mit den seidenen Schärpen schon auf die Neuankömmlinge warteten.

Die Einsamkeit begann, sobald ich meine Mutter, die mir aus dem Auto noch zuwinkte, nicht mehr sehen konnte. Eben hätte ich den Opel noch erreichen, hätte mich wieder auf den Rücksitz fallen lassen und so tun können, als wäre alles nur ein großes Missverständnis, als hätten mich meine Eltern nur kurz testen wollen, ehe sie mich lachend in den Arm nähmen und mir versicherten, dass alles nur ein Scherz gewesen sei. Jetzt ging das nicht mehr. Jetzt war ich auf mich selbst gestellt, verlassen, allein, wie ausgesetzt in einem feindlichen, dafür aber umso wohlgeordneteren Land, in dem die Grenzen scharf gezogen waren, damit alles dort blieb, wo es hingehörte. Für die sechzig Zöglinge gab es einen Speisesaal, einen Studiersaal, einen Waschsaal, einen Schranksaal, sogar einen Tischtennissaal. Und nur wenn im Schlafsaal das Licht ausgeknipst wurde, im Winter um neun, im Sommer eine halbe Stunde später, stießen sich die Gedanken nicht mehr an Beschränkungen, waren nicht mehr eingespannt in Pflicht und Gehorsam, sondern konnten endlich krumme Wege gehen, konnten rennen und stolpern und Haken schlagen. Aber eigentlich kannten sie nur eine Richtung: immer nach Hause. Den anderen Sextanern im Schlafsaal ging es ganz genauso. Auch sie litten unter Heimweh, man hörte, dass sie weinten, doch keiner war da, der es am anderen Morgen zugegeben hätte, wenn Entschlossenheit und Stehvermögen gefragt waren, obwohl die drei ersten Wochen im Internat, in denen gar kein Kontakt zu den Eltern erlaubt war, so schrecklich lang waren, dass man es beinahe nicht aushielt. Wir alle lernten die Lektion, die man meinte, uns lehren zu müssen. Wir verinnerlichten die Normen, die man uns vorsprach, und gaben den Druck, den wir spürten, an die Schwächsten weiter, um selbst ungeschoren davonzukommen. Wer nicht genug Durchsetzungsvermögen besaß, erntete Hohn und Spott. Die Khakihemden mit der aufgenähten Lilie gab es nur für die Starken, die anderen, die zu klein waren oder zu zart, die sich nicht einfügten in diese aus Jungen bestehende Männergesellschaft, wurden nicht einmal gefragt, ob sie bei den Pfadfindern mitmachen wollten. Sie waren leichte Opfer, Ausgestoßene von Beginn an. Mit der Zeit verstand ich den Satz, mit dem mein Vater mich an fast jedem meiner Geburtstage beglückwünschte:

»Jetz besste widder e' Johr älder, jetz weed die Schruuv widder e' Stöckche mieh ahnjetrooke.«

Ich dachte an eine Puppe, die durch das Drehen des Schlüssels in ihrem Rücken in Bewegung gesetzt wurde, mechanisch loslief, unbeirrt auf ein Ziel zu, das sie nicht selbst gewählt hatte, sondern ihr von anderen vorherbestimmt worden war. Wir waren solche Puppen. Frühmorgens wurden wir von einer ohrenbetäubenden Schelle aus dem Schlaf gerissen, hatten augenblicklich aus dem Bett zu springen und zum Waschen in den Keller zu rennen. Immer passte ein Pater auf, ob genug Zahnpasta auf der Bürste war, er sah auch hinter unsere Ohren und auf unsere Fingernägel, wenn wir den Waschsaal verließen, und am Ausgang des Internats kontrollierte er unsere Schuhe, die wir am Abend zuvor mühsam geputzt hatten, obwohl wir wussten, dass sie auf dem Schulweg, der am Gräbbach entlang über eine ungeteerte und im Winter tiefe und matschige Piste verlief, nach kurzer Zeit wieder verdreckt sein würden.

Das Rheinbacher Gymnasium lag mitten in der Stadt. Eine Feuerzangenbowlen-Penne. Jeden Moment erwartete man, dass Heinz Rühmann hereinspazierte und zu albernen Streichen aufgelegt war. Alles stimmte: die strengen, konservativen, aber nur in

Einzelfällen hinterhältigen Lehrer, die schon zu alt für den Krieg gewesen waren, der gutmütige Hausmeister mit dem sprechenden Namen Bienentreu und »Barras«, der Direktor mit der schrulligen Angewohnheit, die letzten beiden Wörter eines Satzes zu wiederholen, um ihnen so besonderes Gewicht zu geben – etwa wenn einem der Schüler auf die Frage nach der Zusammensetzung des Preußischen Parlaments nach der Schlacht von Königgrätz als Antwort »Hannoveraner« einfiel:

»Hannoveraner? War doch kein Pferdeparlament! Kein Pferdeparlament!«

Nach der Schule kehrten wir ins Internat zurück, hatten nach dem Mittagessen zwei Stunden Freizeit, ehe das erste Silentium begann, zwei weitere folgten, in deren Verlauf alle Hausaufgaben erledigt werden mussten. Manchmal schaffte man es, vor der Zeit fertig zu sein, dann war es erlaubt, zu lesen, sich in ein Buch zu versenken, das nicht belehren wollte und keine Anforderungen stellte, das einen einfach nur bei der Hand nahm und einem eine Geschichte erzählte. Vor dem Schlafengehen kam das Nachtgebet, müde gingen wir in die Kapelle, sangen Abend für Abend wie ein Roboter-Chor »Wir sind nur Gast auf Erden« und glaubten tatsächlich, dass unsere Zeit kurz und unsere Wege verlassen waren, glaubten, dass niemand bei uns sein wollte in den grauen Gassen des Alltags. Müde gingen wir danach die Kellertreppe hinunter in den Schuhputzraum. Dann war ein weiterer Tag vorüber, an dem ich nicht fortgerannt war, obwohl ich so oft daran gedacht hatte. Ich bin nie fortgerannt, nicht mit elf, nicht mit zwölf, nicht mit dreizehn und auch nicht mit dreizehneinhalb. Ich stahl mir meine Augenblicke erst später von den Autoritäten zurück.

Der Drill war ein militärischer. Spindkontrolle, Schreibtischkontrolle, Bettenkontrolle. Die Laken mussten so stramm gezogen sein, dass keine Falte mehr zu sehen war. Nichts sollte am Tag daran erinnern, dass der Körper und seine Träume in der Nacht ohne Aufsicht gewesen waren. Dem Bett sollte nichts anzusehen sein von schlaflosen Nächten, innerem Aufruhr und bedrängenden Gedanken. Noch heute beherrsche ich die geforderten Handgriffe,

einmal musste ich sie sogar im Fernsehen vorführen. Der MDR lud mich zu einem Magazin ein, ich wollte unsere neue Platte den Leuten näherbringen und sagte zu. Mit mir zu Gast war der frischgekürte »Hausmann des Jahres«. Im Vorfeld hatte mich die Redaktion gebeten, mich mit ihm auf einen kleinen Wettbewerb einzulassen, doch ich war hart geblieben. In der Live-Sendung fing die

Moderatorin erneut damit an, und ich hatte nur die Wahl, es vor laufenden Kameras zum Eklat kommen zu lassen oder gute Miene zum bösen Spiel zu machen. Die Aufgabe lautete: Wer konnte schneller ein Bett ab- und wieder beziehen? Als ich mich schon wieder mit der Moderatorin unterhielt, kämpfte der »Hausmann des Jahres« noch immer mit Kissen und Decken. Jeder ehemalige Internatsschüler hätte ihn ebenfalls vernichtend geschlagen. Die Jury hatte ganz offensichtlich den Falschen ausgezeichnet, aber ich war großzügig und beließ dem Preisträger seinen Titel. Wenn meine Frau die Sendung gesehen hatte, standen mir schon genug neue, unangenehme Aufgaben ins Haus.

Im Speisesaal saßen die Präfekten am Kopfende der langen Tische. Sie hielten Aufsicht, nichts entging ihren Blicken, sie studierten uns regelrecht, auf Verfehlungen wartend, waren damit fast mehr beschäftigt als mit ihrem Essen. Sechs Jungen bildeten eine Einheit, und jede Einheit bekam eine Platte Fleisch, einen Topf Kartoffeln, einen Topf Gemüse. War man als Erster dran, geriet man in einen Konflikt, für den es keine Lösung gab. Wir waren die Versuchskaninchen in einem Experiment zum Sozialverhalten. Gab es beispielsweise ein in sechs Teile zerlegtes Huhn, war man entweder sich selbst der Nächste und griff zu einem der beiden Bruststücke, oder man zeigte sich großzügig, begnügte sich mit einem knorpligen Bein oder gar einem Flügel und riskierte, dass einem die Geste hinterher als Schwäche ausgelegt wurde. War ein Topf leer, wurde nach dem für eine Woche zum »Servus« bestimmten Jungen gerufen, der daraufhin den Stuhl wegschob, aufstand und zur Durchreiche rannte, um Nachschub zu besorgen.

Es spielte keine Rolle, ob man das Essen mochte oder nicht. Manch einem wurde schlecht von den Würsten, aus denen Fettfontänen spritzten, wenn man in sie hineinstach, oder von dem »Wochenschau« genannten Eintopf, in dem samstags die Reste landeten. Ich habe es erlebt, dass einer sich in seinen Teller erbrach, den Teller hinausbrachte, ins Klo schüttete, und als er sich wieder an den Tisch setzte, stand ein neuer Teller vor ihm, gefüllt bis zum Rand. Kämpfte ich mit meinem Ekel vor Aspik und befreite deshalb das im kalten Gelee gefangene Fischstück, stand nach ein paar Sekunden Pater L. hinter mir und verlangte: »Alles!« Dann sah er zu, wie ich das Aspik hinunterwürgte.

Zum Überwachen gehörte das Strafen. Die Kontrollen förderten Vergehen zutage, und schien es keine zu geben, wurde strenger kontrolliert. Wer strafen wollte, fand immer einen Anlass dazu. Wir büßten für Übertretungen, die außerhalb der Internatsmauern kaum als solche gegolten hätten. Als Strafe schaufelten wir Koks in den Keller, bevor der Winter begann, entkeimten mit klammen Fingern stinkende Kartoffelberge oder gruben und harkten, zur Gartenarbeit abkommandiert, ganze Nachmittage unter einem gleichgültigen Himmel. Wenigstens konnte man dabei mit seinem Spaten den verhassten Rhabarberstauden unterhalb ihrer riesigen Blätter unauffällig den tödlichen Schlag versetzen. Den ganzen Frühsommer gab es Rhabarber, als Marmelade, als Beilage, im Streuselkuchen. Er hing uns allen zum Hals heraus. Keine Strafe traf einen jedoch härter als das gestrichene Wochenende daheim bei den Eltern. Die Vorfreude auf eine Fahrt nach Hause hatte einen drei Wochen lang durch die Nächte gerettet und die Zeit zum Weiterlaufen gebracht, wenn sie in unerträglichen Momenten stillzustehen schien. Während die anderen sich fröhlich reisefertig machten, zwang einen das Verbot von einem Moment auf den nächsten dazu, alle Pläne auf den Müll zu werfen. Noch schmerzhafter als die Aussicht auf ein einsames Wochenende mit Straßenfegen, Lernen und Gebeten waren dabei die Gedanken ans Versäumte, weil sie nur noch das Unerreichbare, nicht mehr das Mögliche umkreisten.

Bei Pater L. kippte die Strenge der anderen Präfekten ins Sadistische. Ein noch junger Mann mit Nickelbrille und streng zurückgekämmtem Haar von vielleicht gerade einmal dreißig Jahren, der, anstatt einen Aufenthaltsraum von Malern weißen zu lassen, Kinder dazu verdonnerte, über Stunden hinweg die Wände Zentimeter für Zentimeter mit ihren Radiergummis sauber zu rubbeln. Ein Peiniger mit pädophilen Neigungen, der sich seine Opfer gezielt aussuchte, selbstherrlich war, berechnend und brutal. Nie wagte er sich an Zöglinge, die schon die Oberstufe besuchten, er griff sich die Kleinen, wusste, wie er ihnen Angst machen konnte, nicht eine Angst, die kurz aufflackerte und dann wieder verebbte, sondern eine, die nicht mehr wegging, die Tage vergiftete und die Gedanken in ständige Alarmbereitschaft versetzte, ein würgendes Gefühl des Ausgeliefertseins verursachte, dem nicht zu entrinnen war. Man konnte nicht vorhersehen, wer als Nächster an der Reihe war und nach vorn gerufen wurde bei der Hausaufgabenkontrolle, in die Enge getrieben mit dem Abhören von Lateinvokabeln. Die Fragen kamen schnell hintereinander; während man noch nach einer Antwort suchte, wurde schon die nächste verlangt und wieder die nächste. Die Fragen rutschten ineinander und summierten sich zu einer Anklage, die den Zögling öffentlich schuldig sprach, zum Versager stempelte, zum schwarzen Schaf, zum hoffnungslosen Fall, der die Erwartungen der Patres, der Anstalt, der Eltern enttäuschte. Der Boden war bereitet, Pater L. hatte sich selbst in die richtige Stimmung versetzt, in Rage geredet, jetzt kamen die Schläge. Schläge in die Gesichter der Kinder. Schläge in mein Gesicht. In das Gesicht des Jungen, der noch immer in seinem Gedächtnis die richtigen Vokabeln aufzufinden hoffte, vor Aufregung und Furcht aber noch mehr stotterte als ohnehin schon, über manche Wörter nicht hinwegkam, sich verhaspelte, steckenblieb, neu ansetzte, als schon die Schläge begonnen hatten, die das kleine Gesicht mit voller Wucht trafen, sodass es zur Seite flog, der ganze Körper ins Taumeln geriet, nur aufgefangen, im Gleichgewicht gehalten vom nächsten Schlag, der die andere Wange traf.

Am Abend ging der Schrecken weiter, dann ohne Zeugen, im leeren Speisesaal, wo die Heizung schon abgedreht worden war, die Kälte unter den Bademantel und den Schlafanzug kroch, mit der Müdigkeit einen teuflischen Pakt schloss, der das Auswendiglernen noch schwerer machte, zu den Vokabeln war ein Absatz aus »De Bello Gallico« hinzugekommen. Der Kopf gehorchte nicht, wies die ungewohnten Wörter ab, der Weg vom Blatt ins Gedächtnis war zu weit. Die Augen fielen zu, die Buchstaben wurden unleserlich, rätselhafte Hieroglyphen, unmöglich, hinter ihren Sinn zu kommen. Nur die Angst verhinderte das Einschlafen unter den summenden Lampen, um die eine Fliege kreiste, ein kleiner, wild gewordener schwarzer Fleck, das Einzige, was sich bewegte in dieser Szenerie, die einem Alptraum glich, aus dem es kein frohes Erwachen gab. War es noch nicht zu spät, erfolgte das Verhör am selben Abend. Ein Schauprozess, dessen Ausgang längst feststand, zu überlegt war die Aufgabe gestellt gewesen, niemand konnte sie erfüllen. Ein Wort genügte, das beim Aufsagen fehlte, eine Satzstellung, die durcheinandergeraten war, reichte aus, um als Vorwand für erneute Prügel zu dienen. Vorsorglich hatte Pater L. bereits am Nachmittag beim Delinquenten den Haselnussstock für die Züchtigung in Auftrag gegeben, der Stock musste im Stadtpark jenseits des Gräbbachs geschnitten werden, das Opfer musste sich das Folterinstrument selbst besorgen, mit dem es dann auf den nackten Rücken oder den Hintern geschlagen wurde. Um Mitternacht durfte man endlich in den Schlafsaal, der erfüllt war von den regelmäßigen Atemzügen der anderen. Das Zittern ließ nicht nach, selbst als sich unter der bis zum Hals gezogenen Decke endlich Wärme ausbreitete. Der Schlaf fand sich nicht ein, die Müdigkeit bekam die Angst nicht in den Griff, denn es konnte vorkommen, dass der Terror eine Fortsetzung erfuhr, dass Pater L. noch nicht genug für diese Nacht hatte, plötzlich vor dem Bett stand und einen noch einmal zum Vokabeltest in sein Büro holte. Dabei spekulierte er darauf, dass das Kind vor ihm, zermürbt von den bereits empfangenen Schlägen, froh war, nicht weiter gezüchtigt, sondern dieses Mal auf den Schoß genommen zu werden, gestreichelt, befingert, betastet, befummelt zu werden von einem Erzieher, der seine religiös verklärte Geilheit an denen auslebte, für die er Sorge tragen sollte, die das ihnen Angetane gar nicht einordnen konnten und daher nicht selten sich selbst die Schuld daran gaben. Wir waren der Allmacht und der Willkür dieses Paters schutzlos ausgeliefert. Er wusste alles von uns, denn er war nicht nur unser Peiniger, sondern auch unser Beichtvater. Er, der selbst schwerste Sünden beging, entschied über das Seelenheil anderer. Wir glaubten an die Vergebung unserer Sünden durch Pater L., damit hatte er uns in der

Hand. Wir hatten Angst, in die Hölle zu kommen, wenn wir nicht alles gebeichtet hatten – das machte den Missbrauch total.

An einem Samstag in Köln sah mich mein Vater unter der Dusche, sah die Striemen auf meinem Rücken, die Male der Misshandlung, und auf sein Drängen hin begann ich zu erzählen. Vielleicht war das sogar das letzte offene Gespräch, das wir führten, ehe mit der Zeit unsere Auseinandersetzungen in resignierte Sprachlosigkeit übergingen. Ich erzählte alles, und etwas löste sich in mir, der Angstdruck, mit dem ich zu leben gelernt hatte, ließ nach und wich der Erleichterung, ernst genommen und verstanden zu werden. Mein Vater fragte mich nach weiteren nächtlichen Opfern des Paters, sicher war ich mir nur bei einem Zögling, bei vielen anderen vermutete ich es. Nach unserer Unterhaltung schärfte mir mein Vater ein, nie wieder über die Sache zu reden. Am Montag fuhr er mit dem Vater dieses anderen Jungen, einem Kriminalpolizisten, nach Rheinbach. Gemeinsam sorgten sie dafür, dass Pater L. von einem Tag auf den anderen aus dem Internat verschwand, dabei achtete mein Vater peinlich genau darauf, meinen Namen nirgendwo aktenkundig werden zu lassen. An mir sollte nichts hängenbleiben. Wie erfolgreich er dabei gewesen war, ging mir erst fast fünfzig Jahre nach diesem Montag auf, als ich im Zuge der Enthüllungen von Missbrauchsfällen in kirchlichen und weltlichen Einrichtungen einen Brief vom Provinzial der Pallottiner bekam. In ihm wurde allein der Vater meines Leidensgenossen als treibende Kraft bei der Aufklärung der Taten des Paters L. genannt. Mein Vater hatte in Sachen Diskretion ganze Arbeit geleistet. Nachdem er aus Rheinbach zurückgekehrt war, hielt er sich selbst auch an das Schweigegelübde, das er mir auferlegt hatte. Wir haben uns nie mehr über die Vorfälle im Internat unterhalten. Verdamp lang her, dat mir jesproche hann. Nicht nur über dieses Thema.

Heute kann ich ermessen, in welche seelische Bedrängnis meinen Vater die Vorfälle in Rheinbach gestürzt haben müssen. Für die Misshandlung seines Sohnes und weiterer Jungen war ausgerechnet ein Mann der Kirche verantwortlich. Für einen tiefgläubigen Katholiken musste damit eine Welt zusammenbrechen, die für ihn ohnehin, seit der Scheidung von seiner ersten Frau, nicht mehr heil war. Eine Scheidung bedeutete praktisch die Exkommunikation. Nach katholischer Lesart lebten meine Eltern in wilder Ehe zusammen. Meine Mutter empfand das als nicht weiter schlimm, aber mein Vater litt stark unter dem Verstoßenwerden aus der Glaubensgemeinschaft. Ihm blieben die Sakramente versagt, er durfte nicht mehr zur Beichte. Wenn die Kirchenbesucher am Sonntag aufstanden und zum Altar gingen, um sich die Hostie abzuholen, musste er sitzen bleiben, zurückgewiesen, voller Angst, einmal ohne Letzte Ölung beerdigt zu werden und damit nicht in den Himmel zu kommen, obwohl er so fest darauf baute, dass dort jemand auf ihn warten würde. In solche Gewissensnöte konnte die katholische Kirche jemanden bringen, dem sie eigentlich Trost und Stütze sein sollte, der in seinem ganzen Leben nie von seinem naiven Kinderglauben abgefallen war. Nur in ganz wenigen Fällen siegte bei meinem Vater der Pragmatismus über die Lehren der Bibel. Wer seine Kindheit auf dem Land verbracht hatte, wusste, dass es unmöglich war, den Feiertag zu heiligen, wenn das Heu eingebracht werden musste. Matthäus 6,26 schien ebenfalls mit der Wirklichkeit auf Kriegsfuß zu stehen: »Sehet die Vögel unter dem Himmel an: Sie säen nicht, sie ernten nicht, sie sammeln nicht in die Scheunen; und euer himmlischer Vater nährt sie doch.« Das mochte am Sonntag noch so oft von der Kanzel verkündet werden – wenn die Vögel sich über den Weinberg hermachten, konnte es trotzdem nicht der Weisheit letzter Schluss sein:

»Wenn mir nix säe dääte, dann künnte die och nix ernte!«

Und nach einem weiteren schmerzhaften Zahnarztbesuch stand sogar der Mensch als Krone der Schöpfung auf dem Prüfstand:

»Dat unsere Herrjott dat met unsere Zäng nit esu jemaat hätt wie bei dä Hase oder bei dä Eichhörnche. Bei dänne wahße die einfach immer wigger! Woröm hann mir dann esu 'ne Brassel met dä Zäng?«

Vor seinem Tod erhielt mein Vater dann doch die Sakramente, er musste nicht angstvoll und ohne den letzten Segen sterben, was eine große Erleichterung für ihn war. Ein gütiger Geistlicher hatte sich seiner erbarmt und sich über die hartherzigen Vorschriften der Kirche hinweggesetzt. » … Kölscher Klüngel? Dä jitt et jar nit … ävver et ess schon besser, wemmer einer kennt!«

Ende der achtziger Jahre brach ich das Versprechen, das ich meinem Vater gegeben hatte. Ich verarbeitete meine Internatserlebnisse in den Songs »Nie met Aljebra« und »Domohls« und beschrieb sie auch im Buch »Auskunft«. Obwohl sich die dazugehörigen Alben und auch das Buch gut verkauften, sprach man mich in keinem einzigen Interview auf das Thema an. Die öffentliche Wahrnehmung ging einfach darüber hinweg. Während der nicht enden wollenden Kohl-Ära, die 1982 mit dem Versprechen einer »geistig-moralischen Wende« begonnen hatte, war noch kein Platz für eine öffentliche Diskussion von derlei kirchenkritischen Tabuthemen, auch weil der Marsch der 68er durch die Institutionen noch nicht am Ziel angekommen war. Die Kirche und die Partei mit dem »C« im Namen übten den Schulterschluss. Eine Krähe hackte der anderen kein Auge aus. Aber auch zwanzig Jahre später, in einem völlig veränderten gesellschaftlichen Klima und einer weitaus erhitzteren Medienlandschaft, hätte ich die Heftigkeit der Debatte und die Enthüllungen, Schuldzuweisungen, Bekenntnisse, die auf die Selbstanzeige des Berliner Canisius-Kollegs folgten, nicht für möglich gehalten. Ich bewunderte den Mut des Rektors dieser Eliteeinrichtung, Tabula rasa und den im Kolleg während der siebziger und achtziger Jahre erfolgten Missbrauch von Kindern und Jugendlichen publik zu machen. Das Schweigen war durchbrochen, der Dreckverband, unter dem bekanntlich nichts heilen kann, endlich entfernt. Zum ersten Mal fanden Opfer, die von dem berichten wollten, was ihnen in Internaten, Heimen und Klosterschulen angetan worden war, in der Öffentlichkeit Gehör. Dass dabei auch Übergriffe in evangelischen und weltlichen Einrichtungen ans Tageslicht kamen, überraschte mich nicht weiter. Überall da, wo sich dem Bock eine Möglichkeit bot, Gärtner zu werden, ergriff er sie auch. Dazu brauchte er nicht im Zölibat zu leben.

Dennoch standen die Fälle in katholischen Institutionen zu

Recht im Mittelpunkt des Interesses, nicht nur, weil sie zahlenmäßig klar in der Mehrheit waren, sondern vor allem, weil sich am bisherigen Umgang mit den Tätern aus den eigenen Reihen das Selbstverständnis der Kirche so deutlich wie fast nirgendwo sonst ablesen ließ. Die Sorge hatte nicht den Opfern gegolten, sondern dem guten Ruf. Damit nichts nach außen drang, waren die Taten vertuscht, verheimlicht, verdrängt worden. Man hatte die schuldig gewordenen Geistlichen kaum je zur Rechenschaft gezogen, sondern wie Pater L. diskret in andere Einrichtungen versetzt. Den Rest hatten Schweigeprämien erledigt, mit denen so mancher Betroffene dazu gebracht worden war, Stillschweigen zu bewahren.

Es war ein ehemaliger Mitschüler aus Rheinbach, der die entsprechenden Passagen aus »Auskunft« an verschiedene Journalisten schickte und so dafür sorgte, dass sie lange nach ihrer Veröffentlichung doch noch wahrgenommen wurden. Ich wusste nicht, was ich davon halten sollte. Eigentlich hatte ich keine Lust darauf, dass das Thema aufgewärmt wurde, der Boulevard darauf einstieg und mir die ernstzunehmende Presse womöglich noch Trittbrettfahrerei aus Promo-Gründen unterstellen könnte. Andererseits wusste ich, dass die Medien so lange nicht lockerlassen würden, bis sie eine aktuelle Stellungnahme von mir dazu bekamen. Daher suchte ich mir aus allen Fernsehangeboten das seriöseste aus und ging in die Talkshow von Maybrit Illner. Zu Gast war auch der Hamburger Weihbischof Hans-Joachim Jaschke, der im Gegensatz zu vielen seiner Glaubensbrüder deutliche Worte fand. Er sprach von Scham und Demut und hielt sich ansonsten mit Beschönigungen und Ausflüchten, aber auch mit neuen Angeboten, wie die katholische Kirche doch noch unser aller Seelenheil retten könnte, wohltuend zurück. Von den Erlösern, die das verlorene Schaf wieder zurück zur Herde treiben wollten, bekam ich dafür nach der Sendung jede Menge Post. Manche merken es nie, wenn sie einem auf die Nerven gehen.

Seitdem bin ich oft gefragt worden, ob ich mir vorstellen könne, dass in dieser Kirche nach allem, was ans Licht gekommen ist, grundlegende Reformen möglich seien. Ich mache mir keine Illusionen. Dem Vatikan ist es schon immer vor allem um Macht und Einfluss gegangen. Man muss kein Prophet sein, um vorherzusagen, dass sich daran auch so schnell nichts ändern wird. Trotz der minimalen Korrekturen an der menschenverachtenden AIDS-Politik in den katholischen Ländern der Dritten Welt gibt es genug Gründe für die Annahme, dass vom »Stellvertreter Gottes auf Erden« und seinem Apparat auch in Zukunft nicht allzu viel zu erwarten ist. Der Umgang mit Kirchenkritikern, von Drewermann über Küng bis hin zu den südamerikanischen Befreiungstheologen, oder das realitätsferne Beharren auf dem im Mittelalter allein aus finanziellen Gründen eingeführten Zölibat zeugen nach wie vor von versteinerten Verhältnissen. Was Heinrich Böll 1969 im Zusammenhang mit der Debatte um die Kriegsverbrechen des Münchner Bischofs Matthias Defregger schrieb, hat seine Gültigkeit bis heute nicht verloren: Die katholische Kirche wird noch immer feudalistisch wie eine Mafia regiert. Der einzige Trost dabei ist, dass man sie verlassen kann, ohne sein Leben zu riskieren.

Ich trat erst nach dem Tod meines Vaters aus der Kirche aus. Ich wollte ihm den Kummer, den ihm dieser Schritt bereitet hätte, ersparen. Dass ich nach dem Beginn meines Kunststudiums keinen Gottesdienst mehr besuchte, traf ihn schon hart genug. Zuvor war ich ihm zuliebe noch sonntags um elf in die Kirche gegangen, anschließend hatte ich mich mit alten Kölner Freunden beim »Wirtz« zum Frühschoppen getroffen. Irgendwann konnte ich das nicht mehr. Meine Weltsicht, meine Interessen, meine Überzeugungen hatten sich zu stark verändert. Der Kirchenaustritt bedeutete aber nicht das Ende meiner Beschäftigung mit Religion. Von Beginn an hinterließ die katholische Erziehung Spuren in meinen Bildern und meinen Texten, »Wenn et Bedde sich lohne däät« vom Album »Vun drinne noh drusse« war da nur ein etwas prominenteres Beispiel neben vielen anderen. Der Song wurde von fast allen missverstanden. Ich konnte die Briefe gar nicht mehr zählen, die mir allen Ernstes vorwarfen, das Beten in eine Kosten-Nutzen-Rechnung hineinzuzwingen. Die Leute, die dagegen protestierten, hatten nur auf den Refrain geachtet. Hätten sie auch den Strophen

zugehört, wäre ihnen aufgegangen, dass dort das im Refrain Be-
zweifelte längst stattfand. Der Song war letztlich selbst ein Gebet.
Er handelte von Empathie und gedachte der Schwachen, Beladenen,
Vergessenen, Missverstandenen, der Klofrau und des müden Feld-
herrn, der streitenden Philosophen im Elfenbeinturm ebenso wie
der verkrüppelten Dom-Taube. Nur gegen eines verwahrte er sich:
gegen die Vereinnahmungsversuche des göttlichen Bodenperso-
nals, die beinahe immer auf eine Ausschließlichkeit, auf ein Entwe-
der-oder hinausliefen. Entweder glaubte man, dann gehörte man
dazu und war in der Gemeinschaft willkommen, oder man glaubte nicht, dann entging einem aber auch das als Belohnung in Aussicht gestellte jeweilige ewige Reich. Ein Package-Deal. Immer
wurde einem erst einmal ein Vertrag vorgelegt, den man am besten
gleich auf der Kühlerhaube unterschreiben sollte. Selbst für die
Zweifelnden hatte das Christentum dabei etwas im Angebot: den
ungläubigen Thomas. Die Skepsis wurde von vornherein einge-
meindet, damit sie sich erst gar nicht entfalten konnte. Schlaue
Männer nannten so etwas repressive Toleranz.

Fünf Jahre später nahm ich für mein erstes Soloalbum den Song
»Vatter« auf, der auf Bob Dylans »Father of Night« basierte, die un-
gebrochene Frömmigkeit der Vorlage aber kritisch hinterfragte.
»Vatter« arbeitete sich am alten Theodizee-Problem ab, das schon
Leibniz um den Schlaf gebracht hatte: Warum gab es so viel Leid,
wenn Gott doch die beste aller möglichen Welten erschaffen hatte?
Oder, auf unsere Gegenwart bezogen: Verdiente es ein Vater, der
Auschwitz zugelassen hatte, noch, dass ihm seine Kinder zuhör-
ten? Heute scheint mir das eine überflüssige, sogar gefährliche
Frage zu sein, weil sie den Gedanken nahelegt, keiner sei für seine
Taten selbst verantwortlich. Doch der Mensch hat einen freien
Willen. Er kann Gutes und Schlechtes bewirken, er kann sich anpassen, sich durchmogeln, aber auch versuchen, seine Ideale zu
verwirklichen. Die Verantwortung für sein Handeln trägt nur er
selbst, er kann sie nicht an eine höhere Macht delegieren und sich
dadurch entlasten. Eigentlich müsste es sogar umgekehrt sein. Eigentlich sollte man auch nicht beten, um etwas von Gott zu verlan-

gen, sondern um ihn zu trösten für all die von Menschen verübten Verbrechen. Diesen Gedanken fand ich am Ende von Heinrich Bölls Roman »Wo warst du, Adam?«. Böll zitiert dort den französischen Schriftsteller Léon Bloy und seine Auffassung des armen Gottes: Eines Gottes der Armut und der Einsamkeit, der nichts hat, nichts vermag und in all seinen Gliedern ohnmächtig ist. Der sich in Jesus gezeigt hat und nicht in Ruhm und Glanz, sondern wie ein armer Teufel oder wie der Letzte unter den Menschen gestorben ist, unfähig, sich durch ein Wunder vom Kreuz zu befreien, angewiesen auf unser Mitleid und unseren Trost.

Mehr noch konnte ich mich mit Howard Fasts Beschreibung von Tom Paine identifizieren, des großen britischen Intellektuellen, der Ende des 18. Jahrhunderts dabei mitgeholfen hatte, auch in Amerika das Licht der Aufklärung anzuzünden: »Er war nie ein Mensch gewesen, der sich viel um Gott gekümmert oder dem Gebet hingegeben hätte; seine Religion war vom Gefühl bestimmt, nichts als ein inbrünstiger Glaube an eine undefinierte Gottheit und so sehr aus Liebe zum Menschen und zu allen lebenden Wesen zusammengesetzt, dass er sich über die Natur jener Gottheit nie Gedanken gemacht hatte. Sein Glaube war weder Gegenstand eines Rituals noch diskutierbar.« Damit war alles gesagt. Gewissheit konnte es nie geben. Ich war, was Glaubensfragen betraf, mit den Jahren immer gelassener geworden. Mir genügte es mittlerweile, an einsamen Tagen den Wald als meine Kirche zu betrachten, das Wunder der Existenz zu bestaunen und daraus den Auftrag abzuleiten, anderen Menschen, den Tieren und der Natur mit der gebotenen Wertschätzung und dem nötigen Respekt gegenüberzutreten. Man brauchte keinen Gott, um an diesen Punkt zu gelangen, man konnte auch in der Literatur oder im kategorischen Imperativ den Fingerzeig finden, wie man vielleicht mit Anstand durchs Leben kommen könnte. Wenn man seine Gedanken aber ganz nach oben schicken wollte, war es möglicherweise ratsam, sich an den Begriff vom »lieben Gott« zu erinnern. Wichtig war daran das Adjektiv. Wenn es ihn gab, dann war es ein Guter. Wenn es ihn gab, musste man keine Angst haben. Wenn es ihn gab, ging keiner verloren.

Durch meine Reisen nach Afrika hat sich auch mein Verhältnis zu Leuten der Kirche verändert. Überall dort, wohin sich sonst keiner mehr traut, in den elendsten Vierteln und den abgelegensten Flüchtlingslagern, in denen die Männer, einst stolze Ernährer ihrer Familien, das bisschen Würde, was ihnen noch geblieben ist, in Kneipen und Spelunken und Puffs wegwerfen, verrichten eine Ordensschwester oder ein Geistlicher ihren Dienst, helfen, wo sie können, und praktizieren Nächstenliebe. 2004 unterhielt ich mich mit dem Bischof von Gulu über den Stand des Bürgerkriegs in Norduganda. Von den Ereignissen der letzten zwei Wochen konnte er mir nichts berichten, in der Zeit hatte er mit einem Malariaschub im Aus gelegen und war kaum bei Bewusstsein gewesen. Aber er hatte die Stellung gehalten, wegzugehen, um sich an einem anderen Ort auszukurieren, wäre ihm nie in den Sinn gekommen. Und da war auch die Nonne in einem Lepra-Hospital in Jinja am Victoriasee, eine kleine, zierliche, drahtige italienische Frau, seit fünfzig Jahren in Afrika, der ich zusah, als sie eine Lepröse wusch und verband, und die ich auf die Einstellung des Vatikans zur AIDS-Prävention und zum Gebrauch von Kondomen ansprach. Die Nonne blickte auf, wischte sich mit dem Handrücken den Schweiß von der Stirn, sah mir fest ins Gesicht und sagte nur:

»You know, the pope is in Rome, but we are in Africa.«

Dann arbeitete sie weiter. Mit ihrer Einstellung und ihrem Einsatz tat sie wie so viele ihrer Glaubensgenossen und -genossinnen in Afrika mehr für das Ansehen der katholischen Kirche, als es ihrem Chef in Rom und seinen Hofschranzen je gelingen würde.

Schon als ich den für alle Zeiten einzigen Hit eines australischen Sängers zum ersten Mal hörte, machte er mich fassungslos. Wie konnte jemand allen Ernstes behaupten:»Rock'n'Roll I gave you all the best years of my life«? Eine anmaßendere und selbstverliebtere Zeile war kaum vorstellbar. Und falsch war sie noch dazu. Das Gegenteil war richtig. Der Rock'n'Roll hatte in den sechziger Jahren eine ganze Generation aus der Einsamkeit geholt, war für sie Zuspruch und Rettungsanker gewesen und hatte ihr eine Kraft gegeben, die lebensverändernd wirken konnte. Aber was wusste schon ein One-Hit-Wonder. Da war Lou Reed auf jeden Fall der bessere Gewährsmann. Reed hatte auf dem vierten Velvet-Underground-Album alles Wichtige zum Thema in einen einzigen Satz gepackt: »Her life was saved by Rock'n'Roll.« Das konnte ich unterschreiben. Das galt auch für mich und für mein Leben.

Als die britische Beat-Welle Anfang der sechziger Jahre von der Insel aufs Festland schwappte, erwischte sie mich genau im richtigen Moment. Sie verschaffte mir Selbstvertrauen, als ich es am nötigsten brauchte. Sie half mir nicht nur dabei, mit den Erinnerungen an Pater L. klarzukommen, sie vermittelte mir auch das Gefühl, nicht allein auf der Welt, sondern Teil eines Aufbruchs zu sein, dem die Erwachsenen nur verständnislos hinterherschauen konnten. Ich badete in Drachenblut und war hinterher ein neuer Mensch, furchtloser, mutiger und auf eine schwer erklärbare Weise unverwundbar.

Bisher war Musik für mich nur Nebengeräusch gewesen, anlassbezogene Untermalung, der ich, ob in der Kirche oder bei den Pfadfindern, keine große Beachtung schenkte. Auch im Radio und im Fernsehen kam selten etwas Vielversprechendes. Ich sah nicht mal hin, wenn Max Greger in der Kurmuschel sein Orchester dirigierte oder Rex Gildo die Showtreppe herunterkam. Es interessierte mich einfach nicht. Die Größeren im Internat standen auf Dixieland, und vor den Typen mit den »Elvis«-Nietenjacken, die man beim Autoscooter auf der Kirmes antraf, nahm man sich besser in Acht. Wenn man Ärger wollte, musste man ihnen nur direkt ins Gesicht sehen. Elvis-Songs hatte ich schon sehr früh gehört, Winfried Ryssel, der sich bezeichnenderweise als Hobbyringer betätigte, hatte sie mir in der Severinstraße vorgespielt. Zwar gefiel mir, dass man mit dem Sound dieser Platten wohl so manchen vor den Kopf stoßen und ihn aus seiner Gemütlichkeit aufschrecken konnte, aber es war nicht die Musik, die mich mitnahm oder auf neue Ideen brachte. Obwohl diese exotische Sprache mich schon elektrisierte. »Love Me Tender«, wat en Sprooch!

Der Tag, an dem sich für mich alles ändern sollte, kam erst, als Ferdinand Peters, ein Mitschüler aus Bad Münstereifel, von einem London-Trip mit seinen Eltern zurückkam. Er hatte groß eingekauft und bot mir nun ein Geschäft an. Weil er sich in London auch die englische Pressung einer Single zugelegt hatte, brauchte er die deutsche nicht mehr. Kurz entschlossen kaufte ich sie ihm ab. Unterscheiden konnte man die beiden Singles nur anhand der Farbe ihrer Labels, einmal Schwarz, einmal Grün. Sonst sah alles gleich aus: die weiße Schreibschrift »Odeon«, der kleine gezeichnete Tempel, das in einen Kasten gesperrte Wort »GEMA« und die beiden Titelangaben – »From Me to You« und »Thank You Girl«. Die Songs klangen anders als alles, was ich bis dahin gehört hatte. Sie hinterließen auf dem Grau des Alltags bunte Spuren, die nicht mehr weggingen. Sie schürten keine Angst, sie drohten nicht, sie wollten nicht erziehen. Sie knufften einen in die Seite und sagten: Halb so wild. In bleiverglasten Spießerkneipen, bei Prozessionen oder auf engen Fluren konnte man sie sich nicht vorstellen, eher auf Straßen mit blinkenden Lichtern, auf denen gutgelaunte Menschen sich daran freuten, am Leben zu sein. Plötzlich war Jugend nicht länger ein Hindernis, das man auf dem Weg zum Ernst des Lebens möglichst schnell und unfallfrei überwinden musste, sondern erschien als ein Abschnitt voll aufregender Möglichkeiten.

Ich brauchte mehr davon. Eine »Odeon«-Single war nicht genug. Mittwochs hatte meine Mutter ihren freien Tag, sie freute sich, wenn ich in den Ferien etwas mit ihr unternahm. Wir hauten die Stunden zusammen auf den Kopf. Wir machten uns fein, gingen in den Zoo und schwebten anschließend mit der Seilbahn zum Rheinpark und wieder zurück. Reichte die Zeit noch, setzten wir die Fahrt zu Wasser fort, fuhren mit dem »Müllemer Böötchen« stromaufwärts, kehrten im Rodenkirchener »Treppchen« ein, aßen Käseschnittchen und nahmen dann die Linie 16 zurück zum Chlodwigplatz. Fast fünfzig Jahre später baten mich die Betreiber der Seilbahn, drei Gondeln zu gestalten. Ich schickte ihnen Entwürfe mit Sternen aus Gold- und Silberpapier, dazu schrieb ich den Text meines Songs

»Für 'ne Moment«. Es waren heitere Skizzen. Nicht nur wenn die Sonne auf sie schien, sollten die Gondeln wie schön verpackte Geschenke wirken, glänzend und festtäglich, genau so, wie mir die Ausflüge mit meiner Mutter in Erinnerung geblieben waren.

An diesem Mittwoch hatte ich aber nur ein Ziel: die Plattenabteilung des »Kaufhofs«. Meine Mutter kaufte mir die ersehnte zweite »Odeon«-Single, so wie sie mir auch noch oft danach 4,75 DM in die Hand drückte, damit ich meine Sammlung erweitern konnte. Bei Alben dagegen musste ich selbst aktiv werden. Alben kosteten die unglaubliche Summe von 18,50 DM. Um dieses Geld aufzutreiben, brauchte man strenge Disziplin und eine gute Planung, schließlich musste man exakt zum Erscheinungstag flüssig sein. Um mir 1966 »Revolver« leisten zu können, hütete ich an gar nicht so wenigen Nachmittagen die Tochter des Frauenarztes meiner Mutter. Ich spielte mit der Kleinen im Sandkasten des Volksgartens, hielt sie auf der Rutschbahn fest und gab ihr Schwung, wenn sie schaukeln wollte. Am Ende der Woche legte ich das hart erarbeitete Geld auf die Theke von Edith Hackländers Plattenladen neben »Sarg Klemmer« auf dem Karolingerring, und dann war der Augenblick da, dem ich entgegengefiebert hatte. Ich betrachtete ehrfürchtig das von Klaus Voormann gestaltete Cover des Albums, dann machte ich, dass ich nach Hause kam. Ich hatte keine Zeit zu verlieren. Vierzehn neue Geheimnisse warteten darauf, gelüftet zu werden. Hinter das wichtigste war ich aber schon an dem Tag gekommen, an dem mir meine Mutter die zweite Single spendiert hatte. Nach dem Hören von »Misery« und »Ask Me Why« entdeckte ich, dass auf dem Label ja noch etwas stand und die Band, die ich so liebgewonnen hatte, überhaupt nicht »Odeon« hieß, sondern ganz anders und viel, viel besser.

Die Single kam in eine mit der Zeit immer voller werdende Mappe, die natürlich wie jede Sammlung auch den einen oder anderen Fehlgriff enthielt, Songs von Cliff Richard, Chubby Checker oder »Mrs. Brown You've Got a Lovely Daughter« von Herman's Hermits. Sogar das von Serge Gainsbourg für France Gall geschriebene »Poupée de cire, poupée de son« und das Lieblingslied meines

Vaters, Gittes »Ich will 'nen Cowboy als Mann«, hatten darin Platz.
Aber nichts reichte an die Beatles heran. Ferdinand Peters hatte uns
mit Fanzines aus London versorgt, sodass wir endlich auch sehen konnten, wie die Band aussah, die uns dermaßen beschäftigte.
Vier lachende junge Männer mit unfassbar langen Haaren, die sich
ganz bestimmt vor nichts fürchteten außer davor, das Leben ihrer
Eltern fortsetzen zu müssen. Und sie machten alles selbst! Sie sangen, und sie spielten, und sie dachten sich – das war das Größte –
die Lieder auch noch selbst aus! In der Schule wurde über nichts
anderes mehr geredet. Wir horteten jede Information, die wir bekommen konnten. Wir wussten genau, an welchem Tag und um
wie viel Uhr eine wichtige Platte auf Radio Luxemburg gespielt
wurde. Auch »Eight Days a Week« hörte ich zum ersten Mal in
meinem Kofferradio. Den ganzen nächsten Tag ereiferten wir uns
noch wohlig über die herrliche Frechheit des Titels:

»Dat jeht jo janit! Et jitt doch nur sibbe Wochedaach!«

War ich in Köln, ging ich gerne in eines der drei Kinos in der
Südstadt. Es gab das »Roxy« am Chlodwigplatz, dessen Leuchtreklame nach der Schließung billig zu haben und so ein Jahrzehnt
später für die Namensgebung einer der angesagtesten Szenekei-
pen im Belgischen Viertel verantwortlich war. Dann gab es das
»Metropol« in der Annostraße, in dem Mitte der Siebziger »Rockpalast«-Sendungen aufgezeichnet wurden, was zur Folge hatte,
dass auch Rory Gallagher zumindest einmal den Achthundertmeterradius rund um mein Elternhaus betreten hatte. Und dann
war da noch das »Rhenania« in der Severinstraße, in dem ich, zu
Karneval als Musketier verkleidet, den ersten Beatles-Film sah.
Kino war wunderbar. Meistens besuchte ich die Vorstellung am
Sonntagvormittag. Nach der Kindermesse platzte der Saal aus
allen Nähten. Das lange Vorprogramm mit Kulturfilm und »Fox'
Tönender Wochenschau«, die uns im Zeitraffer einmal um die Welt
führte, steigerte die Spannung ins Unermessliche. Sie entlud sich
erst beim Hauptfilm in aufgeregtem Geplapper, unterdrücktem
Gekicher und sensationellen Kommentaren zur Handlung. Wenn
in einem Western der Sheriff den Hilfsindianer fragte, wo denn der

Häuptling sei, konnte man sicher sein, dass irgendwo im Dunkeln einer saß, der die Antwort wusste: »Dä ess me'm Rad eruss …!«

Gegen die gemütliche Harmlosigkeit der sonst gezeigten Streifen wirkte der Beatles-Film, dem der deutsche Verleih den dämlichen Titel »Yeah! Yeah! Yeah!« verpasst hatte, wie ein Schock. Ein schwarz-weißes Dokument aus dem Swingin' London, Einblicke in ein Leben, um das unsere Träume kreisten, das wir uns aber nie richtig hatten vorstellen können. Jetzt saßen wir mit offenem Mund vor der Leinwand, erschlagen von dem ungeheuren Tempo des Films, der Schlagfertigkeit, mit der die Beatles alle Herausforderungen auf die leichte Schulter nahmen, und der Lebendigkeit dieser Musik, die in nie gehörter Lautstärke den Saal erfüllte. Je länger der Film dauerte, desto unbehaglicher fühlte ich mich in meinem Kostüm. Was hatte d'Artagnan mit kreischenden Fans, übermütigen Verfolgungsjagden, in Eisenbahnwaggons zum Besten gegebenen Songs, eleganten Hotelzimmern, albernem Herumtollen auf freiem Feld, Ringos einsamem Nachmittag und Pauls verrücktem Großvater zu tun? Ich saß in einer Verkleidung von gestern in einem Film von heute. Ich schämte mich, von den Mädchen im Kinosaal in diesem Aufzug gesehen zu werden. Sie hatten sich so zurechtgemacht wie die Frauen im Film, die wiederum allesamt Brigitte Bardot nacheiferten, dem großen Schönheitsideal dieser Tage. Sie kannten die Antwort auf die Frage »What do we need to make the country grow?« bereits, mir wurde sie erst jetzt schlagartig klar: »Brigitte Bardot, Anita Ekberg, Sophia Loren.« Noch während des Abspanns wickelte ich meinen Hut und meine Musketier-Utensilien in den Umhang, den mir meine Mutter genäht hatte, dann rannte ich nach Hause, holte aus dem Schrank meinen Kommunionsanzug, der mir viel zu klein geworden war, zwängte mich hinein, kämmte mir meine Haare in die Stirn und ging wieder nach draußen. Keiner erkannte mein Kostüm, doch das war mir egal. Ich fühlte mich trotzdem als Beatle.

Im Keller meines Elternhauses fand ich eine alte, stark ramponierte Geige. Ich sägte ihr den Hals ab, nagelte eine schwarzlackierte Dachlatte an den Korpus, spannte vier Drähte darüber, fertig war Paul McCartneys Höfner-Bass, zumindest wenn man beim Posieren daheim vor dem Spiegel seine ganze Vorstellungskraft aufbot. Aber das war es noch nicht. Richtig aktiv zu werden versprach mehr Spaß, als nur zu den Songs, die auf dem Dual-Mono-Plattenspieler abliefen, den Mund auf- und wieder zuzumachen. Im Konvikt St. Albert entdeckten wir auf dem Speicher Einzelteile, aus denen wir uns ein Drumset bastelten. Eine große Trommel, in der wir eine Bass-Drum sahen, wie Ringo sie spielte, auch wenn der natürlich nicht ohne Fußpedal auskommen musste. Und zwei kleinere Marschtrommeln, von einer machten wir die Ketten ab, damit sie dumpfer klang, das war eine Tom, und bei der anderen ließen wir die Ketten dran und spannten sie, das war eine Snare. Ich nahm hinter dieser wackeligen Konstruktion Platz, Anselm Doktor, der zu Hause schon Unterricht erhalten hatte, spielte Klavier, und zwei andere schnappten sich ein Banjo und eine Pfadfindergitarre. Wir nannten uns »The Convicts«, was den Patres wie eine höfliche Verbeugung vor dem Konvikt vorkam. Hätten sie sich statt mit toten Sprachen mit Englisch beschäftigt und gemerkt, dass wir uns als »Sträflinge« bezeichneten, wäre ihnen ihr Wohlwollen schnell vergangen. So ließen sie uns sogar am Namenstag des Direktors im Speisesaal auftreten. Wir gaben auch unsere zwei Paradenummern zum Besten: »Ferry Cross the Mersey« von Gerry and the Pacemakers und den Motown-Hit »Money«, den wir aber nur vom zweiten Beatles-Album kannten. Wir verursachten einen Höllenlärm. Keine Punkband hätte sich für solch einen rüden Sound schämen müssen. Ich prügelte die Achtel und brüllte dazu den Albtraumtext eines jedes Frauenverstehers: »Your lovin' give me a thrill / But your lovin' don't pay my bills / Now give me money, that's what I want.« Manchmal müssen Liebeslieder eben auch pragmatisch sein.

Über kurz oder lang provoziert auch das radikalste Kunstwerk nicht mehr. Obwohl es einmal alles Bestehende in Frage gestellt und kritisiert hat, ist es nicht davor gefeit, nach einer gewissen Zeit doch von den Institutionen akzeptiert zu werden. Die Macht lässt nichts draußen. Sie braucht die Verbrüderung mit dem Feind, um verlorenen Boden gutzumachen und sich als weltoffen und tolerant präsentieren zu können. Sie nimmt gerne in Kauf, dass die Kunst dabei ihre einstige Kraft verliert und zum harmlosen Kulturgut hinabsinkt, mit dem sich vielleicht sogar noch eine Menge Geld verdienen lässt.

Ich widerrief mein öffentliches Bekenntnis zu den Beatles, als unser Religionslehrer Schümmer, der von uns weniger respektvoll als verächtlich »Dä Don« genannt wurde, am Beispiel von »Nowhere Man« eine Unterrichtsstunde zum Thema »Nihilismus und die Hinwendung zu Gott« gestaltete. Das war eindeutig Beifall aus der ganz falschen Ecke. Schümmer war Kaplan an der Rheinbacher Stadtkirche St. Martin und vergab seine Noten nach den Gefälligkeiten, zu denen seine Schüler bereit waren. Eine Eins bekam, wer Geld für die Kirchenzeitung einsammelte, eine Zwei, wer die Zeitung immerhin abonniert hatte, und mit einer Vier bestrafte Schümmer die, die mutig genug waren, das eigentlich obligatorische Abonnement des verdammten Pfaffenblatts abzubestellen. Zwischen Barrikade und Altenteil gibt es keine Kollaboration. Schaffte es jemand wie der Don, bei den Beatles auf dem Trittbrett mitzufahren, dann war der »Nowhere Man« von da an eben nicht mehr »a bit like you and me«, sondern hatte die Seiten gewechselt. Dann wurde es Zeit, sich nach neuen Helden umzusehen. Wie der Schriftsteller Peter Handke einmal in einem Gedicht verriet, genügte ihm als Auslöser für dieselbe Reaktion schon, dass seine Mutter einmal zu einer Platte der Beatles ein bisschen den Kopf gewiegt hatte.

Mütter jedoch, die mit den Rolling Stones etwas anfangen konnten, musste man zu dieser Zeit noch mit der Lupe suchen. Meine Mutter bildete da keine Ausnahme. Für sie klang Mick Jagger aus unerfindlichen Gründen, besonders wenn ich »Off the Hook«, die B-Seite von »Little Red Rooster«, laufenließ, wie ein singender Heinz Drache, und das war kein Kompliment. Ich kam nie dahinter, worin für sie die Verbindung zwischen dem Schauspieler, der im Durbridge-Straßenfeger »Das Halstuch« auf Verbrecherjagd gegangen war, und Jaggers bei dieser Nummer betont ordinärem

Gesang bestand. Es kam mir auch nicht darauf an, meine Mutter bewusst zu brüskieren. Aber wenn selbst sie, die sich nicht so leicht irremachen ließ, vor dieser Musik zurückzuckte, war die Gefahr gering, dass uns auch bei den Stones eine Umarmung durch Religionslehrer und andere verhasste Würdenträger bevorstand.

Die Rechnung von Andrew Loog Oldham ging voll auf. Wir gingen der von ihm geschickt lancierten, natürlich nur vermeintlichen Rivalität zwischen den Beatles und den Stones auf den Leim und bezogen zumindest, was Äußerlichkeiten betraf, eindeutig Partei. Als Beatles-Fan zeigte man sich mit Schlips und einem Hemd mit möglichst kleinem Kragen, das oben zugeknöpft war. Für den Stones-Fan fiel dagegen der Schlips weg, und das ebenfalls geschlossene Hemd besaß zusätzlich noch einen kleinen Steg mit einem Druckknopf, den man zumachte, nicht zuletzt, damit die immer noch viel zu kurzen Haare über den dadurch höheren Kragen fallen konnten.

Die Musik und die Texte der Stones führten in ganz neue Räume. Oder wie Keith Richards in seiner Autobiographie schrieb: »Diese ganze Chose von wegen Teenager-Idole, geschniegelte Jungs von nebenan und harmlose nette Songs, das alles ging ab durch den Schornstein, als wir auf der Bildfläche erschienen!« Die Stones stellten uns das Material bereit, mit dem wir unser Selbstverständnis definieren konnten. Wir fanden in ihren Stücken unsere Gefühle artikuliert: unseren Frust, unsere diffusen Erwartungen, unsere Zweifel. Die Songs waren wie schnörkellose Kommentare zu unserem Leben. Sie waren Verbündete, auf die man sich verlassen konnte, sie griffen uns unter die Arme, wenn wir den Aufstand probten gegen das, was uns einengte. Und sie waren – das war ihr größtes Plus – in einer Sprache abgefasst, die die Erwachsenen nicht verstehen konnten. In meinen Englischarbeiten brachte ich Auszüge aus Stones-Texten unter, der Lehrer strich sie mir als Fehler an, aber ich konnte ihm beweisen, dass es in England Leute gab, die tatsächlich so sprachen. Oberstudienrat Müller war nicht amüsiert: »Niedecken, Sie sind ein subversives Element!« Nur wer jung war, besaß die Fähigkeit, das in Zaubertinte Geschriebene zu entziffern und damit anschließend Respektspersonen Feuer unter dem Hintern zu machen. Für alle anderen galt: »What a drag it is getting old.«

Das war unsere Wolke, und jeder ungebetene Besucher bezahlte sein Eindringen mit einem Fall ins Bodenlose. Wir würden uns nicht verkorksen lassen, nicht von einem Pater L. und auch von keinem anderen. »Satisfaction« half uns dabei, mit unserer erwachenden Sexualität angstfreier und unverkrampfter umzugehen, und »Under My Thumb« ließ uns durch die ersten Verliebtheitsstürme kommen, ohne zu viel an Selbstbewusstsein zu verlieren. Über allem aber schwebten die unglaublichen Frauen, mit denen man die Stones zusammen sah. Ebenso ätherische wie wilde Wesen namens Marianne Faithfull oder Anita Pallenberg, bei denen man sich fragte, woher in aller Welt sie kamen, die so unfassbar schön und erotisch waren, dass man ihren Anblick kaum ertragen konnte, und die offensichtlich gar nichts dagegen hatten, mit Typen, die in einer Band spielten und verwegen aussahen, zusammen zu sein. Keine schlechte Perspektive.

Aus »The Convicts« wurde »The Troop«. Die Band war ab jetzt keine reine Internatsangelegenheit mehr, nach und nach kamen auch Externe dazu, Leute, die in Rheinbach oder Meckenheim bei ihren Eltern wohnten. »Truppe«, der Name passte zu uns. Wir waren eine richtige Gang, eine Schar Auserwählter, ein verschworener Haufen. Unser Sänger war Peter Schulte, der glorreiche Erfinder abgekürzter Zweitnamen. Von einem bestimmten Moment an unterschrieb er nur noch mit Peter A. Schulte. Auf Nachfrage ließ er sich sogar zu einer Begründung herab: »A« stehe, erklärte er, für »Apollo«, Sohn des Zeus, Gott der Künste und Vorsteher der Musen. Rolf Bogen, der am Schlagzeug saß, fand das ziemlich beeindruckend. Er mochte nicht zurückstehen und nannte sich fortan kühn »Rolf D. Bogen«.

»Wat meinste dann met dämm D.?«

»Das heißt ›David‹. Ihr könnt mich ›Dave‹ nennen.«

Das klang so überzeugend, dass selbst seine Mutter irgendwann gezwungen war, das Spiel mitzuspielen. Mathilda Bogen war eine resolute Person, aber wenn es darum ging, ihren Sohn herbeizu-

rufen, musste sie manchmal Geduld mitbringen, vor allen Dingen, wenn wir auf seinem Zimmer laute Musik hörten:

»Rolf!«

Keine Antwort.

»Rudolf!«

Keine Antwort.

»Dave!«

Keine Antwort.

»DAAAAAAAAAVIIIIIIIID!«

Ich hatte mittlerweile das Instrument gewechselt und mir einen roten Kunstleder-Bass für 180 Mark aus dem Hause »Quelle« besorgt. Wir alle erkannten Daves Vorrecht an, der Trommler der Band zu sein, denn sein Vetter, der in einer Tanzkapelle spielte, besaß ein wunderbares türkisblaues Sonor-Schlagzeug ohne Stand-Tom, das er uns großzügig für die Proben zur Verfügung stellte. Um den Transport mussten wir uns selbst kümmern. Zweimal in der Woche konnte man fünf Jungs beobachten – die Gitarristen Hans-Gerd Lanzerath und Gerd Kost, genannt »Funny«, gehörten ebenfalls zur Band –, die an einem Ende von Rheinbach ein Schlagzeug abholten, es durch die ganze Stadt trugen und am anderen Ende, in der »Offenen Tür« St. Martin, einer Art Jugendzentrum, wieder aufbauten. Obwohl die OT zur Pfarrei gehörte, sprach die Tatsache, dass uns die Patres bei unserem Tun freie Hand ließen, Bände. Die Nachricht war durchgesickert, dass das Internat spätestens in zwei Jahren schließen würde. Die Bundeswehr meldete Eigenbedarf an und wollte das Gebäude zurück. Die Epoche von Zucht und Ordnung neigte sich langsam dem Ende zu. Aufsässigkeit und Dekadenz sprangen in die Bresche, und die Rock-'n'-Roll-Bands lieferten den Soundtrack zur Teenager-Revolution. Von ihrer lässigen Unbeugsamkeit und ihrer aufreizenden Selbstsicherheit profitierten auch die jugendlichen Coverbands, die überall aus dem Boden schossen. Man war vereint im Kampf gegen Bevormundung und wusste, welche Waffen man dabei einsetzen musste: Lautstärke, Haarlänge und eine möglichst ausgefallene Kleidung.

Inspiration fanden wir überall. Im Juli 1966 sah ich im Fernsehen einen Mitschnitt von den beiden Beatles-Konzerten im Münchner Circus Krone. Die »Bravo« hatte die Beatles für eine drei Tourstädte umfassende »Blitztournee« nach Deutschland geholt, keiner konnte ahnen, dass es eine der letzten Gelegenheiten sein sollte, die Band überhaupt noch live zu erleben. Für das Vorprogramm waren Cliff Bennett & The Rebel Rousers, Peter & Gordon sowie die Rattles aus Hamburg engagiert worden. Achim Reichel trug ein außergewöhnliches, aufsehenerregendes, sensationelles, beispielloses, bis heute unerreichtes Netzhemd, mit dem ich anschließend meiner Mutter so lange in den Ohren lag, bis sie mir ein ähnliches Exemplar kaufte. Inzwischen nerve ich Achim Reichel bei jeder unserer Begegnungen mit dieser Story. Er ist nett und tut so, als bereite sie ihm ebenso viel Vergnügen wie mir.

Einmal traf ich die Rattles sogar persönlich. Oder besser: Ich hätte sie getroffen, wenn ich mit meiner Mutter bei unserem letzten gemeinsamen Italienurlaub eine Woche früher in Finale Ligure angekommen wäre. Bei unserem Eintreffen war nämlich die ebenfalls von der »Bravo« initiierte Aktion »Ferien mit den Rattles«, bei der man die Band jeden Abend beim Auftritt in der Strandbar hautnah erleben konnte, gerade vorbei. Als Trostpflaster bot sich ein Konzert der Renegades in einer Open-Air-Disco an. Die Launen der britischen Beat-Invasion hatten die in Nordstaatler-Bürgerkriegsuniformen gekleidete Band aus Birmingham ausgerechnet in Finnland zu Popstars gemacht, aber auch in Italien kannte man schon ihren Hit »Cadillac«. Auf etwas andere Gedanken brachte mich Sissi, ein entfernt an Anita Pallenberg erinnerndes Mädchen aus – ausgerechnet – Wien, das zum Glück so gar nichts von einer braven, rosigen jungen Kaiserin an sich hatte. Meine Mutter hatte Verständnis für das frische Glück und dehnte ihre Spaziergänge über mehrere Stunden. Abends gingen wir dann wieder gemeinsam zur Promenade, und ich erschrak, als sie schreiend erkannte, dass das, was sie für Pommes frites gehalten hatte, in Wirklichkeit kleine, frittierte Fische waren: »Iiiieh, die luhren einer jo ahn!«

Ein anderes Accessoire, mit dem ich modisch ganz weit vorne liegen würde, hatte ich bei einem Fernsehbericht über die erste Deutschlandtournee der Stones erspäht – Mick Jaggers Hose mit den großen Karos. Ich zerrte meine Mutter zu »Weingarten & Sohn« am Kölner Friesenplatz und gab nicht eher Ruhe, bis ich das Geschäft als neuer Besitzer einer zumindest ähnlichen, wenn auch deutlich kleinkarierteren Variante verlassen konnte. Die Hose war Bestandteil eines bedacht ausgewählten Outfits, mit dem ich einen feierlichen Moment begehen wollte. Im Internat wirkte ich recht gerne an Theateraufführungen mit, allerdings war mein darstellerisches Verlangen nicht so ausgeprägt, dass ich mich auch der Theatergruppe des Gymnasiums anschließen wollte. Das änderte sich schlagartig, als ich erfuhr, wo die Gruppe ihre Proben abzuhalten pflegte. Im »Saal Streng«, der zum Restaurant »Strengs-Stuben« gehörte, trafen sich die Vereine zu ihren bierseligen

Stammtischen, auch die Tanzschüler achteten dort darauf, sich nicht zu oft gegenseitig auf die Füße zu treten. Was mich aber magisch anzog, war das Mikrophon, das auf der Bühne in einem Ständer ruhte. Ein ganz ähnliches hatte ich bei den Stones gesehen. Wahrlich Grund genug, sich für die Theater-AG zu melden. Vor der ersten Probe schlich ich mich in den noch leeren Saal und betrat die Bühne. Die Geräusche vom Restaurant waren nur gedämpft zu hören, der Rheinbacher Alltag war weit weg. Ich stand in meiner karierten Hose vor einem Mikrophonständer und sah hinunter ins Parkett, dann schloss ich die Augen, und das Parkett füllte sich, von überall her strömten Menschen, sie klatschten, kreischten, jubelten, und ich begann zu singen. Nur ein Tagtraum, vielleicht auch Zukunftsmusik. Erst einmal musste ich aber in Hans Sachs' Fastnachtsspiel »Der fahrende Schüler im Paradies« das Publikum als tölpelhafter Bauer überzeugen.

Troop eroberten sich so langsam ihren Platz. Das Betteln um Auftrittsmöglichkeiten wurde weniger, bald lud man uns mit unserem Programm, in dem wir die größten Hits der berühmtesten Beatbands nachspielten, zu Abibällen und Dorffesten ein. Wir spielten in Jugendclubs, Gasthäusern und Turnhallen, einmal sogar im Foyer des Mädchenpensionats. Wir begannen uns einen Namen in Rheinbach und Umgebung zu machen und genossen auch die ersten zaghaften Gunstbeweise weiblicher Fans. Peter A. Schulte warf trotzdem das Handtuch, um sich aufs Abitur vorzubereiten. Er war wie Hans-Gerd eine Klasse über mir und dachte schon politisch, als für die meisten »1968« noch eine ganz normale Jahreszahl auf einem noch nicht gekauften Kalender war. Später sollte Peter sein linkes Engagement mit allen Konsequenzen radikalisieren. Auch am Tag seines Abschieds von Troop hinterließ er eine Nachricht mit Sprengkraft. Er sang mir auf dem Schulhof »Like a Rolling Stone« vor. Er hatte schon in der Vergangenheit versucht, mich auf Dylan-Songs neugierig zu machen, aber mehr als der vage Eindruck vertonter Friedensmärsche war nicht hängengeblieben. Erst »Like a Rolling Stone« war mein ganz persönlicher Urknall, in seiner Bedeutung für mein Leben kaum zu überschätzen. Nachdem ich den elektrifizierten Dylan kennengelernt hatte, diesen spindeldürren »Song and Dance Man« mit dem explodierenden Bewusstsein, dem dünnen, wilden Quecksilbersound, den Übungen in tonaler Atemkontrolle, den Skelett-Tonarten im Regen und den rauschhaft in die Maschine gehackten Versen, von denen jeder einzelne klang, als wäre er nur für mich geschrieben, genügte es mir nicht mehr, mich als Bassist einer Coverband mit fremden Federn zu schmücken. Ich musste selbst Songs schreiben, eigene Wörter finden und durfte es keinem anderen überlassen, meine Geschichte zu erzählen. Ich musste der neue Sänger der Band werden. Also holte ich meinen Freund Hein Pelzer zu Troop, drückte ihm den »Quelle«-Bass in die Hand und bat meinen Bruder, mir die ersten Akkorde auf seiner Gitarre zu zeigen. C, F und G7, damit konnte man immerhin schon mal »Wir lagen vor Madagaskar« und Artverwandtes aber auch, wenn man es nicht allzu genau nahm, »Dedicated Follower of Fashion« von den Kinks spielen. Weitere Akkorde ließ ich mir mal hier, mal da beibringen. Wer einen Akkord kannte, der den meisten noch unbekannt war, genoss höchstes Ansehen. Man fuhr bis ans Ende der Stadt, um ihm seine Aufwartung zu machen und von ihm in den Kreis der Eingeweihten aufgenommen zu werden.

Der erste Song, den ich für alle Zuhörer wirklich wiedererkennbar auf der Gitarre beherrschte, war das alte Folkstück »The House of the Rising Sun«. Ich kannte es nicht von Bob Dylans erstem Album, sondern in der in einem Take aufgenommenen Hitversion von Eric Burdon und den Animals. Ich saß am Chippendale-Tisch in unserem Wohnzimmer und sang so lange von einem Bordell in New Orleans, bis meine Mutter meinem Vater einen vielsagenden Blick zuwarf:

»Josef, ich jläuv, dä Jung bruch en eijene Jittar!«

Am 5. September 1967 war es so weit. Ich betrat mit meiner Mutter Charly Oehls Musikhaus in der Sternengasse. Bisher hatte ich mit meinen Freunden immer nur so getan, als könnten wir uns tatsächlich einen der Schätze, die der Laden bereithielt, leisten. Meistens hatten wir uns gar nicht hineingetraut und stattdessen unsere Nasen am Schaufenster platt gedrückt, freudig erregt, weil uns nur eine einzige dünne Glasscheibe von einem Beatles-Bass oder einem Ludwig-Schlagzeug trennte. Entweder waren die Who nie jung und arm gewesen, oder, was wahrscheinlicher war, sie hatten beschlossen, die Erinnerungen an ihre Anfänge buchstäblich in Stücke zu hauen. Nur so ließ sich das vollkommen blödsinnige Zertrümmern ihrer Instrumente nach fast jedem Auftritt erklären, während ihre Fans monatelang auf eine Gitarre sparen mussten. Sosehr mir ihre Musik auch gefiel, diese großkotzige Attitüde der Who, die später The Clash stumpf reproduzieren sollten, würde mich immer abstoßen.

Charly Oehl persönlich hielt den Verkaufsvorgang fest. »Frau Nideggen« kaufte also »1 Electro Gitarre mit Tasche« für 282 DM und »1 Kabel« für 8 DM, zahlte 240 DM an und versprach, den fehlenden Rest von 50 DM »bis Ende des Monates« zu begleichen, was auch geschah. Bei der »Electro Gitarre« handelte es sich um eine Aria Diamond, die der Epiphone, die John Lennon spielte, halbwegs ähnlich sah.

Meine erste Telecaster kostete später deutlich mehr. Sie war fast unerschwinglich. 1200 Mark lagen nicht auf der Straße herum. Während meine Freunde in den Ferien jobben konnten, bei der Apfelernte halfen oder Bäume beschnitten und dadurch zu Geld kamen, ging ich in unserem Familienbetrieb, in dem meine Mitarbeit als selbstverständlich angesehen wurde, leer aus. Meinem Vater brauchte ich mit diesem Dilemma gar nicht erst zu kommen, meine Mutter war da verständnisvoller. Sie war die Tochter von Hermann Platz. Sie hatte ihre Möglichkeiten, mit der Sparsamkeit des »Herringsbändijers« umzugehen. An jedem Tag der Sommerferien legte sie für mich, ehe die Einnahmen zu meinem Vater ins Büro kamen, zwischen 10 und 20 Mark auf die Seite. Schein für Schein kam so das Geld zusammen, mit dem ich dann am Ende der Ferien die begehrte Gitarre zumindest anzahlen und nach Hause bringen konnte. Mein Vater wunderte sich nicht über das neue Instrument. Glücklicherweise hatte er keine Ahnung, wie teuer eine Fender Telecaster wirklich war.

Mit dem Einstieg von Johnny Brauweiler änderte sich die Aus-

Musikhaus Charly Oehl

Sternengasse 1
an der Hohen Pforte **KÖLN** Telefon 21 14 36

Anschrift: Frau Nideggen, Köln

Anz.	Datum		DM	Pf
	5.9.67			
	Severinstr. 1			
1	Elektro Gitarre			
	nebst Gabe	282	—
	Anzahlung	240	—
1	Kabel	Rest	49	
			8	
	Rest wird bis	57,50	—
	ende des Monats		
	bezahlt			
	Anideche		
	Rest r. 50 DM bezahlt		

Verk.			
	000677		Bei Irrtümern oder Umtausch bitte dieser Zettel vorlegen.

richtung von Troop. Johnny machte mit seinen Fähigkeiten auf der Gitarre eine kompromisslose Bluesrockband aus uns. Auf einmal waren wir in der Lage, Songs von Jimi Hendrix oder Ten Years After so zu spielen, wie sie klingen mussten: wie ein Gewitter, das einen auf freiem Feld überrascht und vor dem man nicht davonrennen kann. Nicht ohne Grund gestaltete Dave das neue Troop-Signet nach dem Yardbirds-Schriftzug. Wir waren eine Macht. Wir brachten die unmöglichsten Säle der Provinz zum Kochen. Mit dem ersten Song waren die Holztische mit ihren nach Rauch stinkenden karierten Decken, die Gewürzständer, Strohblumen, armseligen Girlanden, vollgekritzelten Bierdeckel und die mit den Abdrücken fettiger Finger übersäten Glasvitrinen voller Pokale und Wimpel entrückt, waren nur noch abgetakelte Kulissen, Überbleibsel einer alten Ordnung, die gerade endgültig ihre Herrschaft verlor. Die Kids mit den längsten Haaren, der beeindruckendsten Garderobe und der am besten sortierten Plattensammlung trafen sich bei unseren Konzerten. Nur in Leverkusen, bei unserem Auftritt im Saal des Schwimmbadrestaurants, verlangte ein Knallkopf nach einem Stück aus der Hitparade:

»Ey, künnt ihr och ›Yummy Yummy‹, ey?«

Wir würdigten den Zwischenrufer keines Blickes, straften ihn mit Nichtachtung und hofften, dass ihm sein Bubblegum-Pop im Hals stecken bleiben würde.

Hille roch nach »Wrigley's Spearmint Gum« und »8 × 4«. Sie kam aus Ramershoven, einem Dorf in der Nähe von Rheinbach. Ein Wirbelwind, ein Mädchen, mit dem man Pferde stehlen konnte, ein Biest. Ihr Selbstbewusstsein und ihre kokette, verschmitzte Art erinnerten mich an die Schauspielerin Shirley MacLaine. Hille verdrehte mir den Kopf. Leider genoss sie es, auch den anderen Jungs in der Band schöne Augen zu machen. Einen nach dem anderen stürzte sie in Verwirrung und verweigerte ihm anschließend die Sicherheit eines klaren Bekenntnisses. Doch ich war es, zu dem sie immer wieder zurückkehrte. Das machte mich für einen Moment glücklich, auch wenn ich wusste, dass mich bald schon wieder die

Eifersucht plagen würde und man dann meine Gedanken besser in eine Gummizelle einsperrte, wo sie sich nicht verletzen konnten. Reagierte ich einmal auf Hilles Eskapaden und ging selbst in fremden Gärten spazieren, konnte ich sicher sein, dass sie in null Komma nichts wütend vor meiner Tür stehen und einen Auftritt hinlegen würde, der sich gewaschen hatte. Wir waren uns auf eine seltsame Art treu, miteinander hielten wir es immer nur kurz aus, aber ohne den anderen zu sein kam noch weniger in Frage. Erst nach elf Jahren begann die gegenseitige Anziehung wirklich nachzulassen. Erst 1977, als BAP schon die ersten Auftritte spielten, trennten wir uns. Eine ganze Jugend hatten wir zusammen verbracht, hatten uns verletzt, versöhnt, geliebt und waren uns dabei sehr nahegekommen. Selbst nach ihrem Ende schenkte mir diese Amour fou noch etwas – Songs wie »Helfe kann dir keiner«, »Anna« oder »Jraaduss«, in denen ich Hille Lebwohl sagte, dieses Mal für immer.

Die Amerikaner verloren den Vietnamkrieg nicht im Dschungel. Sie verloren ihn in den Medien. Berühmte Fotos wie das von der Erschießung eines Vietcong-Offiziers auf offener Straße oder die Berichte von den Gräueltaten amerikanischer Soldaten beim Massaker von My Lai, bei dem über fünfhundert Zivilisten, darunter viele Kinder und Frauen, vergewaltigt und hingerichtet worden waren, gingen um die Welt. Sie weckten ein politisches Bewusstsein auch bei denen, die zu jung waren, um sich als Teil der Studentenbewegung fühlen zu können, die aber genau verstanden, warum Jimi Hendrix in Woodstock die amerikanische Hymne in Flammen aufgehen ließ. Es war noch gar nicht so lange her, dass Amerika uns als das Land von Winnetou und »Bonanza« erschienen war, aus dem die »Care«-Pakete und die Rosinenbomber gekommen waren, und jetzt mussten wir erkennen, dass wir uns bitter getäuscht hatten. Die Empörung darüber, dass gerade einmal zwanzig Jahre nach Ende des Zweiten Weltkriegs die Generation unserer Väter wieder verantwortlich war für Tod und Leid, traf auf eine auch alle anderen gesellschaftlichen Bereiche umfassende Emanzipation. Pop und Politik rückten so nahe zusammen wie seitdem nie mehr. Pop machte uns Mut, das zu tun, was in der Schule regelmäßig unter den Tisch fiel: den Blick auf die zurückliegende Barbarei zu richten. Endlich traute man sich, unbequeme Fragen nach Verantwortlichkeiten zu stellen, endlich wurde das von einer Unfähigkeit zu trauern erfasste Wirtschaftswunderland wachgerüttelt.

An den Wochenenden, die ich in Köln verbrachte, stellte ich bei den Mahlzeiten meinen Vater zur Rede. Ich nahm seine Vergangenheit als NSDAP-Mitglied aufs Korn und trieb ihn in die Enge. Ich war ihm verbal überlegen und ließ ihm keine Chance. Vor meiner Mutter sezierte ich jeden seiner hilflosen Erklärungsversuche. Heute weiß ich, dass mein Vater ein viel zu leichtes Opfer war, dass die rhetorischen Triumphe auf seine Kosten für meine Entwicklung wahrscheinlich notwendig, aber keine waren, auf die ich stolz sein konnte. Was sollte er auch antworten, wenn ich ihm sein Mitläufertum und sein Wegschauen vorwarf. Mit jedem Satz verirrte er sich tiefer in die Ausweglosigkeit des Schuldiggewordenen, der zu seiner Entlastung nur sattsam Bekanntes vorzutragen hatte. Ich war noch nicht so weit, ihm zugestehen zu können, dass die Versailler Verträge mit ihren Reparationsforderungen ein eindeutiges Ergebnis von Siegerjustiz waren, das den radikalen Lagern Trümpfe zuspielte und ihnen die oft so wenig informierten und leicht aufhetzbaren Bürger scharenweise in die Arme trieb. Mein Vater begründete noch in den sechziger Jahren seinen Parteieintritt mit dem berüchtigten »Quasselbuden«-Argument, das den Demokraten in der Weimarer Republik Entscheidungsunfähigkeit vorwarf, und mit der damit zusammenhängenden Sehnsucht nach einem starken Mann, der das Heft in die Hand nahm. Ich ließ ihm diese Rechtfertigungen, die schon zu Klischees geworden waren, ebenso wenig durchgehen wie seine Beurteilung von Hitlers Verbrechen:

»Wenn dä dat met dä Jüdde bloß nit gemaat hätt – un nur eine Kreech ...«

Er meinte den gegen die Franzosen. Die zwei älteren Brüder meines Vaters hatten im Ersten Weltkrieg gegen Frankreich gekämpft und hinterher bei ihren Erzählungen keinen Zweifel daran gelassen, dass sich die Deutschen und die Franzosen bei den Grausamkeiten auf dem Schlachtfeld ebenbürtig gewesen waren. Mit der Besetzung Frankreichs 1940 habe man sich, so lautete eine gängige Meinung, nur das vom Erzfeind wiedergeholt, was einem zuvor weggenommen worden sei.

»Ävver dann och noch ene Zweifrontenkreech ahnfange …«

Mein Vater kam aus dem verbalen Schlagabtausch nie heil heraus, manövrierte sich immer wieder von neuem an einen Punkt, an dem ich ihn bloßstellen konnte. Ich war selbstgerecht, so selbstgerecht und unbarmherzig, wie es nur einer Jugend zusteht, die sich nicht mehr mit Ausflüchten abspeisen lassen will.

Auch bei der aktuellen Politik kamen wir auf keinen gemeinsamen Nenner. Mein Vater war ein linientreuer Adenauer-Anhänger, der die SPD und die Gewerkschaften verteufelte:

»Mir arbeide die janze Zick, und die wolle immer nur deile!«

Später wurde mir bewusst, dass das verborgene Ziel unserer Streitgespräche darin bestand, die Gunst meiner Mutter zu erringen. Wir versuchten beide, sie von der Richtigkeit unserer Position zu überzeugen. Sie wurde in unsere Grabenkämpfe mit hineingezogen und saß zwischen allen Stühlen. Nur ab und zu ließ sie es sich anmerken, wie sehr ihr das gegen den Strich ging:

»Künnt ihr nit endlich ens jet Schönes verzälle?«

War sie mit mir allein, warb sie um Verständnis für meinen Vater, ihm gegenüber wird sie für mich eingetreten sein. Bis heute weiß ich nicht, bei welcher Partei sie letztendlich wirklich ihr Kreuzchen gemacht hat. Aus Respekt vor dem Wahlgeheimnis habe ich sie nie danach gefragt.

Mit meinen zahlreichen Onkeln und Nennonkeln ließ ich mich erst gar nicht mehr auf politische Debatten ein. Nach außen hin gaben sie sich als Moralapostel, doch sobald sie einen über den Durst getrunken hatten, fiel die Maske, und der Stammtisch regierte mit Zoten, Kraftmeierei, plattem antikommunistischem Geschwätz und gegenseitigem Schulterklopfen. Eine miefige, unangenehme Provinzialität. Im Gegensatz zu einer solchen Herrenrunde bemühte sich mein Vater zumindest, hinter die aktuellen politischen Zusammenhänge zu kommen. Er war ein Nachrichtenjunkie, las die »Rundschau«, und Werner Höfers »Internationaler Frühschoppen« mit »sechs Journalisten aus fünf Ländern« war ein Pflichttermin für ihn. Jeden Sonntagvormittag saß er vor unserem riesigen »Nordmende«-Radio und lauschte den Experten, denen, je länger die Sendung dauerte, die Zunge immer schwerer wurde, weil ihnen, was man nur bei der Fernsehübertragung sehen konnte, eine Kellnerin ständig Wein nachschüttete. Nur einmal musste er dieses Ritual ausfallen lassen. Ich hatte meine Gitarre an das Radio angeschlossen, »Keep on Running« gespielt und die Membran geflext. Danach war erst mal Ruhe.

Ich stieg in Rheinbach aus dem Zug, nahm meinen Koffer in die Hand und einen dicken Stapel Plakate in DIN-A2-Größe unter den Arm. Mit diesen Plakaten, die Coca-Cola für Amateurbands gratis druckte, würden wir die ganze Voreifel auf zukünftige Troop-Gigs hinweisen können. Ich ging zu Hein Pelzer und zeigte ihm meinen Schatz. Sein Lachen fiel gezwungen aus. Er legte eines der Plakate auf sein Bett, betrachtete es, fuhr sich durch die Haare und drehte sich wieder zu mir zurück. Sein Gesicht war ernst geworden. Ich war raus. Dave und Johnny hatten entschieden, mich aus der Band zu werfen. Sie versprachen sich etwas davon, Troop zu einer Westentaschenausgabe von Led Zeppelin umzubauen, und waren sogar schon bei ihrer Suche nach einem geeigneten Sänger fündig geworden. Archie Carthaus aus Bonn war in der Lage, ihnen den Robert Plant zu geben, den sie wollten, ich kam stimmlich nicht annähernd in diese Regionen. Hein hatte gegen meinen Rausschmiss votiert, aber er war überstimmt worden. Die neuen Plakate, auf denen ich als Sänger aufgeführt war und die noch nach Druckfarbe rochen, kündigten eine Band an, die es bereits nicht mehr gab. Der Gemeinschaftsgeist der Truppe war nicht stark genug gewesen.

Ein neues Angebot flatterte mir nur eine Woche später ins Haus. Der Sänger von Goin' Sad, unseren ehemaligen Hauptkonkurrenten um die Vormachtstellung in Rheinbach, war eingezogen worden, und jetzt herrschte Not am Mann. Dave und Johnny hatten den Ehrenkodex einseitig aufgekündigt, er galt nicht mehr, daher

hatte ich kein schlechtes Gewissen, als ich das Lager wechselte. Das Gefühl, als Frontmann noch gefragt zu sein, baute mich wieder auf. Den raschen Niedergang von Troop, der innerhalb von zwei Monaten nach meinem Rausschmiss zum sang- und klanglosen Eingehen der Band führte, nahm ich dagegen eher beiläufig zur Kenntnis. Das kam also dabei heraus, wenn man dem Zeitgeist zu sehr hinterherhechelte – eine Band, die vom Publikum nicht mehr ernst genommen wurde und sich selbst ins Abseits stellte.

Goin' Sad war ein sudetendeutscher Familienbetrieb. Die Fischers besaßen ein kleines Bungalowhaus in Rheinbach, am Rand der Stadt, dort, wo die Straßen aufhörten und sich nur noch Felder erstreckten. Die drei großen Söhne Gerfried, Armin und Ludwig kümmerten sich mit Hingabe um das Wohlergehen der Band, in der ihr kleiner Bruder Roland Schlagzeug spielte. Sie hielten den Proberaum im Souterrain des Hauses in Schuss, tüftelten am Bau eigener Verstärker und Boxen herum und chauffierten uns in zwei VW-Bussen, einer davon war blau, zu unseren Auftritten. Wir waren zu viert. Roland, Norbert Odorinsky an der Gitarre, Rolly Rollmann am Bass und ich. Dazu manchmal als Gast Rainer Gulich am Saxophon. Bei Goin' Sad stand keiner mit der Stoppuhr parat und achtete darauf, dass die Songs die Fünf-Minuten-Marke nicht überschritten. Auch sklavische Werktreue beim Covern gehörte der Vergangenheit an. Vorlagen wie der Steamhammer-Song »Another Travelling Tune«, nach dem ich dreißig Jahre später das BAP-Büro benannte, wurden eher frei zitiert als wirklich übernommen. Sie dienten als Ausgangspunkt für ausgedehnte Streifzüge und Neuland erkundende Improvisationen, die wir erst kurz vor Ende wieder sacht ins Strophenschema lotsten. Und was bei Troop nur in Einzelfällen akzeptiert worden war, wurde jetzt sogar ausdrücklich gewünscht: Ich konnte meine eigenen Songs ins Programm einbauen. Sie hielten sich noch in der Luft, als das Eifel-Luftschiff meiner einstigen Verbündeten schon längst implodiert war.

Eine Nummer wurde sogar für die Ewigkeit festgehalten. Die Fischers hatten uns einen Platten-Deal vermittelt. Eine zwiespältige Angelegenheit. Einerseits konnten wir einen Song in einem professionellen Studio aufnehmen und auf einem Sampler namens »Bonner Beat Bands« veröffentlichen. Andererseits ließen wir uns, wenn wir mitmischten, für eine Kampagne der Bonner CDU instrumentalisieren. Deren Bürgermeisterkandidat Hans Daniels wollte die Platte, eine EP mit vier Stücken im 7inch-Format, als Wahlkampfgeschenk in Kneipen verteilen lassen. Das Establishment scheute wirklich vor nichts zurück, das musste man ihm lassen. Wenn es um Wählerstimmen ging, paktierte es sogar mit der Gegenkultur. Ein unmoralisches Angebot. Wir gingen in uns und wägten das Für und Wider ab. Dann bekannten wir uns dazu, käuflich zu sein. Magic Spirit und Take 5 + 2, die beiden anderen angefragten Bands, dachten genau wie wir. Eine professionelle Aufnahme konnte als Türöffner bei noch unschlüssigen Veranstaltern Wunder wirken.

Wir entschieden uns für den von mir geschriebenen Song »Satin Rose«. Er verband, ohne dass ich es darauf angelegt hatte, das Beste aus zwei Welten. Er kreuzte Steamhammers »Junior's Wailing« mit »Set the Controls for the Heart of the Sun« von Pink Floyd. Bei solchen Eltern musste das Kind ja einigermaßen passabel geraten. Im Kölner Cornett-Studio, weit draußen in Junkersdorf, wo die A 1 die Aachener Straße kreuzt, waren zwei Stunden für uns reserviert. Wir bauten auf, spielten, nahmen meinen Gesang gesondert auf, dann blieb noch Zeit für genau einen Overdub. Im Vergleich zu der durchschnittlichen Verweildauer in diesem Studio, in dem massenhaft Schlagerplatten produziert wurden, konnte man das schon als Mammut-Session bezeichnen. Für gewöhnlich fielen die Cracks für zwanzig Minuten ein, spielten ihren Part für die entstehende Konfektionsware Fliegenschiss für Fliegenschiss vom Blatt und zogen mit einer hübschen Entlohnung wieder von dannen. Auch einige der Musiker, denen ich später bei der WDR Big-Band begegnete, hatten an derlei verbotenen Früchten genascht und ihr Gehalt auf diese Weise ordentlich aufgebessert. Und noch heute droht einem bei unangebrachter Hektik im Studio die Frage:

»Hässte kein Zick? Musste noch enn't Cornett?«

Bei den Liner Notes für die EP übertrafen sich die Wahlkampfmanager von Hans Daniels selbst: »Die Beatles kennt jeder. Die Lords auch. Die Plattenpresser reißen sich um die Top-Stars. Aber: Warum nicht 'mal was anderes unter die Nadel legen? Einen echten ›Bonner Sound‹? Viel Spaß beim ›Daniels-Mini-Pop-Festival‹!« Der Ankündigungstext ließ beinahe die Überlegung aufkommen, ob ein einsames, dezentes CDU-Logo auf dem Cover nicht doch die elegantere Lösung gewesen wäre.

Ungleich ehrenvoller war das Engagement als Vorprogramm für Alexis Korner und seinen Gitarristen Peter Thorup. Die beiden traten ohne ihre Stammformation New Church im großen Hörsaal der Uni Bonn als Duo auf. Korner hatte nicht nur den Rolling Stones in ihrer Anfangszeit als väterlicher Freund und Förderer zur Seite gestanden. Seine Band Blues Incorporated, ein offenes Kollektiv, bildete eine ganze Generation von bluesbegeistertem Nachwuchs aus: Jack Bruce, John Mayall, Rod Stewart, Jimmy Page und viele andere, die die Welt auf die Musik von Muddy Waters und Robert Johnson aufmerksam machen wollten. In Bonn trafen Korner und Thorup erst im letzten Augenblick ein, wir hatten unser Set bereits beendet. Wir wussten, dass die beiden auf unserer Anlage spielen wollten, aber wir wussten nicht, dass sie auch unsere Instrumente benötigten. Sie kreuzten mit leeren Händen hinter der Bühne der Aula auf. Gepäck war ihnen lästig, wenn sie mit dem Zug von Stadt zu Stadt fuhren. Sie liehen sich alles, was sie brauchten, vor Ort von den lokalen Vorbands, performten eineinhalb Stunden, sagten »Thank you, good night«, kassierten ihre Gage und verschwanden wieder. Ob man das Chuzpe oder Cleverness nennen sollte, überließ ich anderen. Mir war viel wichtiger, dass der Mann, in dessen Küche einst die Stones durchs Fenster eingestiegen waren, auf meiner weißen Telecaster gespielt hatte.

Goin' Sad machten noch eine Weile weiter, auch nachdem Odo und Rolly dem Abiturstress Tribut gezollt und ihren Ausstieg verkündet hatten. Das letzte Line-up umfasste mit Hein Pelzer einen alten Bekannten und mit Monika Frickenstein sogar eine Sängerin, weil wir eine Vorliebe für Jefferson Airplane und die britische Prog-Rock-Band Renaissance entwickelt hatten. Wir erweiterten unser

Einzugsgebiet, traten regelmäßig auf und konnten ganz gut von unseren Gagen leben. Wer verschwendete da als gerade Volljähriger noch einen Gedanken an die Schule? Ich zumindest nicht.

Das Internat schloss Ende 1968. Die Patres räumten das Feld für andere Zuchtmeister, bei denen es etwas weniger bibeltreu zuging und deren Uniform etwas strammer saß. Das ging mich nichts mehr an. Ich bezog ein Zimmer bei der Witwe meines verstorbenen Kunstlehrers, aber zum möblierten Herrn war ich nicht geboren. Nach den Jahren des Kontrolliertwerdens im Konvikt zog ich mit einer Zimmerwirtin, die mir hinterherschnüffelte, mich anfuhr, wenn ich zu spät zum Essen kam, und die, das war das Gravierendste, Damenbesuch verurteilte, nicht gerade das große Los. Ich hatte eine Leine mit der nächsten vertauscht. Ein wenig mehr Freilauf durfte es schon sein. Den fand ich dann ausgerechnet am Rheinbacher KAB-Ring, gegenüber der JVA. Ein Stadtviertel wie aus einem Bilderwitz, der sich über Konformität lustig machte. Identische Einfamilienhäuser mit identischen Giebeln, identischen Vorgärten und identischen Jägerzäunen. Aber so wie man ein Buch nicht nach seinem Cover beurteilen sollte, darf man auch von Gebäuden nicht auf ihre Bewohner schließen. Mit meinen Vermietern, die mir eine kleine Wohnung überließen, verstand ich mich ausgezeichnet. Sie gehörten nicht zu denen, die einen erst einmal zum Friseur schicken wollten und einen mit Klagen über die verkommene Jugend langweilten. Sie beließen mir meine Unabhängigkeit. Ich war frei und zum ersten Mal aller Aufsicht ledig. Ich konnte tun und lassen, was ich wollte. In meinen zwei Zimmern unterm Dach lebte ich in den Tag hinein, und Hille unterstützte mich dabei nach Kräften. Sie hatte ihr Abitur bereits in der Tasche. Wenn wir morgens wach wurden, war es fast schon Mittag. Die Sonne zauberte helle Flecken auf das Stones-Poster, das über dem Bett hing, und auf die Blumentapete mit den rasierklingenscharfen Blüten, die mich nach einem besonders kräftigen Joint einmal in Angst und Schrecken versetzt hatten, weil sie in Bewegung geraten und auf mich zugerast waren. Erst nach dem Frühstück sahen wir zur Uhr. Manchmal lohnte es sich noch, dass mich Hille in ihrem dunkelgrünen Simca zur Schule brachte und wie eine Taxifahrerin mit laufendem Motor noch eine Weile wartete, für den Fall, dass mir das Unterrichtsangebot an diesem Tag nicht zusagte und ich gleich wieder herauskam.

Ich war kein Schüler mehr, sondern nur noch Gasthörer, ein wählerischer außerdem. Nur wenige Fächer erschienen mir überhaupt noch wichtig und interessant genug, dass ich ihnen meine kostbare Zeit schenkte, die ich für Hille und meine Band verplant hatte. Philosophie gehörte dazu, natürlich auch Musik. Beide Fächer wurden von einem ganz jungen Lehrer unterrichtet, der beim verknöcherten Rest des Kollegiums fast ähnlich stark aneckte wie wir. Sein Name war Peter Virnich. Robin Williams hätte bei ihm einiges für seine Rolle in »Der Club der toten Dichter« lernen können. Er war so ziemlich der Einzige, dem es nicht egal war, wie es uns ging, der uns zuhörte und für Neues begeistern konnte. Durch ihn lernte ich die Platten von Wolf Biermann und Franz Josef Degenhardt kennen und begriff, dass einen auch Songs, die nicht auf Englisch verfasst waren, ins Herz und ins Hirn treffen konnten. Für diesen Lehrer wären ich und wohl auch die anderen ohne Zögern auf die Bänke gestiegen, hätte er es von uns verlangt. 1981 konnte ich mich endlich bei Virnich für seine Aufmerksamkeit und seinen Zuspruch bedanken. Von einem Tag am Meer brachte ich Erinnerungen an Rheinbach mit nach Hause und machte aus ihnen ein Stück mit dem Titel »Fuhl ahm Strand«. In ihm gedachte ich auch meines ehemaligen Vorbilds. Oh captain, my captain.

Virnich hätte sich im Gegensatz zu seinem Kollegen im Fach Deutsch über die Interpretation gefreut, die ich als Antwort auf die Frage »Welches Gedicht hat Sie in Ihrem bisherigen Leben am meisten beeinflusst?« vorlegte. Ich schrieb den Text von »Sympathy for the Devil« vom gerade erschienenen Stones-Album »Beggars Banquet« ins Heft, übersetzte Zeile für Zeile und formulierte dann meine Gedanken dazu. Der Deutschlehrer weigerte sich, die Arbeit zu bewerten, versprach aber, sie mir im Zweifelsfall positiv anzurechnen. Das war natürlich gelogen, denn insgeheim verabscheute er meine Wahl, die an die Stelle von Gedichten aus dem Kanon der deutschen Literatur Rock-'n'-Roll-Lyrik setzte. Es sollten mehr als vierzig Jahre ins Land gehen, bis ich die Klassenarbeit wiederholte. Das Thema war dasselbe geblieben. Für einen Song unseres Albums »Halv su wild« dachte ich noch einmal über den Teufel nach, der wie die Götter eine menschliche Erfindung ist. Er existiert, seit es Menschen gibt, er kam zur Welt, als zum ersten Mal betrogen wurde und verraten, bestochen wurde, gehasst und gelogen. Wir haben ihn nach unserem Ebenbild geschaffen. Er verkörpert die Sehnsucht, für das Böse in uns eine Erklärung zu finden und es einem Sündenbock aufzubürden, um überhaupt weiterleben zu können. Doch die Entlastung gelingt nicht. Wir werden dem Teufel nie entkommen können. Er vertrieb uns aus dem Paradies, saß mit Diktatoren auf dem Thron und zündete Rom an. Er war in Dachau Lagerkommandant, lenkte zwei Flugzeuge in die Twin Towers und entführte Kinder in Norduganda. Und immer sah er dabei genauso aus wie wir selbst.

War »Sympathy for the Devil« schon starker Tobak für den Lehrer, trieb ich es mit der nächsten Interpretation auf die Spitze. Dieses Mal war nach dem Theaterstück gefragt worden, das am meisten Eindruck hinterlassen hatte. Ich zog schäbige Kinosessel jederzeit einem prachtvollen Theatersaal vor und schrieb deshalb über Andy Warhols Film »Flesh«, den ich in Köln auf der Hohen Straße gesehen hatte. »Flesh« löste die starren Kameraeinstellungen aus Warhols frühen Filmen in Handlung auf und folgte einem von Joe Dallesandro gespielten Strichjungen durch einen für New Yorker Underground-Verhältnisse recht gewöhnlichen Tag. Legte man jedoch Rheinbacher Maßstäbe an, handelte der Film von Ereignissen, die es entweder gar nicht geben konnte oder nicht geben durfte. Ich schrieb trotzdem darüber. Ich schrieb über Rock'n'Roll und über Kunst. Beidem wollte ich mein Leben widmen.

Peter Virnich bestätigte mir Jahrzente später hinter vorgehaltener Hand, dass diese beiden Klassenarbeiten das Fass zum Überlaufen gebracht hatten. Ich war den Lehrern schon lange ein Dorn im Auge. Ich unterlief ihre Autorität, widersetzte mich ihren Regeln und pflegte einen Lebensstil, der ihren Grundsätzen Hohn sprach. Sie wussten, wie sie mich kriegen konnten. In der Unterprima blieb ich mit einer Fünf in Mathe sitzen. Bisher war es mir immer gelungen, mich mit Hilfe meiner Leistungen in Religion, Erdkunde, Deutsch oder Geschichte, wo es mehr auf mündliche Mitarbeit als auf Formelwissen ankam, in die nächste Klasse zu retten. Aber jetzt fehlte mir eine Ausgleichsnote. Die Vier in Religion, die mir »Nowhere Don« gab, brach mir das Genick. Im darauffolgenden Sommer sah es noch düsterer aus. Da nutzte es auch nichts mehr, dass ich mit Schümmers Nachfolger gut klarkam und eine Zwei in Religion erhielt, wofür der junge Referendar einiges im Lehrerkollegium einstecken musste. Mit einer weiteren Fünf in Mathe und einer an den Haaren herbeigezogenen in Latein war die Sache gelaufen. Ich bestand zum zweiten Mal die zwölfte Klasse nicht und musste die Schule ohne Abitur verlassen. Manche Schläge sieht man kommen, aber wenn man dann von ihnen getroffen wird, überrascht einen ihre Wucht dennoch.

Ich stellte meinen Koffer und meine Gitarre ab und setzte mich auf die Steintreppe vor dem Bonner Hauptbahnhof. Ich hatte es nicht eilig, nach Hause zu kommen. Am Abend zuvor hatte ich noch ein Konzert mit Goin' Sad in der Rheinbacher Stadthalle gespielt, und obwohl ich weiterhin Teil der Band war, war es doch eine Abschiedsvorstellung gewesen, emotionaler als ein gewöhnlicher Auftritt, verzweifelter auch, schon grundiert von dem, was unabwendbar war, wenn die Nacht mich nicht mehr schützte und der Tag zum Aufbruch drängte: die Rückkehr nach Hause als in der Schule Gescheiterter. Züge kamen an und fuhren wieder, ließen Reisende in Bonn zurück, nahmen neue auf, ein ewiger Kreislauf von Begrüßung und Trennung, von Zusammenkommen und Auseinandergehen, dem ein Sinn zugrunde liegen musste, aber ich durchschaute ihn nicht. Von den Gleisen drangen Lautsprecherdurchsagen herüber, Aufforderungen, achtzugeben, zurückzutreten, Platz zu machen, nicht im Weg zu stehen. Jeder, der auf den Bahnhofsvorplatz trat, schien genau zu wissen, wohin er gehen wollte, niemand wirkte unsicher oder so, als wäre er nicht Teil des Ganzen, dieses fröhlichen Sommerbildes voller Bewegung und Ausgelassenheit, in dem nur störte, wer einfach dasaß und den Rädern beim Rollen zusah.

Ich stellte mir den Moment vor, in dem ich meinem Vater unter die Augen treten musste. Er hatte hart dafür gearbeitet, um mir das Privileg zu ermöglichen, aufs Gymnasium zu gehen, lernen und später einmal studieren zu dürfen. Alle Wege hatten mir offengestanden, es einmal zu etwas zu bringen, worauf er stolz sein konnte, Arzt, Jurist oder Lehrer zu werden. Ich hatte den Satz noch im Ohr, mit dem er mein erstes Sitzenbleiben kommentiert hatte, enttäuscht und verbittert:

»Mer kann 'ne Esel bess ahn et Wasser bringe, ävver zem Drinke zwinge kammer en nit.«

Jetzt musste ich ihm beibringen, dass ich nie die Karriere machen würde, die er sich für mich erhofft hatte. Er, aber auch meine Mutter, Heinz und Käthi würden weiterhin zu mir halten, das war sicher, aber die Enttäuschung in ihren Augen würde erst einmal nur schwer auszuhalten sein. Ich würde mich anstrengen müssen, damit sie wieder an mich glaubten und mir vertrauten, dass meine Vorstellung von der Zukunft mehr als nur ein schwärmerischer Traum war. Ich wollte die Aufnahmeprüfung für die Kunsthochschule bestehen. Dazu brauchte man nicht unbedingt das Abitur und auf keinen Fall Mathe und Latein. Dazu brauchte man Talent, Ideen, Phantasie und den Willen, am Ball zu bleiben. Ich würde ihnen allen versprechen, es dieses Mal nicht wieder zu versauen. Es gibt Chancen im Leben, die kriegt man nur einmal.

Mir kam Heinrich Bölls Roman »Ansichten eines Clowns« in den Sinn, den wir im Deutschunterricht durchgenommen hatten. Am Ende des Buchs sitzt der Clown Hans Schnier auf den Stufen vor dem Bonner Hauptbahnhof mit weißgeschminktem Gesicht, er trägt ein blaues Trikot, eine schwarze Tweedjacke und eine grüne Manchesterhose. Seine Liebe hat ihn verlassen, sein Glück ist aufgebraucht, er nimmt seine Gitarre und fängt an zu singen, hebt die Stimme gegen den Straßenlärm, die allgegenwärtige Gleichgültigkeit, die unsichere Zukunft. Ich fragte mich, woher Böll so genau wissen konnte, was in mir vorging. Hans Schnier, das war ich. Nur hatte ich keine Lauretanischen Litaneien im Kopf, sondern Elvis Presleys Comeback-Hit »In the Ghetto«, den Schlager der Saison. Der Song lief immer wieder von vorne, war wie ein Kommentar dazu, wie ich mich fühlte, herausgefallen aus der Ordnung, abseits, am Rand. Ich stand auf, nahm meinen Koffer und meine Gitarre und ging die Treppe hinauf. Der nächste Zug nach Köln fuhr bald.

Der Name »Böll« war mir schon geläufig, bevor ich mich mit »Ansichten eines Clowns« beschäftigte. Ich begann mit Vorbehalten wie bei jeder verordneten Lektüre, dann las ich immer gebannter, hineingezogen in die Geschichte, mit der ich mich identifizieren konnte, in der mir Vertrautes begegnete, ohne dass es ein bloßes, lauwarmes Wiedererkennen war, eher ein Durchschauen von Zusammenhängen, durch die ich mich zuvor blind hindurchbewegt hatte. Meine Mutter hatte Heinrich Böll schon als Kind persönlich gekannt, in ihrem Regal fand ich einige seiner frühen Romane, nach und nach verschlang ich sie alle. Bücher, die als »Trümmerliteratur« galten, weil sie vom Krieg handelten und der ersten Zeit danach, weil sie Einspruch erhoben gegen ein Fortfahren, als ob nichts geschehen sei. Böll machte es sich dabei nicht leicht, verließ sich nicht auf das Hinstellen abstrakter Thesen. Das Lesen seiner Bücher war ein sinnliches Vergnügen, sie waren aufgeladen mit einer Fülle von ganz konkreten Details wie dem Geruch von frischem Brot, dem beständig aufsteigenden Rauch von Zigaretten, dem letzten Rest Rotwein im Glas. Böll selbst sprach von Heimatromanen, weil in ihnen Menschen zu Hause waren, traurige Menschen, schwermütig, geplagt von Erinnerungen an bessere Zeiten, aber immer würdevoll, und kein einziges Mal gab dieser Autor seine Personen der Lächerlichkeit preis, stattdessen litt er mit ihnen, ohne sie zu bedauern, was einen großen Unterschied ausmachte: den zwischen wirklichem Interesse und Überheblichkeit.

Ich hatte es ein wenig leichter als andere Böll-Leser, mein Zugang war ein unmittelbarer, ich kannte die Welt, die in den Büchern beschrieben wurde, es war mein Achthundertmeterradius. Nicht an so ähnlichen Orten, wie Böll sie beschrieb, hatte sich meine Kindheit abgespielt, sondern genau in diesen Straßen war ich unterwegs gewesen, in dieser Kirche war ich getauft worden, zur Kommunion gegangen und Messdiener gewesen, in diesem Park hatte ich mit meinen Freunden Fußball oder Indianer gespielt. Die ganze Südstadt war stolz auf ihren Schriftsteller, ihren Chronisten, der im Laufe der Jahre so berühmt wurde, Repräsentant einer ihrer Geschichte endlich bewusst werdenden Republik. Auch bei Böll bildeten, wie bei allen Künstlern, die mir etwas bedeuten, Leben und Werk eine unauflösliche Einheit. Der Bestsellerautor war von der öffentlichen Person, dem engagierten und oft angefeindeten Kommentator des Zeitgeschehens, nicht zu trennen. Böll mischte sich ein, bezog Partei, aber er fiel dabei nicht wie so viele andere seiner Kollegen auf sich selbst herein. Eitelkeit war ihm fremd. Er grübelte und hinterfragte sich, vielleicht tat er das sogar zu oft. Seine Biographen berichten, wie sehr er sich gegen Ende seines Lebens mit Bedenken gequält hat, wie ihm langsam die Kraft ausgegangen ist, all die auf ihm lastenden Erwartungen zu erfüllen.

Ich lernte Heinrich Böll über Umwege kennen. Seine Neffen Viktor und Clemens gehörten seit Mitte der siebziger Jahre zu unserer Clique. Man war gerne mit diesen offenen, gütigen, lebensfrohen Menschen befreundet. Viktor vermittelte uns 1983 den Kontakt zu Bölls Sohn René, der den Lamuv-Verlag leitete. Unsere schlagartige Berühmtheit hatte die Teenie-Presse auf den Plan gerufen. Woche für Woche standen nun mehr oder weniger erfundene Berichte über das Innenleben der Band in bunten Schundblättern, und die ersten selbsternannten Hofberichterstatter legten in Verlagen für Groschenromane trittbrettfahrende Huldigungsbücher vor. Unser Gegenprogramm hieß »BAP övver BAP«, ein Buch, zu dem jeder Beteiligte das beisteuern sollte, was ihm zum Thema wichtig erschien. Band, Crew, Freunde, Kollegen, alle machten mit, griffen zum Stift und lieferten Beiträge ab, die dem Sensationsjournalismus das Wasser abgraben sollten.

In den Räumen des Verlags in Bornheim-Merten kamen die für

das Buch vorgesehenen Fotos und Texte zusammen, dort wurde auch ein provisorisches Layout festgelegt. Ich stand gerade an einem mit Material überhäuften Tisch, als plötzlich und unangekündigt Renés Vater neben mich trat und mir die Hand gab. Er stellte sich sogar vor. Wenn ich heute über diesen Nachmittag nachdenke, dann bin ich in erster Linie darüber verblüfft, wie schnell es Heinrich Böll geschafft hat, mir meine Befangenheit zu nehmen und der Situation einen familiären Charakter zu verleihen. Er studierte einige Passagen aus dem entstehenden Buch, fragte nach und gab Anregungen. Die Haltung, die mir seine Bücher vermittelt hatten, die auf jeder Seite spürbare Menschenfreundlichkeit, fand ich auf Anhieb in der Art und Weise wieder, wie er sich mit mir unterhielt. Ganz nebenbei erfuhr ich, dass Böll informiert war über das, was die Band so machte und wofür sie stand. In seinem Arbeitsraum gleich nebenan entdeckte ich neben einem kleinen Plattenspieler sogar ein Exemplar unseres »Affjetaut«-Albums. Hin und wieder, sagte Böll, lasse er noch Platten laufen, ganz leise nur, denn er habe ein Problem mit dem Gehör, für laute Musik sei er nicht mehr geschaffen. Nicht nur aus diesem Grund mochte er das eher sparsam instrumentierte Stück »Ruut-wieß-blau-querjestriefte Frau« am liebsten, die fast wahre Geschichte von einer höheren Tochter im Tennis-Outfit, die mit makellosem Aussehen, verquasten intellektuellen Ansichten und unheilbarer Logorrhoe den Liedermacher erst in Verwirrung, dann in halbe Verliebtheit und schließlich in den Vollrausch treibt.

Songs wie diese, und mit seinem Geständnis machte Böll mich sprachlos, hätten für ihn das allzu sehr in Gemütlichkeit versunkene Kölsch wieder zum Leben erweckt, ihn dazu gebracht, seine Abneigung gegen rheinische Laute und seine Vorbehalte gegen das Arrogante, Schulterklopfende und Pseudogemütliche des Dialekts zu überdenken. Böll sah in uns Komplizen im Kampf gegen das allgegenwärtige »Klamotten-Köln«, nannte uns Vertreter eines anderen, ernsten, stillen, rebellischen und doch humorvollen Köln. Und er erinnerte mich daran, wie eng Ernst und Humor seit je miteinander zusammenhängen, dass die Augen eines Menschen normalerweise nicht ganz trocken, aber auch nicht nass, sondern ein wenig feucht sind, und dass das lateinische Wort für Feuchtigkeit Humor ist.

Böll wiederholte den Ritterschlag Ende 1984 im Arbeitszimmer seines Eifelhauses in Langenbroich, in dem wir uns, von Kameras beobachtet und auf Anregung von Viktor Böll und dem Fernsehredakteur Herbert Hoven, für ein Gespräch zusammensetzten. Das Dritte Programm sollte es später in einer gekürzten Fassung und ergänzt durch Außen- und Konzertaufnahmen unter dem Titel »Deutsche Erinnerungen aus vierzig Jahren« ausstrahlen. Mit Viktor hatte ich mich während der »Zwesche Salzjebäck un Bier«-Tour zu einem Vorgespräch in Hiddenhausen getroffen, ich hatte mir dabei auch viele Notizen gemacht, aber als ich Heinrich Böll schließlich gegenübersaß, warf ich kaum einen Blick darauf. Mir war nicht die Rolle eines Stichwortgebers zugedacht worden, der dem Nobelpreisträger dabei helfen sollte, sich möglichst effektvoll in Szene zu setzen. Das Gespräch war keine einseitige Angelegenheit. Wir unterhielten uns über unsere katholische Erziehung, über die Entwicklung des Stollwercks, die Friedensbewegung, das in Trümmern liegende Nachkriegsköln, die Stadtsanierung und die deutsche Gedenkkultur. Böll lotste mich behutsam und respektvoll an allen Klippen und Untiefen unserer Themen vorbei. Er war in der Lage, aufmerksam zuzuhören, seine Wissbegier war nicht gekünstelt. Er lachte, wenn ich zugab, dass das erste BAP-Stück »Helfe kann dir keiner« auf meiner Verzweiflung über Hilles Eskapaden beruhte, und er hakte nach, wenn es um die grundsätzliche Entscheidung ging, meine Stücke im Dialekt zu verfassen:

»Und wie kommt das Kölsche nun da rein und raus?«

Als alles im Kasten war, konnte ich es kaum glauben, dass wir uns mehrere Stunden lang unterhalten hatten. Die Zeit war wie im Flug vergangen. Meine anfängliche Unsicherheit war schnell einer konzentrierten Gelassenheit gewichen. Ich hatte die Kameras vergessen und die Menschen dahinter und hatte meinen Platz im Gespräch gefunden, von Bölls Präsenz beruhigt und gleichzeitig inspiriert. Draußen war es dunkel geworden, aber durch die Fenster der Dorfgaststätte fiel warmes Licht auf die Straße, es lud uns ein, noch einzukehren und etwas zu essen. Böll zündete sich eine Zigarette an, die x-te, seit wir mit dem Drehen begonnen hatten, dann hob er sein Glas, und wir tranken auf den Vorsatz, uns bald wiederzusehen. Damit neigte sich ein Tag dem Ende zu, der wie ein Geschenk gewesen war, ein kostbares und unverlierbares Geschenk, für das ich zeit meines Lebens dankbar sein werde.

Im Sommer des nächsten Jahres kehrte ich von einer mehrmonatigen Türkeireise mit meiner Frau und meinem Sohn zurück nach Deutschland. Bei einem Anruf kurz nach dem Passieren der heimischen Grenze erfuhr ich, dass Heinrich Böll am 16. Juli gestorben war. Ich verließ die Telefonzelle und ging zurück zum Wohnmobil. Dort lag noch das »Neue Souvenir«, das ich für diesen letzten Tag des Urlaubs bereits angefertigt hatte. Gesammelte Blätter von einem Abreißkalender, zum Abbild langsam vergehender Zeit collagiert. Ich nahm einen Pinsel und malte die Kalenderblätter mit schwarzer Farbe zu.

Der Nabel der Welt und die Geschichte eines kleinen Flugzeugs, das vor lauter Geschichte nicht fliegen konnte

Ich betrat das »Café des Südens« und bestellte mir etwas zu trinken. Ich hatte noch Zeit. Genug Zeit, um noch einmal Luft zu holen und meinen Gedanken nachzuhängen. In den nächsten Stunden würde kaum mehr Gelegenheit sein zu solch einem Innehalten, das wie ein kurzes Augenschließen war. Bevor es losging, bevor der Abend, auf den ich mich seit Wochen freute, seinen Anfang nahm, wollte ich noch einmal alleine sein, um mir die Besonderheit des Anlasses ins Bewusstsein zu rufen. Ich wollte den Moment ausschneiden und in Ruhe betrachten. Nur so konnte ich ihn für später, für die Erinnerung, retten.

Der Tag hatte es nicht geschafft, sich aus der Umklammerung eines schmutzigen, regnerischen Graus zu befreien, und jetzt, am späten Nachmittag, brauchte er es auch gar nicht mehr zu versuchen. Die jäh einfallende Dunkelheit draußen und das trübe Licht über meinem Tisch machten die Fensterfront des Cafés zu einem großen Spiegel. Nur wenn ich ganz dicht an die Glasscheibe heranrückte, vermochte ich noch Einzelheiten auf der nassen Straße zu unterscheiden: zügig ausschreitende, in ihre Mäntel verkrochene Passanten, manche ins Gespräch vertieft, manche mit gesenktem Blick einem Ziel zustrebend, das Schutz vor der Kälte versprach. Für sie alle war es nur ein gewöhnlicher Abend mitten in der Woche, in seiner reizlosen Normalität so beruhigend wie lähmend. Doch für mich enthielt dieser Mittwoch die Verheißung eines sich erfüllenden Traumes. Wieder blickte ich hinaus. Wenn ich den Kopf ein wenig drehte, konnte ich auf der gegenüberliegenden Straßenseite das Haus erkennen, in dem meine Mutter aufgewachsen war. Im Hinterhaus der Alteburger Straße 40, eine winzige

Zweizimmerwohnung, fünf Kinder und viel zu wenig Geld. Worüber mochten sie gesprochen haben, an einem Novembertag wie diesem, fünfzig Jahre zurück? Womit hatten sie sich beschäftigt, worüber hatten sie gelacht? Ich konnte es mir nicht vorstellen. Vergilbte Fotografien und oft erzählte Anekdoten sind manchmal keine große Hilfe, wenn man sich darüber klar werden will, woher man kommt. Letztlich blieben die Menschen, die einem vorausgegangen waren, immer Fremde, undurchdringlich und rätselhaft. Die Annäherung an die eigene Familie ähnelte einer Geisterbeschwörung.

Vor über einem Jahr hatte ich ein Konzert im »Café des Südens« gespielt. Mit der Zeit hatte ich herausgefunden, wie ich das Repertoire meiner Soloauftritte zusammenstellen musste, um die Leute bei der Stange zu halten. Am besten funktionierten die Songs, die in jeder Strophe für mindestens einen Lacher gut waren. Und meine Songs hatten viele Strophen. Sie gaukelten vor, wirklich Erlebtes zu erzählen, gerieten aber rasch neben die Spur des Glaubhaften und stürzten sich schließlich hemmungslos ins Aberwitzige. Sie jonglierten so lange mit dem aktuellen Zeitgeschehen, bis es sich zu neuer Kenntlichkeit zusammengesetzt hatte. Ich achtete darauf, diese bösen Träume, fiktiven Drehbücher und absurden Protokolle rechtzeitig vor der Grenze zum Klamauk zum Stehen zu bringen. Nicht immer gelang es mir. Auch gab ich vielleicht einige Male zu bereitwillig der Versuchung nach, durch das Einstreuen bestimmter Politikernamen das Publikum auf meine Seite zu ziehen. Im Großen und Ganzen aber hatte ich den Dreh raus, meine Songs an den Klippen platter Agitprop-Satire vorbeizulotsen. Dazu waren sie zu weitschweifig und hielten sich viel zu gerne an scheinbar unwichtigen Details auf. Zudem waren sie jederzeit bereit, den erhobenen Zeigefinger gegen eine gute Pointe einzutauschen.

Ich erinnerte mich daran, wie müde ich damals zu dem Konzert ins »Café des Südens« gekommen war. Wenn ich nicht an der Staffelei stand oder unterwegs war, um Musik zu machen, verdiente ich mir mein Geld mit Grafiken, die ich für den WDR anfertigte.

Ich rubbelte Letraset, wenn Untertitel oder ein Abspann für »Hier und Heute« gestaltet werden musste; ich zeichnete Umleitungstipps, wenn wieder einmal die A1 bei Remscheid gesperrt war, und ich stellte Unmengen von Legetrick-Vorlagen her für die Wirtschaftssendung »Ausgerechnet Tatsachen – Bilanz in bewegten Bildern«, die dem Zuschauer komplizierte ökonomische Prozesse in Trickfilmen nahebringen wollte – kapitalistischer Anschauungsunterricht mit rundlich gemalten Geschäftsmännern in feinem Zwirn, die so lange mit Kohlesäcken, Kisten und dicken Geldbündeln herumhantierten, bis sich die Schalen der Waage zu ihren Gunsten neigten. Sogar für den Aushilfsgrafiker fiel da noch genügend ab.

Ein anderer Auftrag versprach jedoch größeren Spaß. Das Thema lag mir einfach mehr am Herzen. Für die Werbung im Vorfeld der zweiten »Rockpalast«-Nacht in Essen benötigte der WDR einige Karikaturen: stilisierte Darstellungen von zur Grugahalle pilgernden Fans, von Musikern in Aktion und dem Hin und Her zwischen Publikum und Band. Mit dem »Rockpalast« hatte sich der WDR innerhalb kürzester Zeit die Hoheit über die Samstagnacht gesichert. Der Regisseur Christian Wagner und der Redakteur Peter Rüchel gönnten dem Testbild eine Pause und verschafften namhaften Bands die einzigartige Möglichkeit, ihre Musik bei ausgedehnten, live im Fernsehen und im Radio in Stereoqualität übertragenen Konzerten zu präsentieren. Die Übertragungen dauerten bis zum Morgengrauen und wurden nur von den Umbaupausen zwischen den einzelnen Acts unterbrochen. Wenn man nach der allerletzten Zugabe den Fernseher ausschaltete, fühlte man sich auf eine fast schon erhebende Weise verbunden mit all den anderen Zuschauern, die im Dienst des Rock'n'Roll dem Schlaf getrotzt hatten.

Ein wenig bedauerte ich es, dass ich nicht schon für die Ankündigungen zur ersten »Rockpalast«-Nacht mit ins Boot geholt worden war. Damals hatte Rory Gallagher in Essen gespielt. Gallagher war mir in den vergangenen Jahren in mehr als nur einer Hinsicht ein Vorbild gewesen. Doch auch wenn dieses Mal das Line-up nicht so ganz nach meinem Geschmack war, gab ich mir dennoch Mühe. Die Karikaturen brachten so viel ein, dass ich mich danach einen ganzen Monat lang ohne Geldsorgen an die Staffelei stellen und ausschließlich um meine Malerei kümmern konnte. Nur der Abgabetermin bereitete mir Kopfzerbrechen. Wenn ich rechtzeitig fertig werden wollte, blieb mir nichts anderes übrig, als die Nacht durchzuarbeiten. Kaffee, Zigaretten und die Angst, den Auftrag zu verpatzen, hielten mich dabei wach. Schon lange war es meine Gewohnheit, eine Zigarette an der anderen anzuzünden.

Ich hatte Ende der sechziger Jahre mit dem Rauchen begonnen, als ich mit Troop fast jedes Wochenende Konzerte gespielt hatte. Für Johnny Brauweiler, Hein Pelzer und Rolf D. Bogen gehörte es sozusagen zur Kleiderordnung, auf ihrem jeweiligen Amp eine Flasche Bier, eine Packung Zigaretten und ein Feuerzeug zu platzieren. Ein Stillleben mit unwiderstehlicher Anziehungskraft. Meinem Durchhaltevermögen ging nach und nach die Puste aus. Ich warf alle guten Vorsätze über Bord und sah mich im Tabakladen des Bonner Rheinufer-Bahnhofs nach einer möglichst exotischen Zigarettenmarke um. »Reval«- und »Camel«-Raucher gab es schon genug in der Band. Etwas individueller durfte es schon sein. Ich verließ den Laden mit einer Packung »Lucky Strike«. In Deutschland rauchte die Marke zu dieser Zeit kaum einer, ich selbst kannte sie auch nur aus alten amerikanischen Kriegsfilmen. Der Dekoration meines Verstärkers stand nichts mehr im Wege. Mit achtzehn war ich endlich auch so dämlich wie andere schon mit vierzehn und fing mit dem Rauchen an. Zwar stieg ich rasch auf Filterzigaretten um und tastete mich von da an in immer nikotinärmere Gefilde vor, doch ich hörte so bald nicht mehr damit auf.

Obwohl ich übernächtigt war, stand ich das Konzert im »Café des Südens« ohne größere Probleme durch. Das Adrenalin hielt die Müdigkeit in Schach. Zu allem Überfluss erspähte ich auch noch Heinz Zolper im Publikum. Zolper war ein kräftiger Mann in einer verblichenen Jeansjacke, den es üblicherweise ins »Roxy« in der Maastrichter Straße verschlug, das er zusammen mit C.O.Paeffgen, Jürgen Klauke, Rune Mields, Michael Buthe, Theo Lambertin und anderen zum Wohnzimmer der Kölner Kunstszene ernannt hatte. Ich hatte mit ihm Malerei studiert und immer eine Schwäche für seine Schultafel-Bilder gehabt, für die langen Reihen unterschiedlich kolorierter Frauenporträts, die den Matisse-Einfluss nicht verbargen. Jetzt stand er vor mir und kriegte sich kaum mehr ein vor Lachen. Dass ich neben der Malerei auch noch Musik machte, versetzte ihn in Heiterkeit. Er klopfte mir auf die Schulter und rief dem Wirt zu:

»Jeff dämm Jung ens ene Cognac!«

Obwohl er es sich kaum leisten konnte und obwohl er selbst in diesen Tagen überhaupt keinen Alkohol trank – Zolper liebte die Rolle des jovialen Kunstzampanos viel zu sehr, um nicht mit großer Geste dem Mann an der Gitarre einen Drink zu spendieren. Eigentlich mochte ich gar keinen Cognac, aber darauf kam es nun auch nicht mehr an. Nach meinem Gig schloss ich mich Zolper und seiner Entourage an, die der »Paulusglocke« an der Ecke Metzer und Lothringer Straße, dem einzigen Südstadtlokal mit Nachtkonzession, noch einen Besuch abstatten wollten. Man konnte es drehen, wie man wollte: Die »Paulusglocke« war definitiv eine Absturzkneipe. Man verließ sie nie auch nur annähernd in dem Zustand, in dem man sie betreten hatte. Als ich endlich ins Bett fiel, war schon wieder eine Nacht vorbei. Ich war achtundvierzig Stunden am Stück wach geblieben. Die vom Alkohol erzeugten Trugbilder und die Halluzinationen, die der Schlafentzug hervorrief, taumelten in meinem Kopf gegeneinander, durchdrangen sich und nahmen wieder neue, noch phantastischere Formen an. Ich sah ihnen eine Weile dabei zu, dann ergab ich mich. Als ich viele Stunden später wieder wach wurde, nahm ich mir vor, an diesem Tag das Rauchen erst einmal sein zu lassen. Aus einem Tag sind dreißig Jahre geworden. Ich habe nie wieder das Bedürfnis verspürt, eine Zigarette anzufassen.

Ich trank meinen Kaffee aus, bezahlte und stand auf. Der Regen schien nachgelassen zu haben. Ich nahm meinen Gitarrenkoffer in die Hand und machte mich auf den Weg. Das Stollwerck-Gelände, wo schon seit einigen Jahren keine Schokolade mehr produziert

173

wurde und um dessen weitere Nutzung sich ein Hin und Her zwischen Stadt, Investoren und Bürgerinitiativen entwickelt hatte, lag gleich um die Ecke. Vom Kölner Schauspielhaus hatten wir uns den unter Denkmalschutz stehenden Annosaal ausgeliehen. Es hieß, dass in dem mit prächtigen Jugendstilelementen geschmückten Saal, der ehemaligen Stollwerck-Mensa, die Gebrüder Lumière Ende des 19. Jahrhunderts einmal ihre bewegten Bilder gezeigt hatten. Jetzt fanden dort regelmäßig Theateraufführungen statt. Doch heute Abend gehörte der Saal ganz uns. Es war der 28. November 1979. In wenigen Stunden würden wir mit einem Konzert die Veröffentlichung unserer Debüt-LP feiern. Zum ersten Mal ließ mich das Gefühl nicht los, dass in dem ganzen Unternehmen BAP vielleicht mehr stecken könnte, als ich bisher zu hoffen gewagt hatte.

Fünf Jahre zuvor nahmen wir die Kreuze über unsere linke Schulter und drückten den Rücken gegen die Querbalken. Wir achteten darauf, als Kreuzigungsgruppe einen netten Anblick zu bieten, wie wir so durch die Stadt gingen. Wir hielten eine hübsche gerade Linie ein und eine gleichmäßige Geschwindigkeit und ließen drei Längen Abstand zwischen uns. Jeder von uns trug nur ein Kreuz – Christian Maiwurm, Schmal und ich. Da wir unsere Last nicht auf einen Hügel außerhalb Jerusalems schleppen mussten, sondern nur von der Teutoburger Straße bis zu den Werkschulen am Ubierring, waren wir im Handumdrehen da. Wir hängten die Kreuze an die gebogene Wand des Ausstellungssaals gleich neben dem Haupteingang, jedes von ihnen bestand aus drei zusammengefügten Leinwänden und war zwei Meter hoch und eineinhalb Meter breit. Alle drei bildeten sie meine Examensarbeit, markierten also den Abschluss meines Kunststudiums und sollten nun im Rahmen der jährlichen Weihnachtsausstellung gezeigt werden. Ich hatte dem Triptychon den biblischen Namen »Golgatha« gegeben und die Kreuze mit Ausschnitten aus Süßigkeitenreklamen versehen: exakt reproduzierte, fotorealistisch gemalte Lebkuchen, Pralinen und Kekse, makellos und verlockend. Wer die Kreuze betrachten wollte, musste wohl oder übel auch den bunten Warenschein registrieren.

Für meinen Geschmack verfolgten christliche Symbole viel zu oft nur noch kommerzielle Zwecke. »Golgatha« war eine stille Provokation. Mit ihr stampfte ich nicht mit dem Fuß auf oder verkündete meine Botschaft durch ein Megaphon. Alles, was ich tat, war, den Kitsch aus der Werbung und aus den Illustrierten zu isolieren, zu wiederholen und an die Wand zu werfen. Wer den »gekreuzigten Printenmann« als Einspruch gegen den besonders zur Weihnachtszeit herrschenden Konsumterror wahrnahm, hatte begriffen, worum es mir ging. Die Freunde und Förderer der Kölner Werkschulen gehörten nicht dazu. Für ihre Zusammenkunft im Ausstellungssaal wurde das Rednerpult wie immer auf der Empore und damit direkt vor meinen drei Kreuzen aufgebaut. Das führte zu einem kleinen Skandal. Man wollte den Honoratioren die Peinlichkeit ersparen, vor »Golgatha« ihre Weihnachtsansprache halten zu müssen. Die Arbeit wurde anscheinend als blasphemisch eingestuft und deshalb rechtzeitig vor der Feier abgehängt. Ich ärgerte mich nicht darüber, im Gegenteil. Ich war stolz darauf, dass sich meine Bilder offensichtlich nicht zu Repräsentationszwecken eigneten und in einem gesellschaftlichen Kontext, mit dem ich ohnehin wenig anfangen konnte, störten.

Christian Maiwurm war uns immer ein Stück voraus. Er war umtriebig und wusste ein bisschen früher als andere, wo sich etwas tat. Er war am Puls der Zeit. Während Mötz, Schmal und ich uns ganz auf die Malerei konzentrierten, experimentierte Christian auch mit Medienkunst und streckte seine Fühler in die Kölner Alternativszene aus. Bald kannte er sie wie seine Westentasche. Mit der Videokamera im Anschlag war er als rasender Reporter unterwegs und hielt die Aktivitäten der Bürgerinitiativen fest. Mitte der siebziger Jahre war er Mitbegründer der »Kölner Wochenschau«, einem Videomagazin, das in Kneipen und auf Plätzen, in Kinos und bei Straßenfesten gezeigt wurde. Es stellte Aufmerksamkeit her für die sonst in den Medien eher vernachlässigte städtische Wohnungs- oder Verkehrspolitik und damit für das, was die Menschen in den einzelnen Stadtteilen unmittelbar betraf. Später sollte Christian das Artwork unserer zweiten LP gestalten, auf deren

Cover der Alltag freiberuflichen Künstlertums zu bestaunen war – der geöffnete, gähnend leere Kühlschrank aus »Ne schöne Jrooß«, meiner Verbeugung vor Wolf Biermanns »Lied vom donnernden Leben«.

Ich war Christian zu Beginn des Kunststudiums begegnet. In der Grundlehre fiel es uns kaum auf, wie begrenzt die Räumlichkeiten an den Werkschulen waren. Wir waren zu beschäftigt mit dem Besuch von Werkstattkursen und Vorlesungen, mit Aktzeichnen und dem Erlernen des Umgangs mit Material und Farbe. Erst als es darum ging, sich wirklich intensiv auf eine leere Leinwand einzulassen, machte sich der Platzmangel störend bemerkbar. Man konnte sich einfach nicht ausbreiten. Mich zum Malen nach Hause in mein Zimmer zurückzuziehen kam ebenso wenig in Frage. Dort war gerade mal Platz für ein Bett, einen Schrank und einen Schreibtisch.

Von klein auf hatte ich meinem Vater dabei geholfen, wenn er die Eiscafés der Umgebung belieferte. Auch ein am Chlodwigplatz gelegenes Lokal stand dann auf unserer Liste. Wir trugen die schweren Zuckersäcke, die Milchkannen und Obstkisten hinein und hielten einen kleinen Plausch mit dem italienischen Inhaber. Das Haus, in dem das Eiscafé die Hälfte des Erdgeschosses einnahm, war im Krieg zerstört und danach nur provisorisch wiederaufgebaut worden. Eigentlich war es noch immer eine halbe Ruine. Das obere Stockwerk lag, solange ich denken konnte, hinter blinden Fenstern; eine unbewohnte Fläche, um die sich keiner mehr kümmerte. Ich witterte eine Chance. Herr Panciera, der Betreiber des Eiscafés, übernahm die Vermittlung und fragte in meinem Namen beim Hausbesitzer nach, dem auch das Reformhaus gleich nebenan gehörte. Die Welt war noch übersichtlich. Jeder kannte jeden. Und so fanden einen ganzen Sommer lang und noch ein Stück vom Herbst Christian Maiwurm und ich den Platz, den wir brauchten, um mit unseren Einfällen Schritt zu halten. Hier hatten wir die Möglichkeit, zu experimentieren und uns selbst durch unsere Bilder besser kennenzulernen. Erst als die Kälte die nicht beheizbaren Räume in Besitz nahm, packten wir zusammen und überließen die Etage wieder sich selbst. Aber bis dahin hatten wir ein Atelier mit der besten

Aussicht, die man sich vorstellen konnte. Aus dem Fenster sahen wir direkt auf den Chlodwigplatz. Auf den Nabel der Welt.

Mit unseren Bildern glaubten wir uns auf den Spuren Dalís und Max Ernsts. Die einfachste Möglichkeit, uns auszudrücken, schien im Surrealismus zu liegen. Oder zumindest in dem, was wir für Surrealismus hielten. Wir wollten unser Handwerk verbessern und unsere Ideen professionell in Malerei umsetzen, doch gleichzeitig war es uns wichtig, sie möglichst unmittelbar auf die Leinwand zu bringen. Ohne den Umweg eines Konzepts. Wir wussten nicht, dass dieser Stil seine besten Jahre schon lange hinter sich hatte. Wir hatten keine Ahnung von den wirklichen Zielen der Surrealisten, die sich einmal die Eroberung des Wunderbaren und die Befreiung von Logik, Moral und Geschmack auf ihre Fahnen geschrieben hatten. Die die Grenzen zwischen Kunst und Leben einreißen und die Gesellschaft verändern wollten. Das kümmerte uns auch nicht. Für uns war alles neu. Wir waren infiziert vom Rauschgift »Bild«, und alles taugte zum Gleichnis: die leeren Ebenen, die dunklen Wolken, die abgebrochenen Säulen, die wuchernden Pflanzen, die langen Schlagschatten. Vor allem ich huldigte einem groben Symbolismus und presste ihn in ein surrealistisches Korsett. Es waren düstere Bilder, dumpf und bedrohlich. Auf ihnen kam zum Vorschein, was wir uns selbst in unserer Atelierruine nur selten eingestanden: Angst. Angst vor Krieg und erneuter Zerstörung. Aber auch Angst vor der eigenen Zukunft. Existenzangst. Ich konnte mir nicht vorstellen, jemals von dem leben zu können, was ich gerne tat. Aber ich wollte es zumindest versuchen. Und ich war bereit, eine ganze Menge dafür auf mich zu nehmen.

Der Spitzname passte wie angegossen. Schmal hieß so, wie er aussah. Ein großer, dünner Kerl mit langen Haaren, dem die Damenherzen zuflogen, wenn er Ende der sechziger Jahre bei der Band Action Set hinter seinem winzigen Premier-Schlagzeug Platz nahm. Action Set hatten sich dem Blues verschrieben. Der Sänger und Leadgitarrist Ralf Mager hatte die Songs von Cream oder John Mayall verinnerlicht und die anderen in der Band wie Klaus

Hogrefe, den allerersten BAP-Bassisten, mit seiner Begeisterung angesteckt. Weil Troop über ein ganz ähnliches Repertoire verfügte, betrachteten wir Action Set als unser Kölner Pendant und damit in gewisser Weise als Konkurrenz. Doch wirklich in die Quere kamen wir uns kaum. Dazu lag die Eifel zu weit ab vom Schuss. Kölner Bands verirrten sich nur selten in den Wilden Westen.

Für die »Drei Tollen Tage« der Karnevalssaison 1969 waren wir vom Meckenheimer Club »Silver Dollar« für eine ansehnliche Gage als Hausband angeheuert worden. Jeden Abend platzte der Laden aus allen Nähten. Meckenheim war nicht St. Pauli, dennoch dachten wir bei unseren kurzen, immer wieder von Pausen unterbrochenen Sets an die Lehrjahre der Beatles im »Kaiserkeller«. Auch wir mussten die Leute bis tief in die Nacht bei Laune halten. Mit vornehmer Zurückhaltung kam man bei einer feierwütigen Menge nicht weit. Im Getümmel blieb keine Zeit für Taktik. Wenn wir nicht untergehen wollten, mussten wir alles geben. Hintertürchen gab es keine. Am Karnevalsdienstag hatte ich meine Reserven aufgebraucht. Die Stimme versagte mir den Dienst. Ich krächzte nur noch. Man hatte mir den Ton abgedreht, und ich konnte nichts anderes tun als mit Rolf D. Bogen den Platz zu tauschen, hinter das Schlagzeug zu kriechen und zu hoffen, dass wir mit unserer Rochade möglichst wenig Aufsehen erregten. Dem Meckenheimer Publikum schien es wenige Stunden vor Aschermittwoch herzlich egal zu sein, ob der Sänger, der eben noch ganz anders ausgesehen hatte, auf einmal massive Gedächtnislücken bei seinem Vortrag offenbarte oder ob der ebenfalls seltsam verändert wirkende Schlagzeuger plötzlich Mühe hatte, den Takt zu halten. Lautstärke und Alkohol waren wieder einmal verlässliche Bündnispartner. Und doch wurden wir erwischt. Ausgerechnet der Rhythmusgitarrist und der Schlagzeuger von Action Set betraten das »Silver Dollar«, und ich konnte ihnen die amüsierte Verwunderung über ihre vermeintlichen Eifeler Rivalen an der Nasenspitze ansehen. Wir hatten uns vor der angesagtesten Bluesband Kölns bis auf die Knochen blamiert. Erst ein Jahr später, bei der Aufnahmeprüfung für die Kunsthochschule, traf ich den Action-Set-Trommler wieder.

Schmal sah in mir noch immer den unfähigen Troop-Schlagzeuger, und ich war froh, ihn endlich über das Missverständnis aufklären zu können. Meine Geschichte leuchtete ihm zwar ein, aber er konnte es nicht lassen, mich ab und zu noch kopfschüttelnd an das Meckenheimer Desaster zu erinnern:

»Dat wohr wirklich su schlääsch …«

Mit Schmal hatte ich jemanden getroffen, der es ebenfalls ablehnte, sich vollständig dem Ernst des Lebens auszuliefern. Kam er in einen dunklen Raum, schlug er erst einmal ein paar Löcher in die Wand, um Licht hereinzulassen. Sein Humor kannte den Notausgang, durch den man der Angst entkam. Wir liebten es beide, um die Ecke zu denken und so das, was uns bedrängte, verstörte oder hilflos machte, auf Abstand zu halten. Außerdem mochten wir die gleiche Musik, die gleichen Bands, die gleichen Klamotten. Ohne dass wir darüber redeten, wussten wir, dass wir uns gesucht und gefunden hatten.

Zusammen mit seiner ersten Frau besaß mein Vater ein Mietshaus in der Südstadt. Als der Winter kam, überredete ich ihn, Schmal und mir darin die gerade frei gewordene Hochparterre-Wohnung zu überlassen. Allein schon für die neue Adresse – Teutoburger Straße 5 – lohnte sich der Umzug. Im Eckhaus schräg gegenüber war Heinrich Böll zur Welt gekommen. Und nur wenige Häuser weiter hatte ein anderer Schriftsteller, Rolf Dieter Brinkmann, zu Beginn der sechziger Jahre einmal zur Untermiete gewohnt. Wir schrieben »Niedecken/Boecker« auf das Klingelschild und sahen uns die Wohnung genau an. Das alte Ehepaar, das zuvor in ihr gelebt hatte, hatte irgendwann nicht mehr die Kraft gehabt, sich gegen die Verwahrlosung zu stemmen. Die Wohnung war völlig heruntergekommen, nur fehlten uns die Mittel für eine gründliche Renovierung. Aus Erzählungen und Filmen hatten wir jedoch mitbekommen, wie man mit so einem Problem in New York umging: Man malte alle Schäden, Risse und Flecken kurzerhand zu. Wir besorgten uns Wandfarbe und strichen die Zimmer weiß an, überstrichen die Tapetenschicht, die im Lauf der Jahrzehnte zentimeterdick geworden war. Für einen Tag leuchtete alles wie neu, doch am nächsten Morgen sah es schlimmer aus als zuvor. Die schwere, wasserlösliche Wandfarbe hatte den alten Kleister aufgeweicht, und die oberste der Tapetenbahnen lag auf dem Boden. Nach mehreren vergeblichen Versuchen mussten wir einsehen, dass wir uns etwas vorgemacht hatten. Durch bloßes Überstreichen würden sich die Geister der Vergangenheit nicht bannen lassen. Uns blieb nichts anderes übrig, als die ganze Tapetenpappe oft mitsamt dem Putz herunterzureißen. Dass wir danach in den noch bitterkalten Räumen zahlreiche Löcher zuspachteln und zusätzlich die Stromleitungen neu verlegen mussten, weil die alten Kabel hoffnungslos mit der Tapetenschicht verklebt waren, nahmen wir fluchend in Kauf. Die Aussicht auf eine zwar sehr dunkle, aber dafür recht geräumige Wohnung mit jeweils einem Zimmer und einem relativ großen Atelierraum für jeden von uns nahm den Strapazen ihren Schrecken.

Das Haus war ein buntes Durcheinander verschiedener Nationalitäten. Eine griechische Familie unter uns im Souterrain, eine türkische über uns und noch weiter oben zwei aus Italien. Wir kamen gut zurecht mit unseren neuen Nachbarn. Alle waren nett zu uns. Nachts schaute ich von meinem Zimmer aus auf die Ruine des Hinterhauses, auf Zinkwannen, Wäscheleinen und die zwei aus Trümmerbacksteinen zusammenzementierten Schuppen mit Teerpappendach, in die Fahrräder eingestellt wurden. Im Dunkeln hörte ich manchmal das Geräusch einer fallenden Blechbüchse oder einer Tüte voll Müll, die einer heimlich aus dem Fenster in die Ruine warf – Blindgänger, deren Drohung im Aufklatschen verpuffte, höchstens noch durch eine wegrollende Eierschale verlängert wurde.

Tagsüber stand ich zehn Stunden an der Staffelei. Ich malte unentwegt. Noch beim Essen malte ich weiter. Ich machte mir eine Dose »Hawesta – Hering in Tomatensoße« auf, das musste reichen. Etwas zu kochen hätte viel zu lange gedauert, außerdem konnte ich sowieso nicht kochen. Ich hatte gar keine Zeit, es zu lernen. Die Malerei füllte mich vollständig aus. Ich brauchte die Gleichförmigkeit der Tage, um mich konzentrieren zu können. Denn nie ging es leicht von der Hand. Wahrscheinlich wäre mir das auch verdächtig vorgekommen. Es musste wohl so sein, dass sich jeden Morgen aufs Neue die Sorge einstellte, für immer von Ideen und Inspiration verlassen zu sein. Zusammen mit dem verzweifelten Entschluss, sich doch wieder der leeren Leinwand auszusetzen, erzeugte sie eine Unruhe, die nur durch kontinuierliches Arbeiten überwunden werden konnte. Und es gab nichts Schöneres als dann am Abend das immer nur momentlange Gefühl, aus dem Kampf mit sich selbst noch einmal heil, ja sogar als Sieger hervorgegangen zu sein.

Wenn ich nicht selbst malte, ging ich hinüber zu Schmal und sah ihm bei der Arbeit zu. Ich bewunderte ihn für die Konsequenz, mit der er sich in ein einmal gefasstes Vorhaben verbeißen konnte. Während ich manchmal dazu neigte, mir lieber etwas Neues auszudenken, als das bereits Angefangene zu beenden, hielt Schmal beharrlich den eingeschlagenen Kurs. Was das Handwerkliche betraf, war er ohnehin über jeden Zweifel erhaben. Schmals Arbeiten zeigten mir regelmäßig, wie wichtig es war, die Malerei nur ja nicht auf die leichte Schulter zu nehmen. Ich hatte das Studium nicht begonnen, um ein bisschen herumzuexperimentieren und ansonsten viel Freizeit zu haben, sondern um etwas zu lernen. Wenn ich mit meinen Bildern etwas bewirken wollte, wenn ich den Betrachter erreichen, berühren oder irritieren wollte, mussten sie in sich stimmig sein und durften sich handwerklich keine Blöße geben. Selbsternannten Genies begegnete ich mit Misstrauen Ich wollte lieber ein Kunst-Arbeiter sein.

Am Abend drängten wir uns ins »Podium« an der Zülpicher Straße. Eine kleine Kneipe mit schwarzen Wänden, gelben Tischen und gelben Bänken, die sich wie so viele Lokale in der Nähe des Programmkinos »Lupe« angesiedelt hatte. Ein Kölsch kostete 70 Pfennige, und wir mussten uns für gewöhnlich gut überlegen, ob wir nach dem zehnten Glas auch noch ein elftes bestellten, denn das bedeutete, dass wir uns die Fahrt zum Chlodwigplatz mit der Straßenbahn nicht mehr leisten konnten und den Weg nach Hause wieder einmal zu Fuß oder schwarzfahrend zurücklegen mussten.

Doch es gab Wichtigeres, als schlafen zu gehen. Zuerst musste in der Musikbox noch einmal »Sebastian« von Cockney Rebel gedrückt werden. Bestimmt machten manche Leute schon auf dem Absatz kehrt, wenn sie uns im »Podium« ausmachten, nur damit sie nicht schon wieder sieben Minuten lang »Sebastian« hören mussten. Etwas an dem Song ließ mich nicht los, obwohl ich sonst mit theatralischer Opulenz wenig anfangen konnte. Wahrscheinlich faszinierte mich der Kontrast zwischen der polierten Oberfläche der Musik und Steve Harleys dialektgefärbtem Englisch, das seine Wurzeln im Londoner East End des 19. Jahrhunderts hatte und einst von wenig gesetzestreuen Straßenhändlern als eine Art Geheimcode eingesetzt worden war. Der Dialekt sorgte für eine Körnung der Stimme und für ein Anderswerden der Sprache, und das ließ mich aufhorchen. Ich konnte gut verstehen, warum die Band ihren Cockney-Gebrauch als Akt der Rebellion verstand.

Am Tresen debattierten wir hingebungsvoll über Kunst und Künstler. Schlaumeier in Feincordanzügen, die mit Begriffen nur so um sich warfen. Ich hatte einen großformatigen und mit gelbem Einband versehenen Katalog über Marcel Duchamp, Andy Warhol und Joseph Beuys mit dem vielversprechenden Titel »Realität – Realismus – Realität« vorübergehend zu meiner Bibel ernannt, in die ich, wann immer es ging, hineinschaute, um den leichten Rausch zu genießen, in den mich die Kunsttheorie versetzte. Ein Rausch der Klarheit und Exaktheit, ausgelöst beispielsweise von Sätzen über Duchamps Readymades. Von der »Profanierung der Kunst«, der »Irrelevanz von Form- und Sachinhalt« und der »provokativen Auflösung jeglicher Werthierarchie« war da die Rede, von der »neuerlichen Annäherung der Kunst an das tägliche Leben« und der »Ablösung der Nachahmungs- durch die Präsentationsästhetik«. Ich übersetzte mir die Theorie zurück in meine Sprache und glich sie ab mit meinen Empfindungen und Zielen. Ich verstand die Großartigkeit von Duchamps Geste, einen gewöhnlichen Gegenstand wie einen Flaschentrockner oder ein Pissoir aus dem Rahmen seines normalen Gebrauchs zu entfernen und an einen ganz anderen Ort, einen Ort der Kunst, zu bringen. Wenn das

Alltagsding zur Kunst erklärt wurde, fiel es aus allen Bezügen heraus und begann vieldeutig zu schimmern. Es erhielt ein Stück seiner Freiheit zurück. Man konnte erkennen, wie schön es eigentlich war. Und gleichzeitig konnte man durchschauen, wie fragwürdig die althergebrachten Unterscheidungen zwischen Kunst und Nichtkunst geworden waren.

Ich musste mich an meine eigene Nase fassen. Ich durfte mir nichts darauf einbilden, wie ein Fotoapparat malen zu können. Handwerk war eben doch nicht alles. Wenn Schmal und ich in der Werkschule herumgingen, entdeckten wir viel zu viele zwar technisch perfekte, doch letztlich nur peinlich epigonale Arbeiten, die sich keinen Millimeter über das Gängige hinauswagten. Viel besser gefiel uns ein Arbeitstisch, der unbeachtet in einer Nische stand. Unzählige Farbspritzer, Kratzer und Narben auf seiner Oberfläche machten aus ihm ein Objekt, das interessantere Geschichten zu erzählen schien als die meisten der ausgestellten Bilder. Gebrauch und Verschleiß hatten der Tischplatte über die Jahre zu einer ästhetischen Qualität verholfen, auf die es hinzuweisen lohnte. Wir schmuggelten die Platte aus der Schule, überzogen sie mit einer endgültigen glänzenden Firnissschicht und bauten ihr einen Rahmen aus Aluminium. Es war unsere erste Gemeinschaftsarbeit. Sie sollte uns daran erinnern, dass wir in unserer Kunst das scheinbar Nebensächliche oder Belanglose nicht aus den Augen verlieren durften. Es konnte in seiner zufälligen Schönheit beeindruckender sein als alles, was man sich in langen Stunden im Atelier ausdachte.

Auch Andy Warhols fast schon dokumentarischer, nur vordergründig euphorischer Umgang mit den Erscheinungen der Popkultur war ein Thema. Wie er industrielle Abläufe nachahmte, indem er seine Kunstwerke massenhaft herstellen und verbreiten ließ, beschäftigte uns. Mehr Probleme hatten wir mit Joseph Beuys. Beuys verstanden wir noch nicht. Die Aufladung künstlerischer Happenings zum Ritual, in dessen Verlauf sich Alltagsgegenstände in Reliquien verwandelten und die Zuschauer mehr zum Ahnen als zum Verstehen aufgefordert waren, befremdete uns. Und doch waren wir beeindruckt davon, wie Beuys zwar einerseits alle seine Aktivitäten radikal mit seiner eigenen Person verknüpfte, andererseits aber immer darum bemüht war, Nachahmer, Fortsetzer, Verbündete zu finden. Seine Idee der »Sozialen Plastik« zielte weit über den reinen Kunstbereich hinaus. Sie meinte auch das Interesse und die Beteiligung an gesellschaftlichen und politischen Prozessen. Ich kannte zwar Beuys' Engagement bei der Gründung der Deutschen Studentenpartei. Doch dass er zum Erreichen seiner Ziele auch zu Mitteln greifen konnte, die zumindest für ihn unorthodox waren, wurde mir erst Anfang der achtziger Jahre bewusst. Dann aber dafür umso eindringlicher.

Es war die Zeit des überregionalen BAP-Durchbruchs. Jeder wollte etwas von uns. Der Erfolg rief die seltsamsten Gestalten auf den Plan. Kein Anliegen schien abwegig genug zu sein, um nicht an uns herangetragen werden zu können. Die Liste der Merkwürdigkeiten wurde immer länger. Wenn man nicht aufpasste, konnten einem die verlockenden Angebote, die unverschämten Aufforderungen und die plumpen Vereinnahmungsversuche völlig aus der Bahn werfen. Am besten ließ man sich darauf gar nicht ein, doch das war nicht so leicht, wenn rings um einen herum alles aus den Fugen geriet und Dimensionen annahm, die kaum mehr zu überblicken waren.

Wenigstens machten es einem manche Bitten leicht genug, sie von vornherein als Luftnummer zu durchschauen. In diese Kategorie fiel das Angebot, einen Songtext für Joseph Beuys zu schreiben. Beuys, so teilte man mir mit, wolle eine Single für die Grünen aufnehmen und benötige für den Songtext meine Hilfe. Ich versuchte nicht einmal, Licht in die Sache zu bringen. Jemand hatte sich einen Scherz erlaubt, und der war nicht einmal besonders gelungen. Meine Phantasie war zwar lebhaft, aber so weit, dass ich mir Joseph Beuys als Popsänger vorstellen konnte, reichte sie dann doch nicht.

Die Tournee war lang und anstrengend gewesen, und die nächste stand schon vor der Tür. Ich war froh, für ein paar Tage mein BAP-Leben ausknipsen und Zeit mit Carmen verbringen zu können. Ich hatte kein Bedürfnis nach weiterer Gesellschaft. Schon

länger hatte ich mich danach gesehnt, einige Schritte ohne Zeugen gehen zu können. Ich wollte nur hier sitzen. In den Kneipen konnte ich mich sowieso nicht mehr blicken lassen. Selbst das »Chlodwig Eck« lockte mich nicht mehr. Ein Besuch dort kam mittlerweile einem Spießrutenlaufen gleich, ich hatte es mehrfach erlebt. Alle Schulterklopfer, Neider und Schnorrer der Südstadt lauerten nur darauf, dass ich auf ein Bier vorbeikam. Aber da konnten sie lange warten.

Die anderen in der Band standen weniger unter Beobachtung. Sie blieben von Belästigungen weitgehend verschont. Umgeben von einer ständig wachsenden Clique verbrachten sie die Abende nach wie vor im »Chlodwig Eck«, wo sie Kontakte knüpften, Pläne hegten und Projekte entwarfen, von denen ich nur selten etwas mitbekam. Vermutlich war der eine oder andere ganz froh, dass ich einmal nicht mit von der Partie war, wenn sich etwas Interessantes ergab.

»Bananas« war eine Musiksendung, die mit den Errungenschaften des gerade angebrochenen Videoclip-Zeitalters durch extravagante Inszenierungen Schritt zu halten versuchte. Es konnte geschehen, dass eine Band ihren Playback-Auftritt auf einem Schrottplatz absolvierte, während die nächste in eine kitschige Traumlandschaft verfrachtet wurde und wieder eine andere auf einer Bühne stand, die auch zur Inszenierung eines Beckett-Stücks geeignet gewesen wäre. Wir hatten mehr Glück gehabt. Bei unserem allerersten Fernsehauftritt überhaupt ließen uns die »Bananas«-Macher »Ne schöne Jrooß« vor einer surrealistischen Trümmerkulisse spielen, die den Bildern aus dem ersten Jahr meines Kunststudiums verblüffend ähnelte. Nur Majors rote Hose und sein weißer Flokatipullover sprengten den Rahmen. Diese Vereinigung des Unvereinbaren wäre selbst André Breton zu heikel gewesen.

Seit unserem Auftritt dort sah ich mir »Bananas« manchmal zu Hause an, wenn nichts Interessanteres anlag. An diesem Dienstag verlief die Sendung ohne größere Höhepunkte. Adrette Synthie-Popper rissen mich genauso wenig aus dem Sessel wie italienische

Schmachtfetzen und die zwischen den Musikbeiträgen eingestreuten Sketche. Doch das änderte sich schlagartig. Plötzlich wusste ich, was Marshall McLuhan gemeint hatte, als er das Fernsehen als ein Medium bezeichnet hatte, das vom Benutzer unmittelbare Beteiligung einfordere. Beteiligter, erstaunter und fassungsloser als ich konnte ein Fernsehzuschauer gar nicht mehr sein. Erst sah ich Major. Dann Wolf Maahn. Dann Marianne Lengfeldt von der Band Zeitgeist und Gunne Wagner, die im »Chlodwig Eck« bediente und nebenbei bei der NDW-Kapelle Nylon Euter sang. Dann erkannte ich Schmal. Er saß am Schlagzeug, als seien die sechziger Jahre und die Tage von Action Set noch einmal zurückgekommen. Und hinter dem Schlagzeug, hinter den ganzen Musikern, die ich so gut kannte und von denen einige in meiner eigenen Band spielten, tanzte, das Mikrophon in der Hand oder es wie ein unbeholfener Roger Daltrey an der Schnur über dem Kopf schwingend – Joseph Beuys. Das konnte nicht wahr sein. Und noch weniger konnte es sein, dass ein Mann mit einem so überaus fein und genau entwickelten ästhetischen Empfinden jetzt vor einem Millionenpublikum einen Song gegen die atomare Nachrüstung vortrug, dessen Titel selbst die schmerzunempfindlichsten Spontis abgelehnt hätten: »Sonne statt Reagan«. Wie der Maler Martin Kippenberger später ratlos sagte: Das war einfach zu viel. Was der Titel versprach, hielt der Songtext: »Aus dem Land, das sich selbst zerstört und uns den ›Way of Life‹ diktiert, da kommt Reagan und bringt Waffen und Tod, und hört er Frieden, sieht er rot.« Ich drückte die Daumen und schickte Stoßgebete zum Himmel, doch von Zeile zu Zeile wurde es unwahrscheinlicher, dass der Song noch den Schritt ins Passable schaffen würde: »Er sagt als Präsident von USA: ›Atomkrieg? Ja, bitte dort und da!‹ Ob Polen, Mittlerer Osten, Nicaragua, er will den Endsieg, das ist doch klar. Mensch, Knitterface, der Film ist aus, nimm die Raketen mit nach Haus!« Und dann, mit unerbittlicher Penetranz, kam auch schon wieder der Refrain, der der Agitation die Krone aufsetzte. Schmal und die anderen sangen ihn mit großem Ernst: »Wir wollen Sonne statt Reagan, ohne Rüstung leben! Ob West, ob Ost, auf Raketen muss Rost!«

Ich ärgerte mich schwarz. Ich ärgerte mich über meine Ignoranz, mit der ich die Aufforderung, selbst einen Text für Beuys zu verfassen, ausgeschlagen hatte. Ich hatte die einmalige Chance vertan, einem mittlerweile von mir sehr bewunderten Künstler zu einem würdevollen Auftritt zu verhelfen. Etwas Besseres als »Sonne statt Reagan« wäre mir allemal eingefallen. Hinterher erfuhr ich, dass ein Werbetexter in die Bresche gesprungen war und seine platten Reime auf Majors Musik platziert hatte. Doch da war das Kind schon in den Brunnen gefallen. Beuys hatte wohl nur das große Ganze im Auge gehabt. Er hatte in der Friedensbewegung eine Möglichkeit gesehen, sein Projekt von der »Sozialen Plastik« zu verwirklichen, und sich deshalb nicht mehr mit Nebensächlichkeiten wie der Qualitätsüberprüfung eines Songtexts aufgehalten. Das Resultat dieser Sorglosigkeit war soeben über meinen Bildschirm geflimmert. Ja, ja, ja, ja, ja. Nä, nä, nä, nä, nä, Schmal. Dat wohr wirklich su schlääsch.

»Sonne statt Reagan« wurde nur ein einziges Mal live aufgeführt – am 10. Juni 1982 auf den Bonn-Beueler Rheinwiesen vor 300 000 Menschen bei einer der größten Friedensdemonstrationen der deutschen Nachkriegsgeschichte. Mit dem NATO-Doppelbeschluss und der vorgesehenen Stationierung amerikanischer Pershing-II-Raketen in Deutschland hatte der Kalte Krieg zwischen Ost und West seinen Höhepunkt erreicht. Zwei sich waffenstarrend gegenüberstehende Blöcke, die jeden Schachzug des anderen genau beobachteten und, so schien es, lieber die Gefahr eines Atomkriegs in Kauf nahmen, als auch nur einen Millimeter zurückzuweichen. Doch immer mehr Menschen misstrauten dem Prinzip der Abschreckung. Als infantile Traumtänzer von den Politikern verspottet, artikulierten sie ihre Wut und waren mutig genug zu zeigen, dass sie Angst hatten. Angst, so schrieb der Schweizer Schriftsteller Max Frisch zu dieser Zeit in sein Tagebuch, dass Europa zum Schlachtfeld der beiden Supermächte werden und dabei untergehen würde. Heute erntet Helmut Schmidt viel Applaus, wenn er in Talkshows die damalige Weitsicht der westlichen Politiker rühmt. Mit dem Wissen um das Kommende fällt es leicht, die

Friedensbewegung als naiv zu belächeln, die Nachrüstung als Strategie, den Ostblock in die Pleite zu treiben, hochleben zu lassen und alle Risiken, die damit eben auch verbunden waren, kleinzureden. Doch zu Beginn der achtziger Jahre fühlten sich nicht wenige an das Schreckensszenario der Kubakrise erinnert. Und es bedurfte schon eines Mannes wie Gorbatschow an der Spitze des Warschauer Paktes, um den Rüstungswettlauf zu einem friedlichen Ende zu bringen. Nicht auszudenken, was passiert wäre, hätte dort eine Knallcharge wie Reagan bestimmt, wo's langgeht.

Von der Bühne aus hatten wir freien Blick auf die Zweckbauten des Bonner Regierungsviertels. Auf der anderen Rheinseite fand unter höchsten Sicherheitsvorkehrungen der NATO-Gipfel statt. Aber vor uns stand eine riesige Menge von Demonstranten, die sich ebenso wie wir nicht mehr länger mit einplanen lassen wollten, wenn über ihren Kopf hinweg über Krieg und Frieden entschieden wurde. Für sie traten wir an diesem Junitag auf, an dem wir auch, zusammen mit Wolf Maahn und Ina Deter, Joseph Beuys bei »Sonne statt Reagan« begleiteten. Ich wollte nicht, dass der Moment, mit ihm gemeinsam auf der Bühne zu stehen, schneller als nötig vorüberging, daher forderte ich ihn später während der Zugaben noch einmal auf, seinen Platz im Gras zu verlassen: »Kumm eropp, Beuys, arbeide!« Und dann, wie es bei spontanen Jam-Sessions üblich ist, ließen wir ein weiteres Mal den alten Sheriff Baker aus »Pat Garrett & Billy the Kid« sterben, klopften ans Himmelstor, und Joseph Beuys sang einen Text von Bob Dylan. Zumindest den Teil davon, der sich ihm am schnellsten einprägte: »Nack, nack, nack«.

Schon während des Kunststudiums bemühten wir uns, unsere Bilder in Galerieprogrammen unterzubringen. Doch das war nicht einfach. Köln galt zu dieser Zeit als Mekka moderner Kunst. So vieles passierte gleichzeitig. Die Zeit reichte nie aus, um sich alles anzusehen. Die Galerien schossen aus dem Boden, und jede Neueröffnung versprach die Präsentation noch spannenderer, noch wegweisenderer Arbeiten. Der Andrang machte es schwer, als

Neuling den Einstieg zu schaffen. Die klassische Vorgehensweise, mit seiner Mappe von Tür zu Tür zu gehen und darauf zu spekulieren, dass man zum richtigen Augenblick am richtigen Ort auftauchte, lohnte sich kaum mehr. Man musste sich schon etwas einfallen lassen, was Aufmerksamkeit garantierte und einen vom großen Rest unterschied. Dabei konnte es von Vorteil sein, wenn man nicht alleine auf weiter Flur stand, sondern in Mannschaftsstärke auftrat. Die Überzeugungskraft, die eine Künstlergruppe entfalten konnte, war ungleich größer als die eines Einzelkämpfers. Wir gründeten die Produzentengemeinschaft ARS, zu deren Mitgliedern neben Schmal, Mötz und mir auch Heinz Zolper, Christian Maiwurm, Theo Lambertin, Andreas Lugosi, Karel Rösel und Wolfgang Fröde gehörten. Der Name ARS resultierte nicht aus einer Vorliebe für Latein, sondern verdankte sich einem ungleich pragmatischeren Grund: der ausrangierten, auseinandergebauten und für unsere Zwecke wieder neu zusammengesetzten »SPAR«-Leuchtreklame vom Laden meiner Eltern.

Bei unseren abendlichen »Podium«-Besuchen war uns die Galerie »Witte« aufgefallen. Zwar zeigte sie keine avancierte Kunst, doch sie lag ungemein günstig. Stellte man dort aus, bekam man das Szenepublikum praktisch frei Haus geliefert. Wir unterbreiteten dem Galeristen ein Angebot, das er nicht abschlagen konnte. Wir schlugen ihm vor, ab sofort sein Programm mit unseren Arbeiten zu gestalten und ihm dafür neben der üblichen prozentualen Beteiligung auch noch einen Teil seiner Ladenmiete zu bezahlen. Witte hatte die Räume, und wir hatten den Durchblick. Eine bestechende Paarung. Ab dem März 1973 begannen wir nacheinander in der Galerie »Witte« auszustellen, ich war Ende April dran. Meine erste Ausstellung. Ich zeigte Bilder aus der Serie »Notizen, Zitate, Ausschnitte«, und die aufreizend knapp bekleideten, fotorealistisch gemalten Damen, die ich mit Zustandsbeschreibungen aus der Welt der Fabrikarbeit kombiniert hatte, fanden tatsächlich ihre Käufer. Andere Ausstellungen liefen nicht so gut, und Witte fühlte sich gezwungen, pseudoantike Kupferstiche für das bürgerliche Wohnzimmer ins Schaufenster zu stellen, um über die Runden zu

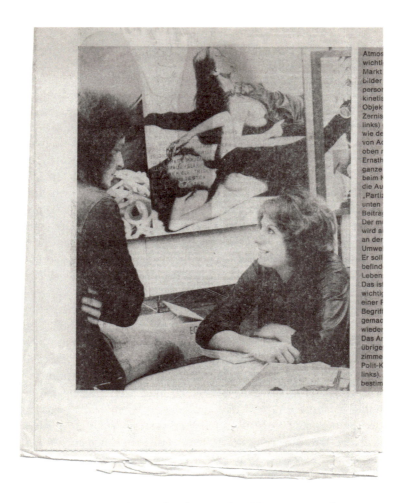

kommen. Es war die Rache der Geschenkboutique an der Avantgarde. Insbesondere Theo Lambertin kam darüber nicht hinweg. Er schloss jeden Kompromiss mit dem Mainstream aus und sah sich daher von Wittes Geschäftsgebaren persönlich angegriffen. Seine Bilder, märchenhafte, glimmerbestäubte, von Fernweh erzählende Tableaus, vertrugen sich besonders schlecht mit jeder

Art von kommerzialisierter Schönheit. Theo schüttelte erbost seine rotblonden Locken und ging. Es dauerte nicht lange, bis wir ihm folgten.

Dass sich Leute für mich und meine Arbeit interessierten und sogar bereit waren, Geld in meine Bilder zu investieren, ermutigte mich. Es war eine Sache, dass ich mir sicher war, die richtige Entscheidung für mein Leben getroffen zu haben, eine andere war es, darin auch von außen durch Zuspruch und Unterstützung bestärkt zu werden. Öffentliche Anerkennung machte alles einfacher. Auch ohne die Produzentengemeinschaft im Rücken konnte ich es schaffen. Beim Kölner Kunst-Kaleidoskop in den Messehallen sprach mir die Jury eine eigene Koje zu, in der ich meine Arbeiten zeigen konnte. Dann fuhr ich mit Hille nach Göttingen, zeltete auf einem winzigen Rasenstück gegenüber der gekachelten Stadthalle und nahm am Kunstmarkt teil. Am nächsten Tag fanden wir uns auf einer großen Schwarzweißfotografie im »Göttinger Tageblatt« wieder – ein namenloser Maler von »Polit-Kunst« und seine lächelnde Muse. Und im Kölner Forum der Volkshochschule stellte ich das Bilderrätsel »Röhrender Hirsch« aus, das mit dem üblichen, aus spießigen Wohnzimmern bekannten Wandschmuck nur den Titel gemein hatte. Es zog sich mit der fotorealistischen Darstellung einer Möhre und einer »Moncheri«-Kirsche aus der Affäre.

»Möhrender Kirsch« bedeutete eine Abkehr von meinen auf die Widersprüche der Gesellschaft zielenden Arbeiten. Dazu geeignet, auf Handzettel gedruckt und vor Werkstoren verteilt zu werden, waren sie sowieso nie gewesen. Jetzt wollte ich ihnen auch noch den letzten Rest Verbissenheit austreiben. Kunst war viel zu oft eine ernste Angelegenheit, was vermutlich auch daran lag, dass man Ernsthaftigkeit viel leichter vortäuschen konnte als Humor. Einer, der, bevor er zum Lachen in den Keller ging, lieber das ganze Haus abriss, war Robin Page. Wir lernten Robin im »Podium« kennen, er wohnte in der Lindenstraße gegenüber von einem großen Galeriehaus. Dort hatte er auch sein Atelier, dort heckte er seine Strategien aus, die ihm, wie er selbst sagte, bei seinem Sturm an die Front im großen Kunstkrieg den entscheidenden Vorteil verschaf-

fen sollten. Dabei entwarfen Robins Bilder und Skulpturen die friedlichsten Schlachtpläne, die man sich vorstellen konnte. Sie entwaffneten durch Humor. Gegenwehr war zwecklos. Aber es empfahl sich, ihnen ausgeschlafen gegenüberzutreten, wenn man nicht Gefahr laufen wollte, zu viel von Robins hintergründigem Witz zu versäumen.

Er war in London zur Welt gekommen, aber in Vancouver aufgewachsen. Man konnte ihn sich mühelos als Holzfäller in den kanadischen Wäldern vorstellen: ein bärtiger, großer Mann in Arbeitskleidung, mit tiefer Stimme und einem dröhnenden Lachen, der seine Axt schulterte und zwischen den Bäumen verschwand. Sein Vater hatte in den dreißiger Jahren als Zeichner bei Walt Disney gearbeitet, und auch Robin selbst verdingte sich, nachdem er sein Kunststudium beendet hatte, eine Weile als Zeichner von Cartoons. Dann löste er das Einwegticket zurück in die alte Welt und fand in den Zentren der internationalen Fluxus-Bewegung seine angestammte Heimat. Jetzt war er in Köln gelandet und fühlte sich in unserer Clique gut aufgehoben. Wir fanden in ihm einen Lehrer, der uns mehr beibringen konnte als so mancher Professor an der Kunsthochschule. Der Unterricht fand in unseren Ateliers, am Tresen oder bei improvisierten Partys statt. Kein noch so schlaues Buch konnte da mithalten. Robin ermunterte uns, die Hausmittel, mit denen wir den Alltag meisterten, auch in unserer Kunst einzusetzen. Unsere Vorliebe für Wortwitze, Situationskomik und die bunten Seifenblasen der Popkultur war genauso kunstwürdig wie das Feierliche und Gemessene. Alle Stile standen uns offen. Verfahren und Sujets warteten nur darauf, wieder aufgegriffen zu werden. Die Bibliotheken waren zum Plündern da und Zitate, Anspielungen und Plagiate erlaubt. Robin lebte es uns vor. Er zog den Hut vor seinen Vorbildern, doch er verbeugte sich nicht, sondern näherte sich ihnen ungeniert auf Augenhöhe. Er räumte erst mal gründlich in der Kunst auf. Er griff ein, wo sich seiner Meinung nach etwas verbessern ließ, und korrigierte, wo etwas schiefgelaufen war. Man Rays mit Reißnägeln versehenes Bügeleisen wurde aus seiner Einsamkeit erlöst und erhielt endlich das langgesuchte Liebespendant, das natürlich lauter Löcher aufwies. Das postume Porträt Yves Kleins bestand aus einem Wasserfarbkasten, in dem alle Farben durch Blau ersetzt worden waren. Für den »korrigierten Magritte« wurde ein deplatziertes Gesicht wieder an die richtige Stelle unter die Melone gesetzt, und der »korrigierte Wewerka« war, was auch sonst, ein gewöhnlicher Küchenstuhl.

Auch noch während des Kunststudiums half ich meinem Vater jeden Samstag dabei, das Altpapier, das sich die Woche über angesammelt hatte, ins Auto zu laden und zum Alträucher »Müllenmeister & Schwerfel« zwischen den beiden Eisenbahnbrücken, die auf der Höhe der Südbrücke die Alteburger Straße überquerten, zu bringen. Ich tat ihm den Gefallen gern, denn ein Besuch bei »Müllenmeister & Schwerfel« lohnte sich meistens. Inmitten der Schrott- und Altpapierberge fand sich häufig etwas, das man neuer Verwendung zuführen konnte. Einmal stieß ich auf einen Pin-up-Kalender aus den fünfziger Jahren. Die in züchtige Bademode gehüllten Damen posierten jeweils vor einem monochromen Hintergrund. Ich schnitt die Bilder aus und schob sie hin und her. Ein blaues nach oben, ein rotes in die Mitte und ein gelbes nach unten. Wenn man dazwischen und daneben noch Flächen frei ließ, erinnerte die Anordnung plötzlich stark an eine Glamour-Variante der Bilder Piet Mondrians. Ich hatte die geometrische Abstraktion buchstäblich mit Kurven versehen. Mir war ein »Corrected Mondrian« gelungen. Schmal war begeistert und setzte über meine Signatur auch seinen Namen. Fertig war die Kooperation. Wir führten sie Robin vor. Der zückte den Stift und erteilte seinen Segen: »Passed by – Robin Page«. Der Meister hatte das Werk abgenommen und uns mit seiner Unterschrift ganz nebenbei noch zu einer Gemeinschaftsarbeit Niedecken – Boecker – Page verholfen.

Ich kannte Robin nur fröhlich. Er riss Witze, unterhielt uns, gab uns Tipps. Doch eines Nachmittags ließ er den Kopf hängen, und ich erkannte die Schwermut, die auch zu ihm gehörte, die er bisher aber vor uns verborgen hatte. Ich wusste nicht recht, ob ich fragen sollte, was mit ihm los sei, traute mich dann aber doch. Robin winkte ab:

»Das verstehst du noch nicht. Eine Künstlerkrankheit. I got my artist's disease. Lass uns von etwas anderem reden.«

Noch Jahre später dachte ich ab und zu darüber nach, was Robin an diesem Nachmittag wohl traurig gemacht hatte, was er mir, dem um fast zwanzig Jahre Jüngeren, nicht erzählen wollte. Worunter mochte er gelitten haben? Mittlerweile kann ich es mir zusammenreimen, was er mit »artist's disease« gemeint hat. Wie wohl jeden hatte sie auch mich im Lauf der Zeit einige Male gepackt, wenn ich mit mir selbst haderte, weil ich es nicht schaffte, ein Bild oder einen Song so zu beenden, dass ich wirklich damit zufrieden war. Wenn ich enttäuscht war, weil eine Arbeit, in die ich viel Mühe gesteckt hatte, nicht so wertgeschätzt wurde, wie ich es mir erhofft hatte, und stattdessen nur oberflächliches Interesse erntete. Wenn mein Privatleben in Scherben lag und die Vorstellung, dennoch weiter kreativ sein zu müssen, unerträglich war. Wenn es mir vorkam, als sei ich für immer im Tunnel einer Schreibblockade gefangen, ohne Ausgang, ohne Licht. Robin hatte mit seinem Multiple »Artist's Boots« den Nagel auf den Kopf getroffen. Die Schuhe eines Künstlers bildeten manchmal wirklich ein ungleiches Paar. An einem Schuh waren Flügel befestigt, den anderen beschwerte ein Bleigewicht.

Robin ging von Köln nach München, er wurde Lehrbeauftragter an der Akademie der Bildenden Künste, und wir verloren uns aus den Augen. Nur ein Mal sahen wir uns noch. Ein zufälliges Treffen nach einem der Auftritte mit BAP bei der Musiksendung »Formel Eins« Ende der achtziger Jahre. Robin hatte seiner Freundin für die Aufzeichnung beim Bühnenbild geholfen und lief mir in der Kantine in die Arme. Wir lachten. Es schien ihm gut zu gehen. Aber wie konnte es auch anders sein? Robin hatte sich ja selbst jede Menge Lebensrettungsskulpturen geschaffen, die er im Notfall nur vollenden musste. »In case of emergency complete this sculpture«, und schon stehen der Rettungsring, das Handbeil oder, bei einer spirituellen Krise, das Kruzifix zur Verfügung. Objekte, die für den Betrachter nur teilweise aus dem Marmor oder dem Holz herausschauen.

195

Am meisten hatte mich aber immer eine von Robins eher unscheinbaren Arbeiten beeindruckt. Ein grob zusammengezimmertes Holzflugzeug mit einem Propeller aus Taubenfedern und zwei Tragflächen, von denen eine unverhältnismäßig lang war – Kunststück, darauf musste schließlich der Rest der Geschichte: »This is the story of a little aeroplane that couldn't fly because of the story«. Bei einem Griechenlandurlaub bastelte ich mir das Flugzeug nach, noch heute hängt es an der Decke meines Arbeitszimmers und ermahnt mich, beim Songschreiben das Wesentliche nicht aus dem Blick zu verlieren. Weniger ist fast immer mehr. Überfrachtet man einen Song, kann er seine Poesie nicht mehr entwickeln. Verzichtet man nicht auf alles Überflüssige, erhebt sich das kleine Flugzeug der Phantasie nicht in die Luft. Nie durfte man kleinlich sein beim Streichen.

Schmal und ich frönten unserer Lust an der Trivialästhetik. Im Eiscafé und in der Pizzeria warteten wir auf das Eintreffen der neuen Lesemappen der Firma Tappert. Sie enthielten auch die Zeitschrift »Praline« und ihren Brachialjournalismus, der Sex & Crime auf eine so übergeschnappte Weise präsentierte, dass sich daraus schon wieder eine eigene Ästhetik ergab: »Sex-Forscherin berichtet: Meine 35 Nächte als Ehefrau des Menschenfressers im Dschungel«, oder: »Von wem ist nun mein Kind? Fragt Evi (25) – sie hatte 29 Männer in einer Nacht! Erbforscher Prof. Dr. Dr. Jürgens vor seinem schwierigsten Fall«. Besonders angetan hatte es uns der jede Ausgabe schmückende abgeschlossene Foto-Roman, dem wir den Sammeltitel »… und später im Bett« verliehen. Von Bild zu Bild ruckte die nach einem vorgegebenen Schema ablaufende Handlung fort. Immer sah man ein junges, sich zankendes Pärchen, das sich praktischerweise mitten im Streit auszog, damit es rechtzeitig rechts unten auf der Doppelseite im Bett landen und der Foto-Roman so zum gewünschten Ende kommen konnte. Es waren Prachtbeispiele funktionaler Erzählkunst, die uns so manche Stunde im Eiscafé versüßten:

»Ah … neue ›Praline‹, loss luhre! Wat ess met ›… und später im Bett‹?«

(...)

»Verstehe!«

Manchen Zeitschriften lagen die kleinen Hefte des Tina-Versands bei. Der Tina-Versand hielt ein umfangreiches Sortiment von atemberaubendem Schwachsinn bereit. Neben gewöhnlichen Scherzartikeln (dem »Sprudel-Boy«! dem »Zigarettenesel«! der »Busen-Klingel«! dem »Furzkissen«!) gab es Nützliches für Haushalt und Freizeit wie die Fernsehbrille, mit der das Fernsehbild so groß wie eine Heimkinoleinwand wurde, die zweifarbige Fernsehfolie, die aus dem Schwarzweißgerät einen Farbfernseher machte, oder die legendäre Röntgenbrille, die einen gewöhnlichen Stadtbummel in den Besuch einer Freiluft-Peepshow verwandeln sollte. Am reizvollsten erschien uns jedoch das angepriesene Kunsthandwerk mit seinem Versprechen von Stil und Gediegenheit: Der »Pfauen-Wandschmuck«, eine »Schöpfung aus gehämmertem Metall«, war eine »Dekoration vom allerfeinsten Geschmack, die wie ein Magnet die Blicke auf sich zieht«. Und die »Königstiger-Decke« übertraf »fast die exotische und faszinierende Schönheit des echten Königstigers«. Die exotische Schönheit wurde durch den billigen Vierfarbdruck der Anzeigen noch gesteigert. Die Farben waren fast nie akkurat übereinandergedruckt, daher ergaben sich anmutige Verschiebungen, und die »Königstiger-Decke« wies plötzlich eine schockrote Kante auf. Wenn man die Anzeige dann an eine Wand projizierte und das Abgebildete exakt nachmalte, erhielt man – und Schmal machte sich die Mühe – ein fast schon psychedelisches Gemälde.

In der Folge entbrannte zwischen Schmal, Theo Lambertin, Heinz Zolper und mir ein regelrechter Wettbewerb. Wer malte das unerträglichste Bild? Wer schaffte es, den Betrachter am meisten aus der Fassung zu bringen? Welches Motiv überschritt die Geschmacksgrenzen am radikalsten? Es war unsere Art der Suche nach einer tragfähigen künstlerischen Position. Nachdem wir uns konsequent der Strenge des Fotorealismus unterworfen hatten, tat es gut, mal wieder die Zügel schleifen zu lassen und im trivial-ästhetischen Abfall zu wühlen. Einmal in der Woche besuchten uns die Kommilitonen von der Werkschule im Atelier und besahen sich unsere neuesten Arbeiten. Sie waren unser Preisgericht und sprachen das Urteil. Wenn Heinz Zolper sich vor unseren Leinwänden regelrecht vor Schmerzen krümmte, hatten wir alles richtig gemacht. Und ein entsetzter Ausruf wie »Nää, Schmal, nää, dat kannste doch nit maache!« kürte den Sieger. Ich musste zugeben, dass Schmal mit der originalgetreuen Wiedergabe einer Werbung für ein Anti-Krampfadern-Mittel tatsächlich sehr weit vorne lag. Es war ein Vorher-nachher-Bild. Links sah man ein Paar fehlgedruckter Frauenbeine mit entsetzlichen Krampfadern, und rechts war die Wirkung des Präparats zu bestaunen: dasselbe Beinpaar, von allen körperlichen Mängeln befreit, dafür aber noch immer fehlgedruckt.

Doch mit meinen Zuckerguss- und Lebkuchenbildern schlug ich zurück. Mit ihnen versuchte ich, gleichzeitig linear und räumlich zu malen. Aus der Tube gedrückte Glasurlinien, braune Lebkuchenfarbe und bunte Nöppchen halfen mit, jede inhaltliche Seriosität vom Hof zu jagen. Es gab einen guten Geschmack des schlechten Geschmacks. Ich malte Totenköpfe in Lebkuchenmanier, blies Abbildungen von der Cartoon-Seite zu Großformaten auf und packte für eine Arbeit mit dem Titel »Kopfende« Geschlechtersymbole und Herzchen in zwei auf die Spitzen gestellte quadratische Leinwände. Die eine rosa, die andere himmelblau. Das Resultat war ein Hinweisschild fürs Ehebett, das bis zur Harmlosigkeit verniedlichten Sex ankündigte. »Die Beschaffenheit des Künstlers« bereicherte dagegen das alte Genre des Atelierbildes um eine neue Variante. Wo bei Vermeer der Maler noch das züchtig bekleidete Modell konzentriert porträtierte, ermöglichte ich meinem Künstler, in seinem Gemälde ansonsten verbotenen Begehrlichkeiten nachzugeben. Er stattete das Modell mit üppigeren Kurven aus und warf gleich noch einen intensiven Blick ins Dekolleté. Weil all das wiederum in einem Bild vor sich ging, überlagerten sich verschiedene Wahrnehmungsschichten, ging »Die Beschaffenheit des Künstlers« als Gruß an Magritte durch. Ceci n'est pas un 'errenwitz.

Doch irgendwann wurde auch das Unkonventionelle zur Masche. Irgendwann verlor die beste Pointe ihre Wirkung. Am Ende konnte ich selbst nicht mehr über meine Einfälle lachen und begann damit, nicht gelungene Bilder zu zerstören. Es waren gar nicht so wenige. Ich hatte mich verrannt. Ein Schlenker war genug, eine weite Reise musste daraus nicht werden. Ich wollte nicht als Spezialist für abgehobene Ironie-Kunst enden. Und daher war es vielleicht gar nicht so schlimm, dass, noch während ich im Begriff war, ein weiteres Stockwerk im Elfenbeinturm zu erklimmen, das richtige Leben schon wieder unten an die Tür klopfte.

»Ah, look at all the lonely people.« Ein doppeltes Streichquartett, ein Arrangement von George Martin und Paul McCartneys Erinnerungen an die alten Leute, für die er als Kind Besorgungen gemacht hatte. Spielmaterial für die Phantasie, für das Entwerfen herzzerreißender Szenen, die vom Alleinsein handelten. Father McKenzie, der seine Socken stopft mitten in der Nacht, nachdem er eine Predigt geschrieben hat, die keiner je hören wird. Der Eleanor Rigby den letzten Segen gibt und sich den Dreck von den Händen wischt, als er weggeht vom Grab, nach einer Beerdigung ohne Trauergäste. All die einsamen alten Menschen. Sie schienen zu niemandem zu gehören. Ich hatte mir nie Gedanken darüber gemacht, woher sie kamen und wie sie lebten. Jetzt ließen sie mich zu sich nach Hause, warteten schon auf mich, warteten, bis ich mit dem stanniolverpackten heißen Mittagessen kam. Manche von ihnen widersetzten sich jeden Morgen dem Wunsch, einfach liegen zu bleiben, die Augen geschlossen zu halten, nicht mehr aufzustehen, den Tag vorüberziehen zu lassen, der genauso ereignislos verlaufen würde wie so viele davor und eine immer geringer werdende Anzahl danach. Sie hielten mit eiserner Disziplin an den so lange schon verinnerlichten Regeln fest, die Halt vor dem Fall ins Unabsehbare versprachen: das Abreißen des Kalenders, die Einträge in ein ledergebundenes Buch, das Kleid mit dem weißen Kragen am Sonntag. Manche hatten Mühe, die hartnäckige Müdigkeit zu bekämpfen, hielten sich nur noch mit letzter Kraft aufrecht, wackelig auf den Beinen, sich entlangtastend an den nachgedunkelten Tapeten und den viel zu vielen Möbeln. Ein langsames Verdämmern in stillen Räumen, die oft ungelüftet waren, modrig, einen fahlen Schlafgeruch verströmend, den auch Kölnisch Wasser nicht mehr überdecken konnte. Hinfälligkeit war die Strafe dafür, einmal jung gewesen zu sein. Die Strafe wurde nicht sofort vollstreckt, sondern nach und nach. Sie musste abgelebt werden. Ein einfaches Treppenhaus genügte, um eine Grenze zu errichten, die nicht mehr überschritten werden konnte. Das Leben spielte sich draußen ab, und draußen, das war weit weg, drang nur noch durch den Fernseher oder das Radio herein. Oder durch den Besucher, der am späten Vormittag klingelte. Doch nie hatte ich die Zeit, lange genug zu bleiben, war schon wieder auf dem Sprung, weil in der nächsten Wohnung bereits ein anderer wartete, der ebenfalls hoffte, den einzigen Gast des Tages ein wenig länger bei sich behalten, ihn mit einem interessanten Gesprächsthema am viel zu schnellen Weggehen hindern zu können. Es blieb beim flüchtigen Blick auf die Dinge, die auf andere Lebensumstände verwiesen, in denen das Alter nur ein leicht zu verdrängender Gedanke gewesen war. Abgegriffene oder sorgfältig abgestaubte, oft in die Hand genommene Dinge. Gerettetes, Bewahrtes, Gehütetes, das Erinnerungen auslöste und Vergangenheit in sich barg. Eine Schachtel Feldpost. Ölbilder. Gerahmte Fotografien. Das einzig Lebendige in diesen profanen Museen war oftmals ein Tier. Eine alte Frau hütet ihren Kanarienvogel, doch eines Morgens ist er verschwunden, wird erst nach Tagen wiedergefunden, tot, unter dem Teppich in ihrer Wohnung, die ein nicht isolierter Dachboden ist, viel zu heiß im Sommer, bitterkalt im Winter.

Man hatte mich doch noch eingezogen. Der Zivildienst riss mich heraus aus der zwar prekären, doch eben auch unabhängigen Existenz des Freiberuflers. Man hatte mich genau in dem Moment erwischt, als ich nicht mehr damit rechnete und ich damit begann, in der Kunstwelt langsam einen Fuß vor den anderen zu setzen. Ich schloss mit mir selbst ein Abkommen: Die achtzehn Monate beim Deutschen Paritätischen Wohlfahrtsverband sollten mich nicht vom Malen abhalten. Ich wollte, obwohl ich weniger Zeit haben würde, dennoch die gleiche Anzahl Bilder malen wie in den freien Tagen zuvor. Die Verantwortlichen hatten ein gutes Herz. Sie verstanden mein Dilemma und ließen mich so manches Mal früher heimgehen. Auch die alten Leute spielten bereitwillig mit, wenn ich ihnen mal wieder einen nicht bestehenden Termin unterjubelte, weil es mich ins Atelier zog:

»Sie müssen heute doch bestimmt zum Zahnarzt, oder?«

»Jo, klar, Jung, un zwar dä janze Nohmeddach!«

Doch wer gelungene Kunst am Fließband herstellen will, braucht schon ein Heer von Assistenten. Was im Tagesplaner machbar erscheint, muss noch lange nicht Wirklichkeit werden. Ich produzierte zwar weiter, schaffte auch die erhoffte Stückzahl, doch meine Bilder wurden immer schlechter. Für Details blieb mir keine Luft mehr, für die letzte Hingabe fehlte oft die Konzentration. Zudem schwand mein Ehrgeiz, in der Konkurrenz um das unerträglichste Bild punkten zu wollen. Der Wettstreit mit den anderen kam mir nun nur noch wie ein kindischer Zeitvertreib vor, der mit dem, was ich tagtäglich erlebte, sehr wenig zu tun hatte. Es führte kein Weg von den Schicksalen, deren Zeuge ich wurde, zur Popkultur. Mit L'art pour Lebkuchen steuerte ich letztlich nur auf Zynismus und Dekadenz zu. Wenn ich auf lange Sicht meine Kunst und meinen Alltag wieder versöhnen wollte, musste ich mir etwas überlegen. Doch vorerst wusste ich noch keinen Reim auf all die Lebensgeschichten, die sich zwischen den Zeilen dieses furchtbaren Jahrhunderts zugetragen hatten. In den Geschichtsbüchern überlebten, das wusste ich spätestens, seit ich durch Peter Virnich Bertolt Brechts Gedicht »Fragen eines lesenden Arbeiters« kennengelernt hatte, nur die Könige, die Sieger und die Verbrecher. Niemand sprach von denen, die ihnen ihre Monumente errichtet, ihre Paläste gebaut und für ihre Kriege bezahlt hatten. Und niemand sprach von denen, die Utopien entworfen hatten und dafür immer nur bestraft worden waren. Ich lernte einen Mann kennen, der als junger Kommunist von der Machbarkeit seiner Idee überzeugt gewesen war und für Gerechtigkeit und Gleichheit gekämpft hatte.

Was dann geschah, folgte nicht der berühmten List der Vernunft, sondern nur der unerbittlichen Logik einer heillosen Welt. Verhaftung durch die Nazis, ein Strafbataillon an der Ostfront, Desertion, das Wechseln der Seiten, hinüber auf die vermeintlich richtige, die für den Überläufer aber auch nur ein Bleibergwerk in Sibirien bereithielt. Und bei der Heimkehr nach Deutschland lief die Zeit schon wieder zurück, war der Krieg wie nie gewesen, waren die Toten vergessen und war den Mördern, die in der neuen Bundesrepublik Fuß gefasst hatten, vergeben. Der alte Mann sprach leise und ohne Emotionen. Er hatte schon lange damit aufgehört, nach vorne zu schauen. Sein ganzes Leben war ihm gestohlen worden.

Andere flüchteten sich vor den trostlosen Fetzen des Alterns in Galgenhumor. Wenn ich beim Essenausfahren die Brunostraße in Richtung An St. Magdalenen herunterkam, sah ich Herrn Thiebes schon von weitem. Thiebes hatte sein ganzes Leben für die Reissdorf-Brauerei als Bierkutscher gearbeitet. Er hatte zwei Pferde durch die Straßen der Stadt gelenkt und die schweren Bierfässer in die umliegenden Kneipen gerollt. Es war nicht schwer, sich Thiebes in seinem Beruf vorzustellen. Er verfügte über die entsprechende Statur und über ein schier unbegrenztes Repertoire von Kraftausdrücken. Er fluchte tatsächlich wie ein Bierkutscher. Jeden Vormittag und egal bei welchem Wetter wartete er, argwöhnisch beäugt von seiner Frau, die oben aus dem Fenster lehnte, in einem weißen Feinrippunterhemd vor der Tür, bis die Jungs vom Wohlfahrtsverband das Essen anlieferten. Er lauerte auf ein ironisch gemeintes Rededuell und brüllte einem seine Einstiegsfrage schon aus großer Entfernung zu:

»Wat hässte hück? Bloß nit widder dat Duuvefooder!«

Thiebes mochte keinen Reis. Jeder wusste das. Er wollte lieber Kartoffeln. »Hässte widder Duuvefooder? Kannste direk widder metnemme!«

Doch das war nichts gegen die Reaktion, wenn man, um das Spiel mitzuspielen, betont kleinlaut damit herausrücken musste, dass mal wieder Labskaus auf dem Speisezettel stand. Bei Labskaus lief Thiebes zur Höchstform auf:

»Wat??? Dann ald leever Duuvefooder als dat Labskausjedrisse! Dat kannste DIREK widder metnemme! Dat kannste direk enn die Mülltonn schmieße, do musste jar nit eez heher kumme, wennste Labskaus häss! Do, pass op, do!«

Dann packte er die Essensschalen vorsichtig auf das Stück alter Pappe, das er zu diesem Zweck immer mit nach draußen nahm, und verschwand vergnügt mit zwei Portionen Labskaus in der Tür.

An den Nachmittagen arbeitete ich in der Altentagesstätte am Maternuskirchplatz. Ein Treffpunkt für die noch einigermaßen rüstigen Rentner aus der Umgebung, die miteinander Kaffee tranken, Karten spielten, Zeitung lasen oder sich aus ihrem Leben berichteten. Ein vor der Geschwindigkeit und Kompliziertheit der Gegenwart geschützter Raum, in dem ausschließlich Kölsch gesprochen wurde und in dem die Zeit langsamer als sonst zu vergehen schien, weil sie sich dem Rhythmus eines immer wieder innehaltenden mündlichen Erzählens unterwarf. Am liebsten setzte ich mich zu Frau Herrmanns. Sie hatte ihr ganzes Leben auf der Kirmes verbracht. Sie war dem Ruf der staubigen, alten Rummelplätze gefolgt und hatte an jenen kostbaren Tagen im Jahr, an denen sich die Raupenbahnen bewegten und es nach gebrannten Mandeln roch, in einem kleinen Stand Blechtrommeln, Tröten, Luftballons, Lakritze, Hampelmänner, Wundertüten und Jo-Jos verkauft. Wenn es kalt wurde, hatten die Schausteller ihre prächtigen Wohnwagen aus Holz auf den planierten Trümmergrundstücken der Südstadt, etwa am Kartäuserwall, abgestellt und dort überwintert. Frau Herrmanns war öfter im Laden meiner Eltern gewesen und freute sich nun, »dämm Niedeckens Jung« wieder zu begegnen. Das jahrzehntelange Stehen hatte seinen Tribut gefordert, die Beine wollten nicht mehr so recht, doch die Schlagfertigkeit war dieselbe, mit der sie so manchen allzu forschen Kirmesbesucher in Schach gehalten hatte. Obwohl sie selbst mit Abstand die Älteste in der Tagesstätte war, kam es vor, dass sie sich umsah und mich scherzhaft, aber auch ein wenig ratlos fragte:

»Jung, wat soll ich eijentlich bei dä janze ahle Lück he?«

Als sie dreiundneunzig wurde, schrieb ich ihr ein Lied. Fünf Strophen, die ich zur Gitarre sang und die beim Geburtstagskind, aber auch bei den anderen anwesenden alten Damen für Entzücken und einige verstohlen aus dem Augenwinkel gewischte Tränen sorgten. Ich beendete meine Darbietung mit einem Blick in die Zukunft: »Un wenn et irjendwann dann / doch su wigg ens ess, / wenn do bovven einer meint, / die ahl Frau Herrmanns, die muss enn de Kess, / leev Frau Herrmanns, / dann säät da Leeve Jott: / die Frau Herrmanns, die stirv nie, / die laach sich höchtens ens kapott.«

»Leev Frau Herrmanns« gehörte nach meinem der wieder mal abwesenden Hille gewidmeten Einsamkeits-Blues »Helfe kann dir keiner« zu den ersten kölschen Songs, die ich schrieb. Ungefähr zur selben Zeit übertrug ich an dem großen blauen Camping-Klapptisch, der in der Teutoburger Straße in meiner Küche stand, auch Udo Lindenbergs »Cello« und Bob Dylans »Girl from the North Country« ins Kölsche: »Wenn de hinfährs, wo dä Wind hatt weht / frooch ens noh, wie et ihr jeht …« Ganz langsam ergab sich ein kleines kölsches Repertoire. Es ergänzte die Flut von ausschließlich englischen Songs, die wir sonst bei unseren ab 1976 als Feierabendspaß wieder ins Leben gerufenen Proben spielten, um etwas, was uns von anderen Freizeitkapellen unterschied.

Wenn man mich in Interviews nach meinem Lebenslauf gefragt hat, habe ich oft behauptet, die Musik mit dem Beginn meines Kunststudiums an den Nagel gehängt zu haben. Doch in Wirklichkeit weist keine Biographie solch klare Abgrenzungen auf. Immer gibt es Brüche, Überlappungen, Gleichzeitiges. Noch während der ersten Semester an der Kunsthochschule habe ich Konzerte mit Goin' Sad gespielt, und erst nach und nach verlor ich das Interesse daran, nach Rheinbach zu den anderen zu fahren, zumal Hille mittlerweile nach Bonn umgezogen war, wo sie Jura studierte. Alles in Rheinbach kam mir wie festgefressen vor. Ich hatte den Eindruck, dass sich dort nie mehr etwas ändern würde.

Manchmal trat ich noch alleine auf, etwa im »Republikanischen Club« in Köln. Ich war einer von vielen, die kämpferische, auf Hochdeutsch verfasste Lieder vortrugen. Lieder, die meinten, die

Weisheit mit Löffeln gefressen zu haben. Lieder, die alles kannten außer Selbstzweifel. Eine Ausnahme bildete da nur die Vertonung des Gedichts »Larisa«, das ich in Hans Magnus Enzensbergers erstem Lyrikband »Die Verteidigung der Wölfe« gefunden hatte. Darin war von einem Pferdemarkt die Rede, von Klarinettenliedern und Teppichzelten, vom Rascheln der Weidenblätter und von rauchverqualmten Träumen. Dieses einzelne Gedicht enthielt mehr Sinnlichkeit und Lebensfreude als alle Agitprop-Anthologien zusammen. Ich trug »Larisa« auch 1971 bei einem Hootenanny-Konzert im Bonn-Center am Bundeskanzlerplatz vor. Es war nur ein kurzer Auftritt gewesen, aber als ich mich mit meiner Gitarre auf den Heimweg machen wollte, merkte ich, dass der letzte Zug in Richtung Köln schon lange den Rheinufer-Bahnhof verlassen hatte. Während ich noch überlegte, wie ich nach Hause kommen sollte, rollte auf der sonst ausgestorbenen Reuter-Brücke eine Wagenkolonne heran. Schwarze und silberne, mit Standarten geschmückte Limousinen, deren Fenster nicht vollständig getönt waren. Ich ließ sie passieren, und dabei trafen sich für einen kurzen, gleichwohl zeitlupenartig in die Länge gezogenen nächtlichen Moment meine Augen mit denen des japanischen Kaisers Hirohito.

Erst als ich mir sicher war, dass eine Beschäftigung mit der Kunst mir ganz neue Horizonte erschließen würde – vorausgesetzt, ich ließ mich konsequent darauf ein –, hörte ich damit auf, weiterhin ernsthaft Musik zu machen. Um mir selbst das Endgültige meines Entschlusses zu beweisen, verkaufte ich meine weiße Telecaster, meinen Fender-Verstärker und meine Winston-Boxen. Das eingenommene Geld investierte ich in eine gute akustische Gitarre, eine Epiphone. Aus dem Rock 'n' Roller war ein Maler geworden, der sich nur noch zum Zeitvertreib mit Musik beschäftigen wollte. Die Epiphone war so teuer, dass ich mir nicht einmal einen Koffer dazu leisten konnte. Wenn ich sie auf Reisen in der Kastenente zurückließ, legte ich sie auf den Schlafsack und breitete eine Decke darüber, damit sie keiner sehen konnte. Das waren auch schon alle Vorsichtsmaßnahmen. Das kaputte Schloss der rückwärtigen Tür des Autos reparieren zu lassen wäre effektiver gewesen, doch auch

205

dafür hatte ich kein Geld. Ich vertraute stattdessen auf das ungeschriebene Gesetz, das Diebstähle aus einer Ente als Verstoß gegen
den Ehrenkodex untersagte. Leider hatte sich dieses Gesetz nicht
bis zu den Junkies in Barcelona herumgesprochen. Als ich nach einer Kaffeepause zum Parkplatz vor der Post zurückkehrte, hatte
sich meine Epiphone in Luft aufgelöst und Hans im Pech auch
noch das letzte Andenken an seine Zeit als Musiker verloren. Es
sollte einige Zeit vergehen, bis ich mir wieder eine Gitarre zulegte.
Mein Budget erlaubte mir nur eine schwarze Ibanez-Humming-
bird-Kopie. Aber immerhin. Frei von allem Besitz zu sein macht
auf Dauer nur Märchenfiguren froh.

Fan blieb ich jedoch auch während des Studiums. Mein Dual-
Mono-Plattenspieler war immer in Betrieb. Von den Kinks, den
Stones und von Rory Gallagher kaufte ich mir weiterhin jedes Album. Gallagher eiferte ich sogar optisch nach. Schon als Kind war
ein rot-kariertes Hemd mein Heiligtum gewesen. Es hatte einmal
meinem großen Bruder gehört, und meine Mutter hatte es kürzer
und enger genäht, damit es mir passte. Wahrscheinlich verband
ich mit diesem Hemd die gradlinige Männlichkeit meines Bruders,
wahrscheinlich hoffte ich, dass ich ein wenig davon immer bei mir
tragen konnte, wenn ich es anzog. In Rory Gallaghers Outfit, das
fast immer aus Jeans, karierten Hemden und Turnschuhen bestand, begegnete ich diesem frühen Gefühl von Geborgenheit und
Vertrauen wieder. Es war da, unabweisbar, und berührte mich auf
eine schwer fassbare Weise. Es nahm mich für diesen irischen
Bluessänger ein, als dessen Doppelgänger ich zu Beginn der siebziger Jahre durch die Gegend lief. Lange Haare hatte ich sowieso, und
mir eindrucksvolle Koteletten stehen zu lassen, stellte mich auch
nicht vor größere Probleme. Ich machte meine Sache wohl recht
ordentlich, denn bald schon schmückte Hille in Ermangelung eines ähnlich großformatigen Fotos von mir ihre Küche mit einem
riesigen Gallagher-Plakat. Das erste rotkarierte Hemd, das wirklich den gewünschten Western-Schnitt hatte, fand ich aber erst
1981, am Tag unseres allerersten Konzerts in München, in einem
Secondhandladen in der Schellingstraße. Ich trug es bei fast sämt-

lichen Auftritten, wusch es danach aus, trocknete es auf der Heizung meines Hotelzimmers und zog es wieder an. Ich trug es, bis es in seine Bestandteile zerfiel und man mir die Reste beinahe vom Leib wegoperieren musste.

Wer sich bei Gallagher allein mit dem Hören der Platten begnügte, handelte grob fahrlässig. Man musste den Mann auf der Bühne erleben. Nur dann sah man das ganze Bild. Gallagher betrachtete die Bühne als Realität, denn Realität hieß, das zu tun, was man am besten konnte. Er hatte sich schon in ganz jungen Jahren dazu entschlossen, Berufsmusiker zu werden. Er trat mit verschiedenen Show-Bands in den Tanzpalästen von Cork und Umgebung auf und unterhielt das Publikum. Allüren waren dabei ein schlechtes Accessoire. Mit Reserviertheit und Dünkel kam man durch keine Samstagnacht. Gallagher gab den Leuten, was sie wollten, doch er verabreichte es ihnen nach seinen Regeln. Er biederte sich nicht an und blieb trotzdem nahbar. Auch später, als er erst mit Taste und dann unter seinem eigenen Namen durch die Zeitzonen flog, war es ihm jederzeit möglich, sich in den Menschen, die sich in die Hallen drängten, wiederzuerkennen. Er konnte die Rampe überschreiten. Eine vierte Wand gab es bei ihm nicht. Gespräche mit Fans waren keine Pflichtübung, sondern Herzensangelegenheit. In einer Zeit, als fast alle Bands Nordirland von ihrem Tourplan strichen, weil sie nicht in die erbittert geführte Fehde zwischen Katholiken und Protestanten geraten wollten, gab Gallagher jedes Jahr zu Weihnachten Konzerte in Belfast, und die Fans vergaßen für drei Stunden ihre Konfession. Gallagher hielt sie bei der Stange, indem er jeden Abend anders gestaltete. Feste Set-Listen lehnte er ebenso ab wie das Zerstückeln seiner Alben durch Single-Auskopplungen. Wenn er die Bühne betrat, grüßte er kurz, dann schaute er, ob seine Gitarre gestimmt war, hantierte mit Effektgeräten und Kabeln – da klang noch nicht alles so, wie es sollte, dort ließ sich noch etwas verbessern, nebenbei sprach er einige Worte ins Mikrophon –, doch nichts von alldem wirkte eitel, alles entsprang einem Bedürfnis, den Job so gut wie möglich zu erledigen. Und dann kam eine Ansage, so lapidar und unprätentiös wie nur was: »This is a new song called ›A Million Miles Away‹. Hope you like it.« Und wie ich den Song mochte. Er versetzte einen in die schwerverständlichen Stunden zwischen eins und vier in der Nacht. Ein weiteres gespieltes Konzert, eine leere Hotelbar, ein schlafender Barkeeper und die Müdigkeit, die einen anfällt wie ein wildes Tier, die wehrlos macht und die Trostpflaster mit einem Ruck abzieht. Die den mühsam gehorteten Bestand an Selbstbeherrschung und Gleichgültigkeit in Windeseile verzehrt und einen zwingt, der Einsamkeit und der Sehnsucht nach der fernen Geliebten ins Gesicht zu sehen. »A Million Miles Away« machte aus Katzenjammer Blues.

Im Januar 1975 flog Gallagher nach Amsterdam. Mick Taylor hatte aufgegeben und die Rolling Stones auf die Suche nach einem neuen Gitarristen geschickt. Gallagher war in der engeren Wahl gelandet, doch nachdem er drei Tage mit Charlie Watts, Bill Wyman, Mick Jagger und Ian Stewart vergeblich darauf gewartet hatte, dass Keith Richards seinen drogeninduzierten Tiefschlaf beendete, brach er nach Japan zu einer lange schon gebuchten Tournee auf. Höflich, wie er war, revanchierte er sich für die Einladung, indem er den Stones das Riff von »Miss You« als Gastgeschenk zurückließ. Vermutlich war der Aufbruch und der damit verbundene Verzicht auf einen Platz in der Band eine Entscheidung, die Gallagher nicht besonders schwergefallen war. Glimmeraffin war er nie gewesen, und mit Damenperücke und rotgeschminktem Mund auf dem Cover von »Some Girls« hätte man ihn sich auch nur schwer vorstellen können. Wer Songs über so etwas Alltägliches wie einen Waschsalon im Repertoire hatte, dem lagen Posen nicht. Gallagher spielte kein Theater und brauchte auch keinen Souffleur. Er war kein Pfau. Er spielte lieber noch eine Zugabe, als sich in sein eigenes Spiegelbild zu verlieben.

Und da lag sie. In einem ganz gewöhnlichen Gitarrenkoffer. Rorys 1961er Strat. B. B. King frönte mit gleich zahlreichen »Lucilles« der Gitarrenpolygamie, doch Rory war seiner namenlosen ersten Liebe immer treu geblieben. Zusammen mit seinem jüngeren Bruder Donal hatte er sie eines Tages am Merchants Quay entdeckt, in »Crowley's Music Store«. »Musik Oehl« gab es eben auch in Cork.

Michael Crowley musste die beiden Halbwüchsigen, die die Augen von dem Schatz im Schaufenster nicht abwenden konnten, schon lange bemerkt haben, ehe sie sich in den Laden trauten. Er zeigte ihnen die Gitarre, die die weite Reise von der Fabrik in Kalifornien bis nach Cork hinter sich hatte und einhundert Pfund kosten sollte. Jede Überlegung war eine zu viel. Rory gab seine alte Rosetti in Zahlung, versprach, dass seine Mutter für das Aufbringen des noch fehlenden Geldes bürgen würde, und zog mit der ersten Fender Stratocaster, die es bis nach Irland geschafft hatte, von dannen, nicht ohne Donal in die Pflicht zu nehmen, strengstes Stillschweigen über die Transaktion zu bewahren. Zu Hause wurde das gute Stück erst einmal unter dem Bett versteckt, und die Brüder hielten abwechselnd Wache vor ihrem Jugendzimmer. Doch die Verschwörung flog bald auf. Als Monica Gallagher ihren Sohn bat, ihr wieder mal etwas vorzuspielen, musste Rory Farbe bekennen, und die Wahrheit kam ans Licht. Rory erklärte seiner Mutter, dass er mit der neuen Gitarre sein Instrument fürs Leben gefunden hatte, und er behielt recht. Die Strat wurde ein Teil von ihm. Alle Schrammen und Kratzer, ein gebrochener Tremoloarm und das langsame Verschwinden der Sunburst-Lackierung, all die Spuren, die die Zeit hinterließ und die von Schweiß, Hingabe und Leidenschaft erzählten, machten die Gitarre nur noch wertvoller, verstärkten ihre Aura. Nicht einmal ein Diebstahl konnte ihr etwas anhaben. Als sie einmal aus dem Tourbus gestohlen wurde, berichtete das Fernsehen darüber in einer Sendung namens »Gardia Patrol«, die man vielleicht als irisches Pendant zu »Aktenzeichen XY ... ungelöst« bezeichnen konnte, wenn auch Eduard Zimmermann nach einem Einbruch im Düsseldorfer Kling-Klang-Studio niemals zur Suche nach einem gestohlenen Computer aufgerufen hätte. Obwohl der irische Polizist, der die Ermittlungen leitete, öffentlich mutmaßte, dass der Gitarrendieb vielleicht nur Rorys Nachbarn einen Gefallen habe tun wollen, suchte die ganze Nation nach dem Instrument. Selbst der abgebrühteste Gauner hätte da kalte Füße bekommen. Die Gitarre wurde gefunden und ihrem Besitzer zurückgegeben, der sie unverzüglich wieder in Anschlag brachte.

Und jetzt, am 28. August 1982, so viele Jahre später, lag sie in ihrem Koffer auf dem Boden des Wohnwagens, der Rory als Backstage-Bereich zugewiesen worden war. Um den ich den halben Tag herumgeschlichen war mit klopfendem Herzen, in dem ich schließlich saß, aufgeregt und glücklich. Ich rechnete es Rory hoch an, dass er so tat, als bemerke er meine Nervosität überhaupt nicht. Er sah einfach darüber hinweg und verwickelte mich in ein Gespräch, in dem er mir genauso neugierige Fragen stellte wie ich ihm. Ich hatte noch jemanden gefunden, der wie Larry Rivers zwischen Leben und Werk nicht unterschied und abseits der Öffentlichkeit derselbe war wie bei der Vernissage oder auf der Bühne. Meine Begegnung mit Rory wanderte auf direktem Wege in den Ordner mit den unverlierbaren Erinnerungen. Zumal Rory mir am Ende noch anbot, auf seiner Strat zu spielen. Es war, als würde einen James Joyce persönlich dazu auffordern, im Originalmanuskript von »Ulysses« zu blättern. Mir zitterten die Hände. Mit Ach und Krach schaffte ich den G-Dur-Akkord. Mir fiel das karierte Hemd meines Bruders und das Poster in Hilles Küche ein. Manchmal versteckt der Zufall sein zufriedenes Grinsen hinter der Maske der Vorherbestimmung.

Doch gegen unsere Starrköpfigkeit hätte auch er nichts ausrichten können. Von der mussten wir uns schon selbst verabschieden. Denn um ein Haar hätten wir eines der wichtigsten Konzerte unserer Karriere und damit auch das Treffen mit Rory Gallagher versäumt, weil der von Peter Rüchel in Aussicht gestellte Auftritt beim »Rockpalast«-Festival auf der Loreley, bei dem neben Gallagher auch Eric Burdon und David Lindley spielen würden, sich nach einem strapaziösen Jahr unterwegs ausgesprochen schlecht mit unseren Urlaubsplänen vertrug. Eine Gelegenheit, sich live im Fernsehen zur besten Sendezeit und dazu noch europaweit präsentieren zu können? Die Ehre, als erste deutsche Band überhaupt zu einer »Rockpalast«-Nacht eingeladen zu werden? Das klang zwar alles verlockend, aber andererseits waren Ferien auch nicht zu verachten, Karriere hin oder her. Wir dachten nicht in Businessplänen. Wer sich mit uns hinsetzen wollte, um Erfolgsstrategien

einzuüben, verzweifelte an unserer eigenwilligen Arglosigkeit. Wir waren nicht clever, wir waren unschuldig. Daran änderte sich auch nichts, als wir uns im letzten Moment doch noch eines Besseren besannen und Peter Rüchels Einladung annahmen. Anstatt uns unter Wettbewerbsbedingungen konzentriert auf das Konzert vorzubereiten, kamen wir erst zwei Tage vorher zusammen, um im EMI-Studio II mit zwei akustischen Gitarren und einem Klavier die Akkorde der Songs zu rekapitulieren, von denen wir fast die Hälfte noch nie live gespielt hatten, weil sie von unserer gerade veröffentlichten LP »Vun drinne noh drusse« stammten. Und selbst diese Minimalprobe durfte nicht allzu lange dauern, denn es gab schließlich Wichtigeres zu tun. Wir mussten ins »Chlodwig Eck«.

Wir kamen aus dem Feiern kaum mehr heraus. »Vun drinne noh drusse« hatte sich innerhalb weniger Tage 200 000-mal verkauft, mit dieser Platte hatten wir unser eigenes Album »… für usszeschnigge!« in den Charts vom Thron gestoßen. In ihrem Fahrwasser segelten sogar unsere ersten beiden LPs in die Top 20, und das refrainlose »Kristallnaach« mauserte sich zum Single-Hit. In diesen

Tagen schien es, als könnten wir nichts falsch machen. Was wir auch anpackten, es gelang. Eine traumwandlerische Sicherheit hatte uns erfasst. Wir balancierten auf dem Dachfirst und stürzten nicht ab, weil es uns gar nicht in den Sinn kam, nach unten zu sehen, dahin, wo die Gefahren und Fallen lauerten. Daher schafften wir es auch, auf der Loreley einen nahezu ungeprobten und bisweilen regelrecht unbeholfenen Auftritt, der mir beim späteren Anschauen auf Video regelmäßig hektische Flecken ins Gesicht zaubern sollte, mit Inbrunst und Adrenalin in eine beglückende und unvergessliche Erfahrung zu verwandeln, so himmelstürmend wie die Luftballons, die zu »Ne schöne Jrooß« ins Blaue stiegen, so lebendig wie die Fans, die sogar die Baumkronen als Tanzfläche nutzten. Es dauerte lange, bis wir nach dem Konzert wieder zu uns kamen, wie erwacht aus einer Trance, als die Luft langsam kühler wurde und sich der Augustabend in einen Sonnenuntergang über dem ruhig fließenden Rhein ergab.

Doch es war noch nicht vorbei. Am Nachmittag hatte ich mir von Rory Gallagher die Zusage für eine finale Jam-Session geholt, und Peter Rüchel kümmerte sich darum, dass sie auch tatsächlich stattfand. Nach dem letzten Auftritt hastete er durch den weitläufigen, schon in tiefe Dunkelheit gehüllten Backstage-Bereich, klopfte an Wohnwagentüren, sammelte alle Musiker ein, derer er habhaft werden konnte, und schickte sie noch einmal zurück auf die Bühne. Joseph Beuys am 10. Juni in Bonn bei »Knockin' on Heaven's Door« neben mir zu wissen, hätte schon ausgereicht, mich für immer davon zu überzeugen, dass die unwahrscheinlichsten Drehbücher eben nicht von routinierten Autoren in den Hügeln von Hollywood, sondern von der Wirklichkeit selbst geschrieben werden. Den Song nun aber auch noch zusammen mit Eric Burdon, dessen Version von »House of the Rising Sun« ich meine erste eigene Gitarre verdankte, und mit Rory Gallagher, bei dem ich mir mein Verhalten auf der Bühne und meinen Umgang mit dem Publikum abgeschaut hatte, zu spielen, kurierte mich endgültig davon, den Einfallsreichtum des Lebens zu unterschätzen.

Dreizehn Jahre später, im Juni 1995, als ich mit der Leopardefellband in Richtung Lüneburg unterwegs war, erfuhr ich, dass Rory im Londoner King's College Hospital an den Folgen einer Lebertransplantation gestorben war. Viel zu früh. They don't make them like you anymore, that's for sure.

Ich war nicht allein, wenn ich den alten Leuten ihr Mittagessen brachte. Ein Auto, das in zweiter Reihe oder in einer Toreinfahrt parkte, ließ man besser nicht allein. Jemand musste die Stellung halten, während ich die Treppen der Mietshäuser nach oben hastete. Am liebsten drehte ich meine Runden mit Frieder Engsfeld, denn Frieder wusste alles über Bob Dylan. Er war im Auftrag des Herrn unterwegs. Sich mit ihm zu unterhalten machte den Gang ans Bücherregal überflüssig. Ganz am Anfang hatte unsere Kameradschaft einen heiklen Moment überstehen müssen. Frieder hatte nur unwillig zur Kenntnis genommen, dass ich mit dem Beginn meines Kunststudiums zwar nicht vom Glauben abgefallen war, mich aber auch nicht mehr darum bemüht hatte, in Sachen Dylan auf dem Laufenden zu bleiben. Dylan war zu einem Punkt außerhalb meines Gesichtsfelds geworden, ein Name aus der Vergangenheit, die ich in Rheinbach zurückgelassen hatte. Jemand wie Frieder konnte das natürlich nicht hinnehmen. Er witterte eine Aufgabe und widmete sich ihr fortan mit Leidenschaft. Im Ford Kombi des Deutschen Paritätischen Wohlfahrtsverbands, in dem die in grünen Styroporkisten gestapelten Mahlzeiten eine im Sommer fast unerträgliche Hitze abstrahlten, erhielt ich Nachhilfeunterricht. Dylan auf Rädern. Allmählich brachte mich Frieder wieder auf den neuesten Stand. Ich hatte in den sechs Jahren einiges verpasst. Dylan war nicht faul gewesen. Seine Plattenveröffentlichungen aus dieser Zeit ließen sich nicht auf einen Nenner bringen: Eine seltsame Doppel-LP voller halbgarer Coversongs. Ein Soundtrack zu einem düsteren Western. Eine Greatest-Hits-Platte, die den Hörer mit einem neuen Lied und den Zeilen »What's the matter with me / I don't have much to say« empfing. Die Wiedervereinigung mit The Band. Cast-Iron Songs und Torch Ballads. Und ein Album, in dem nur, wer unbedingt wollte, die Vertonung einiger Kurzgeschichten von Anton Tschechow erkennen konnte. Alle anderen hörten auf »Blood on the Tracks« den mit großer Anstrengung zur Kunst gebändigten Schmerz über eine verlorene Liebe.

Mitte der siebziger Jahre, gerade rechtzeitig zu Frieders Crashkurs, war Dylan wieder auf der Höhe seiner Kraft. Er hatte einen Lauf. Seine neueste Platte trug den Titel »Desire«. Sie ließ die Klänge der sich überall in den Hitparaden tummelnden Bombastkapellen links liegen. Sie brachte die Keyboardtürme zum Einsturz. Auch mich hatte man mit Alben wie »The Dark Side of the Moon« oder »Pictures at an Exhibition« verblüffen können, doch es war eine kalte Bewunderung geblieben. Irgendwann hat man sich an den Pirouetten der Virtuosität sattgesehen. Dann will man die Hände wieder aus den Hosentaschen nehmen und seinen eigenen Träumen zum Ausdruck verhelfen, ohne sich ständig mit der Angst herumschlagen zu müssen, nicht mithalten zu können. »Desire« enthielt keine Songs, die einem von oben herab begegneten und einem zu verstehen gaben, dass man es nie schaffen würde, es mit ihnen aufzunehmen. Keine Songs, die einem das Gefühl vermittelten, man sei nicht gut genug, man sei zu alt, zu jung, zu dick, zu dünn, zu hässlich, zu dies oder zu das. »Desire« führte den Hörer in einen Raum, in dem sich Menschen aufhielten, die die Freude am gemeinsamen Musikmachen einte. Beinahe wirkte es so, als habe Dylan sie um sich geschart, um nach der einsamen Selbstentblößung von »Blood on the Tracks« wieder Teil eines Kollektivs werden zu können. Er ging dabei offener und großzügiger vor als sonst. Beim Songschreiben nahm er die Hilfe des New Yorker Psychologen und Theaterschriftstellers Jacques Levy in Anspruch. Den Platz am Mikrophon teilte er sich mit Emmylou Harris, und der Geigerin Scarlet Rivera, die ihm eines Nachmittags im East Village über den Weg gelaufen war, räumte er mehr Platz in der vordersten Reihe ein als jemals zuvor einem anderen Musiker.

Die Songs von »Desire« führten vom mit Kummer ausgekleideten Inneren wieder hinaus in die Welt, in ferne Länder, andere Zeiten und fremde Mythen. Wo sollte man anfangen? In einer heißen Nacht in New Jersey, in der ein schwarzer Boxer Opfer einer Intrige wird? Auf einer verlassenen Veranda in Black Diamond Bay? In Aztekenruinen an einem staubigen mexikanischen Nachmittag? Romantik hatte definitiv wieder die Oberhand gewonnen.

Später unterhielt ich mich ab und zu mit Major über die Platte. Er hielt die Songs für nicht zu Ende komponiert. Für ihn gingen sie alle in den Wald, anstatt herausgeputzten Prachtstraßen zu folgen. Doch was machte das schon, solange sie im Wald Spaß hatten? Ich wusste jedenfalls, dass für die noch namenlose erste BAP-Besetzung, diese spielwütige Horde Rock-'n'-Roll-Kranker, nichts ermutigender sein konnte als dieses live im Studio aufgenommene Album, das voll Überschwang und konstruktiver Zusammenarbeit war. Allein schon, indem wir es nachspielten, leistete es uns Hilfestellung bei den ersten Schritten. Nur die Geige fehlte uns. Sie sollte uns noch sehr lange fehlen. Erst 2005 traf ich in Karlsruhe, beim Konzert einer befreundeten Band, die mich eingeladen hatte, unsere Scarlet Rivera. Eine blonde, klassisch ausgebildete Geigerin aus Dresden in Jeans und Stiefeln, deren Liebe zur Rockmusik durch Dylans »Desire«-Album entfacht worden, die mit Straßenmusikern umhergezogen war und die sich bei der Auswahl ihrer vielen Projekte nicht beirren ließ. Nicht von dem Unterschied zwischen Pop und Rock und schon gar nicht von dem zwischen einem eher großen und einem eher geringen Publikumszuspruch. Mit ihr fand ich auf dem Parkplatz neben der Karlsruher Halle, beim spontanen Anstimmen einiger Songs von »Desire«, die Vollendung jenes Sounds, der uns schon bei den allerersten Bandproben 1976 vorgeschwebt hatte, den wir aber nie erreicht hatten. Willkommen, Anne de Wolff.

Wir waren ein seltsamer Haufen. Übriggebliebene aus den Beat-Bands der sechziger Jahre, die sich nach einer längeren Zeit der Abstinenz wieder der Musik zuwandten, doch gelassener diesmal, mit gestutzten Erwartungen. Es gab nichts mehr zu beweisen. Wir waren alle mehr oder weniger vollständig im Erwachsenenleben angekommen. Unsere Träume hatten schon einige Konfrontationen mit der Wirklichkeit hinter sich, keiner musste uns mehr die Flausen aus den Köpfen vertreiben. Wir begnügten uns damit, einmal pro Woche nach Feierabend einen Kasten Bier leerzuproben und dann wieder unserer Wege zu gehen. Zum Spaßhaben bedurfte es keiner weitergehenden Ambitionen und auch keiner Zugangsbeschränkung. Wir waren ein loser Verbund. Jeder konnte mitmachen. Es gab Einzeltäter, Gelegenheitsdiebe und solche, die fast immer kamen. Afro Bauermann aus Rheinbach, Fetenkönig und Freund von Hilles Bruder. Klaus Hogrefe, der ehemalige Bassist von Action Set. Rainer Gulich, den wir schon zu Goin'-Sad-Tagen »Saxello« genannt hatten. Bertrams Jupp, von dem die ausgefuchste Anregung zu einem neuen Song auf Kölsch kam:

»Maach doch ens e' Leed met ›Mama Cash hätt vill Pesch‹!«

Er hatte offensichtlich zwei Namen durcheinandergebracht.

Schmal dagegen glänzte ein ums andere Mal durch Abwesenheit. Er war unter die Haube gekommen und deshalb auch aus unserer gemeinsamen Wohnung in der Teutoburger Straße ausgezogen. Jetzt blies ihm ein rauerer Wind entgegen. Das sorglose Leben eines Junggesellen lag hinter ihm. Jetzt wurde genau unter die Lupe genommen, wo und mit wem er seine Freizeit verbrachte. Leider zählte neben dem Umgang mit mir und der Verständigung im Dialekt auch das Musikmachen nicht zu den Aktivitäten, die seine Frau Regina mit Wohlwollen betrachtete. Schmal versuchte sich Luft zu verschaffen, indem er als Vertretung am Schlagzeug seinen kleinen Bruder Wolli vorbeischickte:

»Dä spillt suwiesu besser als ich.«

Aber das half nur kurze Zeit. Dann geriet er erneut zwischen die Fronten. Ich wollte Schmal unbedingt dabeihaben, wenn schon nicht am Schlagzeug, so doch wenigstens an den Congas. Also verlegte er sich auf eine neue Taktik, die seine knifflige und für ihn recht peinliche häusliche Situation ein wenig gefälliger erscheinen lassen sollte. Er feilte an der Außendarstellung und sagte nicht mehr direkt ab, sondern verlegte sich aufs Nebulöse. Wenn ich ihn an die Probe am Abend erinnerte und ihn zum Mitmachen überreden wollte, wickelte er eine Haarsträhne um den Finger, zauberte einige Sorgenfalten auf sein Gesicht und sagte dann:

»Jo, äh, ess problematisch, äh, komme später nach …«

Schmal verschob sein Erscheinen auf eine Zukunft, die, wie wir beide wussten, wieder einmal nicht eintreffen würde. Er bekam einfach viel zu wenig Ausgang. Wer »Komme später nach« sagt, kreuzt eben nur selten tatsächlich noch auf. Für eine löbliche Ausnahme sorgte da viele Jahre später nur unser Edel-Roadie Kalau. Kalau pflegte nach getaner Arbeit das Nachtleben einer Stadt zu erkunden. Auch nach unserem »Da Capo«-Konzert im Oktober 1988 in der Berliner Deutschlandhalle zog er beschwingt um die Häuser, aber am Ende des nächtlichen Trips war ihm seine Herberge abhandengekommen. Er fand unser Hotel in der Nähe des Funkturms nicht mehr. Es schien sich in Luft aufgelöst oder eine Tarnkappe aufgesetzt zu haben. Keine Leuchtreklame, keine Hinweisschilder. Das Hotel duckte sich zwischen die anderen Häuser und bildete mit ihnen eine schwarze Einheit. Kalau musste um-

buchen. Er trieb ein Zimmer im »Ibis«-Hotel, dem »McDonald's zum Schlafen«, auf und ließ sich ermattet ins Bett sinken. Am anderen Tag fehlte er. Er fehlte beim Frühstück, er fehlte am Flughafen, und er fehlte auch bei unserer Ankunft in Zürich, wo das nächste Konzert anstand. Erst am frühen Nachmittag spuckte das Faxgerät ein Lebenszeichen mit dem Briefkopf »Hotel Ibis – Berlin« aus. Schmals alter Satz hatte nichts von seiner außerordentlichen Prägnanz eingebüßt: »Komme später nach. Kalau.« Wir verkleinerten das Fax auf die Größe eines Backstage-Passes und verteilten es als zusätzliche Legitimation. Nur wer Kalaus epochale Ankündigung um den Hals trug, gehörte noch zu Band und Crew. Es war die Zeit, in der wir uns außerdem auf ein ausgeklügeltes Bestrafungssystem für Verfehlungen im Touralltag festgelegt hatten. Der Sünder bekam mit einer Zange, wie sie Zugschaffner benutzten, ein Loch in seinen Tourpass gestanzt. Je nach Schwere des Vergehens auch mal zwei oder drei. Nach seinem Eintreffen in Zürich wurde Kalau zum Rapport bestellt. Anschließend glich sein Tourpass, den Gebräuchen des Gastlandes wunderbar entsprechend, einem Stück Schweizer Käse.

Unser Proberaum war das Wiegehäuschen eines Kalksandsteinwerks in Hersel bei Bonn, verkehrsgünstig gelegen an der ältesten Autobahn Europas, der 1932 eröffneten A 555. Sie verlief zwischen dem Bonner und dem Kölner Verteiler. Die Strecke ging uns in Fleisch und Blut über. Unterwegs ließen wir meistens das Radio laufen. Auch im August 1977. Die Ampel an der Bushaltestelle Arnoldshöhe zeigte gerade rot, als das Programm unterbrochen wurde. And the man on the radio says Elvis Presley's died.

Auf dem Fabrikgelände in Hersel störten wir keinen. An Krach war man dort gewöhnt. Dass wir dort Musik machen konnten, verdankten wir unserem Gitarristen Hans Heres. Seinem Vater gehörte das Kalksandsteinwerk. Hans hatte ich über Rolf D. Bogen kennengelernt, beide studierten Betriebswirtschaft in Köln. Seinem Kumpel hatte Rolf die Ergänzung des Namens um ein bedeutungsschwangeres Initial erspart, dafür rief er ihn in einer bizarren frankophilen Anwandlung stets nur »Honçe«. Wir schlossen uns dem an. Die pseudo-französische Aussprache eines gewöhnlichen deutschen Vornamens injizierte unseren Unterhaltungen einen ironischen Schuss Weltläufigkeit und Eleganz.

Honçe und ich wurden Freunde. Dabei hatten wir auf den ersten Blick bis auf unsere langen Haare kaum etwas gemeinsam. Die Milieus, aus denen wir kamen, konnten unterschiedlicher nicht sein. Auf der einen Seite der sich von Job zu Job hangelnde Hungerkünstler mit seiner Kastenente, auf der anderen der Sohn aus reichem Hause, der ein Mercedes-Cabrio sein Eigen nannte, ein großes Apartment in der Nähe des Zoos bewohnte und eine klar umrissene Vorstellung von der Zukunft besaß – Honçe würde den Betrieb seines Vaters übernehmen, daran gab es keinen Zweifel. Dennoch interessierten wir uns füreinander. Wir begnügten uns nicht mit einem Blick auf die Fassade. Schenkt man Äußerlichkeiten keine große Beachtung mehr, lösen sich Vorurteile schnell in Wohlgefallen auf. Es war völlig egal, in welchem Auto Honçe durch die Gegend fuhr, solange er seine Offenheit und seine gewinnende Art behielt. Sein Horizont reichte weiter als nur bis zum Ende des Vorlesungssaals, sein Humor und seine Selbstironie bewahrten ihn vor der Gefahr, die Nase zu hoch zu tragen. Honçe prahlte nicht, er teilte lieber. Und von seiner Kameradschaft und Verlässlichkeit bekam man gerne etwas ab. Nur die Frauen machten ihm Kummer. Nie wusste er wirklich, ob sie sich in sein Lachen oder doch nur in seine Kohle verliebt hatten. Bei Elli sollte das anders werden. Honçe brauchte Gewissheit, denn Elli ließ sein Herz höherschlagen. Er musste herausfinden, was sie dachte und was ihr wichtig war. Er wusste auch schon, wie er es anstellen wollte, ihre Zuneigung zu testen. Wir zogen ein Tauschgeschäft auf. Wie in einem Lustspiel aus den fünfziger Jahren wechselten wir mit unseren Autos die Identitäten. Honçe wurde zum Kavalier mit der Kastenente, und ich bekam das Cabrio. Natürlich fuhr ich keinen Meter damit, ich hatte viel zu große Angst, etwas kaputt zu machen. Aber Honçe kutschierte seine Angebetete am Wochenende mit meinem Auto ins Grüne und rückte so lange nicht mit der Wahrheit heraus,

221

bis er sich sicher war, dass Elli ihre Gefühle nicht von materiellen Aspekten abhängig machte, sondern auch mit einem ganz normalen Studenten zusammen sein wollte. Er lag damit richtig. Über dreißig Jahre später sind die beiden noch immer miteinander verheiratet.

Da Schmal es sich zur Gewohnheit werden ließ, später nachzukommen, verbrachte ich mehr und mehr Zeit mit Honçe. Seit neuestem entfielen die Fußmärsche zum Zülpicher Platz. Das »Chlodwig Eck«, eine alteingesessene Kneipe an der Ecke Chlodwigplatz/Bonner Straße, hatte einen neuen Besitzer, und von Beginn an schaffte es Clemens Böll, ein anderes Publikum anzulocken, als es sonst in den Lokalen der Südstadt verkehrte. Im »Chlodwig Eck« saßen nicht die Verdrossenen und Enttäuschten. Niemand hing dort dumpf an der Theke, hielt alles für zwecklos und seufzte ins Bier. Bei Clemens trafen sich die, die noch etwas vom Leben erwarteten. Frustriert vor sich hin zu brüten gelang einem dort nicht, wo Ideen durch die Luft schwirrten und aus Luftschlössern konkrete Projekte wurden. Wir gehörten zu den Gründungsgästen. Wir kamen, um zu bleiben. Das »Chlodwig Eck« wurde zu unserem Zweitwohnsitz. Und wie schon im »Podium« besetzten wir auch hier die Musikbox. Wir warfen Geld nach, warteten, bis sich der Tonarm senkte, und fluteten dann den Raum mit Ben E. Kings »Stand by Me«, Chris Farlowes Version von »Out of Time«, Bob Dylans »Hurricane« und – ein kleiner Prog-Rocker steckte ja doch in einem – »Carpet Crawl« von Genesis.

Wenn nach der letzten auch die allerletzte, von Honçe vorsichtshalber im XL-Format geordnete Runde – »Clemens, maach noch ens zehn Kölsch!« – vorüberging, wenn uns nichts anderes zu tun blieb, als hinauszustolpern in die milde oder schneidend kalte oder wieder milde Luft, wie sie uns entgegenkam beim Öffnen der Kneipentür im Wechsel der Jahreszeiten; wenn wir nach einem Abend, an dem wir in erhitzte Gesichter geblickt und gesprochen, uns an Einfällen berauscht und ein momentlanges tiefes Zutrauen zu unserem Leben und unseren wirren Gedanken gefasst hatten, nach Hause gingen – dann kam es uns manchmal wie ein Sakrileg vor, die Nacht, die freundlich zu uns gewesen war, gegen Müdigkeit und Schlaf zu tauschen. Dann setzten Honçe und ich uns in den beigen Transit, der zum Fuhrpark des Kalksandsteinwerks gehörte und mit dem wir gelegentlich unsere Anlage transportierten, wendeten und ließen den Chlodwigplatz hinter uns, den Dom, die Stadt, fuhren, hörten Musik, fuhren, unterhielten uns, fuhren, nach Norden erst und dann westwärts, immer weiter, längst schon gepackt und getrieben von einer Sehnsucht, die wie ein Ziehen im Bauch war, wie Fernweh, wie das Kratzen im Hals beim Laufen an einem kalten Tag. Nach drei Stunden Fahrt, morgens, kurz vor halb sechs, waren wir da. Eine kilometerlange Promenade im ersten Licht, bald schon im hellen Nebel, unscharf wie auf einem Gemälde von Gerhard Richter, Wind, der grau und rau mit den Wellen an Land kam, an den Haaren zerrte, die Jacken aufplusterte, auf die der Regen fiel, einzelne Tropfen, die an den Scheiben der wenigen schon geöffneten Cafés hinabbrannen, Straßen bildeten, sich verdickten, weiter flossen. Einmal lag Schnee, als wir in unseren Schlafsäcken hinten im Transit wach wurden, wo wir geschlafen hatten, bis der Tag heraufdämmerte, doch meistens fuhren wir mitten hinein in die Sonne, die den Strand schon erfasste, Muster auf ihn zeichnete, seine Struktur hervorhob, die ersten Spaziergänger in Helligkeit dahingehen ließ und über die kleinen, flachen, weißgetünchten Häuser glitt, die sich hinter die Dünen duckten. Zwei Freunde streckten die Beine aus, übermüdet, aber glücklich, vor sich eine Tasse mit heißem Kaffee, das war das Frühstück, Kaffee und Kroketten, die nirgends so gut schmeckten wie hier, mit dem Blick auf den Horizont, die Wellen, den Strand, am frühen Morgen, nach durchwachter Nacht, in Zandvoort, am Meer.

Später am Tag machten wir, besonders wenn ein neues Stones- oder Dylan-Album erschienen war, halt in Amsterdam, denn ich wusste, dass dort auf dem Flohmarkt Schätze auf mich warteten, die es sonst nirgends zu kaufen gab: hektographierte Songbücher mit allen neuen Texten. Beim bloßen Hören der Lieder verstand man eben doch nur die Hälfte. Auf der Rückfahrt nach Köln überließ ich Honçe das Steuer und sah nicht mehr von meiner Lektüre auf. Ich konnte keine Sekunde länger warten. Ich hatte lange genug darüber gerätselt, was es mit einigen Passagen von »Idiot Wind« auf sich hatte.

Lächlers Häns gehörte in Hersel zum Inventar. Er war Hausmeister und Vorarbeiter in Personalunion. Nach Betriebsschluss fungierte er zudem als Nachtwächter. Er wohnte in einer Baracke direkt gegenüber dem Wiegehäuschen und warf ein waches Auge auf alles, was sich auf dem Werksgelände tat. Unsere Proben brachten ein wenig Abwechslung in seinen Feierabend. Insbesondere die Getränke, die wir aus dem Auto luden, weckten seine Aufmerksamkeit. Unter dem Vorwand, nach dem Rechten sehen zu wollen, kam er herein, setzte sich auf den Kasten Bier und half tatkräftig dabei mit, ihn zu leeren. Lächlers Häns war geduldig. Er ließ sich die Töne um die Ohren fliegen, nahm sich noch eine Flasche und versuchte sich einen Reim auf das zu machen, was er hörte. Nur wenn wir denselben Song mehrmals hintereinander gespielt hatten, um ihn in den Griff zu bekommen, regte sich Widerstand. Mit schöner Regelmäßigkeit zeigte uns Lächlers Häns dann, dass all unsere Erklärungen nichts gefruchtet hatten. Noch immer verwechselte er eine Bandprobe mit einem Konzert:

»Jo, äh, joot. Jetz spillt ihr ald sick mindestens zwei Stunde dat Leed, dat üch keiner helfe kann. Joot, dat wesse mer jetz. Spillt doch ens e' paar vun dä andere Schlaarere, die ihr och noch drop hatt!«

Wir richteten uns in unserem Kokon aus Spaß und Selbstgenügsamkeit ein. Unser Bedürfnis nach Öffentlichkeit hielt sich in engen Grenzen. Lächlers Häns reichte uns als Publikum vollkommen. Ab und zu lachten wir über Agnette, die uns beim Einräumen des Wiegehäuschens geholfen und sich anschließend zu einer Prophezeiung hatte hinreißen lassen:

»Wenn wir das ganze Zeug hier wieder raustragen, wird das zu eurem ersten Auftritt sein.«

Aber wir dachten gar nicht daran, auftreten zu wollen. Ein Auf-

tritt lag außerhalb unserer Vorstellungskraft. Genauso gut hätten
wir daran glauben können, die selbstgebastelte Goldene Schallplatte, mit der uns Schmals Frau an die Sinnlosigkeit unserer Bemühungen erinnern wollte, eines Tages gegen eine richtige einzutauschen.

Christian Maiwurm sah das anders. Zweimal war er schon nach
Hersel gekommen, um uns zuzuhören, beim dritten Mal hatte er
ein Anliegen. Umtriebig, wie er war, war er über die Aktionen der
alternativen Szene in den einzelnen Kölner Vierteln bestens informiert, nicht selten half er selbst dabei mit, den Themen der Bürgerinitiativen zu größerer Öffentlichkeit zu verhelfen. Jetzt war es
wieder so weit. Er erzählte uns von einer Veranstaltung in Köln-
Nippes, die sich gegen den Bau der geplanten Stadtautobahn richte
und für die er eine Band engagieren wolle. Wir wünschten ihm viel
Glück bei seinem Vorhaben. Der Groschen war noch nicht gefallen.
Christian musste deutlicher werden. Erst dann begriffen wir, dass
er an uns gedacht hatte. Er wollte uns aus dem Proberaum locken
und auf eine Bühne stellen. Das kam nicht in Frage. Wir hätten gar
keine Anlage, sagten wir, und außerdem seien wir überhaupt nicht
gut. Christian war geübt darin, Bedenken zu zerstreuen. Auseinandersetzungen mit Stadtoberen, Senderchefs und Kulturarbeitern
hatten ihn gestählt. Wir seien gut, betonte er mit Nachdruck, und
um die Anlage sollten wir uns keine Sorgen machen, die würde er
schon auftreiben. Uns gingen die Argumente aus. Außerdem wollten wir Musik machen und nicht mit Christian diskutieren. Nur
wenn wir einwilligten, würden wir fürs erste wieder unsere Ruhe
haben. Christian vernahm unsere Zusage, als habe er nie mit einer
Ablehnung gerechnet. Eine Viertelstunde später stand er schon
wieder im Proberaum. Wie Colombo war ihm noch etwas eingefallen. Es müssten Plakate für die Veranstaltung hergestellt werden,
sagte er, und eine namenlose Band ließe sich darauf nur schlecht
ankündigen. Wir brauchten einen Namen, und das schnell. Natürlich hatten wir uns zuvor schon mal Gedanken darüber gemacht.
Bandnamen fanden alle gut. Ein Bandname war wichtig. Mit ihm
konnte man so viel sagen. Ab und zu war bei unseren Überlegun-

225

gen auch der Name »Bapp« gefallen. Er war mir von Kindheit an geläufig. Mit »Bapp« redeten in Unkel am Rhein die Kinder ihre Väter an. Mein großer Bruder machte da keine Ausnahme. Und weil ich meine Mitmusiker öfter mit Geschichten über die Sparsamkeit meines Vaters unterhalten hatte, waren sie unmerklich dazu übergegangen, auch mich gelegentlich »Bapp« zu nennen. Honçe fiel das jetzt wieder ein. Um nicht noch mehr kostbare Probenzeit zu verplempern, wandte er sich an Christian und legte fest, was auf das Plakat gedruckt werden sollte:

»Schriev do ›BAPP‹ drop! Ävver loss dat zweite ›P‹ fott, dat sieht scheiße uss!«

Das war's. Das war die Taufe der Band. Und je mehr ich in den folgenden Jahren darüber nachdachte, desto glücklicher war ich über die Wahl des Bandnamens. Auf jeder Plattenhülle, auf jedem Poster, in jedem Artikel über uns begegnete mir mein Vater. Mit dem Namen »BAP« schien es, als hätten wir uns über alle Abgründe hinweg schließlich doch noch die Hände gereicht. Als sei damit die Verbindung wieder geknüpft worden, die in meiner Kindheit so stark gewesen war und die sich dann nach und nach in Unverständnis und gegenseitigen Vorwürfen aufgelöst hatte. Vielleicht ist es ja auch kein Zufall, dass der Text unseres erfolgreichsten Songs aus einem fiktiven Gespräch mit meinem toten Vater besteht. Vielleicht hatte in dem alten Herrn mit dem grauen Kittel und dem grünen Cordhut doch mehr Rock'n'Roll gesteckt, als ich vermutet hatte.

Der Auftritt im Mariensaal in Köln-Nippes begann mit einer Enttäuschung. Die Hälfte der von Christian bestellten Anlage war nicht geliefert worden. Wir konnten nur zu dritt spielen, Honçe, Afro Bauermann und ich. Zwei akustische Gitarren, Congas und meine kölschen Texte, von denen ich in der Zwischenzeit noch ein paar mehr geschrieben hatte. »Anna«, »Jraaduss« – der Liebeskummer, den mir die Beziehung mit Hille bereitet hatte, war eine unerschöpfliche Inspirationsquelle. Das Publikum machte aus seiner friedensbewegten und ökologisch korrekten Gesinnung keinen Hehl. Wir traten vor Leuten auf, die wir intern nur »Teppichtaschen«

nannten. Doch es funktionierte. Wir kamen an. Zumindest verließ niemand den Saal, und es buhte auch keiner.

Wenn man ein Bild ausstellt, erhält man nur selten ein direktes und ehrliches Feedback. Galeriebesucher verstecken ihre Meinungen gerne hinter schlauen Sätzen und Wortgeklingel. Ehrlichkeit ist keine gängige Währung im Kunstbetrieb. Steht man jedoch auf einer Bühne, setzt man sich einem ganz anderen Härtetest aus. Man spürt, ob sich ein Song vermittelt oder ob er nur für Fragezeichen über den Köpfen der Leute sorgt. Ich merkte erst jetzt, dass ich diese direkte Art der Kommunikation vermisst hatte. Der erste Auftritt seit meinen Konzerten mit Goin' Sad hatte mich wieder auf den Geschmack gebracht. Von mir aus konnte ruhig ein zweiter oder auch ein dritter folgen.

Afro Bauermann würde dann aber nicht mehr neben mir stehen. Er begab sich auf eine Reise nach innen, meditierte und suchte sein Seelenheil bei den Sannyasins. Erst Jahrzehnte später sah ich ihn wieder, als er mir als Direktor eines großen Hotels in Baden-Baden höchstpersönlich und breit grinsend den Zimmerschlüssel überreichte. Noch immer freute er sich, beim ersten BAP-Konzert mit von der Partie gewesen zu sein. Man musste es ja nicht gleich jedem verraten, dass der Auftritt dem Erhalt von Schrebergärten gegolten hatte. Für die Legendenbildung ließ man diesen Teil besser weg. Zitierfähiger und dem Image der harten Rock-'n'-Roll-Kapelle eher zuträglich war da schon ein Satz von Mötz, der sich zufällig in Deutschland aufgehalten und den Auftritt im Mariensaal mit großen Augen verfolgt hatte:

»Ich weiß jar nit, wat die jäjen die Stadtautobahn hann, do ess mer doch vill schneller durch dat janze Elend durch!«

Wir brauchten ein Signet. Der Bandname sollte sich den Leuten einprägen. Sie sollten ihn wiedererkennen, wenn sie an Plakatwänden vorbeigingen oder an der Ampel standen und die Aufkleber auf dem Mast betrachteten. An den drei Buchstaben sollte keiner mehr vorbeikommen, ganz egal, ob die Band nur für ein paar Auftritte oder für mehrere Jahre existieren würde. Ich erledigte meine

Grafikjobs für den WDR schneller als gewöhnlich und nutzte die gewonnene Zeit, um noch ein bisschen in eigener Sache tätig zu werden. Ich saß in den Räumen der Agentur Wurmser, die für den WDR Aufträge ausführte, und nahm mir verschiedene Letraset-Schrifttypen vor. Gelegentlich sah ich aus dem Fenster, blickte hinaus auf die Domplatte, auf der der Wind den Touristen ihre Fotos verwackelte und die Japaner in die Knie gingen, um auch die Spitze des Doms aufs Bild zu bekommen. Die gesuchte Schrift musste eine gewisse Erhabenheit ausstrahlen, eine Selbstsicherheit auch, die keinen Zweifel daran ließ, dass diese Band wusste, wofür sie stand und was sie erreichen wollte. Gleichzeitig war mir wichtig, dass die Schrift noch nicht allzu bekannt war. Im besten Fall würde erst der Bandname sie etwas populärer machen. Meine Wahl fiel auf den Schrifttyp »Baby Teeth«. Der amerikanische Grafikdesigner Milton Glaser hatte ihn entworfen: Buchstaben wie opake Blöcke, in die nur durch schmale Schlitze Licht fiel. Das »B« wirkte unverrückbar in seiner massigen Schwere, das »A« ähnelte einem Indianerzelt, und das »P« wies mit seiner runden Nase unmissverständlich nach vorne, in die Zukunft. Zusammen ergaben sie, besonders wenn man die Buchstaben eng aneinanderrückte, sie teilweise vielleicht sogar ineinander übergehen ließ, eine starke Einheit. Glaser hatte das Rennen gemacht. Ich wusste nicht, ob ich darüber froh sein oder mich ärgern sollte, denn Glaser war ein Mann mit Vergangenheit. Einerseits hatte er das berühmte Poster gestaltet, das 1967 dem ersten Greatest-Hits-Album von Bob Dylan beigelegt worden war. Es lehnte sich an ein Selbstporträt Marcel Duchamps an und ließ Dylans Haar in bunten Farben explodieren. Andererseits war ihm aber auch das I♥NY-Logo eingefallen, dessen liebliche Penetranz man schon ironisch umdeuten musste, damit sie einem nicht auf den Wecker ging. Wenigstens wusste Glaser, wie man viele Menschen erreichte. Vielleicht half uns seine Schrift ja auch dabei, ein wenig bekannter zu werden.

Das BAP-Signet sollte im Laufe der Jahre einige Modifizierungen durchlaufen, doch im Kern blieb es unverändert. Ab und zu bereute ich es, dass wir kein vollständig symmetrisches Wort gewählt hatten. Der bei einem »P« nun einmal fehlende zweite Bogen brachte so manchen Coverentwurf in Schieflage, hinterließ ein seltsames Gefühl der Unabgeschlossenheit. Aber einen eingeführten Schriftzug tauscht man nicht mehr aus. Es gibt keinen Mercedes ohne Stern. Und noch weniger benennt sich eine Band nur aus Symmetriegründen nach der Abkürzung für Bundesautobahnen.

Wir druckten Aufkleber und beschränkten uns dabei auf das Nötigste. Was schon in der Emblematik der Renaissance funktioniert hatte, konnte auch in der Gegenwart nicht falsch sein: eine rätselhafte Überschrift, ein bildhaftes Element, ein erklärender Zusatz. Inscriptio, pictura, subscriptio. Kölschrock, BAP, meine Telefonnummer. Mehr nicht. Wir pflasterten mit den Aufklebern die Wände in den Szenekneipen und hofften auf Anrufe. Eines Morgens klingelte das Telefon. Ein Wortschwall brach über mich herein:

»Hühr ens, ühre rechtsradikale Driss künnt ihr üch zohuss irjendwo hinklääve, ävver nit op minge Klo, ihr hatt sie wohl nimieh all!«

Ich erkannte die Stimme des Anrufers, es war Clemens Böll. Ich hatte ihn noch nie so böse erlebt. Es brauchte einige Zeit, bis ich verstand, worüber er sich so aufregte.

»... su wigg kütt et noch! Em ›Chlodwig Eck‹ EAP!«

Ohne Zweifel machte sich Clemens zwar kein X für ein U, aber dafür ein E für ein B vor. Er las unsere Aufkleber als Propagandamaterial für eine obskure rechtsextreme Politsekte, für die Europäische Arbeiterpartei, die unter der Führung von Helga Zepp-LaRouche für mehr Atomkraft und mehr Kapitalismus eintrat, sich die Entlarvung Willy Brandts als CIA-Agenten vorgenommen hatte und im Buckingham-Palast die Drahtzieher einer Weltverschwörung vermutete. Ich schloss die Augen und verwünschte Milton Glaser, dann versuchte ich, Clemens über den Irrtum aufzuklären. Als er begriff, dass er einen seiner Stammgäste an der Strippe hatte, klang er schon versöhnlicher:

»Wie, nit EAP? Steht doch he!«

229

»Clemens, do steht nit EAP, do steht BAP!«

Es wurde Zeit, dass wir ihm die Lauterkeit unserer Absichten auch persönlich vorführten. Wir überredeten ihn, uns einmal zur sogenannten »Matinee« am Samstagvormittag auftreten zu lassen. »Matinee«, das klang nach Hochkultur und einem kunstbeflissenen Auditorium. Aber die Leute, für die wir spielten, wollten eigentlich nur die Tüten mit ihren Wochenendeinkäufen abstellen, flüchtige Bekannte treffen, den neuesten Klatsch erfahren, die Lage des FC erörtern und dabei in Ruhe ihr Bier trinken. Eine Band war für sie primär nichts anderes als eine unwillkommene Lärmquelle. Man musste schon etwas zu bieten haben, wenn man mehr als hochgezogene Augenbrauen und Kopfschütteln ernten wollte. Auch wir mussten erst lernen, mit welchen Songs wir die Leute in den Bann zogen. Meine Fahrten mit Frieder Engsfeld machten sich dabei bezahlt. Dylans frühe Talking-Blues-Stücke, die wir uns im Auto Strophe für Strophe gegenseitig vorgesungen hatten, regten mich dazu an, ähnlich haarsträubende Geschichten voll von absurden Wendungen und höherem Unsinn auch im Kölschen zu versuchen. Mit dieser Kreuzung zwischen Krätzchen und Woody Guthrie schafften wir es, dass die Leute vergaßen, sich wieder zur Theke zurückzudrehen und weiterzuschwatzen. Sie hörten uns zu, wenn wir sie zum Lachen brachten. Kurz darauf kamen sie nicht mehr ins »Chlodwig Eck«, nicht obwohl, sondern weil wir dort auftraten. Und Clemens konnte bei den Abendveranstaltungen, zu denen er uns nun regelmäßig einlud, sogar Eintritt verlangen.

Ein Auftritt im »Chlodwig Eck« und vielleicht noch einer in einem Vorort von Köln, das war schon fast eine Tournee. Zumindest, wenn man fest daran glaubte. Den fehlenden Rest On-the-road-Romantik schrieb ich mir mit einem Song herbei, dem ich den Titel »Et letzte Leed« gab. Er tat so, als würden wir den Großteil des Publikums, das zu unseren Konzerten erschien, nicht persönlich kennen. Als blickten wir auf eine eindrucksvolle Bilanz langer Jahre des Unterwegsseins zurück. Und als wären die zwei namentlich genannten Roadies nur die Chefs einer vielköpfigen

Crew. Dabei luden wir unseren ganzen Krempel nach den Auftritten selbst wieder in den Transit, und Angelito Schroedter und Bernd Schindling, Letzterer ein alter Freund aus Rheinbacher Internatszeiten, den wir »Knochen« nannten und der mittlerweile in Köln als Steuerberatergehilfe arbeitete, waren nur so freundlich, uns dabei zu helfen. Aber Rock'n'Roll lebt eben auch von seinen Mythen. Die Wahrheit kommt vielleicht im Gerichtssaal ans Licht, in Songtexten stört sie oft nur. »Et letzte Leed« handelte letztlich von nichts anderem als dem großen Glücksgefühl, auftreten zu dürfen, und dem Stolz, damit in die große Gemeinde des fahrenden Volks aufgenommen zu sein. Was machte es da schon, dass das Stück sich zu Jackson Brownes »The Load-out« wie der Provinzspross zum reichen Onkel aus Amerika verhielt. Der Wunsch, wenn das Konzert zu Ende ging, war überall derselbe, egal, ob der Weg zum nächsten Auftritt Tausende von Meilen oder nur ein paar Meter lang war: »People stay just a little bit longer …«

Angelito gehörte zum »Artushof«, unserer zweiten Stammkneipe. Er war der fünfzehnjährige Sohn des Wirts. Wenn wir im »Chlodwig Eck« auftraten, kümmerte er sich um das Licht. Wir hatten in moderne Technik investiert und unsere Lichtanlage aufgerüstet. Sie bestand nun aus zwei Brettern mit jeweils drei verstellbaren und auch einzeln schaltbaren Lampen, wie man sie aus gewöhnlichen Partykellern kannte. Wenn sie blinkten, imitierten sie immerhin das Lichtspiel einer Verkehrsampel. Für jemanden wie Angelito jedoch, der eine Überdosis »The Lamb Lies Down on Broadway« erwischt hatte, kamen sie einer Offenbarung gleich. Für ihn leuchteten die Lämpchen bis hinauf in den Rock-Olymp. Eines Abends gingen ihm die Pferde durch. Er betätigte die Schalter, als gelte es, die Zuschauer durch hektisches Farbenflackern in Ekstase zu versetzen. Er sah in mir Peter Gabriel und erzeugte eine stadiontaugliche Lightshow allein durch Handarbeit. Nur trug ich keine Maske und auch keine Fledermausflügel, sondern hatte bloß auf einmal beträchtliche Mühe, meine Texte zu entziffern. Mit den Partylichtern ging auch die Lampe an meinem Notenständer an und aus. Die Zeilen erschienen und verschwanden im Sekundentakt. Ich musste unserem übereifrigen Roadie seine Illusionen rauben, um weitersingen zu können:

»Angelito, hühr dä Driss op!«

Es sollte das letzte Mal gewesen sein, dass uns jemand mit Genesis verwechselte.

Um die Leute auf unsere Auftritte aufmerksam zu machen, fuhren Schmal, dessen Beziehung mit Regina sich inzwischen dem Ende zuneigte, und ich nachts mit der Kastenente los und klebten in den Wochen vor einem Konzert die schwarzen Plakate mit dem weißen BAP-Signet auf die Mauern, Bauzäune und Trafo-Kästen der Stadt. Wir stritten uns um den Platz im öffentlichen Raum vor allem mit den Veranstaltern der regelmäßig stattfindenden Uni-Feten. Es war ein regelrechtes Um-die-Wette-Kleistern. Wenn wir im Morgengrauen nach vollbrachter Öffentlichkeitsarbeit zurück in die Südstadt fuhren, müde und verklebt bis in die Haarspitzen, konnte es vorkommen, dass die Bemühungen einer ganzen Nacht schon wieder zunichtegemacht und unsere Plakate überklebt worden waren. Nicht die Werbung für einen BAP-Auftritt würde den zur Arbeit Fahrenden ins Auge springen, sondern die leuchtend gelben Plakate des AStA. Schmal fluchte:

»Dä scheiß Uni-Fiedje wohr och ald widder ungerwääß! Mer müsse morje Naach noch ens klääve!«

Die Sozialarbeiter liebten uns. Sie engagierten sich für Jugendliche in den OTs und verbanden mit unserem Engagement die leise Hoffnung, ihre Schützlinge für die Musik begeistern zu können, die sie selbst mochten. Natürlich klappte das nicht. Die Kids hatten ihren eigenen Kopf, ihnen stand der Sinn meistens nicht nach Kölschrock. Sie wollten tanzen. Die Disco-Welle hatte Deutschland erreicht. John Travolta ergriff in einer New Yorker Samstagnacht seine letzte Chance; Amanda Lear sprach, protegiert von David Bowie, androgyne Fieberträume ins Mikrophon, und von München aus eroberte Giorgio Moroder zusammen mit Donna Summer die Billboard-Charts mit »Love to Love You, Baby«. Das war der Klang der Zeit. Von einigen Auftritten in den OTs hätten wir daher besser die Finger gelassen. Wir kamen nun mal aus dem »Chlodwig Eck« und nicht aus dem »Studio 54«. Talking Blues machte sich nicht gut unter der Glitzerkugel. In Köln-Pesch hatten wir eben aufgebaut, als uns ein Sozialarbeiter mit Nachdruck riet, unsere Anlage besser nicht auf der Tanzfläche stehen zu lassen, um es uns mit dem Publikum, das sowieso nur auf die anschließende Disco-Party wartete, nicht von vornherein zu verscherzen. In Köln-Niehl war den Jugendlichen durch unseren Auftritt ihr Saturday Night Fever durch die Lappen gegangen, also schleppten sie während des Konzerts ihren Kicker direkt vor die Bühne und zeigten uns durch Tischfußballspielen, wie uninteressant wir für sie waren. In der Bad Münstereifeler Diskothek »Die Schwarte« kamen wir zwar besser an, aber das genügte einigen von den Zuhörern nicht. Sie wollten noch eine Zugabe, und zwar in Form einer Schlägerei. Mit finsteren Mienen beobachteten sie uns beim Abbauen und umschlichen uns, jederzeit bereit, eine vermeintliche Provokation mit ihren Fäusten zu beantworten. Wir waren viel zu erschöpft, um uns darauf einzulassen. Ohnehin hatten wir nie ein Abonnement für den »Fight Club« besessen. Zu einer Rauferei fehlte uns jeder Antrieb. Wir sahen zu, dass wir in unseren Transit kamen. Den Eifeler Halbstarken lief die Zeit davon. Im letzten Moment gelang es einem von ihnen noch, Honçe den linken Schuh vom Fuß zu ziehen. Eigentlich eine Beute, die in der Eifel für gewöhnlich ein zünftiges Handgemenge zur Folge hatte. Honçe schmerzte der Verlust jedoch nur wenig. Er wollte wie wir alle nach Hause, nur weg von derart unhöflichen Gastgebern:

»Meinste, ich loss mer jetz wääje su 'nem Scheißschoh de Zäng ennschlaare, oder wat?!«

Er zog die Tür zu und ließ den Motor an.

In die OT St. John in Köln-Stammheim trauten wir uns erst gar nicht ohne Verstärkung. Stammheim galt in den siebziger Jahren als das, was man später »sozialen Brennpunkt« nennen sollte. Manchmal flogen dort die Fäuste schneller, als Lucky Luke seine Pistole zog. Wir brauchten eine Leibgarde. Jemanden, in dessen Obhut wir unbehelligt bleiben würden. Es heißt, dass man einen

Dieb braucht, um einen Dieb zu fangen, daher rekrutierten wir unsere Begleitung aus einer Gang von unheilbaren FC-Fans, die ihre Liebe zum Verein gerne ab und zu auf eine etwas rustikalere Art zum Ausdruck brachten. Christian Maiwurm hatte für den WDR einen Film über diese Clique gedreht und anschließend ihren Anführer einige Male mit ins »Chlodwig Eck« gebracht. Wir nannten ihn den »Ich-schwör's-dir«. Kaum einer seiner Sätze begann ohne diese Einleitungsformel, und man musste nur in sein Gesicht sehen, wenn er von seinen Heldentaten erzählte, dann zweifelte man nicht daran, dass er bisher noch jeden seiner Eide gehalten hatte. Ich-schwör's-dir war im Grunde ein umgänglicher Kerl, nur wenn er etwas getrunken hatte, ging er auf Konfrontationskurs. Dann wollte er die Muskeln spielen lassen und seine Kräfte messen. Mit ihm als Aufpasser würde uns kein Haar gekrümmt werden.

Auch von den Organisatoren in Stammheim war uns die übliche Gage zugesichert worden: 200 Mark, ein Kasten Bier und ein paar belegte Brötchen. Wenn wir nachgedacht hätten, wäre uns aufgefallen, dass sich in Anbetracht unseres neuen Mitarbeiters diese Wunschliste eher suboptimal ausnahm. Doch vor Ort war es zu spät für Korrekturen. Als die Stones in Altamont landeten, hatten die Hell's Angels bereits ihre Arbeit aufgenommen. Ich-schwör's-dir setzte sich wie Lächlers Häns auf die Bierkiste, nur war sein Durst ungleich größer. Von der Bühne aus konnte ich sehen, wie sich der Abend anders als erwartet gestaltete. Nicht wir mussten uns vor Ungemach fürchten, sondern die Leute im Saal. Mit jeder Bierflasche, die Ich-schwör's-dir leerte, liefen sie größere Gefahr, in eine Prügelei verwickelt zu werden. Ein unheilverkündendes Gelübde nach dem anderen erfüllte den Raum, übertönte beinahe unsere Musik. Wenn wir die Liveaufführung eines Bud-Spencer-Films verhindern wollten, mussten wir abbrechen. Wir fingen unseren außer Kontrolle geratenen Bodyguard ein und suchten das Weite. Wenigstens hatte es dieses Mal keiner gewagt, den Kicker auch nur einen Zentimeter von der Stelle zu rücken.

Was bei meinen Soloauftritten ohne weiteres funktionierte: die Kommunikation mit dem Publikum und vor allem das Vermitteln

der Songinhalte, klappte bei den Konzerten mit Band weitaus weniger gut. Obwohl wir schon mit angezogener Handbremse spielten, um die Textaussagen zumindest ansatzweise rüberzubringen, bekam kaum einer mit, wovon ich sang. Lautstärke, zumal über unsere amateurhafte Anlage transportiert, verhinderte jede Möglichkeit, verstanden zu werden. Aber wodurch wir uns von anderen Bands unterschieden, waren nun einmal meine kölschen Texte. Fiel diese Ebene aus, blieb nur die Musik, und das war ein Gebiet, auf dem unsere Fähigkeiten noch sehr überschaubar waren. Wir gingen das Problem offensiv an und wollten seine Lösung in unsere Shows integrieren. Schmal und ich schrieben zu jedem Song eine szenische Ansage: einen Sketch, einen Monolog oder eine Pantomime. Auf die Bühne bringen sollte sie als eine Art Nummerngirl Gaby Wahle, eine befreundete Schauspielerin. Gaby war auch Model, und sie sah gut aus. Bevor wir die Zwischenspiele einstudierten, nutzten wir Gabys Mannequin-Erfahrung für ein neues Bandfoto. Honçe, Klaus, Wolli, Schmal und ich mit Bierflaschen und vor der

235

Backsteinmauer im Hinterhof der Teutoburger Straße 5. Abgerissene Musiker, die dankbar waren für den Hundertmarkschein, den ihnen Gaby Wahle als elegante Dame mit Pelzkragen, geschlitztem Kleid und hohen Schuhen in Larry Rivers' Hut warf. Das Foto blieb der einzige Ertrag der Bemühungen, unsere Konzerte mit theatralischen Zutaten anzureichern. Die Rahmenhandlungen wurden nie aufgeführt, was vermutlich auch besser war. Nach einem Auftritt beim Sommerfest an der Pädagogischen Hochschule legte vorerst keiner mehr Wert darauf, dass sich vermittelte, wovon ich sang. Nicht ich selbst und auch kein anderer aus der Band. Wenn es die Band überhaupt noch gab.

Wir hatten eine vollbesetzte Aula leer gespielt. Innerhalb einer Viertelstunde hatten wir ein durchaus erwartungsvolles Publikum mit unserer Musik vertrieben. Wir waren voll auf die Nase gefallen. In einer Mischung aus Naivität und Selbstüberschätzung hatten wir uns mit einer viel zu kleinen Anlage in einen viel zu großen Saal gewagt, den wir gar nicht beschallen konnten. Die anderen auftretenden Bands, allesamt besser ausgerüstet, hatten uns nicht gewarnt, sondern ins offene Messer laufen lassen. Wir mussten erbärmlich geklungen haben. Ein unverstärktes Schlagzeug, Percussion-Instrumente, die von keinem Mikrophon abgenommen wurden, Klaus Hogrefes Bass, der immerhin aus einer Marshall-Box wummerte, ein Gitarrist, der nicht richtig reinhalten durfte, und ein Sänger, der über seine winzige Alleinunterhalter-Gesangsanlage definitiv nicht zu verstehen war. Ich konnte es den Leuten nicht verübeln, dass sie davongelaufen waren. Wir hatten unser Bestes gegeben, doch es war gar nicht zu hören gewesen. Aber vielleicht war unser Bestes ohnehin nicht gut genug. Vielleicht hatten wir uns mit BAP nur etwas vorgemacht, und die Seifenblase, die zuvor bunt geschillert hatte, war jetzt einfach geplatzt. Wir packten schweigend unsere Sachen zusammen, doch wir fuhren nicht wie sonst noch nach Hersel, um sie dort wieder auszuladen. Stattdessen verfrachtete jeder seinen Krempel ins eigene Auto und suchte das Weite. Wir verstreuten uns in alle Winde.

Ich flüchtete mit Agnette nach Griechenland. Ich brauchte Abstand, einen offenen Himmel und neue Gedanken. Der Ortswechsel half. Das Desaster an der PH rückte jeden Tag ein Stückchen weiter in die Ferne, und die Zweifel, die alles in Frage gestellt hatten – meine Interessen, meine Vorhaben, meinen ganzen Lebensentwurf –, ließen mich aus ihren Klauen. Wir zögerten die Heimfahrt hinaus und folgten noch der Einladung einer ehemaligen Kommilitonin, die uns aufgefordert hatte, sie und ihren Mann in Parga besuchen zu kommen. Wir fuhren die Küste entlang, vorbei an Igoumenitsa, von wo man auf den Absatz des italienischen Stiefels übersetzte, und trafen Anne und Klaus Zimmer in dieser kleinen, von den Römern einst zerstörten westgriechischen Stadt, über die sich eine mittelalterliche Burg erhob. Die beiden hatten noch ein weiteres Paar aus Köln zu Gast, einen hageren Mann namens Bernd Odenthal, der, wie sich herausstellte, auch in der Südstadt wohnte, und seine Freundin Brigitta Pütz. Wir mochten sie auf Anhieb. Es waren gute Leute, solche, mit denen man gerne Zeit verbrachte, mit denen man abends am Strand in die Sterne sehen und Pläne schmieden konnte. Ich spielte ihnen auf der Gitarre einige Songs aus dem BAP-Repertoire vor. Bernd horchte auf:

»Die kenn ich jo jar nit! Die sinn och nit vun de Fööss, oder?!«

Nein, das waren die Stücke, mit denen wir erst vor einigen Wochen das Publikum vergrault hatten. Ich erzählte Bernd von dem Konzert, das zum mutmaßlichen Aus von BAP geführt hatte. Er wollte von meiner Resignation nichts wissen:

»Dat muss mer doch maache, dat ess doch vill zo joot, öm et draanzojevve!«

Und dann erfuhr ich, dass Bernd selbst Musiker war. Er hatte als Keyboarder früher in verschiedenen Bands gespielt und trug sich schon länger mit dem Gedanken, wieder anzufangen. Noch an Ort und Stelle versprach er mir, sich nach seiner Rückkehr nach Köln mit meinen Songs einmal etwas intensiver zu befassen. Ich legte die Gitarre zur Seite und ließ Sand durch die Finger rieseln. Bernds Worte hatten so begeistert und auch zuversichtlich geklungen. Beinahe begann ich selbst daran zu glauben, dass die Band noch nicht am Ende war.

»Kanns du eijentlich och e' Pääd mohle?«

Ich hatte so eine Frage befürchtet. Mein Vater meinte sie sicherlich nicht böse, er kaschierte damit nur die Sorgen, die er sich um meine Zukunft machte. Wenn er sich in meinem Atelier umsah, deutete für ihn nichts darauf hin, dass ich irgendwann einmal in der Lage sein würde, mir mit der Malerei meinen Lebensunterhalt zu verdienen. Nicht mit fotorealistischen Bilderrätseln, nicht mit Insel-Witzen im Zuckergussstil und schon gar nicht mit Indianerbildern, die ihr Glück in der Improvisation fanden. Wer dagegen ein Pferd malen konnte, dem war zuzutrauen, dass er noch auf den rechten Weg des Soliden und Seriösen zurückfand. Dennoch ärgerte mich die Frage. Sie zeugte nicht nur von großer Ratlosigkeit, fast schon Resignation. Hinter ihr steckte eben auch das tiefe Misstrauen, das so viele moderner Kunst entgegenbrachten. Auf jeder Party, im Bus, auf dem Markt oder beim Bäcker, immer würde die Meinung, nach der die zeitgenössische Malerei nur aus verwerflichen Schmierereien bestehe, eine Mehrheit bekommen. Vertreten wurde sie von selbsternannten Hütern des guten Geschmacks, die sich in wohligem Einklang mit der Masse fühlten, wenn sie ihr Unverständnis für alles, was ihnen Anstrengung abverlangte, zur Schau stellten. Sie waren Banausen, weil sie von der Kunst etwas erwarteten, was diese schon lange nicht mehr einlösen konnte und auch nicht einlösen wollte. Oder, wie der Philosoph Theodor W. Adorno einmal schrieb: Sie übertrugen das Hänschen-klein-Schema auf Werke, wo das Hänschen klein gar nicht in die weite Welt hinausgeht, weil es nämlich immer schon ganz allein ist – nach den katastrophalen Erfahrungen des 20. Jahrhunderts verlassen von allem, was einmal Halt gab und Sinn stiftete. Die Enttäuschung darüber, dass die moderne Kunst sich weigerte, wie die Fernsehserie oder der Schlager in die Bresche zu springen, die Widersprüche zu glätten und damit besänftigenden Kitsch zu liefern, führte zu Verdammungsurteilen im Namen des gesunden Menschenverstands. Aber welche Kunst wollten die Leute dann? Was war es für sie wert, gemalt zu werden? Und in welchem Stil? Für welches Bild waren sie bereit, Geld auszugeben, um es in ihrer Wohnung an die

Wand zu hängen? Von meinem Vater hatte ich das eben erfahren, aber von so vielen Leuten, die mir tagtäglich begegneten und die sich in ihrem Alltag mit Kunst ebenso wenig beschäftigten wie er, wusste ich das nicht. Sie alle bekamen Malerei nur aus zweiter oder dritter Hand mit – wenn im Fernsehen ein Bericht über eine Ausstellung lief und sie nicht schnell genug aus dem Sessel sprangen, um umzuschalten, oder wenn sie in der »Hörzu‹ »Original und Fälschung« spielten und bekannte Meisterwerke nach hineinretuschierten Fehlern absuchten. Vielleicht sollte man diese kollektiven Bildvorstellungen einmal ernst nehmen und sie selbst zum Gegenstand von Kunst machen. Ich diskutierte mit Schmal darüber, und wir zimmerten aus unseren Überlegungen ein Gemeinschaftsprojekt. Dann gaben wir postkartengroße Formulare an Nachbarn, Bekannte und Freunde aus. Wir verteilten Wunschzettel für Bilderwünsche mit dem Versprechen, das Verlangte exakt nach den Vorstellungen der Auftraggeber auszuführen. Wir drehten den Spieß um. Dieses Mal sollte nicht den Künstlern, sondern den Rezipienten eine kreative Leistung abverlangt werden. Uns oblag es, erst als Initiatoren und dann als Maler auf Bestellung tätig zu werden, nicht jedoch, uns selbst in die Bilder einzubringen. Eine individuelle Handschrift würde nur stören, wo es auf Bestandsaufnahme und Dokumentation ankam. Es war ein Vorhaben, das gespeist war von grimmiger Entschlossenheit, Galgenhumor und Neugier. Es knüpfte an die zentrale Prämisse des Fotorealismus an, nach der alles es wert ist, gemalt zu werden, und nutzte sie zu einer Arbeitsteilung zwischen Künstlern und Nichtkünstlern.

Viele unserer Auftraggeber fanden wir im »Artushof«. Der »Artushof« war das Asyl, das manche Leute mitten in der Heimat brauchten. Eine Kneipe an der Ecke Teutoburger und Bonner Straße, in der für einige das Leben noch lebenswert war und in der sich gegen Abend, wenn sich die nur kurz Hereingeschneiten, die ungeduldig Durstigen, die ihre paar Bier gleich im Stehen tranken, grußlos verabschiedet hatten, die Unentwegten trafen, die Zeit hatten, die Stammgäste ohne Eile. Paul, dem sie im Zweiten Weltkrieg an der Ostfront den Arm abgeschossen hatten, saß am kurzen Ende der L-förmigen Theke und führte das große Wort. Er hatte zu jedem Thema eine Meinung, und wann immer er sie gefasst hatte, es musste lange her sein, so unumstößlich verkündete er sie seinen Zuhörern, die er von seinem Platz aus alle genau beobachten konnte: dem Rentner Willi und dessen bestem Freund Eddi sowie noch einigen anderen Unentwegten, die die Rückkehr in ihre Wohnungen, wo nur das flackernde blaue Licht des Fernsehers auf sie wartete, so lange hinauszögerten, wie es ging. Sie bildeten, wie sie da saßen auf ihren Hockern, beinahe so etwas wie eine Familie, zusammengeschweißt von ähnlichen Sorgen, ähnlichem Ärger und ähnlicher Liebe zum Fußball. Sie schwadronierten und schwiegen, brausten auf, stritten sich und vertrugen sich wieder. Sie passten aufeinander auf.

Es war eine seltsame Tafelrunde, seltsamer war da nur noch der Name des dicken spanischen Wirts, der Otto Schroedter hieß und der, wenn er nervös oder wütend wurde, an jeden Satz noch ein bekräftigendes »das!« anhängte. Angelito brachte uns manchmal zum Lachen, er imitierte seinen Vater und sein »Ist doch scheiße, das!«, aber sogar Otto selbst lachte darüber. Er war gutmütig und drückte sogar ein Auge zu, wenn Angelito uns zuliebe in die kleine Musikbox, die gegenüber vom einarmigen Paul an der Wand hing, eine Single hineinschmuggelte, die dort eigentlich nichts verloren hatte. Dann lief »Memo from Turner«, und an der Theke hoben sich kurz die Köpfe, und Blicke streiften die Lautsprecher, irritierte und ein wenig verloren wirkende Blicke, unendlich weit entfernt von Mick Jaggers und Anita Pallenbergs Versuchen, die Fesseln, die einem die Gesellschaft anlegte, für immer abzustreifen. Aber meistens mussten wir die Schlager der Saison über uns ergehen lassen. Besonders hoch in Ottos Gunst standen die Hits des spanischen Frauen-Duos Baccara. Gleich mehrmals am Abend behaupteten Baccara »Yes Sir, I Can Boogie«. Oder sie entschuldigten sich kokett: »Sorry, I'm a Lady«. Musik zum Davonlaufen. Nur wenn man im Kopf ein Video drehte und den Anblick von Angelitos hübschen Schwestern, die regelmäßig im Familienbetrieb aushalfen, zu den körperlosen Baccara-Stimmen hinzufügte, kam das gestörte Geschmacksempfinden wieder einigermaßen ins Lot.

Hilfreicher war da nur, den Schlagermuff höchstpersönlich zu vertreiben. Wer sich für den Fortbestand von Schrebergärten ins Zeug gelegt hatte, konnte auch bei Otto auftreten. Von Anfang an spielten wir an jeder Steckdose, und wenn sie auch an einer Wand mit einer Kopfschmerz erregenden Blümchentapete angebracht war. Hinterher konnten wir immer noch entscheiden, ob ein Auftritt im »Artushof«, zumal einer im Rahmen einer Kinderkommunion, eher der heroischen Frühgeschichte der Band zuzuschlagen war oder uns nicht vielmehr in die Niedlichkeitsfalle tappen ließ. Der Dozent für Drucktechniken an der Kunsthochschule hatte uns für das Fest seines Sohnes engagiert. Als Katecheten wollten wir nicht enden. Doch als Bezahlung für Kölschrock zum Weißen Sonntag war der Druck unseres ersten Plakats vereinbart worden. Ein ganzer Stapel mit Werbung in eigener Sache, den wir gut gebrauchen konnten. Der Zweck heiligte die Mittel. Das Plakat zumindest war über jeden Verdacht erhaben. Es orientierte sich an Robert Frank, John Van Hamersveld und den Rolling Stones. Die Stones hatten für das Cover ihres Albums »Exile on Main St.« ein Schwarzweißfoto aus Robert Franks Buch »The Americans«, für das Jack Kerouac ein Vorwort beigesteuert hatte, ausgewählt. Das Foto wirkte wie eine Collage. Es hielt das wüste Durcheinander an der Wand eines Tattoo-Ladens fest: ein Jahrmarkt des Abseitigen mit unwiderstehlicher Anziehungskraft, ein Abgrund, in den zu stürzen Erfüllung oder das Ende bedeuten konnte. Das Cover gab der mit Adrenalin aufgeladenen, nervös tänzelnden Musik des Albums ein grob geschminktes, übernächtigtes Gesicht, von dem man die Augen nicht abwenden konnte. Auch der Grafiker Van Hamersveld hatte auf jede Beschönigung verzichtet und sich für eine Schrift und eine Gestaltung entschieden, wie sie später auf Platten, Postern und in Fanzines der Punk-Bewegung wiederkehren sollten. Die Rückseite des Covers nahm dagegen eine wirkliche Collage ein. Porträts der einzelnen Bandmitglieder, Impressionen aus dem Studio und Schnappschüsse aus den Straßen von Los

Angeles. Die Botschaft war klar: Fünfzehn Jahre nach »The Americans« lockten die Stones in eine ähnliche Rummelplatzwelt, wie sie Robert Frank festgehalten hatte, nur war sie noch zwielichtiger, dämonischer, schöner. Davon waren wir Lichtjahre entfernt, aber immerhin vertrödelten wir nicht mehr unsere Zeit an den Startblöcken. Aus vielen, vielen Fotos, die Gaby Wahle im Herseler Proberaum von uns geschossen hatte, Momentaufnahmen einer sich findenden Band, montierte ich für unser erstes Plakat eine Verbeugung vor dem Cover von »Exile on Main St.«, mit der wir dem »Uni-Fiedje« den Kampf ansagen konnten. Auch ohne Three Ball Charlie.

Die Aufträge für die einhundert »Wunschbilder« trudelten ein. Hundert war eine stattliche Zahl. Andy Warhol hatte nur davon geträumt, wie eine Maschine zu sein, uns blieb dagegen gar nichts anderes übrig, als das Fließband anzuwerfen und zum Malroboter zu werden. Für eine längere Zeit hieß es nun, alle eigenen ästhetischen Maßstäbe und Vorlieben vor Betreten des Ateliers an der Garderobe abzugeben. Wir hatten versprochen, das Bestellte zu liefern, also überführten wir die sprachlich formulierten und schriftlich fixierten Bilderwünsche ins Zweidimensionale. Wenn es uns notwendig erschien, hielten wir Rücksprache, korrigierten oder malten neu, was aus dem Projekt eine echte Kooperation mit unseren Auftraggebern machte. Sie, nicht wir, hatten die Befehlsgewalt. Sie mussten Farbe bekennen und zu ihren Vorlieben stehen. Die fertigen »Wunschbilder« würden viel über ihren Geschmack verraten. Natürlich hatten wir mit der Sehnsucht nach dem Plakativen, Geläufigen, Postkartenschönen gerechnet. Und tatsächlich kamen wir auch nicht darum herum, Spitzwegs »Armen Poeten« ebenso zu malen wie Obstschalen, Toreros oder eine Traumvilla in Beverly Hills. Wir hielten uns penibel an die Vorgaben. Nicht einmal einen Schnurrbart fügten wir der ebenfalls bestellten Mona Lisa hinzu. Unsere Auftraggeber wussten ja höchstwahrscheinlich nichts davon, wie heiß es ihr seit Marcel Duchamp am Allerwertesten geworden war.

Aber viele Wünsche verließen auch die eingefahrenen Gleise.

Dann wurden die Bilder zur extravaganten Heimatkunde. Dann sollte das Severinstor von Palmen umgeben sein, das Martinsviertel kubistisch zerlegt oder »Hermanns Tünn« wie von Corinth gemalt werden. Noch interessanter waren die Aufträge, hinter denen eine individuelle Geschichte steckte. Eddi Josuttis, den wir aus dem »Artushof« kannten, wünschte sich unter der Überschrift »Rauchen und Alkoholgenuss verboten« ein Kneipenstillleben mit »Stubbi«-Pils, Zigarettenschachteln und Aschenbecher. Was ihm der Arzt untersagt hatte zu konsumieren, wollte er sich wenigstens so oft anschauen können, wie er wollte. Sein Kumpel, der Maler und Anstreicher Leo Richartz, hatte sich Gedanken zum Thema Jugendarbeitslosigkeit gemacht und wünschte sich eine mit dem Wortspiel »Lehre/Leere« spiralförmig beschriftete Leinwand. Schmals Vater lag nach vierzig Jahren Tätigkeit in ein und derselben Firma ein Porträt seines Chefs, dem er noch immer nichts als uneingeschränkte Hochachtung entgegenbrachte, am Herzen. Der türkische Gastarbeiter Yosar Tokar, der lange gebraucht hatte, deutsche Arbeitnehmer von seinen Fähigkeiten als Werkzeugmacher zu überzeugen, wünschte sich Strommasten vor einem Bauernhaus, über dem die Sonne aufging. Er gab dem Bild den Titel »Familie wartet auf Licht« – auf das Licht, das aus der Steckdose kommt und den Fortschritt ankündigt, aber auch auf das Licht des Wissens, die innere Erleuchtung. Und Hille verlangte: »Mal mich mal.« Das nahm ich wörtlich und malte sie, wie sie sich selbst bemalte, sich vor einem Spiegel schminkte.

Die »Wunschbilder« hatten eben weit mehr zu bieten als nur einen »Irrgarten der Lüste und Lustlosigkeiten«, »ein Bilderbuch klischierter Phantasien« oder ein »Kuriositätenkabinett des Konsum-Kitsches«, wie sie die Zeitungen später zu erkennen meinten. Obwohl es uns oft nachgesagt wurde, wollten wir keinen unserer Auftraggeber an den Pranger stellen. Statt um Denunziation ging es uns um Einfühlung. Indem wir die künstlerische Kontrolle abgaben, verhalfen wir denen, denen im Kunstbetrieb fast nie Gehör geschenkt wurde, zu einer Stimme. Sie waren als einzelne Personen von Interesse und wurden in ihrem Kunstverständnis ernst genommen. Nichts anderes wünschten wir uns auch für uns selbst. Mir erschienen die »Wunschbilder« zwar nicht als Schulterschluss zwischen Künstler und Arbeiter, aber schon als eine Art Solidaritätsadresse an die Leute, die sie in Auftrag gegeben hatten. Die den Presslufthammer bedienen mussten, über den wir uns morgens, wenn wir nach durchzechter Nacht noch verkatert im Bett lagen, echauffieren konnten. Daher berechneten wir, wenn der Auftraggeber selbst es kaufen wollte, für jedes Bild auch nur die Zeit, die wir tatsächlich für seine Anfertigung aufgewendet hatten. Unser Maßstab war dabei der Stundenlohn eines Arbeiters bei Ford. Let's drink to the hard working people.

Den einzigen subjektiven Eingriff in unser Projekt leisteten wir uns beim einheitlichen Format und bei der einheitlichen Rahmung der Bilder. Beides gaben wir vor, beides sollte die Bilder untereinander vergleichbar machen. Für einhundert Keilrahmen fehlte uns das Geld, sowieso boten »unmögliche«, also billige, gerade nicht gediegene Rahmen größeres Irritationspotenzial, und somit machten wir aus unserer Not eine Tugend. Wir wollten die Bilder nämlich dahin bringen, wo die Idee zu ihnen entstanden war: in die Wohnungen der Auftraggeber. Und dort sollten sie sich nicht glatt ins gewohnte häusliche Umfeld einpassen, sondern ein Fremdkörper sein, der zum Nachdenken anregte. Fotografien der Besitzer mit ihrem Wunschbild am angestammten Platz bildeten neben den mit Passbild versehenen Bilderwünschen, den Begründungen für den jeweiligen Auftrag sowie natürlich den Gemälden selbst den Ertrag unserer Dokumentation, die uns einigen Aufschluss darüber beschert hatte, mit welchen Kunstauffassungen wir es in unserer unmittelbaren Umgebung zu tun hatten.

Nach dem Malereistudium und dem Zivildienst hatte ich in Bonn noch zwei Semester Kunstgeschichte studiert. Aber mich eingepfercht zwischen frischgebackenen Abiturienten der Bildinterpretation zu widmen, das hatte sich vom ersten Moment an als die falsche Entscheidung entpuppt. So tief Luft konnte ich gar nicht holen, um mein Unbehagen klein zu halten. Ich ließ mich schnell wieder exmatrikulieren und vertraute auf die Lehren, die mir Larry Rivers, Howard Kanovitz und Robin Page mit auf den Weg gegeben hatten. Ich war mir sicher, dass sie fürs ganze Leben reichen würden. Schmal war hartnäckiger. Er hatte sich an der Kölner PH eingeschrieben und hielt länger durch, was sich für uns beide als Glücksfall herausstellen sollte. Einer von Schmals Dozenten, der Kunstwissenschaftler Professor S. D. Sauerbier, interessierte sich für unsere Arbeiten und begann auch über sie zu schreiben. Während wir viele Entscheidungen aus dem Bauch heraus fällten, legitimierte sie Sauerbier nachträglich, indem er sie in theoretische Zusammenhänge einordnete. Er wurde zu einem wichtigen Mentor und Gewährsmann. Er verschaffte uns Klarheit über das, was wir taten, und brachte es auf den Begriff. Später bedankten wir uns bei ihm für die Schützenhilfe mit einem dreiteiligen Rebus, das dank einer eiförmigen Bierreklame als Lösung nicht nur Sauerbiers Name, sondern auch die schönen Wörter »Schweinerei« und »Sauerei« anbot.

Sauerbier öffnete uns Türen. Seine Fürsprache hatte Gewicht und half mit, Wulf Herzogenrath vom Kölnischen Kunstverein für die »Wunschbilder« zu begeistern. Herzogenrath plante im Josef-Haubrich-Hof eine Gruppenausstellung mit dem Titel »Feldforschung«, zu der er unter anderem Hans Haacke und Walter Grasskamp eingeladen hatte. Die »Wunschbilder« passten haargenau ins Konzept. Auch wir hatten uns wie Ethnologen in das zu untersuchende Kulturgebiet begeben und versucht, durch unmittelbare Anschauung ein möglichst objektives Bild zu gewinnen. Auch wir waren teilnehmende Beobachter und Protokollanten, auch wir gaben uns mit der Rolle von Katalysatoren von Vorgängen zufrieden. Dadurch, dass alle Bilder von uns beiden signiert worden waren, hatten wir zudem alle Forderungen nach Einmaligkeit und nach einem unverwechselbaren Stil ad absurdum geführt.

Wir luden Gott und die Welt zur Eröffnung ein. Wir freuten uns riesig. Zum ersten Mal wurde unsere Arbeit in einem Rahmen präsentiert, von dem wir immer geträumt hatten. Wir erregten einiges Aufsehen und rückten ein Stück ab vom Rand, näher zur Mitte, dahin, wo man Ermutigung und Bestätigung erfährt. Und wir passten genau auf, wie unsere Auftraggeber reagierten, wenn sie ihrem Wunschbild nun nicht mehr im eigenen Wohnzimmer, sondern im Kunstverein begegneten. Sogar derjenige, der mit seiner Frage das ganze Projekt ins Rollen gebracht hatte, war gekommen. Mein Vater wirkte fast ein wenig stolz, als er einen Pferdekopf mit Zaumzeug vor blauem Hintergrund entdeckte, zumal in einem Museum »medden enn dä Stadt« und an einem Abend »met janz vill Lück«. Ich konnte also tatsächlich auch ein Pferd malen.

Am 1. Juni 1978 eröffneten wir bereits die nächste Ausstellung. Im Brühler Kunstverein zeigten wir »Argentina '78«, eine Schau zur gleichzeitig stattfindenden Fußball-WM. In den Wochen zuvor waren wir auf Spurensuche gegangen und hatten die Augen nach Werbung offen gehalten, die sich durch das Aufspringen auf den WM-Zug Publicity für ihr Produkt versprach. Wir hatten Zeitungen und Zeitschriften gefilzt, Dekorationen aus Schaufenstern erbettelt, Plakatwände fotografiert. Das offizielle Sponsoring steckte noch in den Kinderschuhen, an mehr oder weniger cleveren Trittbrettfahrern, die ihr Stück vom Großereignis abhaben wollten, herrschte kein Mangel. Das WM-Maskottchen Gauchito, ein kleiner Junge im argentinischen Nationaltrikot, und das blau-weiße WM-Logo tauchten in den aberwitzigsten Zusammenhängen auf. Wir sammelten alles, was wir bekommen konnten, dann stopften wir den Brühler Kunstverein damit voll. Es war Widerstand durch Vorzeigen. Wir gaben den Müll, mit dem man auf Schritt und Tritt belästigt wurde, zur konzentrierten Betrachtung frei und versuchten dadurch, den Strategien der Reklame auf die Schliche zu kommen. Wenn man in den Aktenordnern voller Zeitungsausschnitte blätterte, die von der Decke hängenden Devotionalien betrachtete oder vor die von uns gerahmten Inserate trat, ging einem auf, wie die Werbeindustrie arbeitete. Wie sie die Aufmerksamkeit im öffentlichen und medialen Raum steuerte, wie sie den potenziellen, zumeist männlichen Konsumenten Liebesblicke zuwarf und sie genau dort abholte, wo diese im Sommer 1978 ganz bei sich waren – in ihrer Fußballleidenschaft, die alles Unangenehme, wie etwa die bedrückenden politischen Zustände in der argentinischen

Militärdiktatur, ausblendete. Wir lösten die Werbung von der beworbenen Ware und stellten damit ihren Terror still. Wir musealisierten sie und drehten ihr dadurch den Saft ab. Wo Werbung nur noch auf sich selbst verwies, gab es keine Manipulation mehr. Gerade durch seine Überflutung mit Reklame wurde der Kunstverein zum reklamefreien Raum, in dem sich trefflich die Spiele der deutschen Nationalmannschaft schauen ließen, und zwar – so viel Ironie musste sein – mit Hilfe eines Fernsehers, der von einem Brühler Elektrokaufhaus gesponsert worden war.

Wir zogen ein ganz unterschiedliches Publikum an. Echte Fans, die froh waren, die Begegnungen in Gesellschaft sehen zu können, aber auch Kunstpuristen, die wie Schmal schon das Alibi des Happenings brauchten, um sich überhaupt für Fußball interessieren zu können. Im Leiden waren wir alle vereint. Bei den Spielen der Nationalelf kam kaum Jubel auf. Nur einen Sieg gab es, ein 6:0 gegen Mexiko mit zwei Treffern von Heinz Flohe und einem von Dieter Müller. Sonst hangelte sich die Mannschaft von Helmut Schön von Unentschieden zu Unentschieden, ehe sie sich bei der »Schmach von Cordoba« gegen Österreich endgültig blamierte und ausschied. Mit Hans Krankls Siegtor war auch für uns »Argentina '78« beendet. Narrisch wurde niemand.

Mit Bernd Odenthal gingen wir zurück auf Los. Wir begannen noch einmal von vorne. Bernd setzte sich in seinem Elternhaus an den Flügel und stand erst wieder auf, als er für unsere Songs neue Arrangements entwickelt hatte. Wenn ich bis dahin ein Stück geschrieben hatte, und mein Akkord war G gewesen, dann hatte der Rest der Band auch G gespielt. Alle standen auf einer Linie, keiner kam auf die Idee, beispielsweise in die parallele Moll-Tonart auszuweichen. Und wenn gesungen worden war, hatte alles Volk mit einer Stimme geantwortet, und man hatte sich umsehen müssen, ob man nicht versehentlich in die Südkurve geraten war. Wir waren immer noch Dilettanten, aber keine genialen. Bernd verordnete uns ein längeres Trainingslager. Es war dringend nötig, dass wir eine Weile von der Bildfläche verschwanden und abseits der Öffentlichkeit die Durchschlagskraft der Band auf ein anderes Level hoben, wollten wir uns nicht noch einmal so blamieren wie beim Auftritt an der PH. Offenbar glaubte Bernd daran, dass er uns zu einem etwas professionelleren Angang verhelfen konnte, denn er investierte nicht nur seine Zeit in uns. Neben seinem Studium verdiente er sich im elterlichen Geschäft, einem Bettenladen, so manche Mark hinzu. Er lieferte Kissen, Plumeaus und Matratzen aus. Das Geld, das er dafür bekam, steckte er in unsere Anlage. Er tauschte die Belohnung für erholsamen Schlaf gegen die Mittel zum Erzeugen von herrlichem Lärm.

Der Einzige, der nach dem Sommer nicht mehr auftauchte, war Klaus Hogrefe. Mit unserem neuen Bassisten kam der dritte Wolfgang zu BAP. Wolfgang Klever trug einen Vollbart und arbeitete beim Finanzamt Köln-Nord. Seine Bewerbung um den Platz in der Band beeindruckte uns nachhaltig. Sie bestand aus nur zwei Sätzen:

»Ich saare et üch leever direk: Ich benn övverhaup nit joot!«

Das gefiel uns, denn so musste er ja zu uns passen. Und weil es schon einen Wolfgang und auch einen Wolli gab, musste eben nach guter alter Internatssitte noch ein Spitzname her, der das neue Bandmitglied zweifelsfrei identifizierte. Wenn Klever mit dem Motorrad unterwegs war, wählte er seine Montur aus seiner Sammlung alter Bundeswehrklamotten. Ihn »Nato-Oliv« zu rufen kam nicht in Frage, aber »Jröön« hörte sich genau richtig an.

Während sich die Band in Klausur begab, um sich neu zu sortieren, hielt ich mit meinen Solokonzerten den Kontakt nach draußen. Ich trat überall auf. Langsam gewöhnten sich die Leute in den Kneipen und die Engagierten in den Bürgerinitiativen an mich. Ich weiß nicht, was sie in mir sahen, ob den amüsanten Bänkelsänger oder den aufrechten Mitstreiter, den angesagten Geheimtipp oder das Kulturprogramm für den Klassenkampf. Im Zweifelsfall vermutlich den »Südstadt-Dylan«. Es gab schlechtere Vergleiche.

Für den 1. Mai 1979 war ich von einem Funktionär der KPD/ML engagiert worden. Auf dem Neumarkt sollte ich mein Scherflein zur Mai-Kundgebung beisteuern. Der Tag der Arbeit begann stan-

desgemäß mit einem flammenden Himmel, doch der Schlachtruf
»Dem Morgenrot entgegen, Ihr Kampfgenossen all!« war schon
zwei Stunden später nur ein frommer Wunsch. Noch auf der Fahrt
zum Auftritt verdüsterte sich die Szenerie, und ich geriet in einen
Wolkenbruch. Es öffneten sich alle Schleusen, und keiner drehte
sie mehr zu. Ich parkte mein Auto an der Volkshochschule und
sprang in großen Sätzen hinüber zum Neumarkt, durchnässt bis
auf die Haut. Niemand war da. Der größte Platz Kölns war wie ausgestorben. Wie in einem Albtraum, in dem man von einer Sekunde auf die andere von aller Welt verlassen ist und man nicht einmal
um Hilfe ruft, weil man weiß, dass einen keiner hören wird, konnte
ich mich drehen, wohin ich wollte – der Regen hatte auch den letzten feierwütigen Werktätigen das Weite suchen lassen. Nicht einmal hinter, auf oder unter der bereits fertig aufgebauten Bühne ver-
kroch sich noch jemand. Alles war angerichtet, doch nichts würde
stattfinden. Ich fuhr wieder nach Hause, zog mir trockene Sachen
an und malte mein Bild zum Tag: eine rote Fahne, die – »Splash!« –
langsam in einem von David Hockneys menschenleeren kalifornischen Swimmingpools unterging. Am nächsten Tag klingelte es,
und der Mann von der KPD/ML stieg die Treppen zu mir nach
oben. Auch im berlinischen Alphabet fehlte das »G«:
    »Jenosse, ick wollte dir deene Jage bringen!«
    »Wie, Jage bringen??? Ich hann doch jar nit jespillt?!«
    »Jenosse, wat kannst du denn dafür, wenn det Wetter konter-
revolutionär ist!«
    Dann gab er mir die vereinbarten 300 Mark und ging in seiner
angemessen abgeschabten, kämpferischen Lederjacke einem neu-
en roten Morgen entgegen.
    Ich spielte auch im Vorprogramm der österreichischen Band
Schmetterlinge. Karl-Heinz Pütz hatte mir den Gig besorgt. Er
stand im »Chlodwig Eck« hinter der Theke. Das war seine Kommandozentrale. Von dort aus knüpfte er Kontakte, begeisterte er
Leute für seine Ideen, fädelte er Geschäfte ein, stemmte er das Unmögliche. Karl-Heinz war ein wahres Organisationswunder. Bei
ihm liefen die Fäden zusammen. Er kannte immer einen, der einen

anderen kannte. Kein Projekt schien für ihn unrealisierbar. Aus einem vagen Nicken machte er eine feste Zusage, Zögern und Zaudern ließ er nicht gelten. Manche Feier wäre ohne ihn ins Wasser gefallen, nicht zuletzt das »Arsch huh – Zäng ussenander«-Konzert am 9. November 1992 auf dem Chlodwigplatz. Auch der verrückteste Traum konnte sich als Realität wiederfinden, auch das Aussichtslose lohnte, in Angriff genommen zu werden. Besonders in den frühen Jahren ließ Karl-Heinz seine Verbindungen für uns spielen, aber auch später profitierte ich von seinem Wissen und seiner Hilfe, etwa als es darum ging, ein Haus in Kronenburg zu finden. Ein Kinderspiel für einen, der »medden enn der Eifel, bei Stadtkyll, zwesche Köh un Kappes«, aufgewachsen war.

Die Schmetterlinge waren durch ihre »Proletenpassion«, die sich mit der alten Dialektik von Herrschaft und Knechtschaft auseinandersetzte, zu so etwas wie Stars der alternativen Szene geworden. Gerade tourten sie mit ihrem Album »Herbstreise«, das so ziemlich alle politisch brisanten Themen der ausgehenden siebziger Jahre vertonte. Später sollte ich gemeinsam mit dem ehemaligen Sänger der Band, Willi Resetarits, besser bekannt auch als Ostbahn Kurti, einige Songs beim Abschlussfest von Hubert von Goiserns großer »Linz Europa Tour« zum Besten geben, doch knapp dreißig Jahre zuvor hatte der Frontmixer der Schmetterlinge noch etwas gegen mich. In der Köln-Mülheimer Stadthalle, dort, wo 1990 eine schizophrene Frau ein Attentat auf den Kanzlerkandidaten der SPD, Oskar Lafontaine, verübte, hatte ihn glücklicherweise schließlich doch noch jemand mit Einfluss dazu überreden können, meine Gitarre und meine Stimme mit Mikros abzunehmen. Doch das Beste folgte erst nach dem Auftritt. Bärbel Maiwurm, Christians Frau, die als Lehrerin und nebenbei als Journalistin arbeitete, hatte es geschafft, Wolfgang Hamm und Peter Schraan vom kleinen Kölner Eigelstein-Label nach Mülheim zu locken. Nach dem Konzert baten sie zum Gespräch. Sie wollten eine Platte mit mir machen.

Eine Platte! Das war etwas anderes, als seine Songs nur in Kneipen in die rauchgeschwängerte Luft hinauszuschicken, wo sie sich langsam auflösten und nichts von ihnen blieb als ein wenig

Applaus. Eine Platte gebot der Flüchtigkeit Einhalt. Sie bannte die Furie des Verschwindens. Mit ihr konnte man ein Statement abgeben, das mit etwas Glück noch Jahre später gehört werden würde. Eine Platte, das war etwas, was man in die Hand und mit nach Hause nehmen konnte. Mit einer Platte kam man in die Wohnungen der Leute und erwischte sie in unbeobachteten Momenten. Um sich für diesen Vertrauensbeweis zu bedanken, musste man sich anstrengen, damit die Songs auch wiederholtem Hören standhielten. Damit sie sich ein Geheimnis bewahrten, das einen dazu antrieb, immer wieder das Vinyl aus der Hülle zu nehmen. Ich glaubte nicht daran, dass ein Kunstwerk durch die Möglichkeit, es technisch zu reproduzieren, seine Aura verliert. Dieses eine Mal hatte sich Walter Benjamin geirrt. Die besten Platten bewahrten sich ihre Aura auch beim tausendsten Abspielen. Immer wenn man glaubte, ihnen auf die Schliche gekommen zu sein und ihnen auf die Schulter tippen zu können, wandten sie einem eine neue Seite von sich zu und waren schon wieder über alle Berge. So nah sie einem auch sein mochten, ihr Zauber leuchtete doch aus einer unerreichbaren Ferne. Wenn man eine Platte aufnahm, maß man sich, ob man wollte oder nicht, mit den Besten. Man hängte sein kleines, unscheinbares Selbstporträt zwar nur in die hinterste Ecke einer ehrfurchtgebietenden Ahnengalerie, aber man war immerhin schon mal am Pförtner vorbei. Mit einer Platte hinterließ man eine Spur, die nicht mehr so ohne weiteres auszutilgen war.

Obwohl ich allein durch die Szenekneipen tingelte, betrachtete ich mich nicht als Solo-Act. Dazu war ich viel zu gern mit den anderen zusammen. Ich brauchte sie. Nur zusammen mit einer Band würde ich wirklich etwas reißen können. Mit der reinen Folklehre endete man zu schnell in der Spezialistenecke. Es durfte schon mit ein bisschen mehr Dampf abgehen, auch auf die Gefahr hin, dass sich die Textpuristen und Slogan-Sucher die Ohren zuhielten. Sie mussten ja nicht gleich zur Axt greifen, um die Verstärkerkabel durchzutrennen.

Ich lud Wolfgang Hamm und Peter Schran zum Lokaltermin

nach Hersel ein. Was wir ihnen bieten konnten, entsprach nicht gerade ihren Vorstellungen. Eigentlich schlugen sie innerlich sogar die Hände über dem Kopf zusammen. Dennoch machten sie nicht gleich auf dem Absatz kehrt. Wir hatten trotz unseres noch immer nicht genialen Dilettantismus ihr Interesse geweckt. Sie glaubten an uns und gaben uns Zeit, die Arrangements der Songs so lange auf Vordermann zu bringen, bis man sich mit ihnen ins Studio trauen konnte. Wolfgang Hamm, der in Stuttgart Klavier und Geige studiert und sich in Tübingen ausgiebig mit neuer klassischer Musik befasst hatte, half uns dabei ebenso wie der schwäbische Saxophonist und Flötist Büdi Siebert, der eher vom Jazz kam.

Das »Studio am Dom« befand sich an der Ecke Machabäerstraße/ Nord-Süd-Fahrt, direkt unter einer Spielhalle. Über unseren Köpfen blinkten und rotierten die Automaten und gaukelten den erhitzten Abenteurern und den einsamen Süchtigen vor, dass dieser Tag ein ganz besonderer werden würde, warf man nur eine weitere Münze in den Schlitz. Unser Glücksspiel verlief nach anderen Regeln. Wir würden nicht weit kommen, wenn wir uns treiben ließen und auf den einen, den glorreichen Moment warteten. Wir mussten den Stier schon bei den Hörnern packen. Wir hatten gerade einmal sechs Tage zur Verfügung, ein ganzes Album aufzunehmen und zu mischen. Die Arbeit des Produzenten – diesen Job hatte Wolfgang Hamm übernommen – bestand im Wesentlichen darin, den Aufnahmeprozess in die Zeilen eines Stundenplans einzutragen und danach mit der Stoppuhr über die Einhaltung seiner Vorgaben zu wachen. Wenn ein Grund-Take nicht innerhalb der dafür vorgesehenen eineinhalb Stunden zur vollständigen Zufriedenheit eingespielt war, nahm man eben den besten von den schlechten. Ob er groovte, swingte oder rockte, war nicht so wichtig. Hauptsache, er konnte einigermaßen geradeaus laufen.

Die knappe Oktoberwoche im »Studio am Dom« lehrte uns die Grundlagen. Wir waren motiviert und überfordert zugleich, konzentriert und gleichzeitig so aufgeregt, dass wir immer wieder zum italienischen Lebensmittelhändler nebenan sprinten mussten, um für Chianti-Nachschub in riesigen Korbflaschen zu sorgen, mit dem wir unsere Nerven beruhigen konnten. Bis ich endlich spät in der Nacht mit meinem Gesang dran war, hatte ich gerade so viel intus, dass ich dem tapferen Toningenieur Martin Hömberg, der den ganzen Tag über so freundlich gewesen war, sich die Verzweiflung über das Chaos in seinem Studio nicht anmerken zu lassen, zur Entschädigung eine gute Show bieten konnte. Er war mein Publikum, ihn hatte ich durch die Glasscheibe fest im Blick, wenn ich von Mötz' aus dem Ruder laufenden Gewissensprüfung als Kriegsdienstverweigerer sang, von unseren Erfahrungen während unserer großen Türkeireise erzählte oder dem Alten Testament ein Update verpasste. Hömbergs spontane Reaktionen signalisierten mir, ob die Pointen saßen und mein Timing stimmte.

Meine bis zu zehn Strophen langen Textungeheuer waren kaum zu bändigen. Jedes Arrangement, das sich an ihnen versuchte, hatte einen schweren Stand. Die Wörter dominierten die Musik und degradierten sie zum Nebengeräusch. Aber auch wenn sich einmal irgendwo eine Lücke auftat, in das ein Solo hineinstoßen konnte, wurde es brenzlig. Außer Bernd war keiner von uns wirklich in der Lage, mit einem Solo den Hörer in den Bann zu ziehen. Wir überließen den Platz im Licht daher lieber Wolfgang Hamm und seiner Geige, öfter aber noch Büdi Siebert, der sich die Seele aus dem Leib blies und uns mit seinen Fähigkeiten ein ums andere Mal aus der Patsche half.

Als kompakte musikalische Einheit konnte sich die Band nur bei zwei zu einem Medley verschmolzenen, sehr frei übertragenen Coverversionen präsentieren. Mit »Hang on Sloopy« von den McCoys nahm ich die Disco-Welle aufs Korn, und in »Wahnsinn«, unserer Version des Troggs-Klassikers »Wild Thing«, machte ich mich über einige dem Zeitgeist hinterherhechelnde Szenelokale und ihr Publikum lustig. Martin Kippenbergers Berliner »SO36« diente auch in Köln als Vorbild für die Verwandlung ehemaliger Hippie-Höhlen in schwarz gestrichene und neonbleiche Punk-Kneipen, in denen sich neuerdings Leute mit Motorradjacken und Stachelfrisuren tummelten, die noch einige Wochen zuvor ihr Bier in Norwegerpullover und Latzhose getrunken hatten. Über Szenezugehörigkeit entschied nicht mehr Haltung oder Wissen, sondern nur noch die passende Kleidung. »Wild Thing« hatte ich schon in der Troop-Frühphase gespielt, und auch jetzt tat uns der Ausflug in den Höhlenmenschen-Rock gut, bildete er doch den dringend benötigten schmutzigen Gegensatz zum manchmal zu brav klingenden Rest des Albums. Dazu legte ich mich sogar auf den Boden des Studios und bediente Honçes Wah-Wah-Pedal mit der Hand. Martin Hömberg fand das »dufte«.

Eigelstein war ein Label, das seine Platten besonders über die Musikecke in alternativen Buchläden losschlug. Wir hatten kein Problem damit, in Gesellschaft aufrechten Politikrocks wie der »Brokdorfer Kantate« oder den Alben der Düsseldorfer Band M. E. K. Bilk, die wir zärtlich »Melk-Blick« nannten, zu erscheinen. Auch unser Herz schlug links, aber es folgte seinem eigenen Rhythmus. Gesinnungsmusik wurde zu schnell langweilig. Interessant wurde es doch erst, wenn sich das Eindeutige verlor und man auch hinüber auf die andere Seite blickte, wenn die Gegensätze zusammenfielen und man das Böse umarmte, um ihm mit Witz und Sarkasmus einen glanzvollen Abschied zu bereiten. Wir ließen die Eigelstein-Leute gewähren, wenn sie meine Liner Notes zu den einzelnen Songs mit einer Prise ideologischen Slangs versahen. In der DDR wurden Romane auch immer mit Leseanweisungen im Sinne der Partei versehen. Schmal und ich revanchierten uns dafür, indem wir, wo es nur ging, wie in unserer bildenden Kunst die Lücke zwischen Pop und Art schlossen. Dass wir die Songtexte zusammen mit Annoncen des Tina-Versands abdruckten, zeigte, wie wir tickten. Auch die Stücke selbst packten wir, Zappa-Fans, die wir waren, voll bis zum Rand mit Albernheiten, Insiderwitzen und Trivialästhetik. Die »Flipper«-Melodie, ein Robert-Lembke-Double oder närrische Reimexperimente waren eine gute Versicherung gegen allzu viel Tiefsinn. Schmal bekam seine Credits unter anderem für »Effekte«. Ihm fiel die Rolle des Geräuschemachers zu, wie man sie aus alten Kriminalhörspielen kannte, in denen knirschender Kies, quietschende Türen und hallende Schritte Schauder hervorriefen. Man konnte darauf wetten, dass Schmal den unpassend-passenden Sound finden würde, um eine Schiffstaufe, Potenzprobleme oder den Gang einer attraktiven Frau lautmalerisch zu begleiten. Und noch sicherer konnte man sich sein, dass Schmal, wenn in einem Song von der »Schmier« die Rede war, sich dann nicht lumpen lassen und ein dezentes »Tatü-Tata« ins Mikrophon hauchen würde.

Durch meine Soloauftritte hatte sich einiges in der Wahrnehmung der Leute verschoben. Ich war mittlerweile bekannter als meine Band. Mit den drei Buchstaben allein würden wir keinen Hund hinter dem Ofen hervorlocken. Wir mussten, zumindest vorübergehend, wohl oder übel aus einem wunderbar kurzen einen grauenhaft sperrigen Bandnamen machen, was zusammen mit dem Plattentitel fast einen Zungenbrecher ergab: »Wolfgang Niedeckens BAP rockt andere kölsche Leeder«. Ursprünglich hatte ich vorgehabt, diesen Titel mit Nudelbuchstaben auf einen Suppentellerrand zu legen, dann das Arrangement zu fotografieren und es auf das LP-Cover drucken zu lassen. Der Eigelstein-Hausgrafiker Pit Mischke hatte einen besseren, noch dazu preisgünstigeren Einfall. Wir hatten nur 20 000 Mark für die Produktion des Albums zur Verfügung, der Druck eines richtigen Farbcovers wäre zu teuer gekommen. Das hieß aber nicht, dass man auf Farbe verzichten musste. Man musste nur eine bunte Postkarte auf die schwarzweiße Plattenhülle kleben, schon war die Illusion des Farbcovers perfekt. Manche Ideen sind so einfach, dass man sich fragt, warum sie nicht schon längst ein anderer gehabt hat.

Mit Pit Mischke durchsuchte ich die Souvenirläden am Dom nach einer geeigneten Postkarte. Wir förderten ein Prachtexemplar zutage. Bölls »Preußenkirche« samt vorgeschaltetem Blumenbukett als Hologramm, ein silbrig glänzender Kitschtraum in 6-D, hergestellt von Gertrud Ziehtens Kölner Ansichtskarten-Verlag in Pulheim. Frau Ziehten staunte wahrscheinlich nicht schlecht, als ihr in den nächsten Tagen eine Bestellung über mehrere tausend ihrer Dompostkarten ins Haus flatterte. Es war für beide Seiten ein gutes Geschäft. Nur die Eigelstein-Mitarbeiter, die die Karten eigenhändig auf die Platten kleben mussten, waren zu bedauern.

255

Dass sie bald erlöst werden würden, weil sich »…rockt andere kölsche Leeder« mit der Zeit so gut verkaufen sollte, dass die Handarbeit letztlich doch teurer war, als die Cover drucken zu lassen, konnte ja keiner ahnen.

Als ich am 28. November 1979 den Annosaal betrat, kamen gerade die ersten Kisten vom Presswerk an. Die Platten dampften beinahe noch. Ich nahm eine von ihnen in die Hand. Wir hatten ein Album. Es war der Anfang von etwas, was sich noch nicht recht einordnen ließ. Aber es fühlte sich richtig an. Was immer geschehen mochte, wie heftig auch der Kater sein würde, wenn diese Euphorie eines fernen oder eines viel zu nahen Tages verflogen war – das konnte uns keiner mehr nehmen.

Schon am Abend seiner Präsentation verkaufte sich das Album in beachtlicher Stückzahl. Einige Monate später hatten wir im Kölner Stadtgebiet 4000 Exemplare abgesetzt, und nach unserem überregionalen Durchbruch 1982 kroch es auf seine alten Tage sogar noch in die Top 20 der Verkaufscharts. Eigentlich hätte uns damit eine Goldene Schallplatte zugestanden. Doch die Eigelstein-Leute hatten nach unserem Wechsel zur EMI die ersten beiden BAP-Alben an die Konkurrenz der Teldec weitergegeben, und zudem waren noch wichtige Unterlagen verschwunden. Leidtragende waren vor allem Honçe, Jröön und Bernd. Sie hatten nur diese eine Chance, eine Goldene Schallplatte verliehen zu bekommen. Sie wurden um den verdienten Lohn geprellt.

Mit unserem ersten Album setzten wir ein Ausrufezeichen. Die Leute nahmen die Platte mit nach Hause und merkten, dass wir ihnen nichts vorgemacht hatten. Natürlich konnte man geteilter Meinung darüber sein, ob wir tatsächlich rockten, aber die Songs, die aus den Rillen kamen, waren, daran gab es nichts zu deuteln, »andere kölsche Leeder«. Man fand sie nicht auf den Seiten von Mundartliederbüchern. Auch im Karneval würde man sie nie hören. Wer zu ihnen schunkeln wollte, würde gehörig aus dem Takt geraten. Um Zoten und Gefühlsdusel machten sie einen Bogen, und volkstümliche Schmusewolle wickelten sie nicht auf. Sie zeigten ein Köln ohne Narrenkappe.

Auch mit den Songs der Bläck Fööss konnte man sie nicht verwechseln. Wir wilderten nicht im selben Gebiet. Das wäre mir auch nie eingefallen. Aber natürlich wusste ich, dass wir im Windschatten der Bläck Fööss segelten. Sie waren die Pioniere, sie hatten einen Weg geebnet, wo zuvor nur vermintes Gelände gewesen war. Kompromisse waren sie dabei nicht eingegangen. Schon als Kunststudent hatte ich den am Ubierring vor der Werkschule geparkten VW-Bus mit der Aufschrift »Stowaways« gesehen – die Kommandozentrale einer versierten, mit allen Beatles-Wassern gewaschenen Coverband, der dann Graham Bonney die Hoffnung auf eine internationale Karriere ausredete und sie stattdessen zum Singen im Dialekt ermunterte. Blinde Passagiere, die fortan den Karneval nach ihrer Pfeife tanzen ließen und mit Alltagskleidung und nackten Füßen so manchen uniformierten Pappnasenträger gegen sich aufbrachten. Doch ihre Musikalität und ihre Songs, die wie eine Schatzkarte waren, auf der man den Weg zur kölschen Seele fand, machten sie unangreifbar.

Die Bläck Fööss schrieben moderne Volkslieder. Dazu gehörten Idyllen ebenso wie Genrebilder und Charakterzeichnungen. Genau hingeschaut und aus dem Leben gegriffen. Songs, die das Karnevalsliedgut über die Schwelle zur Gegenwart trugen. Aber auch außerhalb der fünften Jahreszeit traf man die Musiker an. Auf Straßenfesten und bei politischen Veranstaltungen bauten sie ihr kleines Equipment auf, stimmten die Gitarren, und ein paar Sekunden später hingen die Besucher an ihren Lippen. Mit Tommy Engel hatten sie einen Sänger, der selbst das Kölner Telefonbuch noch in eine spannende Partitur verwandeln konnte. Er ging auf der Bühne spazieren wie in seinem eigenen Vorgarten. Ein Schlafwandler hätte sich dort nicht sicherer bewegt. Er hatte das Publikum im Griff. Er war Conférencier, Geschichtenerzähler, Spaßmacher und Identifikationsfigur. Zwischenrufe brachten ihn nicht aus dem Konzept, sondern wurden ins stets sorgfältig zusammengestellte Programm eingebaut. Die Bläck Fööss waren die Band der einfachen Leute. Es war mir eine große Freude, als Tommy Engel Anfang 1980 an meiner Tür klingelte, um mich näher kennenzulernen. Dass er sich dabei erst einmal höflich vorstellte, machte ihn mir nur noch sympathischer.

Auch später kamen wir uns nicht ins Gehege. Dazu waren wir einfach zu unterschiedlich. Wir mussten uns nicht einmal extra aus dem Weg gehen. Viel lieber gingen wir ab und zu ein Stück zusammen, verbündeten uns bei einigen gemeinsamen Auftritten oder grüßten uns aus der Ferne, etwa wenn ich »Pänz Pänz Pänz« ins BAP-Programm einbaute und damit weniger vor Neil Young als vor den Bläck Fööss den Hut zog, die »Dance Dance Dance« rasselbandentauglich gemacht hatten. Nicht nur mir erschien das Ende nah, als Tommy Engel das Handtuch warf, aber wenn jemand ein kölsches Wunder verdient hatte, dann diese Band. Die verbliebenen Musiker verteilten die Last auf mehrere Schultern und machten einfach weiter. Vierzig Jahre weigern sie sich nun schon, sich anzubiedern, sich zum Affen zu machen oder ihre Muttersprache aus kommerziellen Gründen den Schlagerfans zum Fraß vorzuwerfen. Das unterscheidet sie von so vielen Bands, die sich zwar nach ihrem Vorbild formiert, bald aber den Schwenk gemacht haben und seitdem als geschmackliche Streikbrecher zu zweifelhaftem Ruhm gelangt sind.

Die Wochenenden gehörten jetzt ganz den Auftritten. Mit einer LP als Arbeitsnachweis war man nicht mehr ausschließlich auf Mundpropaganda angewiesen. Die Kneipenbesitzer und Veranstalter rollten uns mittlerweile den roten Teppich aus, weil wir ihnen den Laden vollmachten. Wir waren von Freitag bis Sonntag unterwegs. Wir nahmen jedes Angebot an. Wer wusste schon, wann es mit dem Interesse an unserer Musik wieder vorbei sein würde? Die öffentliche Aufmerksamkeit ist so unberechenbar wie das Wetter. Man geht kurz nach draußen, um frische Luft zu schnappen, doch wenn man wieder zurück ins Haus, zu den anderen, zur Feier möchte, ist die Tür geschlossen und wird sich auch nie wieder für einen öffnen. Schneller, als einem lieb sein konnte, war man raus aus dem Spiel, und dann half kein Jammern oder Beschweren und Betteln schon gar nicht. Besser also genoss man den

Moment, solange die Sterne noch günstig standen. Honçe hätte jedoch mehrere Leben gebraucht, um auf allen Hochzeiten gleichzeitig tanzen zu können. Er machte Examen, seine Karriere im elterlichen Betrieb war vorgezeichnet. Zudem war Elli schwanger. Er musste Prioritäten setzen und traf die richtige Wahl. Er wurde im Leben gebraucht, und er stellte sich seinen Aufgaben. Es fiel mir schwer, ihn ziehen zu lassen, schließlich hatte ich mit ihm zusammen BAP gegründet – Schmal war auch da später nachgekommen. Ohne Honçe würde die Band eine andere sein. Ein Freund, der aussteigt, reißt ein viel größeres Loch als nur irgendein Musiker, der mal rechts hinter einem auf der Bühne stand. Aber ich sah ein, dass ich Honçe sein Weggehen so leicht wie möglich machen musste. Freunde würden wir ohnehin bleiben, das Band, das nicht nur bei unseren unbekümmerten Roadmovies zwischen uns geknüpft worden war, bei diesen Trips ins Offene, Weite hinein, würde für lange, lange Zeit halten. Buon viaggio, mio fratello, Hans Heres.

Wir sahen uns nach einem Nachfolger um. Jröön streckte seine Fühler aus und stellte den Kontakt zu Paolo Campi her. Campi spielte Gitarre bei der Kölner Band Jennifer. Eine gute Band, die uns musikalisch mit ihren Glam-Rock-Ausflügen deutlich überlegen war und kurz vor der Auflösung stand. Paolo würde uns nach vorne bringen. Die Sache war zu überlegen. Am besten machten wir uns noch einmal selbst ein Bild. Wir wollten Paolo live auf der Bühne erleben. Schmal, Jröön und ich mischten uns im »Basement« unters Publikum und sahen uns die Show von Jennifer an. Das »Basement« war ein Klub in der Herwarthstraße, direkt unter der Christuskirche. Wem der Gottesdienst nicht reichte, brauchte nur eine Etage tiefer zu gehen und konnte dort weiterfeiern. Auch der Keller war wie eine Kirche aufgeteilt: das von zwei schmalen Seitenschiffen flankierte Mittelschiff lief auf eine kleine Bühne zu, auf der man, richtete man sich zu voller Größe auf, der gewölbten Decke gefährlich nahe kam. Eine ähnlich aufgeheizte, stickige und für ein Rock-'n'-Roll-Hochamt angemessen rüde Atmosphäre musste im Liverpooler »Cavern Club« geherrscht haben, in dem sich die Beatles ihre Straßentauglichkeit erspielt hatten. Jennifer kamen gut an, und Paolo bewies seine Klasse. Ich ging pinkeln.

Die Toiletten im »Basement« waren genauso feucht, dunkel und verpestet wie in jedem anderen Rockschuppen zwischen Köln und Minneapolis. Kein Ort, wo man einen Roman beginnen lassen würde. Heldensagen spielten anderswo. Ich war auch nicht Tucker Crowe. Mir kam auf dem Klo keine Erleuchtung, die mich alle Brücken abbrechen ließ und mich auf einen völlig anderen Trip brachte. Ich war noch derselbe, als ich vom Pinkeln zurückkam. Und doch kam es im kleinsten Raum des kleinen Clubs zu einer Begegnung, die, man kann es drehen, wie man will, mein Leben veränderte.

Der Mann hieß Klaus Heuser und sah merkwürdig aus. Ein dunkler, grau-grüner Anorak, Haare, die oben zu kurz und hinten zu lang waren, und ein vor Aufregung rotes Gesicht. So ging man eigentlich nicht zu einem Bewerbungsgespräch. Aber um nichts anderes handelte es sich. Klaus hatte mich auf dem Klo angesprochen, weil er unser neuer Gitarrist werden wollte. Er konnte nicht wissen, dass wir tatsächlich auf der Suche waren, er ahnte nichts von unseren Überlegungen mit Paolo Campi. Ein Zufall führte uns an diesem Abend zusammen, allerdings einer, auf den Klaus wohl schon längere Zeit gewartet hatte. Schließlich waren wir zu diesem Zeitpunkt die angesagteste Band der Stadt. Er setzte alles auf eine Karte und verwickelte mich in ein Gespräch, in dem er erst einmal kein gutes Haar an BAP ließ, um anschließend sich selbst und seine Fähigkeiten als Gitarrist in den höchsten Tönen zu loben. Die unverhohlene Frechheit seines Auftretens stieß mich ab und imponierte mir gleichzeitig. Denn Klaus war nicht nur dreist. Aus seinen Sätzen und mehr noch aus seinem fiebrig-flackernden Blick sprach auch verzweifelter, zu allem entschlossener Ehrgeiz. Klaus brannte. Mit Widersprüchen brauchte man ihm gar nicht zu kommen, die spornten ihn nur dazu an, noch eine Schippe draufzulegen. An diesem Abend würde er immer über die Latte kommen, egal, wie hoch sie auch lag. Er redete sich um Kopf und Kragen und ging doch erhobenen Hauptes davon, denn ich lud ihn ein, Schmal und mir am nächsten Vormittag etwas von seinen Gitarrenkünsten zu zeigen. Manchmal hört man besser auf seine innere Stimme, selbst wenn es einem vorkommt, als brabble sie nur unverständliches Zeug.

Wir versagten als Jury jämmerlich. Schon innerhalb der ersten Minuten, in denen wir mit Klaus in der Teutoburger Straße 5 jammten, büßten wir unsere Neutralität ein und waren begeistert. Sicher, so wenig, wie wir draufhatten, war es nicht besonders schwer, uns zu beeindrucken. Was wussten wir schon. Nicht einmal von Power Chords hatten wir jemals etwas gehört. Wir nannten uns zwar Rockband, aber eigentlich saßen wir immer noch am Lagerfeuer und klampften zu den Sternen hinauf, anstatt sie vom Himmel zu holen. Klaus öffnete seinen Werkzeugkoffer, auf dem »Rock'n'Roll« stand, und nahm die Arbeit auf. Er war kein Aufschneider, der nur mit Sprüchen glänzte. Er hielt seine Versprechen. Er hatte den Killerinstinkt und sein Ziel fest im Blick. Er wollte es allen zeigen – seinen Eltern, die nicht an seinen Traum geglaubt hatten, ignoranten Freunden, der ganzen ungerechten Welt. Dieser Antrieb unterschied ihn von uns. Wo wir gerne mal fünfe grade sein ließen und uns notfalls auch mit weniger zufriedengaben: weniger Aufmerksamkeit, weniger Interesse, weniger Geld, Hauptsache, der Spaß stimmte, nahm Klaus alles ernst. Rockmusik war für ihn mehr als künstlerische Selbstverwirklichung. Sie sollte ihm dabei helfen, von niemandem mehr abhängig zu sein und ganz nach oben zu kommen. Er wollte der verlorene Sohn sein, der das Fest zu seiner Heimkehr selbst bezahlte. Er wollte sein altes Ich beerdigen und dann auf dem Grab einen wilden Tanz vollführen. Und BAP hatte er dazu ausersehen, dass sich dieser Wunsch erfüllte.

Wir holten Klaus in die Band. Ein Schritt, der unser gerade erst erschienenes Album mit einem Schlag alt aussehen ließ. Wir wollten keine wild gewordene Liedermacher-Combo mehr sein. Von jetzt an würde eine etwas härtere Gangart eingeschlagen werden. Was man auf der Platte hören konnte, entsprach uns schon nicht mehr. Wir hatten einen neuen Gitarristen, und der brauchte eine Bühne, auf der er sich zeigen konnte. Ein Dokument des neuen

BAP-Sounds musste her. Ein kleines rundes schwarzes Lebenszeichen mit Loch. Wir brauchten eine Single und setzten den Eigelsteinern so lange zu, bis sie uns einen halben Tag in Conny Planks Studio in Wolperath spendierten.

Plank war nicht nur maßgeblich daran beteiligt gewesen, die ersten Alben von Kraftwerk zum »Fahr'n, Fahr'n, Fahr'n« zu bringen, er galt auch als graue Eminenz des Krautrock. Mit Neu!, Can und Harmonia hatte er Anfang der Siebziger Alben aufgenommen, die sich bei Erscheinen zwar nicht sonderlich gut verkauften, deren Einfluss aber bis heute nicht nachgelassen hat. Bis heute nennt sie fast jeder zweite Musiker irgendwo auf der Welt, wenn er nach seinem Reisegepäck für die einsame Insel gefragt wird. Die visionäre Kraft dieser Platten sichert ihnen ihre ewige Jugend. Es war eine Ehre, einmal mit dem Mann zusammenarbeiten zu können, der sie produziert hatte.

Auf der Fahrt ins Bergische Land verfranzten wir uns. Wir landeten auf Feldwegen im Niemandsland. Ein Traktorfahrer musste uns schließlich dabei helfen, das Studio, das auf dem Areal eines ehemaligen Bauernhofs untergebracht war, zu finden. Conny Plank erwartete uns schon. Ein Bär hinter dem Mischpult, der mit jedem Ton mitging. Ein absoluter Überzeugungstäter, der sich wunderte, als ich mich mit meinen Textblättern für unseren Song »Chauvi Rock« hinters Mikrophon stellte. Für gewöhnlich kamen die Bands, mit denen Plank es zu tun hatte, mit ganz wenigen Wörtern aus, einfachen, oft wiederholten Formeln, passend zur sich im Endlosen verlierenden Motorik der Stücke. Dazu verhielt sich »Chauvi Rock« wie der »Ulysses« zu einem Limerick. Elf Strophen, vierundvierzig Verse: Platz genug, um einmal richtig verbal auf den Putz zu hauen. »Chauvi Rock« spielte am Aschermittwoch und war die unappetitliche Geschichte eines Morgens danach, die kein Detail von der Nacht davor ausließ. Ein schwitzendes, stinkendes, alkoholisiertes, ungehobeltes Monster von Song, der einem fast ein schlechtes Gewissen bereitete, wenn man über ihn lachte. Ich hoffte, dass unser Publikum aufgeklärt genug war, um zu wissen, dass es sich um Rollenlyrik handelte. Wenn es den

Mann, der im Text seine Karnevalsabenteuer schilderte, mit mir verwechselte, würde es ganz hübschen, und zwar politisch korrekten Gegenwind geben. Dann würde mich »Chauvi Rock« in Teufels Küche und die Feministinnen auf die Barrikaden bringen. Immerhin wäre ich dann das ungeliebte Image des »Alternativ-Millowitsch« los.

Um die ganze Story zu erzählen, um den Sturzbach an Wörtern zu Tal rauschen zu lassen, missbrauchten wir das Zwölf-Takt-Schema und jede Menge Chuck-Berry-Riffs. Eine knapp sechsminütige Hetzjagd. Klaus konnte zeigen, was er konnte. Er gab kein Pardon. Wir rockten endlich. Nur der Saxophonist Fritz Cullmann, der unser Line-up zu dieser Zeit verstärkte, tat sich schwer damit, sein Solo aus der Akademie zu scheuchen. Fritz kam vom Jazz. Nicht vom hitzigen Bebop, wie er durch Kerouacs »On the Road« pulsierte, sondern vom sauberen, schöngeistigen, schlauen Jazz. Ein hochgeschätzter, hochbegabter Musiker, der aber Schwierigkeiten damit hatte, den Schlips auszuziehen und den obersten Hemdknopf zu öffnen. Loszulassen. Sich einen Dreck um Konventionen zu scheren. Zu spielen, als sei der Leibhaftige hinter ihm her. Conny Plank wusste Rat. Er ging in sein Privathaus hinüber, kam mit einem ramponierten Exemplar von »Exile on Main St.« zurück, beorderte mit »Rip This Joint« Bobby Keys nach Wolperath und führte dann Fritz Cullmann tanzend, wirbelnd, zuckend, wackelnd, wedelnd und hopsend vor, wie er auszuflippen hatte. Wie ein Rock-'n'-Roll-Saxophon klingen musste.

Wir alle haben uns damals vor Lachen weggeworfen und Conny Planks vollen Körpereinsatz bewundert. Fritz Cullmann musste es aber wie eine Demütigung erschienen sein, vor versammelter Mannschaft Nachhilfe zu bekommen. Einige Wochen darauf, während eines Konzerts in Darmstadt, verschwand er für immer aus meinem Leben. Wir spielten in der »Goldenen Krone«, einer Musikkneipe, die sich im ältesten erhaltenen Haus der Stadt befand. Wie immer stand Fritz nicht die ganze Zeit mit uns auf der Bühne, sondern trat nur aus dem Dunkel, wenn er mit einem Solo an der Reihe war. Er benahm sich völlig normal. Nichts bereitete uns auf

263

den seltsamen Anblick vor, der sich uns bot, als wir zur Pause in die schmuddelige Garderobe kamen. Zwischen Klamotten, Taschen und Krimskrams saß Fritz unnatürlich aufrecht auf einem Stuhl und starrte uns entgegen. Sein Gesicht war vollkommen weiß geschminkt. Kein Tupfer Rot, alles weiß, auch die Brauen überschminkt und den Schnäuzer. Vermutlich sollte das nichts weiter als ein stummer Protest sein gegen die neue Ausrichtung der Band, die sich immer weiter vom Jazzrock entfernte – falls sie überhaupt einmal in dessen Nähe gewesen sein sollte. Aber es war eine unheimliche, Furcht einflößende Art des Protests. Mir fiel das weiß geschminkte Gesicht von Hans Schnier in »Ansichten eines Clowns« ein. Es war das Gesicht eines Toten – »das Haar darüber sah wie eine Perücke aus, der ungeschminkte Mund dunkel, fast blau, die Augen, hellblau wie ein steinerner Himmel, so leer wie die eines Kardinals, der sich nicht eingesteht, dass er den Glauben längst verloren hat«. Fritz sprach kein einziges Wort. Zur zweiten Hälfte des Konzerts erschien er nicht mehr auf der Bühne, und als wir wieder in die Garderobe kamen, war er weg. Ich habe ihn nie wieder gesehen.

Cullmanns letzter BAP-Auftritt war gleichzeitig der erste mit Klaus. Du sagst »Leb wohl«, aber ich sage »Hallo«. Was konnte man auch anderes tun? Es musste ja weitergehen. Und mit Klaus ging es nicht nur einfach weiter. Er steckte uns mit seinem Ehrgeiz an, und vieles schien plötzlich möglich zu sein. Es war, als hätten wir einen Durchschlupf entdeckt, wo wir vorher immer nur eine Mauer gesehen hatten. Darauf tranken wir nach dem Konzert in der »Goldenen Krone« mit der gebotenen Ausgelassenheit. Es wurde später und später, die Gespräche schweiften von der Gegenwart ab in die Vergangenheit. Wir waren alle Kinder von Hollywood und Coca-Cola. Filme und Fernsehserien hatten auch unser Bewusstsein kolonialisiert. Wir kramten in der Erinnerung und gedachten der vergessenen Helden unserer Kindheit, mit denen wir einst gelitten und gelacht hatten. Namen flogen hin und her, Storys wurden rekapituliert, Gedächtnislücken geschlossen. Nur einmal mussten wir passen. Wir wussten zwar, dass es Larry Hagman gewesen war, der in der Serie »Bezaubernde Jeannie« den Angebeteten der schönen blonden Hauptdarstellerin gespielt hatte. Aber wir kamen nicht auf seinen Rollennamen. Besonders Klaus zermarterte sich darüber das Gehirn, ohne die Lösung zu finden.

Am nächsten Morgen, beim Frühstück in einer Darmstädter Pension, als ich gerade überlegte, ob ich überhaupt etwas essen sollte, rauschte in meinem Kopf ein Name mit Blaulicht heran. Die Erinnerung verschickte eine Nachlieferung. Ich blickte in die müden Gesichter der anderen und ließ in die verkaterte Stille hinein die Bombe platzen:

»Major Healey!«

Ich hatte den Geist aus der Flasche gelassen. Die Jungs um mich herum hielten inne, blinzelten, räusperten sich. Dann fing der Erste an zu lachen, und es gab kein Halten mehr. Das Frühstück war definitiv zu Ende. Kaffeetassen wurden so hastig abgestellt, dass sie kaputtzugehen drohten. Brötchenkrümel landeten im falschen Hals. Besonders Klaus bekam sich gar nicht mehr ein. Wäh-

rend die anderen sich langsam wieder beruhigten, schüttelte es ihn immer noch vor Vergnügen. Das sollte Folgen haben. Der Name »Major Healey« blieb an ihm kleben. Zumindest den ersten Teil davon wurde er nicht mehr los. Somit spielte es auch gar keine Rolle, dass mir mein Gedächtnis einen Streich gespielt hatte. Jeannies Freund war natürlich gar nicht Major Healey, sondern Major Nelson. Healey war nur der verhärmte, immer etwas argwöhnische Freund und Arbeitskollege. Der Mann im Schatten, dem so manches Missgeschick widerfuhr. Aber wenn Spitznamen geboren werden, braucht man die Wahrheit nicht als Hebamme. Seit dem Morgen in der Darmstädter Pension hatten wir einen Gitarristen mit militärischem Dienstgrad.

Major Healey taught the band to play, und wir zogen mit. Wir wurden besser, lauter, härter und mutiger. Wenn in Köln mehrere Bands gebucht wurden, war uns bald schon der Platz am Ende des Abends sicher. Obwohl wir nur eine poplige Garagenband waren und musikalisch kaum einem der vor uns auftretenden Acts das Wasser reichen konnten, passierte etwas Unglaubliches im Publikum, wenn wir nach draußen stürmten. Ein Sog zur Bühne entstand, eine Urkraft wurde freigesetzt, ein Bündnis wurde geschlossen. Wir gingen nicht strategisch vor. Wir behielten nichts in Reserve. Wenn wir untergingen, dann mit fliegenden Fahnen. Gezügelte Kraft war schon keine mehr. Nach einem BAP-Konzert sollte das Publikum mindestens so erschöpft nach Hause gehen wie die Band. Die Leute konnten noch stehen? Dann hatten wir etwas falsch gemacht. Dann brachten wir sie eben mit den musikalischen Entsprechungen von Schmals Krampfadern-Bildern endgültig aus der Fassung und ließen brachiale Versionen von »Wähle 3-3-3« oder »So fängt es immer an« direkt über ihren Köpfen explodieren, bevor wir ihnen mit »Wahnsinn« den Rest gaben. Wir hatten unsere Punk-Lektion gelernt. Bei uns ging es ab, und das sprach sich herum. Die Kollegen staunten Bauklötze. Als wir kamen, hatten sie uns noch milde belächelt als langhaarige, von gleich mehreren Hunden umgebene Partyclique, bei der nicht auszumachen war, wer zur Band gehörte und wer zur Crew. Als wir gingen, lachten sie nicht mehr. Dann war bei ihnen der Groschen gefallen. Wir hatten sie an die Wand gespielt.

In der Kunst begannen Schmal und ich allmählich unsere Vorräte anzugreifen. Wegen BAP kamen wir so gut wie gar nicht mehr zum Malen. Wir konnten das gerade erst erwachte Interesse an unseren Arbeiten nicht mit neuen Projekten befeuern. Es war in Ordnung, vom Alten zu zehren, und wir betrachteten es auch als verdienten Lohn für unsere jahrelange Mühe, wenn der Hamburger Kunstverein »Was ist Kunst?« zeigte und die Berliner Galerie an der Friedrichstraße die »Wunschbilder« ausstellte. Aber wenn es nicht bei diesen Achtungserfolgen bleiben sollte, mussten wir nachlegen und uns mal wieder für eine Weile im Atelier verschanzen. Stattdessen tasteten wir uns mit der Band auf unbekanntes Terrain vor. Wir wagten uns aus Köln hinaus. Die Gagen blieben winzig, nur die Entfernungen zum »Chlodwig Eck« wurden größer. Wir waren unterwegs und waren es doch nicht. Nach jedem Auftritt gähnte wieder ein Loch von mehreren Tagen. Zu viel freie Zeit, um als Band wirklich überleben zu können, aber zu wenig, um sich mit anderen Dingen zu beschäftigen. Wir fielen in eine Stadt ein, spielten vor einer manchmal ansehnlichen, meistens aber überschaubaren Menge an Besuchern, dann ging es wieder zurück. Trips, die gerade mal so lange dauerten, wie man brauchte, um das Licht an- und wieder auszuknipsen. Ein Auftritt im Ruhrgebiet, einer in der Stuttgarter »Mausefalle« und zwei hintereinander im Hamburger »Logo«, wo man als Sänger das Publikum gar nicht sehen konnte, weil man hinter einer Säule stand. Wenn wir es nach dem Konzert nicht mehr nach Hause schafften, übernachteten wir vor Ort. Müde und ungeduscht pumpten wir die Luftmatratzen auf und legten uns in unseren Schlafsäcken in die Garderoben der Clubs, zwischen Bierkästen oder auf Billardtische. Am nächsten Morgen schüttelten wir uns den Schlaf aus den zerknitterten Klamotten, fuhren uns einmal durchs Haar und machten, dass wir wegkamen. Hauptsächlich ernährten wir uns von den vertraglich zugesicherten belegten Brötchen. Kam der kleine Hunger unterwegs, griffen wir zu den immer vorrätigen Prinzenrollen. Dazu wurde Kölsch gereicht. Wir wären nie auf die Idee gekommen, tagsüber etwas anderes, etwa Mineralwasser, zu trinken. Prinzenrollen und Reissdorf-Kölsch, das war unser Brot der frühen Jahre.

Ab und zu fiel die Unterbringung aber auch luxuriöser aus. So manche WG ließ es sich nicht nehmen, die Band, die sie gut unterhalten hatte, für eine Nacht bei sich einzuquartieren. Ein kuscheliges Kontrastprogramm zu feuchten Heizungskellern und zugigen Umkleideräumen, bei dem sich für den einen oder anderen aus der Band plötzlich nicht nur in kulinarischer Hinsicht ungeahnte Möglichkeiten auftaten. Meine Gedanken waren ganz woanders. Sie legten die Strecke nach Köln in Windeseile zurück, rasten durch die Südstadt, beruhigten sich ein wenig, tanzten dann durch die dunklen Straßen, pfiffen dabei ein Lied, machten halt vor einem Eingang, schlüpften ins Treppenhaus, stiegen einige Stufen nach oben, glitten unter einer Tür durch und blieben dann im Türrahmen eines Zimmers stehen, in dem zur Nacht noch eine kleine Lampe brannte und eine Frau mit langen braunen Haaren in ihre Bücher vertieft war. Es war schon kein kleines Wunder, dass mein Herz einen Sprung tat, wenn ich an sie dachte. Fast unvorstellbares Glück war es aber, dass auch ihre Augen weit wurden, wenn sie mich wahrnahm, dass sie mir zuwinkte, wenn wir uns entgegengingen.

Zum ersten Mal bemerkt hatte ich Carmen bei einem meiner Soloauftritte in der »Opera«. Ich sah sie, wie sie mir zusah. Aufmerksam, ernst, vielleicht etwas spöttisch. Einige Tage später stand sie im mittlerweile an die Ecke Annostraße/Severinswall umgezogenen »Chlodwig Eck«. Hätte Bob Dylan zu diesem Zeitpunkt sein »Infidels«-Album schon aufgenommen gehabt, wäre ich nicht um einen passenden Begrüßungsspruch verlegen gewesen: »What's a sweetheart like you doin' in a dump like this?« Eine Frau, die mit ihrem schlichten, klassischen Chic so gar nicht in diese verqualmte Rock-'n'-Roll-Bude passte. Ein Wesen, das eigentlich außerhalb meiner Reichweite war. Und das sich doch für mich interessierte, für all den Stuss, den ich erzählte, den man eben erzählt, wenn man sich noch nicht traut, an eine wirkliche Chance zu glauben,

aber eben auch alles dafür tun will, den Tagtraum noch ein wenig zu verlängern, der den ganzen Alltag in schöneres Licht taucht.

Am 20. Mai 1980 funkte dem Privaten noch das Politische dazwischen. Der gen Stollwerck pilgernde Besetzerzug kam am offenen Fenster des »Chlodwig Ecks« vorbei, und Klaus der Geiger höchstpersönlich befahl mich von Carmen weg, als ich ihr gerade die so einfachen, die so verflucht schwierigen Sätze sagen wollte. Beim nächsten Mal waren wir ungestört. In einem Mansardenzimmer, auf dessen Überreste fast dreißig Jahre später nach dem Einsturz des Kölner Stadtarchivs die ganze Welt schauen sollte, war an diesem Abend außer uns nur noch Leonard Cohen im Raum. Aber wer wollte schon mit einer Frau zusammen sein, die keine Platten von Leonard Cohen mochte? Der alte Ladies' Man gab brummelnd seinen Segen zu meinem Geständnis. Cohen musste mir nicht sagen, dass sich viele vor Carmen und mir schon geliebt hatten. Ich wusste, dass sie in Städten und in Wäldern gelächelt hatten wie wir, dass es manchmal gut gegangen war und manchmal eben nicht. Ich wusste das alles. Ich wollte es trotzdem riskieren.

Jeder Einzelne aus der Band musste eine Entscheidung treffen – für oder gegen BAP. Und für BAP zu sein bedeutete, sonstige berufliche Vorhaben, Lebensentwürfe, Zukunftspläne erst einmal bis auf weiteres in die Warteschleife zu schicken. Auch hier galt der Satz vom ausgeschlossenen Dritten. Entweder – oder. Wir waren keine Hobbyband mehr. Wir stießen in mindestens semiprofessionelle Sphären vor. Die Intensität nahm zu, der Stress aber auch. Nicht jeder war zum Bohemien geboren. Nach Honçe zog Jröön die Reißleine. Während wir anderen uns nach einem durchgespielten Wochenende aufs Ohr legen konnten, wartete auf Jröön das Finanzamt. Er half uns noch, oft schon am heraufdämmernden Montagmorgen, beim verhassten Zurückwuchten unserer Anlage ins Herseler Wiegehäuschen, dann fuhr er zu seinem Schreibtisch. Seine Augenringe waren so groß wie die eines Pandabären. Jröön verabschiedete sich so, wie er gekommen war. Stilvoll:

270

»Ich hann üch jo vun Ahnfang ahn jesaat, ich benn nit joot jenooch. Un jetz benn ich övverhauv nimieh joot jenooch!«

Bernd Odenthal musste ebenfalls passen. Sein Abschied vollzog sich eher auf Raten. Trotz seines Zivildienstes stand er uns im Wechsel mit dem halb-brasilianischen Samba-Fan Fred Dressel noch so lange zur Verfügung, bis wir mit Alexander »Effendi« Büchel, dem Keyboarder von Majors ehemaliger Schülerband, einen endgültigen Nachfolger gefunden hatten. Damit waren von der Besetzung des ersten Albums nur noch Schmal, Wolli und ich übrig geblieben. Dass wir mit neuen Musikern weitermachen konnten, dass es BAP überhaupt noch gab nach dem schwarzen Abend an der Kölner PH, hatten wir vor allem Bernd zu verdanken. Ich war mir sicher: Ohne seinen Zuspruch am Strand von Parga und seinen Einsatz in der Zeit danach wäre die Band nicht mehr auf die Beine gekommen.

Wir nahmen ein zweites Album auf, dann wechselten wir die Plattenfirma, weil wir Gefahr liefen, angesichts des amateurhaften Vertriebs der Eigelsteiner im Kölner Dunstkreis stecken zu bleiben und über kurz oder lang im eigenen Saft zu verschmoren. Am 18. September 1980 starb mein Vater, gerade einmal ein Jahr nachdem meine Eltern nach Bad Hönningen, ein paar Kilometer rheinaufwärts von Unkel, gezogen waren. Das war vom großen Traum, noch einmal hinaus aufs Land zu ziehen, geblieben: ein Reihenhaus gegenüber einer chemischen Fabrik, ein handtuchgroßer Garten, der Kampf gegen Trostlosigkeit und ein unnötiger Tod, letztlich hervorgerufen durch übertriebene Sparsamkeit. Wer das Ewige Licht im Treppenhaus ausgedreht hatte, weil er an die nächste Stromrechnung dachte, dem waren auch Einwegspritzen zu teuer, wenn er seinem Körper Insulin zuführen musste. Mein Vater infizierte sich an einer Spritze, weil er Desinfektionslösung sparen wollte, und bekam eine Hepatitis, die er nicht überlebte. Die Band, deren Namensgeber er war, hat er nie auf der Bühne erlebt. Dass ich mich nach der Malerei noch einer zweiten, in seinen Augen ebenfalls brotlosen Kunst widmete, hat er nicht begreifen können. Zuletzt standen wir uns wie Fremde gegenüber, mit hängenden Armen, verlegen, Löcher in die Luft starrend, betreten schweigend.

Es war so lange her, dass wir wirklich miteinander geredet hatten und vom einen etwas beim anderen angekommen war. Ich konnte mich kaum mehr daran erinnern. Die Zeit war verflogen, und wir hatten es zugelassen, dass das Schweigen zwischen uns immer mehr Macht bekam. Wir hatten nichts dagegen getan, waren unserer Wege gegangen, hatten das Gespräch, das wir uns vielleicht beide insgeheim gewünscht hatten, auf eine Zukunft verschoben, die es nun nicht mehr gab. Das Einzige, was ich noch tun konnte, war, den Dialog in Gedanken nachzuholen, in einem Gedicht, einem Song, und beim Schreiben von »Verdamp lang her« war ich meinem Vater näher als in vielen Jahren zuvor. Worum ich mich nie mehr gekümmert hatte, gelang mir wenigstens jetzt. Ich nahm ihn ernst, seine Art, seine Befangenheiten, seine Redensarten, seine Furcht um mich, seine Liebe zu mir, seinen Glauben, seine Hoffnung. Es war, als würden wir uns doch noch die Hand reichen können, über den Abgrund von Enttäuschungen und Meinungsverschiedenheiten hinweg. Als ich die sechs Strophen beendet hatte, waren die Rollen in unserem Gespräch austauschbar geworden, und ich merkte, dass wir uns wohl ähnlicher gewesen waren, als wir beide geglaubt hatten.

Ich schlug »Verdamp lang her« für unser drittes Album vor, doch in der Frachtlagerhalle des stillgelegten Eifel-Bahnhofs, in der wir probten, taten wir uns schwer damit, den langen, traurigen und noch dazu zunächst refrainlosen Text zu elektrifizieren. Die anderen konnten mit seiner Schwermut kaum etwas anfangen. Der Song war so gut wie abgewählt. Nur auf mein Drängen hin befassten wir uns noch einmal mit ihm, und Major schmiss mir in einem allerletzten, schon deutlich genervten Versuch eine nicht ernst gemeinte Möglichkeit vor die Füße:

»Wie willst du das denn spielen? Etwa so?«

Und in seiner Lustlosigkeit spielte er ein »Under-My-Thumb«-artiges Pseudo-Police-Lick, das wie eine Persiflage war, das aber

dem Song ungewollt das gab, was er so dringend brauchte: Feuer und Eindringlichkeit.

Ein gutes Jahr später setzten wir als Vorprogramm der Rolling Stones mit Majors Lick das Müngersdorfer Stadion in Brand und brachten 80 000 Leute zufällig genau in dem Moment dazu, bei »Verdamp lang her« Raum und Zeit zu vergessen, als Mick Jagger zusammen mit dem Veranstalter Fritz Rau das Stadion betrat. Dem Vernehmen nach war Jagger fassungslos:

»What the hell is THIS, Fritz?«

Wir wussten es ja selbst nicht. Eben noch waren wir stolz gewesen, das »Basement« voll zu bekommen, und jetzt standen überall, wo wir auch spielten, Menschentrauben vor der Halle. Unsere Platten verkauften sich fast schneller, als sie gepresst werden konnten. Wir brachen alle Rekorde. An allen Ecken und Enden sah man Autos mit blau-weißen BAP-Aufklebern. Kölsch wurde zur Modesprache. In St. Gallen in der Schweiz fragte ich einen Passanten nach dem Weg, er verstand mich nicht, ich verstand ihn nicht, später im Konzert sangen 4000 Eidgenossen jedes Wort mit. Wir waren die Band der Stunde. Ohne dass wir es darauf angelegt hatten, hatten wir einen Nerv getroffen. Es war schwindelerregend, wie schnell die Lawine ins Rollen gekommen war. Wir waren in aller Munde. Die »Bravo« durchleuchtete unser Privatleben und versuchte, aus uns Teenie-Stars zu machen. Am Wochenende reisten Fans von überall her an und überschwemmten die Südstadt in der Hoffnung, einen von uns zu treffen. Wenn ich nach Hause kam, waren mein Auto und die Fassade der Teutoburger Straße 5 mit Botschaften, Liebesschwüren und Hilferufen vollgekritzelt. Manch einer hätte wahrscheinlich am liebsten auch noch meinen Hund geklaut und in ein Album geklebt.

Wir erlebten den Himmel auf Erden, das Glück und die Anerkennung, von der wohl jede Band träumte. Wir hatten es geschafft. Eine Rock-'n'-Roll-Phantasie, die Realität geworden war. Eigentlich hätte ich glücklich sein müssen, und in gewisser Weise war ich das ja auch. Ohne Geldsorgen und Zukunftsängste schlafen zu gehen war eine mehr als willkommene Abwechslung. Dass die Leute offensichtlich etwas in unserer Musik und in meinen Texten sahen, was sie berührte, aufrüttelte oder ihnen sogar auf die Beine half, erfüllte mich mit Stolz und Dankbarkeit. Und außerdem: Jeder lässt sich gerne mal auf die Schulter klopfen und ausgiebig hochleben.

Trotzdem kam ich mir wie ein Spielverderber vor. Während die anderen den Rausch des Erfolgs ohne Reue zu genießen schienen, war ich wie hypnotisiert von dem, was um mich herum geschah, baute ich wie eh und je Sandburgen aus Bedenken und Selbstzweifeln und brauchte schon wieder ein neues Luftschloss, weil mir das alte zu eng geworden war. Den Schlüssel zu etwas Ruhe vermutete ich bei dem Mädchen, das ich liebte. Ihm wollte ich mich anvertrauen. Es sollte mich mitnehmen, weg von allem, was zu viel war, um es zu verstehen. Wohin genau ich wollte, wusste ich nicht. Oder vielleicht ja doch. In ein anderes Blau.

Wesen mit Federn interessieren sich nicht für Grenzen

Der Friseursalon Ippen lag keine fünfzig Meter von meinem Elternhaus entfernt. Schon als Kind hatte ich mir dort die Haare schneiden lassen, allerdings nicht ohne jedes Mal vorher unauffällig nachzusehen, welcher der beiden Ippens, der alte oder der junge, gerade im Laden war. Erspähte ich den alten durch die Glasscheibe, zog ich vom Ferkulum in die Merowingerstraße und ging zum Friseur Helmsen. Auf einen Façonschnitt, ein sogenanntes Frizzchen, war ich nicht erpicht. Damit ließ man sich besser nicht auf der Straße blicken. Bei Willi Ippen, dem Sohn des Hauses, drohte weniger Gefahr. Er beherrschte auch den Rundschnitt, und der machte schon etwas mehr her. Ich konnte Willi gut leiden. Er war mit einer Frau verheiratet, die er kennengelernt hatte, als sie im Laden meiner Eltern arbeitete.

Für das Cover unserer neuen LP wollte ich die Band im Salon Ippen fotografieren lassen, meine Friseurbesuche in der Türkei hatten mich auf die Idee gebracht. Ich liebte es, mich im Urlaub von einem türkischen Barbier rasieren zu lassen und für ein paar Minuten Teil einer nach uralten Regeln ablaufenden Zeremonie zu sein, bei der Tee in kleinen Gläsern gereicht wurde, die Klinge des Rasiermessers für Nervenkitzel sorgte und Duftwässerchen die Sinne betäubten. Zu guter Letzt wurde einem mit routinierter, stets aufs Neue überraschender Chiropraktik auch noch der Nacken eingerenkt. Während des Rasierens betrachtete ich das über dem Spiegel angebrachte Atatürk-Porträt. Ein Personenkult der eher harmlosen Art. Doch mir fielen auch die vielen weißen Stellen ein, die ich an den Wänden griechischer Banken oder Postämter gesehen hatte und die auf die gerade erst entfernten Bildnisse des für Mord, Folter und Zensur verantwortlichen Generals Papadopoulos hinwiesen. So rasch verloren sich die Spuren der Militärdiktatur nicht.

Auch bei uns war die Zeit der Führer-Bilder in jedem Klassenzimmer noch gar nicht so lange vorbei. Die deutsche Befreiung lag gerade erst vierzig Jahre zurück. Doch schon wieder oder noch immer meldeten sich die zu Wort, die den 8. Mai 1945 als »Tag der Schande« und die militärische Niederlage als »Katastrophe« bezeichneten. Andere, wie der Kanzler, fühlten sich gekränkt, weil sie bei den Feiern der Alliierten zur Wiederkehr des D-Days nicht eingeladen worden waren. Zum Ausgleich posierte Kohl mit dem französischen Präsidenten Mitterand Hand in Hand auf dem Schlachtfeld von Verdun. Was eine historische Geste sein sollte, geriet zum peinlichen Denkmal aus Schmalz. Kurze Zeit später pilgerte Kohl mit Ronald Reagan nach Bitburg – offensichtlich hatte er keine Skrupel, ein Friedensgelöbnis auf einem Soldatenfriedhof abzuhalten, auf dem auch Angehörige der Waffen-SS begraben lagen. In Reagan hatte er den idealen Verbündeten für seine Inszenierung gefunden. Ein ehemaliger Westerndarsteller, für den das Leben nach den Regeln einer Hollywood-Produktion ablief. Seine Leute hatten vor dem Staatsbesuch deutsche KZs nach dem Kriterium ihrer Fernsehtauglichkeit unter die Lupe genommen. Es ging ihnen nicht um Wahrhaftigkeit, nur um schöne Bilder. Ansonsten träumte Reagan von einem Raketenabwehrsystem im Weltall, mit dem er in der Lage sein würde, das »Reich des Bösen« endgültig auszulöschen. An solchen Politikern schien nichts hängenzubleiben. Kritik, Skandale und Enthüllungen perlten an ihnen ab. Für mich waren sie die Personifizierung furchteinflößender Selbstzufriedenheit, wie sie Schmal schon zu Beginn der siebziger Jahre in seinem Bild »Neun Freunde treffen sich« festgehalten hatte. Solchen Typen konnte man nur mit Wut begegnen.

Für das geplante Cover unserer Platte, die »Ahl Männer, aalglatt« heißen sollte, führte ich meine Überlegungen zusammen. Wir wollten auf den Frisierstühlen des Salons Ippen Platz nehmen, Willi sollte das Messer schwingen, doch aus dem Spiegel würden

uns keine unrasierten Musiker entgegenblicken, sondern sauber
gescheitelte, in Anzüge gekleidete Yuppies, mental früh vergreist
auf ihrem Weg zu Einfluss und Macht. Ich dachte bei solch einem
eigensinnigen Spiegel, der nicht das wiedergab, was man erwartete, an Magrittes »La reproduction interdite«. Darauf stand ein Mann
mit dem Rücken zum Betrachter vor einem Spiegel, der, statt den
Mann von vorne zu zeigen, die Rückenansicht einfach wiederholte.
Der Spiegel verweigerte das erwartete Bild, die gewohnte Ordnung
zerfiel, und für einen Moment wurde einem der Abgrund bewusst,
über dem der Alltag errichtet war. Eine winzige Verschiebung
genügte, um alles ins Rutschen zu bringen. Es war Howard Kanovitz, der sich darum bemühte, die Dinge wieder geradezurücken.
Als ich ihn zum ersten Mal in seinem New Yorker Atelier besuchte, arbeitete er an einem Selbstporträt namens »In the German
Bathrobe«, das ihn vor einem kleinen Spiegelschränkchen zeigte.
Angesichts der Langeweile eines normalen Morgens und eines
grün-braun gestreiften deutschen Bademantels mussten selbst
Magrittes Geheimnisse die Waffen strecken.

Ich stellte mir die vorübergehende Verwandlung der Band in
eine Ansammlung von Karrieristen reizvoll vor. Unsere Fans würden beim Betrachten des Covers, wenn sie die beiden Seiten des
Spiegels verglichen, »Original und Fälschung« spielen können. Ich
konnte nicht ahnen, dass die Musik des Albums und vor allem sein
Sound es dem Hörer später tatsächlich schwer machen sollten, die
Rock'n'Roller von ihren alerten Doppelgängern zu unterscheiden.
Nicht in allen Fällen half ein strenges Rasierverbot, um sich vom
aalglatten Feindbild abzugrenzen.

Für das Foto-Shooting hatten wir Hermann Schulte engagiert.
Zum ersten Mal aufgefallen war mir Hermann im Juli 1970, beim
Konzert von Led Zeppelin in der Kölner Sporthalle. Er hatte es geschafft, mit seinem Fotoapparat ganz nach vorn, bis an den Rand
der Bühne, zu kommen. Wo etwas los war, war auch er. Hermann
war ein Punk, noch ehe überhaupt jemand etwas mit dem Wort
verband. Er brauchte keine von der Mode diktierte Kleiderordnung,
um sich zu finden. Er kämmte sich das Haar mit Pomade nach hin-

ten, zog sich eine schwarze Lederjacke über und ging seiner Wege. Später, nach seinem Zivildienst, half ihm Bernd Odenthal dabei, ein Fotostudio einzurichten. Bernd regelte auch alles Geschäftliche, denn mit so etwas befasste sich Hermann nicht. Geld war ihm egal, das brauchte er nur, um seinen Deckel zu bezahlen. Er legte nichts auf die hohe Kante. In Köln nannte man Typen wie ihn »en Nüümaatskraad«. Hermann war proletarisch, er gab sich hart und abgeklärt, doch damit verbarg er nur seine große Sensibilität. Er konnte zuhören und hatte die seltene Gabe, in schwierigen Situationen das richtige Wort zu finden. Alle mochten ihn. Wie so mancher Namensvetter seines Alters musste auch er sich mit dem wenig einfallsreichen Zusatz »The German« abfinden, doch er trug ihn wie einen Adelstitel. Hermann liebte Schwarzweißfotos. Mit Farbe brauchte man ihm eigentlich gar nicht erst zu kommen. Er experimentierte mit Langzeitbelichtungen und fing das Mondlicht ein, wie es auf dem Papier seine Spuren hinterließ. Er hielt Jürgen Klaukes Performances fest und gab den Platten der Kölner Musikszene ein Gesicht. Ab und zu machte er sogar selbst Musik. David Bowie hatte ihm seine Hymnen geschrieben: »All the Young Dudes«, »Helden«, die Mantras der Ausgegrenzten, die draußen vor der Tür ihre Partys veranstalten mussten. So fühlte er sich. Chancenlos und doch voller Mut. Einmal, bei einem Open Air in Schweinfurt, überließ ich Hermann meinen Platz auf der Bühne, und er sang »Helden« vor 30 000 Leuten. Dabei machte er sich den Song so zu eigen, als hätte er ihn selbst geschrieben. Er war unschlagbar für einen Tag. Und für noch einen. Und noch einen.

Wenn Hermann beim Arbeiten in Rage geriet, hatte es sein asiatischer Assistent Wang nicht leicht. Die beiden waren gute Freunde, doch in ihren Dialogen glichen sie eher einem alten Ehepaar, das über seinem jahrelang perfektionierten verbalen Schlagabtausch alles um sich herum vergaß. Wang fiel dabei eine undankbare Rolle zu:

»Ah, Hermann …?«

»Bess ens still, Wang, ich muss fotojrafiere, ich benn ahm Arbeide!«

»Aber du hast gar keinen Film in der Kamera …«

»Säät dä für mich, Hermann, du häss jar keine Film enn dä Kamera! Ich saare, Wang, äh … ess e' Arjument!«

Bei einer unserer Fotosessions fertigte Hermann die Testpolaroids, mit denen in der vordigitalen Zeit jede Lichteinstellung dokumentiert werden musste, so rasch an, dass Wang Mühe hatte, die Bilder in die richtige Reihenfolge zu bringen. Er befestigte die Polaroids provisorisch und nicht exakt chronologisch mit Tesafilm auf einem Brett und wurde dabei erwischt. Wie immer, wenn Hermann etwas besonders Wichtiges zu verkünden hatte und eine Weisheit fürs Leben loswerden wollte, wechselte er unvermittelt vom Kölschen ins Hochdeutsche:

»Wang, wat hässte dann do jemaat? Wie sieht dat dann uss? Wang, ich habe dir schon tausendmal gesagt: Das Auge sieht mit!«

Auch wir hielten uns an Hermanns Rat. Wir suchten uns die Anzüge aus, die wir auf dem Plattencover tragen wollten. Bei Weingarten & Sohn bat man uns dazu in die Abteilung »Festlicher Abend«. Dort wirkten wir trotz unserer schon mehr oder weniger gelungenen Bärte wie Kinder, die man vom Spielplatz geholt hatte, damit sie ihre zu Besuch gekommene vornehme Tante begrüßten. Hermann war mitgekommen und fotografierte uns bei der Anprobe. Wir zogen die Anzüge einfach über unsere T-Shirts an. Dann stellten wir Schmals »Neun Freunde treffen sich« nach und reichten uns dazu die Hände. Die beiden Verkäufer warfen sich indignierte Blicke zu. Glücklicherweise unterhielten sie sich nicht so leise, wie sie vermutlich glaubten.

»Was tun die denn hier?«, fragte der eine.

»Sie versuchen, seriös zu wirken.«

»Das ist ihnen nicht gelungen.«

In diesem Moment drückte Hermann auf den Auslöser. Wir lachten noch, als die Verkäufer längst das Weite gesucht hatten.

Auf den Unbeteiligten musste das wie das Herumalbern einer verschworenen Gemeinschaft wirken, doch es war nur eine kurze Flucht vor Ratlosigkeit und Verunsicherung. In den vorangegangenen Tagen waren wir uns im Proberaum in der Oskar-Jäger-Straße hinter dem Melaten-Friedhof nach und nach über beinahe alles, was BAP betraf, uneins geworden. Wir diskutierten über die für die neue Platte vorgesehenen Songs, darüber, wie sie klingen sollten, und, am intensivsten, über meine Texte. Dabei kam Erstaunliches zutage. Ein Riss ging plötzlich durch die Band, und man konnte dabei zusehen, wie er größer wurde. Alles kam auf den Prüfstand, und die Fronten verhärteten sich. Langsam wurde die Lage ungemütlich. Nichts ging voran. Nur der Tag des Foto-Shootings im Salon Ippen rückte näher. Wieder einmal zogen sich die Gespräche im Proberaum bis in die Nacht. Irgendwann klinkte ich mich aus und ging schlafen, doch die anderen debattierten in irgendeiner Kneipe weiter, bis zum bitteren Ende. Am Morgen setzte sich Schmal in ein Taxi und fuhr in die Südstadt. Im Friseursalon war die störende Wandkonstruktion aus Milchglas, die die Damenvon der Herrenabteilung trennte, bereits entfernt worden. Ein WDR-Team, das die Arbeit am Cover begleiten wollte, richtete gerade seine Kameras ein. Und auch Hermann war da und wartete darauf, dass es losging. Schmal sprang aus dem Taxi und nahm ihn beiseite:

»Du kanns widder affbaue, die Band jitt et nit mieh.«

Hermann war nicht der Typ, der sich lange mit Theatralik aufhielt. Er nickte nur:

»Jo, ess joot.«

Dann packte er seine Ausrüstung zusammen und fuhr nach Hause.

Die Songtexte, über die nun so heftig diskutiert wurde, waren zum größten Teil in Griechenland und in der Türkei entstanden. Den Sommer 1984 verbrachte ich mit Carmen und dem erst ein gutes halbes Jahr alten Severin auf der griechischen Insel Patmos. Patmos galt als heilig. Es hieß, dass der auf die Insel verbannte Prophet Johannes dort die Offenbarung geschrieben habe – apokalyptische Visionen aus dem ersten Jahrhundert nach Christus. Sieben Durchhaltebriefe, gerichtet an von der Christenverfolgung im Römischen Reich betroffene Gemeinden; bildmächtige, brutale,

rücksichtslose und phantastische Drohungen an alle Ungläubigen. Es ging um nichts Geringeres als um die endgültige Konfrontation von Gut und Böse. Johannes kannte sein Lied genau, bevor er zu singen begann. Er schrieb von einem Buch mit sieben Siegeln, von Engeln mit den Schalen des Zorns, dem Fall der Hure Babylon, von Harmagedon und dem Sturz des Drachens. Damit am Ende der Welt sich das Neue Jerusalem erheben konnte, musste erst ein schwerer Regen niedergehen.

Ich mochte Patmos, die Kargheit der Insel, ihre schattenlosen

Straßen, ihre uralten Häuser. Noch an den steilsten Vorsprüngen wuchs der Efeu. Zahnlose Hirten zogen umher und verfluchten schon am frühen Morgen ihre Schafe und Ziegen. In einer winzigen Kirche sorgte eine alte Frau dafür, dass das Ewige Licht nie ausging. Ein Adler flog mitten durch den wolkenlosen Himmel. Und doch wünschte ich mich weit weg. Ich fühlte mich wie ein Gefangener in der kleinen Ferienwohnung, die wir gemietet hatten. Die neue Rolle als Familienvater machte mir zu schaffen. Ich kam mir vor wie Otto Normalverbraucher im Pauschalurlaub. »Otto« war immer mein Sammelbegriff gewesen für die, die sogar ihre Ferien generalstabsmäßig planten, um vor unliebsamen Überraschungen gefeit zu sein. Die mit der Touristenherde liefen und sich ihre Träume von Reiseunternehmen und Katalogen vorschreiben ließen. Zweimal hatte auch ich mich als Erwachsener auf »Otto«-Pfade begeben. Anfang der siebziger Jahre war ich mit Hille in einem Sommer nach Ibiza und in einem anderen sogar nach Benidorm geflogen. Seitdem hatte ich genug von Massenunterkünften und uniformem Strandleben. Schon im nächsten Jahr waren wir, zusammen mit Schmal, Mötz und Hilles kleinem Bruder Hans-Peter, in einem schrottreifen blauen VW-Bus, der seit Jahren nur noch im Rahmen der Kirschernte zwischen Ramershoven und Bonn eingesetzt worden war, auf eigene Faust losgezogen.

Über ein Jahrzehnt betrachtete ich diese Art Ferien als die einzig für mich denkbare. Ich liebte es, eine Gegend auszukundschaften und meine Zelte nur genau so lange an einem Platz aufzuschlagen, wie es mir dort gefiel. Ich brauchte die Gewissheit, frei zu sein. Der erste Familienurlaub seit meiner Kindheit erschien mir wie eine Falle, aus der ich mich nicht mehr befreien konnte. In den Monaten zuvor, als wir auf Tour gewesen waren, hatte ich die Band fast zur Verzweiflung gebracht, weil ich immer noch eine weitere Zugabe spielen wollte. Das Ende der Konzerte bedeutete, dass ich den einzigen Ort verlassen musste, an dem ich mich wirklich wohlfühlte. Auf der Bühne musste ich nicht darüber nachdenken, was in meinem Privatleben los war und seit wann und warum Carmen und ich uns voneinander entfernten. Auf Patmos aber war Weglaufen unmöglich. All das in den Monaten zuvor ungesagt Gebliebene stand nun zwischen uns und ließ sich nicht länger verdrängen. Es belauerte uns, und ich hatte Angst vor dem Moment, in dem es uns anfallen würde.

Gefahr war im Verzug, doch ich wusste nicht, ob meine Songs, die ich trotz allem schrieb, das Rettende waren. Immer öfter ersetzten sie ein wirkliches Gespräch mit Carmen, die dadurch gezwungen war, in und zwischen meinen Zeilen zu ergründen, was in mir vorging. Ich brauchte den Umweg über die Kunst und das BAP-Publikum, um mir meine Gefühle wirklich eingestehen zu können. Die Songs waren wie Briefe, die ich an Carmen und auch Severin schickte; verschlüsselte Sendschreiben, zornige Telegramme, verzagte Episteln. Sie riefen um Hilfe. Ein Song hieß sogar »Breef ahn üch zwei«. Er sammelte Wegzehrung für schwierige Etappen. In ihm verordnete ich mir selbst den Blick durch eine rosarote Brille. Ich korrigierte Bitterkeit und Frust, radierte sie aus und überschrieb sie mit Momenten des Aufatmens und der Hoffnung. Andere Stücke waren nicht so dezent. Manche zerrten ohne Not Privatangelegenheiten an die Öffentlichkeit. Weil ich für Carmen glückstrahlende Liebeslieder geschrieben hatte, fühlte ich mich nun in der Pflicht, auch unsere Krise in den Texten zu thematisieren. Was keinen etwas anging, sang ich in ein Mikrofon. Das Schlimmste war, dass ich selbst gar nicht merkte, auf welchem Holzweg ich mich damit befand.

Am Ende des Urlaubs brachte ich Carmen und Severin zum Athener Flughafen. Anschließend fuhr ich mit dem Auto und meinem Hund nach Patras, um die Fähre nach Brindisi zu nehmen. Vor mir lag ein weiter Heimweg. Obwohl ich mich den ganzen Urlaub über so nach Unabhängigkeit gesehnt hatte, wusste ich nun nichts mit mir anzufangen. Freiheit ist manchmal nur ein anderes Wort für Alleinsein. In den billigen Pizzerien auf der Corsa di Roma ließ mich die Einsamkeit frösteln, und in meinem Schlafsack auf dem verwaisten Deck der Fähre schnürte sie mir die Kehle zu.

Im Sommer darauf versuchten wir mit einem Wohnmobil, der Festlegung auf einen Ferienort zu entgehen. Über zwei Monate fuhren wir die türkische Küste entlang und drehten erst kurz vor Syrien wieder um. Den verbleibenden Rest der Zeit verbrachten wir in einer großen Bucht in der Nähe des Dorfes Çıralı. Wer von Antalya aus durch das Taurusgebirge die Küste entlangfuhr, hatte kaum eine Chance, das Dorf zu entdecken. Und die Touristen übersahen zumeist die enge, kurvige Straße, die direkt hinter Tekirova zum Meer hinunterführte. Das konnte uns nur recht sein. Wir hatten die Bucht mit der teilweise ausgetrockneten Flussmündung, dem winzigen Wasserfall und den unbearbeiteten Überresten römischer Ruinen, die auf die Nähe der antiken Stadt Olympos hindeuteten, fast für uns. Kein Jahrzehnt her, da waren die einheimischen Bauernfamilien um diese Zeit noch mit ihren Tieren ins Gebirge gezogen, um den hohen Temperaturen zu entkommen. Sie hatten auf den Bergweiden in Zelten aus Ziegenfell gewohnt, bis der Sommer vorüber war. Nun blieben sie am Meer und errichteten aus Ästen und Plastikfolie provisorische Buden, in denen es das Nötigste zu kaufen gab.

Ich schrieb in Çıralı nicht nur Songs, sondern arbeitete auch an einem Kunstprojekt mit dem Titel »Neue Souvenirs«. Wenn ich nicht zulassen wollte, dass mir meine Farben endgültig vertrockneten, blieb mir nichts anderes übrig, als zweigleisig zu fahren. Schmal dachte ähnlich. Die Erfolge mit der Band hatten unsere Lebenspläne vielleicht für immer verändert. Was einmal nur als kurzfristige Unterbrechung eingeplant gewesen war, hatte alle unsere Vorstellungen gesprengt. An eine Laufbahn als bildender Künstler war vorerst nicht mehr zu denken, und von Jahr zu Jahr wurde es fraglicher, ob diese Alternative überhaupt noch bestand. Doch unser angestammtes Revier einfach kampflos zu räumen war auch keine Alternative. Bei jedem Konzert, bei dem ich »Verdamp lang her« sang, fragte mich mein Vater, wann ich zuletzt ein Bild zustande gebracht hatte. Es wurde Zeit, dass ich auf diese Frage endlich wieder guten Gewissens antworten konnte. Manchmal machte es eben doch einen Unterschied, ob man laut oder leise malte.

Ein Zufall hatte uns vor einem Jahr wieder in die Spur gebracht.

Im »Out«, jener Kölner Südstadt-Szenekneipe in der Alteburger Straße, in der Gaby Köster hinter der Theke stand, trafen wir Ingo Kümmel. Ingo hatte früher einige Galerien geleitet und arbeitete seit geraumer Zeit als Kunstvermittler. Jeder kannte ihn. Sein Ruf war legendär. Er hatte Jazzkonzerte in einem Studentenwohnheim organisiert, Lesungen in einem Schnapsladen veranstaltet und diverse Kunstmessen ins Leben gerufen. Später gab er sein Wissen, das Humor mit einer alles auf eine Karte setzenden Risikobereitschaft verband, an die Studenten der Kölner Werkschulen weiter und machte aus den kunstinfizierten Träumen der Stollwerck-Besetzer ein ambitioniertes Programm.

Ingo erkundigte sich nach dem Verbleib der »Tagesbilder« und traf damit einen wunden Punkt. Die Bilder waren in Köln nie öffentlich gezeigt worden. Schon bald nach ihrer Fertigstellung hatten wir uns ganz auf die Band konzentriert und waren nicht mehr dazu gekommen, uns nach einem geeigneten Ausstellungsort umzuschauen. Ingo wollte sich damit nicht abfinden. Ausreden ließ er nicht gelten. Er resignierte nicht vor verschlossenen Türen, sondern verschaffte sich kurzerhand Zutritt. Hatte man erst einmal sein Ziel erreicht, fragte ohnehin keiner mehr danach, wie man hereingekommen war. Beinahe unmerklich ging unser Thekengespräch in eine Ausstellungsvorbereitung über. Ingo brachte den Kölnischen Kunstverein ins Spiel. Dessen Leiter, Wulf Herzogenrath, hatte die »Tagesbilder« schon während ihrer Entstehung im Atelier gesehen und eröffnete uns nun die Chance, die versäumte Ausstellung nachzuholen. Bei der Eröffnung am Aschermittwoch 1985 gingen Schmal und ich von Bild zu Bild. Das Glück, das ich dabei empfand, war das Glück der Erinnerung. Zu jedem der 365 Bilder gehörte eine Geschichte, jedes einzelne war an meinem Leben entlang gemalt. Was damals allein einer undurchschaubaren Gegenwart verhaftet gewesen war, hatte sich nun wie von Geisterhand zu einer Erzählung geordnet, die ein Ziel und einen Sinn in sich zu tragen schien. Die unerschütterlich behauptete: Das bist du, das ist deine Geschichte. Aus den Tagen des Jahres 1979 waren Jahrestage geworden.

Kurz darauf nahm uns die Galeristin Inge Baecker in ihr Programm auf. Sie vertrat bereits die wunderbaren Fluxus-Verrücktheiten Wolf Vostells und Robert Filious, die raumgreifenden Installationen Allan Kaprows, die Fernsehaltäre Nam June Paiks und die das Schweigen auslotenden Experimente von John Cage. Inge versprach, uns künftig alles Organisatorische abzunehmen. Sie würde uns den Rücken freihalten und dafür sorgen, dass unsere Arbeiten ein Publikum fanden. Schmal und ich beschlossen, das Konzept der »Tagesbilder« wiederaufzunehmen. Noch einmal wollten wir Tag für Tag unseren Zugriff auf die Wirklichkeit gleichzeitig demonstrieren und hinterfragen. Vier Monate lang wollten wir, jeder für sich, Erlebtes dokumentieren. Hinterher würden wir dann überprüfen können, ob wir uns noch für die gleichen Dinge begeisterten oder ob sich unsere Vorlieben geändert hatten.

Die Arbeit an den »Neuen Souvenirs«, die zum größten Teil in die Zeit meines Türkeiurlaubs fiel, bewies mir, wie sehr ich es vermisst hatte, neben dem Songschreiben noch einer anderen, eher spielerischen Art der Spurensicherung nachzugehen. Der im Vergleich zu den »Tagesbildern« erweiterte Materialbegriff erlaubte es, spontanen Einfällen hinterherzujagen, Fundstücke einer neuen Bestimmung zuzuführen und das Auseinanderstrebende zusammenzudenken. Ich wurde zum Archäologen des Alltags und machte Neues aus Abfall. Fast alles ließ sich verwerten. Aus türkischen Familienidyllen-Fotos, aus Kaugummipäckchen-Comics, Zeitungsschnipseln, Bonbonpapierchen, Restaurantrechnungen und Polaroids montierte ich mir meinen Tag zusammen. Türkische Sodakapseln mit Halbmonden und Sternen ergaben, nebeneinandergelegt, eine Mondlandschaft. Den Riss in meiner verschlissenen Bühnenhose deklarierte ich zur Hommage an Lucio Fontana. Und Severin veredelte eine von ihm selbst ausgewählte Postkarte mit wenigen kühnen Strichen zu einem Bild von Arnulf Rainer.

Trotz der weiterhin bestehenden Spannungen zwischen uns hatten Carmen und ich einen Kompromiss gefunden, der den Sommer über hielt. Wir wollten die in Köln allgegenwärtigen Meinungsverschiedenheiten und Auseinandersetzungen nicht in die Nähe von Çıralı lassen. Gegen andere Eindringlinge waren wir jedoch machtlos. Einmal in der Woche kaperte Dekadenz unsere Bucht. Zwei traumhafte, in Bodrum gebaute Segelschiffe warfen die Anker aus und karrten eine neue Ladung »Robinson Club«-Urlauber heran, die sich auf ihre Tagesausflüge mit der Haltung und dem Anspruch von Kolonialherren begaben. Sie ließen sich von türkischen Clubangestellten durch die Brandung zum Strand tragen und anschließend lorbeerbekränzt von pseudofolkloristischen Animationsprogrammen unterhalten. An solchen Tagen beschränkten wir unsere eigenen Strandbesuche auf das Allernötigste. Nur einmal schwamm ich hinaus, um mir eine der hölzernen Gulets aus der Nähe anzusehen. Meine Neugier wurde prompt bestraft. Dante hatte die Foltermethoden aus der »Göttlichen Komödie« auf den neuesten Stand gebracht. Ich stand vor dem neunten Höllenkreis. Vom Deck des Schiffes dröhnte »Live Is Life«.

Unmittelbar nach meiner Rückkehr an den Strand schrieb ich aus Rache einen Text über die Ferienerlebnisse vergnügungswilliger Videothekenmitarbeiter und sonnenbankgebräunter Großraumbürosekretärinnen, den wir, zusammen mit einer Musik unseres Produzenten Reinhold Mack, später sogar als Single veröffentlichten. Für das Coverfoto fuhr ich mit Hermann Schulte zum Flughafen und mimte zur Freude der Schalterangestellten mit weit aufgeknöpftem Hemd, weißer Bundfaltenhose und umgehängter Tennistasche einen Club-Touristen beim Einchecken. Anschließend schickten wir den Song auf Reisen. Helmut Fest, der Chef unserer Plattenfirma, ordnete an, mit »Time Is Cash, Time Is Money« sämtliche Diskotheken an der Adria- und Mittelmeerküste zu bemustern. Wir schmissen die Pauschaltouristen mit einer Satire über den Pauschaltourismus regelrecht zu. Zwar wurde tatsächlich überall zu unserem kölschen Reggae mit dem englischen Refrain getanzt, doch nach ihrer Rückkehr kauften sich die Urlauber nur die Single, nicht das dazugehörige Album. Vielen von ihnen war wahrscheinlich nicht einmal aufgefallen, dass BAP hinter dem Song steckte.

Doch es gab auch angenehmere Gäste in der Bucht von Çıralı.

Dazu gehörten die Jungs, die mitten in der Nacht in einem alten Hanomag mit Dortmunder Kennzeichen und einem ausgeblichenen Kuhschädel am Kühler den Berg herunterkamen. Den ganzen Tag über waren sie gefahren auf der Suche nach einer Stelle, an der es sich lohnte, ein bisschen länger zu bleiben. Nun saßen sie am Lagerfeuer, durchgeschwitzt und verdreckt, und lachten mit uns zusammen darüber, dass wir sie anfangs für Militärpolizisten gehalten hatten.

Ich erkannte mich in ihnen wieder. Abenteuerlust und Neugier waren immer auch meine Motive gewesen, in fremde Länder aufzubrechen. Man durfte nicht alles den Coffee Table Books überlassen. Man musste sich seine eigene Meinung bilden. Jede Abzweigung konnte zu einer neuen Erfahrung führen. Diese Jungs waren keine Ottos. Diese Jungs waren genau so, wie ich gerne noch einmal sein wollte. Ich war noch keine fünfunddreißig, doch ich kam mir entsetzlich erwachsen vor. Gegen dieses Gefühl half auch kein Wohnmobil.

Ich hatte Glück gehabt. Während unseres nächtlichen Gesprächs im Schein des Lagerfeuers und der wenigen Petroleumlampen war ich unerkannt geblieben. Doch am nächsten Morgen war es damit vorbei. Mit dem Tageslicht hielt eine Hierarchie Einzug, für die nicht allein der Altersunterschied verantwortlich war. Meine Popularität errichtete in Sekundenschnelle einen Graben zwischen mir und den Jungs aus dem Hanomag. Ich wusste, dass es nun keinen Zweck mehr hatte, ihnen zu erklären, was in mir vorging. Sie hätten mir ohnehin nicht geglaubt. Sie hätten es für Koketterie gehalten, wenn ich ihnen gestanden hätte, dass der Erfolg auch seine Schattenseiten haben konnte. Wie oft hatte ich mich etwa über die Vorwürfe, kommerziell geworden zu sein, lustig gemacht, und doch war ich ihnen nach und nach auf den Leim gegangen und hatte sie als schlechtes Gewissen verinnerlicht. Der hirnrissige Glaube, Erwartungen bis zum Exzess erfüllen zu müssen, ließ einen manchmal genau das Falsche tun.

Nach meiner Rückkehr aus dem Urlaub spielte ich den anderen im Proberaum die auf Patmos und in der Türkei entstandenen, für

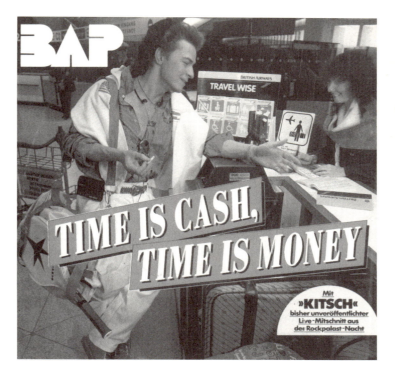

»Ahl Männer, aalglatt« vorgesehenen Songs vor. Es waren so viele, dass wir problemlos ein Doppelalbum damit füllen konnten. Bei unserer letzten Platte, die den Titel »Zwesche Salzjebäck un Bier« trug, waren wir in der glücklichen Lage gewesen, uns zum ersten Mal jeden Wunsch im Studio erfüllen zu können. Das Budget hatte sogar die Arbeit mit einem Streichorchester erlaubt. Das Album setzte mit den bedrückenden Bildern eines surrealistischen Albtraums ein und kam mit einem leise gesungenen Schlaflied zur Ruhe. Mit ihm hatten wir uns unaufgeregt weiterentwickelt, ohne auf Teufel komm raus vermeintlichen Innovationen hinterherzurennen. Für mich gab es keinen Grund, an dieser Arbeitsweise etwas zu ändern. Das Rad konnte man sowieso nicht mehr neu erfinden. Es ging darum, es am Rollen zu halten.

Major sah das anders. Er schaute sich die Verkaufszahlen an und zog seine Schlüsse daraus. Ihn schmerzte es, dass »Zwesche Salzjebäck un Bier« nicht an die Erfolge der vorangegangenen Alben anknüpfen konnte. Wir waren unter der Platinmarke von 500 000 verkauften Exemplaren geblieben. Natürlich war die Platte kein Misserfolg, ihr fehlte nur ein Single-Hit. Major nahm sich vor, höllisch aufzupassen, dass uns das mit dem nächsten Album nicht noch einmal passierte. Er sah unseren Status in Gefahr und wollte die Ausrichtung der Band verändern. Was in der Vergangenheit noch als richtig gegolten hatte, wurde nun ganz anders bewertet. Was erst zu unseren Erfolgen geführt hatte, schien nun der Wiederholung eben dieser Erfolge im Weg zu stehen. Mir war zwar bewusst, dass ich den anderen mit den neuen Songs einiges zumutete. Eine Ehekrise warf keine aufmunternden Reime ab. Aber die massive Ablehnung, auf die ich traf, erwischte mich dennoch unvorbereitet. Nur Schmal und unser Schlagzeuger Jan Dix konnten noch etwas mit meinen Texten anfangen. Für die anderen, und das war die Mehrheit, waren meine Sprache und meine Themen zu einem Problem geworden.

Auf Patmos hatte ich, die Musik von Dylans »Sad-Eyed Lady of the Lowlands« als provisorisches Gerüst benutzend, Kindheitserinnerungen zusammengetragen. Der Song, der die gesamte vierte Plattenseite von »Blonde on Blonde« einnahm, häufte lyrische Bilder wie kostbares Geschmeide auf und legte sie der Angesungenen zu Füßen. Er erzählte keine Geschichte, sondern war trunkene Aufzählung, ein Fort- und Fortbeschwören von Ergebenheit und Verliebtheit. Ein vergötternder Minnesang, der sich mit der Ewigkeit maß, aber auch ein selbstbewusstes Ausstellen von Sprachlust und Einfallsreichtum. Ging der Song zu Ende, vermochte man, wie nach dem Erwachen aus einem seligen Traum, der Stunden gedauert zu haben schien, nicht zu sagen, wie viel Zeit vergangen war. Ich wusste, dass ich mich in diese Musik fallen lassen konnte und mir keine Sorgen darüber machen musste, hart aufzuschlagen. Sie würde mich tragen, auch wenn ich den Stillstand der Anbetung in die Chronologie einer Geschichte auflöste. Beim Schreiben von

»Nie met Aljebra« dachte ich an Heinrich Bölls sinnlichen Realismus, der die Dinge zum Leuchten brachte, ohne sie zu Symbolen aufzuladen. Der vom Staub und der Mühsal und der Erschöpfung der Nachkriegszeit ebenso erzählte wie von Schuld und von Verdrängung. Der die Trümmer sah und die Menschen zwischen diesen Trümmern: den rauchenden Bäcker in der Backstube, die Mädchen auf ihrem Weg in die Fabrik, die Heimatlosen in den Hotelzimmern. Ich schloss die Augen und versuchte, für meinen Sohn die versunkene Welt meiner Kindheit zum Leben zu erwecken. Mit dem Bild der Nabelschnur, die ich nach Severins Geburt aufbewahrt hatte, begann ich. Ich schrieb erinnernd gegen die fallenstellende Erinnerung an. Das Gedächtnis betrog einen viel zu oft mit falscher Versöhnlichkeit. Es ging um die Momente, auf die nicht das goldene Licht der Nostalgie fiel. Nach vier langen Strophen endete »Nie met Aljebra« mit einem Sprung in die Gegenwart, in der sich die Erleichterung des Entronnenseins mit dem Erschrecken über die Unumkehrbarkeit der Zeit verband. Der Song dauerte beinahe eine Viertelstunde. Er widersprach in so gut wie allen Punkten den neu gefassten kommerziellen Vorsätzen der anderen. Major legte sich fest:

»Man kann in einem Rock-'n'-Roll-Song doch nicht von Eisbein und Sülze singen!«

Natürlich konnte man. Nicht zuletzt von Larry hatte ich gelernt, dass Kunst keine Beschränkungen brauchte. What's wrong with staples? Man klemmte sich keine Regelwerke und Benimm-Ratgeber unter den Arm, bevor man ins Atelier ging oder sich an den Schreibtisch setzte. Wie immer war die Furcht zu irren schon der Irrtum selbst. Doch mit dieser Auffassung stand ich ziemlich alleine da. »Nie met Aljebra« wurde per Mehrheitsbeschluss abgewählt.

Nicht nur autobiographisch grundierte Songs, auch solche mit lokalpolitischen Inhalten hatten es schwer. Die Anwürfe aus der linken Szene hatten ihre Spuren hinterlassen. Man durfte seine Kunst zwar für eine gute Sache einsetzen, doch mit ihr Geld zu verdienen war verboten. Der Weg vom Vorbild zum Verräter ist kurz. Erfolg galt in gewissen Kreisen als Stigma und wurde mit Liebesentzug bestraft. Für Major und die meisten anderen in der Band liefen Songs wie »Für 'ne Fründ« und »Jröön enn Platania« Gefahr, von den politisch korrekten Gralshütern alternativer Ideen als Anbiederung interpretiert zu werden.

»Für 'ne Fründ« hatte ich noch vor dem Brand in einer Lagerhalle des Schweizer Pharmakonzerns Sandoz geschrieben. Im Zuge der Löscharbeiten waren Giftstoffe in den Rhein gelangt und hatten zu einem massiven Fischsterben geführt. Doch Sandoz war nur ein Fall unter vielen. »Für 'ne Fründ« äußerte Trauer und Bestürzung angesichts einer lautlos sich vollziehenden Umweltkatastrophe, die mich auf eine ganz unmittelbare Weise betraf. Mit dem Rhein drohte auch das Reich meiner Kindheit zu sterben. Als ich klein war, hatte ich meinen großen Bruder unendlich für seinen Mut bewundert, zu den Schleppkähnen hinauszuschwimmen, die langsam bis zu vier Frachtkähne stromaufwärts zogen. Er war in Langel, gegenüber vom Godorfer Hafen, auf die Schiffe hinaufgeklettert, hatte sich ein Stück mitziehen lassen und war dann wieder in den Rhein gesprungen, um mit der Strömung zurückzutreiben. Bilder aus meinen allerersten Erinnerungen: Campingtrips mit meinen Eltern und mit Heinz und Käthi, Wochenendausflüge, die mir viel länger vorkamen, als sie tatsächlich dauerten, und immer wollte ich das Einschlafen in meinem Bett im leer geräumten blauen VW-Bus hinauszögern, noch ein wenig den Wellen nachlauschen und dem Stimmengemurmel der Erwachsenen, die vor dem Zelt saßen und Mau-Mau spielten, und immer schlief ich dann doch viel zu schnell ein. Ich schrieb »Für 'ne Fründ« für meinen Bruder Heinz, aber auch für Severin. Vielleicht würde er später nie im Rhein schwimmen können.

Erst der Sandoz-Unfall rüttelte die Öffentlichkeit wach. Eines Sonntags brachen wir auf, um uns in die Schar der Demonstranten einzureihen, die sich von Basel an auf allen Rheinbrücken stromabwärts versammelt hatten. Sie alle protestierten gegen die zunehmende Verschmutzung des Flusses. Severin fragte vorher vorsichtshalber noch einmal nach:

»Wohin gehen wir?«

»Auf die Deutzer Brücke.«

»Und warum?«

»Da ist eine Demonstration.«

»Was ist das denn?«

»Das sind ganz viele Leute, die da zusammenkommen, weil sie nicht gut finden, dass jetzt wegen des ganzen Drecks, der aus den Fabriken in den Rhein fließt, die Fische sterben.«

»Und was machen die Leute?«

»Na ja, die sind alle da und schimpfen.«

»Was? Die schimpfen? Dann will ich da nicht hin!«

Die Ablehnung von »Jröön enn Platania« kam mir besonders absurd vor. Der Song handelte von der Besetzung einer Grünanlage am Kaiser-Wilhelm-Ring; von Frauen und Männern, die bei Minustemperaturen zweiundvierzig Tage in Zelten und Baumhäusern ausgeharrt hatten, um gegen den Bau einer Tiefgarage und das Fällen uralter Platanen zu demonstrieren. In einer Lücke der »Salzjebäck un Bier«-Tour hatten wir auf Bitten von Klaus von Wrochem, der in ganz Köln nur Klaus der Geiger gerufen wurde, für die Besetzer ein Konzert gegeben. Ich kannte Klaus schon seit meiner Jugend. Er hatte zu den Betreibern der Teestube »Tabernakel« an der Bottmühle gehört. In unmittelbarer Nähe zu meinem Elternhaus hatte ich dort eine ganz neue Welt gefunden, in der Gastfreundschaft auch den Unbequemen gewährt wurde und Respekt nichts mit dem Katzbuckeln vor Autoritäten zu tun hatte. Klaus verzichtete auf eine Karriere als klassischer Musiker und ging mit seiner Geige auf die Straße. Er machte den Mächtigen Dampf, wann immer er ein Unrecht witterte. Dabei schien ihm der Mut, den es brauchte, um an die Veränderbarkeit der Verhältnisse zu glauben, nie auszugehen. Mit ihm in der Nähe verloren Utopien ihre Unwirklichkeit. Klaus gab ein Beispiel, ohne dass er Vorbild sein wollte. Es war Ehrensache, dass wir uns mit ihm und den übrigen Platanenbesetzern solidarisierten. Alle in der Band waren dieser Meinung. Doch der Song über die völlig überzogene

Polizeiaktion bei der Räumung des Kaiser-Wilhelm-Rings und die zunehmende Unwirtlichkeit der Stadt schaffte es trotzdem nicht auf »Ahl Männer, aalglatt«. Verunsicherung und die Furcht, dass das Stück als Versuch, sich an die Kölner Hausbesetzerszene ranzuschmeißen, aufgefasst werden könnte, führten zu vorauseilender Selbstzensur. Die Schere im Kopf schnitt meine Texte so lange kurz und klein, bis fast nichts mehr von ihnen übrig war.

Es waren traurige Diskussionen, in denen jedes Wort, auch wenn es anders gemeint war, wie ein Vorwurf klang. Mit unserem fruchtlosen Austausch von Argumenten steuerten wir unaufhaltsam auf eine Mauer zu, und wir wussten es. Unser Vorrat an Gemeinsamkeiten war schneller aufgebraucht, als ich es je für möglich gehalten hatte. Obwohl die Fotosession im Salon Ippen später doch noch stattfand, obwohl uns im letzten Moment klar wurde, dass die Band größer war als die Summe unserer Einzelinteressen, hatten wir doch unsere Unschuld verloren. Dahinter kamen wir nicht mehr zurück, sosehr wir uns auch darum bemühten, sosehr wir uns auch wohlfühlten bei unseren immer wieder aufs Neue mit Leidenschaft absolvierten Tourneen. Doch noch einmal mit dem naiven Feuereifer der ersten Jahre loszulegen sollte uns nie wieder gelingen. In diesen Wochen im Proberaum hatten wir uns verwandelt, und das lag nicht nur an unseren zunehmend dichter werdenden Bärten.

Das »Musicland«-Studio, in dem wir »Ahl Männer aalglatt« einspielen wollten, war im Keller des Arabella-Hotels in München-Bogenhausen untergebracht. Es war von dem Italo-Disco-König Giorgio Moroder aufgebaut worden, seit einiger Zeit leitete es jedoch Reinhold Mack. Mack war uns in München bei den Aufnahmen zu »Nackt im Wind« über den Weg gelaufen. Er hatte uns hofiert und sich selbst als Produzent unserer nächsten Platte ins Gespräch gebracht. Jemand, der mit Queen und ELO zusammengearbeitet hatte, rannte bei Major offene Türen ein. Mack würde es schaffen, uns endlich zeitgemäß klingen zu lassen. Wenn alles gut ging, würde er es vielleicht sogar schaffen, mir die kölsche Sprache auszutreiben. Schließlich hatte ich mit »Nackt im Wind« bereits bewiesen, dass auch mein Hochdeutsch hitparadentauglich war. Radio Gaga konnte schon einmal Sendezeit für uns reservieren.

Mit dem aufgeblasenen Pomp von Queen hatte ich noch nie etwas anfangen können. Ich sah mir die Liste der Platten an, die im »Musicland« sonst noch entstanden waren. Ich sortierte Donna Summer, Spandau Ballet und Amanda Lear aus und hielt mich an Iggy Pop, Led Zeppelin und Rory Gallagher. Vielleicht hatte sich die Aura dieser Aufnahmen erhalten, vielleicht würde sie die schlechten Schwingungen von »Another One Bites the Dust« vertreiben. Mack konnte zudem noch eine beachtliche Referenz vorweisen. Als »Munich Mac« hatte er den Toningenieuren der Rolling Stones bei den Alben »It's Only Rock'n'Roll« und »Black and Blue« assistiert. Wer bei den Sessions zu »Memory Motel« dabei gewesen war, konnte eigentlich kein schlechter Mensch sein. Jaggers und Richards' im Duett vorgetragene Long-Island-Serenade zählte zu meinen Stones-Lieblingsstücken. Es war in Andy Warhols Haus in Montauk und vielleicht für Carly Simon geschrieben worden, aber das war nicht wichtig. Der Schmerz, der sich einstellt, wenn man eine Liebe endgültig an die Vergangenheit und die Erinnerung verliert, teilte sich einem auch ohne Detailkenntnisse mit.

Im Winter fuhr ich im Wohnmobil mit Jan Dix nach München. Das Arabella-Hochhaus schien sich im dunstigen Grau des Novembertages beinahe aufzulösen. Der Schnee fiel schräg auf die kleinen Fenster, die in einer endlosen Reihe aufeinanderfolgten. Im Sommer würden sie ein flirrendes Op-Art-Muster bilden, doch jetzt hatte ihre Gleichförmigkeit etwas Bedrückendes. Nichts ließ darauf schließen, dass das Hotel überhaupt bewohnt war. Als ich mich nach dem Ende der Aufnahmen wieder auf den Heimweg machte, war es immer noch kalt, aber Jan nicht mehr in der Band. Man hatte ihn im Namen übersteigerten Prestigedenkens abserviert. Jan hatte bei allen Songs getrommelt, doch dann waren seine Spuren gelöscht und von dem bekannten Studiomusiker Curt Cress noch einmal neu eingespielt worden. Es war nur ein schwacher Trost, dass Cress es selbst nicht verstand, warum man ihn dazugeholt hatte, auch für ihn war Jans Spiel über jeden Zweifel erhaben. Jan verließ das Studio und kam nicht mehr zurück. Wahrscheinlich wäre es besser gewesen, Schmal und ich wären mit ihm gegangen. Uns wäre eine Menge erspart geblieben. Vor allem ein schwacher Produzent, der die Grüppchenbildung innerhalb der Band noch forcierte, indem er sich auf die durchsetzungsfähigere Seite ziehen ließ.

Major und Mack träumten von Uhrwerk-Rock. Eine wirklich miteinander musizierende Band störte da nur. Es kam nicht auf Phantasie oder Dynamik an, nur auf Präzision. Was präzise war, groovte auch. Sie zwangen die Musik in ein Sampler-Korsett und schliffen die letzten Kanten per Midi ab. Hinterher hatten die Songs alles von ihrer einmal vorhandenen Kraft und Lebendigkeit verloren. Sie waren zu sterilen und austauschbaren Monumenten des Zeitgeists geworden, zu Demonstrationsobjekten kühl kalkulierenden Erfolgsstrebens. Sie klangen so, wie die Platte hieß – aalglatt. Wenn ich mich schon weigerte, statt »Bunte Trümmer« »Only Ashes Remain« zu singen, wenn ich schon auf kölschen Texten beharrte, wurde wenigstens dafür gesorgt, dass meine Stimme fast nicht zu hören war. Sie rannte vergeblich an gegen eine Wand aus Soundeffekten und Klangklischees, sie wurde zugerichtet und eingepasst, verfremdet und entstellt – der letzte Schritt in einem insgesamt erschreckenden Versuch, BAP die Seele zu rauben. Die Yuppies hatten ihr Reich hinter dem Spiegel verlassen und griffen nach der Macht.

Schmal hörte sich den finalen Mix des Albums noch an, dann hatte er genug. Er weigerte sich, mit den neuen Songs im Fernsehen aufzutreten. Er verzog sich nach Tunesien, und keiner wusste, ob er noch Teil der Band sein wollte. Wir stiegen ohne ihn in den Zug, um nach Offenburg zu Frank Elstners Sendung »Wetten dass …?« zu fahren. Nach Jan war er schon der Zweite, der seine Konsequenzen aus dem Münchener Desaster zog. Balou, unser Manager, musterte auf dem Bahnsteig die gelichteten Reihen und seufzte:

»Die Ratten verlassen das sinkende Nest.«

Dass wir in Offenburg dann mit Jans Nachfolger Pete King in ganz auf den Song »Bunte Trümmer« zugeschnittenen Kulissen

»Ahl Männer, aalglatt« zum Playback gaben, mutete dagegen fast schon wieder komisch an. Ebenso die kamerawirksam zu unserer Musik tanzende Fürstin Gloria von Thurn und Taxis, die nicht ahnte, dass der Song durchaus auch von ihr und ihresgleichen handelte. Einige Wochen darauf gelang es mir, Schmal zur Rückkehr zu bewegen. Was war schon eine Platte für eine Liveband? Auf Tour würden wir unseren Spaß schon wiederbekommen. Und nicht nur da.

Die Sonne fiel durch die große Glaswand und flutete den Raum im noch leeren Einlassbereich der Bremer Stadthalle mit Licht. Ich stand neben Balou und zeigte ihm einen Zettel, auf dem ich mir eine Liste von Songs für ein mögliches Soloalbum notiert hatte. Wenige ältere, noch unveröffentlichte Stücke ergänzten die für »Ahl Männer, aalglatt« nicht verwendeten. Alle waren sie nicht das, was man für gewöhnlich als Outtakes bezeichnete. Vielmehr zeigten sie, wie die BAP-Geschichte auch hätte verlaufen können. Sie vervollständigten den Stadtplan um Routen, die unter einen anderen Himmel führten. Das nicht realisierte »Ahl Männer«-Doppelalbum würde auf diese Weise doch noch seine zweite Hälfte bekommen, aber eine, die sich nicht darum scherte, zeitgemäß zu klingen. Ich wollte herausfinden, ob man überhaupt noch so arbeiten konnte, wie es mir vorschwebte, oder ob ich nicht hoffnungslos veralteten Idealen nachjagte, wenn sogar schon meine Helden mit »Born in the USA« und »Empire Burlesque« Einlass in die Disco begehrten. Mein Traum war immer derselbe. Ich wollte mit einer begeisterungsfähigen Band die Songs so lange im Proberaum gemeinsam erspielen, bis sich alle in dem Material zu Hause fühlten. Das hatte den Vorteil, dass später im Studio möglich vieles live aufgenommen werden konnte. Mir schwebte eine Platte vor, mit der am Ende jeder der Beteiligten glücklich war. Nur so würde ich wieder aus der Ecke herauskommen, in die ich bei der Arbeit an »Ahl Männer« gedrängt worden war. Ich wollte mein Selbstvertrauen nicht im Mülleimer des »Musicland«-Studios liegen lassen – und das von Schmal und Jan auch nicht. Wir würden es uns zurückholen.

Ich stellte eine Band zusammen, mit der nichts schiefgehen konnte. Axel Risch, genannt »Fisch«, gehörte zur BAP-Crew und war ein solider Bassist. Während der »Salzjebäck un Bier«-Tour war er kurzfristig bei uns eingesprungen, nachdem sich unser etatmäßiger Bassist im »Out« einen Finger gebrochen hatte. Praktisch über Nacht hatte er sich das komplette Programm angeeignet und ihm zu neuem Schwung verholfen. Ansonsten spielte Fisch Bass in Kalaus Band. Kalau holten wir immer dann auf die Bühne, wenn wir auf Tour einen Multiinstrumentalisten brauchten. Zudem sang er hervorragend kölsch. Sein Bruder Mattes wiederum hatte maßgeblich zum Erfolg unseres zweiten Albums beigetragen, doch damals hatte ich ihn nicht dazu überreden können, als Keyboarder fest bei uns einzusteigen. BAP war ihm einfach nicht experimentell genug. Mattes spielte bei der Band Dunkelziffer, deren Stücke die Essenz ausgedehnter Improvisationen waren. Keines ihrer oft mehrstündigen Konzerte glich dem anderen. Spontaneität löste feste Strukturen auf, und Hierarchien verschwanden. Afrikanische Rhythmen bildeten das Fundament waghalsiger Instant-Kompositionen, bei denen der frühere Can-Sänger Damo Suzuki seine Stimme wie ein exotisches Instrument einsetzte. Ich machte Mattes zum Kapellmeister und ließ ihm bei der Wahl des Gitarristen das letzte Wort. Er entschied sich für seinen Dunkelziffer-Kollegen Dominik von Senger. Mattes' Argumente leuchteten mir ein. Ein typischer Rock-'n'-Roll-Gitarrist wäre unweigerlich mit Major verglichen worden. Es ging nicht darum, BAP in anderer Besetzung nachzubauen, sondern um ein Projekt mit eigener Identität. Dominik käme nie auf die Idee, ein Riff zu spielen, das nach den Stones klänge, auch wenn ich ihn noch so sehr darum bitten würde. Er riss sich nicht um einen Platz im Scheinwerferlicht. Er zog Reduktion und Minimalismus jeder Überwältigung durch Fülle vor. Nicht nur mit Dunkelziffer, sondern auch mit dem Can-Drummer Jaki Liebezeit und der Phantom Band hatte er Alben eingespielt, die sich mit der Trägheit eines langsamen Kopfwiegens in Trance schaukelten. Dominik wusste nicht einmal, wie man Mainstream buchstabierte. Es konnte nur von Vorteil sein, nach »Ahl Männer, aalglatt« einen Schuss avantgardistisches Gegengift verabreicht zu bekommen.

Ich gab meinen neuen Mitstreitern den Bandnamen »Complizen«. Er signalisierte, dass wir ein gemeinsames Ziel verfolgten und uns so leicht keiner davon abhalten würde, es zu erreichen. Ich überließ den Complizen das Songmaterial und machte erst einmal Ferien. Vielleicht würde nach einem in privater Hinsicht eher schwierigen Jahr ein Urlaub Carmen und mir dabei helfen, uns wieder näherzukommen. Viel Hoffnung hatte ich nicht mehr.

Nach meiner Rückkehr in den Proberaum warteten die anderen mit den Ergebnissen wochenlanger Jam-Sessions auf. Sie hatten die Songs auseinandergenommen, wieder zusammengesetzt und mit fiebrigen Arrangements zum Tanzen gebracht. Sie hatten »Nie met Aljebra« mit einer neuen, eigenständigen Musik versehen. Sie hatten improvisiert, hatten sich treiben lassen, waren weit abgekommen und doch fast immer zu meinen Akkorden zurückgekehrt. Mattes rief mir zu:

»Deine Chords passen einfach optimal zu den Texten!«

Spätestens nach diesem Satz wusste ich, dass ich mich auf meine Instinkte noch verlassen konnte. Aus dem Spiegel blickte mir wieder ein Rockmusiker entgegen.

Erst Ende November entschieden wir uns dafür, einen Produzenten hinzuzuziehen. Wir brauchten jemanden, der unsere Ideen sichtete. Der uns den Weg wies, wenn wir den Wald vor lauter Bäumen nicht mehr sahen, und die Energien zu Songs bündelte. Mit Wolf Maahn hatten Mattes und Jan schon bei der Food Band zusammengespielt. Mittlerweile trat er als Solokünstler auf und hatte eine machtvolle Begleitband um sich geschart. Die Deserteure konnten jede Halle im Handumdrehen für sich gewinnen. Wolf dirigierte seine Musiker mit Hingabe. Er war ein schlaksiger Zeremonienmeister, der auf eine schnoddrige Art an die heilenden Kräfte des Soul glaubte. 1980 hatte er einmal in der Teutoburger Straße angerufen und mir eine Zusammenarbeit vorgeschlagen. Ich hatte den Steinbeck-Roman, den ich gerade las, aus der Hand gelegt und ihm zugehört. Schließlich sagte ich ab. BAP ging vor. Etwas später lieh uns Wolf das Keyboard-Riff aus seiner Pete-Seeger-Adaption »Sag mir, wo die Blumen sind«, und wir verwendeten es in unserem thematisch verwandten Song »10. Juni«, der mit dem Mut der Verzweiflung gegen nukleare Nachrüstung aufbegehrte. Wolf war der Produzent, nach dem wir gesucht hatten. Er arbeitete mit uns an unseren Schwächen und bestärkte uns in dem, was uns gelang. Er hatte seinen Anteil daran, dass ich mich im Studio so wohlfühlte wie noch nie zuvor.

An »Neuleed« bissen wir uns jedoch fast die Zähne aus. »Neuleed« war ein Überbleibsel aus frühen BAP-Tagen, ein Lied übers Liederschreiben, eine slapstickartige Auseinandersetzung mit der Angst vor dem weißen Blatt Papier, ein wortreiches Bannen drohender Wortlosigkeit. Bei meinen Soloauftritten hatte die Situationskomik des Songs, die verdeckte, dass es sich bei »Neuleed« um einen Vorläufer späterer, weit grüblerischer Gewissenserforschungstexte handelte, prächtig funktioniert. Anscheinend verkörperte ich den »Alternativ-Millowitsch«, der ratlos im Spagat zwischen seinen eigenen Vorstellungen und dem Verlangen der linken Szene nach Liedgut im Dienst der Sache verharrte, glaubwürdig genug, um die Leute fünfzehn Strophen lang bei der Stange zu halten. Sie lachten, wenn der Bänkelsänger am Ende stolz mit »Humba, humba, humba – Täterätätätä!« das doch noch komponierte, alle Ansprüche seines »aufgeklärten Publikums« zufriedenstellende »Neuleed« präsentierte. Wenn auch sonst nicht mehr viel ging: Auf den Klatschmarsch war in Köln immer Verlass. Ein Arrangement des Songs für die Complizen zu finden klappte hingegen weniger gut. Seine Länge ließ alle Ideen rasch schal werden. Wir konnten den Schwung des Textes nicht hinüberretten in die Musik. Wir nahmen einfach keine Fahrt auf. Am Abend unserer größten Verzweiflung spielte das Paul Kuhn Trio im »Savoy«. Mattes hatte davon Wind bekommen und wollte sich das Konzert ansehen. Ohne es zu ahnen, lieferte er uns damit die rettende Idee. Wir waren uns einig. Paul Kuhn hätte bestimmt einen Dreh gefunden, mit »Neuleed« zurechtzukommen. In einem seiner Schlager hatte er sich als »Mann am Klavier« porträtiert, doch sein eigentliches Instrument war seine Big Band, für die er mit der lässigen Grandezza eines Profis, der keinem mehr etwas beweisen musste, glanzvolle Arrangements erdachte. Allein schon die Vorstellung, »Neuleed« nach Paul Kuhn klingen zu lassen, beschwingte uns. Wir würden ihm mehr als nur ein Bier spendieren, wenn er uns half. Und Kuhn hatte tatsächlich Lust auf den Job. Kurze Zeit darauf blies seine Band von »Neuleed« den Staub und machte dem Song Beine. Kuhn legte seine Stirn in Falten, dann nickte er zufrieden. Er holte einen Stift hervor und markierte auf einem Notenblatt den Einsatz für die Complizen: »Jetzt alle Baps«. »Neuleed« war Pauls Party, zu der wir aber auch noch einige weitere Gäste einluden. Wir bauten im Studio das im Text beschriebene Durcheinander maßstabsgetreu nach. Tommy Engel forderte wieder einmal dazu auf, sich hinzusetzen und einen mitzutrinken. Jürgen Zeltinger verkörperte das politische Gewissen und ging mit den Phrasierungen seiner Zeile gnadenlos ins Off: »Weg-äh-mit-den-Spit-zen-grup-pen-vor-wärts-mit-der … wie heiß dä Driss?« Und die Toten Hosen, die wir zur Verstärkung des Humba-Tätärä-Aid-Chors geholt hatten, füllten sich sicherheitshalber den notgedrungen akzeptierten Kölsch-Nachschub in ihre mitgebrachten und in Rekordzeit geleerten Altbierflaschen, damit später keine Fotos in Umlauf kamen, mit denen man sie erpressen konnte.

Dominik hielt nicht nur große Stücke auf die Wirkung von Haschisch und Gras, er inhalierte seine Heilkräuter auch mit Hilfe eines Chillums, das er gerne einmal liegen ließ – wo genau, war oft schwer aus ihm herauszubekommen. Exotische Rauchwaren verliehen seinen Antworten die undurchsichtige Rätselhaftigkeit von Orakelsprüchen. So verwandelte sich auch die einfache Auskunft, das Pfeifchen zuletzt in Jans Schlagzeugkabine benutzt zu haben, in hermetische Lyrik: »Pfeife-Habt-Raucht-Trommelt!« Damit hatte Dominik das Motto für die Complizen-Sessions gefunden. Wir integrierten es in ein Wappen, das das Logo der Küppers-Kölsch-Brauerei mit dem der »Prawda« kreuzte: Gitarre und Sichel vor dem Panorama meiner heiligen Stadt. Die Wahrheit lag, wie jeder wusste, im Kölsch.

Ich wollte die Platte »Schlagzeiten« nennen. Das Austauschen eines einzigen Buchstabens wirbelte die Bedeutungen durcheinander. Es verknüpfte das unmittelbare Erleben einer Zeit, in der man sich an Tiefschläge fast schon gewöhnt hatte, mit ihrer oft genug verfälschenden Darstellung in den Medien. Die Songs auf diesem Album waren nicht der Tagesaktualität verpflichtet, sie redeten auch niemandem nach dem Mund. Aus dem, was sie zu sagen hatten, konnte man keine griffigen Überschriften basteln. Sie eigneten sich nicht zum Aushang in Schaukästen für eilige Passanten. Wenn man sich mit ihnen befassen wollte, musste man sich schon Zeit nehmen. Sie beharrten auf ihrer eigenen Sicht und hofften doch darauf, dass sich jemand in ihnen wiedererkennen konnte. Es ging nicht ums Bescheidwissen, sondern um den zweiten Blick. Wenn man Songs zum wiederholten Male hört, ändern sich zwar nicht die Informationen, die sie übermitteln, aber vielleicht wird der, der mit ihnen umgeht, ein anderer.

Seit einiger Zeit hatte ich damit begonnen, Zeitungen in meine künstlerische Arbeit zu integrieren. Zeitungen waren wie Polaroids. In dem Moment, in dem sie entstanden, war die Welt schon wieder eine ganz andere. Mick Jaggers Frage »Who wants yesterday's papers?« hatte ihre Berechtigung, doch sie traf nur die halbe Wahrheit. Wahrscheinlich hatte jener russische Philosoph, der die Zeitung von gestern einmal als größte bibliophile Kostbarkeit bezeichnet hatte, genauso recht. Jeder hatte sie gelesen und dann weggeworfen. Eine alte Zeitung schleppte das Gestern ins Heute. Sie wurde zum historischen Dokument, das Auskunft darüber gab, welche Prognosen eingetroffen waren und welche Nebensächlichkeiten man einmal für wichtig gehalten hatte.

Auf einer Fahrt nach Griechenland alleine mit meinem Hund hatte ich aus der Zufälligkeit meiner auf Zeitungsränder gekritzelten Notizen und einiger Polaroids eine Versuchsanordnung entwickelt, der ich mich für die Dauer dieser Reise unterwarf. Ich gab ihr den Titel »Liebe Inge, schöne Grüße«. Jeden Tag kaufte ich mir eine Zeitung, von der ich oft nur das Datum lesen konnte, und fotografierte anschließend den Kiosk, an dem ich sie erworben hatte. Dann erstand ich noch eine Postkarte und schickte sie, versehen mit einem kurzen Lagebericht, an meine Galeristin Inge Baecker nach Köln. Die wiederum hatte den Auftrag, die Postkarte ebenfalls mit einer Polaroidkamera zu fotografieren und das Datum ihres Eintreffens zu notieren. Nach meiner Heimkehr kombinierte ich die Fotos, Postkarten und Zeitungen zu einer aus fünfzehn Glasboxen bestehenden Installation, die den Zeitraum der Reise dokumentierte. Im Jahr darauf wiederholte ich das Experiment bei unseren Tourneen durch Nicaragua und China. Ich wusste, dass der Zauber des Moments vielleicht gerade dadurch, dass ich ihn zu bewahren suchte, verloren ging. Wiederholung verträgt sich für gewöhnlich schlecht mit Einzigartigkeit, und jede Dokumentation zerstört auch ein Stück von dem, was sie zu retten vorgibt. Andererseits wollte ich mir zumindest die Möglichkeit offenhalten, später dem Vergangenen wieder begegnen zu können. Es durfte einfach nicht alles verloren gehen. Man musste Spuren hinterlassen. Mit allem, was ich malte, schrieb und sang, verschickte ich wie der amerikanische Künstler On Kawara vermutlich immer nur dasselbe Telegramm: »I am still alive.«

Für das Cover von »Schlagzeiten« ließ ich mich von Hermann vor der Installation fotografieren. Wir arbeiteten mit einem Trick. Zwar sah es so aus, als hätte ich die Zeitung, in der ich blätterte, gerade aus einer der Glasboxen geholt, doch den »Corriere della Sera« hatte ich extra für die Fotosession am Kölner Hauptbahnhof gekauft. Die Zeitkapseln von »Liebe Inge, schöne Grüße« blieben vorerst verschlossen. Dafür öffneten die Songs auf dem Album ein weiteres Kapitel im Fortsetzungsroman meines Lebens, dunkle Stellen wie unsere drei Jahre zuvor geplatzte DDR-Tournee inklusive.

Der Nebel lag schwer und dumpf über der Stadt. Er war durchsetzt mit dem Geruch von Zweitakterabgasen und Braunkohle-Smog. In den Nebenstraßen schlugen die Scheinwerfer der wenigen Autos tropfendurchsetzte Schneisen in die Nebelwand. Dann wurde das Licht weniger, und nur das Rattern von Rädern auf schmierig gewordenem Kopfsteinpflaster hielt sich noch für einen Augenblick in der Luft. In der ausgestorbenen Fußgängerzone führte jeder Schritt tiefer in die Unsichtbarkeit. Die leblose Brutalität der Betonfassaden verschwand im Trüben. Weihnachtsdekorationen in beschlagenen Schaufenstern verloren ihre Farben und zerflossen zu unverständlichen Formen. Die Stadt kauerte unter dichten Wolken. Der Nebel und die Nacht hatten ihr alles Leben geraubt. Nur ein Imbisswagen hatte noch geöffnet. In einem Film hätten sich dort Männer in langen Mänteln auf einen Whiskey getroffen, aber im realen Elend reichte es nur für Broiler und Grilletta. Wir holten uns etwas zu essen, doch ich streckte vor der ostdeutschen Hamburger-Variante schon nach wenigen Bissen die Waffen. Ich schnitt das Fleisch klein und stellte den Pappteller auf den Boden. Mein Hund schnupperte daran, dann nahm er den Schwanz zwischen die Beine, legte die Ohren an und verzog sich rückwärts von der Quelle dieses undefinierbaren Aromas. Man musste sich nicht einmal besonders anstrengen, um später in Blondies Verhalten einen Kommentar zu diesen Dezembertagen zu erkennen.

Wir waren für Fernsehaufnahmen nach Magdeburg gekommen. Sechs Wochen vor unserer Tournee durch dreizehn Städte der DDR sollten wir im Jugendmagazin »rund« auftreten. Die Proben für die live aus der Hypa-Schale ausgestrahlte Samstagabendsendung zogen sich über drei Tage. Wie man hörte, durfte »rund« in den Kasernen der Volksarmee nicht gezeigt werden – langen Haaren wurde noch immer eine umstürzlerische Wirkung zugeschrieben. Doch sonst hielt die Sendung den politisch vorgegebenen Kurs. Bei den Proben merkte ich schnell, was der Interviewer in den zwei kurzen Gesprächen, die zwischen unseren drei Songs stattfinden sollten, von mir hören wollte, doch sosehr er sich auch bemühte, das Gewünschte aus mir herauszukitzeln, so raffiniert er seine Fragen auch immer wieder neu formulierte, meine Antworten blieben doch stets dieselben. Ich hatte für sowjetische SS-20-Raketen genauso wenig übrig wie für amerikanische Pershings oder Cruise Missiles. Aus dem Pokerspiel der nuklearen Nachrüstung würde auch auf der anderen Seite des geteilten Himmels niemals verantwortungsvolle Friedenspolitik werden. Bei der Livesendung stellte man uns schließlich vor vollendete Tatsachen. Das DDR-Fernsehen hatte beschlossen, statt unbequemer Statements lieber gar keine auszustrahlen. Ich wartete nach »Kristallnaach« auf den Interviewer, doch er kam nicht. Auch nicht nach dem Song »10. Juni«, dessen Hookline bezeichnenderweise »Plant uns bloß nit bei üch enn« lautete. Die Gespräche waren ersatzlos gestrichen worden, ohne uns vorher darüber zu informieren. Stattdessen lief das jeweils nächste Playback los. Man hatte uns ausgetrickst. Das würde uns nicht noch einmal passieren.

Bevor wir die Einladung erhalten hatten, durch die DDR zu touren, war in den dortigen Medien systematisch versucht worden, uns politisch zu instrumentalisieren. Die SED meinte, in uns Gleichgesinnte im Kampf gegen das kapitalistische System und seine Vertreter auszumachen, und las unsere Songs als Widerstandshymnen gegen die Reaktion. Immerhin konnte unser Album mit dem für DDR-Verhältnisse eigentlich suspekten Titel »Vun drinne noh drusse« unzensiert auf dem volkseigenen Amiga-Label erscheinen, wenn sich auch an die vereinbarte Auflage von 50 000 Exemplaren niemand hielt und mindestens die doppelte Anzahl gepresst wurde. Und auch unsere kritische Solidarität hatte unter den Vereinnahmungsversuchen noch nicht gelitten. Uns imponierte, dass vom Osten aus Geld zu den Befreiungsbewegungen in Nicaragua, Angola oder Moçambique floss, während der Westen ausschließlich repressive Marionettenregimes unterstützte. Wir idealisierten die handfesten Wirtschaftsinteressen des Sozialismus und verdrängten damit unsere Unwissenheit über den Alltag in der DDR. Doch auch die Parteifunktionäre schienen sich nicht genügend über uns informiert zu haben. Sie hätten wissen können, dass wir uns nicht vor ihren Karren spannen lassen würden. Dass wir uns wehren würden, wenn man uns, wie in Magdeburg geschehen, zensierte.

Songs müssen das Privileg haben, das Unmögliche zu fordern. Sie dürfen naiv sein, wenn sie vom noch nicht Realisierten träumen, sie dürfen sich das Prinzip Hoffnung bewahren, auch wenn die Welt aller Hoffnung hohnspricht. Songs handeln von Gefühlen, und Gefühle stoßen sich an Beschränkungen. Nach den Erfahrungen in Magdeburg konnte man nicht einfach zur Tagesordnung übergehen. Wenn man uns im Fernsehen nicht erklären ließ, warum wir in der DDR spielten, dann taten wir das eben in einem Song. Dieser Konflikt musste ausgetragen werden. Ich kletterte mit dem Text von »Deshalv spill' mer he« auf die Barrikade. Manchmal muss man brüllen, um gehört zu werden. Nach der aus alten Folk-Traditionals bekannten Einleitungsformel »Kutt ruhig nöher un hührt zo« grenzte ich uns von Kalten Kriegern in Ost und West ab, ließ keinen Zweifel daran, was wir von Bevormundung hielten, sprach mich für Klartext aus und sandte die drei Strophen nicht zuletzt an die Wandlitzer Clique, die sich »Volksvertreter« nannte und geglaubt hatte, uns als unkritische »Bündnispartner« vorführen zu können. Doch neben der Wut über das Politbüro formulierte der Text, was später oft vergessen werden sollte, eben auch eine große Vorfreude. Wir konnten es kaum erwarten, das erste Konzert in der DDR zu geben und all die zu treffen, die uns geschrieben hatten, dass sie sich auch auf uns freuten. Dass für unsere Fans im Osten der Refrain eines Liebeskummer-Songs wie »Jraaduss« viel politischer war als jede engagierte Richtigstellung, dass für sie ein Stück wie »Deshalv spill' mer he« gar nicht nötig war, weil sie ohnehin wussten, worum es uns ging, daran dachten wir nicht. Wir hatten nie vorgehabt, verschlüsselte Botschaften ins Land zu schmuggeln. Auch jetzt nicht. Man hatte eine Rock-'n'-Roll-Band bestellt, und man würde eine bekommen. Die Diplomatenfahrzeuge würden ohne uns abfahren müssen.

»Wohin in Berlin?«, fragte die Leuchtschrift auf dem Dach des Hotels »Unter den Linden«, stellte die Frage in die Januarnacht, als hoffte sie, jemand würde stehen bleiben, den Kopf in den Nacken legen und sich inspirieren lassen von der auf dem Dach gleich mitgelieferten Antwort, von den zwölf ebenfalls beleuchteten Würfeln, die mit den Logos verschiedener Berliner Bühnen versehen waren und dazu aufforderten, »Ins Theater« zu gehen. Doch um diese Zeit war in den Theatern schon lange der letzte Vorhang gefallen. Alle waren nach Hause gegangen, waren nun im Bett, gefangen in Albträumen oder gepeinigt von Schlaflosigkeit. Ostberlin lag wie tot im Dunkeln. Eben hatten Schmal und ich im Hotel noch vor einem großen Wandgemälde gestanden, das das Berlin des Jahres 1912 zeigte: Frauen mit weiten Röcken, Männer auf Pferdekutschen, Kinder im Sonntagsstaat, Geistliche, Tänzer, Offiziere, Referendare, Freudenmädchen, Professoren. Flaneure in einer anderen Zeit, in einem anderen Leben. Seitdem war viel passiert. Vor dem Engel der Geschichte hatten sich unablässig Trümmer angehäuft. Die Katastrophen des 20. Jahrhunderts hatten Aufklärung in Barbarei verkehrt, und Berlin war fast immer ihr Zentrum gewesen. Mittlerweile war aus Unter den Linden ein Weg zum Ende der DDR geworden, zu Todesstreifen und Mauer. Wir wollten Blondie ausführen und uns das Brandenburger Tor von hinten ansehen. Doch wir kamen nicht weit. Bereits auf Höhe der im stalinistischen Stil erbauten sowjetischen Botschaft gerieten wir in eine Ausweiskontrolle, dann brachte uns ein Volkspolizei-Wartburg zurück ins Hotel. Die Naivität, mit der wir angenommen hatten, man würde uns zumindest in die Nähe der Mauer lassen, war dieselbe, die uns bis zuletzt glauben ließ, wir könnten »Deshalv spill' mer he« tatsächlich bei unseren Konzerten in der DDR spielen.

Eine Woche zuvor, bei einem Warm-up-Gig in der Eifel, war den angereisten Vertretern der Künstler-Agentur der DDR der Song zum ersten Mal zu Ohren gekommen. Natürlich hatten sie kein Wort von dem, was ich sang, verstanden. Doch das schien sie nicht weiter zu stören. Niemand schien sich von offizieller Seite für das Stück zu interessieren. Das änderte sich erst nach unserer Ankunft in Ostberlin, wo im »Palast der Republik« das erste Konzert der Tournee stattfinden sollte. Jetzt verlangten die Funktionäre der FDJ den Text von »Deshalv spill' mer he«, und es wurde deutlich, dass ihnen vieles an ihm gegen den Strich ging. Sie würden eine Aufführung des Songs nicht dulden. Hinter der pastellgelben und mit einem blauen Band verzierten Fassade des Hotels, in dem ansonsten Agenten konspirative Treffen abhielten, DDR-Paare ihre Hochzeitsnacht verbrachten und West-Journalisten logierten, begann das Fingerhakeln. Es zog sich über den ganzen Tag. In der Hotelbar fanden sich nach und nach immer ranghöhere Funktionäre zum Showdown ein. Auch Musiker bekannter DDR-Bands kamen dazu. Verklausuliert versuchten sie, uns davon zu überzeugen, dass es besser wäre, auf den Song zu verzichten, um die Tournee nicht zu gefährden. In den Medien hatte es sich schon herumgesprochen, dass die Dinge in Schieflage gerieten. Jeder Schritt, den wir unternahmen, wurde sowohl im Osten als auch im Westen mit Argusaugen beobachtet und anschließend kommentiert. Überall lauerten Stolpersteine. Wenn man es nicht gewohnt ist, Schlangenlinien zu laufen, sondern den geraden Weg bevorzugt, kommt man schnell ins Straucheln. Wir standen gerade einmal zwei Jahre im Licht der Öffentlichkeit, wir waren weit entfernt davon, abgezockte Medienprofis zu sein. Wir hatten noch nicht gelernt, uns wie gewiefte Politiker aus jeder unangenehmen Lage herauszuwinden. Langsam kam uns das Gespür abhanden, wem wir vertrauen konnten und wem nicht. Zudem merkten wir, dass uns die Verhandlungsmasse ausging. Wir hatten uns durch unseren im Westen verkündeten Vorsatz, auf keinen Fall Kompromisse eingehen zu wollen, selbst in eine Situation manövriert, aus der es, beharrte die andere Seite auf ihrem Nein zu dem Song, nur noch einen Ausweg gab.

Am Nachmittag, als Balou nach einem letzten gescheiterten Gesprächsversuch mit schlechten Nachrichten aus den Räumen der Künstler-Agentur der DDR zurück ins Hotel kam, zogen wir uns in eine Ecke des Restaurants zurück, um abzustimmen. Wir waren alle derselben Meinung. Wir würden abreisen. Der Song war nur der offensichtlichste Anlass für unseren Entschluss. Schon im Vorfeld waren alle unsere Nachfragen, wie denn jene Passage im Tourvertrag, wonach sich die Künstler-Agentur der DDR Programmänderungen vorbehalte, zu verstehen sei, immer wieder ausweichend beantwortet worden. Den Grund kannten wir jetzt. Hätten wir den Passus unterschrieben, wären wir nicht nur gezwungen gewesen, gegen unseren Willen auf »Deshalv spill' mer he« zu verzichten, sondern hätten eventuell auch weitere Eingriffe ins Programm erdulden müssen. Die fehlende Unterschrift bewahrte uns vor dieser Art von Zensur sowie vor der Zahlung einer hohen Konventionalstrafe für die Absage einer bereits ausverkauften Tournee.

Wir waren keine Missionare der Veränderung. Wir hatten nichts anderes vorgehabt, als unsere Musik in der DDR zu spielen. Wir wollten niemanden hereinlegen. Daher hatten wir auch auf die naheliegende Möglichkeit verzichtet, »Deshalv spill' mer he« allen Abmachungen zum Trotz beim ersten Konzert einfach aus dem Hut zu zaubern und die DDR-Oberen damit vorzuführen. Doch darauf waren wir nicht aus. Wir wollten mit offenen Karten spielen und unsere linke Kritik nicht zwischen den Zeilen verstecken. Wahrscheinlich waren wir einfach unfassbar blauäugig an die ganze Sache herangegangen.

Wir waren uns zwar sicher, im Rahmen unserer Möglichkeiten richtig gehandelt zu haben, doch wir waren weit davon entfernt, stolz auf unsere Entscheidung zu sein. Bei dieser Auseinandersetzung konnte es nur Verlierer geben. Wir packten unsere Koffer. Die Tournee war vorbei, noch ehe sie begonnen hatte. Um kurz vor vier bog unser Bus in die Friedrichstraße ein. Ich blickte aus dem Fenster und sah auf das »Haus der Schweiz«, das mitten im Sozialismus der Finanzwelt ein Denkmal setzte. Auf der Höhe des ersten Obergeschosses hielt Walther Tell, der Sohn des Freiheitshelden, als Bronzefigur Wache. Der Bogen war zersprungen, obwohl wir uns so fest vorgenommen hatten, ihn nicht allzu straff zu spannen.

Am Übergang Moritzplatz machten wir halt. Der diensthabende Grenzer konnte sein Glück kaum fassen. Er habe eine Karte für unser morgiges Konzert ergattern können, erzählte er uns, und jetzt traf er uns sogar noch persönlich. Er strahlte. Ich hatte nicht die Kraft, ihm die Wahrheit zu sagen. Ich begriff sie ja selbst noch nicht. Im Westen warteten bereits die Reporter. Ich sprach gegen die Leere an, die ich fühlte, und versuchte, Worte zu finden, doch alles, was ich sagte, kam mir oberflächlich und falsch vor, wie haarscharf am eigentlich Gemeinten vorbei. Endlich konnten wir ins

Hotel. Wir wohnten im »Interconti«, wo zu dieser Zeit auch Udo Lindenberg Dauergast war. Der Tag hatte mich vor sich her geschoben und ließ mich nun frei. Ich wollte allein sein. Ich hatte keine Lust mehr auf Diskussionen, ich wusste ohnehin, dass Udo mit unserem Vorgehen nicht einverstanden sein würde. Er verfolgte eine andere Strategie. Er spielte mit den DDR-Autoritäten Katz und Maus, ohne dass sie es richtig merkten. Er setzte mit Stücken wie »Sonderzug nach Pankow« statt auf Klartext auf die Souveränität der Ironie und die zersetzende Wirkung des Lächerlichmachens. Ich hatte eine andere Abzweigung genommen.

Als ich am nächsten Morgen wach wurde, ging am Hotel der Gedenkzug der Westberliner Kommunisten für Rosa Luxemburg und Karl Liebknecht vorbei. Vor fünfundsechzig Jahren waren sie von Freikorpssoldaten ermordet und keine hundert Meter von meinem Fenster entfernt in den Landwehrkanal geworfen worden. Ich betrachtete die kleine Prozession. Beinahe beneidete ich die Gedenkenden um ihren anscheinend unerschütterlichen Glauben, die Welt in Gut und Böse einteilen zu können. Sie kannten nur Schwarz oder Weiß. Eine fahle Sonne fiel auf diese unwirkliche Szenerie. Der Alltag hatte wieder begonnen. Nichts stockte.

Nachdem sie ihre Kränze niedergelegt hatten, konnten sich die Leute von der DKP dem Tagesgeschäft zuwenden. Auf Anweisung Ostberlins mischten sie sich unter das Publikum in Werner Schmidbauers Sendung »Live aus dem Alabama«, zu der wir nach München eingeladen worden waren, und übernahmen die ihnen zugedachte Rolle des aufgebrachten Zwischenrufers. Sie diffamierten die Tourneeabsage als ausgekochten Promo-Stunt. Sie sprachen von einer gezielten Provokation. Sie warfen uns vor, »antikommunistischen Einflüsterern« in die Hände gearbeitet zu haben. Sie hatten ihren Text gut gelernt. Innerhalb kürzester Zeit waren wir in den offiziellen SED-Verlautbarungen von Vorkämpfern der Friedensbewegung zu Mitspielern im Kalten Krieg geworden, die »Jugendliche der DDR zu oppositionellen bzw. feindlich-negativen Verhaltensweisen« aufstacheln wollten.

Die Puhdys übernahmen unseren Auftritt im »Palast der Republik«, auch die übrigen Konzerte der Tournee fielen nicht einfach aus, sondern wurden von mehr oder weniger linientreuen DDR-Bands bestritten. Ohnehin fasste das ZK den Beschluss, »den Empfang von Künstlern und Gruppen aus der BRD maximal einzuschränken«. Unfreiwillig hatten wir die Fronten geklärt. Nach »Deshalv spill' mer he« waren die stillschweigend hingenommenen Gepflogenheiten im deutsch-deutschen Gastspielzirkus Vergangenheit. Zuvor hatten sich beinahe alle West-Acts, von der bayerischen Rock-'n'-Roll-Schlagerkapelle bis zum kritischen Liedermacher, bei ihren Auftritten in der DDR ohne größere Skrupel geschmeidig in die realsozialistische Propaganda eingepasst. Selbst Udo Lindenberg war im Oktober 1983 zusammen mit vielen anderen Künstlern bei »Rock für den Frieden« im Palast der Republik vor 4000 handverlesenen Blauhemden aufgetreten. Er hatte in den sauren Apfel gebissen und war im Gegensatz zu uns dazu bereit gewesen, bei seinem Minikonzert auf brisante Songs wie eben »Sonderzug nach Pankow« oder »Mädchen aus Ost-Berlin« zu verzichten und stattdessen Unverfängliches wie »Ich bin Rocker« zu spielen, nur um seine von der SED-Führung für das Folgejahr erlaubte Tournee durch die DDR nicht zu gefährden. Nur sein harmloses Kinderlied »Wozu sind Kriege da?« und ein kurzes Statement, das sich gegen die Nachrüstung in Ost und West wandte, hatte sich Udo im »Republikpalast« herausgenommen, sonst war sein Auftritt ein Drahtseilakt gewesen, der es allen recht machen wollte. Solch ein zweifelhafter Ritt auf der Rasierklinge war nun nicht mehr möglich. Udos für den Sommer 1984 vorgesehene Konzerte wurden ersatzlos gestrichen. Wir hatten ihm buchstäblich die Tour vermasselt.

Die Reaktionen, die uns wirklich wichtig waren, trafen erst mit einigen Wochen Verspätung ein: große Umzugskartons voller Briefe, von denen die meisten in Blaupapier eingewickelt waren, um der Durchleuchtung zu entgehen. Die Fans in der DDR hatten sich kalte Nächte um die Ohren schlagen müssen, um an eines der wenigen frei verkäuflichen Tickets zu gelangen, und es war mehr als verständlich, dass sie wegen des Nichtzustandekommens der

Tournee traurig waren. Gleichzeitig stärkten sie uns den Rücken. Die überwiegende Mehrheit von ihnen war erleichtert darüber, dass das Bild, das sie sich von uns gemacht hatten, stimmte. Wir hatten uns auch hinter der Mauer nicht einplanen lassen. Ich rollte hundert dieser Briefe zusammen und steckte sie jeweils zusammen mit einer Feder in Flaschen. Wesen mit Federn interessieren sich nicht für Grenzen, sie überfliegen sie einfach. Und Wörtern gelingt das manchmal eben auch.

Genau ein Jahr später schrieb ich »Leechterkette«, einen Song über einen jugendlichen Rock-'n'-Roll-Fan, der in einer lauen Sommernacht bei Magdeburg seine Gedanken einen Weg aus dem zugemauerten Land finden lässt. Der wie so viele seines Alters mit seinen spießigen Eltern hadert, der aber auch weiß, wo er sich zu Hause fühlt und wo seine Freunde sind. Und der sich schwört, seine Träume niemals preiszugeben. Mit »Leechterkette«, das für »Ahl Männer, aalglatt« vorgesehen gewesen war, aber auch erst auf »Schlagzeiten« erschien, warf ich die Flaschenpost wieder zurück ins Wasser und hoffte, dass sie irgendwann an Land gespült würde. Vielleicht sogar an Herzland. Die Hoffnung trog nicht. Im Mai 1989, als wir sechs Konzerte in der Sowjetunion gaben, machten sich nicht wenige unserer Fans aus der DDR auf den langen Weg nach Moskau und Wolgograd, um mit uns zusammen eine versäumte Begegnung endlich nachzuholen.

Während wir für »Schlagzeiten« probten, fragte mich Trude Herr, ob ich Lust hätte, sie bei einer Plattenaufnahme zu unterstützen. Sie wollte die Stones-Nummer »Beast of Burden« mit mir im Duett singen. Keith Richards hatte den Song für Mick Jagger geschrieben, nachdem er endlich, wie er es nannte, »sein Laboratorium geschlossen hatte«. Richards bedankte sich auf eine ziemlich kryptische Weise bei Jagger dafür, die Last jahrelang alleine geschultert zu haben. In Trude Herrs Übertragung ging es dagegen um verletzten Stolz, Eifersucht und das Spucken von Gift und Galle. Der Text hieß »Hipp vum Nümaat« und war aus der Sicht einer betrogenen Frau erzählt, die kein gutes Haar an ihrer Nebenbuhlerin ließ. Wer sagte, dass Trude nicht auf den Mund gefallen war, untertrieb schamlos. Ihre Schlagfertigkeit setzte nach Belieben schachmatt, ihr Humor zeugte von Scharfsinn und Menschenkenntnis. Schon in den Filmklamotten der fünfziger und sechziger Jahre hatte sie das Klischee der dicken Ulknudel durch Selbstironie hinter sich gelassen. Und in ihrem eigenen Theater, dem »Theater im Vringsveedel« in der Severinstraße, setzte sie jahrelang der eher braven Millowitsch-Bühne eine anarchische und rebellische Variante des Volksstücks entgegen. Trude war nicht wie so manche ihrer Kollegen von Beruf Kölnerin. Dem zu entsprechen, was von ihr verlangt wurde, langweilte sie. Ich freute mich, sie endlich einmal näher kennenzulernen und mit ihr für das »Beast of Burden«-Duett Mick Jaggers und Bette Midlers Tortenschlacht nachzustellen. Wir waren rasch durch mit der Nummer, obwohl Trudes Witz es nicht immer einfach machte, konzentriert zu bleiben. Wir tranken gerade ein weiteres Glas Wein, als Tommy Engel ins Studio kam. Er sollte mit Trude einen hochdeutschen Song namens »Niemals geht man so ganz« einsingen, ein Abschiedslied, ein rastloses Lebewohl mit dem Versprechen, bei Gelegenheit wiederzukommen. Trude wollte auswandern und sich fortan auf den Fidschi-Inseln dem Schreiben und der Champignonzucht widmen. Wenn es ein abgekartetes Spiel gewesen war, mich ebenfalls für diese Aufnahme zu gewinnen, war alles recht geschickt eingefädelt worden. Es gefiel mir so gut im Studio, dass ich mich über Trudes Frage »Willste do nit och metsinge, Jung?« sogar freute, weil die Party damit noch nicht vorbei war. Selten hatte ich so viel Spaß dabei gehabt, ein eigentlich trauriges Lied zu singen.

Einige Zeit darauf rief Helmut Fest an.

»Küsste ens vorbei? Dat Leed, dat du met der Trude und dämm Tommy jesunge häss, ess jetz fäädisch affjemisch. Küsste ens hühre?«

Ich fuhr in sein Büro am Maarweg. Helmut Fest präsentierte Tommy Engel und mir das Ergebnis unserer feuchtfröhlichen Aufnahmesession. Ich konnte nicht glauben, was ich da hörte. In den letzten Wochen musste mein Verdrängungsmechanismus Sonderschichten eingelegt haben. Ich hatte schlicht vergessen – vielleicht bekam ich es gerade auch zum ersten Mal wirklich mit –, wie rührselig »Niemals geht man so ganz« geraten war. Der Text schien unter intensiver Zuhilfenahme von Reimlexikon und Poesiealbum geschrieben worden zu sein. Nur der Refrain schaffte es, Wehmut mit Zuversicht zu verbinden. Über den Rest breitete man besser den Mantel des Schweigens. Es half alles nichts. Ich bat Helmut Fest, meinen Part des Songs zu löschen, obwohl ich ahnte, dass es Trude das Herz brechen würde. Trude war vor einigen Tagen an den Beinen operiert worden. Kurze Zeit später rief sie mich aus dem Krankenhaus an. Sie weinte:

»Jung, dat kannste mir nit ahndunn! Ess doch alles jetz schon

fäädisch. Ich kann dat och nit noch ens neu singe, do hammer jar kein Zick mieh für!«

Frauen und Tränen und ich – das war noch nie eine gute Kombination gewesen. Ich musste mir etwas einfallen lassen. Ich bot Trude an, den Text zu überarbeiten und mit Tommy alle Passagen, bei denen sie nicht zu hören war, neu einzusingen. Als Erstes warf ich das Hochdeutsch über Bord, dann versuchte ich, den im Song bisher nur behaupteten Gefühlen etwas mehr Glaubwürdigkeit einzuhauchen. Mit dem Ergebnis kreuzten wir bei Trude im Krankenhaus auf. Tommy und ich setzten uns zu ihr ans Bett und spielten ihr die Neuaufnahme vor. Trude weinte schon wieder, doch dieses Mal vor Freude. Dann war es genug mit den Tränen, dann wurde wieder gelacht. Trude kannte Tommy seit Ewigkeiten. Sie war schon mit seinem Vater aufgetreten, einem Mitglied der stets viel zu weite Hosen tragenden Karnevalsgruppe »Vier Botze«. Ich passte auf, Trudes und Tommys Anekdoten nicht zu oft durch Lachen zu unterbrechen, doch sie ließen mir keine Chance.

»Niemals geht man so ganz« erlebte seine Premiere am Ende von Jürgen von der Lippes Fernsehsendung »So isses«. Ein Playback-Auftritt, den wir zusammen mit Axel Risch, Jan Dix und Willy Schnitzler, dem Keyboarder der Bläck Fööss, absolvierten. Trude konnte nur noch mit Krücken gehen, und auf dem Weg vom Auto ins Fernsehstudio musste sie von zwei kräftigen Männern gestützt werden. Doch kaum im Rampenlicht angekommen, vergaß sie alle Schmerzen. Wenn ein altes Zirkuspferd Sägespäne riecht, will es in die Manege, um noch einmal alles zu geben. Wir nahmen Trude beim Singen in den Arm, hinterher feierte das Publikum sie mit Standing Ovations und »Zugabe«-Rufen, die einfach nicht aufhörten. Trude zog Jürgen von der Lippe zu sich heran:

»Jung, loss dat Band noch ens laufe!«

Und von der Lippe gehorchte. Die Live-Sendung wurde kurzerhand verlängert, wir spielten »Niemals geht man so ganz« noch mal, und Trude rockte jetzt endgültig die Bühne. Sie hatte ihre Schuhe weggekickt und tanzte den Schmerzen davon. Es war, als stammte das Drehbuch für diesen Abend direkt aus der Bibel.

Trudes Abschiedslied bescherte uns sogar noch einen Fernsehauftritt. Für Günther Jauchs Jahresrückblick »Menschen '87« fuhren wir nach Berlin, in jene Stadt, die Wim Wenders im selben Jahr
für einen Film mit arbeitslosen Schutzengeln bevölkert hatte. Als
unsichtbare, doch ständig anwesende Beobachter lauschten die
Engel in »Der Himmel über Berlin« den Gedanken der Großstadt-
bewohner und beneideten sie um ihre Sterblichkeit. Nur Sterbliche
sind für das Geschenk eines geglückten Tages empfänglich. Nur
der, der weiß, dass alles seine Zeit hat, auch der Tod, weiß wirklich,
wie es sich anfühlt, am Leben zu sein. Wenders war ebenfalls zu
»Menschen '87« eingeladen worden. Nach der Sendung kamen wir
ins Gespräch. Wir setzten uns in die Hotelbar und redeten über
Themen, über die man redet, wenn man merkt, dass der andere
auch keine Lust hat, seine Zeit mit Nebensächlichkeiten zu verplempern. Wir redeten über die Beatles, die Kinks und die Stones,
über Bob Dylan, Neil Young, Leonard Cohen und Lou Reed. Wir
sprachen über die Musik, die uns beide vor einem anderen, freud-
loseren Dasein bewahrt hatte. Der Rock 'n' Roll hatte uns angespornt, unserer Phantasie zu vertrauen und auf die eigene Kreativität zu setzen, obwohl wir nicht gewusst hatten, wohin es uns
verschlagen würde. Wim nannte Plattenspieler und Jukebox Le-
bensrettungsmaschinen, und er lag richtig damit.

Endlich hatte ich die Gelegenheit, mich bei Wim für »Alice in
den Städten« zu bedanken. Trotz der vielen Jahre, die inzwischen
vergangen waren, trug ich die Schwarzweiß-Einstellungen des
Films noch immer als imaginäres Bilderbuch bei mir. In der Hotelbar erfuhr ich von Wim, dass es ihm mit unseren Songs ganz
ähnlich ergangen war. Während seiner Zeit in Amerika hatte er
mit seinem jüngeren Bruder eine lebhafte transatlantische Musik-
korrespondenz geführt. Sie hatten Cassetten hin- und herge-
schickt, Lieblingstitel ausgetauscht und sich gegenseitig Neuent-
decktes ans Herz gelegt. Ein Gespräch unter Fans. Klaus Wenders
hatte auf seinen Cassetten immer wieder Stücke von uns untergebracht, es war die einzige deutsche Musik, die Wim in Amerika gehört hatte. Unsere Songs waren für ihn wie eine Nabelschnur nach

317

Deutschland gewesen. Sie enthielten das, was er an Heimat nicht verlieren wollte. Hatte Rockmusik für Wim stets einen Sog der Sehnsucht entwickelt, der ihn letztlich bis nach Amerika gebracht hatte, erkannte er nun, wenn er auf den Highways unsere Musik hörte, das Rheinland wieder, in dem er Kind gewesen war. Und wenn er zu Weihnachten bei seiner Familie in Deutschland vorbeischaute, versuchte er mit Hilfe der Beihefte unserer LPs endlich hinter die Bedeutung einiger ihm unverständlich gebliebener Passagen meiner Texte zu kommen, ehe die kleinen Kinder seines Bruders, schon in Schlafanzügen, von der Treppe aus nach dem »Müsli Män« riefen, den sie zu ihrem Gutenachtlied erwählt hatten.

Mir wurde klar, dass Wim und ich einst mit demselben Ziel vor Augen losgerannt waren. Uns beiden war es nicht darum gegangen, das, was uns etwas bedeutete – die Weite in den Bildern des amerikanischen Kinos oder die himmelstürmende Lyrik des Rock 'n' Roll –, einfach zu kopieren. Wir wollten es in unsere jeweilige Sprache übersetzen, um es so besser zu verstehen und vielleicht in etwas Eigenes verwandeln zu können. Wahrscheinlich waren wir beide noch immer zweitausend Lichtjahre von zu Hause entfernt, und wahrscheinlich würde sich daran auch nicht mehr viel ändern, aber wenn das der Preis dafür war, Tagträume in die Wirklichkeit umsetzen und der Welt gelegentlich einen neuen Anstrich verpassen zu können, bezahlten wir ihn gerne.

Wir hatten die ganze Nacht geredet. Im Hotel erschien der Portier zur Frühschicht. Durch die Schwingtür fiel kalte Luft ins Foyer. Auf der Rezeption lagen schon die neuen Tageszeitungen. Im Frühstücksraum husteten die ersten Gäste, während vor dem Fenster mit dem Morgenrot ein trüber Tag heraufzog. Wim und ich verabschiedeten uns an den Fahrstühlen. Zehn Jahre später sollten wir uns wieder über den Weg laufen und dann sogar gemeinsam zur Sache kommen. Mit Pauken und Trompeten.

Für die Liveauftritte wurde die Besetzung der Complizen noch einmal erweitert. Wir holten Frank Hocker von der Band Schroeder Roadshow als zweiten Gitarristen dazu. Frank hielt am Boden die

Stellung, wenn Dominiks Improvisationen das Landen vergaßen oder fest eingeplante Gitarrenparts zu entfallen drohten. Als Saxophonisten hatte ich Christian Schneider eingeplant. Christian hatte BAP schon bei der »Ahl Männer, aalglatt«-Tour begleitet, dort aber hauptsächlich Keyboards gespielt. Mit zwei Keyboardern war es der Gitarrenband halbwegs gelungen, den sich dem Zeitgeschmack andienenden Sound ihres Albums auf der Bühne zu reproduzieren. Doch nun erschien Christian nicht zum ersten Konzert. Einen Tag nachdem Mathias Rust mit einer kleinen Propellermaschine auf dem Roten Platz in Moskau gelandet war, warteten wir in Hannover vergeblich auf unseren entscheidenden Solisten. Er tauchte einfach nicht auf. Wir waren gezwungen, die Soli ad hoc und per Zuruf auf mehrere Schultern zu verteilen. Kein guter Start für eine Tournee, gleichwohl bestand noch kein Anlass, den Stab über Christian zu brechen. In den Tagen vor Handy und E-Mail brauchte man noch keine perfekten Entschuldigungen, wenn man etwas nicht mitbekommen hatte. Ständige Erreichbarkeit war nur ein Traum aus dem Science-Fiction-Regal. Am nächsten Abend nahm Christian seinen angestammten Platz wieder ein, doch zwei Wochen später, bei einem Festival im Hamburger Stadtpark, fehlte er erneut. Wieder wusste keiner, wo er steckte. Udo Lindenberg war vor uns an der Reihe gewesen, und sein Saxophonist Olaf Kübler erklärte sich bereit, eine Zusatzschicht einzulegen und uns aus der Klemme zu helfen. Er übersprang die Eingewöhnungsphase und spielte sich in die Band, in der er auch bis zum Ende der Tournee blieb. Olaf war eine Rock-'n'-Roll-Plaudertasche. Mit ihm musste man sich selbst beim Überwintern in einer Höhle keine Sorgen machen. Seine Geschichten reichten bis zum Frühling. Er war als Jugendlicher in amerikanischen Soldatenclubs aufgetreten und hatte anschließend bei Kurt Edelhagen Jazz studiert. Er war mit Manfred Schoof, Jaki Liebezeit und Klaus Doldingers Passport durch die Lande gezogen und hatte als Produzent Amon Düül II geholfen, sich von ihrem trägen Kommune-Zwilling abzunabeln. Er hatte kurz bei Police nach dem Rechten gesehen und war mit Westernhagen auf Tournee gegangen. Und als Mitglied des

Panikorchesters hatte er sich, wie man hörte, nicht nur als Musiker verdingt, sondern auch als Sprüche-Ghostwriter für den Chef, der sich von seinen Einfällen gerne anregen ließ. Jetzt war er bei den Complizen gelandet, und ich war im Stadtpark gerade dabei, ihn als Ersatz für unseren abhandengekommenen Saxophonisten vorzustellen, als Christian Schneider die Bühne betrat. Das Timing war perfekt. Ich musste meine Ansage nicht einmal unterbrechen, sondern sie nur noch mit einem kleinen Schnörkel versehen:

»Da ist ja der verlorene Sohn! Übrigens: Entlassen!«

Es war das erste Mal, dass ich einem Musiker seine Papiere vor Publikum überreichte. Van Morrison hätte allen Grund gehabt, mit mir zufrieden zu sein.

Noch jemand dribbelte sich durch sein Verhalten aus der Mannschaft. Zusammen mit Renate Otta hatte Anne Haigis auf »Schlagzeiten« Chor gesungen. Normalerweise kam ich mit Anne gut klar. Für ihr zweites deutschsprachiges Album hatte ich ihr meine Übertragung von Bob Dylans leicht gehässigem Abschiedslied »Don't Think Twice, It's Alright« zur Bearbeitung überlassen. Doch je mehr Auftritte wir zusammen hatten, desto mehr neigte Anne dazu, über alles und jeden in Wut zu geraten. Wir konnten ihren Lieblingssatz, der verriet, dass sie aus Rottweil stammte, schon auswendig: »I benn saurrr!« Auch am Tag unseres Konzerts am Kölner Tanzbrunnen war Anne »saurrr«. Am Telefon klagte sie mir ihr Leid, während Carmen sich über meine Haare hermachte. Sie wollte mir die Spitzen schneiden. Das Gespräch mit Anne zog sich in die Länge, ihre schlechte Laune zu zerstreuen gelang nicht in ein paar Minuten. Als ich endlich den Hörer auflegen konnte, stand ich auf und sah in den Spiegel. Ich erkannte mich kaum wieder. Carmen hatte mein abgelenktes Stillhalten als Zustimmung für einen Radikalschnitt fehlinterpretiert. Am Abend stand ich mit den kürzesten Haaren, seit ich mit den Convicts gespielt hatte, auf der Bühne, doch Anne war immer noch »saurrr«. Es reichte. In den Tagen danach ersetzte ich sie durch unsere Freundin Rosie Lang, und alle in der Band waren erleichtert. Leider nahm das Nachwachsen meiner Haare mehr Zeit in Anspruch als das höfliche Hinausbegleiten einer Diva. Doch es blieben keine Narben zurück. Wenn ich Anne heute treffe, hat das Lachen gewonnen, nicht der Groll.

Carmen und ich waren an einem Punkt angelangt, an dem wir der Wahrheit ins Gesicht sehen mussten. Unsere Hoffnung, reinen Tisch machen und noch einmal von vorne anfangen zu können, hatte getrogen. Furcht und Mitleid mochten im antiken Theater für Katharsis gesorgt haben, im richtigen Leben blieb von bitteren Wahrheiten und elenden Schuldzuweisungen zumeist nur Trauer zurück. Unsere Liebe war nicht mehr stark genug, dem Feind die Tür zu weisen. Es war alles gesagt, und wenn wir das noch nicht wahrhaben wollten und uns noch immer stritten, als läge eine umarmende Versöhnung tatsächlich im Bereich des Möglichen, dann wohl nur, weil wir uns vor der Endgültigkeit der Kapitulation fürchteten.

Die Konzerte mit den Complizen verschafften mir eine Atempause. Es waren gar nicht so viele. Balou war bei der Planung vorsichtig zu Werke gegangen. Wir hatten nicht vorhersehen können, wie gut sich mein Soloalbum verkaufen würde. Hauptsächlich hatte Balou Festivals gebucht. Ich stürzte mich in die Wochenenden, an denen sie stattfanden, mit der ungeduldigen Vorfreude eines Nachtschwärmers, der die ganze Woche gearbeitet hat und nun mit einem Lächeln die Tür hinter sich abschließt, die Treppe hinuntersteigt, die Hände in die Jacke steckt und bereit ist, dem Abenteuer, das an der nächsten Straßenecke auf ihn wartet, entgegenzugehen. Wir reisten mit kleinem Gepäck, doch wir stopften alles in unsere Taschen, was wir kriegen konnten. Wir glichen den Mangel an Gelegenheiten durch die Intensität aus, mit der wir uns ans Spielen und Feiern machten. Wieder zögerte ich das Ende unserer Konzerte so lange hinaus, wie es nur ging. In St. Gallen hatte mich eine Flasche eiskalten Weißweins vor dem Auftritt in große Gesprächigkeit versetzt. Ich versah sogar unseren Song »Häng de Fahn eruss«, der simple »Boy meets girl«-Versatzstücke aneinanderreihte, mit einer kilometerlangen Ansage. Wenn ein Stück keine

Erläuterung brauchte, dann dieses. Genauso gut hätte man sich an eine Textexegese von »She Loves You« machen können. Stellte man ihn gegen meine Ansage zu »Häng de Fahn eruss«, enthielt selbst der Satz »Salz schmeckt salzig« noch eine Menge Zusatzinformationen. Balou musste mich schließlich von der Bühne zerren, die nach uns auftretenden Los Lobos standen schon in den Startlöchern. Einige Wochen später, auf dem Weg nach Nicaragua, wo ich auf Einladung Dietmar Schönherrs zusammen mit den Complizen einige Auftritte absolvieren sollte, hörte ich mir einen Radiomitschnitt des St. Gallener Konzerts an. Je länger ich zuhörte, desto heißer wurde mir. Mir stieg das Blut in den Kopf, und mein einziger Trost war, dass es keiner an Bord zu bemerken schien. Ich reichte den Mitschnitt an Frank Hocker weiter. Er setzte sich die Kopfhörer auf und hatte für eineinhalb Stunden Spaß. Ab und zu grinste er zu mir herüber, dann sagte er:

»Jo, wolltste halt schön vill verzälle. Wohr jo och schön jemütlich.«

Bei »Rock am Ring« und in Hamburg spielten wir unmittelbar vor David Bowie, doch auch das Line-up des »Blue Danube Festivals« in Deggendorf hatte es in sich. Die Toten Hosen waren mit am Start, ich begegnete fünf Jahre nach dem »Rockpalast« auf der Loreley Rory Gallagher wieder, der sich sogar noch an mich erinnern konnte, und Chuck Berry drückte mir die Hand, ehe er auf die Bühne ging, um »Chuck-Berry-Songs« zu spielen. Fast bedauerte ich es, dass wir an diesem Abend die beiden BAP-Stücke »Waschsalon« und »Bahnhofskino« nicht im Programm hatten. Das eine würdigte Chuck Berry musikalisch, das andere reihte ihn in einer zugegebenermaßen etwas eigenwilligen Liste unter die großen Künstler des 20. Jahrhunderts. Die Grenze, die Rock von Pop trennte, verlief exakt zwischen Chuck Berry und Elvis Presley.

Im Hotel führte von jedem Zimmer im obersten Stock eine Tür hinaus auf das Kiesdach. Man konnte einen Stuhl mit hinausnehmen und in die Sterne schauen. Wir setzten die Party unter freiem Himmel fort. Von der Straße drang Lärm herauf. Die Toten Hosen streunten durchs nächtliche Deggendorf. Wir machten uns bemerkbar und luden sie ein, zu uns nach oben zu kommen. Sie versicherten lautstark, der Einladung gerne Folge leisten zu wollen, und wir sahen sie ins Hotel gehen. Doch auf dem Dach kamen sie nie an. Erst einige Tage später erfuhr ich, was sich an der Rezeption abgespielt hatte:

»'N Abend.«

»Guten Abend. Kann ich Ihnen helfen?«

»Wir wollen zu BAP!«

»BAP? BAP gibt's hier nicht.«

»Doch! Die sind oben auf der Dachterrasse!«

»Wir haben keine Dachterrasse.«

Der Portier hatte nicht ganz unrecht. Es waren die Complizen, die auf Stühlen in einem ganz gewöhnlichen Kiesbett saßen. Es war zwar gemütlich, doch wir befanden, dass der Komfort noch ausbaufähig sei. Wenn wir ein Zimmer komplett ausräumten und auf dem Dach wieder aufbauten, könnte sich einer schon mal ins Bett legen, ohne dass er die Feier verlassen musste. Das klappte hervorragend. Wir packten alle mit an und besahen uns das Ergebnis. Das Hotel besaß ab dieser Nacht auch eine Open-Air-Suite. Wir hatten sogar ein Verlängerungskabel für den Fernseher aufgetrieben. Ein Zimmer war nun leer, doch die anderen boten noch immer ein erbärmliches Bild des Durcheinanders. Schmal und ich dachten an Robin Page und seine »Corrected«-Bilder, die für Ordnung im Chaos der Kunstgeschichte gesorgt hatten. Etwas Ähnliches musste sich auch für Hotelzimmer machen lassen. Man musste nur konsequent beim Einräumen sein: alle Stühle in ein Zimmer, alle Tische in ein anderes, alle Fernseher in ein drittes … Wir machten uns ans Werk. Als besonders knifflig erwies sich das Auseinandernehmen der Betten, doch auch hier führte Beharrlichkeit schließlich zum Erfolg. Ich verließ das Dach, als die Arbeiten noch in vollem Gange waren. Ich hatte Glück. Mein Zimmer lag im zweiten Stock und war von den Umbaumaßnahmen nicht betroffen.

Am nächsten Morgen stand unser Tourleiter Uwe Schmied, die Augen versteckt hinter einer dunklen Sonnenbrille, an der Rezeption. Offenbar gab es einige Probleme beim Auschecken. Die Leitung des Hotels schien nicht ganz so euphorisch auf die Neugestaltung der Zimmer zu reagieren wie angenommen. Uwe Schmied verlegte sich auf Bargelddiplomatie. Jede Beschwerde beantwortete er, indem er von einem dicken Bündel wortlos einen weiteren Hundertmarkschein über die Theke schob. Die Frage aber, die ihr am meisten am Herzen lag, hatte sich die Frau an der Rezeption bis ganz zum Ende der morgendlichen Inventur aufgespart:

»Und Herr Boecker? Wer ist Herr Boecker?«

Schmal hatte sich bis dahin dezent im Hintergrund gehalten. Er lag bleich und ermattet in einem Sessel in der Lounge und erholte sich von den Strapazen der Nacht. Ich fragte mich, ob er in seinem mit Fernsehern vollgestopften Zimmer überhaupt ein Auge zugemacht hatte. Die Frage der Hotelangestellten holte ihn ins Leben zurück:

»Äh … ich.«

»Herr Boecker … kaputt is' alles!«

Schmal erhob sich in Zeitlupe:

»Äh … ess mer umjefallen.«

Wir hielten den Betrieb auf. Immer wieder schickten wir den Kuhschädel durch das Durchleuchtungsgerät. Der Schädel war Teil unseres Handgepäcks. Wir hatten ihn auf dem Kölner Schlachthof besorgt und zu unserem Erkennungszeichen erkoren. Er illustrierte den Song »Maat et joot«, den ich über die Begegnung mit den Dortmunder Jungs in der Bucht von Çıralı geschrieben hatte. Durch das Zusammensein mit den Complizen war das »Otto«-Gespenst fürs Erste gebannt. Ich war wieder bereit, jung zu werden. So jung wie die Kerle aus dem Hanomag. Ich hatte ein Stück des Grabens doch noch zugeschüttet. Und der Kuhschädel, der bei uns statt an einer Kühlerhaube zwischen Schmals Congas hing, sorgte dafür, dass ich das so schnell nicht wieder vergaß.

Das Durchleuchten des Schädels weitete sich zum Happening aus. Wir verknipsten unzählige Polaroids. Selbst die Security-Leute fanden Gefallen an dem seltsamen Anblick auf ihren Kontrollmonitoren. Doch plötzlich war ich ferngerückt von allem. Ich registrierte das Lachen und den Trubel nicht mehr. Ich machte einen Schritt aus der Gegenwart und betrat einen Raum der Stille, in dem ich nur mein Herz schlagen hörte. Die Szenerie wurde unwirklich und zugleich ganz einfach. Etwas begann. Ich war allein unter den Menschen am Flughafen und war es doch nicht. Nicht mehr. Der Blick eines blonden Engels hatte alles verändert. Ich fühlte mich durchschaut und ermutigt, aufgehoben und beflügelt. Der Sekundenzeiger verharrte einige Augenblicke lang auf der Zwölf, ehe er weiterlief. Dann wusste ich, dass Ringo mit seiner Antwort auf die Frage, ob er an »love at first sight« glaube, wohl doch recht gehabt hatte.

Ich hatte genau fünfzig Minuten Zeit, um den Zufall in Schicksal zu verwandeln. Fünfzig Minuten dauerte der Flug von Köln nach München, wo wir am Abend bei einer Fernsehsendung »Maat et joot« zum Besten geben sollten. Fünfzig Minuten, die darüber entschieden, ob die junge Frau, der ich notfalls auch nach Honolulu, San Francisco oder Ashtabula nachgefolgt wäre, die sich aber wunderbarerweise ebenfalls auf dem Weg nach München befand, bereit war, ihren ersten Eindruck zu revidieren, den sie von dieser Horde nicht ganz nüchterner Wahnsinniger, die sich um einen Kuhschädel scharten, gewonnen haben musste. Ob sie bereit war, mir zuzuhören, wenn ich alle Vorsicht über Bord warf und um mein Leben redete. Doch erst als wir gelandet waren, hatte ich inmitten des Gedränges der Aussteigenden Gelegenheit, sie davon zu überzeugen, dass ein näheres Kennenlernen vielleicht keine schlechte Idee sei. Sie war zwar furchtbar in Eile, schlug aber dann doch, ohne groß darüber nachzudenken, das »Nachtcafé« am Maximiliansplatz vor. Wir verabredeten uns für den späten Abend. Ich hatte mein Date.

Das »Nachtcafé« war ein Lokal, mit dem der gewöhnliche »Chlodwig Eck«-Besucher wenig anfangen konnte. Nur langsam rückte die Schlange junger, gutgekleideter Menschen zum Eingang vor, wo zwei Türsteher Gesicht und Outfit der Besucher auf ihre Tauglichkeit prüften. Natürlich hatten es sich die anderen Complizen nicht nehmen lassen, mich an diesen exotischen Ort zu begleiten. Wir alle hatten uns nicht besonders in Schale geworfen; wenn man es genau nahm, sahen wir sogar so aus wie immer. Schmal war der Erste, den es erwischte. Der Türsteher musterte ihn von oben bis unten. Man konnte sehen, was er dachte. Dann fragte er näselnd:

»Haben Sü reservürt?«

Schmals Antwort zeigte, dass er den Türsteher nicht richtig verstanden hatte:

»Wie, haben Sie eine Suite? Mer wohnen em Hilton, du Kopp!«

Ich fragte mich gerade, ob sich dieser kleine Dialog nicht eher hinderlich auf das Erreichen unseres Ziels auswirken würde, als mich der zweite Türsteher erkannte. Er gab seinem Kollegen ein Zeichen, und schlagartig waren wir willkommene Gäste des »Nachtcafés«. Eine Freundlichkeit, die sich auf Knopfdruck einstellte, konnte uns gestohlen bleiben. Wir betraten das Lokal und versammelten uns an der Theke. Der Barkeeper näherte sich:

»Sü wünschen bitte?«

Frank Hocker gab unsere Bestellung auf:

»'ne Kaste Bier un 'ne Öffner!«

Die Lippen des Barkeepers kräuselten sich zu einem verstehenden Lächeln:

»Köstlich, köstlich!«

»Wie, köstlich? Maach! 'ne Kaste Bier un 'ne Öffner!«

Und dann drehte ich mich um, und sie stand plötzlich hinter mir, im künstlichen Licht, im Lärm, und ich fing ein Lächeln auf, das diesen Ort einfach dahin beförderte, wo er hingehörte: in die Bedeutungslosigkeit. Das eine Chance zu enthalten schien, deren Tragweite mich schwindelig machte. Das mir bewies, dass meine Tage schon viel zu lange ohne Richtung gewesen waren. Ich wusste nicht, ob ich es wagen durfte, alles auf null zu setzen, aber ich wusste, dass es nichts gab, was ich lieber getan hätte.

Und später, viel später, nach mehr als zweimal zehn gemeinsamen Jahren, in denen sie mein Leben mehr als einmal auf den

Kopf gestellt und meine Schwermut so oft zurück ins Helle geholt hatte; nach zwei Töchtern, drei Hunden und maximal vier grauen Haaren, würde ich immer noch nicht aufgehört haben, mich darüber zu wundern, dass Maria aus »Liebesleed« tatsächlich den Weg zu mir gefunden hatte. Ich würde ihr noch viele Namen geben und noch viele Lieder für sie schreiben, doch ich hoffte, dass sie auch dann, wenn ich meine letzte Geschichte erzählt hatte, noch bei mir sein würde. Ich würde mich ins Zeug legen, ihre Sehnsucht nach einem Happy End so gut zu erfüllen, wie ich konnte.

Ich kam mit wiederhergestelltem Selbstbewusstsein zurück zu BAP. Ich wusste, dass Major und die anderen mein Soloprojekt mit mehr als gemischten Gefühlen beobachtet hatten. Sie mussten fürchten, ich würde der Band den Rücken kehren und künftig ohne sie weitermachen. Doch daran hatte ich nie gedacht. Meine Hochstimmung nach der Arbeit mit den Complizen, die mir das Vertrauen in meine Fähigkeiten zurückgegeben hatte, erzeugte sogar neue Loyalität. Major hatte mir mein Soloalbum zugestanden, nun war ich ihm bei seinem behilflich, indem ich die Songs von »Da Capo« betextete, ihnen meine Stimme lieh und mich bereit erklärte, sie unter dem Namen »BAP« zu veröffentlichen. Obwohl sich das Album außerordentlich gut verkaufte, wusste ich schon bald, dass das ein Fehler gewesen war. Indem ich Major alle musikalischen Freiheiten zugestand, war ich ihm einen Schritt zu weit entgegengegangen. Das Aufkommen des Privatradios hatte zu einer grundlegenden Neuausrichtung auch der öffentlich-rechtlichen Musiksender geführt. Wo früher Vielfalt gewesen war, herrschte nun ein vereinheitlichtes Klangbild. Über das Musikprogramm entschied nicht mehr der gute Geschmack eines Redakteurs, sondern das Kriterium der Durchhörbarkeit. Musik wurde zur Verschiebemasse zwischen Jingles, Werbeblöcken und den befremdlichen Ansagen aufgesetzt gutgelaunter Moderatoren. Major bemühte sich, mit seinen Songs dem geänderten Anforderungsprofil der Radiosender so exakt wie möglich zu entsprechen. Dass es ihm gelang, bewies der Erfolg von »Da Capo« und auch unseres nächsten Albums, »X für e' U«. Doch wenn das bedeutete, dass eine Band, deren Stärke einmal ihre Unangepasstheit gewesen war, sich zum Erreichen einer Platinplatte ihre Seele rauben lassen musste, dann konnte man dabei auf Dauer nicht auf mich zählen.

Bertram Engel ließ nichts aus. Er holte weit nach Mitternacht sogar den EMI-Pförtner ins Studio. Je mehr Leute sich für unsere Aufnahmen begeisterten, desto besser. Der Pförtner wurde vor die Boxen gesetzt, und Bertram drehte am Knopf, der die Gesamtlautstärke regelte. Der Song setzte ein. Der Pförtner sah uns nacheinander an, dann verkündete er sein Wohlwollen. Eigentlich blieb ihm nicht viel anderes übrig. Doch Bertram war großzügig. Er nahm auch ein durch sanfte Erpressung zustande gekommenes Lob in die Wertung. Später würde er es immer wieder ins Spiel bringen, um die ohnehin schon gute Stimmung noch ein wenig mehr zu euphorisieren: Sogar der Pförtner hatte seine Bass-Drum abgefeiert!

Wir schrieben das Jahr 1994, und zum zweiten Mal war ein Soloalbum ein Ausweg aus einer Sackgasse, in die ich mit BAP geraten war. Im Verlauf der Tour zu unserer LP »Pik Sibbe«, bei der wir bewusst auf Gastmusiker und Chorsängerinnen verzichtet hatten, waren wir noch einmal zu einer Einheit zusammengewachsen. Die Firma rotierte. Ich schlug vor, den zurückgewonnenen Schwung dieses Mal sofort wieder zu investieren. Wir durften nicht anhalten, sondern mussten ein neues Ziel finden, solange die Fahrt noch andauerte. Es war der richtige Zeitpunkt, eine neue Platte aufzunehmen. Zwar würden wir für solch ein spontanes Projekt keine neuen Stücke zur Verfügung haben. Doch wir konnten auf die Dylan-Übertragungen zurückgreifen, die ich in ziemlicher Regelmäßigkeit anfertigte: übermütige Nachdichtungen, gewissenhafte Detailstudien, beharrliche Exerzitien, grandios gescheiterte Versuche und interpretatorische Höhenflüge. Ich stellte eine Auswahl zusammen und brachte sie in den Maarweg. Das EMI-Gelände befand sich im Umbruch. Mit dem Abriss des Presswerks war ein weiteres Stück einer ehemals autarken Tonträgerfirma verloren gegangen. Aufnahme, Herstellung und Gestaltung einer Platte fanden schon lange nicht mehr unter einem Dach statt. Die goldenen Zeiten der Musikindustrie, die mit der Einführung der CD ein letztes Megahoch erreicht hatte, neigten sich dem Ende zu. Nur wenige Jahre darauf würde die digitale Evolution für Veränderungen sorgen, die das Überleben der ganzen Branche in Frage stellten.

Wir bezogen eine leere Fabriketage und bemühten uns, gemeinsam einen Zugang zu den Dylan-Songs zu finden, eine zündende Idee, einen Funken Inspiration, einen Anflug von Begeisterung, irgendetwas, das uns zeigte, dass wir am Anfang eines vielversprechenden Unternehmens standen. Doch nichts geschah. Als hätte das auf Tour noch so fassbare Zusammengehörigkeitsgefühl nie existiert, beschränkte sich unsere Kommunikation bald schon wieder auf den Austausch der althergebrachten, die Zerrissenheit der Band spiegelnden Argumente. Wieder einmal geriet alles in die Mühle kommerzieller Überlegungen. Ehe ich mich's versah, waren wir bei einer Version von »I Want You« angekommen, die den Stil der von Prince geschriebenen und durch Sinéad O'Connors Tränen zu weltweitem Erfolg gekommenen Ballade »Nothing Compares 2 U« mehr oder weniger direkt belehnte. Zu mehr war diese BAP-Besetzung kaum noch in der Lage. Wir waren mit unserem Latein am Ende, und als wir es uns eingestanden, überwog nicht Trauer, sondern die Erleichterung, nutzloser Quälerei entkommen zu können.

Vermutlich hätte ich meine Dylan-Texte wieder in die Schubladen zurückgelegt, aus denen ich sie hervorgeholt hatte, wenn Major mich nicht daran erinnert hätte, dass ich noch einen Vertrag über ein zweites Soloalbum besaß. Es war ein Köder, den er mir hinwarf; eine wie achtlos fallengelassene Bemerkung, nach der er auf meine Reaktion lauerte und sich vielleicht sogar eine abwehrende Antwort erhofft hatte. Doch in ihr steckte auch eine resignative Einsicht, die ich teilte. Mit dem Blick in Dylans Liederbuch würde ich Zeugnis ablegen von einer fast schon drei Jahrzehnte währenden Faszination. Ich würde die Quellenangaben für viele meiner eigenen Songs nachliefern und so dem Eigenen im Fremden wiederbegegnen. Ich würde mich auf die Suche nach meinen Wurzeln begeben, und dafür brauchte ich Begleiter, die sich nicht jeden Schritt im Voraus auf der Karte ansahen, sondern sich ins Offene hinauswagten. Für dieses Album, das den Titel »Leopardefell« tragen sollte und das die Musik und die Texte enthalten würde, die mein Leben bestimmt hatten, brauchte ich vorübergehend eine neue Band.

Als Erstes dachte ich an Carl Carlton. Carl war ein Meister des Open Tuning und alles andere als unscheinbar. Er fiel einem sofort auf, und das lag nicht nur an seiner Größe. Ein Ostfriese mit stachligem Haar und heiserer Stimme, den es zuerst nach Holland, dann nach New York und schließlich überall dahin verschlagen hatte, wo er durch das Spiel seiner Gitarre Freundschaften schließen, Liebe garantieren und Familien ernähren konnte. Ich rief ihn an und rannte offene Türen ein. Noch am Telefon stellte Carl die Band zusammen. Er versprach, den Schlagzeuger Bertram Engel und den Bassisten Ken Taylor mitzubringen. Das konnte mir nur recht sein. Bertram und Ken bildeten ein eingespieltes Team. Seit Jahren waren sie wie Carl fester Bestandteil von Peter Maffays Band. Darüber hinaus hatte jeder von den dreien an so vielen Plattenproduktionen und Tourneen mitgewirkt, dass man leicht den Überblick verlieren konnte. Alle naselang stolperte man in ihren Lebensläufen über bekannte Namen. Leidenschaft und eine tiefe Liebe zu ihrem Beruf hatten alle drei jedoch stets davor bewahrt, sich mit dem Erreichten zufriedenzugeben. Sie tauschten ihre Hingabe nicht gegen die nörgelnde Unzufriedenheit ein, die sich bei so vielen als Folge gesättigter Erwartungen einstellte. Sie hatten nicht zugelassen, dass ihr Herzblut gerann.

Von BAP holte ich Effendi Büchel dazu, der sich damit noch ein Stück weiter von der seit gemeinsamen Schülerbandtagen zementierten Rolle als Majors Adlatus emanzipierte. Gemeinsam mit dem kölsch-griechischen Gitarristen Nikitakis hatten wir bereits ein Jahr zuvor an neuen Songs für das »Pik Sibbe«-Album gearbeitet. Und der junge Jens Streifling war mir als hochbegabter Rock-

'n'-Roll-Saxophonist bei der Band Yah Yah aufgefallen. Ich war mir sicher, dass er die Dylan-Songs um eine Klangfarbe bereichern würde, die der Hörer nicht unbedingt erwartete.

Carl, Bertram und Ken eroberten die Fabriketage im Sturm. Mit Formalitäten hielten sie sich gar nicht erst auf. Wer mit ihnen Gefangene machen wollte, hatte sich die falschen Verbündeten gesucht. Sie hörten sich die Dylan-Originale an, checkten die Tonart, dann legten sie los. Ihre Verständigung klappte ohne Worte. Kamen sie erst einmal ins Rollen, tat man gut daran, sich anzuschnallen, wenn man nicht aus der Kurve fliegen wollte. Als zweites Stück nach dem Titelsong probten wir »Highway 61 Revisited«. Ich hatte die von Dylan geschilderte, das alttestamentarische »Auge um Auge, Zahn um Zahn« in die Monstrosität eines neuen Weltkriegs verlängernde Szenerie vom Mississippi in die Eifel verlegt. Ich konnte mir das Treffen von Mac, dem Finger, mit Louis, dem King, das Klagelied der fünften Tochter aus der zwölften Nacht und das Streitgespräch zwischen Gott und Abraham nur auf der Festivalrennbahn des Nürburgrings vorstellen. Auch dort würden sich Zuschauer zu allen möglichen Belustigungen einfinden, wenn man nur einige Tribünen in die Sonne stellte. Dazu kam, dass zu dieser modernen »Brot und Spiele«-Stätte ausgerechnet die Autobahn 61 führte. Carl ging mit dem Flaschenhals auf seiner Gitarre spazieren, dann galoppierte der Song als Boogie-Woogie davon. Wieder hatte sich ein Arrangement fast wie von selbst ergeben, und wir fragten uns, warum wir im Proberaum Zeit verplemperten. Warum nicht gleich ernst machen? Wir zogen um ins fünfzig Meter Luftlinie entfernte EMI-Studio. Zusammen mit dem Toningenieur Harald Lepschies erfanden wir dort den »nullten Take«. Er adelte die eigentlich als bloßen Test gedachte Version zur amtlichen, weil sie nicht mehr zu verbessern war. Nur wenige Jahre später tippte mir derselbe Harald Lepschies, angetan mit einer Kochmütze, in einem Frankfurter Hotel beim Frühstücksbuffet auf die Schulter. Tonmeister seines Kalibers waren in Zeiten preisgünstiger Laptop-Produktionen nicht mehr gefragt. Dem Mann, der die meisten Grönemeyer-Alben und auch »Monarchie und Alltag« von den Fehlfarben betreut hatte, war keine andere Wahl geblieben, als sich noch einmal nach einem neuen Broterwerb umzusehen.

Taten wir uns beim Chorsingen schwer, gab uns Bertram für eine halbe Stunde frei. Er schickte uns in die Kantine. Wenn wir wieder zurückkamen, hatte er alle Stimmen des Chors alleine eingesungen, und wir konnten zur nächsten Nummer übergehen.

Schon immer war mir der alte Satz »Nobody sings Dylan like Dylan« suspekt gewesen. Dylans Plattenfirma hatte ihn Mitte der sechziger Jahre zu Promo-Zwecken auf die Hülle einer Greatest-Hits-LP gedruckt, seitdem war er so oft zitiert worden, dass viele Dylanologen ihn für ein unumstößliches Naturgesetz hielten, mit dem sie meinten, jeder Coverversion eines Dylan-Songs von vornherein den Wind aus den Segeln nehmen zu können. Doch wer nahm schon Werbesprüche für voll? Wer glaubte allen Ernstes daran, dass ein Waschmittel weißer als alle anderen wusch? Natürlich gab es neben vielen misslungenen jede Menge großartiger Dylan-Coverversionen: die Byrds, die der trunkenen Erlösungsphantasie von »Mr. Tambourine Man« zur angemessen majestätischen Erhabenheit verhalfen. Jimi Hendrix, der in seiner Fassung von »All along the Watchtower« den heulenden Wind des Weltenendes erst hörbar machte. Nick Drake, der den zerbrechlichen Traum von »Tomorrow Is a Long Time« in eine fast tonlose Niedergeschlagenheit überführte. Oder Patti Smith, die den Tumult der bilderreichen Zwischenbilanz »Changing of the Guards« zur Parabel bändigte.

Wen sollte man covern, wenn nicht Dylan, der wie kein anderer seines Rangs den eigenen Katalog immer wieder in Frage stellte und gegen den Strich bürstete. Der auf der »Never Ending Tour« mit stets veränderten Set-Listen und Neufassungen seiner Lieder dafür sorgte, dass die Leute nicht mit dem schalen Gefühl nach Hause gingen, einer bloß ihre Hits reproduzierenden Legende zugesehen zu haben. Der seine Songs Abend für Abend in die Gegenwart zurückholte, indem er ihnen die Wiedererkennbarkeit raubte und sie mit Kommentaren versah, die den Ursprungstext nach und

335

nach überwucherten. Der Haken schlug, wenn man meinte, ihn dingfest gemacht zu haben. Der sich Zuordnungen verweigerte. Der längst mit seiner Bob-Dylan-Maske verwachsen war, Rimbauds Satz »Ich ist ein anderer« im Personalausweis stehen hatte und mit »Alias« unterschrieb. Und der selbst, wie die fahrenden Sänger früherer Jahrhunderte vor ihm, seine eigenen Songs mit Strophen aus dem amerikanischen Folk-Gedächtnis anreicherte und verwob und sich so in eine Tradition einschrieb, die viel größer war als das Werk eines Einzelnen.

Die beste Möglichkeit, einen fremdsprachigen Text wirklich zu durchdringen, ist, ihn zu übersetzen. Das nachvollziehende, sich von Zeile zu Zeile mehr aufschließende Verstehen lässt einen den Bauplan eines Textes erkennen. Man merkt, an welchen Stellen dem Autor Großes gelungen ist und wo er es nicht so genau genommen hat. Man befreit sich vom Vorurteil, das in der eigenen Sprache immer enthalten ist, und muss sich unter einem fremden Horizont zurechtfinden, ohne dass man ganz verhehlen kann, woher man kommt. Jede Übersetzung bleibt eine Interpretation, die gebunden ist an den Moment, in dem sie entstand, und an das Wissen, mit dem sie vorgenommen wurde. Es gibt nie das ein für alle Mal gültige Verständnis eines Textes. Die Dinge wandeln sich, man lernt dazu und sieht manches in neuem Licht, wenn die Zeit voranschreitet. Man weiß nie genug und ist nie auf der sicheren Seite. Vielleicht werde ich irgendwann Dylan-Songs übersetzen können, die mir immer als unübersetzbar galten. Vielleicht habe ich mich auch an welche herangewagt, die ich besser unberührt gelassen hätte. Verglichen mit der Filigranarbeit, die ich in die Übertragung von Songs wie »Señor« oder »Every Grain of Sand« investierte, die viele Jahre später beide auf unserem Album »Radio Pandora« erschienen, schoss ich bei den Texten der auf »Leopardefell« enthaltenen Coverversionen eher aus der Hüfte. Wahrscheinlich musste sowieso, wie Walter Benjamin einmal schrieb, jede Übersetzung höchste Gewissenhaftigkeit mit äußerster Brutalität verbinden. Auch ich nahm mir recht viele Freiheiten heraus. Doch Dylans Verlag, für den die kölschen Fassungen erst ins Hochdeutsche und dann wieder zurück ins Englische übersetzt werden mussten, lehnte keine einzige meiner Nachdichtungen ab. Ob bei der Entscheidung neben künstlerischen auch andere Erwägungen eine Rolle gespielt hatten, war mir nicht wichtig. Natürlich lag es auf der Hand, dass sich die Leute aus Dylans Umfeld nach dem Tantiemenscheck für die BAP-Versionen von »Like a Rolling Stone« und »One Too Many Mornings«, die mit den dazugehörigen Alben mehr als 1,5 Millionen Mal über den Ladentisch gegangen waren, nun einen neuen Geldsegen erhofften. Doch die Hauptsache war, dass alle meine Texte durchgewinkt wurden. Wieder einmal hatte sich die Sprache, in der ich dachte, träumte und empfand, als Rock-'n'-Roll-tauglich erwiesen. Die Biegsamkeit und die Sprachmelodie des Kölschen hatten mir den Versuch leicht gemacht, mich dem Gefühlston der Originale anzunähern. Jeder Dylan-Song war ein Gewebe von Zitaten, die miteinander in Dialog traten oder einander widersprachen. Indem ich sie ins Kölsche übertrug, fügte ich diesen Songs nicht nur noch eine Sprache hinzu, sondern auch meine Gefühle und meine Erinnerungen, die sich mit ihnen verbanden.

Und dann spielte »Just Like a Woman« eben an der Bushaltestelle am Rheinbacher Wilhelmsplatz. Ich stand im Regen in meiner mit Kugelschreiber bemalten Parkajacke und sah dem roten Bahnbus nach, der mir meine Sandkastenliebe wegnahm. Mit ihrem neuen adretten und furchtbar erwachsenen Verehrer trat sie als Dame auf, und nur ich wusste, dass sie doch eigentlich zerbrechlich war wie ein kleines Mädchen. Wenigstens würde ihre Mutter vorerst nicht mehr »Hildegard, du kommst sofort ins Auto!« rufen müssen, wenn sie Hille mit mir zusammen auf der Straße erwischte. Ein Kampf um Liebe und Anerkennung, ein Suchen und Probieren, das sich noch jahrelang hinzog, denn auch der »empty-handed painter« aus »It's All Over Now, Baby Blue«, der in seinem kalten Atelier in der Teutoburger Straße 5 vor der Staffelei stand und sich den Kopf über die Beschaffenheit der Welt zerbrach, berechtigte nur bedingt zu Karrierehoffnungen, wie sie im bürgerlichen Eigenheim gehegt wurden.

Die unschuldige Aufgeregtheit von »Absolutely Sweet Marie« verlagerte ich in Gedanken ans Ende der sechziger Jahre und an die Zülpicher Straße. Ich legte den Text einem jener Typen in den Mund, die aus Angst, etwas zu verpassen, von einer Szenekneipe in die andere wechselten und alle Register zogen beim Versuch, die Angebetete von sich zu überzeugen, nur um in der Nacht doch wieder als hoffnungsloser Fall vor verschlossener Tür zu stehen. »When I Paint My Masterpiece« dagegen war eine Art Handbuch fürs fahrende Volk, eine Europareise in drei Strophen mit den Versuchungen, Gefährdungen und Trostpflastern, die das Leben auf Tour mit sich brachte. Der Song war wie ein Turm, an dem ich mich orientieren konnte und der mir heimleuchtete, wenn die Zukunft sich hinter Unsicherheit versteckte. Bei unserer ersten gemeinsamen Parisreise hatte ich ihn Tina eines Morgens im »Café des Arrivés« an der Gare de l'Est leise vorgesungen. Wir hatten unsere Hände am Milchkaffee gewärmt, während Paris erwachte, und sie hatte mir dabei geholfen, den Text auf mein Leben zu beziehen. Eines Tages würde alles wieder wie neu sein, eines Tages, wenn ich mein Meisterstück schaffen und es vielleicht nicht einmal merken würde.

Ich wusste nur zu gut, wovon Dylan in »Sara« sang – von den Erinnerungen an Ferien mit kleinen Kindern, von Sommernächten mit weißem Rum und Märchenerzählern, aber letztlich eben vor allem von einem gescheiterten Familienversuch, bei dem alles den Bach hinterging, was man einmal für unzerstörbar gehalten hatte. Mit »Sara« hatte Dylan schon mit dem Rücken zur Wand um die Gunst seiner Frau gekämpft. Er ließ nichts unversucht und lüftete sogar ein einziges Mal den Schleier, der sonst über seinen Songs lag. Er enthüllte die Entstehungsgeschichte von »Sad-Eyed Lady of the Lowlands«: der gerade erfolgreich durchgestandene Entzug, das Läuten der Glocken der Methodistenkirche, der Aufenthalt im Chelsea Hotel, das intensive Schreiben, das sich über mehrere Tage erstreckt hatte … Natürlich übertrug ich diese Strophe nicht ins Kölsche. Auf eine andere Weise hatte sie ohnehin schon lange ihren Zweck erfüllt. Wenn ich wieder einmal mit einem Song nicht vorankam, wenn ich schlafen ging mit dem peinigenden Gefühl einer Niederlage, tröstete ich mich mit Dylans Bekenntnis, dass auch »Sad-Eyed Lady« nicht an einem Tag entstanden war. Oder wie das alte Sprichwort sagte: Rome wasn't built in a day. Aber was war schon Rom gegen »Sad-Eyed Lady of the Lowlands«.

»Jokerman« war Tinas Lieblings-Dylan-Song. Das Bild des im Vollmondlicht zum Gesang der Nachtigall tanzenden Outlaws konnte man als prächtig herausgeputztes Selbstporträt Dylans deuten, der mit der LP »Infidels« ein weiteres Mal das Steuer herumgerissen hatte und nun in eine neue Richtung davonpreschte. Mich inspirierte der Song nicht nur zu einer Übersetzung, sondern auch zu einer fast morgenländisch anmutenden Materialcollage, die die Himmelfahrt einer geflügelten Gestalt andeutete. Eine Arbeit, die in großem Gegensatz stand zu den schweren und größtenteils monochromen Asphaltbildern, die ungefähr zur selben Zeit entstanden. Das Video zu »Jokerman« drehten wir mit Wolfgang Ludes in New York. Wir erklommen die stillgelegte und rostige Hochbahntrasse an der 10th Avenue, über die bis 1980 noch Güterzüge voller Lebensmittel zu Fabriken und Lagerhallen gefahren waren. Nach und nach hatte sich die Natur das an die Industrialisierung verlorene Gebiet wieder angeeignet und aus den Gleisanlagen ein Biotop gemacht. Eine Bürgerbewegung protestierte gegen den Abriss der High Line und setzte sich für die Umwandlung der Trassen in eine Parklandschaft ein. Bald schon konnten Ausflügler und Touristen dort oben spazieren gehen und einen »Blick aus dem Auge Gottes« auf New York riskieren.

Drei Jahre zuvor, im Oktober 1992, hatte ich als einer von vielen tausend Besuchern im Madison Square Garden das Konzert zu Dylans dreißigjährigem Plattenjubiläum miterlebt. Der Abend war keine gewöhnliche Feier. Die Liste der auftretenden Gratulanten kam dem Inhalt eines Rocklexikons gleich. Kaum hatte man sich als Zuschauer ein wenig erholt, versetzte einen schon wieder ein Auftritt in den entwaffnenden Zustand hingerissener Ergriffenheit. In der Dramaturgie des Abends war es folgerichtig, dass Dylans eigener Auftritt, nachdem über zwanzig andere Künstler je einen

339

seiner Songs zum Funkeln gebracht hatten, ganz ans Ende gesetzt war. Dylan entschied sich dafür, dem Staraufgebot zunächst ganz allein zu begegnen. Er stand bei seinem eigenen »Bobfest« zwar im Mittelpunkt, doch er hatte nicht vor, sich über Gebühr hochleben zu lassen. Er verschanzte sich hinter einem unbewegten Gesicht und erinnerte mit »Song to Woody« erst einmal an den, dem er in den frühen Tagen so viel abgelauscht hatte. Erst dann stellte er sich zwischen Roger McGuinn, Tom Petty, Neil Young und George Harrison und stürzte sich mit ihnen in eine Version von »My Back Pages«, bei der es endgültig um mich geschehen war. Wochen danach, als ich den Mitschnitt des Konzerts aus dem Briefkasten zog und mir den Song noch einmal anhörte, holten mich die Tränen wieder ein. Strophe für Strophe trat da ein anderer ans Mikrophon, der dazu beigetragen hatte, dass die Teenager der sechziger Jahre glücklicher sein konnten, als es ihre Eltern gewesen waren. Und die nun, mit »My Back Pages«, einem noch einmal versicherten, dass auch sie selbst nicht immer davor gefeit waren, auf sich selbst hereinzufallen, sich für unverwundbar wie Musketiere zu halten oder den Leuten zu viel an Predigten zuzumuten. Doch sie hatten die Gefahren selbst erkannt, niemand musste sie darauf hinweisen. Der Song hielt die Zyniker auf Distanz, und die, die ihn an diesem Abend sangen, stellten ein für alle Mal klar, dass sie sich niemals von ihnen einfangen lassen würden. Niemohls.

Sinéad O'Connor war vom Publikum ausgebuht worden. Zwei Wochen zuvor hatte sie in »Saturday Night Life« vor laufenden Kameras ein Bild des Papstes in Stücke zerrissen. Sie hatte mit dieser Geste und mit einer Version von Bob Marleys »War« gegen den Kindesmissbrauch innerhalb der Einrichtungen der Katholischen Kirche protestiert. Im Madison Square Garden schlug ihr eine Ablehnung entgegen, die ich anfangs nicht verstehen konnte. Erst dank Mötz ging mir ein Licht auf. Er erklärte mir die Empfindlichkeit, mit der die New Yorker auf die Diskriminierung einer ethnischen, politischen oder religiösen Gruppe reagierten. Ein Melting Pot kann nur mit Toleranz und Großmut gegenüber Andersdenkenden funktionieren. Und das machten die New Yorker

Sinéad O'Connor an diesem Abend, neun Jahre vor dem 9/11, unmissverständlich klar.

Nicht alle Dylan-Songs, die wir für »Leopardefell« aufnahmen, schafften es auch aufs Album. An Abermillionen von Lagerfeuern war »The Times They Are A-Changin'« zu Tode geklampft worden. Dem Lied, das dem Civil Rights Movement eine Hymne gewesen war, weil es die ersehnte politische wie gesellschaftliche Zeitenwende als möglich proklamiert hatte, wurde erst mit dem Wahlsieg Barack Obamas im November 2008 seine Aktualität wiedergeschenkt. Kurz nach der Wahl flog ich in die nigerianische Hauptstadt Abuja, um an einer weiteren vom damaligen Bundespräsidenten Horst Köhler ins Leben gerufenen Konferenz »Partnership with Africa« teilzunehmen. Afrika war stolz auf Barack Obama. Mit ihm im Amt schien die Hoffnung auf »Change« plötzlich nicht mehr nur eine Sache für unverbesserliche Romantiker zu sein. Vielleicht konnte auch der Kontinent, dessen Bevölkerung sich in den nächsten fünfzig Jahren verdoppeln würde, der unter enormem Zeitdruck seine Wirtschaft und seine Demokratie aufbauen und dabei der Armut und den Krankheiten, den lokalen bewaffneten Konflikten und der Korruption trotzen musste, von der mit Händen zu greifenden Euphorie profitieren. Zum Abschluss der Konferenz, während eines Empfangs in der deutschen Botschaft, spielte ich bei einem Kurzauftritt deshalb als letzte Nummer »The Times They Are A-Changin'«. Plötzlich brachte der Song die aktuelle Stimmung wieder auf den Punkt, klang jede Zeile nach Ermutigung und Aufbruch. Aber viele, die da sind die Ersten, werden die Letzten, und die Letzten werden die Ersten sein.

Dass ich dem Cover-Album den Titel »Leopardefell« gab, hing nicht nur mit meiner Übertragung von Dylans Song »Leopard-Skin Pill-Box Hat« zusammen. Die frühen Rock'n'Roller hatten mit Leopardenfellkragen an ihren Jacketts ein Signal für Ungezähmtheit und Wildheit gesetzt, das genau das richtige Maß an Augenzwinkern und Albernheit enthielt, um nicht ernst genommen werden

341

zu können. Als kleiner Junge hatte ich am Wörthersee sogar in einer Badehose mit Leopardenfellmuster schwimmen gelernt, nur wäre ich damals enttäuscht gewesen, hätte mir das jemand gesagt. Zu dieser Zeit hatten es mir Tiger mehr angetan. Ich hielt meine Badehose für eine getreue Kopie von Tarzans Tigerfell-Lendenschurz und mich für Lex Barker, stark und unbesiegbar. Es sollte noch ein wenig dauern, bis Hans Schäfer und die Beatles Hollywood von meinem Vorbildthron stoßen sollten. Bis dahin musste ein richt'ger Mann eben noch immer wie ein Tiger sein.

Mit der Verwechslung von Tiger und Leopard ging ich Mitte der siebziger Jahre auch in der Kunst um. Ich malte ein Leopardenfell in Zuckergussoptik und nannte das Bild »Teach Me Tiger«. Magritte hatte mir gezeigt, dass die Beziehungen zwischen den Dingen und ihren Bezeichnungen rein zufällige sind. Ein Gegenstand hängt nicht so sehr an seinem Namen, dass man für ihn nicht einen anderen finden konnte, der besser zu ihm passte. Dann war ein Ei eine »Akazie«, ein Damenschuh hieß »Mond«, ein Hut bekam den Namen »Schnee«, und unter einem leeren Glas stand »Gewitter«. Die Welt wich mit einer simplen Drehung der Gewohnheit aus und drehte einem eine lange Nase. Die Augen wurden wieder weit, wenn sie die Dinge in ihrer unbegreifbaren Fremdheit wahrnahmen. Auch in »Teach Me Tiger« ergab sich für den Betrachter ein nicht lösbares Hin und Her zwischen dem Bild und seinem Titel. Später sollte ich das Prinzip noch einmal aufgreifen. Nach der BAP-Tour durch China gab ich einer Materialcollage, die chinesische Zeitschriften, chinesische Fundstücke und chinesische Schriftfahnen zu zwei japanischen Flaggen zusammensetzte, den Titel »Wie wohr et dann enn Japan?«.

Die Platte begann mit einer arabisch angehauchten Version von »A Hard Rain's A-Gonna Fall«. Eine im Overdub zerhackte Ukulele, schwere Trommeln und ein Sopransaxophon, das Schlangen beschwor, nahmen das Artwork des Albums auf, das ich ganz auf Marokko ausgerichtet hatte. Im Jahr zuvor hatten wir das Video zum BAP-Song »Paar Daach fröher« in Taroudannt und Marrakesch gedreht. Major und ich als Troubadoure auf dem Platz der

Gehenkten zwischen Gauklern und Wunderheilern – und neben mir auf der Ladefläche eines schrottreifen Pick-ups, der über endlose Schotterpisten bretterte, die Frau, die mich mittlerweile auch die deutschen Winter ohne allzu viel Fernweh aushalten ließ. Sie war, was außer uns beiden aber keiner wusste, im fünften Monat schwanger.

Zu unserem Filmteam gehörten auch Einheimische, die uns ihr Land auf eine Weise näherbrachten, wie es kein noch so detaillierter Reiseführer vermochte. Meine Begeisterung war endgültig geweckt und nahm auch nie mehr ab. Von da an wollte ich endgültig immer wieder nach Marokko. Marokko war für mich das, was für die Beat Poets und auch für Dylan Mexiko gewesen war: das zauberische Land am Ende der Straße, in dem man alles zurücklassen konnte, was man bisher vom Leben gewusst hatte. Ein geträumtes Land voller romantischer Visionen und spiritueller Erleuchtung. Südlich der Grenze hatten Jack Kerouac, Neal Cassady, William S. Burroughs, Allen Ginsberg oder Gregory Corso einen Zufluchtsort gefunden, wenn ihnen das Gesetz auf den Fersen war oder das Geld knapp wurde. In Mexiko reichten ihnen zwei Dollar pro Tag, um über die Runden zu kommen. Dylan war schon mit der Filmmusik zu »Pat Garrett & Billy the Kid« dem Lauf des Rio Grande gefolgt, fast vierzig Jahre später kehrte er mit dem Texmex-Sound von »Together through Life« noch einmal dorthin zurück. Ich stellte mir vor, dass es Dylan, wäre er Europäer, vielleicht statt nach Mexiko öfter nach Marokko verschlagen hätte. Und daher übertrug ich seine Songs nicht nur in meine Sprache, sondern ersetzte für das Artwork des Albums auch ein Sehnsuchtsland durch ein anderes.

Dazu baute ich das Interieur des »Café Warda« in Taroudannt nach. Einige Details, zum Beispiel eine fest montierte und wiederholt überlackierte Miniaturvitrine mit drei leeren Softdrinkflaschen, hatte ich mir vor Ort skizziert. Bei anderem wie der Herstellung eines Stück Fußbodens oder eines größeren Regals vertraute ich auf mein Gedächtnis. Ich ließ aus grünen Neonröhren den arabischen Coca-Cola-Schriftzug, der sich auch als »Isis«

lesen ließ, anfertigen. Ich strich die Wände mit einem türkisgrünen Lack, von dem ich mir einmal auf Lesbos einige Dosen gekauft hatte, weil mir die Farbe der Türen und Fensterläden auf der griechischen Insel so gut gefallen hatte. Und schließlich dekorierte ich die Wände noch mit alten Postkarten, Landschaftsbildern, einem Dylan-Porträt vom Beginn der sechziger Jahre und dem Pin-up einer in ein kurzes Leopardenfellkleid gehüllten, sich vor einem echten Leoparden räkelnden schwarzhaarigen Frau. Diese eigentlich harmlose Postkarte aus der Abteilung »The Beauty and the Beast« hatte ich zusammen mit einigen anderen, die inzwischen ihr Zuhause im BAP-Altar gefunden haben, in den achtziger Jahren an einer italienischen Tankstelle entdeckt. Jetzt passte sie zwar hervorragend zum Konzept des Albums, sie schmückte auch das Label der CD und die Tour-T-Shirts, doch bald schon nach Veröffentlichung der Platte bekam ich Bauchschmerzen. Ich war übers Ziel hinausgeschossen. Entdeckerfreude und Wunschdenken hatten mich vorübergehend blind für die Realitäten eines moslemischen Landes gemacht. Solch ein Pin-up war in Marokko selbst in einer Fernfahrerkneipe undenkbar. Pin-ups gab es dort einfach im öffentlichen Bereich nicht. Ich ärgerte mich über mich selbst. Nach meinen zahlreichen Marokkoreisen hätte ich es besser wissen müssen.

Einige Jahre darauf fuhr ich erneut nach Taroudannt, dieses Mal mit meiner Familie. Am Eingang des überdachten Großmarkts lag ein winziger Kiosk. Der Verkäufer musste unter der Theke hindurchkriechen, um seinen Arbeitsplatz zu erreichen. Angeboten wurden Zigaretten und Streichhölzer, Kulis, Kaugummis und Aufkleber mit verschiedenen Motiven, vom Koranspruch bis zur Stones-Zunge, die mit zwei dazu passenden Augen auf eine Klebefolie gedruckt war. Ich wollte weitergehen, doch etwas hielt mich zurück. Etwas in dem bunten Sammelsurium passte nicht zum Rest. Etwas, das ich flüchtig, wie aus dem Augenwinkel, wahrgenommen hatte, ließ sich nicht abschütteln. Ich betrachtete die Auslage noch einmal. Etwas schien zu rufen: Schau doch hin! Schau genau hin! Dann sah ich es. Und nach einer scheinbar unendlichen

Verzögerung hatte mein Verstand meine Augen eingeholt, dann konnte ich es auch begreifen. In diesem Kiosk, der dem »Café Warda« gegenüberlag, konnte man einen Aufkleber mit dem Pin-up kaufen, das ich für »Leopardefell« verwendet hatte. Es war exakt das Motiv, das ich so gut kannte. Der Weg von einer italienischen Tankstelle über ein Kölner Atelier bis zum Souk in Taroudannt musste eigentlich selbst dem Zufall zu kompliziert sein. Es kam mir vor, als sei der Aufkleber nur für mich in die Auslage gelegt worden, um zu zeigen, dass meine Bedenken unbegründet gewesen waren. Jemand ganz oben hatte Lust gehabt, ein wenig an den Strippen zu ziehen. Wenn es Ihn gab, dann musste Er tatsächlich gut drauf sein. Dann schickte Er einem, wenn man gerade an einem Lied über Vorsehung schrieb und eine bestimmte Bibelstelle nicht fand, zwei Zeugen Jehovas an die Tür. Dann warf Er einen glitzernden Anhänger mit Kreuz, Herz und Anker in den Rinnstein und vertraute darauf, dass der Richtige ihn finden würde. Ich war so perplex, dass ich nicht einmal daran dachte, mir ein Exemplar des Pin-up-Aufklebers zu kaufen.

Was die Dylanologen von »Leopardefell« hielten, interessierte mich nicht. Auf Anerkennung aus dieser Ecke war ich nicht scharf. Dafür war ich mit der Platte zu glücklich. Was hatte ich mit den Dylans Werk umkreisenden Wichtigtuern und Haarspaltern zu tun? Mit den Schlaumeiern und Besserwissern, den Mülltonnenwühlern und Interpretierern, den Speichelleckern und Großtuern, die bei Kongressen herumsaßen und im Nebel herumstocherten; die Redaktionen bevölkerten und Wettkämpfe um Deutungshoheit ausfochten; die sinnlose Rangfolgen aufstellten und sich über jeden Fetzen beugten, um ihn mit wichtiger Miene zu sezieren; die einmal mit Dylan im selben Zug gefahren waren und dreißig Jahre später noch immer damit hausieren gingen; die ihren Humor verkauft und nur Engstirnigkeit und Ängstlichkeit dafür bekommen hatten. Oder wie der britische Schriftsteller Nick Hornby in seinem Roman »Juliet, Naked« einmal schrieb: »Wenn diese Leute den lieben langen Tag irgendwas Vernünftiges zu tun hätten, hätten sie keine Zeit, Songtexte rückwärts aufzuschreiben, um zu sehen, ob da versteckte Botschaften sind.«

Ich schnitzte mir aus meinen zwei Begegnungen mit Dylan keinen Heiligenschein. Bei der ersten im Mai 2000 in der Kölnarena hatte Wim Wenders mich vorgestellt. Wim kannte Dylan schon seit der »Rolling Thunder Review«. Wims Exfrau, die Schauspielerin und Sängerin Ronee Blakley, hatte bei »Hurricane« Backing Vocals beigesteuert und sich dann Dylans Tourtross angeschlossen, der wie eine Gauklertruppe kreuz und quer durch Amerika zog. Auch nach seiner Scheidung war Wims Kontakt zu Dylan nie abgebrochen. Im Backstagebereich der Kölnarena merkte ich, wie vertraut die beiden miteinander waren. Sie richteten sich Grüße von gemeinsamen Bekannten aus und erinnerten sich an ihre letzte Begegnung, dann kamen wir zu dritt ins Gespräch, und ich dachte: So ist das also. So fühlt es sich also an, Dylan zu treffen. Unprätentiös und angenehm. Ein kleiner, zerbrechlich wirkender Mann mit schalkhaftem Blick, dem ich zur Begrüßung leider viel zu fest die Hand gedrückt hatte. Zwar wusste ich, dass Dylan einen Boxclub in Los Angeles besaß und oft auch selbst in den Ring stieg, um Quentin Tarantino oder Sean Penn einen Aufwärtshaken zu verpassen. Er war fit, doch ich machte mir dennoch Sorgen. Schließlich wollte ich nicht der Typ sein, der Dylan die Hand gebrochen hatte. Bei unserem zweiten Treffen neun Jahre später, als ich ihm nach seinem Auftritt in Saarbrücken eine bei einer befreundeten Firma bestellte Lapsteel-Gitarre vorbeibrachte, entfiel das Problem des Händeschüttelns. Dylan hatte sich inzwischen auf einen Rapper-Gruß verlegt und streckte mir zur Begrüßung seine Faust entgegen, gegen die ich meine drückte. Dylan strahlte die Aura eines Musikers aus, der wusste, dass er ein großartiges Konzert gegeben hatte. Er war entspannt, aufmerksam und guter Laune. Am Ende unserer Unterhaltung trug er mir auf, Wim zu grüßen, und ich dankte ihm dafür, dass er Schuhe für alle gemacht habe, sogar für mich. Er lachte. Dann schnappte er sich seine Lapsteel und stieg in den bereits wartenden Tourbus. Am nächsten Morgen würde er in Paris aufwachen.

Die »Leopardefell«-Tour war keine Klassenfahrt. Niemand atmete auf, weil er endlich von der Kette gelassen wurde. Niemand hatte einen Nachholbedarf an Ausschweifung oder Extravaganz. Exzesse ironisch abzuhandeln machte mittlerweile mehr Spaß, als sie wirklich zu erleben. In Karlsruhe wurde unser Tourleiter Jacky Hildisch an der Hotelrezeption des Nobelhotels vorstellig. Begleitet wurde er dabei nicht nur von einem Filmteam, das eine Dokumentation über die Tournee drehte, sondern auch von der Band, die, teilweise in Hausschuhen, seinen Ausführungen durch gewichtiges Nicken Nachdruck verlieh. Jacky hatte ein ernstes Anliegen. Wie die Hotelangestellte wahrscheinlich wisse, so Hildisch, seien diese Herren – er deutete auf uns – VOM WILDEN ROOK und befänden sich momentan auf einer Dienstreise. Er, Hildisch, habe dieses Hotel gebucht in dem guten Glauben, es sei für die Belange der Musiker geeignet und würde ihren Anforderungen gerecht. Doch nun gebe es etwas zu monieren, was er der Hotelangestellten gerne einmal zeigen wolle. Ob sie so freundlich sei, ihm auf sein Zimmer zu folgen? Dort öffnete Hildisch das Fenster. Wegen einer Sperre ging es nur einen Spalt weit auf. Hildisch verwies auf diesen Missstand. Wie die Hotelangestellte wahrscheinlich wisse, so Hildisch, schmissen die Leute VOM WILDEN ROOK gerne einmal einen Fernseher aus dem Fenster. Wie die Hotelangestellte nun aber selbst sehe, sei das in diesem Hotel nicht möglich, was in seinen, Hildischs, Augen einem kleinen Skandal gleichkäme. Es sei, so Hildisch, doch vom Hotel nun wirklich nicht zu viel verlangt, ein wenig Entgegenkommen zu zeigen. Schließlich seien diese Herren – wieder deutete er auf uns – keine Postboten, sondern VOM WILDEN ROOK.

Wo normalerweise in einem Tourbus Platz für eine Lounge mit Videorekorder war, standen bei uns ein Laufstall und ein Kinderbett, in dem meine Tochter Isis schlief. Isis war gerade ein Jahr alt geworden und fühlte sich selbst in den düstersten Rock-'n'-Roll-Kaschemmen Deutschlands, die sie krabbelnd erkundete, nicht unwohl. In Nürnberg befand sich die Band, die immer ohne mich begann, schon auf der Bühne, als ich backstage noch mit dem Wechseln einer vollen Windel beschäftigt war. Ich schaffte es gerade noch rechtzeitig. Ich drückte die wieder gut duftende Isis meiner Frau in die Arme, wischte mir die nassen Hände ab, ging die Treppe hinauf und sang »Unfassbar vill Rään«. Die Apokalypse musste doch nicht ausfallen. Und die Fragen »Wo wohrste? Wo hätt dich dä Wääsch hinjeführt?« hatten eine ganz neue Antwortvariation erhalten.

Wir fuhren auf einem Piratenschiff, doch wir waren nicht in kriegerischer Mission unterwegs. Wir verließen uns auf unsere Erfahrung und konzentrierten uns auf die Musik. Überzeugung mischte sich mit Leidenschaft, und Gelassenheit wurde zu Souveränität. Jahre später, ab dem BAP-Album »Tonfilm« oder auch bei meiner Zusammenarbeit mit der WDR-Big Band, sollte ich noch einmal eine ähnlich ungeteilte Freude absoluter Ausnahmemusiker an einem gemeinsamen Projekt erleben. Und wieder würde ich mich beschenkt fühlen.

Mit der »Leopardefell«-Band war ich meinem Ideal einer perfekten Band sehr nahe gekommen. Zu BAP zurückzukehren fühlte sich an, wie nach den Flitterwochen wieder zur Arbeit zu gehen. Zwar hatten wir uns alle mit der Plattenfirma auf die Veröffentlichung einer »Greatest Hits«-Platte verständigt, doch meine Lust auf solch ein Album, das allein das Bewährte verwaltete, hielt sich in Grenzen.

Auch die als Kaufanreiz für die treuesten Fans vorgesehenen zwei neuen Nummern gingen kein Wagnis ein. Sie waren von Major schon von vornherein als Singles konzipiert worden. Sie katzbuckelten vor dem Formatradio und huldigten dem Proporz. Eine schnelle und eine langsame Nummer. Eine, die von den Westernhagen-Fans in die Arme geschlossen werden wollte, und eine, die als Zwilling unseres bislang letzten Radio-Hits, »Alles em Lot«, daherkam. Ich musste die Songs nur noch betexten. Nach fünfzehn Jahren arbeiteten wir wie jede x-beliebige One-Hit-Wonder-Band, die ihr Glück noch einmal versuchen will und dabei den Weg des geringsten Widerstands wählt. Ich holte tief Luft. Ich war kein Auftragskiller. Meine Texte schon mit Blick auf die Charts zu verfassen widerstrebte mir. Dennoch gab ich mir Mühe. Bei einem

Urlaub auf Lanzarote fiel mir auf, dass ich in all den Jahren kein einziges Lied für Agnette geschrieben hatte. Mitte der siebziger Jahre, nach meiner endgültigen Trennung von Hille, hatte Agnette mich davor bewahrt, den Halt zu verlieren. In einer Phase, in der es uns beiden nicht gut gegangen war, hatten wir unseren Liebeskummer und unsere Einsamkeit zusammengeschmissen und uns gemeinsam wieder in die Welt getraut. Es wurde Zeit, dass ich ihr auch in einem Song sagte, wie froh ich darüber war, dass wir uns damals gefunden hatten, und auch darüber, dass uns noch immer eine tiefe Freundschaft verband. Es wurde Zeit, dass sie nicht länger »Jraaduss« adoptieren musste, sondern ein eigenes Lied bekam. Ich nannte den Text »Rita, mir zwei«. Er handelte von jenen Erinnerungen, denen die Zeit nichts anhaben kann, weil sie einfach nicht aufhören zu leuchten. Der Song half einem dabei, sich beim Blick zurück über die Schulter auf das Wesentliche zu konzentrieren: geteilte Nähe und unverlierbares Vertrauen.

Ich hielt »Rita, mir zwei« für eine leicht nachvollziehbare, einprägsame Geschichte. Der Rest der Band war anderer Meinung. Der Text war ihnen zu kompliziert. Er schien den schon fest eingeplanten Smash-Hit zu gefährden. Sie verlangten etwas Eingängigeres, etwas, was sich auch der zerstreuten Aufmerksamkeit des Radiohörers sofort mitteilte. Klar, sagte ich. Ich verließ das Studio, setzte mich ins Auto und fuhr in die Eifel. Es ging schon wieder los. Ich hatte nicht damit gerechnet, dass wir die Leichtigkeit der »Leopardefell«-Band reproduzieren würden. Dafür hatten wir uns schon viel zu lange auf eingefahrenen Gleisen bewegt. Immer weiter im trostlosen Trott halbgarer Übereinkünfte und eines trügerischen Waffenstillstands, der in Wahrheit nur Erstarrung war. Doch dass ich mich so schnell wieder gegen eine Wand gedrückt fühlte, hatte ich auch nicht erwartet. In Kronenburg dachte ich mir eine Musik aus, um die Sprachmelodie von »Rita, mir zwei« nicht zu vergessen – vielleicht würde ich den Song irgendwann noch einmal aus der Schublade ziehen. Und dann schrieb ich auf Majors Musik in Rekordzeit und getrieben von Wut einen Schlagertext namens »Ich danz met dir«.

Auch bei der Aufnahme der zwei Stücke gab es immer weniger, bei dem wir uns einig sein konnten. Der Karren steckte im Dreck, aber keiner wollte sich schmutzig machen, um ihn noch einmal auf die Straße zu bekommen. Ich hatte Jens Streifling ins Studio geholt, weil ich mir von seiner Anwesenheit eine positive Wirkung versprach, doch seine Ideen wurden einfach ignoriert. Sie verendeten im Schweigen.

Ich blickte mich um. Aus der Band war eine mürrische Zwangsgemeinschaft geworden, deren Mitglieder schon seit Jahren ihren eigenen Weg gegangen wären, wenn sie der Erfolg nicht zusammengebunden hätte. Nach den Erfahrungen mit den Leoparden überwältigte mich diese Erkenntnis mit einer Wucht, die erschreckend und befreiend zugleich war. Wollte ich noch einmal meinen Frieden mit BAP schließen, musste etwas geschehen. Ich musste einen Schlussstrich ziehen. Es war genug. Ich stieß mich von der Wand ab und trat die Flucht nach vorne an. In Zukunft wollte ich nur noch Leute um mich haben, die zu einer wirklichen kreativen Zusammenarbeit in der Lage waren. Ich verbannte die reinen Stimmungsverderber, die Meinungsverstärker und selbsternannten Korrektive, deren Beitrag allein darin bestand, den Daumen zu heben oder zu senken, fürs Erste aus dem Studio, doch damit schließlich auch aus der Band. Aber diese letzte Entscheidung hatten sie selbst zu treffen.

Bernd Mohrhoff vom Südwestfunk rief an. Er bot mir an, nach New York zu fliegen und Bruce Springsteen für ein Fernsehinterview zu treffen. Es hatte einigen Rummel gegeben, weil Springsteen die E Street Band wieder zusammengetrommelt hatte. Manche hatten geglaubt, dass die Band nie wieder zusammen spielen würde. Springsteen hatte die Musiker vor einigen Jahren am Telefon davon unterrichtet, dass er erst einmal nicht mehr auf sie zählte. Wer wusste schon, was dabei wirklich hinter den Kulissen vorgegangen war. Vielleicht hatte es Streitigkeiten gegeben, vielleicht Neid. In einer Band ging es nicht anders zu als im richtigen Leben. Manchmal hatte man als Frontmann auch ganz einfach keine Lust mehr, sich um jeden Schluckauf und jede Blähung seiner Mitmusiker zu kümmern. Doch all das hielt man besser von der Öffentlichkeit fern.

Ich hatte zwar mitbekommen, dass es Springsteen gab, doch bis zu Beginn der achtziger Jahre besaß ich kein einziges Album von ihm. Als die Parade durch meine Straße gekommen war, musste ich in die andere Richtung geschaut haben. Manchmal verpasst man das Beste und vermag hinterher nicht mehr zu sagen, warum. Erst Major half mir damals auf die Sprünge. Er drückte mir »Born to Run« in die Hand. Als ich das Album hörte, wusste ich, dass das Problem, wie man einem Außerirdischen Rock 'n' Roll erklären sollte, seinen Klang und seine Themen, endgültig gelöst war. Ein schmächtiger junger Mann hatte in einem kleinen Haus in West Long Branch, New Jersey, davon geträumt, der Beste zu sein, und er hatte es geschafft. Als er nach monatelanger Klausur aus dem Studio zurück ins Licht kroch und in den Tourbus stieg, hatte er zusammen mit seiner Band die größte Rock-'n'-Roll-Platte aller Zeiten aufgenommen. Schon das Cover von »Born to Run« kündigte an, dass etwas Gutes geschehen würde. Es ließ sich aufklappen wie die Einladungskarte zu einer Reise, auf die man lange gewartet hatte. Springsteen hatte ein Foto ausgewählt, das ihn zusammen mit dem Saxophonisten der E Street Band Clarence »Big Man« Clemons zeigte – eine bestechende Illustration der Songs auf dem Album, die nicht zuletzt von Kameradschaft und dem Glauben an eine Verbindung handelten, die nicht verloren ging und die stärker war als man selbst.

Alles an »Born to Run« war groß. Die Songs beanspruchten den ganzen Platz auf der Leinwand. Dieser Film wurde im Breitwandformat gezeigt. Seine Schauplätze glichen Theaterkulissen: das alte, verlassene Strandhaus; das kurz von einem Scheinwerfer erfasste Straßenschild »Flamingo Lane«; die riesige »Exxon«-Leuchtreklame … einzelne Requisiten, ins Überall und Nirgendwo eines verwischten amerikanischen Traums gestellt, gerade bildhaft genug, um die Phantasie davoneilen zu lassen und niemanden auszuschließen. Mit jedem Aufsetzen der Nadel auf der Platte begann ein endlos scheinender Sommerabend voller letzter Chancen, dem Kampf um Selbstbehauptung und der Anstrengung, sichtbar zu werden, sein eigener Held zu sein. Eine Verandatür schlägt zu, eine quietschende Mundharmonika setzt ein, eine Ampel schaltet um auf Grün. Man weiß, es ist spät, aber wenn man Gas gibt, kann man es noch schaffen. Man ist noch jung genug, um den Schatten, die einem auf den Fersen sind, davonzulaufen. Man kann das gelobte Land erreichen, das ganz und gar irdisch ist, dessen Mauern von Phil Spector errichtet und dessen Gesetze von Roy Orbison erlassen worden sind, das hinter der nächsten Kreuzung liegt oder in einer Umarmung, die nicht mehr aufhören darf – und die doch immer auch schon den Verrat enthält, den Treuebruch und die Fassungslosigkeit. »Born to Run« stellte die richtigen Fragen. Gab es Liebe wirklich? Konnten Träume wahr werden? Was hielt die Zukunft für einen bereit? Musste man sich davor fürchten? Wie realistisch war die Hoffnung, eines Tages den Ort zu finden, an den man wirklich gehörte? Beantworten ließen sich diese Fragen nicht, doch man konnte sich an ihnen festhalten, weil sie schon ein wenig von der Erlösung zum Vorschein brachten, an die zu glauben einem permanent ausgeredet wurde. Mehr konnte man nicht tun. Springsteen war klug genug, die vor Energie berstende Aufbruchstimmung der Platte um ihre Nachtseiten zu ergänzen. Er stellte dem übersprudelnden Optimismus und der jubilierenden Romantik mit dem letzten Song »Jungleland« Erschöpfung und Ratlosigkeit an die Seite. »Jungleland« enthielt ein Saxophon-Solo, das wie ein langes Schluchzen war, ein Weinen mit bebenden Schultern, das nicht zur Ruhe fand, weil es Trauer war, ein Weinen, das Bilanz zog, an deren Ende nur Leere stand, so leer, dass selbst die Dichter, die ihre Schreibtische in ihren kleinen, heißen Apartments verlassen hatten, die sich ein Herz gefasst hatten und hinausgegangen waren in die Nacht, ihre Stifte weggelegt hatten und nun nichts mehr schrieben, vielleicht nie mehr. Sie waren sprachlos, ihrer Wörter beraubt, und ließen alles nur noch geschehen, traurig, verwundet, ihre Augen waren erloschen, sahen nicht, wie der Krankenwagen um die Ecke bog, mit kreisendem blauem Licht, sahen

nicht, wie das Mädchen, das einige Stunden zuvor noch warmes Bier im leise fallenden Sommerregen getrunken hatte, die Lampe im Schlafzimmer ausknipste, als wäre im Dunkel der Grund verborgen, für den es sich lohnte, weiter durchzuhalten, wieder aufzuwachen in der einsamen Kühle vor der Dämmerung, an einem neuen Tag.

Springsteens nächstes Album, »Darkness on the Edge of Town«, knüpfte an diesen Verlust der Unschuld an. Es gab keine Freifahrscheine mehr. Wenn man fliehen wollte, musste man dafür bezahlen. Das Erwachsenwerden konnte zu Verletzungen führen, von denen man sich oft nur schwer erholte. Die Platte porträtierte Leute, die sich ihre Menschlichkeit in einer entseelten Welt erhalten wollten.

Im Frühsommer 1981 überspielte ich mir »Born to Run« und »Darkness on the Edge of Town« auf eine Cassette, steckte sie in den Recorder meines gebraucht gekauften weißen Mercedes 300 Diesel und stellte auf Endloswiedergabe. Zu dieser Zeit probten wir in der Frachtlagerhalle eines stillgelegten Bahnhofs in der Eifel für unser drittes Album, dem ersten bei einer großen Plattenfirma. Die Tage im Herseler Wiegehäuschen waren endgültig vorbei.

Zum Bahnhof Ahrdorf gehörte auch eine Art Jugendherberge. Wenn ich abends nicht mit den anderen zusammen am Lagerfeuer saß, lernte ich die Strecke Ahrdorf – Köln auswendig. Mich zog es zu Carmen. Im Auto hörte ich die »Kassett vum Springsteen« und überlegte mir, welcher Text in dem noch instrumentalen Song enthalten war, den Major uns während der letzten Probentage vorgespielt hatte. Bisher hatten wir ausschließlich mein Material dem gemeinsamen Erarbeiten der Arrangements zugrunde gelegt, doch nun hatte Major zum ersten Mal im Alleingang einen Song schon so weit fertiggestellt, dass ich nur noch den Text beisteuern musste. Nur wenige Jahre darauf sollte sich diese mir eigentlich durchaus willkommene Vorgehensweise, die meine Vorstellungskraft und Intuition herausforderte, so verselbständigen, dass der Großteil der Band Abweichungen von ihr kaum mehr akzeptierte. Aus dem reizvollen Einzelfall war die Spontaneität und Kreativität

353

raubende Regel geworden, und wir taten uns schwer damit, neue Songs überhaupt noch zusammen zu erspielen.

Auf der Fahrt von Ahrdorf nach Köln entschlüsselte ich die in Majors Stück verborgene Textbotschaft. Ich machte die Geheimschrift sichtbar und musste dabei nur meinen Gefühlen zu Carmen und den Roadsongs in meinem Cassettenrecorder folgen. Am nächsten Tag, als Carmen zur Arbeit gegangen war, schnappte ich mir Blondie und mein Notizbuch, verschaffte dem Hund einen ausführlichen Spaziergang im Grüngürtel und mir selbst eine ausreichende Zahl von Zwischenstopps auf Parkbänken. Als ich wieder nach Ahrdorf zurückfuhr, war der Songtext fertig. Ich gab ihm den Titel »Frau, ich freu mich«. Er versuchte gar nicht erst, Springsteens amerikanische Mythen auf deutsche Verhältnisse zu übertragen. »Let's go West« war keine ernst zu nehmende Parole, sondern nur ein Werbespruch, der auf viel zu vielen Autos prangte, die nachts die Überholspur blockierten. Und wenn hier jemand rannte, dann weniger, weil er in einem entschlossenen Versuch sein ganzes Leben umkrempelte, sondern eher, weil er »wichtige« Versicherungsprämien am »Wüstenrot«-Tag nicht verpassen wollte. »Frau, ich freu mich« war ein von Ungeduld und Verlangen gespeistes Silbengewitter, ein hektischer Kölsch-Rap, der jedes Hindernis auf dem Weg zur Geliebten als persönliche Beleidigung auffasste.

Unsere nächste Springsteen-Hommage einige Jahre später nahm es mit der Werktreue genauer. »Diss Naach ess alles drin« bezog sich unüberhörbar auf »Meeting across the River«, jenes leise, nur von Roy Bittans Klavier und Randy Breckers Trompete instrumentierte Zwischenspiel vom »Born to Run«-Album, in dem zwei Kleinganoven vom Coup ihres Lebens träumen. Bevor sie losziehen, um einen schmutzigen Auftrag zu erfüllen, bevor sie den Fluss überqueren, der New Jersey von New York, aber auch das Leben vom Tod trennt, wechseln sie ihre Hemden, um schick auszusehen, stopfen sich ihre Pistolen in die Hose, als trügen sie einen Freund bei sich, und sprechen sich gegenseitig Mut zu. Dieses Mal wird es klappen. Dieses Mal wird alles anders sein. Dieses Mal wer-

den sie nicht mehr die Verlierer sein, die das Radio ihrer Frauen
verhökern müssen, um an ein bisschen Geld zu kommen. Dieses
Mal werden sie zurückkehren mit Dollarbündeln in allen Taschen,
und sie werden die Scheine wie achtlos den immer zweifelnden,
immer nörgelnden Frauen vor die Füße werfen, und dann werden
sie sich ganz langsam umdrehen und durch die Tür hinaus in die
Morgensonne gehen, allein.

Mit meinem Text wollte ich keine Gangsterballade erzählen,
doch auch ich wollte Charaktere auftreten lassen, denen der Hörer
die Daumen hielt bei ihren oft verzweifelten, das Glück herbeiseh-
nenden Unternehmungen. Ich entschied mich für eine Clique von
Jungs, die ich allesamt schon als Kinder gekannt hatte. Damals hatten sie sich noch ihre Comics am Büdchen in der Allee an der Kreuzung Bonner und Teutoburger Straße gekauft und Schmal und mir
aus dem Nest gefallene Jungvögel zur Aufzucht ins Atelier gebracht. Jetzt besaß der Älteste von ihnen einen blau-weißen Ford
Escort, und ich stellte mir ihre Gespräche vor, wie sie da standen
um das Auto in der Sackgasse zwischen Römerpark und alter Universität, dort, wo die Kölner Nationalsozialisten mehr als vier Jahrzehnte zuvor ihre Bücherverbrennung wegen starken Regens um
eine Woche hatten verschieben müssen. Unbestimmtes Warten
und gespannte Langeweile an arbeitslosen Tagen mit viel zu vielen
Stunden und viel zu wenig Abwechslung. Nur im Auto, beim Fahren kreuz und quer durch die erleuchtete, den Trott der Woche ab-
schüttelnden Stadt, fühlten sie sich lebendig und nah einer Verheißung, deren Erfüllung vielleicht nur darin bestand, für eine Weile
nicht mehr nachdenken zu müssen, ehe alles wieder von vorne begann.

Springsteens Reunion mit der E Street Band sollte mit einem kleinen Konzert in einem ehemaligen Fabrikgebäude am Hudson, das
inzwischen zu den Sony-Studios gehörte, gefeiert werden. Ich lud
Carl Carlton ein, mit nach New York zu kommen. Carl war mit
Clarence Clemons seit einer gemeinsamen Tournee befreundet,
und am Tag vor dem Konzert besuchten wir ihn in seinem Hotel-

zimmer. Clemons lag noch im Bett. Er hatte starke Rückenschmerzen, doch bevor er uns davon in Kenntnis setzen konnte, hatte Carl schon Anlauf genommen, war abgesprungen und mitten auf dem großen schwarzen Mann in seinem Bett gelandet. Clemons schrie vor Schmerz auf:

»Caaaaarl, what are you doing???«

Springsteen begann das Konzert mit den neuen Songs, die er mit der E Street Band für sein »Greatest Hits«-Album aufgenommen hatte. Jeder verstand, was er damit sagen wollte. Er wollte von vornherein alle die Lügen strafen, die auf eine Oldie-Veranstaltung gewettet hatten. Trotzdem vermochte sich wohl kaum einer im Publikum gänzlich aus dem Bann jener Rührung zu lösen, die sich immer dann einstellt, wenn Nostalgie sich plötzlich in etwas ganz und gar Gegenwärtiges auflöst. Die Band agierte, als habe sie erst gestern das letzte Konzert zusammen gespielt, und die Mienen auf der Bühne verrieten, dass diese Wiederbegegnung, so vorübergehend sie auch ausfallen mochte, Leute zusammengebracht hatte, die mehr verband als nur eine Geschäftsbeziehung. Sogar Steve Van Zandt, genannt Little Steven, Springsteens alter Weggefährte mit dem Kopftuch, war wieder mit von der Partie, spielte Gitarre und teilte sich bei den Refrains mit Springsteen ein Mikrophon. Es war kein Geheimnis, dass Springsteen für Van Zandt nach dessen Ausscheiden aus der Band den Song »Bobby Jean« geschrieben hatte, einen wehmütigen, durch den Äther geschickten Abschiedsgruß, der Glück auf dem nun alleine in Angriff genommenen Weg wünschte.

Ich war Little Steven 1985 zum ersten Mal begegnet, als er sein Projekt Artists United Against Apartheid in Deutschland vorgestellt hatte. Gemeinsam waren wir von einem Radiosender zum nächsten gezogen, um das Anliegen, das hinter dem Projekt und dem Song »(I ain't gonna play) Sun City« steckte, publik zu machen. Sun City war ein gigantisches, 150 Kilometer nordwestlich von Johannesburg und Pretoria gelegenes Freizeit- und Vergnügungsresort mit Hotels, Restaurants, Spielcasinos und Konzerthallen – das Las Vegas Südafrikas, das dem Apartheidregime Devisen ins

Land brachte. Zwar war in Sun City die Rassentrennung vordergründig aufgehoben, doch man konnte die vermeintliche Toleranz leicht als perfides Kalkül durchschauen. Die punktuell gelockerte Unterdrückung diente einzig dem Zweck, der Regierung ein liberales Feigenblatt zu verschaffen. Abseits der Glitzerfassaden von Sun City dauerte der Terror unvermindert fort. Ein Auftritt dort, der wie ein öffentliches Akzeptieren der Apartheid gewirkt hätte, kam für Little Steven und viele andere, die er für sein Projekt gewinnen konnte – für Miles Davis, Jackson Browne, Bob Dylan, Bono, Keith Richards, Ron Wood, Lou Reed, Peter Gabriel, Run DMC oder Herbie Hancock –, nicht in Frage.

Van Zandt hatte die E Street Band verlassen, um eine Solokarriere zu starten. Bevor seine Songs eine manchmal allzu deutliche politische Färbung annahmen, hatte er mit den Disciples of Soul eine großartige Platte namens »Men without Women« aufgenommen. Eine unwiderstehliche Mischung aus altmodischem Ohrwurm-Pop und bläsergestütztem Großstadt-Soul, die ihren Titel einer Kurzgeschichtensammlung von Hemingway verdankte. Was einte den Boxer vor dem K.O., den Stierkämpfer auf verlorenem Posten, den kranken Soldaten, den mutlosen Touristen oder den Jungen, der mit gebrochenem Herzen am Unabhängigkeitstag im Bett lag? »The things men without women do, well, you just don't understand.«

Für den nächsten Tag waren die Interviews mit Bruce Springsteen angesetzt. Journalisten aus der ganzen Welt gaben sich die Klinke in die Hand. Ein Gesprächsmarathon, der vom frühen Morgen bis zum Abend dauerte. Ich war als Allerletzter dran, daher rechnete ich mit nicht mehr als einigen kurzen und müden Antworten auf die Fragen, die ich mir in Köln ausgedacht hatte. Schließlich wusste ich selbst nur zu gut, wie es sich anfühlte, so lange gelöchert zu werden, bis man nur noch routinierte Statements herausbrachte. Doch ich hatte mich getäuscht. Offensichtlich freute sich Springsteen, nach all den Pressevertretern einen Kollegen zu treffen. Er vermittelte mir nicht nur das Gefühl, willkommen zu sein, sondern ließ sich auch auf ein Gespräch ein, das den Rahmen üblicher

Promo-Interviews sprengte. Ich saß einem Menschen gegenüber, wie ich ihn mir aufgrund seiner Arbeit vorgestellt, wie ich ihn mir erhofft hatte. Wir unterhielten uns über das Songschreiben, das Verhältnis von Vätern zu ihren Kindern, über die kleinen Erniedrigungen und Verlegenheiten des Alltags und natürlich über Dylan und wie er es geschafft hatte, die Sinnlichkeit des Rock'n'Roll mit dem Intellekt zu verbinden. Wir unterhielten uns noch, als die Kameras längst abgeschaltet waren und sich Springsteens Frau Patti Scialfa mit den Kindern zu uns gesetzt hatte. Wie immer waren auch diesmal die Augenblicke, die einem unverhofft geschenkt wurden, die schönsten. Zum Abschied schenkte ich Springsteen ein »Leopardefell«-Album mit meinen Dylan-Übertragungen. Er betrachtete es und fragte dann:

»Hat der das schon gehört?«

Ich verneinte.

»Dann gib mir noch eine, und ich kümmere mich darum, dass er es hören wird.«

Nur kurze Zeit später flatterte eine Bestellung des Dylan-Managements ins Haus. Geordert wurde gleich eine ganze Kiste voller »Leopardefell«-Exemplare. Springsteen hatte Wort gehalten und meine Coverversionen tatsächlich dem nahegebracht, dessen Songs sie ihre Existenz verdankten.

Jochen Leuschner erwischte mich am Telefon. Leuschner war der Chef von Sony Music in Deutschland, ab und zu versorgte er mich mit Neuigkeiten. Ich erfuhr, dass Bruce Springsteen den alten, ursprünglich einmal für die Ramones geschriebenen Song »Hungry Heart« als zweite Single aus seinem »Greatest Hits«-Album auskoppeln wollte. Daran war eigentlich nichts Spektakuläres. Ständig wurden Hits von früher noch einmal ins Rennen und im besten Fall auf eine Ehrenrunde in die Hitparaden geschickt. Nichts hörten die Leute so gern wie das, was sie bereits kannten. Interessanter war da schon die Nachricht, dass sich Springsteen dazu entschlossen hatte, das Video zu »Hungry Heart« nicht wie alle seine bisherigen Videos in den USA, sondern in Berlin zu drehen. Die Gründe dafür lagen im Song selbst. »Hungry Heart« handelt von der nervösen Energie, die einem Umbruch vorangeht, von leichtfertigen Entschlüssen und Irrwegen, aber eben auch vom Willen, sich selbst einmal mehr neu zu erfinden. All das verkörperte Berlin, zumal in den letzten Jahren, wie kaum ein anderer Ort. Zudem besaß Springsteen gute Erinnerungen an die Stadt. Im Sommer 1988 hatte er mit der E Street Band in der Radrennbahn im Ostberliner Stadtteil Weißensee vor 160 000 Zuschauern eines der größten Konzerte seiner Karriere gegeben. Dabei hatte er die DDR-Oberen mit seiner auf Deutsch formulierten Hoffnung auf ein baldiges Fallen aller Barrieren in ziemliche Verlegenheit gebracht. Es war kein schlechter Einfall, jetzt in die wiedervereinigte Stadt zurückzukehren und in einer Kneipe mit Kleinkunstbühne am Prenzlauer Berg, wo das Video gedreht werden sollte, vom Wunsch nach Veränderung zu singen. Dann kam Jochen Leuschner zum wahren Grund seines Anrufs. Springsteen brauche für den Videodreh eine Begleitband, und dabei habe er an mich und die Leoparden gedacht. Alles, was von mir verlangt wurde, war, ja zu sagen. Ich überlegte keine Sekunde.

Auch die Band freute sich über die unverhoffte Ehre, und wir bereiteten uns auf ein Playback-Abenteuer vor, bei dem weniger unsere musikalischen als unsere schauspielerischen Fähigkeiten gefragt sein würden. Letztendlich würde es nur darauf ankommen, möglichst synchron zur gleichzeitig ablaufenden Tonspur zu agieren und so vor den Kameras den zwingenden Eindruck einer eingespielten Band zu erwecken. Keine große Sache. Doch eigentlich hätte ich wissen müssen, dass es so einfach nicht abliefe. Dass Springsteen branchenüblichen Ritualen wie einer gefaketen Liveshow ablehnend gegenüberstehen würde. Es passte nicht zu ihm, dass er sein Publikum zu Statisten degradierte, die auf Knopfdruck zu jubeln hatten. Man darf das Interesse und die Geduld der Fans nicht missbrauchen, schon gar nicht aufgrund kommerzieller Erwägungen. Wer nur daran denkt, Authentizität vorzutäuschen, hat sie schon verloren. Von Springsteens Gewissensbissen, seinen Aufenthalt in Berlin allein zu Werbezwecken zu nutzen, erfuhr ich jedoch erst bei einem Telefonat am Tag vor unserem Zusammentreffen. Im letzten Moment hatte er seine Pläne geändert und wollte nun statt eines Playback-Auftritts lieber einen richtigen kleinen Gig spielen. Das nahm der Sache ihre Vorhersehbarkeit und schaffte Platz für eine wirkliche musikalische Erfahrung. Auf sein Bitten hin stellte ich eine Liste mit Stücken zusammen, die nicht großartig geprobt werden mussten. Ich griff in den Überlebensbeutel und förderte einiges zutage, mit dem man sich vor Publikum eine Weile über Wasser halten konnte: Songs von Bob Dylan, den Stones, von Chuck Berry und ihm selbst. Dann ging ich ins Bett und versuchte, so wenig wie möglich daran zu denken, dass ich schon am folgenden Abend als Gitarrist von Springsteens Band auf der Bühne stehen würde.

An diesem Julisonntag stand Berlin auf wackligen Beinen. Die Stadt erholte sich nur langsam von dem Rausch, den ihr am Tag zuvor eine halbe Million Raver bei der Loveparade bereitet hatten: »Peace on Earth« auf dem Kurfürstendamm und in den Clubs der Stadt; eine in Sonnenblumengelb getauchte politische Demonstration, der jedes Sendungsbewusstsein und jede Aggression fehlten, weil sie sich auf das Bum-Bum-Bum des Beats verließ und auf den Sog des Feierns, der Musik, des Tanzens und damit der ewigen Stunden des Immer-weiter-Machens.

Tina und Isis begleiteten mich nach Berlin. Wir trafen Springsteen vor dem Kulturzentrum »Tacheles« in der Oranienburger Straße. Er hatte den Tag damit verbracht, zusammen mit dem Filmteam von Hannes Rossacher und Rudi Dolezal die Stadt zu durchstreifen, um einige zusätzliche Szenen für das »Hungry Heart«-Video zu drehen. Er war in einem Sportwagen durch das Brandenburger Tor gefahren, hatte die Überreste der Mauer besichtigt und auf einem Flohmarkt eine Platte von Little Steven entdeckt. Jetzt ging er für die Kameras vor den bunten Ruinen des »Tacheles« einige Male geduldig auf und ab, ehe er auf uns zukam und sich zu Isis in ihrem Kinderwagen hinunterbeugte:

»Beautiful! Now I miss my kids!«

Trotz der stundenlangen Dreharbeiten war er bester Laune. Das

Gefühl von Vertrautheit und gegenseitigem Respekt, das unsere erste Begegnung in New York geprägt hatte, stellte sich fast augenblicklich wieder ein, sogar stärker noch und auf einem stabileren Fundament. Denn nun war kein Mikrophon mehr zwischen uns. Wir hatten beide dasselbe Ziel.

Am Abend fuhren wir zum »Café Eckstein«. Vor dem kleinen Lokal im Ostteil der Stadt erwartete uns schon eine Menschenmenge. Den ganzen Tag über hatte ein Berliner Radiosender die Kunde von Springsteens Spontankonzert unter die Leute gebracht. Manche mochten die Nachricht für einen billigen Scherz gehalten und ihr deshalb keine weitere Aufmerksamkeit geschenkt haben. Viele andere jedoch hatten sich auf den Weg gemacht und standen nun dichtgedrängt im Café oder versammelten sich vor den ausgehängten Fenstern, durch die warmes Licht hinaus auf die längst verstopfte Kreuzung und die angrenzenden Häuser fiel, zwischen denen sich noch die Hitze des Sonntags staute. Als Garderobe diente uns ein silberner amerikanischer Campingtrailer, der in einer Nebenstraße geparkt war. Dort stellte ich Bruce die Band vor.

Von der ursprünglich fünfköpfigen Besetzung der ›Leopardefell‹-Band hatte ich wegen der Winzigkeit der Bühne nur Ken Taylor und Bertram Engel mitbringen können. Mit den beiden konnte man sich selbst bei schwerem Seegang jederzeit hinaus aufs offene Meer wagen, ohne dass man Angst haben musste über Bord gespült zu werden. Gleiches galt auch für den jungen Keyboarder Pascal Kravetz, der 1988, mit gerade einmal achtzehn Jahren, von Peter Maffay in seine Band geholt worden war. Zusammen mit Bruce gingen wir die vorgesehene Set-Liste durch, nahmen noch einige Veränderungen vor, notierten uns die Tonarten der Songs, und ich schrieb ihre Texte in Großbuchstaben auf die Rückseiten auseinandergeschnittener Plakate. Für auch noch so improvisierte Proben blieb keine Zeit. Wir öffneten die Tür unseres Wohnwagens. Die milde Großstadtluft enthielt das Versprechen, dass alles gut werden würde. Ein paar Sekunden später standen wir auf der winzigen Bühne und spielten für die Kameras, aber vor allem für die

Zuschauer, die an diesem Abend so viel mehr als Komparsen waren, zum ersten Mal »Hungry Heart«.

Wir hatten schnell den Bogen raus. Die Originalaufnahme von »Hungry Heart« kam zwar aus den Monitorboxen, doch sie war nur eine Orientierungshilfe, kein Dogma. Ohnehin spielten wir so laut, dass wir das Playback kaum hören konnten. Wir hielten richtig rein. Unser Set bestand aus mehreren Abschnitten. Nach jeweils drei oder vier Songs mussten die Kameras in andere Positionen gebracht werden, damit neue Einstellungen gedreht werden konnten. Dann kamen wir zurück aus unserem Trailer und begannen wieder mit »Hungry Heart«. Das war die Pflicht. Die Kür war jedoch, vollkommen loslassen zu können und einen der anderen Songs, die wir uns vorgenommen hatten, aus dem Ärmel zu schütteln. Wir brausten durch John Lee Hookers »Boom Boom« und Don Rayes »Down the Road Apiece« und vergaßen die Kameras. Wir legten die Kneipe mit »Highway 61 Revisited« in Schutt und Asche und bauten sie während »Honky Tonk Woman« in Windeseile wieder auf. Ich genoss es, ab und zu die Szene wie ein neutraler Beobachter auf mich wirken zu lassen. Das alles konnte eigentlich gar nicht wahr sein. Doch kein Wecker klingelte, der diesem aufs schönste gestalteten Traum ein Ende setzte. Kein gewöhnlicher Tag begann, keine grauen Gedanken nahmen ihren Rundgang wieder auf. Sooft ich mich auch in den Arm kniff – Bruce stand noch immer neben mir, zählte bis vier und strahlte über das ganze Gesicht, wenn die Band einsetzte.

Vor »Jumpin' Jack Flash« deutete Bruce auf mich, sagte: »You start!«, und sah mich erwartungsvoll an. Ich wusste, dass ich das Gitarrenriff am Anfang auf keinen Fall zu schnell spielen durfte, wenn ich die anderen nicht in eine Micky-Maus-Version des Songs hineinmanövrieren wollte. Vielmehr musste mir das, was ich spielte, selbst schon fast zu langsam vorkommen, nur dann würde es wirklich laid back werden. Ich bekam es hin. Alles klang so, wie es sollte. Wahrscheinlich hatte gar keiner bemerkt, dass ich Blut und Wasser geschwitzt hatte. Ich musste es ja auch niemandem auf die Nase binden, dass das Anfangsgitarrenriff von »Jumpin' Jack Flash«

neben dem von »Day Tripper« so ziemlich das einzige war, das ich jemals gelernt hatte. Bei allen anderen Songs wäre ich aufgeschmissen gewesen.

Plötzlich entdeckte ich ein bekanntes Gesicht inmitten der Zuschauer. Vor mir stand ein Mitglied der BAP-Crew, unser langjähriger Monitormann Werner Bayer, der von allen nur »Vier« gerufen wurde. Was machte der denn hier? Erst später erfuhr ich, dass »Vier« als Tontechniker bei der Loveparade gearbeitet und den Sonntag noch in der Stadt verbracht hatte. Bei einem Spaziergang war er zufällig in der Pappelallee vorbeigekommen, hatte sich, neugierig geworden, durch die Menschen gezwängt und sah nun einigermaßen fassungslos seinen Chef zusammen mit Bruce Springsteen auf der Bühne einer Berliner Kneipe. Ich las seine Gedanken. Einer von den Techno-Jüngern musste ihm gestern irgendetwas ins Glas getan haben, das noch am Tag danach für phantastische Trugbilder sorgte.

Ich konnte mir »Viers« Irritation lebhaft vorstellen, doch ich hatte kein Mitleid mit ihm. Vielmehr waren wir jetzt quitt. Dies war die süße und späte Rache für eine nicht enden wollende Reihe von Schweißausbrüchen, für die »Vier«, ausgerechnet an seinem ersten Arbeitstag bei BAP, zu Beginn unseres »Rockpalast«-Auftritts im März 1986 in der Essener Grugahalle gesorgt hatte. Zum ersten Mal traten wir als Headliner bei einer Rocknacht auf, vor uns hatten schon Big Country und Jackson Browne gespielt. Als eine Art Fanfare, die jedem in der Halle unsere Stimmung klarmachen sollte, hatte ich den Cole-Porter-Titel »Wunderbar« in der Version von Zarah Leander ausgewählt. Das Band lief an und rief die erhoffte Reaktion hervor: Das Publikum klatschte im Takt und sang sogar mit. Einer »perfect night for love« stand nichts im Wege. Wir enterten die Bühne und legten los mit »Drei Wünsch frei«. Doch aus unseren Monitoren drang weiterhin nur »Wunderbar«. Wir konnten uns selbst nicht hören. »Vier« hatte bei seinem BAP-Debüt irgendetwas falsch verkabelt. Das Publikum erahnte immerhin noch einen Mischmasch aus Kölschrock und Zarah Leander, wir hingegen befanden uns in einem völligen, zudem via

Eurovision europaweit live im Fernsehen übertragenen Blindflug. Nichts war wunderbar. Nur Zarah Leander behielt die Ruhe. Während ich von Kriegsangst sang, sah sie keine Wolke am Himmel weit und breit.

Im »Café Eckstein« neigte sich der Auftritt dem Ende zu. Noch einmal zögerte Bruce das Finale von »Twist and Shout« hinaus. Er holte das Publikum sacht auf den Boden, nur um es kurz darauf ein letztes Mal in schwindelerregende Höhen zu treiben. Dann war endgültig Schluss. Bruce dankte der Band und schloss einen nach dem anderen in die Arme. Doch wir waren es, die sich bedanken mussten. Für einen Tag, der auch noch über fünfzehn Jahre danach für mich nichts von seiner Strahlkraft verloren hat, obwohl oder gerade weil ich mir die Filmaufnahmen von unserem Konzert nie angesehen habe. Manche Augenblicke muss man lassen, wie sie waren. Jede Wiederholung würde sie nur zerstören.

Wir ließen den Abend auf der Terrasse des Hotels »Vier Jahreszeiten« im Grunewald ausklingen. Unmittelbar bevor Bruce nach Berlin gekommen war, hatte ihn ein Familienurlaub an Bord eines Segelschiffes die marokkanische Küste entlanggeführt. Im Flieger nach Europa, so erzählte er uns heiser kichernd, sei er von einem Touristen, der ihn länger beobachtet habe, gefragt worden: »Sagen Sie mal, waren Sie nicht mal Bruce Springsteen?« Spätestens nach dem Konzert, das hinter uns lag, hätte ich den Touristen beruhigen können. Er war es noch. Und zum Glück hatte es nicht den Anschein, als würde er in absehbarer Zeit daran die Lust verlieren.

Der Kontakt zwischen uns riss nicht mehr ab. Wir trafen uns in regelmäßigen Abständen – wenn Bruce in Deutschland war, um ein Konzert zu geben, und ich nicht gerade selbst auf einer Bühne stand. Es waren Begegnungen in kleinen Garderoben, beim Soundcheck in einer noch leeren Halle, in der nur wenige Stunden darauf kein Stuhl mehr unbesetzt sein würde, oder bei einer Tasse Kaffee in als Kantine hergerichteten kahlen Räumen. Wir brauchten nie lange, um wieder auf einen gemeinsamen Nenner zu kommen. Die Gesprächsthemen gingen uns nicht aus. Wir redeten über Politik, die Familien und darüber, was es hieß, immer noch unterwegs zu sein und dabei nicht nur auf die Wiederholung der alten Tricks zu setzen. Am liebsten jedoch tauschten wir uns über Vorbilder und geschätzte Mitstreiter aus. Springsteen war Fan geblieben. Seine Aufregung war nicht gespielt, als er davon erzählte, dass er es sich vor einigen Jahren nicht habe nehmen lassen, seine Frau, die für Keith Richards' erstes Soloalbum als Sängerin engagiert worden war, zum Studio zu fahren und auch wieder abzuholen, und wie sich dadurch die einmalige Gelegenheit ergeben habe, Richards bei der Arbeit zuzuschauen.

Ich konnte nachvollziehen, was Springsteen dabei empfunden hatte. Mein Keith-Moment war mir ähnlich teuer. Ende November 1992 hatten mich die Maler Gottfried Helnwein und Sebastian Krüger in die Mitte genommen und unmittelbar nach einem Richards-Solokonzert in der Kölner Sporthalle ins Allerheiligste geführt. Helnwein und Krüger gingen auch sonst im Stones-Lager ein und aus. Sie brauchten keine Sondererlaubnis dafür. Ihr Backstage-Pass galt auf Lebenszeit, denn er bestand aus ihren Bildern. Richards hielt in der einen Hand ein Glas mit einer leuchtend gelben Flüssigkeit, mit der anderen lud er uns ein, es uns in seiner Garderobe gemütlich zu machen. Als ich ihm von den anderen als Musiker vorgestellt wurde, horchte er auf. Der alte Reflex funktionierte auch hier. Wenn nach dem Abpfiff ein Fußballer einen anderen trifft, will er mit ihm über das Spiel diskutieren, und die beiden werden sich in leidenschaftlichen Fachsimpeleien ergehen, ganz egal, ob der eine Diego Maradona heißt und der andere »Dä Aral« und beim VfL Rheinbach aktiv ist. Unter Musikern lief das ganz ähnlich ab. Wenn man von der Bühne kommt und einem Kollegen begegnet, gibt es nichts Dringlicheres, als dessen Eindrücke zu erfahren. Richards machte da keine Ausnahme. Er startete ein Frage-und-Antwort-Spiel, das mir nur allzu vertraut war. Noch ehe ich die Außergewöhnlichkeit der Situation begreifen konnte, erörterte ich mit Keith Richards die Essentials, um die er sich sorgte wie jeder andere Musiker auch: den Sound in der Halle, den optischen Eindruck, den die Show hinterlassen hatte, und die Reaktionen des Publikums. Richards hörte aufmerksam zu, schien zufrieden mit meinen Ausführungen, dann reckte er sich wohlig und wies uns mit dem Stolz eines Bandleaders auf die außerordentliche Qualität seiner Rhythmusgruppe hin. Das wäre gar nicht nötig gewesen. Steve Jordan und Charley Drayton hatten uns alle begeistert. Sie hatten mit der entspannten Virtuosität von Jongleuren immer wieder ihre Instrumente getauscht und sich an Bass und Schlagzeug abgewechselt, ohne auch nur einmal aus dem Tritt zu geraten.

Erst jetzt bot uns Richards etwas zu trinken an. Er vergaß dabei nicht, unsere Aufmerksamkeit auf ein Thema zu lenken, das ihm offensichtlich sehr am Herzen lag – die Gesundheit. Nun, sagte er, da er in einem Alter angekommen sei, in dem der großzügige Genuss von Alkohol fast zwangsläufig für einige Kilos zu viel auf den Rippen sorge, habe er sich entschlossen, künftig ein wenig mehr auf seine Linie zu achten und nur noch einen Drink namens »Nuclear Waste« zu sich zu nehmen. Wenn man Wodka mit Orangensaft im Verhältnis 4:1 mische, sei nicht nur die Gefahr des Dickwerdens aus der Welt, sondern man führe dem Körper auch noch gleichzeitig wichtige Vitamine zu. Die Argumentation war schlagend. Und überhaupt: Wer wollte schon widersprechen, wenn Keith Richards ein Seminar gab zum Thema »Schlank bleiben mit den Rolling Stones«? Wir mussten uns also keine Sorgen machen. Mr. Rock 'n' Roll lebte seit neuestem gesund. Da fiel es kaum mehr ins Gewicht, dass wir am Ende noch erfuhren, auf welchen Vitamindrink Richards so große Stücke hielt. Sein »Orangensaft« floss aus plastikbunten »Sunkist«-Tetrapaks.

Ich begleitete Bruce in der Kölnarena bis zum Bühneneingang – das ungeduldige Klatschen des Publikums, bereit, sich jeden Moment in erleichterten Taumel aufzulösen, war schon deutlich vernehmbar, es wurde Zeit, dass die Show begann –, als ihm ein Einfall kam:

»How 'bout a little ›Hungry Heart‹ tonight?«

Sehr viel mehr als ein überraschtes »Why not?« fiel mir nicht als Antwort ein. So war es beschlossene Sache, und ich verbrachte das Konzert damit, trotz der Aufregung und der Vorfreude einen kühlen Kopf zu bewahren und in meinem Gedächtnis den Text des Songs wiederzufinden. Ich hätte mir die Mühe gar nicht machen müssen. Als Bruce mich schließlich zu den Zugaben auf die Bühne rief, entdeckte ich den Teleprompter, der im Boden eingelassen war. Alle Worte, die ich brauchte, warteten nur darauf, vor meinen Augen zum genau richtigen Zeitpunkt zu erscheinen. Und so wie man es manchmal kaum glauben kann, dass ein berühmtes Bild, von dem man zuvor schon unzählige Reproduktionen gesehen hat, tatsächlich im Original existiert und sogar nur wenige Meter von einem entfernt an der Wand eines Museums hängt, so unbeschreiblich war es, das Drumfill, mit dem »Hungry Heart« begann, wirklich von dem Mann zu hören, der es schon auf der Plattenaufnahme gespielt hatte. Max Weinberg setzte ein, und der Rest der E Street Band rannte ihm hinterher, doch nicht ohne mich in die Mitte zu nehmen. Alles war viel einfacher, als ich befürchtet, und viel gewaltiger, als ich es mir erhofft hatte.

Noch häufiger hat mich Bruce seither eingeladen, ihn bei einem Song zu begleiten. Mal verkündeten wir beide, dass Santa Claus auf dem Weg in die Stadt sei, mal forderten wir von skrupellosen Schiffskapitänen: »Pay Me My Money Down«. Ich verfiel zwar nicht mehr in einen Schockzustand wie noch beim ersten Mal, doch ich war mir stets der Außergewöhnlichkeit des Moments bewusst, insbesondere weil ich nie wirklich damit rechnete, dass es noch einmal passieren würde. Am wenigsten bei seinem Soloauftritt im Berliner ICC, als Bruce aus dem Stegreif eine wunderbar zum Konzept der »Devils & Dust«-Tour passende Akustikversion von »Hungry Heart« entwickelte, die wir nach dem eigentlichen Soundcheck, der so lang war wie das spätere Konzert, in seiner Garderobe einprobten. Besonders angetan hatte es Bruce dabei meine Übertragung einer Strophe ins Kölsche, von der ich ihm leichtsinnigerweise erzählt hatte und die ich auf sein Drängen hin einem ziemlich ratlos wirkenden Roadie in den Teleprompter diktierte. »Wiever, die dä Düüvel selver scheck«, gab es eben nicht nur in einer Bar in Kingstown, sondern auch in einer Diskothek in Nippes.

Auf die Heiligen Drei Könige

Kurz vor Weihnachten 1998 zogen wir um. Alles war zu eng geworden. Vor acht Jahren hatte ich in der Kölner Südstadt ein Dreifensterhaus aus dem frühen 20. Jahrhundert gekauft und es von oben bis unten renovieren lassen. Ich ließ Wände herausreißen und verwandelte das Haus im Kartäuserhof in einen offenen Raum. Man konnte von der Wohnetage im ersten Stock hinunter ins Atelier schauen und sich unterhalten, ohne dass man Türen öffnen oder Treppen steigen musste. Ich hatte an alles gedacht, nur nicht an die Möglichkeit, dass ich noch einmal Vater werden könnte. Je größer meine Töchter wurden, desto mehr Platz zum Spielen eroberten sie sich. Und mir fehlte ein Rückzugsort, an dem ich ungestört nachdenken und arbeiten konnte. Manchmal muss man die Tür hinter sich zuziehen und sich seiner Phantasie überlassen können. Man muss ein Gleichgewicht finden zwischen Einsamkeit und Zusammenkunft, das es einem erlaubt, sich zugleich frei und aufgehoben zu fühlen. Ich hatte dieses Gleichgewicht verloren und fiel meiner Familie mit meiner Unzufriedenheit darüber immer mehr auf die Nerven.

Die vollen Umzugskartons warteten darauf, ausgepackt zu werden. Auf dem Boden der noch leeren Räume lagen die Matratzen, auf denen wir in den letzten Tagen geschlafen hatten. Wir hatten keine Eile. Wir waren glücklich, ein Haus mit Garten gefunden zu haben, in dem sich Isis und Jojo austoben konnten. Zudem besaß das Haus eine riesige Garage. Eine Garage für Leute, die ganze Wochenenden mit ihren Autos verbrachten. Ich hatte was anderes mit ihr vor. Ich wollte die Garage in ein Atelier umfunktionieren. In der letzten Zeit hatte ich mich wieder mehr mit der Malerei beschäftigt. Einige meiner Arbeiten hatte ich unter dem Titel »Bilder vom Ende der Geschichte« zusammengefasst. Sie glichen Grabtafeln auf dem Friedhof politischer Ideologien. Sie riefen die großen Utopien des letzten Jahrhunderts kurz vor ihrem endgültigen Verschwinden noch einmal auf. Marx, Lenin, Engels: Das waren nun Namen auf der rostigen Wand eines Schiffes, das seinen Heimathafen nicht mehr fand. Namen in alten, längst ins Antiquariat gebrachten Büchern.

Wir überlegten, welcher Karton in welches Zimmer gehörte. Ein leeres Haus ist ein Pakt, den man mit der Zukunft schließt, und ich stellte mir vor, wie sich die Räume nach und nach mit Leben füllen würden, mit den Spuren verstreichender Zeit. Ich trat an eines der Fenster in der oberen Etage. Nur einige Meter entfernt floss der Rhein. Das Dezemberlicht ließ alle Farben verschwinden. Schon immer hatte ich mir gewünscht, von meinem Schreibtisch aus Zwiesprache mit dem Fluss halten zu können, der einfach immer weitermachte, egal, was passierte und woher der Wind wehte. Solange er das tat, wollte ich ihm dabei zusehen.

Für den Abend war ich mit Major auf der »Alten Liebe« verabredet, einem rot-weißgestreift gestrichenen Bootshaus direkt auf dem Rhein. Major hatte angerufen und um ein Treffen gebeten. Ich ging am Bismarck-Denkmal vorbei zum Fluss, auf dem in der Dunkelheit nur noch wenige Schiffe unterwegs waren. Dagegen floss über die Rodenkirchener Autobahnbrücke ein geradezu unendlicher Verkehr. In jedem Auto schien jemand zu sitzen, der sich vorgenommen hatte, an Weihnachten zu Hause zu sein, wenn vielleicht auch nur in seinen Träumen.

Ich versuchte mich zu erinnern, wann Major und ich uns zuletzt abends in einer Kneipe getroffen hatten. Es gelang mir nicht. Wir hatten unterschiedliche Bekanntenkreise und lebten in verschiedenen Welten. Eigentlich wussten wir kaum mehr etwas voneinander. Uns waren die Gesprächsthemen ausgegangen. Nur wenn wir uns über Fußball unterhielten, hatten wir uns noch etwas zu sagen. Genau genommen hatte ich erst wieder begonnen, mich für Fußball zu interessieren, als ich merkte, dass wir so vielleicht noch ein-

mal einen Draht zueinander finden würden. In den Jahren unseres ständigen Unterwegsseins hatte ich meinen Verein fast völlig aus den Augen verloren. Ich ging nicht mehr ins Stadion, und die einstige Faszination verflüchtigte sich. Wie ich manche Band lieber im Konzert hörte als auf Platte, wie ich manchen Film lieber im Kino sah als daheim auf der Couch, war auch der Fußball für mich eine sinnliche Erfahrung, der ich erst am Ort des Geschehens so richtig auf die Spur kam.

Es machte Spaß, sich jetzt wieder öfter im Stadion blicken zu lassen und mit Major bei unseren Konzerten eine spielerische Köln-Leverkusen-Rivalität zu pflegen. Dieser Rest war uns geblieben. Wir zelebrierten ihn mit einem Augenzwinkern. Vielleicht auch deshalb galten wir nach außen noch immer als kölsche Wiedergänger solcher vermeintlicher Blutsbrüderschaften wie Jagger–Richards und Lennon–McCartney. Die Leute finden Gefallen an romantischen Ideen und trennen sich nur ungern von ihnen. Romantische Ideen haben kein Verfallsdatum. Sie helfen einem, der Unübersichtlichkeit des Alltags zu entkommen. Man zieht den wohligen Schauer des Wiedererkennens der Verwirrung vor. Alles soll so bleiben, wie es einmal war. Wie es war in dem Moment, als man es lieb gewonnen hat. Währenddessen schickt sich das Leben an, einen zu überrunden.

Ich konnte es den Leuten nicht einmal verdenken, wenn sie Major und mich als unzertrennliche Einheit wahrnahmen. Sogar wir beide hatten einmal an das Jagger-Richards-Klischee geglaubt, und ich hatte es zugelassen, dass unter einigen meiner Songs wie »Jraaduss« oder »Helfe kann dir keiner«, die ich lange vor Majors Einstieg in die Band geschrieben hatte, später die Verfasserangabe »Niedecken–Heuser« stand. Doch Majors Liebe für die Rolling Stones war lange schon erloschen. Er war dem Rock'n'Roll mehr oder weniger abhandengekommen, auch wenn es kaum einer gemerkt hatte. Auf der Bühne entsprach er noch den Erwartungen derer, die ihn in der Rolle des Gitarrenhelden sehen wollten. Doch in seinem Heimstudio arbeitete er mittlerweile fast ausschließlich mit dem Keyboard. Er versuchte, hinter die Erfolgsformel angesagter Bands zu kommen, um sie dann selbst anwenden zu können. Er orientierte sich an fremden Strickmustern. Eines unserer Alben ähnelte gar einem Reader's Digest internationaler Popmusik. Genauso gut hätte man das Radio anschalten können. Überraschungen? Fehlanzeige. »Another Day in Paradise«, »Crying in the Discotheque«, »(I Just) Died in Your Arms Tonight«, »Rebel Yell«, »You Give Love a Bad Name«: Für mich waren das alles keine Songs, denen es nachzueifern galt. Diese Songs kratzten nur die Oberfläche an. Sie waren wie Babynahrung, leicht zu konsumieren und weitgehend geschmacksfrei. Es war mir unmöglich, mit ihnen ins Träumen zu geraten und Entdeckungen zu machen. Wer an ihnen Halt suchte, rutschte ab.

Ich fragte mich, warum Major sich wohl mit mir treffen wollte. Vielleicht wollte er mir sagen, was ich längst schon wusste. Die Arbeit an unserer neuen Platte, die im Januar unter dem Titel »Comics & Pin-ups« erscheinen sollte, war nicht nach seinen Vorstellungen verlaufen. Manches, das viele Jahre unhinterfragt geblieben war, geriet nun ins Wanken.

Im Mai hatten wir uns auf den Weg zur italienischen Insel Elba gemacht, um dort am neuen Material zu arbeiten. Wir hatten unser Equipment im Konferenzsaal eines großen, alteingesessenen Hotels direkt am Mittelmeer aufgebaut. Ein Hotel mit Swimmingpools und Golfplätzen in der Ruhe der Vorsaison Die wenigen Touristen machten lange Spaziergänge oder standen reglos am Strand. Sie blickten hinaus in die Bucht von Biodola und wünschten sich die Endlosigkeit des Sommers herbei. Alles schien noch einmal Luft zu holen. Eine Zeit des Dazwischen, in der wir das Hotel fast für uns hatten. Ich hoffte, dass die Band in solch einer Atmosphäre wieder zusammenwachsen würde. Der Abstand zu Köln und zu den alltäglichen Verpflichtungen würde uns vor Ablenkungen aller Art schützen. Wir konnten einfach loslegen.

Die neuen Songs waren eine heikle Angelegenheit. Ich hatte mich in einigen Texten weit hinausgewagt. Oberflächlich betrachtet wirkten sie wie Gesprächsprotokolle: mitgeschriebene Kneipenunterhaltungen, bei denen sich jemand um Kopf und Kragen

373

redete. Resigniertes Kopfschütteln nach dem x-ten Versuch, neu anzufangen. Ratloses Schulterzucken, wenn sich wieder einmal eine Tür geschlossen hatte. Selbstbeschwichtigungen von einem, dem alle Felle davonschwammen. Ich ließ verschiedene Charaktere ihre Geschichte erzählen. Einer sitzt im Gefängnis und schreibt an einen Freund, dessen ganz normales Leben mit Frau und kleinem Kind ihm plötzlich als das Begehrenswerteste von der Welt erscheint. Ein anderer, dem es »ahnunfürsich« gut geht, findet nicht mehr in seinen Alltag, seit er von seiner Frau verlassen wurde. Seit Wochen hört er nur noch Lou Reeds »Berlin«-Album, leere Flaschen stapeln sich in der Wohnung, und die Tage laufen ineinander, ohne Hoffnung und ohne Ziel. Wieder ein anderer hat sich vor dem Elend daheim in die Karibik geflüchtet, doch auch dort gelingt es ihm nicht, den Kopf frei zu bekommen. Und ein Vierter schließlich weiß, dass er etwas ändern muss, doch aus Bequemlichkeit fängt er lieber erst gar nicht damit an. Mit Tommy Engel hatte ich mich oft über solche Typen unterhalten. Tommy konnte sie nicht ausstehen:

»Do saaren se immer all: Mer möht eij'ntlich ens, oder et wöhr schon besser, wenn dat einer däät. Ja, dann maach doch, Mann! Wenn et besser wöhr, dann maach doch!«

Wenn die Sprecher, die ich mit dieser Platte auftreten ließ, verstummten, wenn sie ihre Maske abnahmen und die Bühne wieder leer war; wenn die Parade scheinbar ganz unterschiedlicher Schicksale vorübergezogen war, hatte ich dem Zuhörer in Wirklichkeit doch immer nur mein Leben erzählt. Jedes Ich, das aufgetreten war, hatte von meinen Ängsten, meinen Wünschen und meiner Verzweiflung gesprochen – Zeugnisse eines Zeitraums, in dem so vieles als fest und sicher Geglaubtes sich als etwas Zerbrechliches und Flüchtiges herausgestellt hatte. Manchmal war nur die Hoffnung, dass doch noch alles gut würde, geblieben. Mit dieser Hoffnung wollte ich die Platte beenden. Niki Nikitakis hatte mir auf der Gitarre ein paar Akkorde in der offenen G-Stimmung gezeigt, aus denen sich nach und nach ein Song ergab. Ich spielte ihn meiner Frau vor.

»Was meinst du?«, fragte ich sie.

»Das fliegt schön.«

Wie so oft brachte sie mich auf die richtige Spur. Es fiel mir leicht, Worte zu meiner Musik zu finden. Dieses Mal wählte ich den direkten Weg. Ich legte die Karten auf den Tisch. Keine Stellvertreter, keine Verkleidungen mehr. Ich nannte den Song »Nie zo spät« und ließ den Text der Musik hinterherfliegen: über Wiesen, über Felder, über Berge, über Städte, übers Meer … Ein den Moment anhaltender Blick aus dem Flugzeugfenster, ein Gespräch mit Tina, das ganz aus Stille und Sehnsucht bestand. Und tief unter uns all die Städte, in denen wir uns wohlgefühlt hatten oder die wir immer schon einmal sehen wollten. Jedes Licht in der Tiefe signalisierte eine Möglichkeit, neu anzufangen oder ein anderer zu werden. Bald würden wir wieder landen müssen. Aber jetzt noch nicht. Jetzt spürte ich erst einmal ihren Kopf an meiner Schulter. Das war genug. Es war noch nicht zu spät. Es war niemals zu spät.

Major hielt nicht viel von meinen Songs. Schon vor Jahren hatte er aufgehört, sich mit ihnen zu befassen. Wenn es darum ging, Ideen gemeinsam zu entwickeln, konnte man nicht mehr auf ihn zählen. Bei unserem Album »X für e' U« hatte er sich sogar geweigert, zu meinen Songs Gitarre zu spielen. Wir machten aus der Not eine Tugend, flickten ein Bass-Solo ein, schoben ein Saxophon nach und füllten die übrigen Lücken mit Keyboards, doch damit kam man auf die Dauer nicht weit. Bei der nächsten Platte zog ich dann mit Nikitakis einen externen Gitarristen hinzu. Ich brach Majors Komponistenmonopol auf. Das ungeschriebene Gesetz, wonach Majors Nummern immer komplett auf den Alben landeten und die Songs der anderen nur als Nachrücker, Bonustracks oder B-Seiten betrachtet wurden, galt nicht mehr. Ich wollte, dass sich alle einbringen konnten. Ich wollte, dass wir wieder als Band arbeiteten. Eine mühsame Rückeroberung viel zu lange preisgegebenen Terrains. Sie hing der Täuschung an, die Dinge könnten sich wirklich noch einmal grundlegend ändern. Doch unser Aufenthalt auf Elba zeigte mir, dass die vielen Richtungsstreitigkeiten in der Vergangenheit nicht ohne Folge geblieben waren. Der Spaß war auf der Strecke geblieben.

Wir waren mit einer Menge Material nach Elba gekommen. Doch es gelang uns nicht, die mitgebrachten Demos wirklich in Frage zu stellen oder sie gar in etwas zu verwandeln, in etwas, das zeigte, dass wir eine Band waren, die sich vorgenommen hatte, noch einmal die Welt aus den Angeln zu heben. Major machte deutlich, dass er davon nichts hielt. Er beharrte weiterhin auf dem, was er sich alleine ausgedacht hatte. Musiker brauchte er eigentlich nur noch als Erfüllungsgehilfen seiner fertig ausgearbeiteten Arrangements. Er wäre lieber zu Hause geblieben, und das merkte man. Alles zog sich hin. Jeden Tag aufs Neue dauerte es eine Ewigkeit, bis der erste Ton gespielt wurde. Immer neuer Sand wurde ins Getriebe gestreut. Das Wichtigste schienen nicht die Songs zu sein, sondern offenbar hochkomplizierte technische Einstellungen, die über Stunden neu justiert werden mussten. Endlos wurden Gitarren geputzt. Verkrampfte Diskussionen verliefen ohne Ergebnis, und Abstimmungen endeten vorhersehbar im Patt, seit nach einer Umbesetzung vor ein paar Jahren nur noch vier der einst mit Stimmrecht ausgestatteten Bandmitglieder übrig geblieben waren. Nichts ging voran.

Manchmal setzte ich mich aufs Motorrad und brachte so viele Kilometer wie möglich zwischen mich und den zum Proberaum umfunktionierten Konferenzsaal des Hotels. Ich ließ die schlechte Laune zurück und die kleinlichen Triumphe, die destruktiven Debatten und unnötigen Scharmützel, das unerfreuliche Geplänkel und die ermüdenden Erörterungen, die dafür sorgten, dass jede Veränderung nur noch als Bedrohung wahrgenommen wurde und Wagemut als etwas galt, das man bekämpfen musste. Wenn ich zurückkam, sah ich meinen unerschrockenen Töchtern dabei zu, wie sie sich ins Meer trauten. Allen anderen Hotelgästen war das Wasser noch viel zu kalt.

Der Einzige, der sich nie den Spaß am Musikmachen verderben ließ, war Jens Streifling. Ich war froh, ihn an meiner Seite zu haben. Jens ließ sich nicht runterziehen. Gehässige Bemerkungen überhörte er einfach. Mobbing verfing bei ihm nicht. Obwohl er noch sehr jung war, hatte er schon in vielen Bands gespielt. Nach seiner Ausbürgerung aus der DDR war er sogar eine Weile mit einer Trachtenkapelle durch Kanada gezogen und hatte mit Lederhose und Gamsbarthut vor deutschen Touristen aufgespielt, um seine Familie zu ernähren. Nur wenige Jahre darauf sollte er sich wieder etwas ganz Ähnlichem zuwenden, doch während unserer gemeinsamen Zeit ergänzten wir uns hervorragend. Es klappte auf Zuruf. Einer hatte eine Idee, und der andere half dabei, sie fortzuspinnen. Jens schrieb unablässig Songs und nahm sie auf. Sogar auf Tour dachte er sich Neues aus und ließ das Band mitlaufen. Alle drei Tage konnte man sicher sein, etwas vorgespielt zu bekommen, was man noch nicht kannte.

Der Song »Lena«, den Jens komponiert hatte, brachte einen gehörig ins Schwitzen. In ihm war eine Geschichte enthalten, die von Erwartung, Ungeduld und dem Verlangen nach Erlösung handelte. Ich musste sie nur noch aufs Papier bringen. Alles war schon da. Ein zu heißer, schwüler Spätsommertag … das Warten auf den Regen … die sich dehnenden Sekunden zwischen Blitz und Donner … ein Zug, der unter einem verfinsterten Himmel durch das Tal fährt … der Geruch von Heu … Unterhaltungen, die in sinnlose Partikel überholter Gewissheiten zerfallen … schließlich der Glaube daran, dass eine Berührung vieles ändern könnte: Zärtlicher Körper, sag kein Wort. Es ging eindeutig um Sex. Später sollte die Plattenfirma »Lena« als Vorab-Single unseres neuen Albums ins Rennen schicken und uns auch ein Video finanzieren, das wir mit der Schauspielerin Marie Bäumer in Andalusien drehten. Ich wusste, dass Major mit dieser Entscheidung haderte. Seit dem Album »Ahl Männer, aalglatt« war ausschließlich er für die Singles verantwortlich gewesen. Die Dinge waren nach und nach seiner Kontrolle entglitten. Die Kräfteverhältnisse verschoben sich.

Zum Aufnehmen des Albums fuhren wir nach Ostbelgien; in einem kleinen Ort in den Ardennen hatte Jon Caffery, der Produzent der Toten Hosen und der Einstürzenden Neubauten, eine alte Hutfabrik zu einem Studio umgebaut. Schon lange bevor wir in

Waimes eintrafen, hatte ich entschieden, meinen Gesang dieses Mal ganz allein mit Werner Kopal zu erarbeiten. Werner war vor zwei Jahren bei uns eingestiegen. Als der Job des Bassisten neu zu besetzen war, hatten wir die Wahl des Nachfolgers unserem Schlagzeuger Jürgen Zöller überlassen. Man musste nicht lange überlegen, um darauf zu kommen, wen Jürgen zuerst anrufen würde. Mit Werner Kopal verstand er sich nicht erst seit ihren gemeinsamen Tagen bei Wolf Maahns Deserteuren blind. Die beiden harmonierten perfekt. Als Rhythmussektion legten sie ein Fundament, das jede Band der Welt trug und in die genau richtige Schwingung versetzte. Mit ihnen fand man sich selbst in unwegsamem Gelände zurecht. Sie brauchten nicht auf die Karte zu schauen, um zu wissen, wo sie sich befanden. Ihr Orientierungssinn funktionierte auch im Chaos. Sie schlugen unbeirrt Schneisen ins Dickicht und schufen Wege, die zum gewünschten Ziel führten. Der Groove, dem sie, was auch geschah, die Treue hielten, war lebendig und pulsierte im Takt von Begeisterung und Spielfreude. Mit ihnen kam man nicht so schnell ins Stolpern. Selbst wenn sich der Gitarrist und der Keyboarder der Band mit ihren Gedanken überall, nur nicht auf der Bühne befanden, brauchte man sich nicht zu fürchten. Jürgen und Werner brachten den Song sicher nach Hause.

1956 war im Hause Kopal alles noch einmal gut gegangen. Werner war in Neuss und somit immerhin auf der richtigen Rheinseite zur Welt gekommen. Auch bei seiner Erziehung wurden keine Fehler gemacht – seine Mutter weckte ihn, wenn die Beatles abends im Fernsehen die Zukunftspläne ihrer jugendlichen Zuschauer ins Aufregende lockten. Später verliebte er sich in die Achtelnoten von »Cadillac« von den Renegades. In den frühen Tagen mit BAP hatten wir »Cadillac« in einer kölschen Version oft gespielt, auch damals schon hätte uns Werner gut zu Gesicht gestanden, doch zu dieser Zeit vermaß er, zumeist angetan mit einer Che-Guevara-Mütze, ganz anderes Terrain. Sein Bass spann dem Art Rock von Triumvirat ein Netz und half Wolf Maahn dabei, mit der Food Band die Vision einer deutschen Soul-Band zu verwirklichen.

Werner war in den alten EMI-Studios am Maarweg zum Ton-

techniker ausgebildet worden. Er wusste alles darüber, wie man
Klänge aufs Band bekam. Der Entschluss, meinen Gesang nur noch
ihm anzuvertrauen, war mir nicht schwergefallen. Ich hatte keine
Lust mehr, mir vor versammelter Mannschaft durch ständige Un-
terbrechungen und mir willkürlich erscheinende Korrekturen jeg-
liches Gefühl für die Songs austreiben zu lassen. Ich konnte darauf
verzichten, dass nach jedem Take einer, für mich nicht sichtbar,
den anderen Zeichen gab, wie sie welche Zeile zu bewerten hatten.
Oft hatte ich am Ende meine eigenen Texte nicht mehr wiedererkannt, ihre Bedeutung schien nur noch in der höhnischen Ver-
zerrung des ursprünglich mit ihnen Gemeinten zu bestehen. Das
durfte gerade bei diesem Album nicht wieder passieren. Es musste
gelingen, den vielen Erzählern, die sich in den Songs zu Wort meldeten und denen ich meine Stimme lieh, Leben einzuhauchen.
Kein Detail war unwichtig. In jeweils fünf Minuten sollte der Hörer
in eine fremde Welt hineingezogen werden. Es ging nicht um Illusionen, eher um Glaubwürdigkeit. Nur so waren überhaupt Erfahrungen möglich, die das routinierte Bescheidwissen überstiegen.
Werner trug mit seiner ruhigen Genauigkeit, seinem hintergrün-
digen Humor und seiner Erfahrung maßgeblich dazu bei, dass ich
mich beim Singen endlich wieder wohlfühlte. Er half mir, den
Songs gerecht zu werden.

Einer von ihnen hieß »Psycho-Rodeo«. Mit ihm begab man sich
auf direktem Weg an seltsame Orte. In einen Zoo, in dem die
Käfige offen standen und die wilden Tiere frei herumliefen. In ein
Fundbüro voller Dinge, die man einmal besessen hatte. In ein Pan-
optikum, in dem die Wachsfiguren zum Leben erwachten. In eine
Peepshow, in der man immer nur sich selbst sah. Kurz: auf eine
Achterbahnfahrt der Gefühle, wie ich sie manchmal bei unseren
Konzerten erlebte, wenn es mir vorkam, als seien die Nummern,
die ich sang, gerade erst entstanden oder als blätterte ich in alten
Tagebüchern, die ich gleichzeitig noch einmal neu schrieb. Dann
rissen die Songs die in ihnen gespeicherten Gefühle aus dem Schlaf,
und es blieb einem nichts anderes übrig, als den sich nahenden
Gestalten aus der Vergangenheit ins Gesicht zu blicken. Solch ein

Höllenritt über den Abgrund der Zeit, der mich dazu brachte, die Songs auf der Bühne mit größtmöglicher Andacht und Aufmerksamkeit zu durchleben, war für mich ein »Psycho-Rodeo«. Auch unser neues Album sollte diesen Titel tragen. Denn es enthielt ein Kaleidoskop von Songs, die, so hoffte ich, den Hörer nicht gleichgültig ließen, sondern im besten Fall seiner Welt den Anschein des Bekannten nahmen und ihn dabei mit einigen seiner eigenen Dämonen konfrontierten.

Für die Arbeit am Album-Artwork ging ich vorübergehend in der Kunstgeschichte verloren. Ich durchstreifte Buchläden, kontaktierte Archive und setzte mich in Bibliotheken. Ich handelte wie ein Wissenschaftler, der Material für einen Essay sammelt. Ich hatte mir in den Kopf gesetzt, den Titel »Psycho-Rodeo« mit so vielen seltsamen Reitszenen wie möglich zu illustrieren. Um die Aufgabe noch ein wenig reizvoller zu gestalten, spielte ich bei der Suche Memory. Ich fahndete nach zwei möglichst motivgleichen Abbildungen, die ich gegenüberstellen konnte, nur mussten sie, das war der Haken, aus verschiedenen Epochen und Genres stammen. Ich wollte die Grenze zwischen hoher und trivialer Kultur überqueren und wurde fündig. Tizians »Raub der Europa« aus dem 16. Jahrhundert duellierte sich mit einem Pin-up von Bill Medcalf. Aus dem Stier, in den sich Zeus verwandelt hatte, um Europa durch die Meeresbrandung zu entführen, wurde ein Gummitier für den Strand. Hieronymus Boschs »Versuchung des heiligen Antonius« kehrte wieder in einer Tätowierung. Und der kitschige Comicumschlag eines Groschenromans zitierte Christine de Pizans »Perseus befreit Andromeda«. Nur das ein Motiv des Comiczeichners Robert Crumb zitierende Albumcover ließ ich neu malen. Darauf hatten Tarzan und Jane ihre Rollen getauscht. Eine forsche Dame im roten Abendkleid schwang sich an einem Baukran über die Dächer des Großstadtdschungels, und ein verängstigter Bürohengst hielt sich gerade noch an ihr fest.

Doch dann erfuhr ich, dass hinter irgendeiner geschminkten Stirn der Plan entstanden war, das bald erscheinende neue Album der Band Kiss »Psycho Circus« zu nennen. Gene Simmons streckte mir seine Zunge entgegen. »Psycho Circus« und »Psycho-Rodeo« … in einem schwachen Moment, den ich später noch des Öfteren bereuen sollte, hielt ich die beiden Titel für zu ähnlich, verwarf meinen und ersetzte ihn schließlich durch einen weit weniger geheimnisvollen. Fortan hieß unsere Platte »Comics & Pin-ups«, nach einer Zeile aus dem Song »Widder su 'ne Sonndaachmorje«. Wenigstens rettete der neue Titel das bereits fertiggestellte Artwork vor dem Papierkorb.

Später wurde mir klar, dass ich auch beim Sound des Albums nicht konsequent genug gewesen war. Obwohl ich die Hälfte der Platte extra noch einmal neu von Peter »Black Pete« Schmidt hatte mischen lassen, um das Allerschlimmste zu verhindern, vermittelte sie noch immer den Eindruck, sich verzweifelt dem Zeitgeist an den Hals werfen zu wollen. In vorauseilendem Gehorsam gegenüber tatsächlichen oder vielleicht auch bloß angenommenen Hörererwartungen wurde mit Modernismen hantiert, als gäbe es kein Morgen, wurde programmiert und geloopt, was das Zeug hielt. Doch es war wie immer: Das, was einmal das Modernste war, wird am schnellsten schal. Veraltet ist stets nur, was misslang. Und misslungen war der Versuch, einem Rock-'n'-Roll-Album mit Songs, die ich sehr mochte, einen auf die Trends schielenden Pop-Sound zu verordnen, der nicht nur mich beim späteren Hören ratlos zurückließ.

Ausgerechnet das Stück »Für 'ne Moment« veranlasste meine Söhne zu der mich beschämenden Frage:

»Wat hasste denn da gemacht, Vatter? Dat bist du doch gar nich'!«

Was ich mit »Für 'ne Moment« zum Ausdruck bringen wollte, war von einem erbarmungslosen Drum-Loop in Stücke zerhauen worden. Dabei betrachtete ich den Song als meine Visitenkarte. Er handelte von der Stadt, aus der ich kam, und von der Sprache, die dort gesprochen wurde. Die Idee zu diesem Text war mir eines Abends gekommen, als ich mit Effendi Büchel und Jens Streifling von unserem Proberaum in der Eifel zurück nach Köln gefahren war.

381

Ein langer Tag lag hinter uns, und etwas Musik im Auto konnte nicht schaden. Musik, die einem das Gefühl vermittelte, dass die Welt noch da war, und die Relationen wieder zurechtrückte. Wir entschieden uns für Tom Pettys Album »Southern Accents«. Dem Vernehmen nach waren die Aufnahmen zu dieser Platte kein Honigschlecken gewesen. Petty hatte mit Dave Stewart von den Eurythmics einen zweiten Songwriter ins Boot geholt, was seiner Band, den Heartbreakers, nicht sonderlich behagte. Ich konnte mir die Stimmung, die im Studio geherrscht haben musste, die Dispute und Differenzen, genau vorstellen. Aus Frust schlug Petty beim Abmischen der Platte gegen eine Mauer und brach sich seine Hand gleich mehrmals. Drähte und Schrauben mussten eingesetzt werden, damit er sie wieder gebrauchen konnte.

Beim Fahren achtete ich zum ersten Mal auf die Texte. Der Titelsong von Pettys Album hatte es in sich. Er blätterte in den Geschichtsbüchern. Im 17. und 18. Jahrhundert waren Auswanderer aus dem Südwesten Englands, aus Irland und aus Schottland in den Süden der USA gekommen, nach Alabama, Georgia und Tennessee, nach Mississippi, Lousiana und Arkansas, Texas, Virginia und Kentucky. Sie hatten ihre Weise des Umgangs mit der englischen Sprache mitgebracht und gaben sie auch in der Fremde nicht auf. Petty, der in Gainesville, Florida, auf die Welt gekommen war, fühlte sich ganz offensichtlich diesen »Southern Accents« zugehörig. Alles, was er jemals getan habe, so ließ er verlauten, besitze seinen Ursprung und seinen Grund in der Sprache, mit der er aufgewachsen sei.

Ich spielte mit dem Gedanken, den Text ins Kölsche zu übertragen und ihn dabei auf meine Stadt und meine Sprache zu beziehen. Die Aufgabe reizte mich. Es musste möglich sein, den Fallen von Pathos und Arroganz zu entgehen. Man durfte das Feld nicht kampflos den im eigenen Saft schmorenden Karnevalsdienstleistern überlassen. Jenen, die bei jeder Gelegenheit von der Nibelungentreue zu ihrem Dialekt sangen, während sie in Wahrheit dafür sorgten, dass er seine Lebendigkeit verlor durch das Wiederholen der immer gleichen Schunkelparolen, die in Köln so gut funktionierten wie am Ballermann. Ich machte mich an die Arbeit und merkte dabei schnell, dass ich es nicht bei einer Coverversion bewenden lassen wollte. Ich benutzte Pettys Text als Ideensteinbruch und folgte ansonsten meiner eigenen Nase. Jens hatte zudem eine Musik auf Lager, die mir für unsere Zwecke wie geschaffen schien. Sie hielt die Balance zwischen Melancholie und Lebensfreude und entsprach damit dem Bild, das ich von dem Millionendorf am Rhein, wo meine Ahnen schon gelebt hatten und meine Kinder geboren waren, zeichnen wollte.

Beim »Arsch huh«-Konzert auf dem Chlodwigplatz hatte ich Willy Millowitsch vorgeschlagen, den berühmten Monolog des General Harras aus Carl Zuckmayers Theaterstück »Des Teufels General« zu rezitieren. Er feierte das sich aus unterschiedlichen Nationen, Religionen und Schicksalen zusammensetzende Miteinander am Rhein – bei einem Konzert gegen Rassismus und Fremdenfeindlichkeit keine schlechte Sache. Beim Schreiben von ›Für 'ne Moment« dachte ich daran, wie Millowitsch Zuckmayers Text als temperamentvolles Plädoyer für Toleranz vorgetragen hatte. Die Menschen am Rhein waren Bastarde. Zu ihrer Ahnenreihe gehörten römische Soldaten, griechische Ärzte, keltische Legionäre, Graubündner Landsknechte, schwedische Reiter, Anhänger Napoleons, desertierte Kosaken, Schwarzwälder Flößer, wandernde Müllerburschen aus dem Elsass, Schiffer aus Holland, Offiziere aus Wien, französische Schauspieler und böhmische Musikanten, die allesamt, so schloss Zuckmayer, am Rhein gelebt, gerauft, gesoffen, gesungen und Kinder gezeugt hatten. Und sie hatten ihre Spuren hinterlassen in der Sprache, in der ich, seit ich denken konnte, all meine Gedanken und all meine Gefühle formulierte, auslebte oder ertrug. Ich nutzte die Gelegenheit, mich in »Für 'ne Moment« bei denen zu bedanken, die mich einst ermutigt hatten, Songs in dieser merkwürdigen Sprache zu schreiben, vor allem bei Honçe.

»Dat ess joot … do musste mieh vun maache!«, hatte er gesagt, nachdem ich ihm »Helfe kann dir keiner« vorgespielt hatte.

Tom Petty schildert in »Southern Accents«, wie er für einen Augenblick zu träumen beginnt und seine Mutter noch einmal neben sich sieht, versunken im Gebet. Die lange schon Ferne rückt in die Nähe mit einer Kraft, die überwältigt. Plötzlich gelingt die Suche nach der verlorenen Zeit. Die Erinnerung zündet ein Licht an in der Nacht der Vergangenheit und verbindet uns mit dem, was war. Kostbare, unzerstörbare Bilder, ausgelöst oft durch eine ganz zufällig scheinende Begebenheit. Man hört, wie eine Eisenstange gegen Zugräder schlägt, um ihre Festigkeit zu prüfen, und erinnert sich auf einmal wieder an Reisen, die man unternahm. Man stolpert über eine Unebenheit im Kopfsteinpflaster und denkt plötzlich an ähnlich schlecht gepflasterte Straßen an einem ganz anderen Ort, durch den man einmal ging. Man taucht ein Biskuitplätzchen in eine Tasse Tee, lässt es auf der Zunge zergehen, und sein Geschmack sorgt dafür, dass unbeschwerte Kindheitsnachmittage noch einmal lebendig werden.

Mich führte die Erinnerung zurück ins Wiegehäuschen des Kalksandsteinwerks Hersel, in unseren ersten Proberaum an der Autobahn 555. Ich gedachte in »Für 'ne Moment« jener Enthusiasten, die 1976 mit mir zusammen zwischen Kippen und leeren Flaschen Musik gemacht hatten. Eine noch namenlose Garagenband, die nicht im Traum daran dachte, jemals öffentlich aufzutreten, nicht in Köln und anderswo schon gar nicht. Wir bedienten uns der Sprache, die uns allen die vertrauteste war. Wir dachten uns nichts dabei. Wären wir Londoner gewesen, hätten wir Cockney gesprochen. Erst nach einiger Zeit wurde uns bewusst, dass der Dialektgebrauch, wie wir ihn eingeführt hatten, ein Verstoß gegen Konventionen war. Nicht nur gegen die Normen der Amtssprache, die ja nur ein Kunstprodukt zum Zweck der Verständigung ist, sondern auch gegen das üblicherweise auf Kölsch Gesungene. Ohne es zu wollen, machte ich mich durch die »<u>anderen</u> kölschen Leeder«, die ich schrieb, zum Fremden in meiner eigenen Sprache und später manchmal zum Fremden in meiner eigenen Band, wenn unterschwellig wieder einmal zu spüren war, dass die anderen den Dialekt als Hindernis auf dem Weg zu einem noch größeren Erfolg betrachteten. Einmal hatte ich mich breitschlagen lassen. Noch vor zwei Jahren hatte ich ausgerechnet die Hookline einer

Single, die von Selbstbestimmung und eigener Haltung erzählte, von »Loss se doch schwaade« in »Lass se doch reden« geändert und dem Song damit die Zähne gezogen. Anderen Einflüsterungen hatte ich weniger Gehör geschenkt. Ich dachte nicht daran, einen von Major geschriebenen hochdeutschen Text zu singen. Und ich wusste: Wenn ich, wie gewünscht, vor mehr als einem Jahrzehnt zwei Stücke vom Album »Ahl Männer, aalglatt«, die, von Balou beauftragt, Julian Dawson übersetzt hatte, auf Englisch gesungen hätte, wäre die Identität der Band für immer zerstört gewesen.

Vielleicht auch deshalb war es richtig, »Für 'ne Moment« nicht mit der ursprünglich vorgesehenen Strophe ausklingen zu lassen, die vom Aussterben der Dialekte handelte, sondern mit trotziger Beharrlichkeit und der Absichtserklärung, auch künftig meine Lieder auf Kölsch zu schreiben. Dabei machte ich mir keine Illusionen. Irgendwann würde in der globalisierten Welt kein Platz mehr für abweichendes Sprechen sein. Die Fragen in den Interviews, warum einer heutzutage noch Lieder im Dialekt schreibe, nahmen – außer in der Schweiz – von Platte zu Platte zu. An einer Hand konnte ich mittlerweile die Menschen abzählen, mit denen ich in meinem unmittelbaren Umfeld Kölsch sprach, und vor manch einem neuen Text fragte ich mich selbst, ob der Dialekt noch die Sprache meiner Empfindungen war. Die Antwort war allerdings immer eindeutig: Ja!

Schon von weitem war zu erkennen, dass das Bootshaus im Dunkeln lag. Die »Alte Liebe« hatte geschlossen. Noch immer bringt der Zufall die schlagendsten Symbole hervor. Major wartete bereits. Es kam mir vor, als hätte er die Sätze, mit denen er das Gespräch begann, zu Hause viele Male hin und her gewendet, bis sie ihm stimmig schienen:

»Ich habe mir überlegt, nach der kommenden Tournee auszusteigen. Mir ist klar geworden, dass das, was ich mit BAP gerne machen würde, mit dir offensichtlich nicht geht.«

Es lag kein Vorwurf in seinen Worten, keine Feindseligkeit. Schon immer waren wir unter vier Augen recht gelassen miteinander umgegangen, ich konnte mich an keinen lauten Streit erinnern. Man konnte sagen, dass wir uns gegenseitig in Schach gehalten hatten. Jeder wusste genau, woran er beim anderen war. Darin lag etwas Verlässliches, das machte es aber auf die Dauer auch immer schwerer, auf einen Nenner zu kommen. Unser Vorrat an Gemeinsamkeiten war lange schon aufgebraucht, seit fünfzehn Jahren, wenn man es genau nahm. Seitdem hatte jeder beim Tauziehen versucht, den anderen auf seine Seite zu bekommen. Oft war ich gefährlich nahe an die Linie geraten, doch seit einiger Zeit hatte sich das Blatt gewendet. Major musste nach den Erfahrungen auf Elba und im Studio den Eindruck erhalten haben, nicht mehr gewinnen zu können. Seine so lange gehegte Sehnsucht, die Band als auch international erfolgreichen Pop-Act mit hochdeutsch oder englisch verfassten Songs zu etablieren, würde sich nicht mehr erfüllen. Gerade hatte er mir zu verstehen gegeben, dass er sein Ende des Taus losgelassen hatte.

Wir bogen in die Kirchstraße ein. Auch das »Treppchen« und das »Fährhaus« hatten Ruhetag. Zwei Tage vor Weihnachten fand das Leben woanders statt. Wahrscheinlich waren die Leute damit beschäftigt, allerlei Vorbereitungen zu treffen und die letzten Grußkarten zu schreiben, die wie immer zu spät ankommen würden. Ich verstand ihre Geschäftigkeit und Vorfreude, doch es fiel mir schwer, sie zu teilen. Seit meiner Kindheit war Heiligabend für mich ein Tag zum Luftanhalten. Fast regelmäßig war es damals zum Streit zwischen meinen Eltern gekommen. Unser Lebensmittelladen schloss am frühen Nachmittag, doch auch danach ging für meine Mutter, Käthi und die anderen Frauen die Arbeit noch lange weiter. Wurst- und Käsetheke mussten ausgeräumt und geputzt werden, anschließend wurde die Ware verpackt und über die Feiertage verstaut. Wenn meine Mutter endlich nach oben kam, war es schon fast Zeit für die Bescherung. Alles sollte festlich ablaufen, doch oft genügte ein einziges falsches Wort, um Müdigkeit in Gereiztheit umschlagen zu lassen. Mein sparsamer Vater betrachtete Weihnachten hauptsächlich unter finanziellen Gesichtspunkten. Er missbilligte den von meiner Mutter betriebenen Aufwand und ließ sie es auch spüren. Der Rest waren gegenseitige Vorwürfe und Geschrei. Nichts ist trauriger als eine Auseinandersetzung, wenn man sich eigentlich vorgenommen hat, in Harmonie miteinander zu feiern.

An der Hauptstraße fanden Major und ich endlich ein offenes Lokal. Eine Mischung aus Stehcafé und Imbissbude mit dem unbarmherzigen Licht eines Bahnhofswartesaals in der Nacht, in dem die Gesichter müde wirken und die Stunden nicht vergehen wollen. Ich hatte mich schnell von meiner Überraschung erholt. Ich hatte erwartet, dass Major Manöverkritik üben wollte, doch nun saßen wir uns gegenüber und besprachen die Konsequenzen seines Ausstiegs. Ich fühlte kein Erschrecken und keine Traurigkeit, im Gegenteil. Ich war Major dankbar, dass er die Konsequenzen aus einer letztlich für uns beide unbefriedigenden Situation gezogen hatte. Mich hatte eine seltsame Euphorie erfasst, wie sie sich manchmal einstellt, wenn alle Pläne für die Zukunft plötzlich gegenstandslos geworden sind und man gezwungen ist, sich blitzschnell eine neue Strategie zu überlegen. Vielleicht hatte Major darauf spekuliert, dass ich ihn fragte, zu welchen Bedingungen er bleiben würde. Vielleicht hatte er darauf gesetzt, mich noch einmal zu einer Kurskorrektur bringen zu können. Doch die Vorstellung, ihn für BAP zu verlieren, ängstigte mich nicht. Ich war nicht mehr darauf angewiesen, dass er sich mit meinen Songs befasste, denn ich hatte in der Band wieder Musiker, die meine Vorstellungen teilten. Mein zwischenzeitlich ziemlich ramponiertes Selbstvertrauen war in den letzten Jahren nach und nach zurückgekehrt.

Mir war klar, dass Majors Ausstieg nicht sofort in die Öffentlichkeit getragen werden durfte. Die Medien würden sich auf die Nachricht stürzen, und manche unserer Fans würden die Welt nicht mehr verstehen. Man musste einen kühlen Kopf bewahren und jeden Schritt genau abwägen. Glücklicherweise hatte Major den Moment seines Abschieds mit Bedacht gewählt. Unsere im März beginnende und bis in den Sommer reichende Tournee würde allen genug Zeit geben, sich an die Neuigkeit zu gewöhnen. Ich war mir sicher, dass wir in der Lage sein würden, Major bei seinen letzten

Konzerten mit BAP den Abgang bereiten zu können, den er sich wünschte und den er auch verdient hatte.

Es war spät geworden. Wir verabschiedeten uns vor dem Bistro, und ich ging den Weg alleine zurück, den wir vor ein paar Stunden zusammen gekommen waren. Ein Mann führte noch seinen Hund aus. In einem Fenster wurde der Stecker aus einer Lichterkette gezogen. Wieder kam ich am dunklen »Treppchen« vorbei, einem zum Lokal umgebauten Fährhaus aus dem 16. Jahrhundert. Ich erinnerte mich an den Abend, als wir dort die Doppelplatin-Auszeichnung für unser Album »Vun drinne noh drusse« gefeiert hatten, viele Jahre nach seiner Veröffentlichung. Gott und die Welt waren erschienen, um uns zu einer Million verkaufter Exemplare der Platte, mit der wir im verrückten Sommer 1982 endgültig den überregionalen Durchbruch geschafft hatten, zu gratulieren. Ein Anlass, um ausgelassen und dankbar zu sein. Nur Major verzog sich in eine Ecke und schien durch die Feiernden hindurchzublicken. Ich sah, dass ihn etwas bedrückte. Er druckste herum, doch ich ließ nicht locker. Schließlich rückte er raus mit der Sprache:

»Na ja. Das ist ja alles ganz schön. Aber der Grönemeyer verkauft schon mehr als wir.«

Majors Art, die Dinge zu betrachten, würde mir immer fremd bleiben. Irgendwann in unserem Leben waren wir an eine Weggabelung gekommen, an der wir uns entscheiden mussten. Zwei Wege: Der eine eröffnete die Chance, eventuell sein Glück zu finden in dem, was man tat und woran man sein Herz gehängt hatte, der andere führte vielleicht zu großem Reichtum, mit dem man sich dann seine Lebensqualität erkaufen konnte. Major und ich hatten unterschiedliche Richtungen eingeschlagen. Ich rechnete es ihm hoch an, dass er aus seiner Entscheidung nie einen Hehl gemacht hatte. Er war von Leverkusen nach Köln gekommen, hatte sich die lokale Musikszene genau angesehen und war schließlich zu der Band gegangen, von der er sich den größten Erfolg versprach. Dann hatte er alles dafür getan, sie nach oben zu bringen. Es war ihm gelungen. Wir alle hatten von seiner Energie und seinem Eifer profitiert. Erst als er meine Ideen in Rock'n'Roll verwandelt hatte, war der Funke wirklich übergesprungen.

Doch unsere Wege verliefen nur eine Weile parallel. Spätestens als einige deutsche Acts an uns vorüberzogen, als wir nicht mehr die größten, sondern nur noch die zweitgrößten Hallen füllten, besann sich jeder wieder darauf, was ihm wirklich wichtig war. Major schien sich dadurch manchmal selbst der Möglichkeit zu berauben, am Erreichten Freude zu finden. Auch ich wusste, dass wir einmal mehr Platten verkauft hatten, und an so manchem Tag konnte mich der Gedanke daran auch auf dem falschen Fuß erwischen. Doch gleichzeitig sah ich nach so vielen Jahren noch immer in allen Ecken Deutschlands bei unseren Konzerten Menschen, die jünger waren als die Band. Die sich mit unserer Musik identifizieren konnten und herausfinden wollten, wovon zum Teufel ich da eigentlich sang. Die mitbekommen hatten, wenn wir uns verrannten und den Wald vor lauter Bäumen nicht mehr sahen. Die aber vielleicht auch spürten, dass wir nicht versuchten, sie mit Propaganda und Gemeinplätzen abzuspeisen. Und die uns noch immer die Treue hielten und uns das Gefühl gaben, gebraucht zu werden.

Ich ging am Flussufer entlang. Der Rhein floss gleichmütig an der Stadt vorbei, stumm und majestätisch wie seit Jahr und Tag. Flache Wellen unter einem mondlosen Himmel. Auf einem langsam vorübergleitenden Schiff formte sich ein Gewinde von Glühbirnen zu einem Wort, das ich nicht entziffern konnte. Ein spätes Flugzeug setzte zur Landung an. Vielleicht würde es bald Schnee geben. Die kalte Luft nahm mir den Atem, doch ich fühlte mich lebendig und erfüllt von Zuversicht. Die Band würde auch nach Majors Ausstieg weiter existieren. Sie hatte schon viele Umbesetzungen erlebt. Keine, so einschneidend sie auch gewesen sein mochte, hatte mir die Lust genommen, weiterzumachen. Seit unserem ersten Song auf Kölsch hatte ich BAP immer auch als eine Art Projekt betrachtet, dessen einzige Konstanten meine Sprache, meine Texte und meine Stimme waren. Wenn ich vorne am Mikrophon stand und Mitstreiter neben mir wusste, die bereit waren, ihre Leidenschaft, ihre Träume und ihre Kraft mit einzubringen, dann war das BAP. Ich dachte an die vielen Musiker, die im Lauf der Zeit ihren Teil dazu beigetragen hatten, dieses Projekt am Leben zu erhalten. Ich kannte die Verdienste jedes einzelnen von ihnen. Alleine hätte ich es niemals geschafft.

Zu Hause war Tina noch mit Einräumen beschäftigt.

»Wie war's?«, fragte sie.

»Der Major steigt nach der Tour aus.«

Sie sah mich an und sagte:

»Komm, wir machen 'ne Flasche Sekt auf.«

Wir saßen auf den Umzugskartons und tranken auf die Zukunft. Mir fiel John Lennons altes Weihnachtslied ein. Ein weiteres Jahr war vorüber. Doch ein neues zeigte sich schon am Horizont. Es war noch viel Zeit, das Richtige zu tun.

Am nächsten Morgen rief Jürgen Zöller an. Jürgen war schon immer eine treue Seele gewesen. Er ließ den Kontakt nie abreißen. Mindestens einmal in der Woche erkundigte er sich, was es Neues gab. Im Moment befand er sich in Costa Rica im Familienurlaub. Ich berichtete ihm von Majors Entscheidung. Ein seltsamer Laut drang durchs Telefon. Jürgen schien sich verschluckt zu haben. Dann sagte er:

»Du weißt ja wohl, wen wir jetzt fragen, ob er bei uns mitmachen möchte.«

Ich wusste, wen er meinte. Jürgen und Werner Kopal hatten erst vor kurzem eine Endorsement-Tour durch Musikgeschäfte und kleine Clubs gespielt. Gemeinsam mit einem Gitarristen namens Helmut Krumminga hatten sie Instrumente bestimmter Firmen einem interessierten Fachpublikum präsentiert. Schenkte man Jürgen und Werner Glauben, war die Arbeit mit Helmut eine vielversprechende Sache gewesen. An langen Abenden an der Hotelbar hatten die drei so manches Mal die Köpfe zusammengesteckt und sich mit zunehmender Begeisterung ausgemalt, wie es wäre, auch bei BAP zusammenzuspielen – Träumereien beim Bier, aus denen nun vielleicht schneller als erwartet Realität werden würde.

Ich beschloss, mir diesen Gitarristen einmal näher anzusehen, und lud ihn zu mir nach Hause ein.

Erst da wurde mir klar, dass ich Helmut schon einmal getroffen hatte. Ich erinnerte mich an einen Fernsehauftritt mit der »AG Arsch huh« vor einigen Jahren, zu dem er mit Arno Steffen, einem Mitglied des phantastischen Kölner Triumvirats L.S.E. (Lammers – Engel – Steffen), gekommen war. Eine Erinnerung der eher unangenehmen Art. Damals glaubte ich, die Feindseligkeit, die mir Helmut entgegenzubringen schien, fast mit Händen greifen zu können. Er wirkte abweisend und unnahbar und umgab sich mit einer Aura kalter Arroganz. Nun saß er an meinem Küchentisch, ein baumlanger Mann, der klobige schwarze Stiefel mit Schnallen trug, und ich sprach ihn auf unsere erste Begegnung an. Helmut wiegte bedächtig den Kopf, dann beruhigte er mich. Er wisse, dass er auf viele Menschen einen derartigen Eindruck mache, wenn er angespannt oder in Gedanken sei. Seine Unsicherheit wirke dann oft wie Überheblichkeit. Ich spürte, dass er die Wahrheit sagte. Es musste Helmut einige Überwindung gekostet haben, seine norddeutsche Zurückhaltung aufzugeben, um mir diesen kurzen Blick in sein Inneres zu gewähren. Wie ich später noch des Öfteren feststellen sollte, verlor er für gewöhnlich nicht viele Worte über seine Gefühle. Doch wenn er sich einmal öffnete, schien er die ganze Welt umarmen zu können. Dann fuhr er sich aufgeregt durchs Haar, sprach mit großer Begeisterung von den Bands, die er liebte, oder beugte sich herüber, um einem seine Ansichten wie Geheimnisse direkt ins Ohr zu flüstern.

Helmut brachte gute Voraussetzungen für den Job des BAP-Gitarristen mit. Er teilte mit mir eine wichtige Erfahrung: Für uns beide war ein Auftritt der Rolling Stones unser jeweils allererstes Rock-'n'-Roll-Konzert gewesen – nur hatte ich das Glück gehabt, an meinem sechzehnten Geburtstag in der Kölner Sporthalle noch Brian Jones erleben zu können, was neun Jahre später, Anfang Mai 1976 in der Bremer Stadthalle, natürlich nicht mehr möglich war. Helmut war Anfang der achtziger Jahre von Ostfriesland, wo sein Vater jedes Wochenende als Akkordeonspieler und Sänger bei

Tanzveranstaltungen auftrat, nach Köln gezogen, hatte in verschiedenen Bands gespielt und war nach und nach in die lokale Musikszene hineingewachsen. Nur eines unserer Konzerte hatte er nie besucht. Er habe zu BAP nie wirklich einen Draht gefunden, bekannte er. Eigentlich habe er sich sogar immer gewundert, warum wir so erfolgreich seien. Mir gefiel Helmuts Ehrlichkeit. Er versuchte nicht, sich in möglichst vorteilhaftem Licht zu zeigen, nur um Eindruck zu schinden. Von Jürgen und Werner wusste ich, dass er nicht nur ein großartiger Gitarrist, sondern auch ein hervorragender Songschreiber und Sänger war. Ich machte ihm daher ein Angebot:

»Wenn du willst, kannst du ab jetzt daran mitarbeiten, dass du irgendwann doch noch etwas mit BAP anfangen kannst.«

Einige Tage darauf erfuhr ich, dass noch eine Stelle neu zu besetzen war. Wir mussten uns auch nach einem neuen Keyboarder umsehen. Als ich mich mit Effendi Büchel traf, um die Situation nach Majors Ausstieg zu besprechen, merkte ich schon an der zögerlichen Art, mit der er die Treppen zu mir heraufkam, dass mir eine Überraschung bevorstand. Ich hatte nicht damit gerechnet, dass auch Effendi der Band den Rücken kehren würde. Gerade in der letzten Zeit hatten wir viel miteinander zu tun gehabt, nicht nur bei den Leoparden. Auch privat sahen wir uns gelegentlich, seit er sich ebenfalls ein Haus in Kronenburg gekauft hatte. Doch jetzt hörte ich schon wieder Sätze, die einen Abschied ankündigten:

»Eigentlich hatte ich ja vor, noch ein paar Stationen weiter mitzufahren, aber wenn der Zug jetzt außerplanmäßig noch mal anhält, dann steige ich am besten auch mit aus. Immer öfter schaue ich in den Spiegel und denke: Der Rock'n'Roll ist irgendwie weg.«

Ich nahm ihm seine Erklärung ab, sie war einleuchtend und klang dazu noch ehrlich und selbstlos. Und doch stellte sie nur einen Teil der Wahrheit dar. Natürlich ging es auch um viel Geld. Wie allen Musikern aus jener BAP-Besetzung der Jahre 1981 und 1982, die die Doppelplatin-Alben »… für ussseschnigge!« und »Vun drinne noh drusse« eingespielt hatte und die von vielen Fans hartnäckig als »Originalbesetzung« bezeichnet wurde, stand auch Effendi eine stattliche Abfindung zu.

Effendis Nachfolger war schnell gefunden. Wir konnten uns ein Casting sparen. Ohnehin konnte ich es mir nicht vorstellen, jemals eine Reihe von Musikern nacheinander zu begutachten und sie auf ihre Tauglichkeit zu prüfen. Für den Job des Jurors war ich nicht geeignet. Ein Schaulaufen, an dessen Ende eine Entscheidung von mir erwartet wurde, passte nicht zu dieser Band, in der sich Umbesetzungen immer organisch ergeben hatten. Das Glück verließ uns auch jetzt nicht. Dieses Mal kam der entscheidende Tipp von Jens.

Manche Belanglosigkeiten, denen man im Dunkel des gelebten Augenblicks keinerlei Wichtigkeit beimisst, erweisen sich im Nachhinein als überraschend bedeutungsvoll. Dann scheint all das, was Zufall gewesen war, einer versteckten Dramaturgie gefolgt zu sein, die keine andere Aufgabe hatte, als einen aufs Kommende vorzubereiten. Lange nachdem Michael Nass als Keyboarder bei BAP eingestiegen war, entdeckte ich seinen Namen in einem alten Notizbuch, das ich während der »Leopardefell«-Tour geführt hatte. Jens bat mich damals, Micha, den er seit seiner Schulzeit kannte, auf die Gästeliste für unser Konzert im Berliner Club »Huxley's Neue Welt« zu setzen. Die beiden waren sich in Borna bei Leipzig über den Weg gelaufen, hatten eine Band namens P16 gegründet und Anfang der achtziger Jahre gleich mehrere Förderpreise abgeräumt: ein unschuldiger Abstecher zu erstem Ruhm mit poppigen Punkfrisuren, einem Fernsehauftritt und selbstgeschriebenen Songs, die von den Katastrophen des Jungseins handelten, etwa dem Scheitern an der Kinokasse: »P16 – das kann nicht sein, P16 – man lässt uns nicht rein.« Sogar im Berliner »Palast der Republik« traten P16 auf und coverten dort unter anderem »Do kanns zaubre«. Fünfzehn Jahre später stand ich mit zwei ehemaligen Mitgliedern dieser sächsischen Schülerband, die hinter dem Eisernen Vorhang meinen Liebesbrief aus der Kölner Teutoburger Straße nachgeschrieben hatte, auf der Bühne.

Auch Michael Nass lud ich in meine Küche ein. Er war mir

sofort sympathisch. Seine Bescheidenheit grenzte an Schüchternheit. Ich nahm mir vor, ihm den Rücken zu stärken und ein wenig auf ihn achtzugeben. Ich hörte ihm gerne zu, wenn er von den Bands berichtete, in denen er schon gespielt hatte. Auch dabei riskierte er keine dicke Lippe, er hielt sich lieber an die Fakten. Nach der Wende war er mit der Chanson-Sängerin Veronika Fischer durch die Lande gezogen. Für sie hatte der Dichter Jörg Fauser einige Texte verfasst. Verwehte Zeilen von großer Zärtlichkeit, die die Farben des Abschieds und die Farben der Fremde beschworen; die Bilder heraufriefen vom Rauch großer Fabriken, von Wind und Asche, von stillen Seen und trist verdämmernden Morgen. Micha war auch Mitglied in Gerhard Gundermanns Band Seilschaft gewesen. Er erzählte mir von Gundermanns Doppelexistenz. Gundermann hatte als überzeugter Kommunist tagsüber als Baggerfahrer im Braunkohlerevier gearbeitet und abends ausufernde Rock-'n'-Roll-Shows gespielt. Er trat im Vorprogramm von Bob Dylan auf und war am nächsten Morgen wieder pünktlich zur Stelle, wenn die Schicht begann. Gundermann hatte alles aus seinem Leben herausgeholt, bevor er 1998 an einem Hirnschlag gestorben war – drei Jahre nachdem die Öffentlichkeit von seiner zeitweiligen Tätigkeit als Inoffizieller Mitarbeiter der Stasi Wind bekommen hatte. Es gibt Themen, bei denen man sich als West-Rocker besser bedeckt hält.

Die Veränderungen in der Band nahmen langsam Gestalt an. Eines fügte sich zum anderen, ohne dass uns falscher Ehrgeiz oder übertriebene Bedenken einen Strich durch die Rechnung machten. Mit Helmut und Micha konnten wir es wagen, ein neues Kapitel aufzuschlagen. Und dass daraus kein reiner Männerbund wurde, dafür würde auch weiterhin Sheryl Hackett sorgen. Sheryl lebte in Heidelberg und war damit wie Jürgen nicht im unmittelbaren Kölner Umfeld zu Hause. Sie steuerte Chorgesang zu »Comics & Pin-ups« bei, direkt danach holte ich sie in die Band. Ich wusste, dass Chorsängerinnen bei unseren Fans nicht gut gelitten waren. Einmal hatten wir nach einer Tournee viele böse Briefe bekommen, weil wir es gewagt hatten, uns mit zwei Sängerinnen zu verstärken.

Das Bild von den sieben Zwergen vertrug offensichtlich keine weibliche Ergänzung. Doch das war mir egal. Ohnehin war ich mir sicher, dass die Fans Sheryl lieben würden. Alle mochten sie. Ein karibisches Energiebündel mit eintausend Zöpfen auf dem Kopf, mit blitzenden Augen und einem ansteckenden Lachen. Sheryl war kein harmloses Püppchen, das stumpf mit dem Arsch wackelte. Sie war nicht nur Sängerin, sondern auch Musikerin. Was sie mit Percussion-Instrumenten anstellte, hatte Hand und Fuß. Und wenn sie zu singen begann, nahm sie einem die Luft und schenkte einem gleichzeitig zusätzlichen Atem.

Nur selten legten wir beim Proben eine Pause ein. Dann liefen wir ein Stück die Straße hinauf bis zum historischen Kern von Kronenburg. Sieben Gestalten in der winterlichen Abgeschiedenheit eines aus dem späten Mittelalter übrig gebliebenen Eifelortes. Sieben Gestalten auf schneebedecktem Kopfsteinpflaster, unter Torbögen und vor uralten Häusern, auf die die Sonne fiel. Vor über vierzig Jahren waren die Schriftsteller des Verlags Kiepenheuer und Witsch durch dieselben windschiefen Gassen gegangen, ich kannte Fotos von ihrem Ausflug nach Kronenburg: Heinrich Böll, der im Innenhof des »Eifelhauses« aus »Entfernung von der Truppe« liest. Joseph Caspar Witsch mit legerem Sommerhut. Und, geschart um ihren Lektor und Förderer Dieter Wellershoff, die junge Riege der Verlagsautoren: Frühverstorbene wie Nicolas Born, elend Zugrundegegangene wie Günter Steffens oder fast schon Vergessene wie Günter Herburger – Einzelgänger allesamt, die nichts von abstrakten Sprachspielen hielten, sondern in ihren Gedichten und Romanen den ganz gewöhnlichen Alltag in den Blick nahmen, um ihm seinen Zauber zurückzugeben.

Meistens kehrten wir schnell wieder um. Wir zogen die Tür der alten Dorfschule hinter uns zu, stellten uns im Kreis auf und machten Musik. Draußen lag Schnee, und drinnen wurde es laut. So einfach war das. So einfach wie schon seit Ewigkeiten nicht mehr. Es war wie eine andere Band, es war ein anderes Gefühl. Alle zogen an einem Strang, und die Vergangenheit büßte ihre Macht ein. Keine schlechte Laune mehr, kein Blockieren, keine Machtproben. Ich hatte fast vergessen, dass es so ja auch ging.

Ich wollte, dass die Leute so rasch wie möglich die neue BAP-Besetzung kennenlernten. Ich wollte ein Album aufnehmen. Mitten in unserem sogenannten zwanzigsten Jubiläumsjahr, zählte man die Jahre nach der Veröffentlichung unserer ersten Platte, hatte sich ein Umbruch vollzogen, der es lohnte, dokumentiert zu werden. Ursprünglich war beabsichtigt gewesen, auf »Comics & Pin-ups« ein Unplugged-Album folgen zu lassen. Insbesondere Major hatte sich für diese Idee starkgemacht. Nun bestand keine Notwendigkeit mehr für ein rein kommerziell gedachtes Projekt ohne großartigen künstlerischen Anspruch, für das ich mich sowieso nie wirklich hatte begeistern können. Viel interessanter wäre es, die Entwicklung der Band Revue passieren zu lassen, indem man sich nicht an den bekannten Karrierehöhepunkten entlanghangelte, sondern sich auf die vermeintlich viel weniger spektakulären Innenansichten konzentrierte, die im Lauf der Jahre immer wieder zu Songthemen geworden waren. Dabei dachte ich vor allem an die Stücke, die vom Unterwegssein handelten, weil sie am ungeschütztesten Zeugnis ablegten von Aufbruchstimmung und Euphorie, aber auch von Unsicherheit und Selbstzweifeln. Ich wollte dieses Album »Roadmovie« nennen. Es würde nicht die großen Hits in dezenten Versionen und mit Streichquartett enthalten, sondern Songs, die aus einer ganz anderen Ecke kamen.

Inspiration holten wir uns von einem Foto, das an der Wand des Proberaums hing. Es zeigte Bob Dylan, Keith Richards und Ron Wood am 13. Juli 1985 beim von Bob Geldof organisierten »Live Aid«-Festival. »Live Aid« erreichte fast die ganze Welt. Das Festival brachte einen dazu, nicht nur seine Aufmerksamkeit auf eine in Äthiopien wütende Hungerkatastrophe zu richten, sondern sich auch zu fragen, was man dagegen tun konnte. Am Ende eines langen Sommertages, nach zwei teilweise gleichzeitig ablaufenden Konzerten in London und in Philadelphia, war Dylan als Letzter vor dem Finale an der Reihe. Die Veranstalter hatten sich mit Sicherheit vorgestellt, dass Dylan den Geist und die Stimmung des historischen Ereignisses zusammenfassen und so noch einmal seiner ihm schon so oft zugedachten Rolle als »Hohepriester des Protests« und als »Zar der Andersdenkenden« gerecht werden würde. Doch dabei hatten sie übersehen, dass Dylan diese Rolle immer gehasst und ihr von Beginn an durch ständiges Hakenschlagen, durch Verweigerung und Rückzug zu entkommen versucht hatte. Als Jack Nicholson die Bühne des JFK-Stadions betrat, um am ganz großen Rad zu drehen, um den »überweltlichen« Bob Dylan, die »Stimme der Freiheit«, anzusagen, schürte er Erwartungen, die Dylan wohl weder erfüllen wollte noch erfüllen konnte. Und eigentlich ging ja auch wirklich alles schief. Dylan kündigte seine beiden Mitstreiter an, doch die ließen erst einmal auf sich warten: »I don't know where they are.« Dann stellte sich heraus, dass die Musiker beim Warten auf ihren späten Auftritt nicht nur Softdrinks getrunken hatten. Zudem konnten sie sich beim Spielen nicht hören, weil die Monitoranlage bereits für das anschließende Finale vorbereitet wurde. Während »Blowin' in the Wind« riss eine Saite von Dylans Gitarre, Ron Wood schaltete schnell und übergab Dylan seine eigene, stand dann aber eine Ewigkeit mit leeren Händen herum, weil kein Roadie in der Lage war, ihm ein neues Instrument zu bringen. Und zu allem Überfluss wurde hinter dem Vorhang unter der Ägide des allgegenwärtigen Lionel Richie bereits unüberhörbar für den großen »We Are the World«-Abschluss geprobt, eine Geste großer Gedanken- und Respektlosigkeit gegenüber den Auftretenden. All das bestärkte so manchen Konzertbesucher hinterher darin, Dylan endgültig abzuschreiben. Doch kniff man die Augen zusammen, um im Dunst von wohlfeilen Witzeleien und billiger Ironie einigermaßen klar zu sehen, entdeckte man in Dylans Auftritt neben all den Pannen eben auch großen Wagemut und künstlerische Integrität. Während beinahe alle Acts beim »Live Aid«-Konzert gerne die Gelegenheit nutzten, nicht nur ihre Solidarität für die gute Sache zu bekunden, sondern auch vor 1,5 Milliarden Fernsehzuschauern und potenziellen Plattenkäufern den größten Promo-Effekt in eigener Sache zu erzielen – und dabei auch vor größenwahnsinnigen Aktionen wie einem Flug mit der Concorde von England nach Amerika nicht zurückschreckten, um aufgrund der Zeitverschiebung gleich zweimal auftreten und Schlager wie »Against All Odds« singen zu können –, griff Dylan das Thema des Tages wirklich auf. Obwohl seine Platten in den achtziger Jahren durchaus einige Käufer mehr vertragen konnten und eine geschliffene Darbietung von »Knockin' on Heaven's Door« oder »Like a Rolling Stone« sicherlich einen Popularitätsschub beim Mainstream-Publikum bewirkt hätte, entschied er sich dafür, nicht den einfachen Weg einzuschlagen. Mit Richards und Wood hatte er in den Tagen zuvor Songs geprobt, von denen er wusste, dass kaum einer der Zuschauer sie kennen würde. Doch sie waren mit Bedacht ausgewählt worden. »Ballad of Hollis Brown« erzählte die düstere Geschichte eines in großer Armut lebenden Farmers, dessen Anstrengungen, sich, seiner Frau und seinen fünf Kindern ein menschenwürdiges Leben ohne Hunger zu ermöglichen, zum Scheitern verurteilt waren. Am Ende kauft er sich sieben Gewehrkugeln; am Ende liegen sieben Tote auf dem Gelände einer heruntergekommenen Farm in South Dakota. Das darauffolgende »When the Ship Comes in« war eine an Brechts »Seeräuber-Jenny« angelehnte Erlösungsphantasie, deren Entstehung sich einem ganz prosaischen Anlass verdankte: Der junge Dylan war zu Beginn der sechziger Jahre einmal von einem blasierten Hotelportier abgewiesen worden. Der Song handelte jedoch ebenso sehr von Hoffnung und Befreiung wie von Rache. Vor allem enthielt er die für das Zeitalter paralleler Satellitenübertragungen so überaus passende Zeile »The whole wide world is watching«.

Am Ende seines Sets kam Dylan dann dem Publikum entgegen. »Blowin' in the Wind« war einer seiner größten Hits, aber eben auch ein Song über Verzweiflung und Unsicherheit. An einem Tag, an dem so mancher Künstler pathetische, großspurige und prahlerische Antworten gegeben hatte, war es wohltuend zu hören, wie einer sich damit begnügte, Fragen zu stellen. Und von dieser Seite aus betrachtet verlor auch die von vielen als unanständig empfundene Anregung Dylans, einen kleinen Teil des mit »Live Aid« eingenommenen Geldes in Not geratenen amerikanischen Farmern zukommen zu lassen, ihre Anrüchigkeit. Dass es sich dabei nicht um leeres Gerede gehandelt hatte, wurde spätestens dann klar, als Willie Nelson kurze Zeit darauf mit Dylans Unterstützung »Farm Aid« ins Leben rief.

Für mich hatten Dylan, Richards und Wood mit ihrem Auftritt die Fahne des Rock 'n' Roll hochgehalten. Wo es oft um größtmögliche Überwältigung, um Künstlichkeit und Show-Business ging, blieben sie authentisch. Und Dylan bewies wieder einmal, dass er nicht gewillt war, fremden Erwartungen zu entsprechen. Gerade indem er ihm vieles abverlangte, achtete er sein Publikum und nahm es ernst. Aus diesem Grund prosteten wir, wenn wir wieder einmal zu gut von unseren Kronenburger Herbergseltern bekocht worden waren, dem Foto vom »Live Aid«-Konzert zu und tranken einen Grappa auf die Heiligen Drei Könige des Rock 'n' Roll. Unterhalb des Fotos hing eines jener viel zu bunten, unablässig blinkenden Weihnachtslichter, wie sie in orientalischen Import-/ Export-Läden verkauft wurden. Severin und Robin hatten es mir geschenkt, um mich auf den Arm zu nehmen. Sie wussten, was ich von derartigem Zeug hielt. Das Bild, das farbige Licht und die zwei links und rechts davon abgestellten Grappaflaschen – beinahe konnte man sich bei dieser Anordnung an einen Altar erinnert fühlen.

Bei einer Pressekonferenz für unsere im Sommer anstehende Open-Air-Tour ließ ich die Katze aus dem Sack. Ich verkündete, dass das für den 10. Juli in Koblenz angesetzte Konzert das letzte mit Major und Effendi sein würde. Nach der Bekanntgabe verzog ich mich wieder nach Kronenburg, um für das geplante Album mit der neuen Besetzung weiterzuproben. Für die Medien war die Nachricht ein gefundenes Fressen. Sie griffen in den Setzkasten und kramten die größten Buchstaben hervor, die sie finden konnten. Die Schlagzeilen gehörten uns. Der Boulevard ließ sich nicht lumpen. Er formulierte unsere Todesanzeige und ließ die Fragezeichen dabei weg: »Aus für BAP – Drei Musiker schmissen hin«. Oder auch: »Drei Musiker weg – Das Ende«. Ich hätte gerne in den Redaktionen angerufen und die zuständigen Journalisten nach dem Namen des dritten Musikers gefragt, dessen Abgang uns das Aus bescherte, ließ es aber bleiben. Stattdessen nahm ich eine der Zeitungen in die Hand und bat die anderen zum Gruppenbild. Für eine Band, deren Ende soeben überall verkündet wurde, fühlten wir uns ziemlich lebendig.

Der nächste Morgen zeigte, dass sich die Neuigkeit rasch verbreitete. Noch vor acht Uhr krachte es. Der Türklopfer, den ich in Marokko erstanden und an meinem Haus in Kronenburg angebracht hatte, wurde mit Vehemenz und dem unerschütterlichen Überlegenheitsgefühl des Frühaufstehers angeschlagen. Ein Höllenlärm, der sich mit viel Hall fortpflanzte. Ich sprang aus dem Bett, zog mir notdürftig etwas über und hastete nach unten, ehe die für die Dauer unserer Proben bei mir einquartierten Jens, Helmut und Micha auch noch aus dem Schlaf gerissen wurden. Schon wieder donnerte es im ganzen Haus. Ich öffnete die Tür. Draußen standen zwei Möbelpacker. Während ich mir noch überlegte, ob es sich bei ihnen um Wiedergänger jener beiden Kerle handelte, denen der Dire-Straits-Song »Money for Nothing« zu Weltruhm verholfen hatte, stellte mir einer von ihnen schon die entscheidende Frage:

»Ess dat he die Dorfschull?«

Offensichtlich hatte mich eine Verwechslung aus dem Bett geholt. Ich erklärte, dass sich die Dorfschule in unmittelbarer Nähe befinde, und wies die Straße hinauf. Doch ich hatte mich wohl nicht überzeugend genug ausgedrückt.

»Ävver dat he ess doch die Dorfschull!?«

»Nä! Die Dorfschull ess dat lange wieße Huus dohinge!«

Wie immer, wenn jemand Kölsch mit mir sprach, schwenkte auch ich in den Dialekt um. Gerade wollte ich den Möbelpackern noch einmal in aller Deutlichkeit den Weg zur Schule erklären, als plötzlich einer der beiden mit dem Finger auf mich deutete:

»Dat ess doch … dat ess doch dä BAP!«

Der andere blickte mich unverwandt an. Dann begriff er:

»Dä BAP? Dä sich ahm Oplöse ess?«

Aber ich hatte nicht vor, mich aufzulösen. Weder mich noch meine Band. Wir wollten einfach nur den Moment des Neuanfangs genießen und ungestört Musik machen. Ich wusste, dass sich die Presse noch einige Zeit austoben würde, aber ich hoffte, dass sie dabei nicht übers Ziel hinausschoss. Immerhin lagen vor der alten BAP-Besetzung noch eine ganze Menge Konzerte. Wir hatten sie konzentriert anzugehen und mit Anstand zu spielen. Gerüchte, haltloses Gerede oder gar Schlammschlachten konnte man dabei am allerwenigsten gebrauchen.

Findige örtliche Veranstalter waren auf die Idee gekommen, die »Comics & Pin-ups«-Tournee als unsere letzte zu promoten. Wie die Zeitungen machten sie aus Majors und Effendis baldigem Abgang das Ende der Band, weil sie sich davon Profit versprachen. Aber auch das konnte mich nicht aus der Ruhe bringen. Bald würde jeder sehen, dass von einer Abschiedstournee nicht die Rede sein konnte. BAP fing doch gerade erst wieder an, mit der Freude an Selbstverwirklichung und Kreativität, die ich in den letzten Jahren in der Zusammenarbeit mit Major so schmerzlich vermisst hatte und die sich auch bei unseren letzten gemeinsamen Konzerten nicht mehr einstellte. Zwar hatten wir auf hohem Level einen Kompromiss gefunden, zwar gingen wir respektvoll miteinander um und waren wie immer professionell genug, auf der Bühne unser Bestes zu geben und alles aus uns herauszuholen. Doch wirklich miteinander Spaß zu haben gelang uns nicht mehr. Für den sorgten bei dieser insgesamt freudlosen Tournee eher andere Begebenheiten entlang des Weges.

Wie schon einige Male zuvor gaben wir zum Aufwärmen einige Konzerte in der Provinz unter falschem Namen. Einmal hatten wir uns »Der 7 'ühnchen« genannt, ein anderes Mal waren wir als »Asphaltpirate« losgezogen, um in Sporthallen in der Eifel unser Programm zu testen. Nicht selten spielten wir dabei gegen Geräuschpegel an, die vor allem in der Nähe des obligatorischen Bierausschanks schützenfestartige Ausmaße annahmen. Das Motto für die anstehende Warm-up-Tour fand meine vierjährige Tochter Isis. Sie entdeckte in der Zeitung das Foto von einem Torero, der von einem Stier tüchtig auf die Hörner genommen wurde, deutete darauf und rief freudestrahlend: »Guck mal, Papa, huckepack!« Isis traf den Nagel auf den Kopf. »Huckepack« war der ideale Deckname für unsere Aufwärmkonzerte. Er holte den ursprünglich für unsere »Comics & Pin-ups«-Platte vorgesehenen Titel »Psycho-Rodeo« zurück ins Boot und transportierte ihn dabei vom Ernsten ins Spielerische. Und zudem brachte er das Album-Artwork mit all seinen Reitszenen auf den Punkt. »Huckepack«, das war dann eben nicht nur ein Torero in unbequemer Lage, sondern auch Eric Stantons Comiczeichnung, die wir auf die Eintrittskarten drucken ließen. Auf ihr stellten zwei leichtbekleidete Damen, die einen bezeichnenderweise in einen Leopardenfell-Lendenschurz gehüllten Mann als Reittier benutzten und ihm Sporen und Peitsche gaben, die alte Legende von Aristoteles und Phyllis nach und hüllten sie in Lack und Leder. Nur war weit und breit kein Alexander der Große mehr in Sicht, der dieser Art von »Weibermacht« Einhalt gebot.

Einer der Warm-up-Gigs fand beinahe unter Ausschluss der Öffentlichkeit statt. Wir bestritten das Nachmittagsprogramm in der JVA Werl, einem Gefängnis in der Nähe von Dortmund. Wir spielten in einer verdunkelten Turnhalle unter hochgehängten Basketballkörben meist breitschultrigen, teilweise großflächig tätowierten und in der Mehrzahl schlecht gelaunten Herren zum Tanztee auf. An San Quentin und Folsom Prison erinnerte das nur bedingt, aber ich machte eine Erfahrung, die vielleicht auch Johnny Cash knapp dreißig Jahre zuvor ins Grübeln gebracht hatte: Manche Songs erhielten eine völlig neue Bedeutung, wenn man sie hinter Gittern spielte. Als wir wie gewohnt unseren Auftritt mit »Psycho-Rodeo« begannen, merkte ich, wie die Zeilen, die ich sang, den Moment mehr charakterisierten, als mir lieb war: »Wo simmer he? Wa'ss dat? He wohr mer jo noch nie!« – das konnte noch als einigermaßen charmanter Kommentar zum ungewöhnlichen Ambiente durchgehen. Schwieriger gestaltete sich das schon mit den nächsten Zeilen: »Wo simmer he erinnjeroode? Weshalv un wann, ey Mann, vüür allen Dingen wie? Wat hammer he enn däm

Loch verloore?« Ich beschrieb den Häftlingen gerade ihr verhasstes Zuhause, was auf sie wie Hohn wirken musste. Doch jetzt gab es kein Zurück mehr. Ich widerstand der Versuchung, die folgenden Zeilen einfach zu verschlucken. Mit möglichst harmloser Miene und ohne jemanden im Publikum dabei anzusehen, sang ich: »Saach, wat dunn die Lück he? Hann die kei Zohuss? Hann die kei Bett? Ich jläuv, ich muss he widder russ!« Manchmal besaß das Singen auf Kölsch unschätzbare Vorteile. Dieses eine Mal war ich froh darüber, dass nicht jeder im Publikum mich gleich auf Anhieb verstehen konnte.

Bei den regulären Konzerten brachte Major noch einmal seine Gitarrenkünste an den Mann. Regelmäßig ließ er den Rest der Band bei seinen nicht enden wollenden Ad-lib-Solos auf der Bühne verhungern und degradierte sie zu Statisten. Besonders das Solo zu »Helfe kann dir keiner« konnte einen zur Verzweiflung treiben. Es fand auf einem beliebig oft wiederholbaren Akkordwechsel zwischen e-Moll zu C-Dur statt. Irgendwann begann Major dann damit, über ein zwölftaktiges Bluesschema zu improvisieren, und zwar ebenfalls so lange, wie er wollte. Und das war SEHR lange. Das Solo schien sich über Stunden auszudehnen. Es hörte einfach nicht mehr auf. Es hatte Tourneen gegeben, da war ich bei solchen Gelegenheiten von der Bühne gegangen, hatte mir ein frisches T-Shirt angezogen, einen Schluck getrunken und ein paar Worte mit den Roadies gewechselt, ehe ich zurückkam, doch seit ich wieder bei vielen Stücken Rhythmusgitarre spielte, ging das nicht mehr. Auch in der Berliner Arena drohte ein Solomarathon. Alle Zeichen zeigten bedrohlich in Richtung Ewigkeit. Dieses Mal ritt mich der Teufel. Als Major beim Blues angekommen war, drehte ich den Spieß um, ging zum Mikrophon und begann zu singen: »Jestern Ohvend, als ich heimkohm, de Fritten stunden ald om Desch ...« Ich toppte »Helfe kann dir keiner«, den ältesten BAP-Song, mit dem noch früher entstandenen »Fritten-Blues«, dem ersten Kölschrock-Stück überhaupt, einem Geniestreich von Mötz, mit dem wir zu Beginn der siebziger Jahre Partygesellschaften mehr als einmal prächtig unterhalten hatten. Der »Fritten-Blues«

403

handelte von einem Junk-Food-Freak, der nach Hause kommt, sich aufs Essen freut, doch dann bemerkt, dass etwas zu seinem Glück fehlt: »Ich saare, Baby, wo ess dat Salz?« Die Antwort fällt niederschmetternd aus: »Dat Salz ess fott!« Als das Salz endlich aufgetrieben ist, wird etwas anderes vermisst: »Baby, wo ess dä Ketchup?« Worauf mit der tragischen Unausweichlichkeit einer klassischen griechischen Tragödie die Antwort folgt: »Dä Ketchup ess fott!« Der »Fritten-Blues« war ein Fortsetzungsspiel, bei dem jeder mitmachen und aus dem Stegreif neue Verse dazu erfinden konnte. Mit ihm hatte ich ein Mittel an der Hand, das es erlaubte, Majors ausuferndes Gefichtel mit wahrer Endlosigkeit zu kontern. Effendi, Werner und Jürgen merkten sofort, wohin der Hase lief. Sie stiegen auf den »Fritten-Blues« ein und machten sich nicht die Mühe, ihr Grinsen zu verbergen. Von diesem Abend an verzichtete Major darauf, sein Solo im Blues-Schema zu spielen. Bei den nächsten Konzerten beschränkte er sich brav auf den Wechsel zwischen e-Moll und C-Dur, und das Solo fiel ab jetzt auch auffallend kürzer aus. Wahrscheinlich befürchtete er, dass ich irgendwann auch noch dem zweiten Partykracher aus der Feder von Mötz, dem unsterblichen Reise- und Wanderlied »Fahre mer noh Brühl«, zu seiner BAP-Premiere verhelfen würde.

Und dann war es vorbei. Auch beim letzten Konzert in Koblenz bewahrten mich die Erleichterung über das Ende der Tauzieherei und die Vorfreude auf das Kommende davor, sentimental zu werden. Es war mir ein Bedürfnis, Major und Effendi einen schönen Abschied zu verschaffen und ihre Verdienste um die Band auch vor Publikum noch einmal zu würdigen, doch ich spürte dabei keinen Kloß im Hals. Dazu hatte die Phase unseres Fingerhakelns zu lange gedauert. Schon während der Zugabe wartete ein Auto mit laufendem Motor. Major ging von der Bühne, als der Rest der Band noch ins Publikum winkte. Er stieg in den Wagen und fuhr davon. Ich konnte verstehen, dass er keine Lust verspürte, allen möglichen Leuten seinen Gefühlszustand zu erklären. Vielleicht hatte er sich auch mehr erhofft, einen größeren Triumph oder einen emotionaleren Abschied. Beides war nicht eingetroffen.

Am nächsten Abend feierten wir mit einigen Freunden und Bekannten den offiziellen Start der neuen BAP-Besetzung. Eine Gartenparty, die unter dem Motto »Independence Day« stand und zu der ich auch Dirk Lottner vom 1. FC Köln eingeladen hatte. Endlich begann die Zukunft. Wir vergaßen das Zurückschauen und ließen den Moment hochleben. Am frühen Abend klingelte es. Dirk hatte noch einige Freunde mitgebracht. Sie entstiegen einem großen, ganz in Rot und Weiß gehaltenen Bus, der sich in die enge Straße bis vor unser Haus gezwängt hatte. Der FC verlegte das Auslaufen nach einem Vorbereitungsspiel für die nächste Zweitligasaison kurzerhand in meinen Garten. Zwanzig Spieler, von denen die

Hälfte vor einer Stunde noch in Kerpen über den Platz gerannt war, widmeten sich, teilweise im Trainingsanzug, erst einmal dem aufgebauten Buffet. Es hielt dem Ansturm nicht lange stand. Die friedliche Invasion führte zu denkwürdigen Begegnungen. Isis musterte alle Spieler eingehend, dann entschied sie sich für den stärksten Mann weit und breit und verbrachte den Rest der Party auf dem Arm des Torwarts Markus Pröll. Käthi, die die Ankunft des FC-Busses nicht mitbekommen hatte, plauderte lange und angeregt mit den wohlerzogenen jungen Herren, ehe sie sich ein Herz fasste und einen von ihnen fragte: »Und was machen Sie beruflich?« Und ich unterhielt mich mit Ewald Lienen. Wir verstanden uns sofort. Ich kannte Lienen von einigen früheren Treffen, doch stets hatte die Zeit gefehlt, über flüchtigen Small Talk hinauszugelangen. Im Grunde war er für mich noch immer der Fußballer im Trikot von Borussia Mönchengladbach, der auch bei politischen Fragen kein Blatt vor den Mund nahm; der Spieler mit dem Ho-Chi-Minh-Bart und dem furchterregenden Riss im Oberschenkel. Jetzt war Zeit, dieses Bild auf den neuesten Stand zu bringen. Mit Lienen hatte der FC-Präsident Caspers einen Glücksgriff getan. Auch die Spieler schienen das so zu sehen. Am Ende des Abends nahm ich Dirk Lottner beiseite und fragte ihn nach seiner Meinung zum neuen Trainer:

»Un, wie ess dä?«

Lottner zögerte keine Sekunde mit seiner Antwort:

»Joot. Jetzt simmer jottseidank widder en Mannschaft.«

Ich verstand genau, was er damit sagen wollte. Wenn ich mich umsah, sah ich Helmut und Werner, Jens und Micha, Sheryl und Jürgen. Auch aus BAP war endlich wieder eine Mannschaft geworden.

Unmittelbar nach dem letzten Hallenkonzert und noch vor den Open Airs mit der alten Besetzung hatten wir in Südfrankreich den Grundstein für alles Kommende gelegt und ein Album mit den in Kronenburg erstmals zusammen geprobten Songs aufgenommen. Eine Lücke im Terminkalender, die sich als bestandene Bewährungsprobe entpuppte und der auch Störmanöver im Vorfeld nichts anhaben konnten. In letzter Sekunde hatte Major noch versucht, Sheryl für ein Duo-Projekt mit englischsprachiger Popmusik zu begeistern, mit dem er seine Solokarriere eröffnen wollte. Doch der Abwerbungsversuch war gescheitert. Als Sheryl mir davon erzählte, waren wir zusammen mit Jens schon unterwegs von Pratteln in der Schweiz nach Pompignan, einem kleinen Ort in der Nähe von Montpellier. Dort würden die anderen dazustoßen.

Beinahe unmerklich spulten sich die Kilometer ab. Wir ließen die Fenster offen und fuhren unter einem blauen Himmel, der nicht aufhörte. Ein Frühlingstag mit der Eindeutigkeit und Freundlichkeit eines Kopfnickens. Der Genfer See glitzerte in der Sonne, schon vorbei. Jeder Blick war ein Gewinn und das Unterwegssein bereits Teil des Ankommens. Während der Fahrt hörten wir die gerade erschienene neue Platte von R.E.M. Ein feiner Riss der Resignation durchzog ihre glattpolierte und seltsam sterile Oberfläche. Unmittelbar vor den Aufnahmen hatte der Schlagzeuger Bill Berry seinen Ausstieg verkündet. Und obwohl er den drei verbliebenen Gründungsmitgliedern das Versprechen abgenommen hatte, die Band nicht aufzulösen, sondern als Trio weiterzumachen, hinterließ er dennoch eine Lücke, die lange Zeit allein Unsicherheit, Furcht und ein Drumcomputer füllen konnten. Ein Hund mit drei Beinen war noch immer ein Hund. Doch er musste eben noch einmal von neuem das Laufen lernen. Und das hörte man dem Album an. Ich war froh, dass wir schon einen Schritt weiter waren. Die Phasen des Grübelns und der Konfusion hatten wir fürs Erste hinter uns gelassen.

Obwohl wir sechzehn Songs in nur vierzehn Tagen aufnehmen wollten, verspürten wir keinen Druck. Zuweilen kommt selbst der Gedanke, Erwartungen nicht erfüllen zu können, zur Ruhe. In der Verheißung südfranzösischen Lichts, im Schatten großer Bäume und vor den wild überwucherten Mauern des alten Gehöfts, in dem das Studio und ein Teil der Band untergebracht waren, machte er sich ganz leise aus dem Staub. Die anderen wohnten auf einem benachbarten Weingut, auch dort war genug Platz für Besuch aus Deutschland und ein unaufgeregtes Nebeneinander von Arbeit

und Familienurlaub. Während Sheryl, Helmut, Jens und Micha im Gras saßen und sich Chorgesänge überlegten, brachten meine Töchter nur einige Meter weiter, nicht minder konzentriert, in einem kleinen, blütenförmigen Planschbecken ihren Barbiepuppen das Schwimmen bei. Später sollte eine Fotografie dieses Planschbeckens das Label unserer CD zieren – ein gutes Symbol für die Unbeschwertheit der Tage von Pompignan. Ich genoss den sich in etwas improvisierten Verhältnissen oft ganz wie von selbst einstellenden Zauber des Moments. Wenn es nachts geregnet hatte, konnte es passieren, dass ich beim Wachwerden direkt auf einen Wasserfall sah. Wie wohl schon all die Jahrhunderte zuvor lief das Regenwasser über die Bruchsteinwand meines Schlafzimmers und verschwand hinter einer weit abstehenden Fußleiste. Wohin? Keiner wusste es.

Jeden Morgen frühstückten wir im Freien, ehe wir ins Studio gingen, um am nächsten Song zu arbeiten. Wir machten einfach dort weiter, wo wir in Kronenburg aufgehört hatten. Wir waren spontan,

ohne es uns vorzunehmen; wir arbeiteten konstruktiv, ohne darüber nachzudenken. Ideen wurden aufgegriffen und ausprobiert, nicht mehr von vornherein verworfen. Keinem kam es in den Sinn, sich querzulegen, nur um Macht zu demonstrieren. Keinem ging es ums bloße Rechthaben. Auf diese Weise gelang es uns, die teilweise über zwei Jahrzehnte alten Stücke, aus denen das Album zur Hälfte bestand, mit einer Leidenschaft einzuspielen, als seien sie gerade erst geschrieben worden. Und den neuen Songs lauschten wir ab, in welche Richtung sie uns wiesen. Dann versuchten wir, sie entsprechend ihrem Textinhalt zu instrumentieren.

Einer von ihnen führte in einen totgesagten Park, in dem gerade der Tag erwacht. Nebel liegt über einem kleinen Teich, die Geräusche der Stadt bauen sich langsam auf, und auf einer Bank sitzt einer, dem in der nervösen Verzweiflung nach einer schlaflosen Nacht nicht viel mehr geblieben ist als einige auf den Rand einer Zeitung geschriebene Sätze und die Frage: »Wo bess du jetz?« Um den im Text geschilderten emotionalen Ausnahmezustand so direkt wie möglich zu transportieren, beschlossen wir, dass auch die Instrumente, mit denen das Stück gespielt wurde, auf eine Parkbank passen mussten. Am wenigsten Platz beanspruchte meine Mundharmonika, in die ich nach einer langen Aufnahmesession gegen zwei Uhr nachts noch ein müdes, aber nach Meinung der anderen gerade deshalb angemessen zerbrechliches Solo atmete.

Mehr Aufwand betrieben wir mit dem Song »Jede Draum jedräump«. Er widmete sich einer Story, die ich einmal in Goa aufgeschnappt hatte. Es ging um eine Begegnung auf dem Busbahnhof von Calangute. Sie führte zwei Menschen zusammen, die eigentlich überhaupt nicht füreinander in Frage kamen: ein seine Verletzlichkeit hinter Arroganz und einer dunklen Sonnenbrille versteckender Mann, der mit leichtem Handgepäck durch die Welt reist, auf einem Weg ohne Richtung und Ziel; und eine Lady mit dem Aussehen einer Hippiefrau und dem Mut, Zynismus nicht für Stärke, sondern für eine Seelenkrankheit zu halten. Parallelen, die sich in einer Vorahnung der Unendlichkeit doch noch berühren, nur um sich letztendlich wieder zu verlieren. Aber die Gewissheit bleibt, jede Sekunde aufmerksam für den anderen gewesen zu sein; nicht geschlafen und trotzdem jeden Traum geträumt zu haben. Dank der neuen Stärke an Chorsängern in der Band zählte das Stück zu den gesanglich ausgefeiltesten, die wir jemals aufgenommen hatten. Es überließ die etwas rüden, wenn auch immer herzlich gemeinten BAP-Chorgesänge früherer Jahre endgültig dem Kegelclub. Zusätzlich verstärkten wir die Atmosphäre des Songs durch gesuchte und gefundene Sounds: Sitarklänge, Straßengeräusche aus Kairo, der Gesang eines Muezzins ... Ein Miniaturhörspiel, das vielleicht in der Phantasie des Hörers und angereichert mit seinen ganz persönlichen Erlebnissen und Erinnerungen die Lebendigkeit und Dichte einer kleinen Filmhandlung bekommen würde.

Ich wusste nun, dass der passende Titel für das Album nicht »Roadmovie«, sondern »Tonfilm« war. Es enthielt eine ganze Reihe solcher kleinen Filme in Worten und Tönen, deren Ausgangspunkt das auch in meinem Alltag viel zu oft unter Schichten von Gewohnheit Verborgene war. Doch man durfte nicht aufhören mit dem Versuch, sich gegen Reizüberflutung und Informations-Overkill zu stemmen, man musste aufmerksam bleiben für das Vernachlässigte. Jeder zufällig mitgehörte Satz, jede – auch falsch – gelesene Schlagzeile, jeder erhaschte Blick konnte der Anfang einer Geschichte sein. Die bunten Stöcke, mit denen ein griechischer Fischer die Farbe für den Anstrich seines Bootes umgerührt hat, ein mit Moos überzogener Rheinkilometerstein oder der tausendfach ausgebesserte Straßenasphalt am Rand eines Zebrastreifens konnten ebenso das Drehbuch für einen Tonfilm liefern wie ein Ölbild aus der Gründerzeit, das an einer Hotelwand hängt und an dem sich das Abschweifen der Gedanken entzündet. Wer war die Frau auf dem Gemälde? Für wen war sie einmal die wichtigste Person auf der Welt? War sie die Geliebte des Malers? Und warum finde ich in ihrem Blick nur wieder das Rätsel, das mich schon so viele Nächte nicht schlafen lässt?

In eine bestimmte Reihenfolge gebracht, ergänzten sich die Songs des Albums, die alten und die neuen, zu einem Plot. Er erzählte von dem in der kölschen Originalfassung gezeigter und wie immer Überlänge aufweisenden Tonfilm namens »BAP« und fügte ihm gleichzeitig schon wieder ein neues Kapitel hinzu.

Beim von Major favorisierten und dann nicht mehr zustande gekommenen Unplugged-Album hatte ich vorgehabt, für die Fotos im Booklet Gemälde des amerikanischen Malers Edward Hopper nachzustellen. Jeder Musiker hätte sich in einem anderen der von Hopper gemalten Momentaufnahmen wiedergefunden. Hoppers Bilder gleichen Standbildern aus einem Film. Man erwartet jeden Moment den Ruck, der den still gestellten Lauf der Dinge wieder in Gang setzt. Man möchte wissen, was sich vor dem festgehaltenen Augenblick zugetragen hat und wie sich die Sache weiterentwickeln wird, doch eigentlich weiß man die Antwort schon: Die Leute auf diesen Bildern werden für immer wie durch eine unsichtbare Glasscheibe von ihren Mitmenschen und vom Leben getrennt bleiben. Oder wie es William Faulkner einmal formuliert hatte: Vor die Wahl zwischen dem Kummer und dem Nichts gestellt, haben sie sich für das Nichts entschieden. Alles wird immer so weitergehen. Es gibt kein Entkommen aus Einsamkeit und Ausgeschlossenheit. Die Frau auf der Bettkante wird lesen und den nackten Mann, der hinter ihr liegt, nicht beachten. Das ältere Paar in der Hotellobby wird auf den Portier warten und sich nichts zu sagen haben. Der Tankwart wird eine letzte Kontrollrunde drehen, ehe er ins Haus geht, wo ihn nichts als die Leere eines langen Abends empfängt. Das Mädchen im weißen Korsettkleid, dem das lange braune Haar in zwei dichten Strömen über die Schultern fällt, wird weiternähen für ein Fest, das niemals kommt. Die Frau mit dem roten Sommerhut wird auf der Veranda stehen und auf das im Wind wogende Weizenfeld schauen, während der Sommer vergeht. Und die Platzanweiserin, die sich im matten, goldenen Licht gegen die Wand des Kinosaals lehnt, wird in ihre Gedanken vertieft sein, während sich die wenigen Besucher der Vorstellung im Halbdunkel der Sitzreihen für zwei Stunden einem Schwarzweißfilm anvertrauen.

Für dieses Bild, das den Titel »New York Movie« trug und 1939 entstanden war, hatte Hopper, wie man dem Tagebuch seiner Frau Jo entnehmen konnte, nicht nur über fünfzig Skizzen angefertigt, sondern regelrechte Detailstudien in gleich vier verschiedenen New Yorker Kinos betrieben. Das wird ihn keine allzu große Überwindung gekostet haben. Hopper liebte das Kino. Immer wieder ließ er sich auf die billigen Plätze vor der Leinwand niedersinken und holte sich Anregungen für seine schwermütigen Interieurs und seine in die Weite weisenden Landschaften.

Für »Tonfilm« ließ ich die Idee fallen, Hoppers Gemälde mit der Band nachzustellen. Doch »New York Movie« erschien mir als ideales Cover für ein Album, das den Hörer sowohl ins Geschehen hineinzuziehen als ihm auch die Möglichkeit geben wollte, seinen eigenen Gedanken nachzuhängen. Ich wusste, dass wir nicht die Erlaubnis bekommen würden, eine Reproduktion auf das Cover zu drucken. Daher beauftragte ich den Illustrator Torsten Wolber, der uns schon bei »Comics & Pin-ups« geholfen hatte, eine Hommage an »New York Movie« anzufertigen. Wolber leistete ganze Arbeit. Er vergaß auch nicht, unser Pendant zu Hoppers Platzanweiserin, eine blonde Eisverkäuferin samt umgehängtem Bauchladen, mit einem etwas kesseren Blick und einem etwas kürzeren Rock als das Original auszustatten.

Ins CD-Booklet gehörte natürlich auch eine Abbildung unseres Altars. Aus dem Kronenburger Provisorium, dem ortsgebundenen Huldigungsarrangement mit Verdauungsgarantie, war inzwischen eine transportable Hausbar geworden. Ein aufklappbares Flightcase, wie es sonst dem Transport von Geräten eher technischer Natur diente, ermöglichte es nicht nur, Bob Dylan, Keith Richards und Ron Wood auch außerhalb des Proberaums zuzuprosten. Ich stattete den wie ein Triptychon aufgebauten Altar zudem nach und nach mit Souvenirs und Devotionalien aus, mit gesammelten, geschenkten, gefundenen Figuren, Ansteckern, Aufklebern und Symbolen, die in irgendeiner Form mit der Band, ihren Songs und ihren Helden in Verbindung standen. Allmählich entwickelte sich der Altar so zu einem Archiv der BAP-Geschichte. Wie der Schrank voller Fund- und Erinnerungsstücke, den Michael Buthe als ständig erweitertes Materiallager für seine Arbeiten nutzte; wie die Schmuckmadonna im Kölner Dom, die von Gläubigen zum Dank für empfangene Hilfe in der Not über und über mit Ringen, Ketten und Uhren behängt wurde, würde auch der Altar seine endgültige Form niemals finden und sein Aussehen immer wieder verändern. Altes würde verschwinden und Neues hinzukommen, genau wie Erinnerungen verblassten und durch neue Eindrücke ersetzt wurden.

Noch während der »Comics & Pin-ups«-Tournee, als Major, Effendi und die dazugehörigen Backliner vor dem Auftritt auf ihrer Seite stets einen Fernet Branca zu sich nahmen, tranken wir am gegenüberliegenden Bühnenaufgang erstmals unsere homöopathische Dosis Grappa auf die Heiligen Drei Könige des Rock 'n' Roll. Seither haben wir kein Konzert mehr gegeben, ohne uns zuvor vor dem Altar zu versammeln, die Gläser zu heben und, je nach Anlass, zusätzlich auch mal hilfreichen Geistern und dem Wettergott persönlich für den blauen Himmel bei einem Open Air zu danken oder ihm bei Regen mit einer Power-Huldigung rot-weiß (Rotwein/Grappa) ein wenig auf die Sprünge zu helfen. Mittlerweile würde es uns schwerfallen, auf dieses Ritual zu verzichten. So gesehen war unser Schrein vor einigen Jahren in einer »Altäre«-Ausstellung in Düsseldorf zwischen dem asiatischen Altar der Göttin Kali, dem Gebetsraum im afrikanischen Koutimé-Vogan, dem australischen Schrein der Meeresmenschen, dem Altar der Freimaurer und vielen anderen gar nicht so fehl am Platz. Auf die eine oder andere Weise sind wir alle Gefangene von Gewohnheit und Aberglauben. Doch Ironie kann ein guter Fluchthelfer sein. Daher hat der Altar eigentlich nur eine Funktion: Er soll uns vor jedem Auftritt ermahnen, uns selbst nur ja nicht zu ernst zu nehmen. Und ernst bleiben kann man, blickt man in dieses langsam überquellende, Pop-Art-bunte und Pin-ups-bestückte Durcheinander, nun beim besten Willen nicht.

Für Bandaufnahmen kam der Fotograf Mathias Bothor nach Pompignan. Wir fuhren durch die Landschaft, postierten uns in schwarzen Jacketts und weißen Hemden vor malerischen, rosenumkränzten Treppenaufgängen und verwitterten Häuserfassaden, liefen durch kleine Orte, die Mittagsschlaf in der heißen Sonne hielten, wurden fotografiert, fuhren wieder, hielten an, sahen uns nach weiteren geeigneten Motiven um und wurden ganz am Schluss des zweiten Tages, als sich Spaß und Konzentration schon beinahe verflüchtigt hatten, noch einmal fündig. In einer stillen Allee reihten sich Platanen bis zum Ende aller Blicke und weiter. Das Abblättern der Baumrinde hatte die Stämme entblößt und ihre Struktur freigelegt. Ich schlug vor, die Müdigkeit noch einen Moment beiseitezuschieben und die Gunst des Ortes für weitere Fotos zu nutzen. Alle waren einverstanden, nur Jürgen Zöller streikte. Er wollte nicht mehr. Wir wussten, dass Jürgen nach einer gewissen Zeit stets großen Hunger bekam, der ihn regelrecht quälte und seinen ohnehin schon stark beschleunigten inneren Rhythmus noch mehr ins Zappeln brachte. Jetzt war es wieder so weit. Die Aussicht auf noch eine Fotosession hatte Jürgen endgültig in jenen hektischen Zustand versetzt, den Werner Kopal, sein bester Freund in der Band, seit einiger Zeit schon mit einem verblüffenden Wortspiel nur noch den »Hektor-Modus« nannte. Bei plagendem Hunger schien Jürgen für Werner einfach ein paar Jahrtausende zurückzuspringen und sich in einen ähnlich gefährlichen Helden wie sein antiker Namenspatron aus Homers »Ilias«-Epos zu verwandeln. Er wurde dann zum erzumschimmerten, helmumflatterten Hektor, zum erhabenen Männervertilger und gewaltigen Rossbezähmer, zu Priamos' Sohn, vor dem alle anderen erzitterten und sich scheu in den Staub warfen. Vor allen Dingen aber war Hektor – das sagte schon sein Name – hektisch. Er wollte endlich etwas essen und auf keinen Fall vor Platanen posieren. »Ach, Hektor …«, pflegte Werner ihn in solchen Situationen zu beschwichtigen. Ich wollte es Werner nachtun, brachte aber etwas durcheinander und sagte: »Ach, Zappel …« Es dauerte einen Moment, bis alle begriffen hatten, was sich gerade ereignet hatte: die Geburtsstunde des epochalen Künstlernamens »Hektor Zappel«. Dann löste sich der Bann, und wir lachten, bis uns die Tränen kamen. Natürlich kam Jürgen dennoch nicht um die Fotosession herum. Wir stellten uns am Eingang der Allee auf und Mathias Bothor drückte den Auslöser. Später sollte diese Aufnahme das Cover der ersten Single unseres Albums werden, »Rita, mir zwei«.

Mein längst überfälliger Gruß an Agnette, mein Dank für Nähe und Verlässlichkeit, hatte es vier Jahre, nachdem er zugunsten der Schlagerimitation »Ich danz met dir« abgelehnt worden war, doch noch auf Platte geschafft, sogar mit der skizzenhaften Musik, mit deren Hilfe ich mir einst den Flow des Textes einprägt hatte, um ihn nicht zu vergessen. Wir baten Almut Ritter von der Band Paddy goes to Hollyhead, ein Geigensolo beizusteuern, das dem Song eine folkloristische Note gab und zwischen leiser Wehmut und einem den Tag erhellenden Lächeln schimmerte.

»Rita, mir zwei« war das erste Lebenszeichen der neuen Besetzung, das an die Öffentlichkeit drang. Einige Tage nach der Veröffentlichung blies uns der Wind schon ins Gesicht. Die Kritiker beugten sich über den Song und nahmen ihn auseinander. Sie fällten das Urteil, als das Rad sich noch gar nicht wieder richtig zu drehen begonnen hatte. Man brauchte keine Lupe, um zwischen den Zeilen lesen zu können. Die Kritiker trauten uns nicht mehr viel zu. Wo früher ein Gitarrenheld für Rock'n'Roll gesorgt habe, schrieben sie, sei nun nur noch eine Geigerin zu hören. Allerorten begegneten wir Leuten, die eine ganz einfache Gleichung aufstellten. Für sie hatte Major bei seinem Abgang nicht nur seinen Hut, sondern auch den Rock'n'Roll mitgenommen.

Heute weiß ich, dass wir mit »Tonfilm« zwar eine meiner BAP-Lieblingsplatten eingespielt, aber eben auch den falschen Schritt zur falschen Zeit unternommen haben. Hätten wir alles etwas ruhiger angehen lassen, hätten wir noch mehr Material gesammelt und wären dann erst nach einem Jahr mit einem sorgfältig produzierten Album mit ausschließlich neuen Songs zurückgekommen, wäre uns manche Aufregung erspart geblieben. Die Maxime »Je ne regrette rien« mag als Titelzeile eines Chansons die Glorie stolzer Unbeugsamkeit verleihen, fürs richtige Leben eignet sie sich jedoch nur bedingt. Natürlich würde man vieles noch einmal anders angehen, gäbe es nur die Gelegenheit dazu. Wer nichts bereut, ist entweder ein Gott oder leidet an Größenwahn. Erleichterung, Euphorie und eine schöne Idee hatten zu »Tonfilm« geführt. Die Freude über die Möglichkeit, endlich wieder Musik machen zu können, wie es sich für eine Band gehörte, hatte alle strategischen Überlegungen an den Rand gedrängt. Wenn man losrennt, ohne sich den Kurs vorher genau anzusehen, fällt es einem schwer, den Hindernissen auf der Strecke auszuweichen. Sie tauchen dann an Stellen auf, an denen man nicht mit ihnen gerechnet hat. Unsere Idee, »Tonfilm« zwar nicht unplugged, aber doch reduziert und, wie die Rolling Stones einmal eines ihrer Alben genannt hatten, »stripped« aufzunehmen, um von vornherein keine lächerlichen Vergleiche zwischen Major und Helmut Krumminga aufkommen zu lassen, zündete nicht. Was als Gegenentwurf zum vermeintlichen Gitarrengott gedacht war, wurde uns als Schwäche ausgelegt. Wir hatten uns einer Illusion hingegeben, weil wir wollten, dass sie wahr würde. Doch sie hielt dem Test der Realität nicht stand. Wir hatten uns etwas vorgemacht, und vor allem Helmut litt in der Folge darunter. Er wusste, was die Fans mit Major verbanden. Er wusste auch, dass er beim eher akustisch gehaltenen »Tonfilm«-Album seine Fähigkeiten als brillanter Rock-'n'-Roll-Gitarrist nicht vollständig zur Geltung hatte bringen können. Und dass das bei den anstehenden Konzerten nicht viel anders sein würde.

Für die »Tonfilm«-Tournee hatten wir zum ersten Mal bestuhlte Säle gebucht. Das Programm, das wir spielen wollten, war nicht darauf aus, das Publikum in Schweiß und Erschöpfung zu spielen. Greatest Hits würde es dieses Mal nicht zu hören bekommen. Wer mitgrölen wollte, würde enttäuscht werden. Jeder sollte die Chance haben, den Texten und Liedern zuhören zu können, ohne sich dabei die Beine in den Bauch zu stehen. Ich hatte Songs ausgesucht, die sonst bei der Auswahl für die Tourneen meistens unter den Tisch fielen, doch jetzt ihren Platz im Programm fanden, weil sie einen Blick hinter die Kulissen erlaubten. Zusammen mit den Stücken vom »Tonfilm«-Album luden sie das Publikum ein, die Band einmal auf eine andere Weise zu erleben.

Wie wir bald merken sollten, hatten wir mit der Entscheidung, Sitzplätze anzubieten, ein Sakrileg begangen. Die Wogen schlugen hoch. Der Untergang des Abendlands schien unmittelbar bevorzustehen. Im Internet tobten sich die anonymen Krakeeler, die Geiferer und Zänker aus, um uns des Ausverkaufs und des Verlusts aller Ideale zu zeihen. Wir hatten uns einer schweren Sünde schuldig gemacht – der Sünde, etwas Neues ausprobieren zu wollen. Die Abweichung vom Gewohnten löste Aggression aus. Bei den Konzerten sonnten sich Zwischenrufer im Glanz kurzfristiger Aufmerksamkeit, wenn sie mir ihre Sätze entgegenschrien: »Ich denke, du wärst mal Anarchist gewesen!« Und alle einigten sich darauf, dass Stuhlreihen bei einem BAP-Konzert mit Major nicht möglich gewesen wären. Ich hielt ihnen zugute, dass sie nicht wissen konnten, wie das ursprünglich mit Major geplante Unplugged-Projekt ausgefallen wäre. Das hätten sie sich im Liegen ansehen können.

Natürlich ließen uns die Reaktionen nicht kalt. Wir fühlten uns von der Skepsis, die uns überall begegnete, immer mehr unter Druck gesetzt. Wir befanden uns auf zwei auseinanderdriftenden Eisschollen. Der Spagat konnte nicht gelingen. Wir wollten ein auf Aufmerksamkeit und Stille ausgerichtetes Programm spielen, andererseits aber auch allen beweisen, dass wir nach wie vor eine Rock-'n'-Roll-Band waren. Indem wir den Zweiflern Gehör schenkten, gaben wir das Heft aus der Hand. Wir gingen die nächsten Schritte nicht mehr aus innerer Überzeugung, sondern nur noch, um ohne allzu große Fehler über die Runden zu kommen. Schließlich opferten wir unser eigenes Konzept auf dem Altar der Erwartungen des Publikums und stürzten uns in einen idiotischen Wettbewerb: In welcher Stadt würden wir die Leute am schnellsten dazu bringen können, aufzuspringen und ihre Sitzplätze zu vergessen? Gelang uns das bis zur Pause nicht, schienen wir etwas falsch zu machen. Dabei war der einzige Fehler, den wir begingen, solche Überlegungen überhaupt anzustellen. Ich nahm mir vor, künftig besser achtzugeben. Enthusiasmus konnte einem über viele Barrieren hinweghelfen, doch er ersetzte keine Strategie. Man musste die Gefahren im Voraus wittern. Und man durfte nicht allzu oft die falschen Signale senden. Denn sonst konnte es passieren, dass irgendwann den richtigen kein Gehör mehr geschenkt wurde.

Alle Irritationen trübten jedoch unsere gute Laune nicht. Vielleicht hatten wir mit dem »Tonfilm«-Programm im Übereifer aufs falsche Pferd gesetzt, aber das änderte nichts daran, dass wir auf der Bühne eine Menge Spaß hatten. Wir waren eine frischverliebte Band, die ihre neu gefundene Eintracht mit aller gebotenen Ausgelassenheit und Albernheit hochleben lassen wollte. Wir schufen eine Auszeichnung namens »HEINZ« und belohnten damit nach jedem Konzert besondere Show-Darbietungen. Helmut und Jens zählten zu den ersten Geehrten. Helmut wurde dekoriert für die Einführung des Lipsi-Schritts in den Rock 'n' Roll, Jens erhielt den Preis für ein Luftgitarrensolo auf dem Mundharmonika-Mikrophonkabel. Ich selbst bekam den »HEINZ« für meine Ansage zu dem Song »Hück ess sing Band enn der Stadt« verliehen, bei der ich steif und fest behauptete, die Rolling Stones zum ersten Mal in der Kölner Sporthalle an meinem sechzigsten Geburtstag gesehen zu haben. Nach den Shows verzichteten wir auf die immer gleich aussehenden Hotelbars und machten uns geschlossen auf die Suche nach einer geeigneten Kneipe, wenn wir uns nicht gleich ganz aus Mangel an Alternativen zu einer spontanen Zimmerparty trafen. In München schaffte ich es, die ganze Band ins Haus der Kunst zu locken, wo gerade eine große Antoni-Tàpies-Retrospektive gezeigt wurde. Ich beobachtete die Reaktionen der anderen beim Betrachten der Gemälde, Assemblagen und Objekte, die mir mit ihrer aus ganz schlichten Materialien resultierenden Kraft, der Rätselhaftigkeit ihrer Zeichen und der Ruhe, die sie ausstrahlten, schon seit vielen Jahren als Wegweiser so wichtig waren. Bei all diesen gemeinsamen Unternehmungen kam es mir vor, als sei eine Zeitmaschine angeworfen worden, die mich in die BAP-Anfänge zurückkatapultierte, als derlei, zumindest für Schmal und mich, noch an der Tagesordnung gewesen war.

Ich begann wieder, ein Logbuch zu führen. Vor fünfzehn Jahren hatte ich mitten in der »Zwesche Salzjebäck un Bier«-Tournee damit aufgehört, weil mir nur noch die Wahl geblieben war, beim Schreiben der Wahrheit in den Verdacht des Petzens zu geraten oder eine nicht mehr vorhandene heile Welt vorzugaukeln. Nun genoss ich es wieder, wie ein Kapitän den Kurs durchzugeben und Vorfälle an Bord sowie Erlebnisse an Land festzuhalten. Ich wusste, dass ein Tagebuch immer nur eine Ansammlung von Momenten ist und dass der kurze Abstand zwischen Erleben und Schreiben den ruhigen Überblick unmöglich machte. Doch nahm man es nach einer Weile wieder in die Hand, rief es einem mit großer Deutlichkeit nicht nur die Stimmungen und Einschätzungen ins Bewusstsein, die einem einst die Hand geführt hatten, sondern auch die Fehlurteile und blinden Stellen, die man beim Schreiben noch nicht bemerkt hatte.

Zwei Tage vor Weihnachten spielten wir in Lübeck das vorläufig letzte Konzert der »Tonfilm«-Tournee. Noch in der Nacht wurde ich zum Frankfurter Flughafen gefahren. Im Morgengrauen würde die Maschine abheben, die mich zu meiner bereits vorgereisten Familie nach Costa Rica bringen sollte. Davor lagen Stunden des Wartens. Ich war gestrandet an einem ausgestorbenen, neonhellen Ort, der vorübergehend seine Bestimmung eingebüßt und nun nur noch Verlassenheit und sinnentleerte Textbotschaften zu bieten hatte: die gespenstisch wirkende Kehrseite von Bewegungsdrang und Fernweh. Vor den Check-in-Schaltern waren die Rollläden herabgelassen. Um Störenfriede am Verweilen zu hindern, waren auch hier alle Bänke so konstruiert, dass sie ein bequemes Sitzen oder gar ein Ausstrecken nicht zuließen. Also legte ich mich hinter einer Bank auf den Boden und machte aus meiner Tasche ein Kopfkissen. Ein Ort zum Verlorengehen. Langsam kam der Schlaf und färbte das Neonlicht dunkel.

Beim Anflug auf San José fiel mir ein, dass ich keine Ahnung hatte, ob meine Familie mich am Flughafen abholen würde oder in welchem Hotel sie eigentlich abgestiegen war. Während der Tournee war mir wie immer von Didi alles Organisatorische abgenommen worden, damit ich mich aufs Künstlerische konzentrieren konnte. Wir wurden von einem Punkt zum anderen gebracht, wo wir pünktlich um zwanzig Uhr auf die Bühne gingen. Nur darauf kam es an. Jetzt aber stand auf keiner Gebrauchsanweisung mehr, was wann zu tun war. Ich musste wieder selber denken. Am besten

fing ich gleich damit an, denn am Flughafen, im bunten Chaos
von lautstark bejubeltem Wiedersehen, hastig weggewischten Ab-
schiedstränen, Verstecken spielenden Kindern und ausbüchsen-
den Hühnern, wartete niemand auf mich.

Zehn Jahre zuvor, als sich der Weiterflug nach Nicaragua verzö-
gert hatte, wo ich zusammen mit den Complizen einige Auftritte
absolvieren sollte, war ich einmal einen ganzen Tag lang durch San
José gelaufen. Damals war mir mitten in der Stadt ein großes, altes,
an einem belebten Platz gelegenes Hotel aufgefallen, eines von denen, die ich jedem Designerhotel vorzog. Zwar mochten sie ihre
besten Zeiten lange schon hinter sich haben, doch konnte man in
ihnen auf Entdeckungsreise gehen. Sie legten Spuren in die Vergangenheit: Tapetenreste, eine verrostete Leitung, ausgebleichte
Teppiche, abbröckelnder Putz. Sie brachten die Phantasie auf Trab.
Ich wusste, dass ich Tina einmal von diesem Hotel erzählt hatte.
Nun war diese Erinnerung ein zwar vager, aber eben auch der
einzige Hinweis auf die mögliche Unterkunft meiner Familie. Ich
stieg in ein Taxi und versuchte dem Fahrer auf Englisch zu erklären, wohin ich wollte. Er nickte und fuhr los. Eine Viertelstunde
später hatte die Gegenwart meine Erinnerung eingeholt. Auf der
Terrasse des »Gran Hotel San José« saßen meine Frau und meine
Töchter und aßen Pommes frites. Am nächsten Abend feierten wir
mit einem aufblasbaren Baum aus grünem Plastik Weihnachten.

Ich machte das Gran Hotel zum Schauplatz eines Songs. Das
Personal, das ihn bevölkerte, lief mir im Foyer über den Weg. Das
Foyer bestand zur einen Hälfte aus einer Lobby, die mit ihren Kron-
leuchtern, den roten, samtüberzogenen Sesseln und den Weltzeit-
uhren über der Rezeption jedem Bogart-Film zur Ehre gereicht
hätte. Die andere Hälfte bildete ein Spielcasino. Am Morgen stolperten die Glücksritter der Nacht zurück ins Tageslicht. Übernäch-
tigte Herren in hellen Anzügen und bleiche Damen in Abendklei-
dern, die wieder einmal viel zu viel riskiert hatten. Sie traten hinaus
vors Hotel, auf den Platz der Kulturen, auf dem sich bereits wieder
die Tauben versammelten, ein Polizeijeep patrouillierte, Dealer

und Wahrsagerinnen ihren Geschäften nachgingen und ein Schuh-
putzer Ausschau hielt nach Touristen, die Lederschuhe trugen.
Ihm widmete ich den Song »Shoe Shine«. Später sollten wir ihn in
einer speziellen Verpackung, einer Art Schuhputzdose, als zweite
Single des »Aff un zo«-Albums veröffentlichen. Sogar die Radiostationen mochten das Stück. Gerade hatten sie es auf ihre Play-
listen gesetzt und schickten sich an, es häufiger zu spielen, als zwei
Flugzeuge ins World Trade Center krachten. Nach dem 9/11 begann
eine neue Zeitrechnung. Die Radiostationen stellten ihr Musikprogramm auf Nummer sicher um, und »Shoe Shine« war ihnen aus
unerfindlichen Gründen suspekt.

Nach einer Weile fuhren wir weiter nach Samara, wo wir uns in
einer kleinen Pension direkt am Meer angemeldet hatten. Dort
wollten wir den Großteil der Ferien verbringen und auch das alte
Jahrtausend in den verdienten Ruhestand verabschieden. Dank der
Zeitverschiebung konnten wir um siebzehn Uhr einen Gruß nach
Europa schicken, das sich schon ins Jahr 2000 aufgemacht hatte.
Die restlichen sieben Stunden, die in Costa Rica noch bis Mitter-
nacht fehlten, verbrachte ich jedoch getrennt von den anderen.
Mich hatte ein Magen-Darm-Virus erwischt. Während die Welt die
Zukunft begrüßte, saß ich auf dem Klo und erbrach mich ins 21.
Jahrhundert.

Einige Tage darauf klingelte das Telefon. Wim Wenders rief an.
Ich trat hinaus auf die Veranda. Ich stand genau an der Stelle, an der
Jürgen Zöller vor einem Jahr von Majors Ausstieg erfahren hatte.
Wim klang so wie immer. Ihn brachte nichts so schnell aus der
Ruhe. Dabei hatte er einen Vorschlag, der eigentlich viel zu phan-
tastisch klang, um wahr zu sein:

»Ich glaube, wir sollten nicht bloß so'n blödes Video machen,
sondern was Ordentliches. Wie wär's mit einem richtigen Film?«

Vor einigen Monaten hatte ich Wim zufällig in Düsseldorf getroffen. Ich kam mit Helmut Rücker, unserem damaligen Manager,
zurück aus Hamburg. Dort hatten wir schon zum wiederholten
Mal vergeblich auf den Nachwuchsregisseur gewartet, der zuge-
sagt hatte, das Video zu unserer Single »Mayday« zu drehen. Wir

waren wieder einmal versetzt worden. Langsam hatte ich die Nase voll von diesen Koksnasen, die Exzentrik mit schlechtem Benehmen verwechselten. Mir stand der Sinn nach etwas Abwechslung. Auf dem Rückweg nach Köln beschlossen wir, dem Düsseldorfer Kunstmuseum einen Besuch abzustatten. Dort würde am Abend eine Ausstellung eröffnet werden, zu der mein Galerist Hans Meyer als Hauptleihgeber der gezeigten Bilder einen großen Beitrag geleistet hatte. Wir kamen genau rechtzeitig. Die Reden waren schon gehalten und das Buffet eröffnet worden. Die Leute waren mit ihren Weingläsern und mit Small Talk beschäftigt. Niemand interessierte sich mehr für Kunst. Wir konnten eine Runde drehen, uns in aller Ruhe die Bilder ansehen und unauffällig wieder verschwinden. Glücklicherweise gelang unser Vorhaben nicht. Am Ausgang kam Wim auf mich zu. Er war eben aus Amerika zurückgekehrt und wollte im Museum dem Jetlag ein Schnippchen schlagen. Wim erkundigte sich, woran ich gerade arbeitete. Ich erzählte ihm von unserem Hamburger Videodesaster und fügte im Spaß hinzu:

»Mach du das doch!«

Seltsamerweise fasste Wim meine Bemerkung nicht als Scherz auf, sondern fragte nach Einzelheiten. Ich drückte ihm ein »Tonfilm«-Album in die Hand. Er betrachtete das Cover. Nach einer längeren Pause sagte er:

»Ah. Das ist ja ein Ding. Der Hopper.«

Er steckte die CD ein, versprach, sich »Mayday« einmal anzuhören, und wir gingen wieder unserer Wege. Zwar hielten wir in der Folge den Kontakt, zwar bat Wim sogar um eine Auswahl unserer bisherigen Videos, die ihn beim Ansehen wohl ziemlich amüsierte, doch das Projekt kam nicht richtig in Gang. Ich konnte Wim keinen Vorwurf machen. Ich hatte ihn überrumpelt, und er war so höflich gewesen, mir nicht von vornherein eine Abfuhr zu erteilen. Die versuchte er mir eben jetzt so schonend wie möglich beizubringen. Ich blickte auf den Pazifischen Ozean und zweifelte nicht daran, dass hinter Wims irrwitziger Idee, einen Film drehen zu wollen, nichts anderes als seine Absicht steckte, einer möglichen Zusammenarbeit charmant Lebewohl zu sagen.

Erst hinterher erfuhr ich, in welchen Zwiespalt ich Wim mit meiner Anfrage gebracht hatte. Er wollte mir nicht absagen, aber auch kein Video drehen – nicht nur, weil ihm der Song »Mayday«, im Gegensatz zum Rest des »Tonfilm«-Albums, nicht wirklich gefiel. Er wollte auch und vor allem den Erinnerungen und Emotionen, die er mit unserer Musik verband und von denen er mir vor über zehn Jahren in der Berliner Hotelbar erzählt hatte, gerecht werden. Und das funktionierte für ihn nicht in Form eines Videoclips. Außerdem hatte ich ihn unbewusst mit dem richtigen Köder angelockt. Die Hopper-Hommage auf unserem Cover verfehlte ihre Wirkung nicht. Schon früher hatten die Arbeiten Edward Hoppers Wim nach Tagen der Blindheit wieder die Augen geöffnet und ihm die Lust am friedlichen Sehen wiedergegeben. Bei den Dreharbeiten zu seinem Film »Der amerikanische Freund« hatten er und sein Kameramann Robby Müller Abbildungen aus einem Hopper-Katalog herausgetrennt und sie in ihren Hotelzimmern an die Wand gehängt. Hoppers Gemälde waren so buchstäblich zu Vorbildern für viele der Einstellungen des Films geworden. Nun beflügelte »New York Movie« seine Phantasie. Als ich den Hörer auflegte, meldete sich das Faxgerät und spuckte Kilometer von Papier aus. Noch ehe ich meine letzten Zweifel überwunden hatte, lag schon das erste Treatment für einen möglichen Film auf meinem Frühstückstisch in Costa Rica.

Wim wollte den Film mit einer Szene in einem leeren Autokino beginnen. Dort würde die Band auf dem Dach eines alten Tourbusses sitzen und sich Szenen aus der BAP-Geschichte ansehen. Dreißig Jahre zuvor hatte Wim für einen Kurzfilm mit Peter Handke ebenfalls ein Autokino als Schauplatz gewählt. Die beiden hatten sich vor der weißen Leinwand ins gelobte Land des Rock'n'Roll und der Greyhound-Busse geträumt und waren in ihrem Citroën mit Songs von Creedance Clearwater Revival und Harvey Mandel der tristen Wirklichkeit deutscher Baustellen und Neubaugebiete entkommen. In Hürth bei Köln gab es ein verlassenes Autokino, das sich als Drehort für unseren Film angeboten hätte. Doch allmählich waren wir nicht mehr so überzeugt von der Idee. Die Zeiten schwärmerischer Amerikasehnsucht waren zu lange schon vorbei. Wir suchten weiter.

Während seiner letzten Jahre auf dem Gymnasium hatte Wim mit seinen Eltern in Oberhausen-Sterkrade gelebt. Auch damals war er schon häufig ins Kino gegangen, am liebsten gleich ins größte, das es in Deutschland gab, in die Essener »Lichtburg«. Das fiel ihm nun wieder ein. An einem regnerischen Sonntagnachmittag setzte ich mich ins Auto und fuhr nach Essen. In der Fußgängerzone war wenig los. Menschen unter Schirmen sahen sich die Auslagen der Schaufenster an. Die »Lichtburg« machte einen verlassenen Eindruck. Der Mann an der Kasse hatte das Kino ganz für sich und war froh, das Warten auf Besucher für einen Moment unterbrechen zu können. Bereitwillig bot er an, mir das Gebäude zu zeigen. Er präsentierte mir die weit ausschwingende Empore, hieß mich Platz nehmen in einem der fünfzehnhundert gepolsterten Sessel und ließ mich auch auf die große Bühne, die sich hinter der Leinwand befand. Wie es sich für eine ordentliche Führung gehörte, gab er mir dabei einen Einblick in die Vergangenheit des schon vor über siebzig Jahren eröffneten Kinos. Ich erfuhr von der Absetzung des einstigen jüdischen Betreibers durch die Nationalsozialisten, von der Zerstörung der »Lichtburg« im Zweiten Weltkrieg, vom Wiederaufbau, den glamourösen Tagen rauschender Premierenfeiern und schließlich vom schleichenden Niedergang in den Zeiten gigantischer Multiplex-Paläste. Die »Lichtburg« musste dringend renoviert werden. Doch es fehlte das Geld. Schon länger verhandelte die Stadt über einen Verkauf. Ein Investor wollte das Kino zu einem Musical-Theater umbauen, um dort Shows mit Doppelgängern berühmter Stars zu veranstalten. Ein falscher Elvis, eine falsche Madonna, eine falsche Tina Turner, ein falscher Joe Cocker sollten das Publikum von den Sitzen reißen. Anscheinend funktionierte diese Art von Show in Berlin bereits prächtig. Entweder war es den Leuten egal, dass man sie mit Ersatz abspeiste, oder sie empfanden eine perverse Lust daran, um Originalität betrogen zu werden. Ich hielt das alles für eine Schnapsidee.

Das Kino aber hatte es mir angetan. Gemeinsam mit Wim

machte ich mich einige Wochen später ein zweites Mal dorthin auf den Weg. Am Ende der Begehung baten uns die Betreiber, sie in den Stadtrat zu begleiten. Dort würde noch am selben Abend die entscheidende Sitzung zur Zukunft der »Lichtburg« stattfinden. Vielleicht würde unsere Anwesenheit ja einen kleinen Teil dazu beitragen können, den schon so gut wie feststehenden Verkauf doch noch zu verhindern. Natürlich kamen wir mit. Die Mitglieder des Stadtrats forderten uns auf, unsere Meinung zu äußern, und Wim und ich hielten unsere Plädoyers für den Erhalt des Kinos. Ich beendete meine improvisierte Rede mit der Feststellung, dass die Essener angesichts der geplanten Doppelgänger-Shows nun im wahrsten Sinne des Wortes die Möglichkeit hätten, zwischen Original und Fälschung zu wählen. Am Ende entschied sich der Stadtrat tatsächlich für das Original. Es wurde doch noch bewilligt, das Kino zu erhalten und es sogar zu renovieren. Es war die Belohnung für die Betreiber der »Lichtburg« und für all die vielen Essener, die jahrelang für solch einen Beschluss gekämpft hatten.

Wenn Hoppers »New York Movie« der Traum war, der unserem Film vorausging, seine Seele und sein Zentrum, dann war die »Lichtburg« der Ort, an dem dieser Traum zum Leben erwachen konnte. Wieder hatte Wim eine jener Locations ausfindig gemacht, die er so gerne als »Schau-Plätze« bezeichnete, weil sie einem wirklich zum Schauen verhalfen: eine Villa in Lissabon, in der traurige Musik gemacht wurde, ein Hotel an der Atlantikküste, ein leeres Haus auf einer Rheininsel, eine Peepshow in Houston. Manchmal brachten diese Orte die in ihnen erzählten Geschichten sogar erst richtig hervor.

Wim schrieb das nächste Treatment und forderte mich zu Ergänzungen auf. Er warf mir den Ball zu, doch am Anfang tat ich mich schwer, ihn auch zu fangen. Es dauerte eine Weile, bis ich verstand, wie Wim arbeitete. Er hatte keine Lust auf ein ausgeklügeltes Drehbuch, das jeden Schritt festlegte. Er wollte sich bewegen, nicht ankommen. Ich bekam einen Crashkurs in Spontaneität und musste lernen, mich rasch auf neue Ideen, Gedanken und Situationen einzustellen. Von Beginn an war unser Film als Work in Pro-

gress angelegt. Ausgehend von einer Grundsituation, würden mit der Zeit dem Puzzle immer neue Teile eingefügt werden, bis sich am Ende hoffentlich ein fertiges Bild ergab. Dabei eröffnete mir Wim die Chance, selbst kreativ zu werden. Wir begaben uns auf eine gemeinsame Gratwanderung. Wim ließ sich auf meine Texte ein und ich mich auf seine Bilder. Wir erkundeten das Territorium des anderen und trafen uns in der Mitte. Dort lag das Gebiet, auf dem wir uns beide zu Hause fühlten: das Erzählen von Geschichten, die von unseren persönlichen Erfahrungen handelten.

Im Gegensatz zu einigen seiner früheren Filme, in denen Musik eine entscheidende Rolle gespielt hatte, näherte sich Wim unseren Songs nicht über den Rhythmus oder das Gefühl, das sie ausstrahlten. Er wollte die Texte in den Mittelpunkt stellen und die Entwicklung der Band an ihnen festmachen. Ich wusste, dass manche unserer Fans darin eine Provokation sehen würden. Obwohl ich vorhatte, die Vergangenheit gebührend zu würdigen, würde man mir vorwerfen, den ehemaligen Bandmitgliedern nicht genug Raum gegeben zu haben. Ich konnte derlei Reaktionen mittlerweile ohne Mühe vorhersagen. Sie begannen, mich zu langweilen. Wer sich für Lückenlosigkeit interessierte, sollte sich ein Lexikon kaufen. Ich hatte nicht vor, mit dem Film alte Wunden noch einmal neu aufzureißen oder ihn zu Rechtfertigungszwecken zu missbrauchen. Man kann es nie allen recht machen. Ich versuchte es gar nicht erst, sondern verließ mich auf meinen Instinkt. Und auf Wim, der mich nur noch »Heimatdichter« nannte. Nicht nur, weil er erkannte, dass meine Texte von einem Orts-Sinn lebten und tief verwurzelt waren in der Stadt, aus der ich kam. Sondern auch, weil er selbst ein Heimatgefühl mit unserer Musik verband. Während der Jahre in Amerika hatten die Texte der BAP-Songs für ihn die Erinnerung an seine rheinländische Herkunft lebendig gehalten. Jetzt drehte er in der Mutter-Sprache einen Film über das Vater-Land. Wahrscheinlich machten wir tatsächlich einen »Heimatfilm«. Aber einen, der abrockte. Denn schließlich gab es da noch eine Heimat, die sogar einen Düsseldorfer und einen Kölner verbinden konnte: die Liebe zum Rock'n'Roll.

Es erfüllte mich mit Stolz, dass Wim ausgerechnet mit uns nach über zehn Jahren wieder einen Film in Deutschland anging. Damals hatte er mit »Der Himmel über Berlin« den Versuch unternommen, in »das Deutsche« zurückzufinden, vor allem in die deutsche Sprache, die er als großen Reichtum betrachtete und deren Verlust er fürchtete. Auf dem besten Wege, ein Amerikaner zu werden, hatte er sich für eine langsame Heimkehr entschieden. Sie sollte ihm die mit der deutschen Sprache unauflöslich verbundene Haltung zur Welt wieder und neu vermitteln. Einer, der ausgezogen war, kam zurück und warf seinen Blick auf ein fremd gewordenes Land, das er jetzt jedoch zum ersten Mal mit einer gewissen Zuneigung betrachten konnte. Engel halfen ihm dabei. Solche, die noch unschlüssig waren, ob sie den Sprung in die Lebendigkeit wagen sollten, und den Menschen nur als unsichtbare Beobachter beigesellt waren. Aber auch solche, die es nicht bereuten, sterblich geworden zu sein, weil sie nicht genug bekommen konnten von Farben und Eindrücken und Gefühlen. Solche wie Peter Falk. Oder wie Peter Handke, der Wim für seinen Film fast schmerzhaft schöne Verse geschenkt hatte.

Ende März war es endlich so weit. Unsere Ideen mussten beweisen, dass sie nicht nur auf dem Papier eine gute Figur machten. Für vier Drehtage gehörte die »Lichtburg« uns. Wir stürzten uns in ein Abenteuer, dessen Ausgang wir selbst mit zugekniffenen Augen noch nicht erkennen konnten. Wir hatten wenig Zeit und schöpften sie daher aus bis zum Rand. Die Müdigkeit konnte sich aufs Ohr legen, sie wurde nicht gebraucht. Für eine Band, die es gewohnt war, drei Stunden am Stück Vollgas zu geben, war es nicht leicht, sich auf den zerstückelten Rhythmus eines Drehtages einzustellen. Sich dehnende Wartephasen hörten abrupt auf, und dann galt es wieder, hellwach zu sein. Man hielt seine Konzentration besser an der kurzen Leine und bemühte sich auch in den frühen Morgenstunden noch darum, einen wachen Eindruck zu machen. Wim sorgte mit der für ihn typischen bedächtigen Art dafür, dass es jedem leichtfiel, sich am richtigen Ort zu fühlen. Seine freundliche Gelassenheit beeindruckte mich. Sie übertrug sich auf die Akteure vor und hinter der Kamera und zeigte, dass Wim auch nach all den Jahren noch immer nicht Aufmerksamkeit gegen Routine eingetauscht hatte.

Auf der Bühne der »Lichtburg« spielten wir unser ›Tonfilm‹-Tour-Programm. Wir agierten vor einer leeren Leinwand, auf die später per Blue-Screen-Verfahren Zeitdokumente aus der deutschen Nachkriegsgeschichte, Fundstücke aus dem BAP-Archiv oder erst noch zu drehende Szenen projiziert werden würden. Bei »Für 'ne Moment« sollten sogar meine Töchter und einige ihrer Freunde zum Einsatz kommen. Wir wollten die ganze Horde filmen, wie sie auf Rollern und Fahrrädern die kleine Straße An St. Magdalenen hinunterbrauste, die Straße meines Labskaus hassenden Bierkutschers Thiebes – auf den Spuren jener amerikanischen Soldaten, die fünfundfünfzig Jahre zuvor, unmittelbar nach der Befreiung Kölns vom Faschismus, den gleichen Weg genommen hatten und dabei zufällig fotografiert worden waren. Auch im leeren Kino turnten die Kinder herum. Wie so oft in Wims Filmen ermahnten sie einen, nicht zu vergessen, mit welcher Neugierde und Unvoreingenommenheit man die Dinge betrachten kann. Schon die kleine Alice hatte den Fotografen Philip Winter auf diese Weise geheilt. Und am Ende von »Im Lauf der Zeit« hatte der Kinderarzt Robert Lander auf einem sonnigen Provinzbahnhof von einem kleinen Jungen noch einmal von Neuem gelernt, die Welt zu buchstabieren.

»Vill passiert sickher«, unsere Version von Bob Dylans »My Back Pages«, gab in seiner hochdeutschen Schreibweise dem Film seinen Namen. Schon früh war abzusehen, dass kein anderer Titel ähnlich prägnant Filminhalt und Erzählhaltung zusammenfassen würde. Für den Song zündeten wir ein Blue-Screen-Feuerwerk. Wir feuerten aus allen Rohren. Wir häuften Bild auf Bild und ließen die BAP-Geschichte im Zeitraffer vorüberziehen: Zufälle und Irrtümer, rote Teppiche und verbrannte Erde, Weggefährten und falsche Freunde, Anfeindungen von links und von rechts, Schlupflöcher, Sackgassen und Königswege. Wir verbannten das alles auf die Leinwand hinter uns. Damals waren wir älter gewesen, heute feierten wir das Jüngerwerden mit dem Saxophon von Jens und der Euphorie in Sheryls Stimme.

Dieser Song und viele andere wurden live vor Publikum aufgenommen. Am letzten Tag der Dreharbeiten öffneten wir die »Lichtburg« und spielten für Konzertbesucher und Kameras unseren ersten Gig im neuen Jahrtausend. Wir waren wieder in unserem Element. Es war ein großartiger und kraftvoller Kontrast zu den vielen eher stillen und kontemplativen Momenten, die wir zuvor gedreht hatten.

In jedem Wenders-Film ist einer mit sich allein. In »Viel Passiert« fiel mir diese Aufgabe zu. Ich zog meinen schwarzen Mantel an und ging, von der Kamera begleitet, durch die dunkelnde Essener Fußgängerzone. Ich kam mir dabei vor wie der Gangster aus Wims Kurzfilm »Alabama«, der beim Warten an der Jukebox und bei seinen mysteriösen Geschäften ebenfalls den Mantelkragen wie zum Schutz hochgeschlagen hatte. Doch viel genutzt hatte es ihm nicht. Am Ende starb er, von einer Kugel tödlich getroffen, am Steuer seines Autos. Ein langsames Verdämmern, dem der Stones-Song »The Lantern« heimleuchtete in eine andere Welt. Es gefiel mir, mich probeweise mit den Helden aus Wims Filmen zu identifizieren. Später sollten wir auf dem Severinstor eine Reminiszenz an das »Arsch huh!«-Konzert drehen. Ich blickte hinunter auf den Chlodwigplatz und ersetzte im Geist die Burg meiner Kindheit durch die Victoria in Berlin. So schnell konnte man zum Engel werden, der bezeugte, beglaubigte, bewahrte und Abstand hielt.

Wir wollten dem Film die sich nicht an Raum- und Zeitgrenzen stoßende Leichtigkeit eines Tagtraums verleihen. Wir zogen die Gegenwart jeder Nostalgie vor, doch wir wussten auch, dass man ganz im Moment aufgehen und trotzdem voller Erinnerung sein kann. Es gab keinen besseren Ort als das Kino, um in diesen seltsamen Schwebezustand zwischen Wachen und Schlafen zu geraten, um zugleich konzentriert und selbstvergessen zu sein. Ich betrat die »Lichtburg«, ging die Treppen hinauf, setzte mich auf die Empore und überließ mich meinen Gedanken. Im fertigen Film würde es so aussehen, als träumte ich noch einmal mein ganzes Leben.

Drei Monate nach den Dreharbeiten präsentierte ich der Band im Tourbus Wims ersten Vorschnitt. Wim hatte recht. Eine Kamera funktioniert immer in zwei Richtungen. Sie sieht das, was vor ihr ist, sie offenbart aber auch den Blick des hinter der Kamera Stehenden. Wim hielt es für keinen Zufall, dass dasselbe Wort sowohl die Haltung des Filmemachers, sein Ethos, bezeichnet als auch das in dieser Haltung aufgenommene Bild. Jede »Einstellung« eines Films reflektiert die »Einstellung« dessen, der sie zu verantworten hat. Wir erkannten Wim in jeder Einstellung wieder, fanden seine Freundlichkeit und Sorgfalt, seine Ernsthaftigkeit und Ruhe. Mit kritischer Distanz brauchte man ihm gar nicht erst zu kommen. Bei ihm konnte man sicher sein, dass er keine Faszination heuchelte, sondern sich, wenn ihm etwas gefiel, ganz auf die Seite der Leute schlug, die er zeigte.

Zudem betrachtete er die Kamera als Waffe gegen das Verschwinden der Dinge. Für ihn konnten Filme das Sichtbare retten und unser Verhältnis zur Realität inniger gestalten. Doch das taten sie nicht, wenn sie den Leuten die Augen zuschmierten oder Zwang auf sie ausübten, sondern nur, indem sie Platz zwischen den Bildern ließen. Leerstellen, in die sich der Zuschauer hineinfinden konnte. Man musste nicht jedes Bild mit Bedeutung überfrachten. Es genügte, zum Schauen einzuladen und den Rest einfach geschehen zu lassen.

Insbesondere Musikfilme taten sich damit manchmal schwer. Ich teilte Wims Abneigung gegen optische Mätzchen, die mehr von der Selbstverliebtheit der Regisseure zeigten als von den Musikern und ihren Songs. Wilde Zooms, unmotivierte Überblendungen, schnelle Schnitte, viel zu viele Schwenks ins Publikum: Es war, als trauten manche Musikfilmer ihrem Gegenstand nicht über den Weg. Wim setzte Exaktheit und Neugier dagegen. Als ganz junger Mann hatte er sich von der Hülle der ersten Kinks-LP inspirieren lassen. Sie zeigte die vier Bandmitglieder nebeneinander aufgereiht und frontal aufgenommen. Eine Fotografie, die keinen übers Ohr haute und niemandem etwas beweisen wollte. Ihre einzige Aufgabe bestand darin, dem Betrachter einen genauen Blick auf die Musiker zu ermöglichen. 1967 übersetzte Wim das an diesem Foto Gelernte in bewegte Bilder. Als Kameramann fuhr er mit dem Regisseur Mathias Weiss nach London, um einen Film über die Band Ten Years After zu drehen. Zwar war nur Geld für eine Filmrolle vorhanden, aber das störte nicht weiter. Es ging um den Traum, Musik ohne Schnitte auf die Leinwand zu bringen, und der erfüllte sich im Marquee Club. Wim schaltete die Kamera ein, richtete sie auf die Bühne und machte sie dreißig Minuten später wieder aus. Der Film bestand aus einer einzigen Einstellung. Er zeigte die Musiker von Ten Years After und ihre Version des von Willie Dixon geschriebenen Songs »Spoonful«. Das war alles. Und doch hatte man nach dem Ansehen das Gefühl, eine halbe Stunde lang nicht geblinzelt zu haben.

Meine persönlichen Erinnerungen an Ten Years After waren

deutlich weniger erfreulich. Ende der sechziger Jahre hatte ich die Band einmal bei einem Konzert in der Kölner Messehalle gesehen, zu einer Zeit, als die Zuschauer noch auf dem Hallenboden saßen und sich auf das Schütteln ihrer wahlweise langen oder sehr langen Haare konzentrierten. Ich hatte meine Freundin überredet, mitzukommen, doch das hätte ich mir besser zweimal überlegt. Alvin Lee entdeckte Hille in der Menge und fand offensichtlich Gefallen an ihr. Den Rest des Abends war ich gezwungen, einem Gitarristen zuzusehen, der sämtliche Register zog, um meine Freundin von seiner Unwiderstehlichkeit zu überzeugen. Am Ende warf er ihr sogar sein Plektrum zu. Ich beschloss noch an Ort und Stelle, das Hören von Ten-Years-After-Platten in Zukunft drastisch einzuschränken. Um diesen Schönling und seine Band würde ich künftig einen großen Bogen machen.

Vor Beginn der Dreharbeiten hatten Wim und ich darauf geachtet, möglichst vielen der an allen Ecken lauernden Gefahren aus dem Weg zu gehen. Natürlich würden auch wir in Fallen tappen, doch zumindest den handelsüblichen Musikfilmklischees musste man nicht unbedingt auf den Leim gehen. Die Proben mit den obligatorischen Diskussionen und Meinungsverschiedenheiten; die Interviews mit Freunden, die immer nur den Zweck hatten, den Charakter der Band in ein möglichst positives Licht zu rücken; die Zeitrafferaufnahmen der sich füllenden Halle; der Gang zur Bühne im Halbdunkel; die Backstage-Aufnahmen nach dem Konzert mit der erschöpften, aber natürlich stolzen Band; die Befragung von begeisterten Fans; das Hinausgeschleustwerden durch Hinterausgänge – all das hatte man schon viel zu oft gesehen. Wim bevorzugte stattdessen der Musik angepasste Kamerafahrten, Schnitte, die keinen Geschwindigkeitspreis gewinnen wollten, und Bilder, denen es genügte, nur da zu sein.

Am meisten Spaß bereitete ihm das Drehen einiger Einstellungen in der »Film-Bar«. Sie befand sich im ersten Stock der »Lichtburg«. In einer Konzertpause kam die Band nach und nach in der Bar zusammen und machte auch dort Musik. Wir spielten »Hundertmohl« und ließen uns von Wims Kameramann Phedon Papa-

michael umkreisen. Die Kamera näherte sich jedem neu hinzu-
kommenden Musiker und seinem Instrument, schlenderte weiter,
wurde nicht nur ganz Auge, sondern auch ganz Ohr, vergaß sich
allmählich selbst, geriet ins Träumen, ehe sie sich am Ende des
Stücks schließlich ganz langsam wieder zurückzog und im Eingang der »Film-Bar« nur noch Micha mit seinem Akkordeon zu
erkennen war.

Mit Szenen wie diesen half uns Wim dabei, als neuformierte
Band zusammenzufinden. Er bestärkte uns in dem Glauben, auf
dem richtigen Weg zu sein. Gleichzeitig bescherte er mir das seltene Vergnügen, mir selbst ohne Qual beim Musikmachen zusehen zu können. Zwar schrieb ich oft Songs, die sich mit der
Vergangenheit beschäftigten, doch ich ertrug es kaum, mir Aufzeichnungen von BAP-Konzerten anzuschauen. Vielleicht hielt
mich manchmal auch Feigheit davon ab. Ich wusste, dass die
Analyse meines Bühnenverhaltens mich nicht nur dazu bringen
konnte, Fehler abzustellen, sondern auch beim nächsten Auftritt
allzu sehr auf Nummer sicher zu gehen. Doch solch ein aus Furcht
unternommener Flug auf Autopilot war keine verlockende Alternative zu Intuition und Natürlichkeit. Besser also ließ man das
Passfoto im Automaten liegen und begnügte sich beim Weitergehen mit der Hoffnung, dass man auf ihm einigermaßen gut ausgesehen hatte.

Auch zu einem Ort wie der »Lichtburg« gehörten Schutzengel,
und zwar keine arbeitslosen. Wir ließen die in Hoppers »New York
Movie« angehaltene Zeit weiterlaufen und dachten uns die Geschichte aus, die in dem Bild vielleicht immer schon enthalten gewesen war. Die Platzanweiserin durfte aus ihrer Nachdenklichkeit
erwachen, den Kopf heben und sich in eine selbstbewusste Eisverkäuferin verwandeln. Marie Bäumer, mit der wir bereits das »Lena«-
Video gedreht hatten, war wie geschaffen für diese Rolle. Ihr an
die Seite stellten wir einen schweigsamen Filmvorführer, der von
Joachim Król gespielt wurde. Joachim war lange schon ein Freund
der Band, er half uns gerne und lernte dabei im Schnellverfahren
gleich auch noch das Einlegen von Filmrollen. Als romantische

Zusatzfiguren verkörperten er und Marie eines der wichtigsten Rock-'n'-Roll-Themen: das Finden und Verlieren der Liebe. Etwas hat sich einmal, »vüür Johr un Daach«, zwischen den beiden ereignet, etwas, das es ihnen nun schwer macht, wieder zueinanderzufinden. Ein Foto aus glücklicheren Tagen hat sich erhalten, es ist zwar ziemlich ramponiert, doch wenigstens nicht ganz zerrissen. Manchmal zieht es der Filmvorführer hervor, betrachtet es, nachdem er die Band, deren Geschichte er in der »Lichtburg« auf die Leinwand wirft, zu einer nie fertig gebauten Autobahnbrücke im Niemandsland kutschiert hat. Er gleicht dann den liebesgeplagten, stillvergnügten, einsamen, melancholischen Männern aus anderen Wenders-Filmen, für die alles anders werden muss.

Die Eisverkäuferin und der Filmvorführer waren auch Wiedergänger von Jan und Griet, den Helden meiner über vierhundert Jahre alten Kölner Lieblingslegende, die Jahr für Jahr an Weiberfastnacht vor dem Severinstor aufgeführt wurde. Schon als Kind hatte ich jedes Mal gespannt zugesehen, wie der Knecht Jan sich in die Magd Griet verliebt, von ihr jedoch abgewiesen wird und sich aus Kummer fortan ganz seiner Karriere widmet. Er zieht in den Dreißigjährigen Krieg. Viele Jahre später reitet er als hochdekorierter General Jan von Werth wieder durch das Kölner Stadttor und entdeckt Griet, die es mittlerweile zu einem kleinen Obststand gebracht hat und nun, angesichts des schmucken Reitergenerals vor ihr, die Ablehnung von damals bereut. »Wer't hätt jedonn?«, fragt Jan; »wer't hätt jewoss?«, antwortet sie leise. Jedes Mal aufs Neue hatte mich der offene Schluss der Legende fasziniert. Einmal wünschte ich mir, jemand würde kommen, die Geschichte neu schreiben und sie mit einem guten Ausgang versehen. Ein anderes Mal aber freute ich mich darüber, dass es ganz an mir selbst und an meiner Phantasie lag, Jan und Griet doch noch zusammenzubringen.

Das fehlende Budget für einen weiteren Drehtag verhinderte, dass wir die losen Enden der Rahmenhandlung miteinander verknüpfen und sie, wie geplant, ins Surrealistische wenden konnten. Ich hatte mir vorgestellt, Joachim Król auf einem Schlachtross

435

durch den Berufsverkehr die Bonner Straße herunterkommen und aufs Severinstor zureiten zu lassen. Ein aus seiner Gegenwart herausgefallener Filmvorführer oder ein durch die Jahrhunderte irrender Reitergeneral. Doch am Severinstor wartet keiner mehr. Nur eine Passantin auf dem Weg zur Arbeit erinnert noch ein wenig an die einst so Vertraute, dann verschwindet sie in der Menge. Eine Liebe auf den letzten Blick. Ein Abschied für ewig.

Wir verließen die »Lichtburg« und gingen wieder auf Tournee. Der zweite Teil der »Tonfilm«-Konzerte stand an. Die Regisseurin Petra Seeger begleitete uns in Wims Auftrag und fing Stationen des Unterwegsseins ein. Sie filmte uns im Tourbus, beim Huldigen vor dem Altar und bei einer spontan arrangierten Session mit den Musikern von Anger 77 in der Bar eines Erfurter Hotels. In der Nacht zuvor waren wir nach einem Auftritt in Marburg mit dem Nightliner bis nach Eisenach gefahren und hatten auf einer Autobahnraststätte haltgemacht, um uns die Liveübertragung der Oscar-Verleihung anzusehen. Wim war mit »Buena Vista Social Club« für den besten Dokumentarfilm nominiert worden, und wir wollten ihm aus der Ferne die Daumen halten. Zufällig hatten wir uns einen geschichtsträchtigen Platz dafür ausgesucht. Wir befanden wir uns auf dem Gelände einer ehemaligen Grenzkontrollstelle der DDR. Obwohl die Abfertigungshallen mittlerweile zu Tankstellen umgebaut waren und das Flutlicht das Areal nicht mehr in gleißendes Licht tauchte, um jede unerwünschte Bewegung der Nacht zu entreißen, stellte sich dennoch fast augenblicklich wieder jenes mulmige Gefühl an, das mich früher bei jedem Überschreiten der Grenze heimgesucht hatte.

Die Veranstaltung zog sich in die Länge. Petra Seeger bekam eine müde Band vor ihre Kamera und schließlich auch eine enttäuschte. Wim erhielt den Oscar nicht. Später sickerte durch, dass es bei der Verleihung wohl nicht ganz mit rechten Dingen zugegangen war. Wim hatte von vornherein keine Chance gehabt. Während die Jury sich in beinahe allen Kategorien bei ihren Entscheidungen an den Einspielergebnissen der nominierten Filme orientierte, schmückte sie sich ausgerechnet bei den Dokumentarfilmen mit einem unkommerziellen Feigenblatt. Ein Film, von dem wir noch nie etwas gehört hatten, gewann den Preis. Doch damit war es noch nicht genug. Zu allem Überfluss wurde auch noch Phil Collins und nicht Randy Newman oder Aimee Mann, die ebenfalls im Oscar-Rennen waren, für den besten Film-Song ausgezeichnet. Das gab uns den Rest. Wir tranken noch ein Glas auf Wim, Ry Cooder, Ibrahim Ferrer, Compay Segundo, Rubén González, Omara Portuondo und die anderen, dann fuhren wir nach Erfurt und sperrten den heraufdämmernden Tag aus unseren Hotelzimmern.

Wir hatten geplant, zum Start des Films ein Livealbum mit den Höhepunkten unseres Tourprogramms als Soundtrack zu veröffentlichen. Doch daraus wurde vorerst nichts. Die Fertigstellung des Films ließ auf sich warten. Wim befasste sich mittlerweile auch mit anderen Projekten. Wenn ich ihn am Telefon erwischte, in Tel Aviv, Dublin oder Los Angeles, merkte ich zwar, dass er weiterhin mit unverminderter Begeisterung von »Viel Passiert« sprach, doch ich begriff auch, dass die Produktion nicht so schnell abgeschlossen sein würde, wie ich es mir erhofft hatte. Wenn ich lange nichts von Wim hörte, fürchtete ich manchmal, dass unserem Film ein wenig von der Kraft des Traumes, der ihm vorausgegangen war, abhandenkommen könnte. Andererseits gab uns jede Verzögerung die Möglichkeit, »Viel Passiert« für Veränderungen und Weiterentwicklungen offenzuhalten.

In Kronenburg nahmen wir die Demos für unser nächstes Studioalbum auf. Ich hatte zu viel Zeit dafür veranschlagt. Offensichtlich musste ich mich erst daran gewöhnen, dass im Proberaum die Tage mutwillig herbeigeführten Stillstands endgültig vorbei waren. Schon nach zwei Wochen konnten wir einige Freunde einladen und ihnen das neue Material live vorspielen. Am nächsten Tag wiederholten wir das Ganze, dieses Mal jedoch nur für einen Zuhörer. Wim war in die Eifel gekommen. In einer alten Dorfschule, an einem Sommersonntag im Herbst, setzte sich der Mann, der mich mit seinen Filmen das Sehen neu gelehrt hatte, mitten unter die Band und ließ sich unsere Musik um die Ohren fliegen. Anschließend machte er uns mit dem Vorsatz, einige der Songs unbedingt noch in den Film einbauen zu wollen, das schönste Kompliment. Ab und zu ging es uns gar nicht schlecht.

Im Sommer hatte ich mit meiner Familie zum ersten Mal auf Mallorca Urlaub gemacht. Wir kamen bei Bekannten auf einer Finca bei Alcudia unter. An den Wochenenden flog ich zu unseren Festivalauftritten nach Deutschland und kam zurück mit den Demo-Cassetten, die mir Helmut, Micha und Jens zum Betexten mitgegeben hatten. Wie immer wartete ich auf den Moment, wenn sich ein Einfall mit der beruhigenden Gewissheit verband, auf dem Papier eine neue Welt erschaffen zu können. Wenn sich die zuvor noch isolierten Worte in der Vorstellung plötzlich zu etwas Sinnvollem aneinanderreihten und man, noch tastend zwar, doch bald schon immer sicherer, auf ein in der Ferne aufleuchtendes Ziel zusteuerte. Wenn man merkte, dass man trotz aller vorhergehenden Zweifel seiner Einbildungskraft und seinem Sprachgefühl doch noch vertrauen konnte.

Ich pflanzte mir die Demos als Ohrwurm ein. Sie wurden meine unsichtbaren Begleiter. Ich stand mit ihnen auf und ging mit ihnen schlafen. Ich nahm sie mit zum Schwimmen und ins Restaurant. Sie ergriffen von meinen Tagen Besitz, und ich bemühte mich, die Botschaften, die sie für mich bereithielten, zu entziffern. Einfälle sind launisch. Man muss sie einfangen, bevor sie die Beine in die Hand nehmen und sich für immer davonmachen. Wenn man Glück hatte, konnte man dabei sogar zwei Fliegen mit einer Klappe schlagen. Bei einem Tagesausflug ins Gebirge meldete sich eine vage Idee gleichzeitig mit dem Hunger meiner Töchter. Während die Kinder sich in Banyalbufar über ihre Tapas hermachten, holte ich einen Stift hervor, drehte meinen inneren Ohrwurm lauter, sodass er die Musik des Lokals übertönte, und notierte mir einige Zeilen auf einer Papierserviette. Später wurde daraus ein Text über die schöne Bedienung des »Exils« am Griechenmarkt, wo ich Ende der siebziger Jahre Agnette kennengelernt und später auch einige Soloauftritte gespielt hatte, über Geistesabwesenheit und den idiotischen Vorsatz, sich nie mehr zu verlieben. Ich gab ihm den Titel »Kilometerweit entfernt«.

Eine andere von Helmut komponierte Nummer war mir noch härter auf den Fersen. Sie verfolgte mich geradezu. Helmut hatte sie auf jeder seiner Cassetten untergebracht. Es gab kein Entrinnen. Wohin ich auch spulte, der Igel war immer schon da und sang »Leaving You«. Musikalisch fiel der Song bei mir in die Rubrik »Sicherheitsreggae«. Er machte nichts falsch. Vielleicht war das sein Fehler. Er schien es sich zu einfach zu machen. Er winkte einem zu, forderte zum Mitsingen auf und vertraute dabei auf seine geradezu unverschämte Eingängigkeit. Und er gewann. Als ich merkte, dass man »Leaving You« problemlos durch den für unser Album bereits feststehenden Titel »Aff un zo« ersetzen konnte, gab ich meine Gegenwehr auf. Es dauerte keine halbe Stunde, bis der Songtext fertig war. Er schaukelte im Reggae-Rhythmus hin und her und handelte vom »Mal so, mal so« des Alltags. Ich rief Helmut an, um ihm die gute Nachricht mitzuteilen. Er befand sich gerade auch auf Mallorca. Vielleicht hatte er Lust, vorbeizukommen und sich die Nummer mal anzuhören:

»Mir ist was zu ›Leaving You‹ eingefallen. Ich glaube fast, wir haben eine Single!«

In meiner Freude hatte ich völlig vergessen, mich auf ostfriesische Nüchternheit vorzubereiten. Helmuts Antwort ließ mich auf Grund laufen:

»Ja. Das ist erfreulich. Das kannst du mir ja zu Hause mal vorspielen. Schöne Ferien noch.«

Helmut legte auf. Offensichtlich sparte er sich seine Euphorie für einen anderen Tag auf. Er bewies einen langen Atem damit. 2001 avancierte sein Sicherheitsreggae zur meistgespielten deutschen Single des Jahres.

Ich hatte mich mit Mallorca angefreundet. Ich konnte mir sogar vorstellen, unser nächstes Album dort aufzunehmen. Wir würden dem deutschen Schmuddelwetter entfliehen und da anknüpfen können, wo wir in Pompignan aufgehört hatten. Ich bat unsere Bekannten, sich einmal umzuhören. Vielleicht entdeckten sie ja ein

439

leerstehendes Haus, das wir mieten und in dem wir ein Studio einrichten konnten. Die Majestäten brauchten schließlich Sonne.

Die Bucht wirkte verlassen. Wenn Mallorca Winterschlaf hielt, träumte es in Cala St. Vicenç am sanftesten. Der kleine Badeort ganz im Norden der Insel war wie ausgestorben. Selbst die hohen gezackten Felsen links und rechts der Bucht, die im Sommer den Schiffen Spalier standen, schienen enger zusammengerückt zu sein. Auch das nur durch wenige Treppenstufen vom Strand getrennte »Hotel Niu«, ein weißes, zweistöckiges Haus, hatte normalerweise im Winter geschlossen. Es war uns als möglicher Aufnahmeort empfohlen worden, doch der ins Auge gefasste Speisesaal kam für unsere Zwecke nicht in Frage. Die großen Fensterfronten würden bei Lautstärke in Schwingung geraten und die Akustik ruinieren. Don Jaime, der Eigentümer, ein Kunst- und Musikmäzen, dessen Sohn in Hamburg studierte, wies den Berg hinauf. Er bot uns das Ca'n Franch an. Die alte Villa gehörte zum Hotel und stand vor einem grundlegenden Umbau. Ein Märchenschloss mit vier Türmchen, mit einem von Zinnen gesäumten Dach und einer mit zahlreichen Ornamenten und Verschnörkelungen geschmückten Fassade. Es schien sich vor ewigen Zeiten in die Bucht verlaufen zu haben und hielt nun Wache über die aus einem kubistischen Bild gesprungenen Fischerhäuser und die Hotels am Hang. Über das Ca'n Franch waren verschiedene Geschichten im Umlauf. Manche nannten es ein verhextes Haus und trauten sich nur am Tag hinein. Sie fürchteten sich vor den geplagten Seelen der früheren Bewohner, die angeblich nicht zur Ruhe fanden und bis in alle Ewigkeit dazu verdammt waren, ihr altes Zuhause heimzusuchen. Wieder andere wollten beweisen können, dass die Villa einmal Errol Flynn gehört hatte. Flynn, Herr der sieben Meere und des Wilden Westens, König der Vagabunden, frecher Kavalier, Pirat und Herzensbrecher, Goldsucher, Wilderer und Söldner, war in den fünfziger Jahren tatsächlich mit seiner Jacht vor Mallorca aufgekreuzt. Vielleicht hatte es ihn auch nach Cala St. Vicenç verschlagen. Ein vergessener Leinwandheld und Lebemann, der mit

Kuba libre vergangenen Erfolgen nachtrank. Wie Flynn oft zu sagen pflegte, genügte ihm dabei ein Fläschchen Cola auf einen Liter Rum.

Wir hatten weder Angst vor Geistern noch vor Errol-Flynn-Visionen. Im Januar beluden wir einen grün-gelben Truck mit Instrumenten und Studio-Equipment und schickten ihn auf die Insel. Anschließend plünderten Mino, Fisch und Locke den Baumarkt von Pollença, besorgten alles Notwendige, bohrten Löcher, verlegten Kabel und installierten Trennwände. Bevor in den Räumen des Ca'n Franch Luxussuiten eingerichtet wurden, entstand hinter den dicken Steinmauern ein Studio mit Meerblick. Ich war mir sicher, dass es sich jederzeit mit den patentierten transportablen Studios messen konnte, in denen der Produzent Daniel Lanois in New Orleans Platten von Bob Dylan, Robbie Robertson und den Neville Brothers aufgenommen hatte. Wim hatte sich sogar darum bemüht, Lanois für unser Album zu gewinnen, doch wir bekamen dieselbe Absage wie Mick Jagger. Lanois wollte sich nach einer aufwendigen Produktion mit U2 erst einmal eigenen Songs zuwenden. Immerhin, so teilte Wim uns mit, habe er sich intensiv mit unserem Material befasst und uns sogar einen Ratschlag hinterlassen: »Not to swing so wide, stylisticly.«

Wir betrachteten das Ca'n Franch als unsere ganz persönliche Villa Nellcôte. Nur ohne Heroin. Und ohne Paranoia, Feuer, Schlägereien, Einbrüche, Instrumentenklau, Razzien. Ohne Anita Pallenberg und Gram Parsons. Ohne das Anzapfen der öffentlichen Stromleitung. Ohne eine von Marie Antoinette verantwortete Inneneinrichtung. Ohne Marmortreppen, Kronleuchter, Stuckdecken, Kamine aus rosa Marmor, Harfe spielende Engel, steinerne Säulen. Ohne Dealer, Lungerer und sonstige seltsame Statisten. Ohne dass fast immer die halbe Band bei den Sessions fehlte. Und ohne wochenlanges Jammen, bei dem am Ende kein einziger Track heraussprang. Aber sonst war eigentlich alles genauso wie dreißig Jahre zuvor, als die Stones in Keith Richards' Villa an der Côte d'Azur »Exile on Main St.« aufnahmen. Wir verwirklichten uns einen Traum und waren uns dessen bewusst. Eine siebenwöchige

Rock-'n'-Roll-Fantasie mit aller manchmal kindischen, manchmal sentimentalen Romantik, die dazugehörte, wenn man sich dagegen wehrte, nach Schema F vorzugehen.

Obwohl wir an »Exile on Main St.« dachten, orientierten wir uns bei einigen Stücken eher an den Beatles. Die Klangcollagen von »I Am the Walrus« und »Strawberry Fields Forever« ermutigten uns dazu, unserem Spieltrieb freien Lauf zu lassen. Wir nahmen einen Song namens »Noh Zahle mohle« auf. Auf den ersten Blick erzählte er von einem endlich zur Freiheit erwachten Dornröschen. Auf den zweiten aber eben auch von dem, was ich mit der Band gerade erlebte. Wer will schon im Tunnel wohnen, wenn er weiß, was man vom Berg aus sieht? Auch ich hatte keine Lust mehr, Malen nach Zahlen zu betreiben, jetzt, da ich wieder merkte, wie gut es sich anfühlte, ohne lästige Vorgaben ans Werk zu gehen. Wir probierten alles aus: Fahrradlampenmikrophone, poplige, alte Farfisa-Amplivox-8-Verstärker, hawaiianische Weißenborn-Slidegitarren, ein aus Tommy Engels Besitz stammendes Harmonium, Vocoder, Strings und Tubular Bells, Beatles-Jauchzer und durch den Fleischwolf gedrehten Chorgesang. Zu »Shoe Shine« zogen wir einen der Kellner, die uns im »Hotel Niu« beim Frühstück und im »Ca'l Patró« beim Abendessen betreuten, als Gastsänger hinzu. Nicola musste nicht zum Jagen getragen werden. Er fühlte sich ohnehin zum »Sänger und Tänzer« berufen und improvisierte für »Shoe Shine« bereitwillig zu Michas Latino-Barpiano-Solo. Und wenn wir all den Moritaten und Allegorien zu einem ausreichend bunten Kleid verholfen hatten, versammelten wir uns noch in der Hotelküche und brachten kichernd Albernheiten auf Band, die wir als Hidden Tracks ans Ende des Albums hängen wollten.

Unsere Version der dionysischen Lustbarkeiten der Stones in der Villa Nellcôte fiel unschuldig aus. Sie eignete sich nicht für die Klatschspalten. Statt eines Spielzeugpianos voller Kokain gab es bei uns lediglich eine alte Blechdose mit lustigen Keksen. Sie stand auf der Konsole des Mischpults und brachte uns für die zahlreichen Abbey-Road-Gedenknächte in die geeignete Stimmung. Doch nicht nur wir schworen auf Naturprodukte. Eines Morgens entdeckten wir eine Ameisenstraße, die in gerader Linie zum Mischpult, dann nach oben und schließlich bis in die Keksdose hinein führte. Dort mussten sich interessante Szenen abspielen. Die Ameisen, die wieder aus der Dose herausfanden, entschieden sich jedenfalls gegen den Gleichmarsch und für eine höchst individuelle, psychedelisch angehauchte Route. Ein Ameisen-Drop-out. Timothy Leary wäre entzückt gewesen.

Auch sonst hielten sich die Exzesse in Grenzen. Nur Don Jaimes »Anything can happen«-Party im direkt neben dem Hotel gelegenen Restaurant »Ca'l Patró« brachte uns ein wenig ins Schleudern. Eine rauschende Ballnacht mit Flamencomusik und Tanz, mit Künstlern aus der näheren Umgebung, Angestellten und Freunden, bei der auch wir uns nicht lange bitten ließen und einige Songs beisteuerten. Die Nachwirkungen der Party waren kolossal. In weiser Voraussicht hatten wir uns für den nächsten Tag freigegeben, doch selbst nach langem Schlaf stellte es uns vor fast unüberwindliche Schwierigkeiten, das Spiel des 1. FC Köln gegen die Bayern im Fernsehraum des Hotels zu verfolgen. Und daran waren nicht allein die Übertragungsstörungen schuld. Das minütlich einfrierende, oft auch ganz abstürzende Bild spiegelte exakt die Verfassung der in den Seilen hängenden Zuschauer wider, die das zwischenzeitlich eingeblendete Eckballverhältnis von 6:0 für den FC allen Ernstes eine halbe Ewigkeit lang für den tatsächlichen Spielstand hielten.

An einem bewölkten Abend ging ich mit Helmut und Micha vom Hotel hinüber zum Studio. Wir wollten den Song »Istanbul« aufnehmen. Keine leichte Übung. Ich sollte direkt zum Flügel singen und wusste, dass beide Spuren nicht reparabel sein würden. Unser langjähriger Roadie Ralf »Locke« Mikolajczak hatte im Ca'n Franch alles für die Session vorbereitet und sogar Kerzen aufgestellt. Er wusste, dass mir das Stück sehr wichtig war. Beim Singen würde es auf jede Nuance ankommen. Ich musste es schaffen, die Stimmung des Textes, ein schwer entwirrbares Knäuel aus Verbitterung, Melancholie und Versöhnlichkeit, exakt zu treffen. »Istanbul« handelte von deformierten Träumen und verlorener Leidenschaft. Wohl kaum einer war in diesem Business, das einem alten

Schlager zufolge keinem anderen glich, solchen Erfahrungen entgangen. Später sollten die Leute »Istanbul« als meine Abrechnung mit Major interpretieren. Sie übersahen dabei, dass sich von einem Song nie unmittelbare Schlüsse auf die Wirklichkeit ziehen ließen. Meine Texte waren kein Tagebuch. Sie nahmen sich ihre Bestandteile aus der Realität und setzten sie neu zusammen. Erst die Verdichtungen und Verschiebungen des Ausgangsmaterials verliehen einem Song seine eigene Wahrheit. Gelegentlich musste man lügen, um zu dieser Wahrheit durchzudringen.

Natürlich hatte ich beim Schreiben von »Istanbul« an Major gedacht. Aber eben auch an Schmal und mich selbst. Wenn ich auf die letzten Jahre zurückschaute, wurde mir bewusst, dass ich die Grabenkämpfe innerhalb der Band viel zu lange mitgemacht hatte, vielleicht aufgrund eines zwar nachvollziehbaren, aber letztlich falschen Sicherheitsdenkens. Ich war meinem CBGB's-T-Shirt und meiner Telecaster untreu geworden, wenn ich, nur damit es weiterging, den Text von »Alles em Lot« zu einem Phil-Collins-Pastiche sang. In solchen Momenten hatte ich allem widersprochen, was mir wichtig war.

Die letzte Strophe von »Istanbul« konfrontierte die bitteren Wahrheiten mit einem Blick zurück in die siebziger Jahre. Ein heraufziehender Tag in der Meerenge von Çanakkale, eine unglaubliche Türkeireise in einem klapprigen VW-Bus, den die meiste Zeit Hilles siebzehnjähriger Bruder ohne Führerschein gefahren hatte, und drei Freunde, atemlos vor Glück und am Ziel ihrer Sehnsucht: Asien war nur noch eine Überfahrt entfernt. Und alle Ideale schienen für immer unverlierbar.

Nach sieben Takes war Schluss. Am nächsten Tag würden wir einen davon auswählen. Als wir aus dem Studio kamen, hatten sich die Wolken verzogen. Der Nachthimmel überspannte die Bucht mit unzähligen Sternen. Es waren dieselben Sterne wie dreißig Jahre zuvor in der Türkei. Ich dachte an Schmal. Vielleicht konnte er nicht schlafen und blickte gerade ebenfalls zum Himmel. Vielleicht sah er sogar eine Sternschnuppe fallen. Ich wünschte mir, dass ihm dann das einfallen würde, was ihm wirklich wichtig war.

Und dass er die Kraft haben würde, es eisern für sich selbst zu behalten, damit es sich erfüllte.

Kein Tag glich dem anderen. Einmal versetzte der Sturm das Meer in Aufruhr und rüttelte an den Türen und Fensterläden des Ca'n Franch, dann wieder streckte einem die Sonne die Hand entgegen. Bei gutem Wetter fuhr ich mit dem Motorrad nach Pollença. Ich setzte mich mit einer Zeitung ins »Café Espanyol« und sah zu, wie die Marktstände aufgebaut wurden. Der Frühling näherte sich mit Riesenschritten. Schon kamen die ersten Touristen in unsere Bucht. Nun würde es nicht mehr lange dauern, bis sich herumspräche, wohin wir uns zurückgezogen hatten.

Wir nahmen den Song »Suwiesu« auf. Er hielt den uralten Mythos von Sisyphos prüfend gegen das Licht und schaute, was man mit ihm in der Gegenwart noch anfangen konnte. Wie schafft man es, nach Enttäuschungen immer wieder von vorne zu beginnen? Und woher nimmt man bloß die Kraft dazu? Oft stellte ich mir solche Fragen, wenn ich am Rhein entlangging und den Containerschleppern nachsah, die ihre Ladung unermüdlich stromaufwärts transportierten. »Suwiesu« sprach sich dafür aus, die Verantwortung für das eigene Leben nicht aus der Hand zu geben. Das Schicksal ist eine menschliche Angelegenheit. Wir sind selbst dafür zuständig, kein anderer. Mir fiel ein Satz des französischen Philosophen Albert Camus ein: »Der Kampf gegen Gipfel vermag ein Menschenherz auszufüllen.« Vielleicht musste man sich Sisyphos tatsächlich als einen glücklichen Menschen vorstellen. Weil er verstanden hatte, dass es aufs Weitermachen und nicht aufs Gewinnen ankam. Weil er den Widrigkeiten die Stirn bot und sich nicht unterkriegen ließ. Auch der Rheinschiffer, der sich wieder einmal irgendwo zwischen Rotterdam und Basel befand, war ein Sisyphos. Sein Beispiel machte mir Mut. Ich malte mir sein Leben aus. Und ich wusste auf einmal, dass er nicht aufhören würde, trotz aller Tiefschläge an die Erfüllung seiner Träume zu glauben. Das würde ihm helfen, lebendig zu bleiben: »Mer weed doch dräume dürfe aff un zo.«

In »Suwiesu« ging es aber auch um eine auseinanderbrechende

Familie und um die Erinnerung daran, wie gut es sich anfühlte, als Kind vom Vater in den Arm genommen zu werden. Ich verfasste den Text als eine Art Coda zu »Verdamp lang her«. Das Gespräch mit meinem toten Vater hatte die Phase quälender Aufarbeitung lange hinter sich gelassen. Ich sah ihn inzwischen in einem anderen Licht als vor zwanzig Jahren. Ich war ihm wieder nähergekommen.

»Suwiesu« gesellte sich auf dem Album zu »Chippendale Desch«, einem Text, den ich über meine Mutter geschrieben hatte. Meine Mutter war im Sommer gestorben. Eine Krankheit hatte ihrem Wesen die gewohnten Züge geraubt. Nach und nach war ihr alles genommen worden, was sie einmal ausgemacht hatte. Ihre Erinnerungen, ihre Lebensfreude, ihre Herzlichkeit hatten sich in einem zunehmend dichter werdenden Nebel verlaufen und waren nicht mehr zurückgekehrt. Zuletzt war ihr nur noch die arglose Empfindsamkeit eines Kindes geblieben, das auf Zuwendung mit ungetrübter Freude reagierte und jede Heuchelei intuitiv durchschaute.

Der Tod meiner Mutter hatte damit eingesetzt, dass sie ihr Gedächtnis verlor. »Chippendale Desch« war ein Text gegen das Vergessen. Ich breitete Erinnerungsstücke aus, betrachtete Fotografien, las Postkarten, schloss vom Umschlag einiger Briefe auf ihren Inhalt, zitierte die kölschen Mantras meiner Mutter und versprach, mich um eine ihrer Hinterlassenschaften besonders zu kümmern: um ihren geliebten Chippendale-Tisch, der es schon 1984 auf das Cover unserer LP »Zwesche Salzjebäck un Bier« geschafft hatte. Damals hatte ich den Tisch als Symbol für Enge und Spießigkeit betrachtet. Doch meine Mutter wusste, dass ich mehr an ihm hing, als ich mir eingestehen wollte. Sie lieh ihn mir für das Fotoshooting mit einem überlegenen Lächeln:

»Waat aff, Jung. Irjendwann willste dat Dinge suwiesu hann!«

Im Studio achtete ich darauf, »Chippendale Desch« jeden Anflug von Niedergeschlagenheit zu nehmen. Das Lied durfte kein Trauermarsch werden. Glücklicherweise war für den Grundtake eine Band-Performance gefragt. Der von Helmut komponierte Song sollte unmerklich Fahrt aufnehmen und musste daher ohne Klick eingespielt werden. Er kulminierte in einem ausgelassenen Finale, das hoffentlich alle von der Wolke aus gestellten Forderungen nach genügend Fröhlichkeit zufriedenstellte.

Einige Wochen nach dem Tod meiner Mutter las ich auf Mallorca Barry Miles' Buch über Paul McCartney. Ich kannte die Geschichte, die sich hinter McCartneys »Let It Be« verbarg, doch jetzt schien sie mehr mit meinem Leben zu tun zu haben als früher. McCartney schilderte in dem Buch, wie Ende der sechziger Jahre die Auflösung der Beatles immer wahrscheinlicher wurde, wie Drogen, Stress und Ermüdung ihren Tribut forderten und wie er an der Anstrengung, die auseinanderdriftenden Musiker noch einmal für ein gemeinsames Projekt zu begeistern, verzweifelte. Während dieser Zeit erschien ihm einmal seine tote Mutter Mary im Traum, und er hörte sie sagen: »Let it be.« Lass es geschehen.

Daran dachte ich, als ich in Alcudia nach einem langen Tag, an dem ich nur selten zum Durchatmen gekommen war, unter das Moskitonetz kroch. Ich schloss die Augen. Plötzlich war alles still. Ich war allein in der Dunkelheit. Niemand wollte mehr etwas von mir. Ich ließ mich in die Ruhe fallen, die dem Schlaf vorausging. Alles, was gewesen war und was sein würde, schrumpfte zusammen auf diesen einen Augenblick. Die Tricks, mit denen man sich über den Tag gerettet hatte, funktionierten nun nicht mehr. Die Ablenkungen verloren ihren Reiz. Die Fassaden krachten zusammen, und das Verdrängte meldete sich zu Wort. Man begegnete sich selbst und konnte nicht ausweichen. Doch genau dann meldete sich manchmal tief im Innern eine Stimme, der man sich anvertrauen konnte. Die es einem wieder leicht machte zu unterscheiden, was richtig war und was falsch. Die einem den Weg zeigte und wohin man gehörte. Ich dachte an meine Mutter. Auch sie hätte vermutlich gesagt: Lass es einfach geschehen. Mach dir keine Sorgen. Ich fragte mich, ob ich die ersten Zeilen des Songs, der mir soeben zugefallen war, noch rasch aufschreiben sollte. Doch gleichzeitig war ich mir sicher, dass ich sie nicht vergessen würde. Ich ließ los und glitt hinüber ins Schwarz.

Wir nahmen »Dir allein« Anfang Februar im Ca'n Franch auf.

447

Es war Sheryls Lieblingssong, auch weil sie ihn mit ihrer eigenen Mutter verband, die kurze Zeit zuvor ebenfalls gestorben war. Sheryl beendete »Dir allein« mit einem Vokalsolo. Als sie sang, lag in ihrer Stimme der Schmerz von jemandem, der bis ans Ende der Nacht gereist war. Doch gleichzeitig enthielt sie auch unbezähmbare Hoffnung und grenzenlosen Jubel. Wir ließen Sheryls Solo langsam in die von Jens und Micha vor dem »Hotel Niu« aufgenommene Brandung übergehen. Wellen trugen ihre Stimme aufs offene Meer hinaus.

Sheryl starb im Januar 2005. Auf Wunsch ihres Freundes spielten wir bei der Beerdigung in einer Heidelberger Kirche »Dir allein«. Sheryl hatte ihren Kampf gegen den Krebs verloren. She's gone with the man in the long black coat.

Statt wie beabsichtigt nach drei Monaten schlossen wir »Viel Passiert« erst nach zwei Jahren ab. Die offene Struktur des Drehbuchs erlaubte stetig neue Ergänzungen. Auch Szenen unseres Mallorca-Aufenthalts fanden noch Eingang in den Film, um ihn so aktuell wie möglich zu halten. Von mir aus hätte das noch ewig so weitergehen können. Ich genoss es, mit Wim zusammenzuarbeiten. Und ich war traurig, als der Film schließlich in Berlin geschnitten wurde, denn das bedeutete, dass er seine endgültige Gestalt gefunden hatte. Bald würde er in der Welt sein. Er gehörte nicht mehr nur uns.

Die lange Entstehungsphase sorgte aber auch dafür, dass die Aufnahmen aus der »Lichtburg«, die das Kernstück von »Viel Passiert« bildeten, im März 2002 nicht mehr die Gegenwart der Band einfingen. Ein Soundtrack-Album ergab nun keinen Sinn mehr. Wir hatten zwei neue, in Cala St. Vicenç aufgenommene Stücke – »Triptychon« und »Schluss, aus, okay« – für den Soundtrack reserviert und bewusst nicht auf »Aff un zo« veröffentlicht. Das rächte sich jetzt. Für die Songs gab es keine richtige Verwendung mehr. Sie fielen durch den Rost. Im Fall von »Triptychon« geschah das sogar schon zum zweiten Mal. Zehn Jahre zuvor hatte die alte Bandbesetzung den langen, metaphernreichen Text, der ein Bild gleichzeitig malte und beschrieb, zu meiner Privatsache erklärt. Jetzt waren die Gralshüter des Radio-Pop nicht mehr in der Band, und Helmut hatte eine neue, sich dramatisch steigernde Musik für »Triptychon« geschrieben. Doch aufgrund der Umstände geriet das Stück auch diesmal unter die Räder. Es landete als Bonustrack auf einer Single. Wir hatten es verpatzt.

»Schluss, aus, okay« kam besser weg. Der Song war ein eiliges Lebewohl. Er zündete ein neues Streichholz an. Er beachtete den Vagabunden nicht mehr, der an die Tür klopfte und um ein Stück Vergangenheit bettelte. Selbst Sal Paradise hatte sich an der Siebten Straße von Dean Moriarty für immer verabschiedet und ihn nicht einmal mehr zum Bahnhof begleitet. »Schluss, aus, okay« rang sich dazu durch, endlich den amerikanischen Traum hinter sich zu lassen und die deutsche Realität zu akzeptieren. Auch wenn dabei ein gehöriges Stück Romantik auf der Strecke blieb. Doch aus Longerich würde eben niemals Manhattan werden und aus der Schildergasse keine Avenue.

Als kleines Methadon-Programm, um unsere Entzugserscheinungen nach der Fertigstellung von »Viel Passiert« abzumildern, versahen Wim und ich den »Heimatfilm« noch mit einer Fußnote. Wir drehten ein Video zu »Schluss, aus, okay«. Wim hatte die im Grunde perfide Idee, das Video genau dort anzusiedeln, wo es eigentlich nicht hingehörte: am anderen gedanklichen Ende der Nord-Süd-Fahrt, in der kalifornischen Mojave-Wüste, auf dem alten Highway 66. Wim wollte mir ein anderes Amerika zeigen, als ich es aus New York kannte. Und ehe ich es mich versah, stieg die gerade erst aus dem Haus vertriebene Romantik wieder zum Fenster herein. Ich hob die Arme und kapitulierte angesichts von Landschaften, die Abenteuer und Freiheit versprachen, ohne dass sie sich darum bemühen mussten. Der Zauber von Güterzügen, endlosen Wüstenstraßen und verlassenen Motels war einfach nicht kleinzukriegen. Selbst ein altes, noch in Betrieb gehaltenes Autokino lag auf der Strecke. Es schien, als habe es seit Wims erstem Treatment zu »Viel Passiert« auf uns gewartet.

Auch in Los Angeles wurden einige Szenen gedreht. Auf dem

Walk of Fame suchten wir den Stern von Chuck Berry, dessen Song »Memphis, Tennessee« für »Alice in den Städten« Pate gestanden hatte. Wims Film hatte mich wiederum damals dazu angeregt, mir eine Polaroidkamera zu beschaffen. Der Kreis hatte sich geschlossen. Ich fotografierte »Grauman's Chinese Theatre«, ein berühmtes Premierenkino, und beobachtete das Hellwerden des Polaroids in meiner Hand. Mich selbst hatte ich überlisten können, doch der Technik konnte ich nichts vormachen. Auf dem Foto erschien statt einer chinesischen Pagode langsam der Kölner Dom. Es war doch nie das drauf, was man gesehen hatte.

Auf dem Hollywood Boulevard erinnerten wir uns an den Kinks-Song »Celluloid Heroes«. Wim konnte den Text fast vollständig aus dem Gedächtnis zitieren, und wir beherzigten Ray Davies' Anweisungen. Wir traten nicht auf den Stern von Greta Garbo. Wir leisteten Bette Davis ein wenig Gesellschaft. Und wir kümmerten uns auch, so gut es ging, um Marilyn, die von der Filmindustrie und den Sehnsüchten des Publikums zu einer überlebensgroßen Ikone stilisiert worden und daran schließlich zerbrochen war. Die Frau hinter dem Sexsymbol hatte bald niemanden mehr interessiert. In Andy Warhols Marilyn-Siebdrucken war ihre Verwandlung in ein leicht wiedererkennbares Zeichen treffend eingefangen. Keine Seele mehr, keine Tiefe, kein Altern. Nur noch ewige Jugend und für immer über Luftschächte hochgeblasene Röcke. Filmstars fühlten keinen Schmerz, sie konnten nicht einmal sterben. Doch wer wollte schon mit ihnen tauschen.

Bereits Wims erster langer Film »Summer In The City«, seine Abschlussarbeit an der Münchener Filmhochschule, trug den Untertitel »Dedicated to The Kinks«. In einer der schönsten Szenen kauft sich der Schauspieler Hanns Zischler in einem rund um die Uhr geöffneten »Automatischen Lebensmittelmarkt« etwas zu trinken. Dann steigt er in ein Taxi und bittet den Fahrer, ihn für zwanzig Mark durch das dunkle München spazieren zu fahren. Und während vor den leicht beschlagenen Autoscheiben Kneipen, Tankstellen, Möbelhäuser, Drogerien, Reinigungen und Schuhgeschäfte vorbeiziehen, hört man »Too Much on My Mind« und die

Kinks vom Gewicht der Welt singen. Trost ist immer nur so weit wie die nächste Jukebox entfernt.

Auch »Viel Passiert« setzte den Kinks ein Denkmal. Wir agierten auf der Bühne der »Lichtburg« als Playback-Band zu »Waterloo Sunset« und lieferten zu einem hinter uns auf die Leinwand projizierten »Beat Club«-Auftritt der Kinks die Tonspur. »Waterloo Sunset« ging auf eine Kindheitserfahrung von Ray Davies zurück. Der Song erzählte von einem kleinen Jungen, der nach einer schweren Operation von den Krankenschwestern des St. Thomas Hospital in seinem Bett auf den Balkon geschoben wird, von wo aus er den Sonnenuntergang über der hellbraunen, fast rötlich wirkenden Themse sehen kann. Das Sprechen fällt ihm noch schwer, und die Sorgen, wie alles weitergehen soll, sind fast mehr, als er ertragen kann, doch für einen Moment fühlt er sich trotz seiner Einsamkeit geborgen. Es reicht ihm, den heimwärts strebenden oder sich in die Nacht stürzenden Menschen zuzusehen. Das Leben jedes einzelnen von ihnen enthält eine Möglichkeit, wie es auch mit seinem eigenen weitergehen könnte. Und er sieht Terry und Julie, die sich wie jeden Freitag an der Waterloo Station verabredet haben und die den alten, dreckigen Fluss überqueren; die sich einander genug sind und den Beobachter, hoch oben auf dem Balkon, gar nicht bemerken.

Wir widmeten den Film Klaus Wenders. Auf den nach Amerika geschickten Cassetten seines jüngeren Bruders hatte Wim zum ersten Mal unsere Musik gehört. Klaus war 1989, im Alter von nur achtunddreißig Jahren, gestorben. Wim hatte es noch geschafft, seinem todkranken Bruder, der der noch größere Kinks-Fan in der Familie war, Ray Davies ans Krankenhausbett zu bringen. Auch daher gehörte »Waterloo Sunset« in »Viel Passiert«. Und dem von Joachim Król verkörperten Filmvorführer gaben wir den Namen meines Bruders.

Wir kamen zu früh in die Tottenham Lane. Ray Davies war noch nicht da. Mit unserem Produzenten Wolfgang Stach war ich nach London geflogen, um in den Konk Studios Davies' Part einer

451

kölsch-englischen Version von »Celluloid Heroes« aufzunehmen. Die Kinks hatten sich 1972, nach dem Erfolg ihrer Single »Lola«, in Hornsey ein eigenes Studio zugelegt, auch als ein Symbol künstlerischer Unabhängigkeit nach vielen zermürbenden Erfahrungen mit Plattenfirmen und Rechteverwaltern. Das Studio lag keine Meile entfernt von Muswell Hill, dem Viertel, in dem Ray und Dave Davies aufgewachsen waren. Ein Ortsteil wie auf einer Postkarte. Es lag ein schwer begreifbarer Kontrast zwischen der Vorstadtidylle mit ihrem gemächlichen Alltagstrott und den Schreckensmeldungen, die seit einigen Stunden von allen britischen Nachrichtensendern in die Welt geschickt wurden. Am Morgen war es im dichten Londoner Berufsverkehr fast gleichzeitig zu mehreren

Explosionen gekommen. In drei U-Bahnen und in einem Doppeldeckerbus hatten sich Selbstmordattentäter mit Bomben in die Luft gesprengt und dabei viele Menschen mit in den Tod gerissen oder schwer verletzt. Eine »Geheime Gruppe von al-Qaidas Dschihad in Europa« bekannte sich zu den Anschlägen. Wie sich später herausstellte, handelte es sich bei den Tätern um ganz junge Männer, Briten pakistanischer Herkunft.

Von den furchtbaren Szenen, die sich noch immer am Russell Square, am Tavistock Square, an der Liverpool Street und an der Edgware Road abspielten, bekam man im Norden Londons nichts mit. Hier war es nur ein ganz gewöhnlicher Julitag. Allerdings einer, der wieder einmal bewies, wie falsch es gewesen war, sich nach dem Ende der Sowjetunion für einen Augenblick dem Gedanken an eine friedlichere Welt hinzugeben. Man war nach dem Wegfall der Blockbildung nicht auf eine asymmetrische Konfrontation vorbereitet gewesen. Doch es blieb einem nichts anderes übrig, als mit ihr genauso umzugehen wie zu Zeiten Kalter Kriege: behutsam, nicht überreagierend, aber dennoch wehrhaft. Mit dem Werfen von Wattebäuschchen würde man dabei nicht weit kommen.

Wir machten einen Spaziergang und sahen uns alles an. Niedrige Backsteinhäuser mit weißen Fensterrahmen und klobigen Kaminen. Kleine Roundabouts und Parkplätze, auf denen früher Tanzpaläste gestanden hatten. Hier waren also die Menschen daheim, über die Ray Davies so viele Lieder geschrieben hatte. Die Kinks-Platten eigneten sich als Audio-Guide bei einem Rundgang durch Muswell Hill. In jedem Haus schienen alte Bekannte zu wohnen. Der Wellenreiter, der jedem Trend hinterherlief. Der bucklige Gärtner, der im Herbst die Blätter zusammenkehrte. Die Mutter, die das schwarzgerahmte Bild ihres gefallenen Sohnes abstaubte. Die Muswell Hillbillies, die sich ihren »Cockney pride« nicht nehmen ließen. All die einsamen, verzweifelten, gedemütigten, überheblichen und unausstehlichen Vorstadtbewohner. Die weithin respektierten, immer pünktlichen Männer, die nur für ihre Rente lebten und nie den kleinsten Fehler begingen.

»A Well Respected Man« hatte ich schon mit meiner Schülerband gespielt. Der Text redete nicht um den heißen Brei herum. Er führte einem vor Augen, wogegen es sich aufzubegehren lohnte, und formulierte ein ähnliches Unbehagen an Karrieredenken und Wohlanständigkeit, wie es auf einer musikalischen Ebene das Gitarrenriff in »You Really Got Me« tat. »You Really Got Me« ging einem durch Mark und Bein. Ray Davies hatte das Stück im »Front Room« seines Elternhauses geschrieben, wo sich das Leben der Familie Davies abspielte. Der »Front Room« war zugleich Wohnzimmer, Krankenstation und Partykeller. Und dort schlossen Ray Davies und sein Bruder Dave auch zum ersten Mal ihre Gitarren an einen kleinen, grünen Acht-Watt-Verstärker an. Zuvor bearbeiteten sie, auf der Suche nach einem einzigartigen, verzerrten Sound, den Verstärker mit Rasierklingen und den Stricknadeln ihrer Mutter. Das Ergebnis veranlasste die Nachbarn dazu, die Polizei zu rufen. Später nahmen die Kinks »You Really Got Me« in einer dreistündigen, selbstfinanzierten Session als ihre dritte Single auf. Sie retteten sich damit vor dem Rausschmiss bei der Plattenfirma und erfanden in ihren roten Jägerjacketts ganz nebenbei auch noch Hardrock, Punk, Heavy Metal und »I Can't Explain« von The Who. New-Wave-Bands wie The Jam, The Pretenders oder die Buzzcocks waren ihnen noch fünfzehn Jahre später dafür dankbar.

Von Beginn an gehörten die Kinks zu meinen ganz großen Helden. Wahrscheinlich hatte ich instinktiv begriffen, dass Ray Davies nur Texte aus einer persönlichen Faszination heraus schrieb. Er lieferte keine Gebrauchslyrik ab. Er erzählte von den Hoffnungen und Ängsten ganz gewöhnlicher Menschen, die darum rangen, ihre Würde zu behalten im Kampf gegen Arbeitslosigkeit und Existenzangst, aber auch von frustrierten Aristokraten, denen die Steuer allen Luxus geraubt hat. Aus diesen Songs konnte man Schlüsse ziehen. Sie hatten keine Zeit für Zynismus, sondern stritten für individuelle Freiheit. Sie bauten verschwundene Welten wieder auf, dokumentierten gesellschaftliche Veränderungen und fanden ihren Gegner im Terror der Technik und den anonymen Strukturen globaler Macht. Der englischen Music Hall verdankten sie ihren Humor und ihre Melodien, Lord Byron ihre Haltung.

Während des Kunststudiums ließ ich fast täglich die Kinks-LP »The Village Green Preservation Society« auf meinem Dual-Mono-Plattenspieler laufen. Zumindest den größten Teil davon. Weil aus dem Vinyl ein Stückchen herausgebrochen war, fehlte mir beim Anhören ein Teil des ersten Liedes auf jeder Seite. Der Rest war mir dafür umso vertrauter. Das Album errichtete einen Schutzwall gegen die Zumutungen des Alltags. Mit ihm begab man sich an einen geschützten Ort, zurück in die sorglose Kindheit, die keiner je wirklich erlebt hatte. Es ging nicht um Eskapismus, sondern nur darum, gelegentlich den Kopf frei zu bekommen. Während die Stones von verhinderten Straßenkämpfern sangen und die Beatles zweifelnd von der Revolution, hatten die Kinks eine Platte über verlorene Freunde, Motorradfahrer, fliegende Katzen, Erdbeermarmelade und Dampflokomotiven gemacht.

Im November 1984 saß ich in der Frankfurter Festhalle am Seitenrand der Bühne und sah mir ein Konzert der Kinks an. Verkehrte Welt: Wir waren erst nach meinen großen Vorbildern dran. Das Fernsehen hatte uns für eine Veranstaltung mit dem albernen Titel »Der flotte Dreier« freie Hand gelassen. Wir durften uns einen deutschen und einen internationalen Act aussuchen und hatten uns für Klaus Lage und eben die Kinks entschieden. Sie waren von einer laufenden USA-Tournee weggelotst worden und spielten auf einer gemieteten Backline die Songs, die mich mit dazu inspiriert hatten, überhaupt mit dem Musikmachen anzufangen. Nach dem Auftritt kamen die Gebrüder Davies in unsere Garderobe und entschuldigten sich dafür, uns beim Soundcheck am Tag zuvor nicht richtig begrüßt zu haben. Sie hatten uns für unsere Roadies gehalten.

Wir kehrten um und gingen zurück zu den Konk Studios. Ich war Ray Davies zuletzt in Köln begegnet. Nach einem seiner »Storyteller«-Solokonzerte im Gürzenich hatten wir uns in einem italienischen Lokal an der Dürener Straße die halbe Nacht auf eine sehr angenehme und freundliche Weise unterhalten. Jetzt hörte er sich unsere Reggae-Version von »Celluloid Heroes« an, fragte vorsichtshalber noch einmal nach, in welcher Sprache ich denn da sang, und schien beruhigt, als ich ihm versicherte, in meiner Übertragung so nah wie möglich am Original geblieben zu sein. Dann widmete er sich seinem Part und ließ ihn über das Mischpult aufnehmen, auf dem Ende der siebziger Jahre, noch in einem anderen Studio, Pink Floyds Album »The Wall« aufgenommen worden war.

Ray hatte den »Evening Standard« mitgebracht, der mit einer Schlagzeile zu den Anschlägen in der U-Bahn aufmachte: »Terror bombs explode across London«. Während wir uns mit dem Nachruhm von Hollywood-Stars beschäftigten und ringsum die Dämmerung über Muswell Hill hereinbrach, trauerten nur wenige Kilometer entfernt Familien um ihre von den Bomben islamistischer Fanatiker getöteten Angehörigen. Wieder stellte sich ein Gefühl der Unwirklichkeit ein. Man bekam die Dinge nicht unter einen Hut. Zu vieles passierte, was keinen Sinn ergab. Nur der Planet ließ sich nicht aus der Ruhe bringen. Er machte einfach weiter, drehte sich auch an diesem Abend wieder wie ein blauer Ballon durch das All. Unbeirrt, souverän und ohne Pardon.

Ray lud uns in sein Stammlokal ein und führte uns noch durch die Straßen seines Viertels. Er deutete auf das Haus, in dem er wohnte, und dann auf das Nachbargrundstück. Er hatte es für Dave Davies gekauft. Ich blickte hinüber und bat im Stillen um Absolution für unsere verunglückte, nach Led Zeppelin im Woolworth-Format klingende Coverversion von »Death of a Clown«, die wir Ende der achtziger Jahre veröffentlicht hatten. Beim Weitergehen ließ sich Ray tief seufzend über seinen Bruder aus. Zwar hatte er sich um Dave nach dessen Schlaganfall gekümmert, doch nach der Genesung waren die beiden erneut aneinandergeraten. Kain und Abel konnten es nicht lassen. In ihrer langen Karriere hatten sie sich Faustkämpfe auf der Bühne geliefert und mit ihrer Rivalität Mick Avory und Pete Quaife aus der Band getrieben. Andererseits hatte die Spannung zwischen ihnen sie auch zu Höchstleistungen angespornt. Jetzt wohnten sie wieder Seite an Seite, für immer des anderen Bruders Hüter und Fluch. God save The Kinks.

Dann mach du das doch, du kennst doch so viele!

Der Beifall verebbte langsam, es wurde still. Das Publikum hatte ins Konzert hineingefunden. Die zu Anfang mit Händen greifbare Euphorie, die Willkommensgruß gewesen war, aber auch gespannte Erwartung, wie der Abend verlaufen würde, war einer aufmerksamen Freude gewichen, einem konzentrierten Zuhören, empfänglich auch für Zwischentöne. Nur einige Unentwegte meldeten sich lautstark zu Wort, riefen ihre Song-Wünsche in Richtung Bühne, unbeirrt, immer weiter auf dem einen Stück beharrend, das sie unbedingt hören wollten, nur dieses, kein anderes. Patti Smith trat ans Mikrophon, zog sich das große schwarze Jackett enger um den Körper, steckte die Hände in die Taschen, lächelte und begann mit ihrer Ansage zum nächsten Song. Es war keine gewöhnliche Ansage. Es war ein unverblümtes politisches Statement, das sich auf die bevorstehenden, auf Ende des Sommers terminierten Bundestagswahlen und auf die zwei alles beherrschenden Wahlkampfthemen bezog: die unverändert hohe Zahl der Arbeitslosen und eine mögliche deutsche Beteiligung an der immer wahrscheinlicher werdenden Neuauflage des Irakkriegs. Patti Smith packte den Stier bei den Hörnern. Die Arbeitslosigkeit sei besonders nach dem 9/11 zum globalen Problem geworden, sagte sie, überall auf der Welt hätten Menschen seitdem ihren Job verloren, seien an den Rand gedrängt worden, ins Abseits. Doch noch wichtiger als die Bekämpfung der Arbeitslosigkeit sei es, den Frieden zu erhalten. Daher solle sich jeder, der zur Wahl gehe, darüber im Klaren sein, dass es dieses Mal um weit mehr ginge als nur um die Entscheidung zwischen zwei politischen Lagern. Je nachdem, wie die Wahl ausfalle, seien deutsche Soldaten im Irak dabei.

Und um das zu verhindern, gebe es nur einen Weg – man müsse seine Stimme am 22. September 2002 Kanzler Schröder geben. Unmittelbar danach fing »Because the Night« an, und der Song bekam durch die Ansage zuvor eine politische Qualität, die ich bisher nie für möglich gehalten hatte. Nun erschien mir das beschriebene Zusammensein der Liebenden in der Nacht, ihr Flüstern, ihr Vertrauen, ihr Bündnis, wie die Voraussetzung für eine viel größere Gemeinschaft, die vielleicht keine Berge versetzen, aber immerhin doch ihr Unbehagen artikulieren und Einspruch erheben konnte, wenn es um Krieg oder Frieden ging.

Ich stand neben meinem Sohn Robin im Kölner »E-Werk« und dachte für den Rest des Abends über das nach, was ich gerade gehört hatte. Ich war überrascht und beeindruckt. Die kurze Ansprache war nichts anderes als eine politische Handlungsanweisung gewesen. Patti Smith hatte so deutlich Position bezogen, wie es überhaupt nur ging im Rahmen eines Rock-'n'-Roll-Konzerts. Und sie hatte mich damit indirekt gefragt, ob ich denn auch alles in meiner Macht Stehende dafür tat, dass Deutschland sich nicht an einem Krieg beteiligte, dessen einzige Legitimation die von der Bush-Regierung gezielt geschürten Ängste in der amerikanischen Bevölkerung waren. Letztendlich ging es ein weiteres Mal um Öl.

Einige Tage darauf erhielt ich einen Anruf vom Büro des Bundestagspräsidenten Wolfgang Thierse. Thierse und ich waren uns im Verlauf der neunziger Jahre wiederholt begegnet. Er engagierte sich für Bürgerinitiativen, die in mühevoller und oft auch gefährlicher Arbeit der besonders in einigen ländlichen Regionen Ostdeutschlands spürbaren Dominanz rechtsextremer Gruppen Widerstand entgegensetzten. Ich hatte einige Male dabei mitgeholfen, solchen Initiativen eine größere Öffentlichkeit zu verschaffen. Seitdem wusste ich, dass Thierse zu jenen Politikern gehörte, die sich bei ihren Handlungen von innerer Überzeugung und nicht von wahltaktischen Erwägungen leiten ließen. Jetzt lud er mich in seine Talkshow ein, die er seit einiger Zeit in der Berliner »KulturBrauerei« an der Schönhauser Allee moderierte. Der Termin fiel genau in die heiße Phase des Wahlkampfs. Seine Büroleiterin, Daniela Christ, spürte mein Zögern. Mich unmittelbar für einen einzelnen Politiker und seine Sache starkzumachen, und sei sie noch so verdienstvoll, widerstrebte mir. Ich hatte mich bis auf zwei Ausnahmen stets geweigert, den Leuten Wahlempfehlungen zu geben. 1983 war ich bei der von Fritz Rau organisierten »Grünen Raupe« für den erkrankten Liedermacher Ludwig Hirsch eingesprungen und hatte mit Udo Lindenberg, Gianna Nannini und einigen anderen die Trommel für den ersten Bundestagseinzug der Grünen gerührt. Und vier Jahre später war ich mit den Complizen bei einigen »Winterzauber«-Konzerten nochmals in ähnlicher Mission und für dieselbe Partei unterwegs gewesen. Aber eigentlich vertrat ich die Meinung, dass es nicht sinnvoll war, die Leute zu gängeln und ihnen ihre Entscheidung abzunehmen. Sie sollten sich gefälligst selbst informieren und dann ihr Kreuz dort machen, wo sie es für richtig hielten. Es kam dabei gar nicht so darauf an, ob sie Anhänger der Sozialdemokraten, der Christdemokraten oder der Freidemokraten waren. Wichtig war nur, dass sie Demokraten waren. Die Spielregel lautete: Man darf eine Partei aus dem demokratischen Spektrum nicht desavouieren, auch wenn einem persönlich manches aus ihrem Programm gegen den Strich geht.

Daniela nahm meine Absage zur Kenntnis, hakte aber noch einmal nach. Ob ich mir denn eine andere Form der Unterstützung vorstellen könne, wollte sie wissen. Sie erwischte mich genau an dem Punkt, über den ich selbst seit dem Konzert von Patti Smith nicht hinweggekommen war. Offensichtlich gab es Situationen, in denen parteipolitische Neutralität fehl am Platze war, in denen man die eigenen hehren Grundsätze über Bord werfen musste. Ich antwortete, dass ich bereit sei, öffentlich Flagge zu zeigen, jedoch nicht für die beiden regierenden Parteien als solche, sondern für ihre Entschlossenheit, keine deutschen Soldaten in den Irak zu entsenden. Dazu müssten sich SPD und Grüne aber erst einmal zu dem Versprechen durchringen, ihre Koalition auch nach der Wahl fortsetzen zu wollen. Das war bisher ausgeblieben. Wenn das Lavieren ein Ende habe, könne man mit mir rechnen.

Keine halbe Stunde verging, dann hatte ich nacheinander das Büro von Gerhard Schröder und das von Joschka Fischer an der Strippe. Wahrscheinlich war intern die Koalitionsaussage schon längst getroffen worden, nun aber ergab sich für die entscheidenden Akteure plötzlich die Gelegenheit, anstatt nur eine dürre Presseerklärung herauszugeben, ihr Bekenntnis zu Rot-Grün und damit auch das Nein zum Irakkrieg weitaus publikumswirksamer zu bekräftigen. Die für die geplante Großveranstaltung ins Auge gefassten Schauplätze wechselten in der Folge beinahe täglich, am Ende war man am wohl symbolträchtigsten Ort der Hauptstadt angekommen, auf dem Pariser Platz am Brandenburger Tor.

Bevor ich meine endgültige Zusage zur Teilnahme von BAP gab, beriet ich mich mit meiner Familie, meinen Freunden, meiner Band. Nur vor ihnen und vor mir selbst war ich verantwortlich für das, was ich tat. Ihrer Meinung vertraute ich. Sie würden es mir sagen, wenn ich Gefahr lief, auf mich selbst hereinzufallen. Ich war kein Politiker. Ich war der Sänger einer Rock-'n'-Roll-Band, der seinen Laden am Laufen halten und seine Familie ernähren musste. Das kam an erster Stelle. Mit den Jahren hatte ich gelernt, die Klappe zu halten, wenn ich von einem Thema keine Ahnung hatte, auch wenn es der Eitelkeit noch so schmeichelte, zu allem und jedem befragt zu werden. Ich musste bei meinen Leisten bleiben. Ich ließ mir nichts mehr auf die Schultern laden, nur um jemandem einen Gefallen zu tun oder weil andere Leute einen Stellvertreter für ihre Anliegen benötigten. Der Tag, an dem ich begriff, dass man nicht allen Ansprüchen genügen kann, war ein guter Tag.

Das Konzert, das unter dem gewollt schmissigen Motto »Go on Schröder & Fischer« stand, wurde ein Erfolg. Wir flogen nach dem ursprünglich als Homecoming-Gig geplanten letzten Konzert der »Övverall«-Open-Air-Tour im Kölner »Tanzbrunnen« sonntagmittags nach Berlin und erlebten den Ruck, der durch die 20 000 Zuschauer ging, als der Kanzler und der Außenminister die Bühne betraten und mit zwei entschlossenen Reden keinen Zweifel an ihren politischen Absichten ließen. Danach war es an uns, das Publikum gleichzeitig bei Laune zu halten und zum Nachdenken zu bringen.

Unmittelbar vor dem Auftritt verwarfen wir meine ursprüngliche Idee, mit »Wellenreiter« zu beginnen und den Song und besonders die Zeilen »Höchtens ald ens Zweiter oder Dritter« dem Herausforderer Edmund Stoiber zuzueignen. Nach den Wortbeiträgen wurde es höchste Zeit für laute Musik, und der Refrain von »'ne schöne Jrooß« und später der von »Widderlich«, den ich dem »brutalstmöglichen Aufklärer« Roland Koch, dem »Ehrenmann« Helmut Kohl und dem »Mopedrocker« Friedrich Merz widmete, erfüllten ihre Aufgabe genauso gut, wenn nicht noch besser. Bei anderen Songs wie »Denn mir sinn widder wer« oder »Kristallnaach« musste ich mich regelrecht zwingen, nicht zu viel an den Ort zu denken, an dem wir sie gerade spielten. Ein schnell geschnittener Film, mal schwarz-weiß, mal farbig, lief trotzdem auf meinem inneren Bildschirm ab. Er setzte ein mit Erinnerungen an die Berlin-Klassenfahrt als Unterprimaner, sprang zu der Nacht, in der ich mit Schmal probiert hatte, das Brandenburger Tor von hinten anzusehen, und er enthielt auch die Szenen, die jeder kannte, fest verankert im kollektiven Gedächtnis. Ikonen der deutschen Geschichte im 20. Jahrhundert: der Fackelzug der SA durch das Brandenburger Tor nach Hitlers Machtergreifung; der sowjetische Soldat, der seine Flagge auf dem Reichstagsgebäude hisst; der Mauerfall.

Am Ende rettete sich Rot-Grün mit einem hauchdünnen Vorsprung ins Ziel. Nur knapp 9000 Stimmen trennten die SPD von der CDU. Wenn das »Konzert für Rot-Grün« einige Wähler, die zuvor noch unschlüssig in ihrer Haltung gewesen waren, davon überzeugt hatte, gegen die deutsche Beteiligung an einem auf Lügen aufgebauten Krieg zu votieren, hatten wir das Richtige getan. Und wir waren konkret geblieben in dem, wofür wir uns engagiert hatten, auf einen ganz bestimmten Anlass bezogen.

So konkret wie beim »Arsch huh – Zäng ussenander«-Konzert knapp zehn Jahre zuvor, im November 1992, als wir und viele andere kölsch singende Bands, aber vor allem die 100 000 Zuschauer, die zum Chlodwigplatz gekommen waren und den kompletten Verkehr lahmgelegt hatten, mit einer Massenkundgebung der Lebensfreude den Ewiggestrigen in der Stadt zeigten, wie groß der

Widerstand gegen ihre verabscheuungswürdigen Ansichten wirklich war. Nach den ausländerfeindlichen Ausschreitungen in Rostock-Lichtenhagen und einigen anderen Städten war es höchste Zeit, Entschlossenheit zu zeigen und die Sprachlosigkeit gegenüber der Intoleranz zu brechen. Selbst die sonst wohl eher politisch uninteressierten Muskelmänner vom »Sportstudio Süd« in der Alteburger Straße, die die Abende gewöhnlich vor den Türen von Diskotheken oder rot beleuchteten Etablissements verbrachten, waren vor Ort und demonstrierten gegen Rassismus und Fremdenfeindlichkeit. Dabei bauten sie sich vorsorglich direkt vor der Bühne auf, ein Wachschutz der besonderen Art für die auftretenden Acts:

»Wenn die Junge dat schon maache, muss doch einer oppasse, dat do nix passiert!«

Kurz vor Konzertbeginn stieg ich mit meinen Söhnen auf die Severinstorburg. Knapp sechzig Jahre zuvor war Heinrich Böll dort unten auf dem Chlodwigplatz zusammen mit einem seiner Brüder Zeuge des ersten großen Mai-Aufmarschs der Nationalsozialisten geworden. Böll hatte später über die »blutige Lächerlichkeit« dieser Parade der neuen Machthaber geschrieben, über das Gemisch aus Schrecken und Absurdität, das er empfunden hatte. Als ich an diesem Abend durch die Zinnen sah, blickte ich hinunter auf ein einziges friedliches, Mut machendes Wunder. Die Südstadt, erfüllt von Menschen, Zivilcourage und Fröhlichkeit an einem nasskalten Novembertag.

Der Folksänger Phil Ochs nannte einmal jede Zeitungsschlagzeile einen potenziellen Song und beschrieb seine Lieder damit als umstandslose Reaktionen auf das politische und gesellschaftliche Zeitgeschehen. Topical Songs waren in der Tat eine Möglichkeit des Ausdrucks, sie erlaubten einem, Aktualität zu demonstrieren, sich Gehör zu verschaffen und Stellung zu beziehen. Auch ich habe im Laufe der Jahre etwa eine Handvoll solcher Stücke geschrieben. Sie brachten BAP den Ruf ein, eine politische Band, zeitweise vielleicht sogar die »Band der Bewegung« zu sein. Aber nur als Medium, Sprachrohr, Durchlauferhitzer zu wirken genügte nicht. Meine Songs waren keine in Mauern geritzte Inschriften, marktschreierische Plakate auf einer Litfaßsäule oder einprägsame Parolen, die Flugzeuge über den Himmel ziehen konnten. Ich erhob mit ihnen keinen Anspruch auf Allgemeingültigkeit. Das Amt des Klassensprechers konnte gerne jemand anderes übernehmen. Ich verspürte nicht den Wunsch, meine Texte mit der aktuellen »Spiegel«-Titelgeschichte Schritt halten zu lassen. Dazu gab es viel zu viele andere interessante Themen, Hierarchien störten da nur. Sortierte man vor, zensierte man sich selbst. Alles konnte Stoff sein, alles war es wert, beschrieben zu werden, ob das ein kleiner, verbeulter Globus war oder ein Jesus aus Gips, ein unbeschwerter Tag am Baggersee oder einer voller Gedanken im Treibsand der Hoffnungslosigkeit, ein Gespräch mit den Wolken oder ein Stadionbesuch, ein altes Kino oder ein Kriegerdenkmal, eine kleine Kölner Straße oder eine Überfahrt nach Tanger. Wichtig war nur, dass vor der ersten Zeile eine ganz persönliche Erfahrung stand – eine Emotion, ein Erkennen, eine plötzliche Einsicht. Den Songs musste ein subjektives Datum einbeschrieben sein, das sie unaustauschbar machte. Das galt für Liebeslieder und Alltagsbeobachtungen, aber auch für Songs mit einem eher politischen Bezug wie »Nackt im Wind«, das ich Anfang 1985 schrieb.

Ich war mit Carmen und dem gerade ein Jahr alt gewordenen Severin nach Österreich gefahren. Ein Winterurlaub in einer kleinen Hütte oberhalb von Schladming. Während Carmen die Tage auf der Skipiste verbrachte, unternahm ich mit Severin stundenlange Schneewanderungen. Mein erstes Kind, in einem Tragetuch ganz nah bei mir. Wir beide, deutlich, gegenwärtig, Spuren hinterlassend, meine Schritte im Weiß und in der Stille, und Severin, dick eingepackt, die meiste Zeit schlafend, ruhig atmend an meinem Körper. Ich würde alles dafür tun, dass er sich aufgehoben fühlte und behütet, ich würde immer darauf aufpassen, dass ihm nichts passierte. Aber nur ein paar Breitengrade tiefer und dann noch ein Stück nach Osten gab es Eltern, die ihren Kindern diese Geborgenheit nicht mehr geben konnten. In den letzten Wochen hatten die

Medien fast täglich aus Äthiopien berichtet. In dem Land wütete eine schreckliche Hungersnot. Misswirtschaft und Dürre hatten die Ernten vernichtet, und ein korruptes System kümmerte sich nicht darum, dass Millionen Menschen nichts mehr zu essen bekamen. Hunderttausende waren schon gestorben. Wenn man sich die Tragödie in ihrem ganzen Ausmaß vorstellen wollte, stieß die Phantasie an Grenzen, und es war dieser unbegreifbare Schrecken, der hilflos und wütend machte.

Einer, der sich nicht damit abfinden wollte, dass niemand etwas gegen das Sterben in Äthiopien unternahm, war der irische Musiker Bob Geldof. Er hatte in der BBC einen Film über die Hungersnot gesehen und unmittelbar danach zusammen mit dem Ultravox-Sänger Midge Ure einen Song geschrieben. Geldof war hemdsärmelig an die Sache herangegangen. Er überlegte nicht lange, sondern machte einfach. Er wusste um die emotionale Kraft der Popmusik. Keine andere Kunst konnte mehr Menschen erreichen und berühren. Geldof schob seine eigene neue Platte mit den Boomtown Rats beiseite, mobilisierte stattdessen Musikerkollegen, hatte bald eine eindrucksvolle Schar von Stars beisammen, versammelte sie im Studio und nahm mit ihnen als »Band Aid« innerhalb von vierundzwanzig Stunden »Do They Know It's Christmas?« auf. Nur vier Tage später wurde der Song veröffentlicht und bereits in der ersten Woche nach Erscheinen eine Million Mal verkauft. Die Erlöse brachten Geld für Nahrungsmittel und Hilfsgüter, die nach Äthiopien verschafft wurden. Geldof hatte bewiesen, dass ein Künstler in einem gewissen Maße Idealist sein muss, Traumtänzer auch, der sich selbst an das Undenkbare heranwagt und seine Ideale gegen den Einspruch der Wirklichkeit verteidigt. Aus Geldofs unmittelbarem Impuls, helfen zu wollen, war etwas entstanden, was, mit kühlem Kopf und genauer Überlegung unternommen, wohl niemals geklappt hätte.

Wahrscheinlich hätte ich nach der Rückkehr in die Berghütte versucht, aus meinen Gedanken während der Schneewanderung mit Severin einen BAP-Song zu machen. Ein Anruf von Balou kam dazwischen. Der Fotograf Jim Rakete, der Kontakt zu beinahe allen bekannten deutschen Acts pflegte, wollte eine einheimische »Band Aid« auf die Beine stellen und forderte dazu auf, sich ein Stück für eine Benefiz-Single zu überlegen. Es war wie eine öffentliche Ausschreibung, jeder war eingeladen, sich den Kopf zu zerbrechen. Meinen Text auf Kölsch zu verfassen kam nun nicht mehr in Betracht. Ich schwenkte auf Hochdeutsch um. Ich schrieb »Nackt im Wind« über die gegenwärtige Katastrophe in Äthiopien, aber auch über die Sünden unserer Ahnen, von denen die Berliner Kongo-Konferenz 1884, auf der die Kolonialmächte das gestohlene afrikanische Gebiet aufgeteilt hatten, nur ein besonders prominentes Beispiel war. Damals waren am Runden Tisch Grenzen willkürlich wie mit dem Lineal gezogen worden, ohne die geringste Rücksicht auf ethnische Zusammenhänge. Und noch heute hindern diese Grenzen etwa die Länder der afrikanischen Great-Lakes-Region daran, durch Zusammenarbeit ihre prekäre wirtschaftliche Lage zu verbessern.

Ich fuhr hinunter nach Schladming und betrat ein Elektrogeschäft, das auch Platten verkaufte. Ich fragte nach einem Aufnahmegerät oder, besser noch, nach einem Studio, in dem es möglich wäre, einen Song einzuspielen. Mit beidem konnte der Verkäufer nicht dienen, aber er stellte den Kontakt zu einer Band aus dem Ort her. Schon am nächsten Abend saß ich mit drei ziemlich verdutzten Musikern in ihrem Keller zusammen und nahm »Nackt im Wind« in einer unbehauenen Demo-Version als einfachen Folksong auf. Das Tape ging per Eilpost nach Köln zu den anderen BAPs, deren Reaktion ein Vorgeschmack auf die Grabenkämpfe der kommenden Jahre war: Lustlosigkeit und die Weigerung, sich für das Stück in die Kurve zu legen. Glücklicherweise war meine zugegebenermaßen hymnenuntaugliche »Nackt im Wind«-Lagerfeuer-Fassung aber auch Herbert Grönemeyer in die Hände gefallen. Ich weiß bis heute nicht, wer ihm das Tape zukommen ließ. Grönemeyer befasste sich mit dem Text und schneiderte ihm eine neue, etwas bedrohlichere Musik. Das Demo dieser zweiten Fassung kam in den Topf mit den mittlerweile ebenfalls eingegangenen anderen Vorschlägen. Ein Treffen in Frankfurt wurde anberaumt, das Material wurde gesichtet, und schließlich fand auch eine Abstimmung statt. »Nackt im Wind« erhielt den Zuschlag. Wir nahmen den Song noch in derselben Woche in München bei Mack auf. Das »Musicland«-Studio glich dabei einem in Bewegung geratenen Wachsfigurenkabinett der deutschen Musikszene. Wohin man auch schaute, man sah nur bekannte Gesichter. Trotzdem fand kein Kampf der Alphatiere statt. Die Verteilung des Textes auf die verschiedenen Sänger klappte ohne Probleme. Jedem war bewusst, dass Konkurrenzdenken zugunsten des gemeinsamen Ziels zurücktreten musste. Und das Ziel von »Nackt im Wind« war ein ganz klares: Geld für die Menschen in Äthiopien einzuspielen und eine breite Öffentlichkeit für ihre Not zu sensibilisieren.

In schöner Regelmäßigkeit wird mir in Interviews die Frage gestellt, ob man mit Musik denn wirklich etwas bewirken könne. Eigentlich verstehe ich die Frage gar nicht. Wem bis jetzt noch nicht aufgegangen ist, wie der Rock'n'Roll seit den fünfziger Jahren Haltungen, Denkweisen und Lebensanschauungen durcheinandergewirbelt, wie er ganzen Generationen bei ihrer Befreiung von überholten Normen und verkrusteten Strukturen geholfen hat, der wird es nie mehr begreifen. Aber auch wer es konkreter braucht, müsste von selbst darauf kommen, dass sich mit Musik sehr wohl etwas verändern lässt. Er müsste sich nur einmal anschauen, wie viel Geld durch eine Single wie »Do They Know It's Christmas?« oder durch das ebenfalls von Bob Geldof initiierte »Live Aid«-Konzert zusammengekommen ist und wie viele Menschen deshalb nicht verhungert sind. Und wenn nur ein einziges Kind durch diese Aktionen vor dem Hungertod gerettet werden konnte, ist das schon Grund genug, den Hut vor Geldof zu ziehen.

Stattdessen kann jeder, der in einem Artikel, einem Buch oder einer Sendung das Wirken von Leuten wie Geldof oder auch Bono und Sting öffentlich belächelt und in den Schmutz zieht, mit allgemeinem Applaus rechnen. Wenn man nur Münzen hochwirft und darauf wartet, dass weder Zahl noch Krone kommt, kann man nichts falsch machen. Die Arme vor der Brust zu verschränken und sich in Zynismus zu flüchten, weil man nicht in der Lage oder zu feige ist, selbst aktiv zu werden, ist nicht nur die bequemere, sondern auch die angesehenere Variante. Der Vorwurf des »Gutmenschentums« funktioniert verlässlich als Totschlagsargument. Er diffamiert den Engagierten und lässt gleichzeitig in einer perversen Verkehrung das eigene Nichtstun als das moralisch richtigere Verhalten leuchten. Aber wie schon Graham Greene wusste: Zynismus ist billig, man kann ihn in jedem Woolworth-Laden kaufen. Er ist allen minderwertigen Waren beigepackt.

Ich bewundere Bob Geldof dafür, wie souverän er mit den immer gleichen Schmähungen umgeht. Besonders absurde Züge trägt der Vorwurf, er engagiere sich nur, um mehr Platten zu verkaufen. Das Gegenteil ist richtig. »Live Aid« hat der Karriere des Musikers Geldof weitaus mehr geschadet als genutzt. Das alles überstrahlende Event hat sie sogar praktisch für immer ins kommerzielle Abseits befördert.

Geldof gelingt es, sich nicht mit seinen Kritikern gemeinzumachen, weil er alles andere als der freudlose und verbissene Moralist ist, als den ihn viele sehen wollen. Geldof hat den Schalk im Nacken, ich habe ihn bei unseren gemeinsamen Konzerten im Sommer '91 während der »X für e' U«-Festival-Tour als geerdeten, schlagfertigen Kollegen kennengelernt, vor dem man immer ein wenig auf der Hut sein musste, weil er es liebte, den Auftritten der beteiligten Acts durch überraschende Aktionen ein wenig zusätzliche Würze zu verleihen. Dave Stewart und seine Band, die Spiritual Cowboys, die ebenfalls mit von der Partie waren, bekamen das vor Publikum zu spüren. Geldof nahm ihren Bandnamen wörtlich und ließ sich mitten in einem Song, nur bekleidet mit Cowboyhut, winzigem Slip, ledernen Chaps und künstlichen Flügeln, aus dem Lichttrack direkt neben den perplexen Dave Stewart abseilen. Ein Deus ex Machina mit nacktem Hintern. Stewart konnte das nicht auf sich sitzen lassen und schickte ein Crewmitglied nach London zu einem Kostümverleih. Auch Geldofs Band, die Vegetarians of Love, sollte die adäquate Bebilderung ihres Namens bekommen. Und so enterten, natürlich an der weihevollsten Stelle von Geldofs Programm, ohne Vorwarnung Stewart und seine Mannen, gehüllt in Ganzkörper-Obst- und Gemüsekostüme die Bühne und führten eine Art Zwergentanz auf. Äpfel, Birnen, Bananen, Möhren, und alle mit Beinen. Eine farbenprächtige Rache direkt aus dem Obstkorb.

Beim letzten gemeinsamen Festival im Trierer Moselstadion wurde es dann beinahe besinnlich. Während unseres Auftritts marschierten Geldof und seine bereits reisefertigen, Koffer tragenden Musiker in geschlossener Formation quer über die Bühne, schüttelten jedem von uns feierlich die Hand und brachten uns damit völlig aus dem Konzept, bevor sie die Szene auf der anderen Seite wieder verließen und im Tourbus verschwanden. Dave Stewart blieb uns noch ein wenig länger erhalten. Am Anfang der Tournee hatte er mitbekommen, dass wir als letzte Zugabe stets David Bowies »Heroes« hochleben ließen, und mich gefragt, ob er den Song nicht mitspielen und auch eine der englischen Strophen singen könne. Daraufhin hatte er jedes unserer Konzerte in voller Länge verfolgt, nur um ganz zum Schluss noch einmal für fünf Minuten ein Held zu sein.

An meiner Achtung für Bob Geldof und das von ihm Geleistete wird sich nie etwas ändern. Ich beneide ihn nicht darum, dass er einerseits angefeindet wird, von ihm aber andererseits die Rettung des ganzen afrikanischen Kontinents erwartet wird. Geldof ist wie Bono in überlebensgroßen Zusammenhängen angekommen. Sie kämpfen für Schuldenerlass und für die Erhöhung der Entwicklungshilfe, aber manchmal, das musste ich erst lernen, ist Geld nicht alles. Mehr Geld bedeutet nicht automatisch mehr Hilfe, manchmal bedeutet mehr Geld tragischerweise auch nur die unfreiwillige Stärkung korrupter Eliten und ihrer diktatorischen Regime. Hilfe muss mit fassbaren Vorgaben verknüpft werden und vor allem die Eigeninitiative vor Ort fördern, so wie es unser Projekt »Rebound«, das sich um die Resozialisierung ehemaliger Kindersoldaten in Norduganda kümmert, seit 2007 in kleinem Maßstab und auf ganz konkrete Weise versucht.

Ich war zum ersten Mal wirklich mit dem Thema Kindersoldaten während einer Reise nach Mosambik im März 1988 konfrontiert worden. Was hatte ich davor schon groß darüber gewusst. Vielleicht hatte ich einmal einen Bericht im Fernsehen gesehen, von der Redaktion mit schlechtem Gewissen ans Ende einer Magazinsendung platziert, wo er kaum noch messbaren Einfluss auf die Einschaltquote hatte; vielleicht hatte ich einmal einen Artikel darüber gelesen, wenige Zeilen am Rand einer Seite, die untergingen im Getöse der sonstigen Nachrichten. Selbst die beste Zeitung richtet sich nach den Erwartungen ihrer Leser, schließlich will sie überleben. Sie wählt aus, worüber sie berichtet, filtert und lässt groß ins Blatt, was Aufmerksamkeit verspricht. Schwer dagegen haben es Inhalte, die weder unmittelbar den Alltag der Leser berühren noch beim Zuhausegebliebenen, der sich bei der Lektüre an der Exotik ferner Länder berauschen will, wohligen Schauer hervorrufen. Aufmerksamkeit für vermeintlich Randständiges, westliche Wahrnehmung Überforderndes, fremd und befremdlich Bleibendes, nicht Fassbares ist ein knappes Gut. Das gilt in besonderem Maße, wenn es um Vorgänge in Afrika geht. Man kann die Spielregeln der Medien nicht neu schreiben, aber man kann versuchen, sie zu verstehen. Ein Prominenter, der sich für Afrika engagiert, trägt eher den Sieg im Wettstreit um öffentliche Wahrnehmung davon als ein Experte, der viel mehr weiß und Zusammenhänge weitaus besser erläutern kann, aber kein berühmtes Gesicht hat. Das mag man mit Recht beklagen, zu ändern ist es wohl nicht. Für den Künstler bleibt nur die Wahl, sich ganz in sein Werk zurückzuziehen, jede Einmischung zu unterlassen und dadurch auf der sicheren Seite zu bleiben oder hin und wieder die eigene Bekanntheit gezielt einzusetzen, um so dabei mitzuhelfen, einem Thema Gehör zu verschaffen.

Die Anregung zur Reise nach Mosambik kam von den Grünen. Sie planten ein Hearing im Bundestag zum Kampf der sogenannten afrikanischen Frontstaaten gegen die Apartheidpolitik Südafrikas. Auftritte deutscher Bands in Mosambik sollten vorab für die nötige Publicity sorgen. An BAP brauchte ich dabei gar nicht zu denken. Vor allem für spontane Aktionen, für deren Vorbereitung nur wenige Wochen blieben, fehlte der Band schon länger die nötige Beweglichkeit. Ich ließ die Major-Fraktion den Retorten-sound von »Da Capo« vorbereiten und scharte stattdessen die kleinstmögliche Complizen-Besetzung um mich. Mit der Mann-schaft des »Schlagzeiten«-Albums hatten die Mosambikreisenden fast nichts mehr zu tun. »Complizen« war mittlerweile der Name geworden für eine mobile musikalische Eingreiftruppe, die in wechselnder Besetzung mit mir über die Bühnen und um die Häu-ser zog. Seit neuestem gehörte auch Jürgen Zöller dazu. Jürgen hatte schon auf der BAP-China-Tour mitgespielt und brach nun, nachdem Jan Dix aus Termingründen abgesagt hatte, kurz ent-schlossen und rastlos wie immer, mit uns zum Indischen Ozean auf.

Schon Ende der siebziger Jahre war Jürgen zu Gast bei mir in der Teutoburger Straße gewesen, nur wusste ich damals nichts davon. Agnette war bei mir mit der LP »Hoffnungslos« des österreichi-schen Sängers und Songschreibers Wolfgang Ambros aufgekreuzt, und beim Anhören wurde mir schnell klar, worauf sie mich hatte hinweisen wollen: dass da einer seinem Dialekt alle Harmlosigkeit und Idylle austrieb und ihm eine immense thematische Vielfalt und literarische Qualität eröffnete. Ambros zeigte in seinen Lie-dern ein Wien ohne Heurigenseligkeit, kümmerte sich eher um die Nachtseiten der Stadt, ihre dunklen Ecken, ihre verrufenen Winkel, ohne sie zu romantisieren. Im Gegenteil: Es empfahl sich, im Zu-stand fortgeschrittener Niedergeschlagenheit »Hoffnungslos« bes-ser nicht anzuhören. Denn sonst konnte es passieren, dass man sich viel zu gut wiederfand in diesen Songs, die von Müdigkeit, Agonie und Selbstzerstörung handelten. Fragen wie »Wie hört des auf, wie wird des weitergeh'n?« setzte man sich besser nur aus, wenn man zumindest vorübergehend eine Antwort darauf wusste.

Als Jürgen 1977 auf dieser Platte, die sein Freund Christian Kolo-novits produzierte, Schlagzeug spielte, stand die Hobbyband BAP gerade einmal ein Jahr auf wackligen Beinen im Herseler Probe-raum. Jürgen hatte zu diesem Zeitpunkt dagegen schon fast sein halbes Leben professionell Musik gemacht. Ein in Köln geborener und in Hessen aufgewachsener Zappelphilipp mit großem Herz, den es hinausgezogen hatte, um den Rhythmus der Welt mit seinem eigenen zu vergleichen und zu versöhnen. Wenn man Jürgen heute nach dem Siegeszug des Rock'n'Roll im Nachkriegsdeutschland fragt, muss er nicht aufstehen, zum Bücherregal spazieren, den Finger naß machen und mit den Seiten rascheln, er kann einfach aus seinem Leben erzählen. Und was für ein Erzähler er ist! Man kann gar nicht anders, als sich dem Takt seiner Geschichten, Anekdoten und Witze zu überlassen, und nie ist es das langweilige Gleichmaß eines ordentlichen Nacheinander, dem man sich aussetzt, sondern immer wird es stürmisch, immer hüpft die Schilderung auf und ab, springt vor und zurück, bleibt in Bewegung, verändert sich, nimmt eine neue, gänzlich unerhörte Wendung, ehe sie schließlich doch, obwohl man es nicht für möglich gehalten hatte, in ein Fazit, einen Schluss, eine Pointe findet, der dann nicht selten Jürgens schallendes Gelächter folgt, das ebenso sehr Freude über die Verblüffung der Zuhörer wie reines Vergnügen an der Macht seines Erzählens ist. Und es ist nur folgerichtig, dass dieser Trommler vor einigen Jahren sein ereignisreiches Leben für ein Buch aufschreiben ließ, einen quirligen Entwicklungsroman, in dem sich am Ende alles so fügt, wie es soll – zu einem Weg, der das Ziel schon in sich trägt, weil an allen Ecken und Enden sich Bemerkenswertes zugetragen hat, sei es ein Gespräch mit Jimi Hendrix in einem Frankfurter Club, das Erklimmen der Bühnen in aller Welt mit den Latin Grooves von Supermax, die kleine Filmrolle in einem experimentellen Roadmovie eines Schweizer Regisseurs, der Produzentenjob bei den Rodgau Monotones oder ein Auftritt mit Chuck Berry bei der Eröffnung der Leichtathletik-WM in Stuttgart, ganz zu schweigen von Jürgens vielen, vielen sonstigen Engagements, Berufungen und Herzensangelegenheiten.

Wir hätten ihn schon viel früher zu BAP geholt, wenn er nur frei gewesen wäre. Aber Jürgen spielte den Großteil der achtziger Jahre mit Wolf Maahn, erst bei der Foodband, dann bei den Deserteuren, und man wirbt einer anderen Band keinen Musiker ab. So blieb nur das Beobachten aus der Ferne, wenn Wolf Maahn und wir wieder einmal für dasselbe Festival gebucht worden waren, das

Fasziniertsein von diesem Fitzcarraldo am Schlagzeug, der so leidenschaftlich groovte und ackerte und Spaß hatte und so gut harmonierte mit seinem Leib-und-Magen-Bassisten Werner Kopal. Der Zufall wollte es, dass Wolf Maahn die Deserteure schließlich gerade zu der Zeit entließ, als er »Schlagzeiten« produzierte. Während der Essenspausen erledigte er die Anrufe, die das Ende seiner großartigen Band besiegelten und Jürgens Einstieg bei BAP ermöglichten.

Nach Mosambik brachte Jürgen seine damalige Frau, die Sängerin und Keyboarderin Geli Fleer, mit. Dazu kamen noch Frank Hocker und Axel »Fisch« Risch, das musste als Minimalbesetzung reichen. Aber was hieß schon Minimalbesetzung bei einem Fisch in Hochform, der für drei spielen, gestalten und anpacken konnte. Er ließ sich nicht einmal von den Winkelzügen eines gerissenen örtlichen Veranstalters in der Hauptstadt Maputo aus der Ruhe bringen. Der Veranstalter hatte nämlich nachgedacht und angesichts des schleppenden Vorverkaufs für einige Boxkämpfe, deren Sieger zu den Olympischen Spielen nach Seoul fahren sollten, flink den Tag der Ausscheidungen auf den Tag unseres zweiten und letzten Konzerts im »Pavilhão do Estrela Vermelha« gelegt. Natürlich ohne uns vorher darüber zu informieren. Als wir in die Halle kamen, war alles schon für die Kämpfe aufgebaut. Vor der Bühne stand ein Boxring. Wir waren höfliche Gäste und verzichteten darauf, den Veranstalter auf seine eigenen Bretter zu schicken. Das Handtuch zu werfen kam ebenso wenig in Betracht, schließlich wollten wir unbedingt auftreten. Also akzeptierten wir das ungewöhnliche Vorprogramm, in dem die Fäuste flogen, und verließen uns danach auf Fisch und sein Organisationstalent. Er übertraf sich selbst. Nach dem letzten Gong spannte er alle, die sich in der Halle aufhielten, für die Aufräumarbeiten ein: Boxpublikum, Konzertpublikum, Band, lokale Helfer. Die k.o. gegangenen Kämpfer hatten mehr Glück als Verstand, dass nicht auch sie zum Abbau des Boxrings herangezogen wurden. Fisch dirigierte den gesamten Saal. Er behielt den Überblick. In Windeseile war das Werk geschafft und der Blick zur Bühne wieder frei. Wir wischten uns den

Schweiß ab, begannen mit dem Konzert, und unser höchsteigener Champion aller Klassen bediente den Bass.

Die örtlichen Radiostationen hatten sich im Vorfeld unserer Konzerte auf »Maat et joot« geeinigt, um die Auftritte zu promoten; so kam es, dass meine Geschichte um die Begegnung mit ein paar Dortmunder Jungs in einer türkischen Bucht nun in Mosambik vom Publikum wie ein alter Bekannter begrüßt wurde. Die beim Mitsingen spontan entstehende Übersetzung der Titelzeile ins Englische passte dem Song, der sich um die Frage dreht, ob Erfolg einen zum Nachteil verändert, auch thematisch wie eine zweite Haut. »Money Joe«, sang das Publikum, »Money Joe«, riefen mir die Leute am nächsten Tag in den Straßen entgegen, winkten und lachten. Manchmal machen Goldene Schallplatten kein schlechtes Gewissen, sondern sorgen nur für überraschende

Künstlernamen. »Maat et joot« war einer von vielen Reggaes, die wir vorsorglich ins Programm genommen hatten, alle kamen großartig an, viel besser als unsere eher schnörkellos genagelten Rocksongs, die naturgemäß weniger groovten. Mit ihnen brachten wir vielleicht Lederjackenträger in Bewegung, nicht aber die Leute in Mosambik. Die begnügten sich nicht damit, Luftgitarrentänzer zu sein. Die wollten wirklich tanzen.

Meistens geht es schief, wenn man eine Nummer nur deshalb ins Programm nimmt, weil man glaubt, dem Publikum so eine besondere Freude zu machen. Auf Chinas Bühnen spielten wir »Gimme Shelter«, doch den Leuten fiel nicht einmal auf, dass wir die Sprache wechselten, und von den Rolling Stones hatten sie erst recht noch nie etwas gehört. In Maputo erging es uns so mit Dylans »Mozambique«. Keiner kannte den Song vor Ort. Dylan hatte ihn 1975 zur Unabhängigkeit des Landes von der portugiesischen Kolonialmacht geschrieben. Ein Text wie aus einem Reiseprospekt: wolkenloser Himmel, blaues Wasser, sonniger Strand, Wange an Wange tanzende Paare. Ein Kitsch, der unerträglich wäre, käme er nicht auch als Utopie daher, als Wunsch für die Zukunft eines nach fünfhundert Jahren endlich aus der Knechtschaft entlassenen Landes, dem man bei den ersten Schritten in die Souveränität die Daumen hält.

Mosambik war von den Portugiesen nach allen Regeln der Kunst ausgeplündert worden. Die Anlage des Straßensystems spiegelte noch immer die allein auf Profit zielenden Absichten der ehemaligen Kolonialherren wider – es gab keine asphaltierten Straßen, die das ganze Land erschlossen, immer verliefen sie nur von den Hafenstädten zu den Plantagen und zu den Minen. Ein rein funktionales System, nicht im Geringsten am Wohl der einheimischen Bevölkerung orientiert, sondern allein zum Zweck der optimalen Ausbeutung des Landes und seiner Menschen, die versklavt worden waren, errichtet.

Kurz nach der Unabhängigkeit formierte sich die RENAMO, eine erst von Rhodesien, später von Südafrika unterstützte Rebellenarmee, deren einzige Aufgabe es war, das von der Sozialistischen Befreiungsbewegung FRELIMO regierte Land durch Überfälle, Sabotageakte und Gewaltorgien zu destabilisieren und in den wirtschaftlichen Ruin zu treiben. Ein Bürgerkrieg, der von einer skrupellosen Mörderbande auf dem Rücken der Zivilbevölkerung ausgetragen wurde. Mehrere hunderttausend Menschen starben, einige Millionen wurden aus ihren Dörfern und von ihren Feldern vertrieben, kamen in primitiven Flüchtlingslagern unter, entwurzelt, ohne Perspektive.

In der Nähe von Maputo besichtigten wir ein Rehabilitationszentrum für ehemals zwangsrekrutierte Kinder. Kinder, die von den RENAMO-Rebellen entführt und zu Soldaten ausgebildet worden waren, das jüngste gerade einmal sechs Jahre alt, die ältesten noch keine fünfzehn. Alle hatten sie Unvorstellbares durchgemacht, waren zu Gräueltaten gezwungen worden, teilweise an ihren eigenen Eltern und Verwandten. Sie hatten gequält, getötet, massakriert, um ihr eigenes Leben zu retten. In diesem Heim Lhangene saßen mir einige von ihnen gegenüber, kleine Jungs in verschlissenen T-Shirts und Westernhemden aus den Altkleidersammlungen der »Ersten Welt«, die mir ihre Geschichte erzählten oder sie von einer Betreuerin erzählen ließen. Ich machte mir Notizen für einen geplanten »Stern«-Artikel, ich schob Worte zwischen mich und das Gehörte, das keinen Sinn ergab, das nie einen Sinn ergeben würde, nicht in Mosambik und auch nicht in Uganda oder im Kongo, wo ich Jahre später noch viele weitere solcher Erlebnisberichte ehemaliger Kindersoldaten hören sollte, jeder einzelne eine Anklage, eine Unbegreiflichkeit, eine nie zu beantwortende Frage nach dem Warum.

Abends gingen wir durch die Stadt, kamen vorbei an Läden, deren Schaufenster leer waren, keine einzige Ware wurde angeboten, verstaubt die leeren Auslagen, nur alte Reklameschilder lagen darin, einst bunt, nun überzogen von einer dicken Staubschicht, darunter eines von 4711, wie zum Hohn oder als überdeutliches Zeichen für uns mitten ins Nichts gestellt, eine Botschaft aus der Kölner Glockengasse, die auch dort die Fülle pries, wo es nur noch Mangel gab: »Schenke von Herzen, doch was es auch sei: 4711 ist immer dabei«. Einen anderen Bezug zu Köln stellten wir selbst her. Wir tranken unser Bier in einer Freiluftkneipe, die wir »Backes« nannten nach einem Lokal in der Darmstädter Straße, einem der wenigen in der Südstadt, in denen wir in der zweiten Hälfte der achtziger Jahre noch einigermaßen unsere Ruhe hatten. Auch im »›Backes‹ enn Maputo« war man ungestört. Die Kneipe glich einer Kunstinstallation: eine Theke und ein paar Stühle vor einer weiß gekalkten Hauswand, aus der ein einsamer Wasserhahn ragte. Und aus dem Wasserhahn kam Bier. Es schien direkt aus der Wand zu fließen. Das Zapfen jedes Glases kam uns wie ein Wunder vor. Wir konnten uns kaum daran sattsehen, froh auch, den niederschmetternden Eindrücken des Tages für einige Minuten des Übermuts entrinnen zu können.

Im März 2003 begannen die amerikanischen Bombardements auf Bagdad. Das Fernsehen berichtete in den ersten Tagen beinahe rund um die Uhr, doch wie schon beim ersten Irakkrieg war schwer zu durchschauen, welche Aussagekraft die gesendeten Bilder wirklich besaßen. Die Realität schien sich nach und nach in eine bloße Vortäuschung von Realität aufzulösen. Welchen Bildern konnte man in einem Krieg trauen, der der Öffentlichkeit mit Hilfe von Falschaussagen und manipulierten Dokumenten schmackhaft gemacht worden war? Was war Propaganda und was nicht? An welchem Punkt verlor eine Nachricht ihre Neutralität und spielte einer der Kriegsparteien Trümpfe zu? Man konnte beinahe vergessen, dass es hinter den Computersimulationen echte Tote, echte Verstümmelte, echte Verwundete gab. Das Leid der Unschuldigen ist die nicht hintergehbare und schmutzige Wahrheit eines jeden Krieges. Ich war meinen Töchtern dafür dankbar, dass sie mich eines Abends, als ich sie nach der »Tagesschau« ins Bett brachte, an diese Wahrheit erinnerten. Isis und Jojo sahen mich fragend an:

»Papa, machen die das wirklich?«

»Was denn?«

»Werfen die wirklich Bomben auf Häuser, wo Kinder drin wohnen?«

Ich wollte sie nicht belügen, aber auch nicht verängstigen und vertröstete sie auf den nächsten Tag. Jojo ließ nicht locker:

»Wenn die das wirklich machen, muss denen doch mal einer sagen, dass das nicht geht!«

»Stimmt. Du hast recht. Aber das ist alles sehr kompliziert, das kann ich euch heute Abend nicht mehr erklären. Das machen wir morgen, ja? Schlaft jetzt.«

Ich knipste das Licht aus und wollte die Tür leise zuziehen, als Isis mir noch etwas nachrief. Eine Aufforderung, unmissverständlich und direkt; ein Auftrag, aus einem dunklen Kinderzimmer heraus erteilt:

»Dann mach du das doch, du kennst doch so viele!«

In den nächsten Tagen schrieb ich den Song »Wie schön dat wöhr«, der die Gedanken meiner Töchter in Verse brachte. Wie John Lennons »Imagine« war der Song eine ganz einfache Denkübung, ein Appell, zumindest in der Vorstellung oder im Konjunktiv einmal den Zirkel von Neid, Hass und Terror zu durchbrechen und das Undenkbare zuzulassen – dem Frieden eine Chance zu geben. Ich wusste natürlich, dass diese Art Text von manchen als naiv empfunden werden würde, und es steckte ja auch eine ganz arglose, ungetrübte Hoffnung in ihm, dass es wirklich möglich sei, Probleme zu lösen und zu einem friedlichen Miteinander zu kommen. Aber je mehr ich darüber nachdachte, desto weniger erschien mir diese Naivität als ein Makel, sondern eher wie die Voraussetzung dafür, nicht zu resignieren und an eine Wendung zum Besseren zu glauben, an einen Tag, so unrealistisch sein Eintreffen auch sein mochte, an dem wir nicht mehr ratlos oder schuldbewusst vor unseren Kindern stehen würden, weil wir endlich auf sie gehört hätten.

An das Gespräch mit Isis und Jojo dachte ich auch noch ein Jahr später, als ich gefragt wurde, ob ich als Botschafter der Aktion »Gemeinsam für Afrika« fungieren wolle. »Gemeinsam für Afrika« war eine Art Medienkampagne, ein Zusammenschluss verschiedener, sonst miteinander konkurrierender Hilfswerke, der ein Bewusstsein schaffen sollte für die tägliche Arbeit dieser Organisationen abseits telegener Großkrisen wie Hungersnöte, Missernten, Erdbeben oder Überschwemmungen. Ich stellte mich zur Verfügung. Meine Töchter hatten mich in die Pflicht genommen. Ihre Aufforderung zielte ja viel weiter als nur auf den konkreten Anlass des Irakkriegs. Sie enthielt eine grundsätzliche Ermahnung, nicht stillzuhalten, nicht wegzusehen und nicht zu kneifen.

Auf die erste Reise nach Uganda im August 2004 nahm ich meinen mittlerweile achtzehnjährigen Sohn Robin mit. Wir waren Teil einer kleinen, von Susanne Anger, der Leiterin von »Gemeinsam für Afrika«, zusammengestellten Reisegruppe, zu der unter anderem auch die unerschrockene Kriegsfotografin Ursula Meissner, die aus vielen Krisengebieten der Erde aufrüttelnde Bilder mitgebracht hatte, und ein Kamerateam des ARD-Korrespondenten in Nairobi, Peter Schreiber, gehörten. Wir landeten auf dem Entebbe International Airport, genau dort, wo knapp dreißig Jahre zuvor eine israelische Eliteeinheit eine von palästinensischen Terroristen entführte Maschine der Air France erstürmt und damit auch der ugandischen Gewaltherrschaft von Idi Amin ihre Grenzen aufgezeigt hatte.

Die Reise war gut organisiert. Ein straffes Programm, das es mir erlaubte, mir zehn Tage lang einen Überblick über die Hilfsprojekte der verschiedenen Organisationen zu verschaffen. Da waren die Dorfschulen, von Eltern in Eigenregie mit gestiftetem Baumaterial und unter Anleitung eines gelernten Handwerkers für ihre Kinder errichtet. Da waren die Theatergruppen, die mit einem Bus von Ort zu Ort fuhren und ihre Stücke auf den Marktplätzen aufführten: Dialoge, Pantomimen mit praktischem Nutzen, Lehrstücke mit ganz handfesten Absichten, führten sie doch vor, wie man sich vor AIDS schützen konnte, humorvoll taten sie das, Lust auf ein verantwortungsvolleres, behüteteres Leben machend. Da waren die Augenoperationen, die von der Christoffel-Blindenmission in den ärmsten Gegenden durchgeführt wurden. Ich wurde Zeuge, wie im Luwero-Distrikt eine Großfamilie ihren an Grauem Star erkrankten und fast erblindeten Opa in die Augenklinik führte, sie hatten alle zusammengelegt, hatten die zehn Dollar, die die Opera-

tion kostete, aufgetrieben, natürlich war das nur ein symbolischer Beitrag, aber was gar nichts kostete, wurde weniger wertgeschätzt, erregte Misstrauen, wurde in seiner Wirksamkeit angezweifelt. Während das betagte Familienoberhaupt seine Vollnarkose bekam, damit ihm die benötigte Kunstlinse eingesetzt werden konnte, ließen sich seine Angehörigen draußen auf dem Rasen nieder, warteten geduldig auf das Ende der Operation. Man lud mich ein, dem Eingriff beizuwohnen, aber ich hatte schon Luis Buñuels und Salvador Dalís »Andalusischen Hund« nur mit einer Hand vor meinem Gesicht überstanden, für manche surrealistischen Schocks war ich einfach nicht hartgesotten genug, und ein Schnitt ins Auge gehörte ganz sicher dazu. Umso schöner ohnehin das Dabeisein beim Erwachen des Alten aus der Narkose, bei seinem Blinzeln ins plötzlich wieder so helle Licht, aus dem ihm seine ganze Familie entgegentrat, erwartungsvoll, noch etwas ängstlich, ob alles gut gegangen war, und endlich konnte er sie alle wieder erkennen, manche Enkel sah er gar zum ersten Mal. Er drehte den Kopf auf seinem Kissen und blickte von einem zum anderen, blickte in lachende Gesichter, die sich mit ihm freuten und wie er vor lauter Freude zu weinen begannen.

Und da waren die sogenannten »Cow Projects«, die es in vielen Ortschaften gab, auch in solchen, in denen AIDS so sehr gewütet hatte, dass das profitabelste Gewerbe das der Sargbauer war. Keine Betten, Sofas oder Stühle wurden geschreinert, nur Särge standen vor den Werkstätten, einer neben dem anderen in der Sonne, im Regen, schon auf Vorrat gebaut, und es war nicht abzusehen, wann der Bedarf dafür nachlassen würde. Fast eine ganze Generation fehlte, übrig geblieben waren die Großmütter und die kleinen Kinder, und für diese Frauen um die fünfzig, die sich um die AIDS-Waisen in ihrer Nachbarschaft kümmerten, stellten Hilfsorganisationen eine Kuh zur Verfügung, deren Milch die Versorgung der Kleinen gewährleistete und mit deren Mist die Bananenplantagen gedüngt werden konnten. Wir waren eine halbe Stunde zu früh gekommen, hatten die Frau, die wir besuchen wollten, noch in Arbeitskleidung angetroffen, was ihr nicht recht gewesen war. Nach der Begrüßung verschwand sie in ihrer Hütte, und als sie wieder nach draußen kam, trug sie ihr bestes Kleid, türkis und violett mit goldener Bordüre, jetzt erst fühlte sie sich wohl, und sie begann zu erzählen, von den Lebenden und von den Toten, deren Gräber mitten in der Bananenplantage lagen und die noch immer anwesend waren im Alltag, zur Gemeinschaft gehörten, keiner ging verloren. Als wir gingen, sah ich noch einmal zurück und nahm das Bild in mich auf: eine würdevolle, trotz allem lebensfrohe Frau in einem bunten Kleid, die nicht resigniert hatte und umringt war von einer ganzen Horde fröhlich lärmender Kinder.

In fast allen Schulen und Krankenhäusern begrüßte man uns mit einer Darbietung, auch im Lepra-Hospital in Jinja sangen die kranken Frauen ein Lied für uns. Sie strahlten und schienen sich so über den Besuch zu freuen, dass ich mich mit einem Song revanchieren wollte. Ich rannte zum Auto, holte meine Gitarre und spielte, ohne großartig darüber nachzudenken, das erste Lied, das mir in den Sinn kam, Bob Dylans »I Shall Be Released«. Wenn es Erlösung gab, lag sie vielleicht in dem Licht, das vom Westen bis zum Osten leuchtete und das der Vorschein einer besseren Welt war.

Am Ende dieser ersten Reise flogen wir mit einer kleinen Propellermaschine in den Norden Ugandas. Der Flughafen von Gulu bestand aus einer Landebahn und einem kleinen Gebäude, in dem ein einsamer Angestellter seinen Dienst verrichtete. Ein Auto wartete schon, das uns zum Hotel bringen sollte, nur langsam ging es voran, denn wir wurden eskortiert von einem Schützenpanzer, der uns vorausfuhr, und einem Jeep mit schwerbewaffneten ugandischen Soldaten, der uns folgte. Auch das Hotel rief ein eher beklemmendes Gefühl hervor, mit seinen hohen, von Stacheldraht abgeschlossenen Mauern wirkte es wie ein Gefängnis. Wir waren im Bürgerkriegsgebiet angelangt. Seit zwanzig Jahren schon kam der Norden nicht zur Ruhe. Nach dem Ende der Herrschaft Milton Obotes hatten zahlreiche Widerstandsgruppen die Regierung des neuen Präsidenten Yoweri Museveni bekämpft, die meisten von ihnen waren aber nach und nach auf das Amnestieangebot Musevenis eingegangen. Nicht so der Rebellenführer Joseph Kony. Kony betrachtete sich als Vertreter nordugandischer Interessen, hatte aber längst jeden Rückhalt in der kriegsmüden Allgemeinheit verloren und war dazu übergegangen, Krieg gegen sein eigenes Volk, die Acholi, zu führen. Kony war ein durchgeknallter Warlord, ein angeblich von Geistern besessener Wirrkopf, ein fehlgeleiteter religiöser Fanatiker, der für die Errichtung eines Gottesstaates kämpfte. Mit seiner »Lord's Resistance Army« (LRA), der »Widerstandsarmee des Herrn«, hatte er es geschafft, die ganze Bevölkerung in Angst und Schrecken zu versetzen. Konys Killerhorden, die Dörfer überfielen, die plünderten, vergewaltigten, mordeten, hatten das normale Leben in der Region fast vollständig zum Erliegen gebracht. 1,4 Millionen Menschen hatten auf Anordnung der ugandischen Regierung ihre Dörfer verlassen und sich in Flüchtlingslager begeben müssen. Doch selbst dort waren sie nicht vollständig in Sicherheit. Es kam vor, dass die LRA auch Angriffe auf die Lager durchführte, und nicht selten schaute das eigentlich zum Schutz der Flüchtlinge abgestellte ugandische Militär tatenlos dabei zu.

Die Flüchtlingslager glichen kleinen Städten, in ihnen lebten 10 000, manchmal 20 000 Menschen. Dicht an dicht standen die strohgedeckten Rundhütten, nicht wie in den zurückgelassenen Dörfern, wo viel mehr Platz zwischen den wenigen Unterkünften gewesen und die Wege und der festgestampfte, mitunter marmorglatte Lehmboden in den Hütten blank gefegt gewesen waren, wo die Menschen ihre Felder bestellt hatten und Beziehungen zwischen den Familien gewachsen waren. In den Lagern war das nicht mehr möglich. Den Männern war ihre traditionelle Rolle als Oberhaupt, Beschützer und Ernährer ihrer Familien abhandengekommen, viele von ihnen kauerten im Dunkel ihrer Hütten, fühlten sich nutzlos, überflüssig, gaben sich dem Suff hin und ließen ihre aus der Resignation geborene Wut an den Frauen aus, die versuchten, das Leben in Gang zu halten. Es herrschte eine qualvolle Enge, zu viele Menschen waren auf viel zu wenig Raum untergebracht, allesamt Opfer des Bürgerkriegs, der Chance auf ein friedliches Leben in Selbstbestimmung und Freiheit beraubt. Diese Flüchtlinge besaßen nicht viel mehr als das, was sie auf dem Leib trugen. Sie

483

waren abhängig von den Zuwendungen und der Arbeit der Wohl-
tätigkeitsorganisationen. Uganda war eines der ärmsten Länder
der Erde, die Regierung gab vor, dass ihr die Mittel fehlten zu helfen, außerdem lag der Norden weit ab vom Schuss, weit weg von
Kampala, ein Gebiet außerhalb des Interesses, abgehängt, fast aufgegeben.

Man führte uns durch die Lager und zeigte uns auch die Geschäfte, die mit Hilfe von Mikrokrediten eröffnet worden waren.
Bretterbuden, so groß wie eine Telefonzelle, winzige Supermärkte,
in deren Regalen sich ein Sammelsurium von Waren stapelte:
Zigaretten, Waschpulver, Mützen, Taschen, Plastikschuhe, Keks-
schachteln weit jenseits des Verfallsdatums. Für ein wenig Hoffnung sorgten die Schulen, so denn die Gebühren für ihren Besuch
aufgebracht werden konnten, rudimentäre Ausbildungsstätten für
ein Leben nach dem Flüchtlingslager. Ein Lernen für die Zukunft,
die dann vielleicht einmal durch eigene Arbeit bestritten werden
konnte, durch Schreinern, Mauern, Nähen oder das Reparieren
von Fahrrädern.

Gulu war klein und doch die größte Stadt weit und breit. Sie
wurde durchzogen von drei asphaltierten Straßen, die sich kreuzten und wieder auseinanderliefen. Es gab ein Marktgelände, einen
Busbahnhof, um den sich Geschäfte angesiedelt hatten, Kirchen,
zwei, drei Hotels und einige Lokale. Die feuchte Luft machte das
Atmen schwer, schien fest zu werden, stand wie ein Block aus
Aspik zwischen den Häusern. Nur gelegentlich wirbelte ein Wind-
stoß Zeitungspapier auf, trieb es einige Meter weit, ehe es wieder
auf der Erde zur Ruhe kam, dem rötlichen Staub, der durch alle
Poren drang und sämtliche hellen Farbtöne zu einem einheitlichen
Beige verfärbte. Der Gestank von Abwässern drang in die Nase,
und wenn ein Auto vorbeifuhr, roch es immer ein wenig nach
Benzin, das nicht aus Schläuchen, sondern aus Kanistern in die
entsprechenden Trichter eingefüllt worden war. Wir kehrten zur
Zeit des Sonnenuntergangs in die Stadt zurück, gerade schlossen
die Geschäfte. Für eine kurze Stunde waren die Menschen freigesetzt aus ihren alltäglichen Verrichtungen, blieben stehen, um sich

zu unterhalten, schlenderten weiter. Doch plötzlich war es, als hätte jemand ein Kommando gegeben, das keine Widerrede duldete. Das Kommando heimzugehen. Schnell leerten sich die Straßen und lagen mit einem Mal verlassen da. Die Einwohner räumten das Feld und zogen sich in ihre Häuser zurück. Sie übergaben ihre Stadt stillschweigend den Besuchern, die sie auch für diesen Abend wieder erwarteten und die bald eintreffen würden. Ihnen stellten sie Gulu für eine weitere Nacht zur Verfügung.

Dann kamen die Kinder. Sie tauchten aus der rasch zunehmenden Dämmerung auf, erst nur einzelne, in einigem Abstand zueinander, noch wie Spaziergänger, die zufällig des Weges kamen, nicht wie die Vorhut einer langen Karawane, was es aber in Wirklichkeit war, eine Marschgesellschaft, die sich in Bewegung gesetzt hatte. Langsam schlossen sich die Lücken zwischen den Gehenden, der Strom riss nicht mehr ab, die Letzten noch fast am Horizont, die Ersten schon ganz nah, und erst jetzt zerfiel das schon seit Minuten mehr und mehr anschwellende Gewirr der Stimmen, dieses summende, lauter werdende Geräusch, und löste sich in einzelne, klar auszumachende Rufe aus, ab und zu stand ein Lachen in der Luft. Es mussten Hunderte, wenn nicht gar Tausende von Kindern sein, viele bildeten Zweiergruppen, ein kleiner Junge an der Hand der großen Schwester oder der ältere Bruder, der den jüngeren führte. Einige trugen Flip-Flops, die meisten aber liefen barfuß über den noch die Wärme des Tages abstrahlenden Boden. Unter dem Arm hielten sie gefaltete Decken und zusammengerollte Matten aus Stroh, das war ihr Bettzeug, mitgegeben von den Eltern, um die Nacht ein wenig erträglicher zu machen und ihr mit einem vertrauten Gegenstand etwas von ihrer dunklen Macht zu nehmen. Ich sah die Kinder herankommen, und im selben Moment wurde mir dieses so rätselhafte und zu Herzen gehende Schauspiel erklärt. Ich lernte, was der Begriff »Night Commuter« bedeutete und warum diese Wanderer der Nacht eine oft kilometerlange Strecke zurücklegten, um nach Gulu zu gelangen. Jeder der kleinen Nachtpendler war ein potenzielles Opfer von Joseph Kony. Die »Lord's

Resistance Army« rekrutierte ihren Nachwuchs, indem sie Kinder entführte und als Soldaten missbrauchte; indem sie Opfer dazu zwang, Täter zu werden. Blieben die Kinder über Nacht bei ihren Eltern in den Flüchtlingslagern, waren sie ein leichtes Ziel für Konys Rebellen. Dann lockten sie möglicherweise die Häscher an und gefährdeten damit nicht nur sich selbst, sondern auch ihre Familie und ihre Nachbarn. Nach Gulu wagte sich die LRA nicht, zu sichtbar war die Präsenz des ugandischen Militärs, als dass sich auch nur ein Rebell mit kriegerischen Absichten dorthin verirrt hätte. Anfangs hatten sich die Kinder ihre Plätze für die Nacht noch in der ganzen Stadt gesucht. Sie waren in Kirchen eingeschlafen, auf Schulhöfen und unter den zahlreichen Wellblechvordächern der Geschäftshäuser, die tagsüber Schatten spendeten und auf die während der Regenzeit trommelnd das Wasser fiel. Inzwischen kamen sie in großen, von Hilfsorganisationen aufgestellten Zelten unter. Wenn sie Glück hatten, warteten auf sie lange Reihen von Stockbetten. Die meisten der kleinen Besucher aber, die zielsicher ihr Quartier bezogen, sich ausstreckten und trotz ihrer Müdigkeit noch einige Zeit miteinander plapperten und kicherten, schliefen auf dem Boden. Wie immer, wenn die Nachtpendler erst in der Dämmerung gekommen waren, herrschte eine gelöste Stimmung in den Zelten, denn das bedeutete, dass der Buschfunk Entwarnung gegeben hatte und die LRA aller Wahrscheinlichkeit nach nicht in der Umgebung von Gulu, sondern in weiter entfernten Gegenden ihr Unwesen trieb. Strömten die Kinder jedoch schon am hellen Tag in die Stadt, waren die Rebellen in der Nähe der zurückgelassenen Lager und Dörfer gesichtet worden, und das hieß, dass sich die Kinder am nächsten Morgen wieder auf den Heimweg machen würden, ohne zu wissen, ob ihre Eltern die Nacht überlebt hatten.

Nicht weit entfernt von den Zelten befand sich das ebenfalls von »World Vision« betriebene Reception Center, ein von hohen weißen Mauern umgebenes Gebäude. Durch ein schmiedeeisernes Tor betraten wir einen an den Seiten überdachten Innenhof, dort nahm uns Michael Oruni, der Leiter der Einrichtung, in Empfang und führte uns durch die verschiedenen an den Hof angrenzenden Trakte und Räume. Oruni war ein ruhiger, höflicher Mann, ich mochte seinen gelassenen Ernst auf Anhieb und auch die freundschaftliche, respektvolle Weise, die er den Kindern und Jugendlichen entgegenbrachte. Auf den ersten Blick unterschieden sich diese nicht von den gleichaltrigen Nachtpendlern, dabei trennte sie ein Abgrund an Erfahrungen voneinander. Wovor sich die Kinder in den Zelten durch ihren Weg nach Gulu Abend für Abend zu schützen versuchten, hatten sie erlitten. Sie waren von der LRA verschleppt worden und hatten Monate, manchmal sogar Jahre als Rebellen im Busch verbracht. Von einem Moment auf den anderen war ihre Kindheit zu Ende gewesen. Sie alle hatten einen barbarischen Initiationsritus durchlaufen müssen. Noch am ersten Tag waren einige von ihnen gezwungen worden, einen Mord zu begehen, jemanden aus der eigenen Verwandtschaft mit einem Knüppel, einer Machete, einer Axt vor den Augen der anderen zu töten, eine Tat, die den Weg zurück in die Familie für immer versperren sollte. Wer davon verschont blieb, wurde gezwungen, Zeuge einer solchen alles Verstehen übersteigenden Grausamkeit zu werden, etwa der drakonischen Bestrafung eines ebenfalls entführten Kindes beizuwohnen, das den Anweisungen der Kommandanten nicht gleich Folge geleistet hatte oder dem vielleicht auch nur aus Angst die Tränen gekommen waren und das deshalb, weil die Kommandanten keine Tränen duldeten und ein Exempel statuieren wollten, sein Leben verwirkt hatte. Mit dieser ersten Tat war die Grenze zu Konys Reich überschritten, und das alte Dasein verschwand, wich einer Gegenwart, die nicht vergehen wollte, die geprägt war von Drohungen, Schlägen, Einschüchterungen, eingehämmertem Aberglauben, bis nur noch ein Gefühl des Ausgeliefertseins und der völligen Machtlosigkeit blieb. Endlose Wanderungen mit schwerem Gepäck, kreuz und quer durch das dornige Dickicht, von Siedlung zu Siedlung, von Überfall zu Überfall, in Flammen aufgehende Dörfer, neue Gewalt, neue Tote, neue entführte Kinder, mehr als 35 000 während Konys Schreckensherrschaft. »Wenn ich die Augen schließe / Seh ich sie wandern / Von

487

einem zerschossenen Bauerngehöft / Zu einem zerschossenen andern.« Es war ein Bild wie aus der Apokalypse. I saw guns and sharp swords in the hands of young children.

Die hübscheren Mädchen wurden den Kommandanten als sogenannte Ehefrauen zugeteilt. Sie waren von den Kämpfen und Beutezügen freigestellt, wurden aber dafür von den Rebellen misshandelt und vergewaltigt, sie wurden schwanger und brachten, selbst noch Kinder, Kinder auf die Welt. Bis sie irgendwann zur Last wurden und geschändet, hoffnungslos überfordert mit einem Baby, um das sich sein Vater nie kümmern würde, verstoßen wurden.

Einige der männlichen Kindersoldaten konnten fliehen, sie liefen in den nächsten Ort, fragten sich durch, misstrauisch beäugt, denn sie hatten Furchtbares getan, und die Menschen hatten Angst vor Konys Armee, auch noch vor ihren Deserteuren. Die meisten, die ins Reception Center kamen, hatten aber das Glück gehabt, Gefechte mit dem ugandischen Militär zu überleben, und waren so dem Albtraum entronnen – so dies überhaupt möglich war. Ihre körperlichen Verletzungen konnten vielleicht auskuriert werden, aber manche Traumatisierungen kann keine Zeit der Welt je heilen.

Drei Monate verbrachten die Kinder im Reception Center, wo sie als Allererstes lernen sollten, die Eigenschaften abzulegen, die für sie im Busch lebensnotwendig gewesen waren: Misstrauen, Verschlossenheit und Gefühllosigkeit. Die Betreuer gaben ihnen die Möglichkeit, sich nach und nach zu öffnen, über ihre Erlebnisse zu sprechen, sie in Bilder und Zeichnungen zu fassen oder in Spielen nachzustellen, um so das Vergangene zu objektivieren und es dadurch zumindest ein wenig begreifbar machen zu können. Mütter, deren Söhne und Töchter selbst entführt worden oder umgekommen waren, halfen freiwillig mit und nahmen sich der Neuankömmlinge an. Das angestrebte Ziel war die Rückkehr der Kinder zu ihrer Familie, in ihre Dörfer und damit in das Leben vor der Entführung, aber wer konnte es der Dorfgemeinschaft verübeln, wenn sie sich schwer damit tat, das, was geschehen war, zu vergessen und zu vergeben und die ehemaligen Rebellen wieder in ihre Mitte aufzunehmen. Es gab streng einzuhaltende Rituale, die genau das in die Wege leiten sollten, »Mato oput« war eins davon, eine friedensstiftende Zeremonie, die in vielen Fällen tatsächlich für die Aussöhnung zwischen Tätern und Opfern sorgte. Das war eine Art des Umgangs mit Schuld und Wiedergutmachung, eine andere bestand darin, die entkommenen Kindersoldaten auf eine Zeit vorzubereiten, die sie mit ihren eigenen Händen gestalten sollten. Auch im Reception Center gab es Werkstätten, die Jungen lernten das Schreinern, die Mädchen das Kochen und Backen und an alten Nähmaschinen das Anfertigen von Bettwäsche und Schuluniformen, die sie später in den Läden von Gulu verkaufen konnten.

An diesem Abend hörte ich zwar Michael Orunis Erläuterungen, er zeigte Perspektiven für die Kinder auf, aber ich dachte nur an die beiden vielleicht fünfzehnjährigen Mädchen, die mir im hinteren Trakt des Gebäudes vorgestellt worden waren. Beide waren erst am Vortag aus dem Busch zurückgekommen, HIV-infizierte Babys im Arm, beide schauten durch mich hindurch, ihre Blicke waren erloschen, wie blind von dem, was sie hatten aushalten und mit ansehen müssen und was ich nie wirklich würde begreifen können. Kurz danach wollte Peter Schreiber ein Interview mit mir führen, neben ihm hinter der Kamera stand Robin, er war ruhig wie immer, während ich versuchte, Worte zu finden für meine Eindrücke, das unsagbare Elend um uns herum, für das, was diese gottverlassenen Kinder durchgemacht hatten, ich versuchte zu sprechen, sah meinen Sohn an und begann mitten im Interview zu weinen.

Zuvor, bei den Nachtpendlern, waren wir wie immer mit einem Tanz und einem Lied begrüßt worden, »Welcome Dear Visitor« hieß es, und am Ende der Zeremonie spürte ich, wie mich ein kleines Mädchen bei der Hand nahm und zu sich hinunterzog. Wie alle anderen Kinder hier war es hineingeboren worden in eine Hölle, von der ich nichts gewusst hatte, aber auch die ganze Welt nichts zu wissen schien. Das Mädchen wollte mir etwas sagen. 6000 Kilometer von Köln entfernt, und über ein Jahr nach dem Gespräch mit Isis und Jojo im abendlichen Kinderzimmer wurde mir noch einmal ein Versprechen abgenommen, an das ich mich immer gebunden fühlen würde:

»Please, Mister, promise not to forget.«

Später, im Auto, sagte keiner ein Wort. Wir fuhren schweigend, das soeben Erlebte hatte uns stumm gemacht. Wir waren noch mit dem Bischof verabredet, er zeigte uns seine Kirche nahe am Stadtzentrum und einige andere Gemeinderäume, auch dort würden in ein paar Stunden Kinder schlafen.

Nach diesem Besuch entschieden wir uns dafür, zu Fuß zurück zum Hotel zu gehen. Unterwegs entdeckte ich ein Geschäft, das noch geöffnet hatte, im Schaufenster lag eine Holztrommel, bespannt mit braun-weißem Kuhfell. Ich erstand ein Souvenir vom ersten Abend in Gulu, das ich, wieder zu Hause, auf die Fensterbank in meinem Arbeitszimmer stellte. Dort hatte ich die Trommel immer vor Augen, dort war sie auch sicher vor den zärtlichen Angriffen unseres Hundes, der sich unmittelbar nach meiner Rückkehr in ihren Kauknochengeruch verliebt hatte. Ein kleiner Tibet-Terrier-Welpe, der davon träumte, gefährlich zu sein, und eine Trommel aus dem bürgerkriegsgeplagten Acholiland. Was für eine Kombination.

Mit dem Blick auf die Fensterbank beendete ich einen Liedtext, den ich über die Nachtpendler verfasst hatte. Indem er sich fast ganz auf seine beiden Protagonisten konzentrierte, das fiktive Geschwisterpaar Jimmy und Rebecca, wollte ich der Gefahr entgehen, ins Sloganhafte abzurutschen. Keinesfalls durfte ich Gefahr laufen, in dem Song die Erlebnisse und Eindrücke aus dem Norden Ugandas, die mich vollkommen unvorbereitet erwischt und auch deshalb mit solcher Wucht aus der Bahn geworfen hatten, mit gutgemeinten politischen Allgemeinplätzen zu vermengen. Jede Zeile, die über die bloße Schilderung meiner Erfahrungen hinausginge, sie gar zu deuten oder in einen vertrauten, mitteleuropäischen Kontext einzuordnen versuchte, käme einer Anmaßung und letztlich einem Verrat am Schicksal der Night Commuters gleich. Also verschwand ich als Erzähler hinter dem Erzählten, und erst in der letzten Strophe wechselte der Schauplatz, erfolgte ein harter

Schnitt, dann war der Text dort angekommen, wo ich ihn auf eine von Helmut maßgeschneiderte Musik geschrieben hatte.

»Noh Gulu« war ein erster Versuch, der Ermahnung des kleinen Mädchens aus dem Nachtpendlerzelt gerecht zu werden. Das Thema musste an die Öffentlichkeit. Ich wollte, dass der Song so schnell wie möglich unter die Leute kam. Für unser geplantes »Dreimal zehn Jahre«-Album kam er leider nicht in Frage. Lediglich die Zeile »Koot enn de Höll jeluhrt enn Afrika« konnte ich in den Titelsong einflechten, aber »Noh Gulu« auf einer Werkschau mit den bekanntesten BAP-Stücken aus dreißig Jahren unterzubringen, das ging einfach nicht. Wir mussten uns etwas anderes überlegen. Der Legende nach hatte John Lennon seinen Song »Instant Karma« an einem Januarmorgen 1970 geschrieben, am Abend desselben Tages in den Abbey Road Studios aufgenommen und keine zwei Wochen später als Single veröffentlicht. Ganz so schnell waren wir nicht, aber das Internet erlaubte es mittlerweile, Lieder auch außerhalb einer regulären Plattenveröffentlichung allgemein zugänglich zu machen. Bei einem Open Air in Emmendingen spielten wir »Noh Gulu« zum ersten Mal vor Publikum, genau vier Wochen später ließen wir beim Mainzer Zeltfestival das Band mitlaufen und stellten danach die Liveversion gegen eine freiwillige Spende zum Download auf der Homepage von »World Vision« bereit.

Unsere Fans reagierten großartig. 60 000-mal luden sie den Song auf ihre Festplatten herunter und ließen sich dafür nicht lumpen. Sie stellten uns mit ihren Spenden so viel Geld zur Verfügung, dass wir zusammen mit den bereits vorhandenen Mitteln über ein ansehnliches Grundkapital für unser Hilfsprojekt »Rebound« verfügten und in das Stadium konkreter Planungen einsteigen konnten. Genauso bemerkenswert wie die finanzielle Unterstützung waren aber auch die Rückmeldungen auf »Noh Gulu« in unseren Konzerten. Der Song war natürlich keine Partynummer, bei der man die Arme schwenken und lauthals mitsingen konnte. Zusammen mit meiner erklärenden Ansage, die ich je nach Gefühl für den jeweiligen Abend mal ausführlicher, mal knapper gestaltete,

konnte er in einem gerade auf den Höhen der Euphorie schweben-
den Auftritt wie eine kalte Dusche wirken. Wir taten uns zu Anfang schwer damit, für »Noh Gulu« den idealen Platz im Programm
zu finden. Doch das Publikum, das sich, wohin wir auch kamen,
aufmerksam und ohne Vorbehalte auf das Thema einließ, half uns
dabei, unsere Bedenken zu vergessen. Es bestärkte uns in dem
Glauben, dass in einem Rock-'n'-Roll-Konzert alle Emotionen ihren Platz finden konnten, die positiven wie die dunklen, fast
schwarzen. Und ebenso froh war ich, dass ich auf die Unterstützung meiner Mitmusiker zählen konnte. Auch das war nicht
selbstverständlich. Ich spürte, dass wir auf der Bühne an einem
Strang zogen, wenn wir »Noh Gulu« spielten, und ich freute mich,
als Jürgen nach einem Auftritt zu mir kam und mir im Namen der
ganzen Band Rückendeckung in dieser Angelegenheit gab:

»… was ich dir mal sagen wollte … wir finden das schon klasse,
dass du das machst.«

Im Mai 2007, fast drei Jahre nach meiner ersten Reise, kehrte ich
nach Gulu zurück. Dass sich etwas getan hatte, merkte ich schon
daran, dass wir dieses Mal die Strecke von Kampala mit dem Auto
zurücklegen konnten. Rebellenangriffe, die es immer wieder auf
Fahrzeuge, auch auf solche von Non Government Organizations,
gegeben hatte, musste man im Moment nicht befürchten. Seit einigen Wochen waren die lange ins Stocken geratenen Friedensverhandlungen zwischen der ugandischen Regierung und der LRA
wieder in Gang gekommen. Einige von Konys Unterhändlern
wohnten sogar in unserem Hotel, dem »Acholi Inn«. Die Internationale Gemeinschaft bezahlte ihnen den Aufenthalt, um die ver-
feindeten Parteien wenigstens schon einmal an einen Tisch zu bekommen.

Auch in einigen Einrichtungen der Hilfsorganisationen, die ich
kennengelernt hatte, bot sich ein verändertes Bild. Weil es seit Beginn der Friedensverhandlungen nur noch sehr wenige Überfälle
auf die Flüchtlingslager gegeben hatte, waren die Zelte für die Night
Commuters abgebaut worden, vielleicht nur auf Zeit, hoffentlich
für immer. Ganz sicher nur vorübergehend war die Schließung des

Reception Center, das renoviert wurde. Wo es 2004 noch von Kindern gewimmelt hatte, arbeiteten jetzt nur einige Handwerker. Bis auf weiteres war nicht mit entkommenen Kindersoldaten zu rechnen, denn die Rebellen hatten sich in den Südsudan und in den Ostkongo zurückgezogen. Sollte es jedoch tatsächlich zu einem dauerhaften Frieden kommen und die mehreren tausend noch gefangen gehaltenen Kinder den Rückweg in ihre Heimat antreten können, würden die Betreuer im Reception Center bald wieder viel Kraft für ihre schwierige Arbeit benötigen. Bis dahin schienen die verwaisten Gebäude die Luft anzuhalten, die Leere in ihnen hatte etwas Gespenstisches. Eine neben einem Stockbett zurückgelassene hölzerne Krücke wirkte wie ein stummes Mahnmal. Sie erinnerte daran, dass der Schrecken noch lange nicht vorbei war.

Selbst nach einem möglichen Ende des Bürgerkriegs würden die Probleme nicht weniger werden. Konys Gewaltexzesse hatten Wunden an Körpern und Seelen hinterlassen, die nur sehr schwer und sehr langsam vernarben würden, wenn überhaupt. Aber erstmals gab es ein wenig Hoffnung. Wir besuchten einen der sogenannten »Child Mother Clubs«, die es in jeder kleinen Ortschaft gab. Unterstützt von einem Hilfswerk, trafen sich dort junge und jüngste, meist vergewaltigte Mütter, ehemalige Kindersoldatinnen waren darunter, aber alle fielen unter die Rubrik »war affected youth«. In diesen Einrichtungen bildeten sie eine Solidargemeinschaft, um den schwierigen Alltag besser bewältigen zu können. Sie hatten ein Tanz- und Musikprogramm für die Besucher vorbereitet, danach wurde ihnen der Sänger aus Deutschland angekündigt, der noch ein paar Sätze an sie richten würde. Ungläubiges Staunen war die Reaktion. Ein Sänger sollte nicht mit Reden langweilen, sondern gefälligst singen. Die Mädchen wussten, was sie wollten. Ich holte meine Gitarre und revanchierte mich für die Vorführungen mit »Für 'ne Moment«. Für einen Moment musste Kölsch eben mal zu einer Weltsprache werden. Nach der ersten Strophe erhoben sich einige der Mädchen in ihren orangen T-Shirts und begannen zu tanzen, und die Musiker, die zuvor die Trommeln geschlagen hatten, fielen ein. Ich genoss die spontane

493

Party. Die ausgelassene Stimmung war ein so schöner Gegensatz zu der bedrückenden Atmosphäre, die ich drei Jahre zuvor nicht nur im Reception Center erlebt hatte.

Zwei Tage später, in einem Flüchtlingslager an der Straße nach Kitgum, wagte ich mich, als die Darbietungen unserer Gastgeber beendet waren, an die Uraufführung von »Noh Gulu«. Nicht einmal mit BAP hatten wir den Song bis zu diesem Zeitpunkt live gespielt. Lucy, eine einheimische »World Vision«-Mitarbeiterin, hatte das Programm liebevoll vorbereitet und für mich sogar ein ordentliches PA-System und zwei Mikrophone aufgetrieben. Santos, unser gewitzter Fahrer, las den vorher schon von ihm übersetzten Liedtext auf Acholi vor, dann fiel mir noch etwas ein. Ich bat Lucy, die Kinder zu fragen, wer von ihnen bis vor kurzem noch zu den Nachtpendlern gehört hatte. Mindestens tausend kleine Arme schnellten in die Höhe. Vielleicht würde ich nie mehr ein Publikum haben, das so genau wusste, worum es in einem Lied ging, das ich vortrug. War das schon Grund genug, aus der Fassung zu geraten, erwischten mich die Kinder im Refrain dann endgültig. Sie hatten Santos gut zugehört und bildeten spontan einen Chor, sangen »Wot Gulu«, was »Der Weg nach Gulu« bedeutet, der Weg, den sie so oft bei Einbruch der Dämmerung gegangen waren.

Ich wollte solch einen Chor gerne vor Ort aufnehmen, um ihn später in die endgültige Version von »Noh Gulu« einzubauen. In der Stadt gab es einen Cassetten- und CD-Laden, dessen Inhaber, der Sänger Vincent Komakech, Rat wusste. Er verwies uns an das »OBACH COMPUTER BUREAU«, ein kleines Studio, das sein Freund Robert Bongomin Bab betrieb – kein schlechter Name für den Produzenten einer Kölschrock-Nummer. Ich hängte die braune Pappe, auf die ich den Songtext geschrieben hatte, an die Wand des winzigen Aufnahmeraums und sang zum von zu Hause mitgebrachten Playback, danach waren die Kinder dran, Mädchen in rosa Kleidern, mit geflochtenen Zöpfchen und Perlen in den Haaren, die mit Feuereifer loslegten. In Köln integrierte Wolfgang Stach ihre Stimmen in die »Plugged«-Fassung von »Noh Gulu«, und um die Sache rundzumachen, holten wir für die akustische Ver-

sion Isis, Jojo und einige ihrer Freunde als Chorsänger ins Studio. So war es, als ob meine Kinder mit ihren Altersgenossen aus Afrika einen Dialog über die Kontinente führten.

Ich widmete »Noh Gulu« Michael Oruni, meinem so bedachten wie humorvollen Fremdenführer, der mir eine unbekannte Welt erschlossen und nahegebracht hatte. Michael war kurz nach Ende meiner zweiten Reise nach Uganda, bei der ich ihn noch einmal in Kampala getroffen hatte, völlig überraschend und viel zu früh an einem Schlaganfall gestorben. Vielleicht hätte er sich darüber gefreut, dass ich das Album, auf dem der Song schließlich erschien, »Radio Pandora« nannte. Die Idee zu diesem Titel war mir in Gulu gekommen. Bei meinem ersten Aufenthalt hatte die Stadt noch ein abweisendes, ein graues Gesicht gezeigt, kaum ein Haus war gestrichen gewesen. Erst als die Friedensverhandlungen mit der LRA wieder aufgenommen wurden, kam das Leben zurück, machte sich eine Aufbruchstimmung bemerkbar, die Menschen fassten wieder Mut, riskierten es, nach vorne zu schauen, und Gulu wurde bunter. Unternehmen ließen sich nieder und bepinselten die Fassaden mit ihren Farben, Gelb für eine Telekommunikationsfirma, Rot für eine, die Softdrinks vertrieb, und Grün für wieder eine andere, die mit Benzin handelte. Mittlerweile sehen die Häuser ganzer Straßenzüge aus wie von Kindern mit verschiedenfarbigen Bauklötzchen erbaut, sie ergeben ein heiteres Bild, und es ist die Waren- und Medienwelt, die in diesem Fall eben nicht nur für die Uniformierung der Interessen und Bedürfnisse sorgt, sondern auch Zuversicht in eine Stadt bringt, die sich für so lange Zeit keine Zuversicht erlauben konnte. Als ich bemerkte, dass es sogar zwei neue Radiosender in Gulu gab, wusste ich, wie unser Album heißen würde, welcher Titel zu dem alten, verschlossenen Koffer auf dem Cover passte, den ich in unserem Haus in Kronenburg entdeckt und der mich an den Pandora-Mythos erinnert hatte. War nicht in der Büchse der Pandora, diesem Rachegeschenk der Götter, alles Schlechte eingeschlossen gewesen und nach ihrem unvorsichtigen Öffnen durch Epimetheus in die Welt gelassen worden? Aber war nicht andererseits die Hoffnung als einziges Gut in der

Büchse verblieben? Mochte Nietzsche auch diese rätselhafte Geschichte rein negativ ausgelegt und die Hoffnung als das übelste der Übel bezeichnet haben, weil sie die Qual der Menschen verlängere, ich schlug mich trotzdem auf die Seite jener Philosophen, die dafür plädierten, den Glauben an Veränderung als etwas Positives zu betrachten. Die neuen Radiostationen in Gulu würden vielleicht einmal ihren Zuhörern die Nachricht vom endlich geschlossenen Frieden verkünden können.

Zur Weiterreise nach Ruanda nahmen wir von Kampala aus einen Überlandbus, ein klappriges Vehikel, dessen Türen sich quietschend öffneten, Fahrgäste freigaben, einige von ihnen hatten sich seit Daressalaam in Tansania auf den harten Sitzen durchschütteln lassen. Wie lange der Bus schon unterwegs war, wollte ich gar nicht erfahren, und noch weniger, wie oft sich die beiden Fahrer am Steuer abgewechselt hatten und wie müde sie waren. Ein Putzmann fegte den Bus aus, kehrte das Gerümpel zusammen und schob es nach draußen, eine ganze Mülllawine fiel die Stufen hinab und wurde unten, in der noch angenehm kühlen Luft des Morgens, von Helfern in Empfang genommen, wieder eingesammelt und in Plastiksäcke gesteckt. Die Fahrgäste wechselten, die Fahrer blieben dieselben, gähnten nur einmal deutlich vernehmbar, reckten die Arme in die Luft, dann waren sie wieder im Dienst und zogen die Stoßdämpfer nach für den nächsten Abschnitt ihres endlosen Arbeitstags. Wir nahmen ganz hinten Platz, sahen aus dem Fenster, der kleine Busbahnhof wurde umrundet, dann ging es hinaus auf offene Strecke, von Beginn an mit einem Tempo, das religiösere Menschen als mich dazu gebracht hätte, sich permanent zu bekreuzigen. Aus einer ramponierten Anlage dröhnte Musik, die mit der Zeit ihre Konturen verlor, nur noch blecherner, verzerrter, permanent anschwellender Lärm war, ein undefinierbares, an den Nerven zerrendes Getöse, das die Reisenden bei ihren teilweise über mehrere Sitzreihen hinweg geführten Unterhaltungen zu überschreien versuchten. Die Zwischenstopps fielen knapp aus, die längste Pause ergab sich beim Grenzübergang. Obwohl sich die

Natur nicht um Schlagbäume kümmerte und die Landschaft ganz dieselbe blieb, veränderte sie sich doch für den Schauenden allein durch die Tatsache, Ruanda erreicht zu haben. Der Blick war nun kein nur aufnehmender, ziellos schweifender mehr, langsam sickerte ein Gift in die Wahrnehmung, trübte sie ein, raubte ihr die Unschuld, verwandelte Gebäude entlang der Straße, etwa diese Kirche da oder diesen großen Platz dort, in Schreckensorte, machte aus einer scheinbar friedlichen Ansammlung plaudernder Männer mittleren Alters, die im offenen Feld ihre Arbeit unterbrochen hatten, eine Gruppe von Tätern und ließ jeden Ortseingang, jede Straßensperre wie eine Schwelle erscheinen, an der über Leben oder Tod entschieden wurde.

In den dreißiger Jahren hatten die belgischen Kolonialherren eine Volkszählung organisiert, die zu der bürokratischen Einteilung der Einheimischen in drei ethnische Klassen führte, und fortan enthielt jeder ruandische Pass den Eintrag, ob jemand zu den Hutu, den Tutsi oder den Twa gehörte. Schon die ersten Europäer, die ins Land gekommen waren, hatten die Herrschaft der Tutsi über die Hutu bemerkt, einer kleinen Minderheit über die große Mehrheit, Viehhüter die einen, Ackerbauern die anderen, Stoff für archaische Auseinandersetzungen um Land und Herrschaft unter Brüdern, die dieselbe Sprache sprachen, derselben Nation und derselben Religion angehörten – und als sie auf dem Feld waren, griff Kain seinen Bruder Abel an und erschlug ihn. Erst gegen Ende der Kolonialzeit und mit Unterstützung der Belgier kehrten sich die Machtverhältnisse um, Aufstände der Hutu mündeten in erste Pogrome, die einstigen Herren wurden vertrieben. Nun hatte erstmals die Mehrheit die Macht inne, sie stellte mit Juvénal Habyarimana den Staatschef, und Druck auf den Präsidenten und seine Einheitspartei, die sich beinahe ausschließlich aus Hutu zusammensetzte, ließ sich für die Tutsi nur noch aus dem Ausland heraus aufbauen. In Uganda gründete sich die »Rwandian Patriotic Front« (RPF), Tutsi-Soldaten, die sich gegen die Regierung in Kigali erhoben und den Norden Ruandas überfielen, die Gewalt hörte nicht auf. Und doch war alles nur Vorspiel gewesen bis zum 6.April 1994, dem Tag, an dem unter bis heute ungeklärten Umständen das Flugzeug des Präsidenten abgeschossen wurde. Die Geschichte der hundert Tage zu erzählen, die auf den Tod Habyarimanas folgten, kam dem Versuch gleich, einen Albtraum zu schildern, für dessen grausame Logik und unaufhaltbare Konsequenz es eigentlich keine Worte gab.

Bis zum Juli desselben Jahres wurden 800 000 Tutsi und oppositionelle Hutu ermordet. Ein generalstabsmäßig geplanter und durchgeführter Genozid, an dem sich sowohl die Milizen als auch die Zivilbevölkerung beteiligten, die dafür benötigten Waffen und Macheten waren schon lange zuvor in großer Zahl aus China importiert worden. Nun bedeutete die Klassifikation im Pass das Todesurteil, gehörte man zur Minderheit und geriet in eine Kontrolle. Im Radio riefen Fanatiker zur Denunziation auf, Register wurden zu Rate gezogen, alle »Tutsi-Kakerlaken« sollten von den systematisch vorgehenden Todeskommandos gefunden werden. Und die Internationale Gemeinschaft schaute weg, sah lieber nach Südafrika, wo Nelson Mandela zur selben Zeit Präsident wurde, das waren die schöneren Bilder. Die in Ruanda stationierte kleine und ohnehin nicht mit robustem Mandat ausgestattete UNAMIR-Truppe wurde trotz des Widerstands des kanadischen Generals Roméo Dallaire noch weiter dezimiert, und der UN-Sicherheitsrat unter dem Generalsekretär Kofi Annan weigerte sich, den Völkermord als solchen anzuerkennen, was ein unmittelbares Eingreifen und die Rettung einer riesigen Zahl von Menschenleben bedeutet hätte. Erst zwei Monate nach Beginn des Genozids kamen 25 000 Soldaten ins Land, ausgerechnet aus Frankreich, das mit den Hutu seit je rege Geschäftsbeziehungen gepflegt hatte. In völliger Verkennung der Lage identifizierten die Soldaten erst einmal die von Uganda aus einmarschierenden Rebellen der RPF, die das Morden beenden wollten und denen Paul Kagame als Oberbefehlshaber vorstand, als Täter und verhalfen den Hutu zur Flucht und zum Rückzug in den Kongo.

In Murambi, im Südwesten Ruandas, besichtigten wir eine auf dem Gelände der einstigen École Polytechnique untergebrachte

Genozid-Gedenkstätte, die wie viele Einrichtungen dieser Art von der weltweit operierenden englischen Stiftung »Aegis Trust« gestaltet worden war. 1994 hatten in der noch nicht ganz fertiggestellten Schule bis zu 50 000 Menschen vergeblich Zuflucht gesucht, aber wie fast überall waren die Verfolgten auch in diesem öffentlichen Gebäude nicht sicher gewesen. Jetzt sah man dort in den einmal als Klassenzimmer gedachten Räumen mumifizierte, mit Kalk überstreute Körper auf Holzbänken, Männer, Frauen, Kinder, wie sie in einem Massengrab gefunden worden waren. Ein Anblick, der kaum auszuhalten war und doch gleichzeitig viele Fragen aufwarf. In den meisten Fällen war die Zurschaustellung der Gebeine ohne Einwilligung der wenigen Hinterbliebenen erfolgt, zudem widersprach sie in eklatanter Weise ruandischen Traditionen und Ritualen der Trauer. In einem anderen Raum waren die Kleider der Toten zu sehen, Hosen, T-Shirts, Hemden, Röcke, bunt durcheinander und in allen Größen auf Leinen aufgehängt. Wahrscheinlich stimmte das, was der Journalist Bartholomäus Grill einmal geschrieben hatte, wahrscheinlich flüchtet sich die menschliche Vorstellung in ästhetische Kategorien, wenn die Wirklichkeit unerträglich ist. Mich erinnerte der Raum mit den Kleidern an die Installationen des französischen Künstlers Christian Boltanski, der in seinen Arbeiten die Beziehung von Masse und Individuum untersuchte. Die Kleidungsstücke wirkten austauschbar in ihrer Fülle, und doch hatte jedes von ihnen einmal einem ganz bestimmten Menschen gehört. Und dieser Mensch war nun tot, umgebracht mit unvorstellbarer Grausamkeit, deren Ursachen man vielleicht rational erklären konnte, wirklich zu verstehen jedoch war sie nicht. Auch wenn wir noch so fest daran glauben wollen, dass der Prozess der Zivilisation nur in eine, und zwar in die richtige Richtung verläuft, in diejenige fortschreitender Aufklärung, verfeinerter Kultur und achtsameren Miteinanders – es entspricht, wie die Geschichte nicht nur des afrikanischen, sondern auch die aller anderen Kontinente zeigt, einfach nicht der Wahrheit.

Am selben Abend gab der deutsche Botschafter ein Essen für unsere kleine Reisegruppe, die aus Mirko Keilberth, Sönke Weiss und mir bestand. Dabei lernte ich Dr. Alfred Jahn kennen, den ehemaligen Chefarzt des Landshuter Kinderkrankenhauses. Er lud mich ein, ihn am nächsten Tag zu besuchen. Jahn war der einzige Kinderchirurg in ganz Ruanda. Vor einigen Jahren hatte er das Land besucht, um einige Operationen durchzuführen, doch dabei war es nicht geblieben. Nachoperationen standen an, neue kleine Patienten brauchten die Hilfe, die ein nicht spezialisierter Chirurg nicht leisten konnte, also kam Jahn zurück, ging bald dazu über, zwischen den Welten zu pendeln, ehe er schließlich nach seiner Pensionierung ganz in Afrika blieb. Noch immer stand er von morgens bis abends im Operationssaal, dazu hatte er noch drei Häuser gemietet, Unterkünfte für Genozidwaisen, die die Chance zu einem Schulbesuch und einer Ausbildung bekommen sollten. Die Miete, die Gehälter für den eingestellten Koch und den dringend benötigten Nachtwächter sowie das Schulgeld der Kinder wurden teilweise durch Spenden finanziert, das meiste bezahlte Jahn aber aus eigener Tasche mit seinem kleinen Gehalt und seiner Pension aus Deutschland. Er gab aus innerer Überzeugung denen einen Ort, die zuvor heimatlos gewesen waren, und verhalf ihnen zu einer Stimme, einer Aussicht, neuer Würde. Auch er ein Sisyphos, der gar nicht daran dachte zu resignieren, selbst wenn der gerade erst den Berg hinaufgeschaffte Stein ein weiteres Mal zurück ins Tal rollte. Bei seinem Engagement gewannen nicht nur die jugendlichen Schützlinge, sondern auch die Besucher der Einrichtung. Ich lief herum, sah mir alles an und versuchte mir dabei so unauffällig wie möglich ein kleines Stück von Alfred Jahns Hingabe und Kraft zu klauen, um es mitzunehmen und bei mir zu tragen. Es sollte mich immer daran erinnern, was alles möglich ist, wenn man auf seine innere Stimme hört.

Später saß ich noch mit einer Flasche »Primus« am verwaisten Pool des Hotels »Mille Collines« und schaute in den sternenklaren Himmel über Kigali. Land der tausend Hügel, Land der tausend Gräber. An einem einzigen Tag hatte ich in die Hölle geschaut und einen neuen Helden gefunden. Was der große Plan war, wie alles zusammenhing – ich würde es nie begreifen. It's a sad and beautiful world.

Der hohe Besuch war pünktlich. Der Bundespräsident, seine Frau und seine Tochter trafen genau rechtzeitig im Backstagebereich auf dem Freigelände der Berliner »Zitadelle« ein, um eine Viertelstunde vor dem Open-Air-Konzert mit uns am BAP-Altar zu huldigen. Ich hatte Horst Köhler am Rande der zweiten von ihm initiierten »Partnerschaft mit Afrika«-Konferenz in Accra, der Hauptstadt Ghanas, von unserer Zeremonie erzählt und ihn so neugierig gemacht, dass er angekündigt hatte, bei passender Gelegenheit selbst einmal einen Grappa auf die Heiligen Drei Könige zu trinken. Nun besah er sich unseren Rock-'n'-Roll-Schrein und hob mit uns das Glas, um unseren Schutzheiligen zu danken und den Wettergott friedlich zu stimmen. Der konnte bei solch prominenter Ehrerweisung gar nicht anders, als das Gewitter, das schon bedrohlich nahe gekommen war, ein paar Häuser weiter zu schicken, und so blieben wir während unseres Auftritts von Regen verschont.

Kurz vor den letzten beiden Songs sah ich aus dem Augenwinkel, dass Köhler und seine Familie ihre Plätze hinter den PA-Boxen verließen und sich mit ihren Security-Leuten zum Gehen wandten. Wahrscheinlich wollten sie dem allgemeinen Aufbruch zuvorkommen und das Freigelände der alten Renaissancefestung verlassen, bevor die Menge ebenfalls zum Ausgang strebte. Aber ich hatte mich getäuscht. Köhler suchte nicht den Abstand, sondern die Nähe zum Publikum. Nach einer Weile tauchte er mit Frau und Tochter direkt vor der Bühne auf und verfolgte, sichtlich vergnügt, den Rest des Auftritts wie jeder andere Konzertbesucher im Stehen. Den Sicherheitsmännern merkte man an, dass sie das für eine weniger gute Idee hielten. Sie standen um ihre Schutzbefohlenen herum und warfen Blicke nach links und rechts, die weniger misstrauisch als verdutzt waren. Der Begriff »Bad in der Menge« musste völlig neu definiert werden.

Köhler war Schirmherr von »Gemeinsam für Afrika«. Er hatte

mich deshalb im Jahr seines Amtsantritts ins Bundespräsidialamt eingeladen, und dabei war mir schnell klar geworden, welche Wichtigkeit er dem Thema Afrika beimaß, eine von großem Gestaltungswillen geprägte Leidenschaft war da zum Ausdruck gekommen, eine Entschlossenheit, die anpacken wollte. Was Köhler später im erbärmlichen machttaktischen Spiel seiner einstigen Fürsprecher und Inthronisierer zum Verhängnis wurde – dass er Seiteneinsteiger war und eben kein Politprofi mit einem über Jahre gewachsenen Rückhalt in der CDU –, gereichte seinem Afrika-Engagement zum Vorteil. Er versammelte Fachleute um sich und achtete dabei nicht auf deren Parteibuch. Er baute ein Netzwerk auf, von dem alle, die sich nicht damit abfinden wollten, dass der Kontinent dem Vergessen anheimfiel, nur profitieren konnten. Ich hatte das Glück, von Köhler zu Konferenzen und Staatsbesuchen in verschiedene Länder eingeladen zu werden und dabei so ausgewie-

sene Afrika-Experten wie Bartholomäus Grill, den Schriftsteller Hans Christoph Buch oder den ehemaligen ARD-Korrespondenten Hans-Josef Dreckmann, der mir mit seinen »Weltspiegel«-Beiträgen so manches Mal die Augen geöffnet hatte, kennenzulernen.

Es imponierte mir, wie Köhler bei seinen Reisen trotz eines eisern einzuhaltenden, manchmal unfreiwillig komischen und viel Zeit raubenden diplomatischen Prozederes nicht lockerließ und seinen Gesprächspartnern doch immer wieder mehr als nur Höflichkeitsformeln oder vorgefertigte Statements entlocken konnte. Er drängte andere zu konkreten Aussagen und setzte selbst auf Klartext, ließ keinen Zweifel daran, dass, wie der pensionierte Botschafter Volker Seitz einmal schrieb, wahre Freundschaft zu Afrika kritische Zusammenarbeit bedeuten muss, die auch vor unangenehmen Themen wie der in vielen Ländern grassierenden Korruption, dem Einfordern guter, am Wohl der Bevölkerung orientierter Regierungsführung und der Verurteilung von Menschenrechtsverletzungen nicht zurückschrecken darf.

Ohne nennenswerte Pausen ging es bei den Besuchen von Termin zu Termin. Empfänge auf dem roten Teppich mit Böllerschüssen und Hymnen wechselten sich ab mit Gesprächsrunden; wilde Autofahrten mit Sirenen, Blaulicht und Militärschutz gingen den Besuchen von einzuweihenden Hilfsprojekten voran, und auf feierliche Reden folgten Bankette, bei denen die Staatschefs streng nach Protokoll wie der Elferrat im Kölner Karneval in einer langen Reihe nebeneinandersaßen. Erst am Abend ließen manchmal die Zwänge von Etikette und Förmlichkeit nach, saß man im Hotel in kleinerer Runde zusammen, die Mienen waren gelöst, das Programm absolviert, und da geschah es dann, in Freetown, Sierra Leone, dass mir Horst Köhler plötzlich meinen Beruf in Erinnerung rief:

»Herr Niedecken, wollen Sie jetzt nicht mal Ihre Gitarre holen?«

Bundespräsidenten, die Lust auf Musik haben, lässt man besser nicht warten. Ich verzichtete auf die vorhandene Anlage mit ihrer tinnitusartigen Rückkopplung, auch wollte ich niemandem zumuten, die ganze Zeit ein Mikrophon an meine Gitarre halten zu müs-

sen, also bat ich einfach meine Zuhörerschar, ein wenig näher zu rücken. Köhler nahm seinen Stuhl, drehte ihn um und setzte sich, die Arme auf die Rückenlehne gestützt, vor mich, die anderen aus der Delegation taten es ihm gleich. Es wurde ein denkwürdiger Auftritt. Ich unterhielt mein Publikum mit eigenen und fremden Songs, und mir entging dabei nicht, dass Köhler die Dylan-Stücke, die ich spielte, genau zu kennen schien.

Bei späteren Reisen fielen die Konzerte opulenter aus. Beim festlichen Abschlussbankett im Garten des Amtssitzes des ghanaischen Präsidenten wurde ich nicht nur von einer ortsansässigen

Hotelbar-Band begleitet, sondern auch von Prof. Dr. Peter Eigen, dem Gründer der Antikorruptionsorganisation »Transparency International«, und von Prof. Dr. Charles Yankah, einem in Berlin lebenden, in Ghana geborenen Herzchirurgen. Eigen solierte am Saxophon, Yankah bediente die Congas. Das setzte Maßstäbe. In Zukunft würde ich es mir schwer überlegen müssen, ob ich überhaupt noch mit einer Band auftreten wollte, zu der nicht mindestens zwei Professoren gehörten. Jürgen, Helmut, Werner und Micha taten gut daran, schon mal ihre Immatrikulationsformulare auszufüllen.

Ich hatte Köhler immer wieder von meinen Erlebnissen in Gulu berichtet. Offensichtlich war ich damit an die richtige Adresse geraten, denn obwohl der ugandische Präsident Museveni alles andere als begeistert davon war und sogar behauptete, man könne den Bundespräsidenten nicht standesgemäß nach Gulu einfliegen, ließ sich Köhler nicht davon abbringen, die Stadt selbst in Augenschein zu nehmen. Museveni hätte ihm lieber den halbwegs intakten Süden des Landes vorgeführt, aber gegen Köhlers Beharrlichkeit kam er nicht an, in einem persönlichen Telefonat gab er schließlich zähneknirschend sein Okay. Mit einer eigens vom Horn von Afrika nach Entebbe beorderten Transall-Maschine der Bundeswehr kamen wir im Februar 2008 in Gulu an, die Köhlers nahmen ihre Ohrenschützer ab und verließen das Flugzeug, ich fing den Blick des Bundespräsidenten auf und konnte ihn lesen, er sagte: Na also, geht doch.

Ich war ihm dankbar dafür, dass durch seine Hartnäckigkeit die deutsche Medienmeute, die dem Präsidentenehepaar folgte, auf die Probleme von Ugandas Norden aufmerksam gemacht wurde. In der Universität Gulu, einem barackenartigen Flachbau, beging man die Einrichtung des Lehrstuhls für Psychotraumatologie, ein Forschungszweig, der den vielen traumatisierten Bürgerkriegsopfern professionelle, neuesten wissenschaftlichen Erkenntnissen verpflichtete psychologische Hilfe versprach. Im IDP-Camp Coo Pe, einem Lager für Binnenflüchtlinge, hatte »World Vision« einen Programmpunkt vorbereitet. Ich traf auf bekannte Gesichter, darunter Christine, eine ehemalige Kindersoldatin, deren Schicksal der Autor Sönke Weiss, von dem ich viel über diesen Teil Afrikas gelernt hatte, in einem bewegenden Buch geschildert hatte. Die Köhlers unterhielten sich lange mit ihr und zwei anderen ehemaligen LRA-Rebellen, dabei saßen sie abseits vom Rest der Delegation, auch die Presse war nicht zugelassen, denn es ging ihnen nicht um schöne Bilder, sondern darum, zuzuhören, sich auf den anderen und seine Geschichte einzulassen und so vielleicht in einen Dialog zu kommen, über alles Trennende hinweg.

Viele Fachleute vergleichen die Lage Afrikas mit dem Zustand Europas während des Dreißigjährigen Kriegs, einer Zeit sozialer und religiöser Unruhe, in der der Hunger groß war, Städte in Flammen aufgingen, Überfälle und Plünderungen zum Alltag gehörten und die Pest die Menschen dahinraffte. Nun stelle man sich diese Szenerie unter tropischen Bedingungen und versetzt ins 21. Jahrhundert mit seinen hocheffizienten Waffen und Kommunikationsmitteln vor, und ein neuer Westfälischer Friede, der für stabile Strukturen und einen Verbund gleichberechtigter Staaten sorgt, scheint erst einmal in weite Ferne gerückt. Wollte der Westen Afrika dabei unterstützen, diesem Frieden ein Stück näher zu kommen, reichte es nicht, nur Geld zu überweisen. Geld war nicht alles. Mindestens ebenso wichtig war es, den Finger in offene Wunden zu legen. Manche Dinge gehörten an die ganz große Glocke, etwa die längst schon überfällige Zertifizierung von Rohstoffen, die Herstellung eines genetischen Fingerabdrucks, anhand dessen man die Herkunft der Stoffe zweifelsfrei ermitteln konnte. Nur so ließ sich verhindern, dass Diamanten, Gold, das für die Handyproduktion wichtige Erz Coltan oder das in der Rüstungsindustrie begehrte Caziterit unkontrolliert von erbärmlich bezahlten Tagelöhnern unter lebensgefährlichen Bedingungen aus dem Boden geholt und dann illegal außer Landes geschafft wurden. Der Gewinn aus dem Verkauf kam nicht der ganzen Bevölkerung des Erzeugerlandes, sondern nur einer verbrecherischen Oberschicht zugute, die sich einen Dreck um Steuereinnahmen und das Gemeinwohl scherte und ihr Ausbeutungssystem durch Korruption aufrechterhielt. Bis in die höchsten politischen Etagen reichten die Profiteure von Veruntreuung, Unterschlagung, Vetternwirtschaft, nicht selten standen sie dem Staat sogar vor, regierten ihn, Kleptokraten, selbstherrliche, machtverliebte Herrscher, die nicht mehr loslassen wollten. Vielleicht hatten sie einmal hehre Ziele gehabt, waren mit den besten Absichten angetreten, aber dann war ihnen, wie es der polnische Autor Ryszard Kapuściński formulierte, der Widerstand der Materie begegnet: die primitive Wirtschaft, der religiöse Fanatismus, die chronische Hungersnot, die Habgier der Korrumpierten, die Arbeitslosigkeit. Und dann begannen auch sie zu lavieren und einen Ausweg in der Diktatur zu suchen, bis der nächste Putsch gelang und alles wieder von vorne anfing.

Aber selbst wenn der Westen seine Hausaufgaben erledigte und die Vergabe von Entwicklungshilfe an Forderungen knüpfte, an Auflagen zu Korruptionsbekämpfung, Rechtssicherheit und demokratischem Anstand, gab es immer noch die Chinesen, denen derlei Standards herzlich egal waren und die sich skrupellos mit Diktatoren arrangierten, wenn sie nur die Rohstoffe Afrikas ausplündern konnten. Die Chinesen vergaben Dumping-Kredite an gerade vom Westen entschuldete Länder, ohne je dort Arbeitsplätze zu schaffen. Die Arbeit übernahmen sie selbst, die gebauten Autobahnen und Fußballstadien wurden schlüsselfertig übergeben. Dazu kam noch, dass die Flut chinesischer Billigwaren Produkten aus afrikanischer Herstellung den Absatzmarkt entzog, selbst einheimische Schnitzereien trugen mittlerweile, erstand man sie auf einem der Hauptstadtflughäfen Afrikas, den Aufdruck »Made in China«. Das war nicht mehr das Land, in dem wir mit BAP 1987 als erste westliche Rockband acht Konzerte gegeben hatten, jeweils drei in Peking und Schanghai und zwei in Kanton. Das China von damals würde man heute nicht mehr wiedererkennen, vor über einem Vierteljahrhundert hätte man die Schäden, die der chinesische Kapitalismus einmal in Afrika anrichten würde, nicht für möglich gehalten. Dagegen kam keine Regulierung an, was helfen konnte, war vor allen Dingen die Stärkung afrikanischer Zivilgesellschaften, die Unterstützung derjenigen, die die Konsequenzen einer vollständigen Auslieferung an derart entfesseltes Finanzgebaren durchschauten.

Und doch konnte man den traumatisierten Kindersoldaten oder den vergewaltigten Frauen im Ostkongo schlecht sagen, dass ihnen erst dann geholfen würde, wenn ihre Regierungen die Korruption in den Griff bekämen. Hilfe zur Selbsthilfe und die Stärkung von Eigeninitiative würden, zumal, was ganz konkrete Projekte betraf, noch sehr lange nicht überflüssig werden. Dabei hatte man wohl in Kauf zu nehmen, dass man sein Vorgehen ständig überdenken und oft revidieren, sehr dicke Bretter bohren und viel Geduld mitbringen musste. Europäer haben Uhren, Afrikaner haben Zeit.

Oft unterhielt ich mich mit meinem Freund Manfred Hell über das, was ich in Uganda gesehen hatte. Er hörte mir zu, beharrlich, aufmerksam, ich nahm ein Interesse wahr, das weit über höfliche Neugier hinausging, ich merkte es an den Fragen, die er stellte, und daran, dass er sein Erschrecken, seine Bestürzung über das Geschilderte zuließ und nicht sofort wieder überdeckte mit leicht Dahingesagtem, was einem Rückzug ins Unverfänglichere gleichgekommen wäre. Wir beide hatten uns gemeinsam schon Gott weiß wo herumgetrieben, und somit war es nur logisch, dass ich ihm vorschlug, mich bei meiner nächsten Afrikareise zu begleiten. Im Juli 2007 kamen wir nach Entebbe, fuhren dann weiter nach Gulu, wo wir Flüchtlingslager besichtigten und mit ehemaligen Kindersoldaten sprachen, für mich die Erneuerung früherer Erlebnisse, noch immer erschütternd, noch immer unbegreiflich, aber nicht mehr mein ganzes Denken und Fühlen so in Frage stellend wie beim ersten Mal, als ich, angesprungen von Hilflosigkeit und Trauer, viele Augenblicke lang den Boden unter den Füßen verloren hatte. Dieser erste Schock des Erkennens überwältigte nun Manfred. Im Hotel mit dem so wunderbaren Namen »Jojo's Palace« sprachen wir über den Tag, über die fürchterlichen Geschichten, die uns erzählt worden waren, zerstörte Biographien, beschädigtes Leben. Ohnmacht lähmt, Wut treibt an, etwas verändern zu wollen, und vielleicht war es die Wut über die Ahnungslosigkeit und das Desinteresse der Welt am Schicksal der gebeutelten Menschen in Gulu und Umgebung, die Manfred nach einem Beginn suchen ließ, sich damit nicht abzufinden:

»Was kostet denn das, damit man anfangen kann?«

Es kostete viel, sehr viel. Manfreds Grundspende vervielfachte das bisher schon gesammelte Geld, schaffte erst wirklich die Möglichkeit, zusammen mit Steffen Emrich von »World Vision« ein tragfähiges Konzept für ein Hilfsprojekt zu entwickeln. Manfred finanzierte auch die notwendige Öffentlichkeitsarbeit. Eine vom Filmemacher Mirko Keilberth erstellte DVD mit Informationen über den Bürgerkrieg in Norduganda und die Möglichkeiten, sich unterstützend einzubringen, lag kostenlos den »Jack Wolfskin«-Sommerkatalogen bei, die ebenfalls ganz im Zeichen von »Rebound« standen. Das war der Name, den wir für unsere Initiative gewählt hatten. Sie wollte Gestrauchelten dabei helfen, wieder auf die Füße zu kommen und den Schritt zurück ins Leben zu schaffen.

Sehr schnell stellte es sich als sinnvoll heraus, dass wir uns mit unseren Beiträgen an bereits bestehenden Institutionen, in denen an allen Ecken und Enden Mangel herrschte, beteiligten, deren Infrastruktur nutzten und erweiterten, anstatt um jeden Preis der eigenen Eitelkeit zu frönen und reine »Rebound«-Einrichtungen eröffnen zu wollen. Auch war der Bedarf in den Nachbardistrikten von Gulu viel größer als in der Stadt selbst, wo inzwischen so ziemlich jede Hilfsorganisation eine Dependance eröffnet hatte. Da wir uns nicht verzetteln und unser Augenmerk darauf richten wollten, Jugendlichen im Rahmen von »Rebound« zu einer Ausbildung zu verhelfen, mit der sie sich möglicherweise einmal eine eigene Existenz aufbauen konnten, gingen wir eine Kooperation mit drei staatlichen Einrichtungen ein: den Berufsschulen in Kalongo und Pajule sowie einer reinen Mädchenschule, der »Girls Academy« in Pader.

Steffen Emrich leistete in Uganda eine wahre Herkulesarbeit. Es gab dort keine funktionierende öffentliche Verwaltung. Behörden arbeiteten ohne Strom, Computer fehlten, Dokumente mussten von Hand geschrieben werden, Bekanntmachungen wurden per Anschlag an einer Hauswand verkündet. Dementsprechend schwierig verliefen die Zusammenarbeit mit der Bezirksregierung, das Erstellen von Budgets, das Erarbeiten von Bauplänen und vor allem das Einholen von Genehmigungen unter Umgehung sämtlicher Vetternwirtschaftsofferten. Aber auch wenn der Weg beschwerlich war, an seinem Ende stand ein Ziel, für das sich alle Mühen lohnen würden.

Am Rosenmontag 2009 fuhren Manfred und ich von Gulu nach Pader. Die emsigen Bautätigkeiten entlang der Strecke, die vielen neu gedeckten Rieddächer auf den Hütten und der lebhafte Fußgänger- und Fahrradverkehr abseits größerer Gemeinschaften deuteten darauf hin, dass die Menschen es wagten, nach und nach die Flüchtlingslager zu verlassen und in ihre Dörfer zurückzukehren, auch wenn der Friedensvertrag mit Konys LRA noch immer nicht unterzeichnet war und auch keiner so genau wusste, wie man mit Kony nach dem offiziellen Ende des Bürgerkriegs überhaupt verfahren würde – ob man ihm Straffreiheit zusichern oder ihn nach Den Haag an den Internationalen Gerichtshof ausliefern sollte, wo ein Haftbefehl gegen ihn vorlag. Die Anklage warf ihm Verbrechen gegen die Menschlichkeit vor.

P.G.A. bedeutete für mich nun nicht mehr »Produzentengemeinschaft ARS«, sondern »Pader Girls Academy«. Junge, alleinerziehende Mütter, die Vergewaltigungen zum Opfer gefallen waren, konnten an der Academy zusammen mit ihren kleinen Kindern auf dem Schulgelände leben und es dort zu einem Berufsabschluss bringen. »Rebound« vergab Stipendien an besonders bedürftige Mädchen, bezahlte ihre Unterbringung und die Gebühren für ihre Ausbildung. Vor allem Backen, Nähen und Stricken standen auf dem Lehrplan, und dass die entstehenden Backwaren und die geschneiderten Schuluniformen, Blusen, Röcke und Pullover vor Ort tatsächlich regen Absatz fanden, erleichterte den Start in die erhoffte Selbständigkeit der »Child Mothers« enorm.

Auf dem Gelände des »Kalongo Technical Institute« und auch

auf dem der »Pajule Technical School« eröffneten wir in den Folgetagen von »Rebound« finanzierte Schlafsaalgebäude für all diejenigen, deren Zuhause so weit entfernt lag, dass die Strecke unmöglich jeden Tag zweimal zu Fuß zurückgelegt werden konnte. Bisher hatten diese Schüler während der Regenzeit ihr Dach über dem Kopf nur in den Klassenräumen finden können, was einen geregelten Unterricht fast unmöglich gemacht hatte. Jetzt war für ihre Unterbringung und ihren Schlaf gesorgt, und die Ausbildung zum Schreiner, Zimmermann oder Maurer, zum Bautechniker oder Statiker konnte konzentriert fortgesetzt werden.

Nach optischen Gesichtspunkten glich unser Empfang in Kalongo fast einem Staatsbesuch. Tänzer, Sänger und Musiker in Stammestrachten erwarteten uns am Eingang des Geländes und begleiteten uns zum einzuweihenden Gebäude, vor dem bereits Stuhlreihen, eine ugandische Nationalflagge, Pavillons und zwei Mikrophone aufgebaut waren. Was das Akustische betraf, so war noch viel Luft nach oben, und das betraf nicht nur die ständigen Stromausfälle, die das Verfolgen der vielen und viel zu langen Ansprachen zu einer ermüdenden Angelegenheit machten. Noch merkwürdiger aber war das Verhalten des Direktors, der sein Redemanuskript mit einem Wunschzettel verwechselte. Offensichtlich hatte der Mann weder verstanden, dass Manfred und ich keine Gesandten des ugandischen Kultusministeriums waren, noch, wie das Geld für den neuen Schlafsaal zusammengekommen war. Es war ja zu verstehen, dass er eine einmalige Chance witterte und die scheinbar über unendliche Mittel verfügenden Besucher aus Deutschland um weitere Unterstützung bitten wollte, zumal nach zwanzig Jahren Bürgerkrieg, in dem die Acholi vom Süden Ugandas weitgehend im Stich gelassen worden waren. Aber wir hatten nicht vor, seine Einrichtung von Deutschland aus für alle Zeiten zu alimentieren. Irgendwann würden wir loslassen und die Verantwortung an die lokalen staatlichen Stellen übergeben müssen. Wenn unsere Hilfe wirklich einen Sinn haben sollte, musste sie nach und nach aufgrund von Eigeninitiative vor Ort überflüssig werden.

Über ein Jahr später kehrte ich mit Journalisten und Mitarbeitern von »World Vision« nach Pader zurück, um die mit »Rebound«-Geldern erbaute Mehrzweckhalle der »Girls Academy« zu eröffnen, die größte in ganz Norduganda. Ein Raum für interne Chor- und Tanzproben, für externe Konzerte und Aufführungen; ein Raum, der den Mädchen eine zusätzliche Einkommensmöglichkeit verschaffte, würden sie doch bei künftigen Veranstaltungen in der Halle das Catering übernehmen können. Während der Einweihung öffnete der Himmel seine Schleusen, es goss in Strömen, Wassermassen fielen auf das Wellblechdach und übertönten die Ansprachen, die aufgrund der wie fast immer hoffnungslos übersteuerten Verstärkeranlagen ohnehin nur bruchstückhaft zu verstehen waren. Erst nach einer Weile ließ der Regen ein wenig nach, und es gelang mir sogar, erst »Noh Gulu«, das Stück, das dazu beigetragen hatte, das Geld für die Halle aufzutreiben, und dann noch, zusammen mit einigen ausgelassen tanzenden Mädchen, Bob Marleys »Redemption Song« vorzutragen. Anschließend überreichte mir die freudestrahlende Schulleiterin eine Urkunde und ein weißes Polohemd mit dem Logo der »Girls Academy«. Beides trug ich noch in der Hand, als mich ein Journalist am Ende der Einweihungszeremonie nach meinen Gefühlen fragte. Die Antwort fiel mir schwer. Stolz war es nicht, was ich empfand, eher ein Glücksgefühl, das mich für einen Moment ganz ausfüllte, ein kurzes Zur-Ruhe-Kommen in Zufriedenheit und Dankbarkeit. Freunde, Mitstreiter und nicht zuletzt die BAP-Fans hatten mit ihrer Fähigkeit zur Empathie und ihrer Großzügigkeit unsere Idee mitgetragen und uns beim Versuch geholfen, dem Versprechen, das mir vor sechs Jahren die kleine Nachtpendlerin in Gulu abgenommen hatte, gerecht zu werden.

Die Begegnung mit einem Absolventen des »Kalongo Technical Institute« fiel ähnlich emotional aus. Terrance Labongo war achtundzwanzig, ein ebenso ernster wie freundlicher junger Mann in einem »Rebound«-T-Shirt, der sich mit einigen Kollegen zusammengetan und unter freiem Himmel eine Schreinerei eröffnet hatte, mit ihnen teilte er das Werkzeug und stellte Möbel auf Auftragsbasis her. Beim Abschied kam er noch einmal zu uns ans Auto, wir wollten gerade einsteigen, ich sah an seinem Gang, dass er eine Prothese trug. Vielleicht hatte er sein Bein bei Kämpfen in Konys Rebellentruppe verloren. Ich fragte ihn nicht, denn ich spürte, dass er über seine Vergangenheit nicht reden wollte. Für ihn zählte nur die Gegenwart, seine Frau, die drei Kinder, die er endlich mit eigener Arbeit versorgen konnte. Und als Terrance sprach, wurde Steffen und mir bewusst, dass er uns beiden jeweils einen Klappstuhl aus Holz, den er selbst angefertigt hatte, überreichen wollte. Indianergeschenke, die uns sprachlos machten und die wir eigentlich nicht annehmen konnten, vielleicht würden wir sie ihm über Umwege bezahlen können, ohne dass er es merkte und in seinem Stolz verletzt wurde.

Am nächsten Tag warteten wir auf dem Pader-Airfield auf die verspätete Maschine des MAF, eines internationalen humanitären Flugdienstes. Sie sollte uns nach Kajjansi bringen. Wir vertrieben uns die Zeit, indem wir Fotos machten, Terrances Klappstühle dienten uns dabei als Requisiten. Wir müssen einen seltsamen Anblick geboten haben. Einige Schulkinder, die ihr Heimweg über das Airfield führte, beobachteten uns erst eine Weile aus der Ferne, ehe sie sich vorsichtig näherten und dann schnell immer mehr Spaß daran bekamen, ebenfalls fotografiert zu werden. Herumalbernde weiße Erwachsene und schwarze Kinder in Schuluniformen, die auf einem leeren Rollfeld ein absurdes Theaterstück aufführten oder ganz einfach nur eine neue Version der »Reise nach Jerusalem« erfanden.

Fährt man mit dem Auto von Ruanda in den Ostkongo, ändert sich der Anblick Afrikas beinahe unmittelbar nach dem Passieren der Grenze. War man zuvor noch auf den Straßen eines beinahe mit preußischer Disziplin geführten, sauberen und fast überall sicheren Landes unterwegs gewesen, in dem Paul Kagame den Kampf gegen die Korruption für sich entschieden hatte, scheint man nur einige Kilometer weiter in eine lichtlose Region ausgeklügelter Schrecknisse zu geraten, und man bekommt eine Ahnung

davon, was Joseph Conrad mit »Herz der Finsternis« gemeint haben könnte. Nach dem Genozid in Ruanda waren die verantwortlichen Hutu-Milizen in den Kongo geflohen, Todesschwadronen, die sich dort unter dem Namen »Forces Démocratiques de Libération du Rwanda« (FDLR) neu aufstellten und fortan das rohstoffreiche Grenzgebiet kontrollierten. Gemeinsame Anstrengungen der ruandischen und der kongolesischen Armeen, die FDLR dauerhaft zu entwaffnen, schlugen fehl. Schnell waren die vorübergehend verlorenen Stellungen wieder eingenommen, und der Terror, nun von noch größerem Hass geprägt, ging weiter. Die Menschen wurden aus ihren Dörfern vertrieben, wenn sie sie nicht schon aus eigenem Entschluss zurückgelassen hatten, Hals über Kopf flüchtend vor den mordenden und plündernden Rebellen. Doch Gefahr drohte auch von der anderen, der eigentlich sicheren Seite, von der eigenen Armee, denn die Soldaten erhielten keinen Sold und rächten sich dafür an den Schwächsten. Sie waren Teil dieser Gesetz gewordenen Gesetzlosigkeit, die die Kivu-Provinzen als einen Schauplatz endloser Barbarei erscheinen ließen.

Die Kasernen der stationierten UN-Truppen hingegen standen

in ordentlichen Reihen nebeneinander, in ihnen verrichteten Soldaten aus Südafrika, Ghana, Indien oder Nepal ihren Alibidienst, schlecht ausgebildete, überforderte Strohmänner, die froh waren, wenn sie ihre Zeit abgesessen hatten. Sie brachten ihren Heimatländern pro Kopf und Tag Geld, aber den Einheimischen keine Hilfe, bei Überfällen und Vergewaltigungen in der unmittelbaren Nachbarschaft griffen sie nicht ein, verschanzten sich in ihren Unterkünften, hielten still, sahen weg.

Zwei Stunden entfernt von Goma, der seit dem Ausbruch des Vulkans Nyiragongo im Januar 2002 schwarzen, staubigen Provinzhauptstadt, in der die obdachlos gewordenen Bewohner gezwungen gewesen waren, ihre Behausungen auf der kalten Lavaschicht mühsam neu zu errichten, besuchten wir ein eigentlich aufgelöstes, hauptsächlich von Pygmäen bewohntes Lager für Binnenflüchtlinge. Da der Bürgerkrieg offiziell beendet war, hatte die Regierung die Wasserversorgung eingestellt, eines Tages waren die Tankwagen mit dem Nachschub ausgeblieben. Trotzdem harrten noch immer über 500 Menschen im Lager aus, darunter viele Kinder. Sie konnten nicht wie befohlen in ihre Dörfer zurückkehren, dort warteten die Rebellen auf sie, denen sie allein schon körperlich hoffnungslos unterlegen waren. Also klammerten sie sich verzweifelt an ihr dreckiges, jämmerliches Camp, das mehr und mehr auseinanderfiel. Beim letzten Wolkenbruch waren auch noch die Plastikplanen davongeflogen, die der Gemeindebaracke, die gleichzeitig Kindergarten und Schule war, als Dach gedient hatten. Ein von der Gemeinschaft abgestelltes Komitee berichtete uns davon, als Sprecherin der Kinder saß uns ein Mädchen in einer makellos sauberen Schuluniform gegenüber. Es trug kleine Ohrringe, hielt seine Schultasche auf den Knien und schilderte uns die erbärmliche Lage in ruhigen, würdevollen Sätzen. Noch hatte ihm niemand seinen Stolz genommen. Ich dachte an meine Töchter, sie waren im selben Alter. Ihre Zukunft malte ich mir gerne aus, mir diejenige dieses Mädchens vorzustellen gelang mir nicht.

Im Ostkongo setzten Rebellen und Soldaten Vergewaltigung als Waffe ein. Es ging nicht um Lustgewinn, nur um Dominanz, und eine Vergewaltigung konnte größeres Zerstörungspotenzial als eine Bombe entfalten, weil sie nicht nur Frauen dauerhaft ihrer Ehre und ihres Selbstverständnisses beraubte, sondern darüber hinaus auch traditionelle Familienstrukturen und den gesellschaftlichen Zusammenhalt zerschlug. Machten die Frauen die Tat öffentlich, blieb die Schande bei ihnen, nie würden sie dann heiraten können, und waren sie bereits verheiratet, würden sie sofort von ihren Ehemännern geächtet werden. Zwanzig Dollar genügten, dann wäre der Täter ohnehin wieder auf freiem Fuß, und man konnte es einem Gefängniswärter, der über Monate keinen Sold erhalten hatte, nicht einmal verübeln, dass er bestechlich war.

Bei Mama Masika, im »Maison d'Ecoute de Buganga«, fanden verstoßene Mädchen und Frauen eine Anlaufstelle. Zwei Holzbaracken auf einem taleinwärts gelegenen Stück Land, in denen uns Fünfzehnjährige mit Babys auf dem Schoß von ihren Selbstmordgedanken berichteten; sie waren von einer ganzen Schar von Rebellen vergewaltigt worden, den Vater ihrer Kinder kannten sie nicht. Mama Masika konnte ihnen keine medizinische oder psychologische Betreuung bieten, es gab keine Operationssäle, es gab nicht einmal Krankenbetten. Aber es gab die Entschlossenheit einer selbst geschändeten Frau, die große Grausamkeit erfahren und daraufhin beschlossen hatte, ihr Leben und ihre Kraft ihren Leidensgenossinnen zu widmen.

Ich war im Jahr zuvor schon zum zweiten Mal im Ostkongo gewesen, damals hatte ich bei einer von der Welthungerhilfe organisierten Reise eine Einrichtung in Butembo besucht, die sich ebenfalls um vergewaltigte Frauen kümmerte, und anschließend in der ZDF-Welthungerhilfe-Spendengala darüber berichtet. Dieses Haus war um einiges besser ausgestattet gewesen als das »Maison d'Ecoute« von Mama Masika, was aber auch nicht viel hieß. Nach meiner Rückkehr aus Buganga nahm die Welthungerhilfe erneut Kontakt zu mir auf, und wir kamen überein, beim »RTL-Spendenmarathon« ein Konzept einzureichen, um derartigen Selbsthilfeeinrichtungen in den Kivu-Provinzen die dringend benötigte Präsenz in den Medien zukommen zu lassen. Die Macher von RTL waren

nur so lange daran interessiert, bis sie herausfanden, dass ich mich beim ZDF schon einmal für dieses Thema eingesetzt hatte. Dann winkten sie ab. Zweimal Ostkongo innerhalb von zwölf Monaten passte ihnen nicht ins Schema. Die Sendung hieß zwar »Spendenmarathon«, sie hatte aber nicht einmal den Atem für einen Kurzstreckenlauf. Um Hilfe ging es den verantwortlichen Redakteuren offenbar gar nicht. Alles, was sie wollten, war eine möglichst unverbrauchte Story.

Es ist kein Rückschlag, schrieb einmal der amerikanische Philosoph Brian Massumi, wenn man sich statt auf die große Utopie nur auf den nächsten Schritt konzentriert. Die Zukunft mag sich hinter hohen Mauern verbergen, doch die Gegenwart ist niemals eine verschlossene Tür. Das macht uns Mut, an eine Unterstützung Mama Masikas durch »Rebound« zu denken. Dazu bedarf es durchdachter Pläne und umsichtiger Entscheidungen, soll die Hilfe nicht nur kurzfristige Linderung sein, sondern den vergewaltigten Frauen eine wirkliche, wenn auch notwendigerweise bescheidene Perspektive eröffnen. Es wird kein leichtes Unterfangen werden, in Buganga, diesem so beklagenswerten und auch gefährlichen Ort, etwas zu tun, was sinnvoll ist. Aber schon von vornherein die Flinte ins Korn zu werfen ist ganz sicher die schlechtere Lösung.

Wenn ich von Afrika wieder zurück nach Hause kam, fiel mir die Umstellung auf den Alltag nicht leicht. Die Bilder der Reise zogen unaufhörlich an mir vorbei, ein innerer Diavortrag, der von Mal zu Mal länger wurde; wieder waren neue Eindrücke hinzugekommen, die auch die alten nicht unverändert ließen, ihr Verblassen stoppten und sie zurück ins Gedächtnis riefen. Besonders nach meinem ersten Aufenthalt in Norduganda konnte ich gar nicht mehr aufhören, von dort zu berichten, ein Weiter- und Weitererzählen gegen meine Fassungslosigkeit und das allgemeine Nichtwissen, und fast war es, als würde mit einem Verstummen auch das Vertrauen darauf, dass sich etwas verändern ließe, sterben, als ob ein Ende des Sprechens auch das Ende des Hoffens sei. War ich mit meiner Frau zu einem Abendessen oder auf eine Party eingeladen, dauerte

es nur wenige Minuten, bis ich alle Anwesenden über die Vorgänge in Gulu und Umgebung aufklärte und damit die Stimmung ruinierte, die ins Bedrückte umschlug. Ich merkte selbst, dass ich mich nicht mehr im Griff hatte, und verabredete mit Tina ein Zeichen, das mir signalisieren sollte, wann es genug war. Wenn ich ab jetzt wieder mal kurz davor war, die Party zu schmeißen, fasste sie sich unauffällig an die Nase und half mir so, das rechte Maß zu halten und vom Gedanken abzukommen, der ganzen Gesellschaft einen »Rebound«-Grundkurs anbieten zu müssen.

Aber die Besuche in Afrika hatten auch noch ganz andere Auswirkungen auf mein Leben in Köln. Sie brachten mir sogar den Karneval, von dem ich mich genau drei Jahrzehnte ferngehalten hatte, wieder näher. Verantwortlich dafür war der neue Zugleiter Christoph Kuckelkorn, der mich im Herbst 2009 anrief, um sich mit mir über die Gestaltung eines Persiflage-Wagens zum Thema »Krisenkontinent Afrika« zu unterhalten. Ein erstes Treffen bestätigte meinen Eindruck aus dem Telefonat: Kuckelkorn war kein cleverer Impresario, dem es nur um eigene Lorbeeren und möglichst viel

Presserummel ging. Es war ihm ernst mit seinem Anliegen, und er zuckte nicht einmal, als ich sagte, ein einziger Wagen könne unmöglich dem Thema gerecht werden. »Dann machen wir eben zwei«, sagte er. Mit das Wichtigste war, dass der Zeigefinger nicht nur auf die Afrikaner deuten durfte, diese Art der Entlastung wäre das falsche Signal. Die Rolle, die wir bei den vielfältigen Problemen Afrikas spielen, als Verursacher, als Wegschauer, als Ahnungslose, musste ebenfalls reflektiert werden. Der Zeichner Dieter Willms setzte meine Vorschläge mit routiniertem Strich um. Als ich zwei Wochen vor Rosenmontag einen Blick in die Wagenbauhalle warf, in der noch fieberhaft für den Karnevalsumzug gearbeitet wurde, war ich beruhigt. Weder würden die Wagen zu bedeutungsschwanger die Straßen hinunterrollen, noch präsentierten sie ihre Botschaften zu flapsig. Vielmehr reizten sie zu einem Lachen, das im Halse stecken zu bleiben drohte. »Dä Sponsor kütt« zeigte einen Geschäftsmann, der einem afrikanischen Präsidentenehepaar seine Belohnung für illegale Rohstofflieferungen an die Industrie der »Ersten Welt« überbrachte, während im Hintergrund ausgebeutete Handlanger von Soldaten dazu gezwungen wurden, die begehrten Bodenschätze auszugraben. »Wegjezäppt« hingegen spielte mitten in Deutschland. Auf diesem Wagen thronte ein in die Glotze schauendes Ehepaar, das sich seinen Abend nicht verderben lassen will und deshalb entsetzt zur Fernbedienung greift, um einem Bericht über Kindersoldaten zu entkommen.

Dass der Karneval solcher Ernsthaftigkeit eine Plattform bot, wäre 1979 undenkbar gewesen. Damals, noch vor der ersten BAP-LP, hatte mir Jürgen Flimm das Angebot unterbreitet, eine kölsche Rockoper für das Schauspielhaus zu verfassen. An einem griechischen Strand, mit Blick auf den heiligen Berg Athos, verlegte ich die Moritat von Jan und Griet in die Jetztzeit und machte aus dem armen Knecht einen abgebrannten Künstler, der sich bei seiner Angebeteten einen Korb nach dem anderen holte. Ich schrieb ein Drehbuch, baute Songs ein, neue und bereits vorhandene wie »Anna«, »Häng de Fahn eruss«, »Wie 'ne Stein«, »Jraaduss« oder meine Übertragung des Kinks-Stücks »Sitting on My Sofa«. Ich stellte mir die

Aufführung der Rockoper multimedial vor: eine in verschiedene Lichtsektoren aufgeteilte Bühne, Gesang, Dialoge und Filmeinspielungen. Dafür begleiteten wir im darauffolgenden Jahr mit einem befreundeten Videoteam die Laiendarsteller der »Jan un Griet«-Aufführung am Severinstor fünf ganze Tage lang, von Weiberfastnacht bis zur Nubbelverbrennung, wurden Zeuge von Kurzauftritten in Reisebüros, Möbelhäusern und Pelzgeschäften, den Aufzügen des Fanfarenkorps »Jan von Werth« und der Übergabe des Schlüssels der Stadt Köln an die Narrenzunft. Zum ersten Mal seit vielen Jahren erlebte ich den Karneval wieder mit klarem Kopf, kein Alkohol trübte meine Wahrnehmung, und was ich auf den Straßen miterlebte, diese verkrampfte Gier in den vorderen Reihen, dieses Wegdrängen der Kinder, diese freudlose, spießige Stimmung, raubte mir alle Illusionen und auch die Lust, jemals auch nur noch einem einzigen Rosenmontagszug zuzusehen.

Das Projekt »Jan un Griet« verlief zwar im Sande, am Schauspielhaus gab es keine Kölsch sprechenden, Kölsch singenden Schauspieler, außerdem hätte nach dem Einsetzen unseres Erfolgs eine Geschichte über Erfolglosigkeit unangenehm kokett gewirkt. Aber auch wenn die Rockoper zu den Akten gelegt wurde und die Aufnahmen von der Session 1980 bis zu unserem Film mit Wim Wenders im Archiv verschwanden, etwas Zählbares blieb dennoch übrig: der Song »Nit für Kooche«. In ihm rechnete ich – wie ich dachte, für immer – mit den unangenehmen Seiten des Karnevals ab, mit den bierernsten Vereinsmeiern, den verknöcherten Traditionalisten, den Kaspern auf Bestellung, überhaupt mit der ganzen Trostlosigkeit eines heruntergekommenen Festes, das mit den unschuldigen Karnevalstagen meiner Kindheit nichts mehr gemein zu haben schien. Damals hatte ich die Zeit herbeigesehnt, in der ich mich in einen Cowboy oder einen Indianer verwandeln und mit meinen Freunden Theo Düllberg und Addi Bach, die beide ein Jahrzehnt später in der Kinks-Coverband The Kontroversies spielten, die Geschichten aus den Büchern von Karl May endlich in entsprechender Montur nachstellen konnte. Bereitwillig gaben wir dabei einem weiteren Freund, Willi Bormes, von unseren Revolvern und Knallblättchenrollen ab. Willis Vater musste im Krieg Schreckliches durchgemacht haben. Jedes Jahr aufs Neue verbot er seinem Sohn, zu Karneval eine Spielzeugpistole in die Hand zu nehmen und mit ihr herumzuballern. Willi musste als Chinese, Lappenclown oder als Koch auf die Straße, eine traurige Verkleidung für ein Kind, das Abenteuer erleben wollte.

Mit »Nit für Kooche« glaubte ich, alles zum Karneval gesagt zu haben. In den folgenden Jahren setzte ich mich regelmäßig zu den »Tollen Tagen« ab, blieb nicht mehr in der Stadt, lief regelrecht davon, und auch das berühmteste BAP-Stück ist auf einer solchen Karnevalsflucht entstanden, in einem tief verschneiten Ort in Franken namens Morlitzwinden, in dem sich Carmen im Sommer zuvor auf ihr Examen als Krankengymnastin vorbereitet hatte. Sosehr »Nit für Kooche« von manchen Leuten auch als Sakrileg wahrgenommen wurde, schuf der Song, der sich das Recht herausnahm, den festgefahrenen Karneval zu kritisieren, doch auch ein Klima, in dem nur wenig später die »Stunksitzung« gedeihen und für frischen Wind sorgen konnte. 1997 traten BAP sogar selbst einmal bei solch einer Form alternativen Karnevals auf. Einheitlich mit Smoking, Fliege und Schiffchen als Karnevalisten verkleidet, spielten wir bei der »Schnieke-Prunz«-Sitzung in einem riesigen Bierzelt auf dem WDR-Gelände in Bocklemünd »Waschsalon« und einige andere sitzungsgeeignete BAP-Stücke. Aber erst meine beratende Funktion bei der Gestaltung der beiden Rosenmontagswagen überzeugte die Leute endgültig davon, mich nicht mehr als den Karnevalshasser zu sehen, für den sie mich gehalten hatten, der ich aber nie wirklich gewesen war, sieht man von der in »Nit für Kooche« formulierten Abneigung gegen gekünstelte Gemütlichkeit und den Klüngelmief einmal ab. Ihr war inzwischen der Gegenstand abhandengekommen. Manche Dinge erledigten sich im Lauf der Zeit von ganz allein.

Ich stand auf der Tribüne auf dem Severinskirchplatz und verfolgte von dort aus den Rosenmontagszug, sah die Kapellen, die kostümierten Verbände, die Reiter hoch zu Ross, die geschmückten Fahrzeuge. Darunter waren auch die zwei mir so vertrauten Wagen, die, einer uralten karnevalistischen Tradition folgend, dem Souverän den Spiegel vorhielten, auf dass er sich erkenne, und der Souverän, das war in einer Demokratie das Volk und somit wir alle. Ich war froh, dass Bissigkeit und Schärfe wieder Einzug in den Karneval gehalten hatten, und ich freute mich auch, dass die Leute, die mich erkannten, positiv auf mein Erscheinen reagierten. Ich hatte mich auf blöde Sprüche eingestellt, aber ich war zu voreilig gewesen, hatte zu schwarzgesehen, nichts davon geschah. Im Gegenteil, man begegnete mir mit einer ungeahnten Herzlichkeit, manche steckten mir sogar kleine Geschenke zu. Ich hatte mich zwar nie als verlorenen Sohn betrachtet, der der Karnevalsfamilie den Rücken gekehrt hatte, aber offensichtlich wurde meine Teilnahme trotzdem von einigen als Heimkehr empfunden:

»Na, Jung, besste jetz och widder dobei? Karneval ess doch jar nitt su schlääsch, oder? Ess doch schön, ne?«

Ich erlebte hautnah, dass die Kölner wohl tatsächlich ein Karnevals-Gen in sich trugen, das sie auf diese speziellen Tage hinleben ließ, an denen sie ihre sowieso nicht besonders ausgeprägte Reserviertheit und Unnahbarkeit zusammen mit ihrem Alltag abstreiften, um sich in den Armen zu liegen. Eine Verbrüderung, die die ganze von ihren Einwohnern mit einer sentimentalen und unbeirrbaren Hingabe geliebte Stadt erfasste, in die schon seit Jahrtausenden die Menschen von überall her gekommen waren. Auch das führte der Rosenmontagszug vor Augen. Römer paradierten da neben Hunnen, die wiederum napoleonischen Soldaten nachfolgten. Es war ein einziges Durcheinander der Länder und Zeiten, und irgendwie fand es seine Mitte in dieser Stadt, die seit jeher ein multikultureller Schmelztiegel war und das auch selbstbewusst nach außen trug. »Die janze Welt, su süht et uss, ess bei uns he zo Besöök, Minsche uss alle Länder triff mer he ahn jeder Eck«, sangen die Bläck Fööss in »Unsere Stammbaum«, einem Song, der auf Zuckmayers Spuren wandelte und die »große Völkermühle« am Rhein und das Vermischen aller Konfessionen und Mentalitäten hochleben ließ. Ich kannte ihn schon lange, aber nie zuvor hatte er mich so berührt wie bei den Jubiläumskonzerten der Bläck Fööss im August 2010 vor dem Dom, als er mir als einzig richtiges Statement zu der gerade auf Stammtischniveau geführten Integrationsdebatte erschien.

Vierzig Jahre gab es diese Band nun schon, die BAP erst möglich gemacht hatte. Drei Abende hintereinander bedankte ich mich bei den Bläck Fööss dafür mit einem Ständchen, spielte »Für 'ne Moment« und »Pänz Pänz Pänz« mit ihnen, den Rest ihres Auftritts erlebte ich als Zuschauer hinter dem Monitormischpult, und spätestens, als das Publikum beim letzten Lied des dritten Konzerts wieder zu schunkeln begann, freundlich, glücklich, beseelt, konnte ich gar nicht anders, als meinen Frieden mit dieser merkwürdigen Stadt, ihren Menschen und ihren Gebräuchen zu schließen. An diesem Spätsommerabend auf dem Roncalliplatz hatte ich meinen Stamm endgültig emotional begriffen.

Wer sitz schon em Wärme un luhrt op dä Rhing!?

Rot, gelb, grün. Ich musste die Ampel schon eine ganze Weile beobachtet haben, ohne es zu merken. Ein Lichtspiel am Rand meiner Aufmerksamkeit, das in meine Gedanken hinein blinkte, ohne sie zu stören, dazu war mir sein Anblick viel zu vertraut. Die Ampel regelte den Verkehr auf der Rheinuferstraße, der um diese Zeit noch träge dahinfloss. Mit weitem Abstand folgten die Autos aufeinander, und selbst wenn ein Fußgänger ein Grünsignal für sich angefordert hatte, um die Straße zu überqueren und am Rhein entweder stadteinwärts oder hinaus nach Rodenkirchen zu spazieren, eine schwarze, scharf ausgeschnittene und sich gemächlich entfernende Silhouette, kam es zu keiner langen Schlange. Nur zwei, drei Wagen standen hintereinander und warteten mit laufendem Motor, der aber nicht wie sonst sofort aufheulte, wenn die Ampel umsprang, vielmehr schienen sich die Fahrer noch einen Atemzug lang Zeit zu geben, ehe sie weiterfuhren, als hingen sie ebenso wie ich ihren Gedanken nach.

Noch vor wenigen Tagen war die Schifffahrt auf dem Rhein eingestellt gewesen. Hochwasser hatte den Fluss anschwellen lassen und ihn seiner angestammten Passagiere beraubt. Beinahe war ich froh gewesen, ab und zu wenigstens einen Gegenstand vorbeitreiben zu sehen, herrenloses Schwemmgut, vom Hochwasser entführt: eine große Boje, die sich losgerissen hatte, Wrackteile, sogar ein Kühlschrank, über dem für eine Weile ein roter, sternförmiger Luftballon wie ein achtsamer Begleiter schwebte. Inzwischen fuhren die Schiffe wieder, Containerschiffe, die bis zu ihrem Bestimmungsort nirgendwo mehr festmachen würden. Auf ihrem Weg stromabwärts waren sie auch an Unkel vorbeigekommen, jetzt näherten sie sich am Rheinkilometerstein 684 der Südstadt, und ich konnte sie von meinem Schreibtisch aus sehen und mich mit ihnen bis ans Meer und in die vielen Länder träumen, die vom Meer berührt wurden. Nichts hielt im Winter meinen Blick auf den Fluss auf, leer waren die Uferbäume, und es würde noch dauern, bis mir ihre Blätter wieder die Sicht nahmen, auch wenn es schon wieder etwas länger hell blieb und das Januarlicht momentlang den Frühling und sein Versprechen eines Neuanfangs erahnen ließ.

Das war mein Zuhause, das war mein Platz, an den ich gehörte. Ich wusste es und war dankbar dafür. Wer sitz schon em Wärme un luhrt op dä Rhing!? Das letzte war ein gutes Jahr gewesen. Trotz aller Bedenken waren mir die Ideen auch dieses Mal nicht ausgegangen, und die weißen Seiten der Kladde mit der Aufschrift »Halv su wild« hatten sich im Lauf der Monate mit neuen Liedern und Texten gefüllt. Sie würden unser Rüstzeug und unsere Legitimation sein, wenn es bald wieder hinausging auf die oft verfluchte und doch vermisste Straße, die uns durch die Städte, zu den Menschen und schon so lange durch die Jahre führte. Zuweilen war sie mir wie ein breiter Boulevard unter einem freundlichen Himmel vorgekommen, dann wieder wie eine Sackgasse in undurchdringlicher Nacht oder wie ein einziger großer Umweg, der einen zwar viel Zeit kostete, aber schließlich doch ans Ziel führte. Ich hatte es nie bereut, mich an jener Weggabelung, an der ich eine Entscheidung für mein Leben hatte treffen müssen, für die Kunst und damit auch für eine wahrscheinlich nie mehr vergehende Unruhe entschieden zu haben. Diese Rastlosigkeit, das Gefühl, immer und überall wie auf der Durchreise zu sein, war wohl der Preis, den es für Kreativität zu bezahlen galt. Das war der Sprit, der einen auf der Straße und in Bewegung hielt.

Gegenüber von meinem Schreibtisch stand an einer Bücherwand ein kleines, in Afrika gekauftes Gemälde. Auf einem Markt in Jinja am Victoriasee hatte ich es endlich geschafft, dieses Bild zu erwerben, dessen Motiv mir überall in Uganda in vielen Variationen begegnet war. Es hatte mich in Tankstellen, Lokalen, Amtsstuben und Privathäusern nicht zuletzt deshalb so fasziniert, weil es

mir die unerschütterliche afrikanische Gelassenheit und auch den Humor einzufangen schien, der selbst den ausweglosesten Situationen ein Lachen abgewann. Ein Junge möchte mit seiner Axt einen Baum nahe am Wasser fällen, um Brennholz aus ihm zu machen. Er holt aus zu den ersten Schlägen, bald schon neigt sich der Baum ein wenig zur Seite, als plötzlich ein Löwe mit Gebrüll heranstürzt und den Jungen dazu zwingt, den Stamm hinaufzuklettern. Doch in den Ästen erwartet ihn schon eine Schlange. Auch ein Sprung ins Wasser ist nicht ratsam, denn dort lauert ein Krokodil. »Death Has No Escape« hieß dieses Bild, ein einleuchtender und nicht von der Hand zu weisender Titel, der in diesem Fall aber trotzdem falsch war, wie mir viele, mit denen ich mich in Afrika darüber unterhielt, versicherten. Es gebe eine Chance für den Jungen, sagten sie. Er müsse seine Situation erkennen und sich dann schnell entscheiden, gegen welche Bedrohung er zuerst angehen wolle, und das, darin waren sich alle einig, könne nur die sein, von der die vermeintlich größte Gefahr ausgehe: Löwen, denen man entschlossenen Blickes entgegentrete, wichen zurück. Überleben würde man nur, wenn man sich den Bedrohungen stelle, und nicht, indem man vor ihnen davonlaufe.

Ich hatte das Bild noch einmal neu gemalt, weil es nicht in einen schwarzen Rahmen aus Gulu hineinpasste. Den hatte ich in dem Laden entdeckt, in dem ich Jahre zuvor die Trommel mit dem Kuhfell gekauft hatte. Ein solide gearbeiteter, mit Haltegriffen und zwei weißen Kreuzen versehener Holzrahmen, auf den zusätzlich noch weitere christliche Symbole aufgemalt waren. Er hing leer über der Tür des Ladens, als gehöre er zum Inventar und sei gar nicht zu verkaufen, doch der Inhaber überließ ihn mir bereitwillig. Wen ich anschließend auch fragte, niemand hatte je solch einen Rahmen gesehen oder konnte mir Auskunft über seine womöglich rituelle Funktion geben. Ich kam nicht hinter sein Geheimnis und konnte nur mutmaßen. Ich stellte mir eine Beerdigung vor, bei der dieser Rahmen ein Porträt des Verstorbenen enthalten und dem Trauerzug vorangetragen würde. Wenn ich ihn nun mit dem neugemalten »Death Has No Escape« in Verbindung brachte, begannen die beiden Dinge miteinander zu kommunizieren. Die zwar haarsträubende, dennoch komische Szenerie des Bildes erhielt durch den Rahmen eine Korrektur, die ihr alles Unschuldige raubte. Der Tod fasste eben auch hier das Leben ein.

In Orhan Pamuks Roman »Das Museum der Unschuld« stieß ich auf Aristoteles' Definition der Zeit. Aristoteles unterschied zwischen einzelnen Augenblicken und der Zeit als solcher. Die Augenblicke stehen für sich, erst die Zeit verbindet sie zu einer Linie, die uns, wann immer wir an sie denken, an ihr Ende und damit an den Tod erinnert. Je älter er wird, desto öfter schaut der Seiltänzer in den Abgrund und macht sich Gedanken über das nicht vorhandene Netz. Mit den Jahren kommen die Einschläge näher, und die Liste der Menschen, die wir an den Tod verloren haben, wird länger. Wir können nur versuchen, sie so im Gedächtnis zu behalten, wie sie waren, als wir sie gemocht oder sogar geliebt haben, ganz bei sich, frei und uns doch nah. Wenn ich die Augen schloss, war jeder Einzelne von ihnen gegenwärtig. Heinrich Böll, der sich verschmitzt noch eine Zigarette ansteckt. Pete King, der »Drei Wünsch frei« anzählt. Brigitta Pütz, beim Tippen der Texte für unser erstes Album. Hermann Schulte, der »All the Young Dudes« in der Musikbox des »Roxy« drückt. Larry Rivers, mit einer Tackerpistole hantierend. Michael Buthe, der eines seiner Bilder von der Wand nimmt, um es mir zu schenken. Trude Herr, Tränen lachend. Michael Oruni, den Kindern von Gulu zuhörend. Rory Gallagher, der mich auf seiner Strat spielen lässt. Joseph Beuys singt Bob Dylan. Sheryl Hackett, die in der Bucht von Cala St. Vicenç die Flagge von Barbados hisst. Willy Millowitsch, der 100 000 Kölnern den Monolog des Generals Harras vorträgt. Frau Herrmanns, auf einer Wolke Herrn Thiebes einen Herrenwitz erzählend. Gaby Wahle, die einen Hundertmarkschein in Larrys Hut fallen lässt. Howard Kanovitz, am Zeitungsstand Ecke St. Mark's und Second Avenue. Mein Bruder Heinz, in Langel zu den Schleppkähnen hinausschwimmend. Meine Mutter, die mit mir in der Seilbahn über den Rhein schwebt. Mein Vater, am Chippendale-Tisch die Tageseinnahmen zählend.

Heute war ich das Familienoberhaupt, das versuchte, sein Rudel durch die Jahre zu bringen und dabei dem Königsweg so nahe zu kommen, wie es eben ging, wenn man sich dem Rock'n'Roll und einem improvisierten Leben verschrieben hatte. Wenn ich auf die dreieinhalb Jahrzehnte mit BAP zurückschaute, war ich dankbar für die Situationen, in die ich nur geraten war, weil ich mit dieser Band durch die Gegend fuhr. Die Heiligen Drei Könige waren uns gnädig gewesen. Sie hatten sich nicht einmal von meiner Sprache beirren lassen, die mein einzig gültiger Ausweis war.

Natürlich war unterwegs einiges schiefgegangen, aber das war nun mal der Deal. Als ich meinen Vertrag mit der Zukunft unterschrieben hatte, war mir bewusst gewesen, was ich tat. Ich hatte akzeptiert, dass die Selbstzweifel, die Ratlosigkeit und die Stunden in Finsternis ebenso dazugehörten wie die kostbaren Augenblicke, die einem großes Glück schenkten, wenn man sich an sie erinnerte. Zumeist handelte es sich dabei gar nicht um Spektakuläres, eher um Schnappschüsse ganz unscheinbarer Art, um Augenblicke, in denen alles perfekt gewesen und sogar die Unruhe kurz zur Ruhe gekommen war. Diese Augenblicke konnte mir keiner mehr nehmen.

Rot, gelb, grün. Der Verkehr auf der Rheinuferstraße wurde stärker. Die Fahrer schalteten die Lichter an, die Wolken über dem Rhein verschmolzen langsam mit der Dämmerung. Ein Schiff nahm Kurs auf das Meer. Zwischen Start und Ziel lag immer ein Moment, der das Vergangene abschloss und der Beginn von etwas Neuem war. Die Zeit hörte nie auf. Sie war immer wieder am Anfang.

Picture Book – Bildlegenden und Nachweise

007 Hubertine und Josef Niedecken / Hochzeitsfoto.

017 »Dä Herrjott met dämm Nudelebart«

019 Videodreh in New York / Wolfgang Niedecken.
Foto: Peter Boettcher.

021 Videodreh in New York / Tina Niedecken im Polizeiwagen.
Foto: Peter Boettcher.

023 Picknick in Köln-Rodenkirchen. Oben: Bärbel Maiwurm,
Rainer »Mötz« Gross, Wolfgang Niedecken. Unten links:
Manfred »Schmal« Boecker. Foto: Christian Maiwurm.

033 Larry Rivers.

045 Die Ramones mit Frankie, Severin und Robin.

059 Mit Joe Cocker in Mötz' Atelier / New York, Second Avenue, 1989.
V. l. n. r.: Mötz, Joe Cocker, Schmal, Wolfgang Niedecken.
Foto: Tina Niedecken.

S1 New York / Vier Polaroids. Unten links: Schmal und Christina.
Unten rechts: Agnette.

077 Mit Julian Schnabel in dessen New Yorker Atelier / ZEITmagazin,
Titelseite. Foto: Peter Boettcher.

081 Mit Michael Buthe, 1988. Foto: Tina Niedecken.

087 Der Laden, Severinstraße 1.

088 Familie Niedecken in Unkel am Rhein, 1917. V. l. n. r., hinten:
Josef N., Katharina N., Elisabeth N., Heinrich Josef N.,
Jakob N.; vorn: Anna N., Timothea N. (geb. Knopp),
Heinrich Josef N.

091 Käthi Niedecken (geb. Kohl).

095 Oma Auguste Platz (geb. Ziegelmeier) als Pferdebahnschaffnerin
mit der Nummer 149 (rechts).

096 Opa Hermann Platz (2. von links) an der Theke vom »Hermanns
Tünn«.

097	Familie Niedecken in Köln. In der Mitte Hubertine »Tinny« (geb. Platz) mit dem wenige Monate alten Wolfgang, links Heinz, rechts Josef.
099	Wolfgang Niedecken & Söhne, rechts Severin. Foto: Gert Hoogeboom.
103	Klassenfoto, Ostern 1957, Volksschule Zwirnerstraße. Vorne l.: WN. Vord. Reihe 3. und 4. v. l.: Addi Bach und Willi Bormes.
109	V. l. n. r.: Tommy Engel, Klaus Voormann, Klaus »Major« Heuser, Willy Millowitsch, Jürgen Zeltinger. Foto: Tina Niedecken.
115	Mit Manfred Hell in Gulu. Foto: Gaudenz Danuser.
121	Pfadfinder Wolfgang Niedecken.
143	The Troop (1966). V. l. n. r.: Hans Gerd Lanzerath, Gerd Kost, Peter »Apollo« Schulte, Wolfgang Niedecken, Rolf D. Bogen.
149	Die erste E-Gitarre: Rechnung, Musikhaus Charly Oehl, Köln.
155	The Troop (1970): Wolfgang Niedecken, Johnny Brauweiler, Hein Pelzer, Rolf D. Bogen. Fotos : Wilhelm Strack c/o HÖRT/HÖRT.
166	Mit Heinrich Böll. Foto: Lamuv Verlag / René Böll.
185	V. l. n. r.: Wolfgang Niedecken, Joseph Beuys, Major. Bonn-Beuel, 10. Juni 1982. Foto: Kaldenbach.
191	Mit Hille in Göttingen. Faksimile, Göttinger Tageblatt.
S2	Teutoburger Straße 5 / Vier Polaroids: Hochparterre/Vorderfront, Klingelbrett, Blick aus dem Fenster (Wolfgang Niedeckens Kastenente), Hinterhof.
211	Rockpalast-Jam Loreley, 28. August 1982. V. l. n. r.: Schmal, Major, Wolfgang Niedecken, David Lindley, Eric Burdon, Rory Gallagher. Foto: Manfred Becker.
217	BAP/Wolgograd, Mai 1989. Kalau (ganz rechts) brüllt. Foto: Tina Niedecken.
218	Bisa-Straßenfest, Sommer 1978, Köln, Zwirnerstraße. Wolfgang Niedecken mit Klaus Hogrefe am Bass.
235	BAP, Hinterhof Teutoburger Str. 5, mit Gaby Wahle (vorn). V. l. n. r.: Wolfgang Niedecken, Honçe (mit Larry Rivers' Hut), Klaus Hogrefe, Wolli Boecker, Schmal.
265	Das erste BAP-Foto mit Major (2. von rechts), 2. von links: Fritz Cullmann / Saxophon.
269	Mit Carmen. Dortmund/Westfalenhalle, Juni 1982. Foto: Zik.
S3	Zakynthos/Vier Polaroids von Wolfgang Niedecken (mit Kastenente und beim Malen), Blondie und Agnette (mit Larry Rivers' Hut).
273	Mit Mick Jagger, Frankfurt/Festhalle 1982. Foto: Express.

281	Mit Hermann »the German« Schulte. Foto: Tina Niedecken.
289	»Time Is Cash, Time Is Money«/Cover. Foto: Hermann Schulte.
294	BAP-Konzert auf der Platania-Demo (Besetzung der Bäume auf dem Kaiser-Wilhelm-Ring am 27. Februar 1985).
315	Mit Tommy Engel und Trude Herr in der TV-Show »So isses«, Köln 1987. Foto: Zik.
320	Wolfgang Niedecken & Complizen/Rock am Ring 1987. V.l.n.r.: Christian Schneider, Jan Dix, Renate Otta, Kalau Keul, Rosi Lang, Axel »Fisch« Risch, Wolfgang Niedecken, Julian Dawson und dahinter Schmal Boecker.
329	Tina und Wolfgang Niedecken: Hochzeit. Rechts Tinny Niedecken. Foto: Achim Scheidemann/dpa.
S4	Leopardefellband. V.l.n.r.: Jens Streifling, Carl Carlton, Ken Taylor, Wolfgang Niedecken, Bertram Engel, Effendi Büchel. Foto: Tina Niedecken.
364	Mit Bruce Springsteen, Frankfurt/Festhalle, 2006.
371	Im Atelier Kartäuserhof. Foto: Tina Niedecken.
405	Mit Hans Schäfer (links) und Dirk Lottner. Foto: Rainer Dahmen.
406	BAP mit Ewald Lienen (2. von links). Foto: Achim Scheidemann/dpa.
408	BAP als Fußballmannschaft. Foto: Thomas Rabsch.
427	Mit Wim Wenders im Rathaus Essen, 2000. Foto: Donata Wenders.
452	Mit Ray Davies, Konk Studios/London, 7. Juli 2005. Foto: Stackman.
473	Jürgen Zöller und Klaus Voormann, München/Tollwood 2009. Foto: Tina Niedecken.
474	Die Complizen spielen in Maputo/Mosambik.
S5	Mit Dave Stewart.
S5	Terrance Labongo schenkt Wolfgang Niedecken einen Klappstuhl. Foto: Eva Martin/World Vision.
495	Wolfgang Niedecken spielt »Noh Gulu« im Flüchtlingslager in Norduganda.
503	Mit dem Präsidenten von Ghana, John Kufuor, und Bundespräsident Horst Köhler, Accra/Ghana 2007. Foto: Presse- und Informationsamt der Bundesregierung.
505	Session mit Professor Dr. Peter Eigen im Garten der Residenz des ghanaischen Präsidenten, Accra 2007. Foto: Presse- und Informationsamt der Bundesregierung.
515	Mit afrikanischen Schulmädchen auf dem Pader-Airfield. Foto: Rainer Friedrich.

518 Im aufgelösten Flüchtlingslager Buganga, Ostkongo 2010.
Foto: Andrea Jeska.

521 Mit Christoph Kuckelkorn. Foto: Stefan Worring /
Kölner Stadtanzeiger.

523 Mit den Bläck Fööss, Köln 2010. V. l. n. r.: Kafi Biermann,
Erry Stoklosa, Bömmel Lückerath. Foto: Felix von Canstein.

529 Selbstauslöserfoto der Familie Niedecken. V. l. n. r.: Tina, Isis, Jojo,
Severin, Käthi, Wolfgang, dahinter Robin und seine Freundin Janina.

533 Wolfgang Niedecken und Oliver Kobold, Bahnhof Fischbach 2010.
Foto: Anne de Wolff.

»Maximilian Schell hat ein grandioses Buch geschrieben.« Markus Lanz

Ehrlich, spannend und sprachgewaltig erzählt Maximilian Schell erstmals von seiner Kindheit, der Flucht der Familie vor den Nazis und dem Schweizer Exil. Von den Erfahrungen als junger Schauspieler. Vom internationalen Durchbruch. Von den Dreh- und Theaterarbeiten mit Marlon Brando, Judy Garland oder Gustaf Gründgens. Von seiner Freundschaft mit Friedrich Dürrenmatt, seinem Engagement für Michael Jackson und vielen anderen Episoden. Das Leben eines großen Künstlers, der als erster deutschsprachiger Schauspieler nach dem Zweiten Weltkrieg einen Oscar gewann und doch von sich sagt: »Ich bin kein Erfolgsmensch. Ich bin Student. Das bleibt auch so.«

320 Seiten, gebunden, mit zahlreichen Fotos

| Hoffmann und Campe |

Um die ganze Welt des
GOLDMANN-*Sachbuch*-Programms
kennenzulernen, besuchen Sie uns doch
im **Internet** unter:

www.goldmann-verlag.de

Dort können Sie
   nach weiteren interessanten Büchern *stöbern*,
   Näheres über unsere *Autoren* erfahren,
   in *Leseproben* blättern, alle *Termine* zu Lesungen und
   Events finden und den *Newsletter* mit interessanten
   Neuigkeiten, Gewinnspielen etc. abonnieren.

Ein *Gesamtverzeichnis* aller Goldmann Bücher finden
Sie dort ebenfalls.

Sehen Sie sich auch unsere *Videos* auf YouTube an und
werden Sie ein *Facebook*-Fan des Goldmann Verlags!

www.goldmann-verlag.de
www.facebook.com/goldmannverlag